2026 全国二级建造师执业资格考试教材

公路工程管理与实务

全国二级建造师执业资格考试用书编写组　组编

编写组成员

主　编　王　欢

主　审　鲁　婷　杨帅飞

参　编　吴春霞　贾小静　王　菲　毋祎祎

张　谦　黎　鹏　李　辉　李惊宇

哈爾濱工程大學出版社
Harbin Engineering University Press

内 容 简 介

本书主要根据考试大纲要求,从公路工程施工的实践出发,在紧扣法规、标准及规范的基础上,针对常用的公路工程施工技术和施工管理相关知识进行了编写,旨在加强考生对理论知识的掌握,提高考生解决工程管理与施工难题的能力。全书通过图文并茂的形式,坚持“与工程实践相结合,与考试命题规律相结合,与考生反馈意见相结合”的编写原则,对考试内容进行解读,并精心编写了具有代表性的“专家解读”和“考题探究”模块,旨在帮助考生更好地理解和掌握知识点,使考生能在有限的时间内科学、有效地备考。

图书在版编目(CIP)数据

公路工程管理与实务 / 全国二级建造师执业资格考试用书编写组组编. -- 哈尔滨 : 哈尔滨工程大学出版社, 2024. 7(2025. 6 重印). -- (全国二级建造师执业资格考试教材). -- ISBN 978-7-5661-4432-4

Ⅰ. U415.1

中国国家版本馆 CIP 数据核字第 2024T0E252 号

公路工程管理与实务
GONGLU GONGCHENG GUANLI YU SHIWU

选题策划 苏 莉
责任编辑 张 彦
封面设计 天 一

出版发行 哈尔滨工程大学出版社
社　　址 哈尔滨市南岗区南通大街 145 号
邮政编码 150001
电　　话 0451-82519989
经　　销 新华书店
印　　刷 新乡市华夏印务有限责任公司
开　　本 787 mm×1 092 mm 1/16
印　　张 25
字　　数 640 千字
版　　次 2024 年 7 月第 1 版
印　　次 2025 年 6 月第 3 次印刷
书　　号 ISBN 978-7-5661-4432-4
定　　价 58.00 元
http://www.hrbeupress.com
E-mail:heupress@hrbeu.edu.cn

使用说明 INSTRUCTION

为满足广大考生的应试复习要求，便于考生了解现行考试考情，科学、有效地掌握知识要点，更好地备战全国二级建造师执业资格考试，全国二级建造师执业资格考试用书编写组的成员认真研究考试要求，结合现行法律法规、国家标准及行业规范，准确把控和解读历年考试命题点，以创新性的形式整合知识体系，编写了本系列图书。

一、图书特色

全书采用双色印刷，并结合“组织结构图＋表格总结对比＋专家解读＋考题探究”等多种形式，有针对性而又不失详尽地解读核心考点，给考生提供多层次、新视角的全新解读，帮助考生备考。同时，编写组对本系列图书中的难点、重点、易考点进行解读，使之易懂、易学、易掌握。

（三）路基试验

路基施工前，应建立具备相应试验检测能力的工地试验室。路基填前碾压前，应对路基基底原状土进行取样试验。每公里应至少取2个点，并应根据土质变化增加取样点数。

应及时对拟作为路堤填料的材料进行取样试验。土的试验项目应包括天然含水率、液限、塑限、颗粒分析、击实、CBR等，必要时还应做相对密度、有机质含量、易溶盐含量、冻胀和膨胀量等试验。

常考关键词加线条
重要知识点加颜色
备考过程更加轻松

采用图表总结对比
深入解读考试要点
快速抓取关键内容

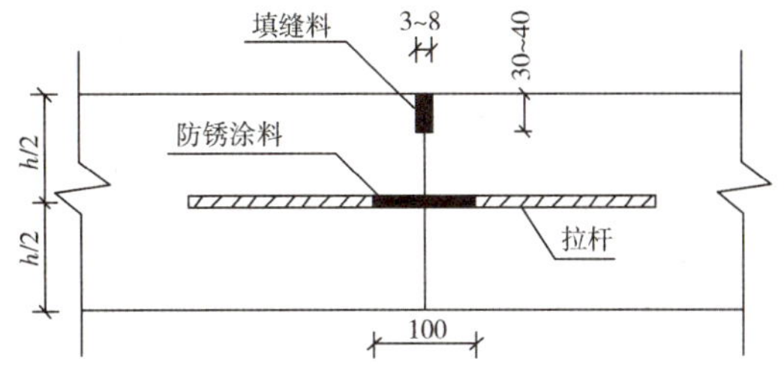

信用信息	公布期限	备注
从业单位基本信息	长期	—
表彰奖励类良好行为信息、不良行为信息	2年	期满后自动解除公布，转为系统档案信息
信用评价信息	1年	

知识拓展

横断面放样测量有边桩放样和边坡放样。边桩放样的测设方法大致有图解法、计

专家解读

超前钻孔排水一般用于开挖面前方有高压地下水或有充分补给源的涌水，且排放

温馨提示

特殊填料是指具有与一般土质不同工程特性的填料，如煤矸石、泡沫轻质土等。

多维创新复习模块
知识总结深入讲解
分块学习灵活记忆

考题探究

【单选题】关于石灰粉煤灰稳定碎石混合料基层施工的说法，错误的是(　　)。
A. 可用薄层贴补的方法进行找平
B. 采用先轻型、后重型压路机碾压
C. 混合料每层最大压实厚度为 200 mm
D. 混合料可采用沥青乳液进行养护
A。【解析】石灰粉煤灰稳定碎石混合料基层施工时，严禁用贴薄层方法整平修补表面。故选项 A 错误。

选取考题进行探究
学练结合加深记忆
帮助熟悉考试特点

二、增值服务

为全面帮助考生复习备考，我们特向购买本系列图书的考生提供特色增值服务，让考生在进行本系列图书学习的同时可以通过观看视频、线上做题等方式，实现线上、线下有效备考。

根据下方激活流程获取视频课程和电子题库。

激活流程

1. 微信扫描下方小程序码

2. 登录“天一网校”小程序

3. 点击“确认激活”即可激活成功

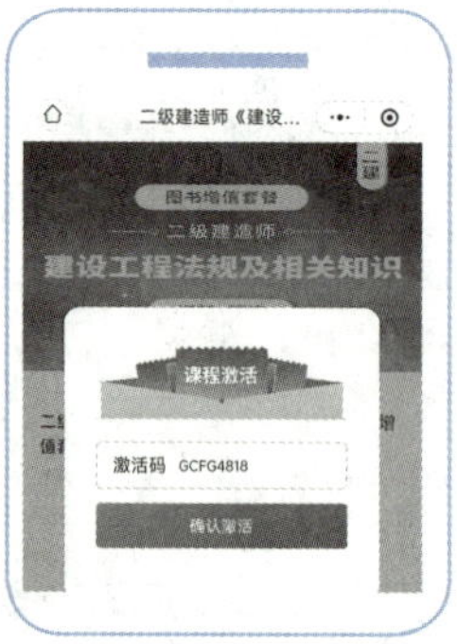

※ 以上图片仅为示例，具体内容以实际为准。

激活成功后，可通过以下三种方式学习。

1. “天一网校”小程序：扫描上方小程序码，在“课程目录”中看课做题。
2. “天一网校”APP：扫描右侧二维码下载“天一网校”APP→在“我的”中看课做题。
3. “天一网校”网站：注册并登录 www.tianyiwangxiao.com→在“我的课程”中看课做题。

扫码下载
天一网校 APP

如有与本图书相关的问题或建议，欢迎致电 4006597013，我们将以优质、快捷的方式为您提供多层次的服务。

全国二级建造师执业资格考试用书编写组

目 录 CONTENTS

第一部分　公路工程技术

第一章　路基工程

第一节　路基施工

一、路基的概念

路基是指按路线位置和一定技术要求修筑的带状构造物，是路面的基础，承受由路面传来的行车荷载。

二、路基设计一般规定

路基设计应收集公路沿线气候、水文、地形地貌、地质、地震、筑路材料等资料，做好沿线地质、路基填料勘察试验工作，查明地层岩土性质、厚度、空间分布特征及有关物理学参数。

路基设计宜避免高填深挖。不能避免时，当路基中心填方高度超过 20 m 或中心挖方深度超过 30 m 时，宜结合路线方案与桥梁、隧道等构造物或分离式路基进行方案比选。

三、路基施工准备

（一）一般规定

路基工程施工前应熟悉设计文件、领会设计意图。应进行施工调查及现场核对，根据设计要求、合同条件及现场情况等编制施工组织设计。路基开工前应建立健全质量、环境、职业健康安全管理体系，对各类施工人员进行岗位培训和技术、安全交底。临时工程应满足正常施工需要，保证路基施工影响范围内原有道路、结构物的使用功能，保护农田水利设施等。临时工程宜与永久工程相结合。对拟采用新技术、新工艺、新材料、新设备的工程项目，应提前做好试验研究和论证工作。

> **温馨提示**
>
> 路基施工准备的一般规定：设计交底→现场核对→编制施工组织设计→健全各类管理体系→培训及交底→修建临时工程→做好试验研究及论证工作。

（二）施工测量

应根据公路等级和测量精度要求，选择测量方法。控制性桩点，应进行现场交桩，在复测原控制网的基础上，根据施工需要适当加密、优化，建立施工测量控制网，妥善保护。

平面控制测量应符合下列规定：平面控制测量应采用卫星定位测量、导线测量、三角测量或三边测量方法进行。卫星定位测量、导线测量、三角测量、三边测量的主要技术要求应符合规范规定。 平面控制测量等级与技术要求应符合表 1-1-1 的规定。

表 1-1-1　平面控制测量等级与技术要求

公路等级	测量等级	最弱点点位中误差/mm	最弱相邻点相对点位中误差/mm	最弱相邻点边长相对中误差	相邻点间平均边长参照值/m
高速、一级公路	一级	±50	±30	≤1/20 000	500
二、三、四级公路	二级	±50	±30	≤1/10 000	300

高程控制测量应符合下列规定：**高程控制测量应采用水准测量或三角高程测量的方法进行。水准测量、光电测距三角高程测量的主要技术要求应符合规范规定。**高程控制测量等级与技术要求应符合表 1-1-2 的规定。

表 1-1-2　高程控制测量等级与技术要求

公路等级	测量等级	最弱点高程中误差/mm	每公里高差中数中误差/mm		附合或环线水准路线长度/km
			偶然中误差 M_{Δ}	全中误差 M_{w}	
高速、一级公路	四等	±25	±5	±10	25
二、三、四级公路	五等	±25	±8	±16	10

施工期间，应保护好所有控制桩点，及时恢复被破坏的桩点，根据情况对控制桩点进行复测。

导线复测应符合下列规定：导线测量精度应符合表 1-1-3 的规定。原有导线点不能满足施工需要时，应增设满足相应精度要求的附合导线点。同一建设项目内相邻施工段的导线应闭合，并满足同等级精度要求。可能受施工影响的导线点，施工前应加固或改移，并应保持其精度。**导线桩点应进行不定期检查和定期复测，复测周期应不超过 6 个月。**

表 1-1-3　导线测量的主要技术要求

测量等级	附(闭)合导线长度/km	边数	每边测距中误差/mm	单位权中误差/″	导线全长相对闭合差	方位角闭合差/″
一级	≤6	≤12	±14	±5.0	≤1/17 000	$\leqslant 10\sqrt{n}$
二级	≤3.6	≤12	±11	±8.0	≤1/11 000	$\leqslant 16\sqrt{n}$

注：表中 n 为测站数。以测角中误差为单位权中误差。导线网节点间的长度不得大于表中长度的 0.7 倍。

水准点复测与加密应符合下列规定：水准点精度应符合表 1-1-4 的规定。同一建设项目应采用同一高程系统，并应与相邻项目高程系统相衔接。**沿路线每 500 m 宜有一个水准点，高速公路、一级公路宜加密，每 200 m 有一个水准点。**在结构物附近、高填深挖路段、工程量集中及地形复杂路段，宜增设水准点。临时水准点应符合相应等级的精度要求，并与相邻水准点闭合。对可能受施工影响的水准点，施工前应加固或改移，并应保持其精度。**水准点应进行不定期检查和定期复测，复测周期应不超过 6 个月。**

表 1-1-4　水准测量的主要技术要求

测量等级	往返较差、附合或环形闭合差/mm		检测已测测段高差之差/mm
	平原、微丘	重丘、山岭	
四等	$\leqslant 20\sqrt{l}$	$\leqslant 6.0\sqrt{n}$ 或 $\leqslant 25\sqrt{l}$	$\leqslant 30\sqrt{L_i}$
五等	$\leqslant 30\sqrt{l}$	$\leqslant 45\sqrt{l}$	$\leqslant 40\sqrt{L_i}$

注：计算往返较差时，l 为水准点间的线路长度(km)；计算附合或环形闭合差时，l 为附合或环形的线路长度(km)。n 为测站数。L_i 为检测测段长度(km)，小于 1 km 按 1 km 计算。

中线放样应符合下列规定：路基开工前，应进行全段中线放样并固定路线主要控制桩，宜采用坐标法进行测量放样。中线放样时，应注意路线中线与结构物中心、相邻施工段的中线闭合,发现问题应及时查明原因,进行处理。实际放样与设计图纸不符时,应查明原因后进行处理。

下面以考题探究的形式对中线测量放样的方法进行讲解。

考题探究

【单选题】路基施工放样测量中,以平面曲线起点(或终点)至曲线任一点的弦线与切线之间的弦切角和弦长来确定待放点位置的方法称为(　　)。

A. 切线支距法　　B. 坐标法

C. 直角坐标法　　D. 偏角法

D。【解析】中线测量放样方法有传统法、坐标法和 GPS - RTK 技术法等。其中,传统法包括偏角法和切线支距法。切线支距法又称为直角坐标法,是以曲线起点(或终点)为坐标原点,以两端切线为 x 轴,过原点的曲线半径为 y 轴,根据曲线上各点的坐标(x_i,y_i)进行测设的。坐标法是用布设的导线点对照逐桩坐标表进行测设的。GPS - RTK 技术法是利用两个测站(一个基准站和一个流动站)的载波,将基准站的相位观测值及坐标信息通过数据链方式及时传送给流动站,流动站将收到的数据链及自身采集的相位观测数据进行实时差分处理,从而获得流动站的实时三维坐标。流动站再将实时坐标与设计坐标相比较,从而指导放样。

路基放样应符合下列规定:施工前应对原地面进行复测,核对或补充横断面。施工前应设置标识桩,将路基用地界、路堤坡脚、路堑坡顶、取土坑、护坡道、弃土堆等的具体位置标识清楚。**深挖高填路段,每挖填一个边坡平台或者 3 ~5 m,应复测中线和横断面。**

知识拓展

横断面放样测量有边桩放样和边坡放样。边桩放样的测设方法大致有图解法、计算法和渐近法三种。边坡放样常用方法有麻绳竹竿挂线法和坡度样板法。

每项测量成果应进行复核,原始记录应存档。

(三)路基试验

路基施工前,应建立具备相应试验检测能力的工地试验室。路基填前碾压前,应对路基基底原状土进行取样试验。每公里应至少取 2 个点,并应根据土质变化增加取样点数。

应及时对拟作为路堤填料的材料进行取样试验。**土的试验项目应包括天然含水率、液限、塑限、颗粒分析、击实、CBR 等,必要时还应做相对密度、有机质含量、易溶盐含量、冻胀和膨胀量等试验。**

温馨提示

上述仅规定了一般填料的试验项目,对特殊土(如黄土、软土、盐渍土、红黏土、高液限黏土和膨胀土等),还要进行相关试验以确定其性质及处置方案。

使用特殊材料作为填料时,应按相关标准进行相应试验检验,经批准后方可使用。

知识拓展

CBR(加州承载比)是表征路基土、粒料、稳定土强度的一种指标,即标准试件在规定贯入量时所施加的试验荷载与标准碎石材料在相同贯入量时所施加的荷载之比值,以百分率表示。最佳含水量是指击实曲线上最大干密度所对应的含水率。试验方法有击实试验法、振动台法和表面振动压实仪法。压实度是指现场干密度和室内最大干密度的比值。现场密度的测定方法有灌砂法、环刀法、核子密度湿度仪法。

(四)地表处理

地基表层碾压处理压实度控制标准为:二级及二级以上公路一般土质应不小于90%;三、四级公路应不小于85%。低路堤应对地基表层土进行超挖、分层回填压实,其处理深度应不小于路床厚度。

原地面坑、洞、穴等,应在清除沉积物后,用合格填料分层回填、分层压实,压实度应符合规范规定。对可能存在空洞隐患的,应结合具体情况采取相应的处置措施。

泉眼或露头地下水应按设计要求采取有效导排措施,将地下水引离后方可填筑路堤。地基为耕地、松散土质、水稻田、湖塘、软土、过湿土等时,应按设计要求进行处理,局部软弹的部分应采取有效的处理措施。陡坡地段、填挖结合部、土石混合地段、高填方地段地基等应按设计要求进行处理。地下水位较高时,应按设计要求进行处理。

特殊地段路基应先核对地勘资料,确定设计资料与实际的符合性、处理方法的适用性,必要时重新补勘地质、水文资料,根据结果重新确定处理方案。

(五)试验路段的选择

下列情况应进行试验路段施工:二级及二级以上公路路堤;填石路堤、土石路堤;特殊填料(指具有与一般土质不同工程特性的填料,如煤矸石、泡沫轻质土等)路堤;特殊路基;拟采用新技术、新工艺、新材料、新设备的路基。

温馨提示

特殊填料是指具有与一般土质不同工程特性的填料,如煤矸石、泡沫轻质土等。

试验路段应选择地质条件、路基断面形式等具有代表性的地段,长度宜不小于200 m。

试验路段施工总结宜包括下列内容:填料试验、检测报告等;压实工艺主要参数(机械组合、压实机械规格、松铺厚度、碾压遍数、碾压速度、最佳含水率及碾压时含水率范围等);过程工艺控制方法;质量控制标准;施工组织方案及工艺的优化;原始记录、过程记录;对施工图的修改建议等;安全保证措施;环保措施。

四、一般路基施工技术

(一)一般规定

路基填料应符合下列规定:

(1)宜选用级配好的砾类土、砂类土等粗粒土作为填料。

(2)含草皮、生活垃圾、树根、腐殖质的土严禁作为填料。

(3)泥炭土、淤泥、冻土、强膨胀土、有机质土及易溶盐超过允许含量的土等,不得直接用于填筑路基;确需使用时,应采取技术措施进行处理,经检验满足要求后方可使用。

(4)粉质土不宜直接用于填筑二级及二级以上公路的路床,不得直接用于填筑冰冻地区的路床及浸水部分的路堤。

路床填料应符合下列规定:

(1)路床填料应符合《公路路基施工技术规范》的规定。

(2)高速公路、一级公路路床填料宜采用砂砾、碎石等水稳性好的粗粒料,也可采用级配好的碎石土、砾石土等;粗粒料缺乏时,可采用无机结合料改良细粒土。

零填、挖方路段的路床施工应符合下列规定:

(1)路床范围原状土符合要求的,可直接进行成形施工。

(2)路床范围为过湿土时应进行换填处理,设计有规定时按设计厚度换填,设计未规定时按以下要求换填:高速公路、一级公路换填厚度宜为0.8~1.2 m,若过湿土的总厚度小于1.5 m,则宜全部换填;二级公路的换填厚度宜为0.5~0.8 m。

(3)高速公路、一级公路路床范围为崩解性岩石或强风化软岩时应进行换填处理,设计有规定时按设计厚度换填,设计未规定时换填厚度宜为0.3~0.5 m。

路床填筑,每层最大压实厚度宜不大于300 mm,顶面最后一层压实厚度应不小于100 mm。

(二)挖方路基施工技术

1. 挖方路基施工一般规定(见表1-1-5)

表1-1-5 挖方路基施工一般规定

类别	规定
土方开挖	(1)应自上而下逐级进行,严禁掏底开挖。 (2)开挖至边坡线前,应预留一定宽度,预留的宽度应保证刷坡过程中设计边坡线外的土层不受到扰动。 (3)拟用作路基填料的土方,应分类开挖、分类使用。 (4)开挖至零填、路堑路床部分后,应及时进行路床施工;如不能及时进行,宜在设计路床顶高程以上预留至少300 mm厚的保护层。 (5)应采取临时排水措施,施工作业面不得积水。 土方开挖遇到地下水时,应按下列规定处理: (1)应采取排导措施,将水引入路基排水系统,不得随意堵塞泉眼。 (2)路床土含水率高或为含水层时,应采取设置渗沟、换填、改良土质等处理措施;路床填料除应符合规范规定外,还应具有好的透水性和水稳性
石方开挖	(1)应根据岩石的类别、风化程度、岩层产状、岩体断裂构造、施工环境等因素确定开挖方案。 (2)应逐级开挖,逐级按设计要求进行防护。 (3)施工过程中,每挖深3~5 m应进行边坡边线和坡率的复测。 (4)爆破作业应符合现行《爆破安全规程》的有关规定。 (5)严禁采用峒室爆破,靠近边坡部位的硬质岩应采用光面爆破或预裂爆破。 (6)爆破法开挖石方,应先查明空中缆线、地下管线的位置、开挖边界线外可能受爆破影响的建筑物结构类型、居民居住情况等,对不能满足安全距离的石方宜采用化学静态爆破或机械开挖。 (7)边坡应逐级进行整修,同时清除危石及松动石块

（续表）

类别	规定
石质路床清理	(1)欠挖部分应予凿除，超挖部分应采用强度高的砂砾、碎石进行找平处理，不得采用细粒土找平。 (2)路床底面有地下水时，可设置渗沟进行排导，渗沟应采用硬质碎石回填。 (3)路床的边沟应与路床同步施工
深挖路堑施工	(1)应根据地形特征设置边坡观测点，施工过程中应对深挖路堑的稳定性进行监测。 (2)施工过程中，应核查地质情况，如与设计不符应及时反馈处理。 (3)每挖深 3～5 m 应复测一次边坡

2. 挖方路基施工方法（见表 1-1-6）

表 1-1-6　挖方路基施工方法

类别	内容
土质路堑开挖方法	(1)横挖法。在路线一端或两端，沿线成纵向向前开挖。双层时，下层上留有上层操作的出土和排水通道。横挖法包括单层横向全宽挖掘法和多层横向全宽挖掘法。前者适合挖掘浅且短的路堑，后者适合挖掘深且短的路堑。 (2)纵挖法。沿路堑纵向挖掘工作通道，再逐渐向两侧横挖，便于安排土方运输和展开工作断面，当开挖深度较大时，可将高度分成几个层次安排多组台班在不同层次和前后错开的作业面上开挖，适合开挖量大且较长的路堑。纵挖法包括分段纵挖法、分层纵挖法和通道纵挖法。 (3)混合式开挖法。若开挖断面宽，开挖量大，可在开挖纵向通道的基础上再在横向开挖通道，提高工作效率。 (4)分段掘进法。若开挖较长的路堑，可以沿路堑纵向选择一个或几个适宜处，将较薄的一侧路堑横向挖穿，将路堑在纵向分成几段，安排多组开挖断面，同时掘进
土质路堑施工工艺流程	测量放样→场地清理→逐层开挖→装运土、石方→路槽整修、碾压、成型→检查验收。其中，逐层开挖前应先开挖截水沟；装运土、石方前先进行边坡修理；路槽整修、碾压、成型前先开挖边沟
石质路堑开挖方法	石质路堑开挖方法包括爆破法开挖、化学静态爆破或机械开挖。目前广泛采用爆破法开挖，对不能满足安全距离的石方宜采用化学静态爆破或机械开挖。此部分主要介绍爆破法开挖相关内容。常用爆破方法包括： (1)光面爆破。光面爆破是指沿开挖边界布置密集炮孔，采取不耦合装药或装填低威力炸药，在主爆区之后起爆，以形成平整的轮廓面的爆破作业。 (2)预裂爆破。预裂爆破是指沿开挖边界布置密集炮孔，采取不耦合装药或装填低威力炸药，在主爆区之前起爆，从而在爆区与保留区之间形成预裂缝，以减弱主爆孔爆破对保留岩体的破坏并形成平整轮廓面的爆破作业。 (3)微差爆破。微差爆破，又称毫秒爆破，是一种延期时间间隔为几毫秒到几十毫秒的延期爆破。由于前后相邻段炮孔爆破时间间隔极短，致使各炮孔爆破产生的能量场相互影响，既可以提高爆破效果，又可以减少爆破地震效应、冲击波和飞石危害。微差爆破方法的具体优点，下面以考题探究的形式进行讲解。

（续表）

类别	内容
石质路堑开挖方法	(4)定向爆破。定向爆破是指利用炸药爆炸的作用，把某一地区的土石方抛掷到指定的地区，并大致堆积成所需形状的一种爆破技术，主要用于修坝（水坝或尾矿坝）、筑路（路堤和路基）、平整土地（工业场地和农田建设）等。该爆破方法对于劳力缺乏，深挖高填相间、工程量大的鸡爪形地区，交通不便及无施工场地的工点尤为适宜。 (5)其他爆破方法。其他爆破方法有抛掷爆破、松动爆破方法等

知识拓展

在实际工程运用中，预裂爆破及光面爆破的应用十分广泛且效果甚好。光面爆破和预裂爆破具有相同的特点，两者均属于控制爆破；但也有不同点，如两者的炮孔起爆顺序、单位炸药消耗量、自由面数目均不相同。另外，光面爆破有侧向临空面和最小抵抗线，而预裂爆破没有侧向临空面和最小抵抗线。根据实际条件不同，如特殊的施工环境、地质等，石质路堑开挖也可使用综合爆破的方法。综合爆破一般包括小炮和洞室炮两大类。小炮主要包括钢钎炮（浅孔爆破）、深孔爆破等钻孔爆破；洞室炮主要包括药壶炮和猫洞炮，随药包性质、断面形状和微地形的变化而不同。用药量 1 t 以上为大炮，1 t 以下为中小炮。

考题探究

【多选题】石质路堑施工采用微差爆破方法的优点有（　　）。

A. 使爆破面形成一个光滑平整的坡面　　B. 可减震 1/3 ~2/3 左右

C. 加强了岩石破碎效果　　D. 可节省炸药

E. 一次可形成数百米路基

BCD。【解析】石质路堑施工常用的爆破方法有光面爆破法、预裂爆破法、微差爆破法、定向爆破法。其中，微差爆破法具有的优点除了选项 B、C、D 外，还包括能够降低多排孔一次爆破的堆积高度，便于挖掘机作业；可增大孔距，增加每米钻孔的炸落方量。选项 A 属于光面爆破的特点；选项 E 属于定向爆破的特点。

（三）填方路基施工技术

1. 填土路堤

路堤填筑应符合下列规定：

(1)性质不同的填料，应水平分层、分段填筑、分层压实。同一层路基应采用同一种填料，不得混合填筑。每种填料的填筑层压实后的连续厚度宜不小于 500 mm。路基上部宜采用水稳性好或冻胀敏感性小的填料。有地下水的路段或浸水路堤，应填筑水稳性好的填料。

(2)在透水性差的压实层上填筑透水性好的填料前，应在其表面设 2% ~4% 的双向横坡，并采取相应的防水措施。不得在透水性好的填料所填筑的路堤边坡上覆盖透水性差的填料。

(3)每种填料的松铺厚度应通过试验确定。

(4)每一填筑层压实后的宽度不得小于设计宽度。

(5)路堤填筑时，应从最低处起分层填筑，逐层压实。

(6)填方分几个作业段施工时，接头部位如不能交替填筑，先填路段应按 1∶1～1∶2坡度分层留台阶；如能交替填筑，应分层相互交替搭接，搭接长度应不小于 2 m。

湿黏土路堤施工应符合下列规定：

(1)应按设计要求对基底湿黏土层进行处理。

(2)湿黏土填料宜采用石灰进行改良，石灰宜采用消石灰或磨细生石灰粉。石灰粒径应不大于 20 mm，质量宜符合三级及三级以上标准。

(3)施工前应取现场有代表性的土做石灰掺配试验，确定石灰用量。

(4)灰土拌合可采用路拌法，翻拌后填料的块状粒径超过 15 mm 的含量宜小于 15%，填筑层厚度宜不超过 200 mm。

改良后的湿黏土路堤质量应采用灰剂量与压实度两个指标控制，灰剂量应不低于设计掺量，压实度应符合相关规定。应采用设计灰剂量的击实试验确定最大干密度。

下面以考题探究的形式对土质路基压实度标准进行讲解。

考题探究

【多选题】土方路堤填筑时，要求压实度必须大于或等于 96% 的有(　　)。

A. 高速公路的上路床　　B. 高速公路的上路堤

C. 二级公路的上路床　　D. 高速公路的下路床

E. 高速公路的零填路基

ADE。【解析】土质路基压实度标准见下表。

填筑部位(路面底面以下深度)/m				压实度/%		
				高速，一级公路	二级公路	三，四级公路
填方路基	上路床		0～0.30	≥96	≥95	≥94
	下路床	轻、中及重交通	0.30～0.80	≥96	≥95	≥94
		特重、极重交通	0.30～1.20			—
	上路堤	轻、中及重交通	0.8～1.5	≥94	≥94	≥93
		特重、极重交通	1.2～1.9			—
	下路堤	轻、中及重交通	>1.5	≥93	≥92	≥90
		特重、极重交通	>1.9			
零填及挖方路基	上路床		0～0.30	≥96	≥95	≥94
	下路床	轻、中及重交通	0.30～0.80	≥96	≥95	—
		特重、极重交通	0.30～1.20			

填土路堤施工过程质量控制应符合下列规定：

(1)施工过程中，每一压实层均应进行压实度检测，检测频率为每 1 000 m^2 不少于 2 点；压实度检测可采用灌砂法、环刀法等方法，检测应符合现行《公路路基路面现场测试规程》的有关规定。

(2)施工过程中，每填筑 2 m 宜检测路线中线和宽度。

路堤填筑至设计高程并整修完成后，其施工质量应符合规范规定。施工质量检查项目包括压实度、弯沉、纵断高程、中线偏位、宽度、平整度、横坡、边坡坡度。其中，压实度和弯沉为关键检验项目。

知识拓展

填土路堤填筑施工工艺流程：施工准备→填筑前基底处理→基底检测→分层填筑填料→推土机摊平→平地机整平→碾压→检测→做好记录、检查签证→路基整修成型。

2. 填石路堤

填料应符合下列规定：

(1)硬质岩石、中硬岩石可用于路堤和路床填筑；软质岩石可用于路堤填筑，不得用于路床填筑；膨胀岩石、易溶性岩石和盐化岩石不得用于路基填筑。

(2)路基的浸水部位，应采用稳定性好、不易膨胀崩解的石料填筑。

(3)**路堤填料粒径应不大于 500 mm，并宜不超过层厚的 2/3。路床底面以下 400 mm 范围内，填料最大粒径不得大于 150 mm，其中小于 5 mm 的细料含量应不小于 30%。**

下面以考题探究的形式对填石路堤填筑的相关规定进行讲解。

考题探究

【案例题】某施工单位承建一山岭重丘区高速公路工程，由于地方交通道路等级较低，农用水田，旱地宝贵，因此合同约定不许外借土石方填筑路基。施工单位在本工程路基填筑时采用了自重 15 t 的振动压路机。

【问题】改正上述压路机选用的错误。

【答案】压路机宜选用自重不小于 18 t 的振动压路机。

【解析】填石路堤填筑时，压实机械宜选用自重不小于 18 t 的振动压路机。填石路堤填筑的相关规定还包括：(1)填石路堤应分层填筑压实。在陡峻山坡地段施工特别困难时，三级及三级以下砂石路面公路的下路堤可采用倾填方式填筑。(2)岩性相差大的填料应分层或分段填筑，软质石料与硬质石料不得混合使用。(3)填石路堤顶面与细粒土填土层之间应填筑过渡层或铺设无纺土工布隔离层。(4)填石路堤采用强夯、冲击压路机进行补压时，应避免对附近构造物造成影响。

填石路堤压实质量标准的控制指标宜采用孔隙率(采用水袋法检测)，其应符合表 1-1-7 的规定。

表 1-1-7 填石路堤压实质量标准

分区	路床顶面以下深度/m	硬质石料孔隙率/%	中硬石料孔隙率/%	软质石料孔隙率/%
上路堤	0.80～1.50	≤23	≤22	≤20
下路堤	>1.50	≤25	≤24	≤22

施工过程质量控制应符合下列规定：

(1)施工过程中每一压实层，应采用试验路段确定的工艺流程、工艺参数控制，压实质量可采用沉降差指标进行检测。

(2)施工过程中,每填高 3 m 宜检测路基中线和宽度。

填石路堤填筑至设计高程并整修完成后,其施工质量应符合规范规定。施工质量检查项目包括压实、纵断高程、弯沉、中线偏位、宽度、平整度、横坡、边坡(坡度、平顺度)。其中,压实和弯沉为关键检验项目。

成形后的外观质量标准应符合下列规定:路堤表面应无明显孔洞;大粒径石料应不松动;边坡码砌紧贴、密实无松动,砌块间承接面向内倾斜,坡面平顺;路基边线与边坡不应出现单向累计长度超过 50 m 的弯折;上边坡不得有危石。

知识拓展

填石路堤的填筑方法主要包括分层压实法、倾填法、强力夯实法、冲击压实法。其中,采用分层压实法施工时,将其划分为四级施工台阶、四个作业区段、八道工艺流程(施工准备→填料装运→分层填筑→摊铺平整→振动碾压→检测签认→路基成型→路基整修)。采用强力夯实法施工时,填补夯坑的填料应选用与路基同类型的石质填料。

3. 土石路堤

填料应符合下列规定:

(1)膨胀岩石、易溶性岩石等不宜直接用于路基填筑,崩解性岩石和盐化岩石等不得用于路基填筑。

(2)天然土石混合填料中,中硬、硬质石料的最大粒径不得大于压实层厚的 2/3;石料为强风化石料或软质石料时,其 CBR 值应符合规范规定,石料最大粒径不得大于压实层厚。

填筑应符合下列规定:

(1)压实机械宜选用自重不小于 18 t 的振动压路机。

(2)应分层填筑压实,不得倾填。

(3)应使大粒径石料均匀分散在填料中,石料间孔隙应填充小粒径石料和土。

(4)土石混合料来自不同料场,其岩性或土石比例相差大时,宜分层或分段填筑。

(5)**填料由土石混合材料变化为其他填料时,土石混合材料最后一层的压实厚度应小于 300 mm,该层填料最大粒径宜小于 150 mm,压实后表面应无孔洞。**

(6)中硬、硬质石料填筑土石路堤时,宜进行边坡码砌,码砌与路堤填筑宜同步进行,软质石料土石路堤的边坡按土质路堤边坡处理。

(7)采用强夯、冲击压路机进行补压时,应避免对附近构造物造成影响。

施工过程中质量控制应符合下列规定:

(1)中硬及硬质岩石的土石路堤填筑施工过程中每一压实层,应采用试验路段确定的工艺流程、工艺参数,压实质量可采用沉降差指标进行检测。

(2)软质石料的土石路堤填筑质量标准应符合规范规定。

(3)施工过程中,每填筑 3 m 高宜检测路线中线和宽度。

外观质量标准应符合下列规定:

(1)路基表面无明显孔洞。

(2)大粒径填石应不松动。

(3)中硬、硬质石料土石路基边坡应码砌紧贴、密实无松动,砌块间承接面应向内倾斜,坡面平顺。

4. 高路堤与陡坡路堤

填筑应符合下列规定：

(1)高路堤段应优先安排施工，宜预留1个雨季或6个月以上的沉降期。

(2)高路堤宜采用强度高、水稳性好的材料。路堤浸水部分应采用水稳性和透水性好的材料。

(3)高路堤施工中应按设计要求预留高度与宽度，并进行动态监控。

(4)高路堤宜每填筑2 m冲击补压一次，或每填筑4～6 m强夯补压一次。

(5)高路堤填筑过程中应进行沉降和稳定性观测。

(6)在不良地质路段的高路堤与陡坡路堤填筑，应控制填筑速率，并进行地表水平位移监测，必要时应进行地下土体分层水平位移监测。

5. 台背与墙背填筑

填料宜采用透水性材料、轻质材料、无机结合料稳定材料等，崩解性岩石、膨胀土不得用于台背与墙背填筑。

台背与墙背填筑施工应符合下列规定：

(1)二级及二级以上公路应按设计做好过渡段，过渡段路堤压实度应不小于96%；二级以下公路的路堤与回填的联结部，应预留台阶。

(2)台背和锥坡的回填宜同步进行。

(3)台背与墙背1.0 m范围内回填宜采用小型夯实机具压实。

(4)**分层压实厚度宜不大于150 mm，填料粒径宜小于100 mm，涵洞两侧回填填料粒径宜小于50 mm，压实度应不小于96%。**

(5)部位狭窄时，可采用低强度等级混凝土、浆砌片石等材料回填。

(6)涵洞两侧应对称分层回填压实。

(7)回填部分的路床宜与路堤路床同步填筑。

(8)**台背与墙背回填，应在结构物强度达到设计强度的75%以上时进行。**

(四)路基拓宽改建施工技术

不中断交通路基拓宽施工时，应采取交通管制和安全防护措施。施工前应截断流向拓宽作业区的水源，开挖临时排水沟。施工期间应在水流汇集的路肩外侧设置拦水带，根据水流情况在拓宽路基中合理设置临时急流槽与泄水口。拓宽路堤的填料宜与老路基相同，或选用水稳性好的砂砾、碎石等填料。路床应采用水稳性好的粗粒土或无机结合料稳定材料填筑。

一般路堤拓宽施工应符合下列规定：

(1)拓宽路堤填筑前，应拆除原有排水沟、隔离栅等设施。拓宽部分的基底清除原地表土应不小于0.3 m，清理后的场地应进行平整压实。老路堤坡面清除的法向厚度应不小于0.3 m。

(2)拓宽路基的地基处理应符合设计和规范规定。

(3)上边坡的既有防护工程宜与路基开挖同步拆除，下边坡的防护工程拆除时应采取措施保证既有路堤的稳定。

(4)既有路堤的护脚挡土墙及抗滑桩可不拆除。路肩式挡土墙路基拼接时，上部支挡结构物应予拆除，宜拆除至路床底面以下。

(5)既有路基有包边土时，宜去除包边土后再进行拼接。

(6)**从老路堤坡脚向上开挖台阶时，应随挖随填，台阶高度应不大于1.0 m，宽度应不小于1.0 m。**

(7)拼接宽度小于0.75 m时,可采取超宽填筑再削坡或翻挖既有路堤等措施。

(8)宜在新、老路基结合部铺设土工合成材料。

高路堤与陡坡路堤拓宽施工应符合下列规定:

(1)原坡脚支挡结构不宜拆除,结构物邻近处可用小型机具薄层夯实。

(2)老路底部设置有渗沟或盲沟时,应做好排水通道的衔接施工。

(3)高路堤与陡坡路堤拓宽施工,应符合规范的相关规定。

挖方路基拓宽施工应符合下列规定:

(1)应在既有路基边缘设置防止飞石或落石的安全防护措施,并应设置警示标志。

(2)边通车边施工时,宜采用机械开挖或静力爆破方式进行开挖。

(3)采用爆破方式时,应按爆破施工方案组织施工;宜统一规定爆破时间段,爆破时应临时封闭交通。

(4)拓宽施工中的挖方路基施工,除应符合上述规定外,还应符合规范的相关规定。

拓宽路基应进行沉降观测,观测点应按设计要求设置。高路堤和陡坡路堤路段尚应进行稳定性监测。

下面以考题探究的形式对新旧路基衔接的技术处理措施进行讲解。

考题探究

【单选题】关于新旧路基衔接的技术处理措施的说法,错误的是(　　)。

A. 清除旧路肩边坡上草皮、树根及腐殖土等杂物

B. 旧路肩压实度符合要求的不需要重新碾压

C. 修建试验路,改进路基开挖台阶的方案

D. 加强新旧路基的结合程度,减少新旧路基结合处的不均匀沉降

B。【解析】对于新旧路基衔接处,为保证新旧路基能够更好地结合,需重新开挖台阶,并进行填筑压实。故选项B错误。

温馨提示

为了加强新旧路基的横向联系,减少裂缝反射,应在路槽纵向开挖的台阶上铺设2~3层跨施工缝的土工格栅,铺设位置为路基底部,且宽度应在2 m以上。

地基处治与路基填料的技术处理措施如下:

(1)低路堤地基处治:必要时换填、加固、铺设土工材料,尽量利用原状土,减少土的扰动。

(2)高路堤地基处治:为防止路基失稳,高路堤拓宽必须进行路基稳定性验算,并采取有效措施。对于拓宽部分为软土地基的情形,应采取措施加强处治;对于单侧拓宽的情形,应防止新路基失稳及施工过快,从而造成路基滑动。

(3)新路基填料可以采用粉煤灰、石灰等轻质填料。

五、路基排水工程施工技术

(一)一般规定

施工前,应对排水设计进行现场核对,如有问题应及时反馈处理。全线的沟渠、桥涵等

应形成完整的排水系统。临时排水设施宜与永久排水设施相结合。施工期间,应经常维护临时排水设施。路堤段落设计有涵洞时,宜安排涵洞先行施工。地表水、地下水的临时和永久排水设施应及时完成。**路堤填筑期间,作业面应设2%~4%的排水横坡,表面不得积水;**边坡应采取临时排水措施。路堑施工时应及时排除地表水。边沟、排水沟、截水沟等地表排水设施迎水侧不得高出地表,局部有凹坑时应填平。排水设施的混凝土、浆砌圬工施工应符合现行《公路桥涵施工技术规范》的有关规定。

(二)地表排水

边沟施工,沟底纵坡应衔接平顺。

截水沟施工应符合下列规定:

(1)截水沟应先行施工,与其他排水设施衔接时应平顺,纵坡宜不小于0.3%。

(2)不良地质路段、土质松软路段、透水性大或岩石裂隙多地段的截水沟沟底、沟壁、出水口应进行防渗及加固处理。

排水沟施工应符合下列规定:

(1)排水沟线形应平顺,转弯处宜为弧线形。

(2)排水沟的出水口应设置跌水或急流槽,水流应引出路基或引入排水系统。

急流槽施工应符合下列规定:

(1)基础应嵌入稳固的基面内,底面应按设计要求砌筑抗滑平台或凸榫。对超挖、局部坑洞,应采用相同材料与急流槽同时施工。

(2)浆砌片石砌体应砂浆饱满,砌缝应不大于40 mm,槽底表面应粗糙。

(3)急流槽应分节砌筑,分节长度宜为5~10 m,接头处应采用防水材料填缝。混凝土预制块急流槽,分节长度宜为2.5~5.0 m,接头应采用榫接。

(4)急流槽进水口的喇叭形水簸箕应与排水设施衔接平顺,汇集路面水流的水簸箕底口不得高于接口的路肩表面。

跌水施工应符合下列规定:

(1)跌水槽施工应符合急流槽施工的有关规定。

(2)无消力池的跌水,其台阶高度应小于600 mm,每个台阶高度与长度之比应与原地面坡度相协调。

(3)消力池的基底应采取防渗措施。

蒸发池施工应符合下列规定:

(1)蒸发池与路基之间的距离应满足路基稳定要求。

(2)底面与侧面应采取防渗措施。

(3)**池底宜设0.5%的横坡,入口处应与排水沟平顺连接。**

(4)蒸发池应远离村镇等人口密集区,四周应采用隔离栅进行围护,高度应不低于1.8 m,并设置警示牌。

油水分离池施工应符合下列规定:

(1)污水进入油水分离池前应先通过格栅和沉砂池进行处理。

(2)池底、池壁和隔板应采用砌浆片石或现浇混凝土进行加固。

(三)地下排水

排水垫层施工应符合下列规定:

（1）排水垫层厚度宜不小于 300 mm，垫层材料宜采用天然砂砾或中粗砂，含泥量应不大于 5%。

（2）垫层宜分层摊铺压实。垫层采用砂砾料时，应避免离析。

（3）垫层两侧宜采用浆砌片石或其他方式防护。

隔离工程土工合成材料施工应符合下列规定：

（1）铺设土工合成材料前，应平整场地，清理树根、灌木或尖锐硬物等场地杂物。施工车辆不得直接在土工合成材料上作业。土工合成材料上铺筑石料时，应在保护层完成后再进行，不得将石料直接抛落于土工合成材料上。

（2）**土工织物连接可采用缝合法或搭接法。缝合宽度应不小于 100 mm，结合处抗拉强度应达到土工织物极限抗拉强度的 60% 以上；搭接宽度应不小于 300 mm。**

（3）土工膜连接宜采用热熔焊接法，局部修补也可采用胶黏法，连接宽度应不小于 100 mm。正式拼接前应进行试拼接，采用的胶料应在遇水后不溶解。

（4）土工合成材料的铺设应平顺，严禁出现扭结、断裂和撕破等现象。铺设时应拉紧，两端埋入土体部分应呈波纹状。土工织物与刚性结构连接时，应有一定伸缩量。

（5）在坡面上铺设土工合成材料时，应自上而下铺设并就地连接。土工合成材料应紧贴坡面保护层，不宜拉得过紧。

暗沟、暗管施工应符合下列规定：

（1）沟底应埋入不透水层内，沟壁最低一排渗水孔应高出沟底 200 mm 以上。进口应采取截水措施。

（2）暗沟、暗管设在路基侧面时，宜沿路线方向布置。

（3）暗沟、暗管设在低洼地带或天然沟谷时，宜沿沟谷走向布置。

（4）寒冷地区的暗沟应做好防冻保温处理，出水口坡度宜不小于 5%。

（5）暗沟采用混凝土或浆砌片石砌筑时，在沟壁与含水层接触面应设置一排或多排向沟中倾斜的渗水孔，沟壁外侧应填筑粗粒透水性材料或土工合成材料形成反滤层。沿沟槽底每隔 10～15 m 或在软、硬岩层分界处应设置沉降缝和伸缩缝。

（6）暗沟顶面应设置混凝土盖板或石料盖板，板顶上填土厚度应不小于 500 mm。

（7）暗管宜使用钢筋混凝土圆管、PVC 管、钢波纹管等材料，在管壁与含水层接触面应设置渗水孔，沟壁外侧应填筑粗粒透水性材料或设置土工合成材料形成反滤层。

（8）暗沟、暗管及检查井应采用透水性材料分层回填，层厚宜不大于 150 mm，材料粒径宜不大于 50 mm。

仰斜式排水孔施工应符合下列规定：

（1）钻孔成孔直径宜为 75～150 mm，仰角宜不小于 6°，孔深应伸至富水部位或潜在滑动面。

（2）排水管直径宜为 50～100 mm，渗水孔宜梅花形排列，渗水段及渗水管端头宜裹 1～2 层透水无纺土工布。

（3）排水管安装就位后，应采用不透水材料堵塞钻孔与渗水管出水口段之间的间隙，长度宜不小于 600 mm。

下面以考题探究的形式对渗沟和渗井施工的相关规定进行讲解。

考题探究

【单选题】关于支撑渗沟施工的说法，错误的是(　　)。

A. 支撑渗沟应分段间隔开挖

B. 支撑渗沟侧壁宜设封闭层

C. 支撑渗沟的基底宜埋入滑动面以下至少500 mm

D. 支撑渗沟的出水口宜设置端墙

B。【解析】渗沟施工应符合下列规定:(1)渗沟应设置排水层、反滤层和封闭层。(2)渗水材料应采用洁净的砂砾、粗砂、碎石、片石，其中粒径小于2 mm的颗粒含量不得大于5%。渗沟沟壁反滤层应采用透水土工织物或中粗砂，渗水管可选用带孔的HPPE管、PVC管、PE管、软式透水管、无砂混凝土管等。(3)渗沟宜从下游向上游分段开挖，开挖作业面应根据土质选用合理的支撑形式，并应边挖边支撑，渗水材料应及时回填。(4)渗水材料的顶面不得低于原地下水位。当用于排除层间水时，渗沟底部应埋置在最下面的不透水层。在冰冻地区，渗沟埋置深度不得小于当地最小冻结深度，渗沟出口应进行防冻处理。(5)渗沟基底应埋入不透水层内不小于0.5 m，沟壁的一侧应设反滤层汇集水流，另一侧用黏土夯实或用浆砌片石拦截水流。渗沟沟底不能埋入不透水层时，两侧沟壁均应设置反滤层。(6)粒料反滤层应分层填筑。坑壁土质为黏质土、粉砂、细砂，采用无砂混凝土板作反滤层时，在无砂混凝土板的外侧，应加设100～150 mm厚的中粗砂或渗水土工织物。(7)渗沟顶部封闭层宜采用干砌片石水泥砂浆勾缝或浆砌片石等，寒冷地区应设保温层，并加大出水口附近纵坡。保温层可采用炉渣、砂砾、碎石或草皮等。(8)路基基底的填石渗沟，应采用水稳性好的石料，其饱水抗压强度应不小于30 MPa，粒径应为100～300 mm。(9)管式渗沟宜间隔一定距离设置疏通井和横向泄水管，分段排除地下水。渗水孔应在管壁上交错布置，间距宜不大于200 mm。(10)洞式渗沟顶部应设置封闭层，厚度应不小于500 mm。(11)边坡渗沟的基底应设置在潮湿土层以下的干燥地层内，阶梯式泄水坡坡度宜为2%～4%，基底应铺砌防渗层，沟壁应设反滤层，其余部分用透水性材料填充。(12)支撑渗沟的基底埋滑动面以下宜不小于500 mm，排水坡度宜为2%～4%。当滑动面缓时，可做成台阶式支撑渗沟，台阶宽度宜不小于2 m。渗沟侧壁及顶面宜设反滤层。出水口宜设置端墙。端墙内的出水口底高程，应高于地表排水沟常水位200 mm以上，寒冷地区宜不小于500 mm。承接渗沟排水的排水沟应进行加固。

【单选题】当地下水埋藏较深或有固定含水层时，宜采用的地下水排除设施是(　　)。

A. 渗沟　　B. 渗井

C. 检查井　　D. 暗沟

B。【解析】当地下水埋藏较深或有固定含水层时，宜采用的地下水排除设施是渗井。渗井宜用于地下含水层较多，但路基水量不大，且渗沟难以布置的地段。渗井施工应符合下列规定:(1)渗井应边开挖边支撑，并应采取照明、通风、排水措施。(2)填充料应在开挖完成后及时回填。不同区域的填充料应采用单一粒径分层填筑，小于2 mm的颗粒含量不得大于5%。透水层范围宜填碎石或卵石，不透水范围宜填粗砂或砾石。井壁与填充料之间应设反滤层，填充料与反滤层应分层同步施工。(3)渗井顶部四周应采用黏土填筑围护，并应加盖封闭。

知识拓展

根据《公路排水设计规范》，应根据地下水类型、含水层埋藏深度、地层渗透性、地下水对环境的影响，并考虑与地表排水设施协调等，选用适宜的地下排水设施，并应符合以下规定：

(1)有地下水出露的挖方路基、斜坡路堤、路基填挖交替地段，当地下水埋藏浅或无固定含水层时，宜采用渗沟。

(2)赋存有地下水的坡面，当坡体土质潮湿、无集中的地下水流但危及路基安全时，宜设置边坡渗沟或支撑渗沟。

(3)路基基底范围有泉水外涌时，宜设置暗沟(管)将水引排至路堤坡脚外或路堑边沟内。

(4)当坡面有集中地下水时，可设置仰斜式排水孔。

六、特殊路基施工技术

特殊路基指位于特殊土(岩)地段、不良地质地段，或受水、气候等自然因素影响强烈，需要进行特殊设计的路基。特殊路基包括滑坡地段路基、崩塌与岩堆地段路基、泥石流地区路基、岩溶地区路基、软土地区路基、红黏土与高液限土地区路基、膨胀土地区路基、黄土地区路基、盐渍土地区路基、多年冻土地区路基、风沙地区路基、雪害地段路基、涎流冰地段路基、采空区路基、滨海地区路基、水库地区路基、季节性冰冻地区路基、沿河地段路基等。

以下主要讲解滑坡地段路基、崩塌与岩堆地段路基、软土地区路基的相关内容。

(一)一般规定

特殊路基施工前应进行必要的基础试验，核对地质资料、设计处理范围、设计参数等，编制专项施工方案，实际施工中如地质状况与设计不符或设计处置方案因故不能实施，应及时反馈处理。特殊路基施工宜进行动态监控。

(二)滑坡地段路基

滑坡整治施工应符合下列规定：

(1)施工前应核查滑坡区段的地形、地貌、地质、滑坡性质、成因类型和规模，应编制滑坡段的专项施工方案和应急预案。

(2)**滑坡整治措施实施前，严禁在滑坡体抗滑段减载、下滑段加载。**

(3)滑坡整治不宜在雨期施工。

(4)施工时应进行稳定监测、地质编录并核查实际地质情况，发现地质与设计不符、有滑坡迹象或其他异常情况时，应及时反馈处理。滑坡发生时应立即采取应急措施。

(5)滑坡整治施工时应对滑坡影响区内的其他工程和设施进行保护。

(6)降雨期间及雨后，应加强滑坡区段的巡查工作。

知识拓展

滑坡整治措施包括减滑措施和抗滑措施。削坡减载为减滑措施，填筑反压为抗滑措施。

应采取截水、排水、减载、反压与支挡等措施进行滑坡整治,整治措施可单独使用,也可综合使用。滑坡整治应先施工截水、排水设施,减载、反压与支挡措施的施工顺序应结合滑坡具体情况予以确定。

知识拓展

对于滑坡排水,主要是指排除地表水及地下水。其中,排除地下水的方法主要有设置平孔、暗沟、支撑渗沟、边坡渗沟等。

截水、排水施工应符合下列规定:

(1)应在滑坡后缘的稳定地层上,修筑具有防渗功能的环形截水沟、排水沟。

(2)滑坡体上的裂隙和裂缝应采取灌浆、开挖回填夯实等措施予以封闭,滑坡体的洼地及松散坡面应平整夯实。

(3)滑坡范围大时,应在滑坡坡面上修筑具有防渗功能的临时或永久排水沟。

(4)有地下水时,应设置截水渗沟。反滤材料采用碎石时,碎石粒径应符合要求,含泥量应小于3%。

削坡减载施工应符合下列规定:

(1)应自上而下逐级开挖,严禁采用爆破法施工。

(2)开挖坡面不得超挖,开挖面上有裂缝时应灌浆封闭或开挖夯填。

(3)支挡及排水工程在边坡上分级实施时,宜开挖一级、实施一级。

填筑反压施工应符合下列规定:

(1)反压措施应在滑坡体前缘抗滑段实施。

(2)反压填料不得堵塞地下水出口,地下排水设施应在填筑反压前完成。反压填料宜予压实。

(3)应采取措施使受影响的天然河沟保持排水顺畅。

抗滑支挡工程施工应符合下列规定:

(1)应在滑坡体处于相对稳定的状态下施工,滑坡体具有滑动迹象或已经发生滑动时,应采取反压填筑等措施。

(2)抗滑桩与挡土墙共同支挡时,应先施作抗滑桩。挡土墙后有支撑渗沟及其他排水工程时应先施工。

(3)抗滑桩、锚索施工应从两端向滑坡主轴方向逐步推进。

(4)采取微型钢管桩、山体注浆等加固措施或注浆作为其他处置方案的配套措施时,应采用相应的成孔设备和注浆方式。

(5)各种支挡结构的基底应置于滑动面以下,并应嵌入稳定地层。

知识拓展

抗滑支挡结构包括抗滑挡土墙、抗滑桩、注浆锚杆、预应力锚索、隧道明洞等。微型桩、山体注浆等措施可治理土质中小型滑坡。

滑坡区段的路基施工应在支挡工程完成后进行,开挖工程可结合减载措施进行施工,填筑工程可结合反压措施进行施工。路基的排水及防护工程应及时施工。

大型滑坡段应进行山体和边坡的稳定性监测。监测点、网的布置、监测内容及监测精度应符合现行《工程测量标准》的有关规定。施工完成后宜进行长期监测。

（三）崩塌与岩堆地段路基

施工前应核查崩塌地段地形、地貌、地质情况，查明危岩、崩坍的类型、范围及危害程度，查明岩堆的物质组成、类型、分布范围、物质来源、成因，分析崩塌体与岩堆的稳定性，复查设计处置方案的可行性并编制专项施工方案。

温馨提示

崩塌指高陡斜坡上岩体或土体在重力作用下倒塌、倾倒或坠落的现象。岩堆指陡峻山坡上，岩体崩坍物质经重力搬运，在山坡坡脚或平缓山坡上堆积的松散堆积体。

岩堆地区路基施工，应进行动态监控和巡视。填筑路基时，不宜使用振动碾压设备。

危岩崩塌体应采取下列处置措施：

（1）应根据地形和岩层情况对单个危岩采取处置措施。地面坡度陡于1∶1.5时，应对孤石进行处理。

（2）有岩块零星坠落的边坡或自然坡面，宜进行坡面防护。

（3）危岩崩塌体小时，可采取清除、支挡、挂网喷锚、柔性防护等措施；或采取拦石墙、落石槽等拦截措施，拦石墙与落石槽宜配合使用，设置位置可根据地形布置，拦石墙墙背应设缓冲层。

（4）对路基有危害的危岩体，应清除或采取支撑、预应力锚固等措施。在破碎带或节理发育的高陡山坡上不宜刷坡。

（5）当崩塌体大、发生频繁且距离路线近而设拦截构造物有困难时，应按设计要求采用明洞、棚洞等遮挡构造物，洞顶应有缓冲层。

处于发展中的岩堆地段路基，应减少开挖，并按设计要求采取挡土墙、坡面封闭等防护措施，也可设置拦石墙与落石槽或修建明洞、棚洞等遮挡构造物。

稳定的岩堆地段路基，宜采取下列处置措施：

（1）位于岩堆上部时，宜沿基岩面清除路基上方的岩堆堆积物。

（2）位于岩堆中部时，挖方边坡宜按设计要求设置挡土墙等支挡构造物。

（3）在岩堆上进行路堤施工，宜清除表层堆积物并挖台阶；宜控制填筑速率并进行稳定观测。

对大而稳定性差的岩堆，应按设计要求采用综合治理措施。应先进行抗滑挡土墙或抗滑桩等支挡工程施工，再分阶梯形成边坡或修筑护面墙，然后在岩堆体内分段注入水泥砂浆。

（四）软土地区路基

软土地基处置前，应了解工程地质、地下管线、构造物等情况，进行必要的土工试验，复核设计处置方案的可行性，编制专项施工方案。软土地基处置应因地制宜、就地取材。

知识拓展

软土鉴别指标有天然含水率、天然孔隙比、快剪内摩擦角、十字板抗剪强度、静力触探锥尖阻力、压缩系数。当上述部分指标无法获取时，可以天然孔隙比和天然含水率两项指标为基础，采用综合分析的方法进行鉴别。

浅层置换施工应符合下列规定：

(1)**厚度小于3.0 m的软土宜采用浅层置换。**

(2)置换宜选用强度高的砂砾、碎石土等水稳性和透水性好的材料。施工时，应分层填筑、压实。

浅层改良施工应符合下列规定：

(1)对非饱和黏质土的软弱表层，可添加石灰、水泥等进行改良处置。

(2)施工前应先完善排水设施，施工期间不得积水。

(3)石灰、水泥等应与土拌合均匀，严格控制含水率。施工时，应分层填筑、压实。

抛石挤淤施工应符合下列规定：

(1)应采用不易风化的片石、块石，石料直径宜不小于300 mm。

(2)当软土地层平坦，横坡缓于1∶10时，应沿路线中线向前呈等腰三角形抛填，渐次向两侧对称抛填至全宽，将淤泥挤向两侧；当横坡陡于1∶10时，应自高侧向低侧渐次抛填，并在低侧边部多抛投形成不小于2 m宽的平台。

(3)当抛石高出水面后，应采用重型机具碾压密实。

知识拓展

泥沼及软土厚度小于3.0 m且位于水下时，因置换施工困难，抛石挤淤是经济、有效的处理方法；当软土厚度大于3.0 m时，慎用该处理方法。

爆炸挤淤施工应符合下列规定：

(1)宜采用布药机进行布药；当淤泥顶面高、露出水面时间长，且装药深度小于2.0 m时，可采用人工简易布药法。

(2)抛填前应根据软基深度、宽度、水深等环境条件和施工设备，确定抛填高度、宽度及进尺。抛填高度应高于潮水位。抛填进尺最小宜不小于3 m，最大宜不大于10 m。

(3)爆炸挤淤施工应采取控制噪声、有害气体和飞石、减少粉尘、冲击波等环境保护措施。

(4)爆炸挤淤后应采用钻孔或物探方法探测检查置换层厚度、残留混合层厚度。置换层底面和下卧地基层设计顶面之间的残留淤泥碎石混合层厚度应不大于1 m。

砂砾、碎石垫层施工应符合下列规定：

(1)**砂砾、碎石垫层宜采用级配好的中、粗砂、砂砾或碎石，含泥量应不大于5%，最大粒径宜小于50 mm。**

(2)**垫层宜分层铺筑、压实。垫层应水平铺筑。当地形有起伏时，应开挖台阶，台阶宽度宜为0.5～1 m。**

(3)**垫层宽度应宽出路基坡脚0.5～1 m**，两侧宜用片石护砌或采用其他方式防护。

铺设土工合成材料应符合下列规定：

(1)土工合成材料技术指标应满足设计要求。土工合成材料在存放及铺设过程中不得在阳光下长时间暴露。与土工合成材料直接接触的填料中不得含强酸性、强碱性物质。

(2)施工中应采取措施防止土工合成材料受损，出现破损时应及时修补或更换。

袋装砂井施工应符合下列规定：

(1)宜采用中、粗砂，粒径大于0.5 mm颗粒的含量宜大于50%，含泥量应小于3%，渗透系数应大于5×10^{-2} mm/s。砂袋的渗透系数应不小于砂的渗透系数。

(2)套管起拔时应垂直起吊,防止带出或损坏砂袋。发生砂袋带出或损坏时,应在原孔位边缘重打。

(3)砂袋在孔口外的长度应不小于300 mm,并顺直伸入砂砾垫层。

(4)袋装砂井施工质量应符合表1-1-8的规定。

表1-1-8 袋装砂井施工质量标准

项次	检查项目	规定值或允许偏差	检查方法和频率
1	井距/mm	±150	抽查2%且不少于5点
2	井长/mm	≥设计值	查施工记录
3	井径/mm	+10,0	挖验2%且不少于5点
4	灌砂率/%	-5	查施工记录

知识拓展

袋装砂井施工工艺流程:整平原地面→摊铺下层砂垫层→机具定位→打入套管→沉入砂袋→拔出套管→机具移位→埋砂袋头→摊铺上层砂垫层。

塑料排水板施工应符合下列规定:

(1)塑料排水板技术指标应满足设计要求,露天堆放时应有遮盖。

(2)施工中应防止泥土等杂物进入套管内。

(3)塑料排水板不得搭接,预留长度应不小于500 mm,并及时弯折埋设于砂垫层中。

(4)塑料排水板施工质量应符合表1-1-9的规定。

表1-1-9 塑料排水板施工质量标准

项次	检查项目	规定值或允许偏差	检查方法和频率
1	板距/mm	±150	抽查2%且不少于5点
2	板长/mm	≥设计值	抽查2%且不少于5点

真空预压、真空堆载联合预压施工应符合下列规定:

(1)密封膜应采用抗老化性能好、韧性好,抗穿刺能力强的不透气材料。

(2)密封膜连接宜采用热合黏结缝平搭接,搭接宽度应不小于15 mm。

(3)滤管应不透砂。滤管距泥面、砂垫层顶面的距离均应大于50 mm。滤管周围应采用砂填实,不得架空、漏填。

(4)密封膜的周边应埋入密封沟内。密封沟的宽度宜为0.6~0.8 m,深度宜为1.2~1.5 m。

(5)真空表测头应埋设于砂垫层中间,每块加固区应不少于2个真空度测点。

(6)真空预压施工应按排水系统施工、抽真空系统施工、密封系统施工及抽气的顺序进行。

(7)采用真空堆载联合预压时,应先抽真空,当真空压力达到设计要求并稳定后,再进行堆载,并继续抽气。堆载时应在膜上铺设土工布等保护材料。

(8)施工监测应符合下列规定:

①预压过程中,应进行膜下真空度、孔隙水压力、表面沉降、深层沉降及水平位移等预压参数的监测。膜下真空度每隔4 h测一次,表面沉降每2 d测一次。

②当连续五昼夜实测地面沉降小于0.5 mm/d、地基固结度已达到设计要求的80%时,经验收,即可终止抽真空。

③停泵卸荷后 24 h,应测量地表回弹值。

粒料桩施工应符合下列规定:

(1)砂桩宜采用中、粗砂,粒径大于 0.5 mm 颗粒含量宜占总质量的 50% 以上,含泥量应小于 3%,渗透系数应大于 5×10^{-2} mm/s;也可使用砂砾混合料,含泥量应小于 5%。

(2)碎石桩宜采用级配好、不易风化的碎石或砾石,最大粒径宜不大于 50 mm,含泥量应小于 5%。

(3)施工前应进行成桩工艺和成桩挤密试验。

(4)粒料桩可采用振冲置换法或振动沉管法;宜从中间向外围或间隔跳打;邻近结构物施工时,应沿背离结构物的方向施工。采用振动置换法成桩时,其施工工序为:整平地面→振冲器就位对中→成孔→清孔→加料振密→关机停水→振冲器移位。

知识拓展

根据《公路软土地基路堤设计与施工技术细则》,振动沉管法成桩可采用一次拔管成桩法、逐步拔管成桩法和重复压管成桩法三种工艺。其中,重复压管成桩法的施工工序为:①清理平整场地→②测量放样→③机具就位→④沉管至设计深度→⑤加料→⑥振动拔管→⑦振动下压管→⑧振动拔管→⑨机具移位。其中⑤~⑧重复循环至桩顶,直至桩管拔出地面。

(5)粒料桩施工质量应符合表 1-1-10 的规定。

表 1-1-10　粒料桩施工质量标准

项次	检查项目	规定值或允许偏差	检查方法和频率
1	桩距/mm	±150	抽查桩数的 2% 且不少于 5 点
2	桩长/m	≥设计值	查施工记录
3	桩径/mm	≥设计值	抽查 2%
4	粒料灌入率	≥设计值	查施工记录
5	地基承载力	满足设计要求	抽查桩数的 0.1% 且不少于 3 处

(6)碎石桩密实度抽查频率应为 2%,用重Ⅱ型动力触探测试,贯入量 100 mm 时,击数应大于 5 次。

加固土桩施工应符合下列规定:

(1)加固土桩的固化剂宜采用生石灰或水泥。生石灰应采用磨细Ⅰ级生石灰,应无杂质,最大粒径应小于 2 mm。**水泥宜采用强度等级不低于 32.5 级的普通硅酸盐水泥。**

(2)加固土桩施工前应进行成桩试验,桩数宜不少于 5 根,且应满足下列要求:

①应取得满足设计喷入量的各种技术参数,如钻进速度、提升速度、搅拌速度、喷气压力、单位时间喷入量等。

②应确定能保证胶结料与加固软土拌合均匀性的工艺。

③掌握下钻和提升的阻力情况,选择合理的技术措施。

④根据地层、地质情况确定复喷范围。

(3)施工中发现喷粉量或喷浆量不足,应整桩复打,复打的量应不小于设计用量。中断施工时,应及时记录深度,并在 12 h 内进行复打,复打重叠长度应大于 1 m;超过 12 h,应采取补桩措施。

(4)加固土桩施工质量应符合表 1-1-11 的规定。

表 1-1-11　加固土桩施工质量标准

项次	检查项目	规定值或允许偏差	检查方法和频率
1	桩距/mm	±100	尺量:抽查桩数的 2% 且不少于 5 点
2	桩径/mm	≥设计值	尺量:抽查桩数的 2% 且不少于 5 点
3	桩长/m	≥设计值	查施工记录
4	单桩每延米喷粉(浆)量	≥设计值	查施工记录
5	强度/MPa	≥设计值	取芯法:抽查桩数的 0.5% 且不少于 3 根
6	地基承载力	满足设计要求	抽查桩数的 0.1% 且不少于 3 处

知识拓展

加固土桩包括粉喷桩与浆喷桩。软土地基处理时,水泥搅拌桩防渗型或支挡型隔离墙宜采用浆喷桩,其施工工艺应满足规范要求。

水泥粉煤灰碎石桩施工应符合下列规定:

(1)**集料可采用碎石或砾石,泵送混合料时砾石最大粒径宜不大于 25 mm,碎石最大粒径宜不大于 20 mm;振动沉管灌注混合料时,集料最大粒径宜不大于 50 mm。水泥宜选用 32.5 级普通硅酸盐水泥。粉煤灰宜选用Ⅱ、Ⅲ级粉煤灰。**

(2)施工前应进行成桩试验,成桩试验需要确定施工工艺、速度、投料数量和质量标准。

知识拓展

水泥粉煤灰碎石桩(CFG 桩)主要施工工艺流程:原地表处理→测量放样→沉管机就位→下沉至设计深度→停机→泵送混合料→拔管→沉管机移位。

(3)群桩施工,应合理设计打桩顺序、控制打桩速度;宜采用隔桩跳打的打桩顺序,相邻桩打桩间隔时间应不小于 7 d。

(4)水泥粉煤灰碎石桩施工质量应符合表 1-1-12 的规定。

表 1-1-12　水泥粉煤灰碎石桩施工质量标准

项次	检查项目	规定值或允许偏差	检查方法和频率
1	桩距/mm	±100	尺量:抽查桩数的 2% 且不少于 5 点
2	桩径/mm	≥设计值	尺量:抽查桩数的 2% 且不少于 5 点
3	桩长/m	≥设计值	查施工记录
4	强度/MPa	≥设计值	取芯法:抽查桩数的 0.5% 且不少于 3 根
5	复合地基承载力	≥设计值	抽查桩数的 0.1% 且不少于 3 处

知识拓展

根据《公路软土地基路堤设计与施工技术细则》,水泥粉煤灰碎石桩(CFG 桩)施工应符合下列规定:

(1)混合料应严格按照成桩试验确定的配合比拌制,搅拌均匀,搅拌时间不得少于1 min。

(2)沉管至设计高程后应尽快投料,首次投料量应使管内混合料面与投料口平齐。拔管过程中发现料量不足时应及时补充投料。桩顶超灌高度不宜小于0.5 m。

(3)沉管宜在设计高程留振10 s左右,然后边振动,边拔管。拔管速度宜为1.2~1.5 m/min,如遇淤泥层,拔管速度宜适当放慢。拔管过程中不得反插。

(4)成桩过程中,每个台班应做不少于一组(3个)试块(边长150 mm的立方体),检验其标准养护28 d抗压强度。

(5)当设计桩距较小时,宜按隔桩跳打的顺序施工。施打新桩与已打桩间隔的时间不应少于7 d。

现浇混凝土大直径管桩施工应符合下列规定:

(1)粗集料宜优先选用卵石。采用碎石时,宜适当增加含砂率。集料最大粒径宜不大于63 mm。混凝土坍落度宜为80~100 mm,在运输和灌注过程中无离析、泌水。

(2)桩尖、桩帽混凝土强度等级宜不低于C30。桩尖表面应平整、密实,桩尖内外面圆度偏差不得大于1%,桩尖端头支承面应平整。

(3)邻近有建筑物或构造物时,应采取有效的隔振措施。

(4)群桩施工,应合理设计打桩顺序、控制打桩速度,防止影响邻桩成桩质量。

(5)现浇混凝土大直径管桩施工质量应符合表1-1-13的规定。

表1-1-13 现浇混凝土大直径管桩施工质量标准

项次	检查项目	规定值或允许偏差	检查方法和频率
1	混凝土抗压强度/MPa	在合格标准内	每根桩2组,每台班至少2组
2	桩距/mm	±100	尺量:抽查桩数的2%且不少于5点
3	桩径/mm	≥设计值	尺量:抽查桩数的2%
4	桩长/m	≥设计值	查成孔记录
5	竖直度/%	1	查成孔记录
6	单桩承载力	满足设计要求	抽查桩数的0.1%且不少于3根
7	桩身完整性	无明显缺陷	低应变测试:抽查桩数的10%

预制管桩施工应符合下列规定:

(1)管桩堆放场地应平整、坚实,应有排水措施,不得产生不均匀沉陷。

(2)施工前检查成品桩,先张法薄壁预应力混凝土管桩应符合现行《先张法预应力混凝土管桩》《先张法预应力混凝土薄壁管桩》的规定。

(3)预制管桩宜采用静压方式施工,也可采用锤击沉桩方式施工。

(4)桩的打设次序宜由路基中心线向两侧打设,由结构物向路堤方向打设。

(5)沉桩过程中应严格控制桩身的垂直度。

(6)每根桩宜一次性连续沉至设计高程,沉桩过程中停歇时间不应过长。

(7)中止沉桩宜采用贯入度控制。

(8)桩帽钢筋笼应插入管桩内,连接混凝土应与桩帽混凝土一起灌注。

(9)预制管桩施工质量应符合表1-1-14的规定。

表 1-1-14　预制管桩施工质量标准

项次	检查项目	规定值或允许偏差	检查方法和频率
1	桩距/mm	±100	尺量：抽查桩数的 2% 且不少于 5 点
2	桩长/m	≥设计值	尺量：抽查桩数的 2% 且不少于 5 点
3	竖直度/%	1	抽查桩数的 2%
4	单桩承载力	满足设计要求	抽查桩数的 0.1% 且不少于 3 根
5	桩帽高度/mm	+20，-10	尺量：抽查桩数的 2%
6	桩帽长度和宽度/mm	+30，-20	尺量：抽查桩数的 2%
7	桩帽位置/mm	50	尺量：抽查桩数的 2%

强夯与强夯置换施工应符合下列规定：

(1)**强夯置换材料应采用级配好的片石、碎石、矿渣等坚硬的粗颗粒材料，粒径宜不大于夯锤底面直径的 0.2 倍，含泥量宜不大于 10%，粒径大于 300 mm 的颗粒含量宜不大于总质量的 30%**。

(2)应采取隔振、防振措施消除强夯对邻近建筑物的有害影响。

(3)施工前应选择有代表性并不小于 500 m^2 的路段进行试夯，确定最佳夯击能、间歇时间、夯间距等参数。

(4)夯点可采用正方形或等边三角形布置，间距宜为 5～7 m。在强夯能级不变的条件下，宜采用重锤、低落距。

(5)强夯和强夯置换施工前应在地表铺设一定厚度的垫层。强夯施工垫层材料宜采用透水性好的砂、砂砾、石屑、碎石土等，强夯置换施工垫层材料宜与桩体材料相同。垫层宜分层摊铺压实。

(6)施工前应检查锤重和落距，单击夯击能量应满足设计要求。

(7)强夯施工结束 30 d 后，应通过标准贯入、静力触探等原位测试，测量地基的夯后承载能力是否达到设计要求。

(8)**强夯置换施工结束 30 d 后，宜采用动力触探试验检查置换墩着底情况及承载力，检验数量不少于墩点数的 1%，且不少于 3 点；检查置换墩直径与深度，应满足设计要求。**

温馨提示

强夯置换按“由内向外”“隔行跳打”原则完成全部夯点的施工。

下面以考题探究的形式对软土地区路堤施工的相关规定进行讲解。

考题探究

【案例题】施工单位承建了某二级公路路基工程，路基宽度 10 m，其中 K1＋600～K1＋900 为软土地基，该路段原地面平坦，路基为填方路堤。路堤填筑过程中，为保证软土地基路堤稳定性，路堤施工期内施工单位连续观测了路堤的沉降等，其填筑速率按路堤中心线地面沉降速率每昼夜不大于 10～15 mm 控制，路堤完工且在沉降稳定后，进行路面及边坡防护等施工。

【问题】为保证软土地基路堤稳定性，路堤填筑时还应采用什么控制标准？

【答案】还应采用的控制标准:坡脚水平位移速率24 h应不大于5 mm。

【解析】软土地区路堤施工的相关规定除上述内容外,还包括:(1)软土地区路堤施工应尽早安排,施工计划中应考虑地基所需固结时间。(2)填筑过程中,应严格控制填筑速率,并应进行动态观测。(3)施工期间应结合沉降和位移观测结果综合分析地基稳定性。填筑速率应以水平位移控制为主,超过标准应立即停止填筑。(4)桥台、涵洞、通道以及加固工程应在预压沉降完成后再进行施工。(5)应按设计要求的预压荷载、预压时间进行预压。堆载预压的填料宜采用上路床填料,并分层填筑压实。(6)在软土地基上直接填筑路堤,应符合下列规定:水面以下部分应选择透水性好的填料,水面以上可用一般土或轻质材料填筑;填筑路基的土宜从取土场取用,在两侧取土时,取土坑距路堤坡脚的距离应满足路堤稳定的要求;反压护道宜与路堤同时填筑,分开填筑时,应在路堤达到临界高度前完成反压护道施工。

旧路加宽软基处理应符合下列规定:

(1)软基路段路基加宽台阶应开挖一层、填筑一层,上层台阶应在下层填筑完成后再开挖,台阶开挖应满足台阶宽度和新老路基处理设计要求。

(2)确定加宽软基处理施工工艺和方案时,应考虑软基处理时挤土、震动对老路堤或邻近构筑物的影响。

(3)施工期间应对旧路开挖边坡进行覆盖,并设置必要的临时排水设施。

(4)旧路加宽路段应同步进行拼宽路基和老路基的沉降观测,观测点宜布置在同一断面上。观测点设置宜为老路路中、老路路肩、拼宽部分中部、拼宽部分外侧。老路路中、老路路肩沉降观测点设置可采用在路表埋设观测点的方法,拼宽部分宜采用埋设沉降板的方法。

路堤施工沉降和稳定观测应符合下列规定:

(1)二级及二级以上公路路堤施工,应进行沉降和稳定的动态观测,观测项目、内容和频率应满足设计要求。

(2)应观测地表沉降与地表水平位移,土体深层水平位移可根据工程需要确定是否观测。

(3)观测仪器应在软土地基处理后埋设,并在观测到稳定的初始值后再进行路堤填筑。

(4)地基条件差、地形变化大、差异变形大的部位应设置观测点。同一路段不同观测项目的测点宜布置在同一横断面上。

(5)如地基稳定出现异常,应立即停止加载,分析原因并采取处理措施,待路堤恢复稳定后,方可继续填筑。

(6)**施工期间,应按设计要求进行沉降和稳定跟踪观测,观测频率应与路基(包括地基)变形速率相适应,变形大时应加密,反之亦然。填筑期每填一层应观测一次;两次填筑间隔时间长时,每3~5 d观测一次。路堤填筑完成后,堆载预压期间第一个月宜每3 d观测一次,第二、第三个月宜每7 d观测一次,从第四个月起宜每15 d观测一次,直至预压期结束。**

(7)各类观测点、基准点在观测期均应采取有效措施加以保护,并在标杆上涂设醒目的警示标志。

七、路基季节性施工技术

路基季节性施工主要是指冬期及雨期路基施工,它们属于特殊施工条件下的土方施工。

所谓特殊条件，在这里是指对工程施工不利的气候条件。对这些特殊条件下的土方施工，有相应的特定施工要求，在施工过程中必须严格遵守，不得随意违反，以免造成工程事故。

（一）一般规定

冬期、雨期施工应根据季节特点和施工段的地质地形条件，制定合理的施工方案。冬期、雨期施工应做好临时排水，并与永久排水设施衔接顺畅。冬期、雨期施工应及时收集气象信息，避免灾害和事故发生。冬期、雨期施工前应做好各项准备工作。

（二）冬期施工

在季节性冻土地区，昼夜平均温度在 -3 ℃以下且连续 10 d 以上，或者昼夜平均温度虽在 -3 ℃以上但冻土没有完全融化时，均应按冬期施工办理。**高速公路、一级公路的土质路堤和地质不良地区的公路路堤不宜进行冬期施工。土质路堤路床以下 1 m 范围内，不得进行冬期施工。半填半挖地段、填挖交界处不得在冬期施工。**冬期路基施工应采取措施，及时排干雨雪水及路堑开挖时出现的地下水。

知识拓展

路基施工可冬期进行的项目有含水量高的流动土质、流沙地段、岩石地段的路堑开挖，半填半挖路段的开挖，河滩地段开挖基坑修建防护工程，泥沼地带的换填土等。

冬期施工路基基底处理应符合下列规定：

(1)冻结前应完成表层清理，挖好台阶，并应采取保温措施防止冻结。

(2)填筑前应将基底范围内的积雪和冰块清除干净。

(3)对需要换填土地段或坑洼处需补土的基底，应选用适宜的填料回填，并及时整平压实。

(4)基底处理后应立即采取保温措施防止冻结。

下面以考题探究的形式对路基冬期施工的相关规定进行讲解。

考题探究

【多选题】关于路基冬期施工的说法，正确的有(　　)。

A. 半填半挖地段、挖填方交界处不得在冬期施工

B. 冬期填筑路堤，应按横截面全宽平填，每层松铺厚度应比正常施工增加 20% ~30%

C. 当填筑至路床底面时，碾压密实后应停止填筑，在顶面覆盖防冻保温层

D. 冬期过后必须对填方路堤进行补充压实

E. 河滩地段可利用冬期水位低，开挖基坑修建防护工程

ADE。【解析】冬期填筑路堤，应按横截面全宽平填，每层松铺厚度应比正常施工减少 20% ~30%，且松铺厚度不得超过 300 mm。故选项 B 错误。当填筑高程距路床底面 1 m 时，碾压密实后应停止填筑，在顶面覆盖防冻保温层，待冬期过后整理复压，再分层填至设计高程。故选项 C 错误。冬期填方路堤施工还应符合下列规定：(1)路堤填料应选用未冻结的砂类土、碎石、卵石土、石渣等透水性好的材料，不得用含水率大的黏质土。(2)中途停止填筑时，应整平填层和边坡并进行覆盖防冻，恢复施工时应将表层冰雪清除，并补充压实。(3)当填筑高程距路床底面 1 m 时，碾压密实后应停止填筑，在顶面覆盖防冻保温层，待冬期过后整理复压，再分层填至设计高程。冬期挖方路基施工的规定还有挖方边坡不得一次挖到设计线，应预留一定厚度的覆盖层，待到正常施工季节后再修整到设计坡面。

（三）雨期施工

路基排水应符合下列规定：

(1)雨期施工应综合规划，合理设置现场防排水系统，及时引排地面水。

(2)路堤填筑的每一层表面应设2% ~ 4%的排水横坡。

(3)在已填路堤路肩处，应采取设置纵向临时挡水土埂、每隔一定距离设出水口和排水槽等措施，引排雨水至排水系统。

(4)雨期路堑施工宜分层开挖，每挖一层均应设置纵横排水坡及临时排水沟，使水排放畅通。

路基基底处理应符合下列规定：

(1)应在雨期前将基底处理好，孔洞、坑洼处填平夯实，整平基底，并设纵横排水坡。

(2)低洼地段，应在雨期前将原地面处理好，并将填筑作业面填筑到可能的最高积水位0.5 m以上。

路堤施工应符合下列规定：

(1)填料应选用透水性好的碎石土、卵石土、砂砾、石方碎渣和砂类土等。利用挖方土作填料，含水率符合要求时，应随挖随填，及时压实。含水率过大难以晾晒的土不得用作雨期施工填料。

(2)每一填筑层表面应做成2% ~4%双向路拱横坡以利于排水，低洼地带或高出设计洪水位0.5 m以下部位应选用透水性好、饱水强度高的填料分层填筑，并及时施作护坡、坡脚等防护工程。

(3)雨期填筑路堤需借土时，取土坑的设置应满足路基稳定的要求。

(4)路堤应分层填筑，并及时碾压。

挖方路基施工应符合下列规定：

(1)挖方边坡不宜一次挖到设计坡面，应预留一定厚度的覆盖层，待雨期过后再修整到设计坡面。

(2)雨期开挖路堑，当挖至路床顶面以上300 ~500 mm时应停止开挖，并在两侧挖好临时排水沟，待雨期过后再施工。

(3)雨期开挖岩石路基，炮眼宜水平设置。

结构物基坑在雨期开挖后未能及时施工时，应采取防浸泡措施，必要时雨后应重新检测地基承载力。

第二节　路基防护与支挡

一、一般规定

路基防护工程施工前，应对边坡进行修整，清除边坡上的危石及松土。修整后的坡面应大面平整、排水顺畅，与周围自然地形协调。

路基防护工程应与路基挖填方工程紧密、合理衔接，应开挖一级、防护一级。根据开挖坡面地质水文情况，应逐段核实路基防护设计方案。实际状况与设计出入大时，应及时反馈处理。

施工中应加强安全防护，严禁大爆破、大开挖。各类防护工程应置于稳定的基础或坡体上。坡面防护层应与坡面密贴结合，不得留有空隙。

施工中应采取有效措施截排地表水和导排地下水。石料、钢筋、钢绞线、水泥混凝土等材料质量应符合要求。每处坡面防护应设置检修通道及必要的扶栏。

知识拓展

公路路基防护工程的类型主要包括植物防护、坡面工程防护、沿河路基防护和边坡锚固。其中,植物防护包括种草(采用湿法客土喷播法)、铺草皮、植生袋、三维植物网防护、水泥混凝土骨架防护、水泥混凝土空心预制块骨架防护、骨架植物防护等。坡面工程防护包括坡面喷浆防护、坡面喷射混凝土防护、锚杆挂网喷射混凝土防护、干砌片石护坡、浆砌片石护坡、水泥混凝土预制块护坡、浆砌片石护面墙等。沿河路基防护包括沿河路基植物防护、沿河砌石或混凝土防护、抛石防护、石笼防护、土工膜袋防护、丁坝防护、顺坝防护、改移河道等。

二、植物防护

坡面植物防护施工应符合下列规定:

(1)在坡面成形后,应及时进行坡面植物防护。

(2)植物防护前应清理坡面。

(3)回填土宜采用土、肥料及腐殖质土的混合物。种植土层厚度应符合规范规定。

(4)种草施工时,草籽应撒布均匀,同时做好保护措施。草皮宜选用带状或块状,草皮厚度宜为 100 mm。铺设时,应由坡脚自下向上铺设。

(5)铺、种植物后应适时进行洒水、施肥等养护管理,直到植物成活。

(6)养护用水不得含油、酸、碱、盐等有碍草木生长的成分。

湿法客土喷播应符合下列规定:

(1)喷播前应检查作业面的粗糙度,平均粗糙度宜为 ±100 mm,最大不超过 ±150 mm;若岩石边坡本身不稳定,需要采用预应力锚杆锚索进行加固处理。

(2)喷播植草混合料植生土、土壤稳定剂、水泥、肥料、混合草籽、水等应按配合比组成。

(3)客土喷播前浇水湿润坡面,喷播植草混合料的配合比应根据边坡坡度、地质情况和当地气候条件确定,喷播混合材料厚度应为 20 ~ 80 mm。种子喷播应均匀。

(4)客土喷播施工锚杆和锚钉宜按 1 m × 1 m 间距梅花形布置。挂网施工时应自上而下放卷,相邻两卷铁丝网分别用绑扎铁丝连接固定,两网交接重叠处宽度应不小于 100 mm,锚钉每平方米应不少于 5 个。

(5)挂网与作业面应保持一定间隙,并均匀一致。

(6)湿法喷播施工后应及时进行补种、洒水、施肥、清除杂草等养护管理,成活率应达到 90% 以上。

植生袋施工应符合下列规定:

(1)铺设植生袋时,应保证种子附着完好;袋内土不得含水。

(2)坡面施工时,应从底部开始,必要时在基面上打固定桩。

(3)植生袋应平铺在坪床上,边缘交接处重叠 10 ~ 20 mm。袋上应均匀覆土或河沙,厚度不露出植生袋,宜在 10 mm 左右。

(4)植生袋铺种完毕后应立即采用喷灌方式浇水,保持地表湿润,应避免水柱直冲。

三维植物网防护施工应符合下列规定:

(1)施工前应先清除杂草、石块、树根等杂物,坡面土质疏松的应进行夯实。

(2)**铺设三维网应自上而下平铺到坡脚，并向坡顶、坡脚各延伸 500 mm。**

(3)三维网应用木桩、锚钉锚固于坡面，四周以 U 形钉固定。网间搭接长度应满足设计要求且应不小于 100 mm。三维网应紧贴坡面，无皱褶和悬空现象。

(4)施工时应避开阴雨天气。

水泥混凝土骨架防护施工应符合下列规定：

(1)骨架施工前应修整坡面，填补超挖形成或原生的坑洞和空腔。

(2)混凝土浇筑应从护脚开始，由下而上进行浇筑。浇筑过程中采用插入式振捣器振捣。

(3)骨架宜完全嵌入坡面内，保证骨架紧贴坡面，防止产生变形或破坏。

(4)混凝土浇筑完成后应及时养护。养护时间宜不少于 14 d。

水泥混凝土空心预制块骨架应符合下列规定：

(1)预制块经验收合格后方可使用。

(2)铺设前应将坡面整平、压实，铺设宜在路堤沉降稳定后进行。

(3)应与坡面紧贴，不得有空隙，并与相邻坡面平顺。

(4)铺设后应及时施作植物防护。

骨架防护植物应符合下列规定：

(1)应选取适应性好、根系发达、耐干旱贫瘠、耐破坏、再生能力强的植物。

(2)应以乡土植物为主、外来植物为辅，不同植物应具互补性且与周围环境自然植被相适合。

(3)**骨架内植草草皮下宜铺设 50 ~ 100 mm 厚的种植土，草皮应与坡面和骨架密贴。**

(4)铺设草皮后，应及时进行养护。

三、坡面工程防护

坡面喷浆防护施工应符合下列规定：

(1)喷射顺序应自下而上进行。

(2)砂浆初凝后，应立即开始养护。养护期宜不少于 5 d。

(3)施工结束后，应及时对喷浆层顶部进行封闭处理。

坡面喷射混凝土防护施工应符合下列规定：

(1)混凝土强度应满足设计要求。

(2)作业前应进行试喷，选择合适的水灰比和喷射压力。

(3)**混凝土喷射厚度应符合设计规定，且临时支护厚度宜不小于 60 mm，永久支护厚度宜不小于 80 mm。永久支护面钢筋的喷射混凝土保护层厚度应不小于 50 mm。**

(4)混凝土喷射每一层应自下而上进行。当混凝土厚度大于 100 mm 时，宜分两次喷射。在第二次喷射混凝土作业前，应清除结合面上的浮浆和松散碎屑。

(5)面层表面应抹平、压实修整。

(6)**喷射混凝土面层应在长度方向上每 30 m 设伸缩缝，缝宽 10 ~ 20 mm。**

(7)喷射混凝土初凝后，应立即开始养护。养护期宜不少于 7 d。

(8)喷射混凝土表面质量应密实、平整，无裂缝、脱落、漏喷、漏筋、空鼓和渗漏水等。

锚杆挂网喷射混凝土防护施工应符合下列规定：

(1)锚杆应嵌入稳固基岩内，锚固深度根据设计要求结合岩体性质确定。锚杆孔深应大于锚杆长度 200 mm。

(2)钢筋网应与锚杆连接牢固。钢筋网与岩面的间隙宜为 30 ~ 50 mm。

(3)喷射混凝土宜分层施工,铺设钢筋网前喷射一层混凝土,铺设后再喷射混凝土至设计厚度。

(4)喷射混凝土厚度应均匀,钢筋网及锚杆不得外露。钢筋保护层厚度宜不小于 20 mm。

干砌片石护坡施工应符合下列规定:

(1)干砌片石护坡垫层应密实,厚度应满足设计要求。边坡为粉质土、松散的砂或粉砂土等易被冲蚀的土时,碎石或砂砾垫层厚度宜不小于 100 mm。

(2)石料选择应符合要求。片石的厚度应不小于 150 mm,卵形和薄片不得使用。镶面石料应选择尺寸大并具有平整表面的石料,且应稍加粗凿。在角隅处应使用大石料,大致粗凿方正。

(3)石料按层砌筑。分段砌筑时相邻段高差应不大于 1.2 m, 段与段间应设伸缩缝或沉降缝,各段水平砌缝应一致。

(4)砌筑应彼此镶紧,接缝要错开,缝隙间应用小石块填满塞紧。护坡基础宜选用大石块砌筑。

(5)基础与排水相连时,基础应设在排水沟底以下。

浆砌片石护坡施工应符合下列规定:

(1)宜在路堤沉降稳定后施工,砌筑前应整平坡面,按设计完成垫层施工。**受冻胀影响的土质边坡,护坡底面的碎石或砂砾垫层厚度应不小于 100 mm。**

(2)片石砌体应分层砌筑,2 ~ 3 层组成的工作面宜找平。

(3)所有石块均应坐于新拌砂浆之上。

(4)**每 10 ~ 15 m 应设置一道伸缩缝,缝宽宜为 20 ~ 30 mm。 基底地质有变化处,应设沉降缝。 伸缩缝与沉降缝可合并设置。**

(5)砂浆初凝后,应立即进行养护。砂浆终凝前,砌体应覆盖。

(6)泄水孔的位置和反滤层的设置应满足设计要求。如设计无要求,应符合下列规定:

①泄水孔宜为 50 mm × 100 mm、100 mm × 100 mm、150 mm × 200 mm 的矩形或直径为 50 ~ 100 mm 的圆形。

②泄水孔间距宜为 2 ~ 3 m,干旱地区可适当加大,渗水量大时应适当加密。上下排泄水孔应交错布置,左右排泄水孔应避开伸缩缝与沉降缝,与相邻伸缩缝间距宜不小于 500 mm。

③泄水孔应向外倾斜,最下一排泄水孔出口应高出地面或边沟、排水沟及积水地区的常水位 0.3 m。

④最下面一排泄水孔进水口周围 500 mm × 500 mm 范围内应设置具有反滤作用的粗粒料,反滤层底部应设置厚度不小于 300 mm 的黏土隔水层。

水泥混凝土预制块护坡施工应符合下列规定:

(1)宜在路堤沉降稳定后施工,铺设前应整平坡面,按设计铺设碎石或砂砾垫层,垫层厚度应不小于 100 mm。

(2)预制块应错缝砌筑,砌筑坡面应平顺,并与相邻坡面顺接。受冰冻影响的地区,预制块混凝土强度宜不低于 C25。

(3)**护坡每 10 ~ 15 m 应设置一道伸缩缝,缝宽宜为 20 ~ 30 mm。** 在基底地质有变化处,应设沉降缝。伸缩缝与沉降缝可合并设置。

(4)泄水孔的位置应满足设计要求,并保证畅通。

浆砌片石护面墙施工应符合下列规定:

(1)修筑护面墙前,应清除边坡风化层至新鲜岩面。对风化迅速地岩层,清挖到新鲜岩面后应立即修筑护面墙。

(2)基础施工前应核实地基承载能力和埋深。地基承载能力不足时,应采取加固措施。冰冻地区应埋置在冰冻深度以下至少250 mm。

(3)护面墙背面应与路基坡面密贴,边坡局部凹陷处应挖成台阶后用与墙身相同的圬工砌补,不得回填土石或干砌片石。坡顶护面墙与坡面之间应按设计要求做好防渗处理。

(4)应按设计要求做好伸缩缝。当护面墙基础修筑在不同岩层上时,应在变化处设置沉降缝。

(5)泄水孔的位置和反滤层的设置应满足设计要求。

(6)护面墙防滑坎应与墙身同步施工。

勾缝施工应符合下列规定:

(1)浆砌施工应在砂浆凝固前将外露缝勾好,勾缝深度应不小于20 mm。

(2)片石施工时,相邻竖缝应错开。平缝与竖缝宽度,用水泥砂浆砌筑时应不大于40 mm,用小石子混凝土砌筑时应为30~70 mm。可用厚度比缝宽小的石片填塞宽的竖缝,且石片应被砂浆包裹。

(3)块石施工时,砂浆砌筑缝宽应不大于30 mm,勾缝应均匀饱满、美观,坡面应平顺。

(4)勾好缝或灌好浆的砌体在完工后,视水泥种类及气候情况,在7~14 d内应加强养护。

四、支挡结构工程施工技术

公路路基支挡工程按结构物的形式与作用机理分为挡土墙、抗滑桩、土钉支护、柔性防护网系统等类型。其中,挡土墙是支承路基填土或山坡土体、防止填土或土体变形失稳的墙式构造物。挡土墙类型很多,划分方法也较多,通常可划分为重力式挡土墙、石笼式挡土墙、悬臂式和扶壁式挡土墙、锚杆挡土墙、锚定板挡土墙、加筋土挡土墙等。此部分主要介绍挡土墙、抗滑桩和土钉支护施工技术。

(一)重力式挡土墙

1. 基本特点及形式

重力式挡土墙指的是依靠墙身自重抵抗土体侧压力的挡土墙。重力式挡土墙可用块石、片石、混凝土预制块作为砌体,或采用片石混凝土、混凝土进行整体浇筑。半重力式挡土墙可采用混凝土或少筋混凝土浇筑。重力式挡土墙可用石砌或混凝土建成,一般都做成简单的梯形。其优点是就地取材,施工方便,经济效果好。

温馨提示

重力式挡土墙根据墙背的形式可分为仰斜式挡土墙、俯斜式挡土墙、垂直式挡土墙、凸折式挡土墙和衡重式挡土墙。其中,仰斜式挡土墙、俯斜式挡土墙和衡重式挡土墙在公路工程中应用较为普遍。仰斜式挡土墙墙背所受的主动土压力小,墙身断面比较经济,特别用于路堑墙、路堤,墙背与临时开挖的边坡比较贴合,开挖量和回填量较少,施工场地受周边建筑影响施工作业面小,墙趾处横坡平坦的条件下。俯斜式挡土墙所受到的土压力较大,且同样条件下,耗费材料较多,一般只适用于地面横坡陡峻的时候,借陡直的墙面来减小墙高。在城市道路上,俯斜式挡土墙使用比较多,因为受用地红线的限制,墙面往往是垂直的,而墙背的选择余地则较大。衡重式挡土墙的断面尺寸也较小,且因为墙面陡直,下墙墙背仰斜,降低了墙高和减少了基础开挖量。

2. 施工相关规定

下面以考题探究的形式对重力式挡土墙基坑开挖和基础施工的相关规定进行讲解。

考题探究

【单选题】关于重力式挡土墙施工要求的说法，正确的是(　　)。

A. 台阶式基础宜与墙体连续砌筑，基底及墙趾台阶转折处宜砌成垂直通缝

B. 基坑开挖宜分段跳槽进行，分段位置宜结合伸缩缝、沉降缝等设置确定

C. 基础应在基础砂浆强度达到设计强度的70%后及时回填夯实

D. 设计挡土墙基底为倾斜面，超挖深度不得超过基础深度的1/5

B。【解析】台阶式基础宜与墙体连续砌筑，基底及墙趾台阶转折处不得砌成垂直通缝，砌体与台阶壁间的缝隙砂浆应饱满。故选项A错误。基础应在基础砂浆强度达到设计强度的75%后及时分层回填夯实。回填应在表面留3%的向外斜坡。故选项C错误。设计挡土墙基底为倾斜面时，应严格控制基底高程，不得超挖填补。故选项D错误。基坑开挖除上述规定外，还包括土质或易风化软质岩石雨季开挖基坑时，应在基坑挖好后及时封闭坑底。基坑开挖完成后应及时进行检验，检验合格后应及时进行下道工序施工。基础施工除上述规定外，还包括：(1)施工前应检查基础底面，清除基底表面风化、松软的土石和杂物。(2)硬质岩石上的浆砌片石基础宜满坑砌筑。浆砌片石底面应卧浆铺砌，立缝要填浆补实，不得有空隙和立缝贯通现象。

墙身施工应符合下列规定：

(1)**砌石墙身应分层错缝砌筑，咬缝应不小于砌块长度的1/4，且不得出现贯通竖缝。**

(2)**片石、砌块应大面朝下砌筑，砌块不应直接接触，间距宜不小于20 mm。**

(3)**混凝土墙身应水平分层浇筑，分层振捣。分层厚度应不超过300 mm。**

(4)混凝土浇筑应连续进行。如间断，间断时间应小于前层混凝土的初凝时间，否则按施工缝处理。

(5)浇筑过程中应有专人检查模板及支撑工作情况，发现问题及时处理。

(6)挡土墙端部伸入路堤或嵌入挖方部分应与墙体同时砌筑。挡土墙顶应找平抹面或勾缝，其与边坡间的空隙应采用黏土或其他材料夯填封闭。

(7)墙身施工完毕后应及时养护。

伸缩缝与沉降缝内两侧壁应竖直、平齐，无搭叠。缝中防水材料应按设计要求施工。挡土墙与桥台、隧道洞门连接处应协调施工，必要时可设置临时支撑，确保与墙相接的填方或山体的稳定。**挡土墙混凝土或砂浆强度达到设计强度的75%时，应及时进行墙背回填。距墙背0.5～1.0 m内，不得使用重型振动压路机碾压。**

墙背填料应符合下列规定：

(1)宜采用砂性土、卵石土、砾石土或块石土等透水性好、抗剪强度高的材料。

(2)**采用黏质土作为填料时，应在墙背设置厚度不小于300 mm的砂砾或其他透水性材料排水层；排水层顶部应采用黏质土层封闭，土层厚度宜不小于500 mm。**

(3)填料中不得含有机物、冰块、草皮、树根及生活垃圾。不得使用腐殖土、盐渍土、淤泥、白垩土、硅藻土、生活垃圾及有机物等作为墙背填料。

墙身泄水孔应在砌筑过程中按设计施工，确保排水畅通。

浸水挡土墙应符合下列规定：

(1)浸水挡土墙用石料应选用坚硬、未风化且浸水不崩解的石块。

(2)施工过程中应处理好浸水挡土墙与岸坡的衔接部位。

(3)砌筑时应保证砂浆饱满、勾缝密实，避免水流冲刷墙身。

岩体破碎、土质松软或地下水丰富等地段修建挡土墙宜避开雨季施工。

知识拓展

重力式挡土墙施工工序:施工准备→测量放样→基坑开挖→报验复核→基础施工→墙身施工→附属工程施工→基坑回填。

(二)石笼式挡土墙

基底土质及承载力应满足设计要求。石笼制作应符合规范规定。石笼式挡土墙墙背应设置一层透水土工布。每层挡土墙施工完毕后,墙背应及时回填。**回填面应与石笼顶面持平,墙后回填土应夯实,压实度应不小于95%。**

(三)悬臂式和扶壁式挡土墙

基坑开挖应从上至下分层分段依次进行。开挖过程中应做好临时排水设施,并随时排水,保证工作面干燥及基底不被水浸。基坑开挖后应及时施工挡土墙,不得长期放置。凸榫部分应与基坑同时开挖,并与墙底板一起浇筑。采用装配法施工时,基础部分应整体一次性浇筑,并设置好预埋钢筋。**在基础混凝土达到设计强度的75%前,不得安设预制墙板。混凝土浇筑后应及时进行养护,养护时间宜不少于7 d。**墙背回填应在墙体混凝土达到设计强度的75%后进行。回填应分层填筑并压实。扶壁式挡土墙回填时应按先墙趾、后墙踵的顺序进行。

(四)锚杆挡土墙

1. 基本特点及形式

锚杆挡土墙是由钢筋混凝土肋柱、墙面板和水平(或倾斜)的锚杆联合组成的轻型支挡结构物。锚杆挡土墙结构形式主要有柱板式和壁板式两种。柱板式一般由肋柱、挡土板及灌浆锚杆组成,具有较大的抗拔力,可用于路堑或路堤挡土墙;壁板式一般由钢筋混凝土板和楔缝式锚杆组成,多用于边坡防护。锚杆挡土墙适用于边坡高度较大,石料缺乏,挖基困难,且具备锚固条件的地区,多用于路堑墙。

知识拓展

锚杆挡土墙施工工序:施工准备→测量放样→基坑开挖→基础浇(砌)筑→锚杆制作→钻孔→锚杆安放与注浆锚固→肋柱和挡土板预制→肋柱安装→挡土板安装→墙后填料填筑与压实→竣工交验。

2. 施工相关规定

锚杆挡土墙的施工应符合下列规定:

(1)施工时应针对地层和岩石特点,采用与其相适配并能斜孔钻进的钻机,并根据岩质选择钻头。

(2)锚孔直径应满足设计要求,钻孔时宜保持孔壁粗糙。

(3)**挡土板和锚杆的施工应逐层由下向上同步进行,挡土板之间的安装缝应均匀,缝宽宜小于10 mm。同一肋柱上两相邻跨的挡土板搭接处净间距宜不小于30 mm,并应按施工缝处理。**

(4)挡土板安装时应防止与肋柱相撞,避免损坏角隅或开裂。

(5)挡土板后的防排水设施及反滤层应与挡土板安装同步进行。

(五)锚定板挡土墙

螺丝杆、锚头等应进行防锈处理和防水封闭。锚定板应采用钢筋混凝土板。肋柱式锚定板面积应不小于0.5 m^2,无肋柱式锚定板面积应不小于0.2 m^2。肋柱安装应符合设计的位置和倾角。安装锚定板时板面应竖直,且在同一高程。锚定板应采用反开槽法施工,先填土,后挖槽就位。挖槽时,锚定板宜比设计位置高 30～50 mm。施工槽口与上层填土应同步碾压,不得直接碾压拉杆和锚定板。分级平台应按设计要求进行封闭,并设 2% 的外倾排水坡。

(六)加筋土挡土墙

1. 基本特点及原理

加筋土挡土墙指的是由填土、拉带和镶面砌块组成的加筋土承受土体侧压力的挡土墙。由于在挖方路段或地形陡峭的山坡不利于布置拉筋,故加筋土挡土墙不适用于挖方路段或地形陡峭的山坡,多用于地形较为平坦且宽敞的填方路段上。

原理:加筋土挡土墙是由填土、在填土中布置的一定量的带状拉筋(筋带)以及直立的墙面板三部分组成的一个整体的复合结构。在此结构内存在墙面土压力、筋条的拉力和填料与筋带间的摩擦力等相互作用的内力,这些内力互相平衡,保证了复合结构的内部稳定。同时,加筋土挡土墙要能抵抗筋条尾部后面填土所产生的侧压力,即为加筋土挡土墙的外部稳定,从而使整个复合结构稳定。

知识拓展

加筋土挡土墙施工工序:施工准备→测量放样→基槽(坑)开挖→地基处理→排水设施→基础浇(砌)筑→构件预制与安装→筋带铺设→填料填筑与压实→墙顶封闭。其中,现场墙面板拼装(构件预制与安装)、筋带铺设、填料填筑与压实等工序是交叉进行的。

2. 施工相关规定

加筋土挡土墙施工前,应按设计要求进行基底处理。有地下水影响基底稳固时,应拦截或排除地下水到墙身之外。加筋土挡土墙的拉筋应按设计采用抗拉强度高、延伸率和蠕变小、抗老化,耐腐蚀和化学稳定性好的材料,表面应有足够的粗糙度。钢拉筋应按设计进行防腐处理。

下面以考题探究的形式对加筋土挡土墙墙身施工的相关规定进行讲解。

考题探究

【单选题】加筋土挡土墙施工中,靠近墙面板 1 m 范围内的路基压实应采用(　　)。

A. 羊足碾压实　　　　B. 小型机具夯实或人工夯实

C. 中型钢轮压路机压实　　　　D. 强夯夯实

B。【解析】加筋土挡土墙墙身施工中,路基施工分层厚度及每层碾压遍数,应根据拉筋间距、碾压机具和密实度要求,通过试验确定,不得使用羊足碾碾压。靠近墙面板 1 m 范围内,应使用小型机具夯实或人工夯实,不得使用重型压实机械压实。严禁车辆在未经压实的填料上行驶。除上述内容外,加筋土挡土墙墙身施工的规定还包括:(1)墙背拉筋锚固段填料宜采用具有一定级配、透水性好的砂类土或碎砾石土,土中的粗颗粒不应含有在压实过程中可能破坏拉筋的带尖锐棱角的颗粒。(2)拉筋应按设计位置水平铺设在已经整平、压实的土层上,单根拉筋应垂直于面板,多根拉筋应按设计扇形铺设。聚丙烯土工带拉筋安装应平顺,不得打折、扭曲,不得与硬质、棱角填料直接接触,其他要求应符合现行《公路土工合成材料应用技术规范》的相关规定。(3)墙面板安设应根据高度和填料情况设置适当的仰斜,斜度宜为 1∶0.02～1∶0.05。安设好的面板不得外倾。(4)拉筋与面板之间的连接应牢固,连接部位强度应不低于拉筋强度。拉筋贯通整个路基时,宜采用单根拉筋拉住两侧面板。(5)填料摊铺、碾压应从拉筋中部开始平行于墙面进行,不得平行于拉筋方向碾压。应先向拉筋尾部逐步摊铺、压实,然后再向墙面方向进行。(6)施工过程中应加强对墙身变形的观测,发现异常变化应及时处理。

（七）抗滑桩

1. 基本特点及形式

抗滑桩是穿过滑坡体深入于滑床的桩柱，用以支挡滑体的滑动力，起稳定边坡的作用，适用于浅层和中厚层的滑坡，是一种抗滑处理的主要措施。根据滑坡体厚度、推力大小、防水要求和施工条件等，抗滑桩可选用木桩、钢桩、混凝土桩或钢筋（钢轨）混凝土桩等。

2. 施工相关规定

抗滑桩施工应详细了解工程地质资料，并做好下列工作：

（1）施工前，应采取卸载、反压、排水等措施使滑坡体保持基本稳定，严禁在滑坡急剧变形阶段进行抗滑桩施工。

（2）施工期间应根据实际地质情况考虑开挖时的预加固措施。

（3）应整平孔口地面，并设置地表截、排水及防渗设施。

（4）应设置滑坡变形、移动监测点，并进行连续观测。

（5）雨季施工时，应在孔口搭设雨棚，做好锁口，孔口地面上应加筑适当高度的围埂。

开挖及支护应符合下列规定：

（1）**相邻桩不得同时开挖。开挖桩群应从两端沿滑坡主轴间隔开挖，桩身强度达到设计强度的75%后方可开挖邻桩。**

（2）**开挖应分节进行。分节不宜过长，每节宜为0.5～1.0 m。**不得在土石层变化处和滑动面处分节。

（3）**应开挖一节、支护一节。**灌注前应清除孔壁上的松动石块、浮土。围岩松软、破碎、有水时，护壁宜设泄水孔。

（4）开挖应在上一节护壁混凝土终凝后进行，护壁混凝土模板支撑应在混凝土强度达到能保持护壁结构不变形后方可拆除。

（5）在围岩松软、破碎和有滑动面的节段，应在护壁内顺滑动方向设置临时横撑加强支护，并观察其受力情况，及时进行加固。

（6）开挖时应采取照明、排水等措施，保证施工安全。

（7）挖除的渣土弃渣不得堆放在滑坡范围内。

桩基开挖过程中，应随时核对滑动面情况，及时进行岩性资料编录。当实际情况与设计不符时，应及时反馈处理。

下面以考题探究的形式对抗滑桩桩身混凝土施工的相关规定进行讲解。

考题探究

【多选题】抗滑桩的钢筋笼搭接接头不得设置的位置有（　　）。

A. 潜水层处　　B. 土石分界处

C. 二分之一桩长处　　D. 地表面处

E. 滑动面处

BE。【解析】抗滑桩桩身混凝土施工应符合下列规定：(1)灌注前，应检查断面净空，清洗混凝土护壁。(2)钢筋笼搭接接头不得设在土石分界和滑动面处。(3)灌注应连续进行，不得中断。

桩间支挡结构及与桩相邻的挡土、排水设施等应与抗滑桩正确连接，配套完成。

桩板式抗滑挡土墙施工应符合下列规定：

（1）挡土板应在桩身混凝土达到设计强度后安装。挡土板安装时，应边安装边回填，并做好挡土板后排水设施。

(2)桩间采用土钉墙或喷锚支护时,桩间土体应分层开挖、分层加固。

(3)应严格控制墙背填土的压实度,压实时应保护好锚索。

施工过程中应对地下水位、滑坡体位移和变形进行监测。应加强坡体排水,定期疏导排水管,防止地下水赋存坡体内部。锚固桩上部设有多排锚索时,应在上一排锚索施工完成后再开挖下一层的桩前土体。

抗滑桩设置声测管施工应符合下列规定:

(1)声测管应采用焊接或绑扎固定在钢筋笼内侧上,管之间保持平行。

(2)声测管应随钢筋笼分段安装,接头牢固,套接管的两端用胶布缠绕密封。

(3)钢筋笼放入桩孔时,应保证管体竖直,管壁平顺无变形,管内畅通无异物。

(八)土钉支护

开挖、成孔等过程中应随时观察地质、位移的变化,发现异常应及时采取措施。**地表排水宜在距边坡顶部 3 ~5 m 范围内开挖截水沟。边坡体内排水宜设置排水管。** 在每层开挖作业面坡脚适当距离设临时排水沟和集水井。临时排水设施应与永久排水设施综合考虑布设。坡面开挖应开挖一级、防护一级。一次开挖深度和长度不得大于设计值。

土钉施工应符合下列规定:

(1)施工前应进行土钉现场抗拉拔力验证试验。

(2)钻孔完成后,应清除孔内残浆、残渣等杂物。

(3)土钉和注浆排气管应同时送入钻孔内,注浆应饱满。

(4)喷射混凝土应符合规范规定。

地梁、网格梁施工应符合下列规定:

(1)土钉钢筋与网格梁受力钢筋应联结牢固。

(2)地梁、网格梁应及时养护。

第三节　路基试验检测

一、最佳含水量测定

(一)最佳含水量的概念

最佳含水量是指与理论最大干密度对应的含水量,即粒料在最佳压实状态下的含水量。在击实试验过程中,击实曲线上最大干密度所对应的含水率即为最佳含水量。**最佳含水量的测定方法有击实试验法(分轻型和重型击实,采用大小两种试筒,分别适用于粒径不大于 40 mm 的土和粒径不大于 20 mm 的土)、振动台法和表面振动压实仪法。**

(二)最佳含水量测定方法

1. 击实试验法

(1)试验取样。击实试验可分别采用不同的方法准备试样,各方法可按表 1-1-15 准备试料,击实试验后的试料不宜重复使用。

表 1-1-15　试料用量

使用方法	试筒内径/cm	最大粒径/mm	试料用量
干土法	10	20	至少 5 个试样,每个 3 kg
	15.2	40	至少 5 个试样,每个 6 kg
湿土法	10	20	至少 5 个试样,每个 3 kg
	15.2	40	至少 5 个试样,每个 6 kg

干土法：过 40 mm 筛后，按四分法至少准备 5 个试样，分别加入不同水分（按 1%～3% 含水率递增），将土样拌合均匀，拌匀后闷料一夜备用。

湿土法：对于高含水率土，可省略过筛步骤，拣除大于 40 mm 的石子。保持天然含水率的第一个土样，可立即用于击实试验。其余几个试样，将土分成小土块，分别风干，使含水率按 2%～4% 递减。

（2）试验步骤。

①根据土的性质和工程要求，按规定选择轻型或重型试验方法，选用干土法或湿土法。

②称取试筒质量 m_1，准确至 1 g。将击实筒放在坚硬的地面上，在筒壁上抹一薄层凡士林，并在筒底（小试筒）或垫块（大试筒）上放置蜡纸或塑料薄膜。取制备好的土样分 3～5 次倒入筒内。小筒按三层法时，每次约 800～900 g（其量应使击实后的试样等于或略高于筒高的 1/3）；按五层法时，每次约 400～500 g（其量应使击实后的土样等于或略高于筒高的 1/5）。对于大试筒，先将垫块放入筒内底板上，按三层法，每层需试样 1 700 g 左右。整平表面，并稍加压紧，然后按规定的击数进行第一层土的击实，击实时击锤应自由垂直落下，锤迹必须均匀分布于土样面，第一层击实完后，将试样层面“拉毛”然后再装入套筒，重复上述方法进行其余各层土的击实。小试筒击实后，试样不应高出筒顶面 5 mm；大试筒击实后，试样不应高出筒顶面 6 mm。

③用削土刀沿套筒内壁削刮，使试样与套筒脱离后，扭动并取下套筒，齐筒顶细心削平试样，拆除底板，擦净筒外壁，称筒与土的总质量 m_2，准确至 1 g。

④用推土器推出筒内试样，从试样中心处取代表性的土样测其含水率，计算至 0.1%。

2. 振动台法

振动台法适用于测定通过 0.075 mm 标准筛的干颗粒、质量百分数不大于 15% 的无黏性自由排水粗粒土和巨粒土的最大干密度。在进行试验时，整个土样同时受到垂直方向的振动作用，其试验设备较为复杂。

3. 表面振动压实仪法

表面振动压实仪法与振动台法试验原理一致，均是采用振动方法测定土的最大干密度，适用土样也与振动台法一致。不同之处是，表面振动压实仪法的振动作用是自土体表面垂直向下传递的，其试验方法相对容易，且与现场振动碾压的实际情况更为接近。

考题探究

【单选题】关于击实试验法测定最佳含水量的说法，错误的是（ ）。

A. 用干法或湿法制备一组不同含水量的试样

B. 制备好的土样应一次性倒入击实筒

C. 计算各试样干密度，以干密度为纵坐标、含水量为横坐标绘制曲线

D. 当试样中有大于规定的颗粒，应先取出大颗粒，其百分率合格后，再对剩余试样进行击实试验

B。【解析】采用击实试验法测定最佳含水量时，应取制备好的土样按所选击实方法分3 次或 5 次倒入击实筒，每层按规定的击实次数进行击实，要求击完后余土高度不超过试筒顶面 5 mm（小试筒）或 6 mm（大试筒）。故选项 B 错误。

二、压实度检测

压实度又称夯实度，指的是土或其他筑路材料压实后的干密度与标准最大干密度之比，以百分率表示。压实度是路基、路面施工质量检测的关键指标之一，其测定主要包括室内标准密度（最大干密度）确定和现场密度试验；表征现场压实后的密度状况，压实度越高，

密度越大，材料整体性能越好。对于路基、路面半刚性基层及粒料类柔性基层而言，压实度是指施工现场实际达到的干密度与室内标准击实试验所得最大干密度的比值；对沥青面层、沥青稳定基层而言，压实度是指现场达到的密度与室内标准密度的比值。

（一）灌砂法

灌砂法适用于现场测定基层、底基层、砂石路面、路基土等各种材料的密度和压实度检测，但灌砂法对路基填料压实后孔隙大小有着较高要求，不适用于填石路堤等有大孔洞或大孔隙材料的压实度检测。因此，在路基施工中，需要根据工程的实际特点，合理应用技术手段，将路基填料最大粒径控制在不超过压实层厚 2/3 的范围内，为灌砂法的应用奠定坚实基础。

1. 仪器设备

（1）灌砂设备：灌砂筒、标定罐和基板。

（2）玻璃板：边长约 500 ~ 600 mm 的方形板。

（3）试验盘和铝盒。

（4）电子秤、电子天平。

（5）含水率测试设备：如铝盒、烘箱、微波炉等。

（6）量砂以及盛砂的容器。

（7）温度计、凿子、改锥、铁锤、毛刷等。

2. 准备工作

（1）按照有关标准和规程对结构层填料进行击实试验，得到最大干密度（ρ_c）。

（2）按规范规定选用灌砂设备。

（3）标定灌砂设备下部圆锥体内砂的质量。

（4）标定量砂的松方密度 ρ_s（g/cm^3）。

3. 测试步骤

（1）在试验地点，选一块平坦表面，将其清扫干净，面积不得小于基板面积。

（2）将基板放在平坦表面上。当表面的粗糙度较大时，将盛有量砂（m_1）的灌砂筒放在基板中孔上，做好基板位置标识。将灌砂筒的开关打开，让砂流入基板中孔内，直到储砂筒内的砂不再下流时关闭开关。取下灌砂筒，并称量储砂筒内砂的质量 m_5，准确至 1 g。

（3）取走基板，收回留在试验地点未混入杂质的量砂，重新将表面清扫干净。

（4）将基板放回原处并固定，沿基板中孔凿洞（洞的直径与灌砂筒直径一致）。在凿洞过程中，不应使凿出的材料丢失，并随时将凿松的材料取出装入塑料袋中或大铝盒内密封，防止水分蒸发。试洞的深度应等于测试层厚度，但不得有下层材料混入。称取洞内材料质量 m_w，准确至 1 g。当需要测试厚度时，应先测量厚度后再称量材料总质量。

（5）从挖出的全部材料中取有代表性的试样，放在铝盒或洁净的搪瓷盘中，按照《公路土工试验规程》的有关规定测试其含水率 w。单组取样数量如下：用小灌砂筒测试时，对于细粒土，不少于 100 g；对于各种中粒土，不少于 500 g。用中灌砂筒测试时，对于细粒土，不少于 200 g；对于各种中粒土，不少于 1 000 g；对于粗粒土或水泥、石灰、粉煤灰等无机结合料稳定材料，宜将取出的材料全部烘干，且不少于 2 000 g，称取其质量 m_d。用大型灌砂筒测试时，宜将取出的材料全部烘干，称取其质量 m_d。

（6）储砂筒内放满砂到要求质量 m_1，将基板安放在试坑原位上。灌砂筒安放在基板中间，下口对准基板中孔，打开灌砂筒开关，让砂流入试坑内。在此期间，不应碰灌砂筒，直到储砂筒内的砂不再下流时，关闭开关。取走灌砂筒，并称量筒内剩余砂的质量 m_4，准确至 1 g。

(7)如清扫干净的平坦表面粗糙度不大,也可省去步骤(2)和(3)的操作。在试洞挖好后,将灌砂筒直接对准试坑,中间不需要放基板。打开灌砂筒开关,让砂流入试坑内。在此期间,不应碰灌砂筒,直到储砂筒内的砂不再下流时,关闭开关。取走灌砂筒,并称量剩余砂的质量 m'_4,准确至 1 g。

(8)取出储砂筒内的量砂,以备下次试验时再用。

(9)取走基板,将留在试坑内未混入杂质的量砂收回。将坑内剩余量砂清理干净后,回填与被测结构同材质的填料,并用铁锤分 3 ~4 层夯实。

(10)回收的量砂烘干、过筛,并放置 24 h 以上,使其与空气的湿度达到平衡后可以继续使用。若量砂中混有杂质,则应废弃。

4. 数据处理

(1)按下式计算填满试坑所用砂的质量。

灌砂时,试坑上放有基板时:

$$m_b = m_1 - m_4 - (m_1 - m_5)$$

灌砂时,试坑上不放基板时:

$$m_b = m_1 - m'_4 - m_2$$

式中 m_b——填满试坑砂的质量(g);

m_1——灌砂前灌砂筒内砂的质量(g);

m_2——灌砂筒下部圆锥体内砂的质量(g);

m_4、m'_4——灌砂后,储砂筒内剩余砂的质量(g);

$m_1 - m_5$——灌砂筒下部圆锥体内及基板和粗糙表面间砂的合计质量(g)。

(2)按下式计算试坑材料的湿密度。

$$\rho_w = \frac{m_w}{m_b} \times \rho_s$$

式中 ρ_w——试坑材料的湿密度(g/cm³);

m_w——试坑中取出的全部材料的质量(g);

ρ_s——量砂的松方密度(g/cm³)。

(3)按下式计算试坑材料的干密度。

$$\rho_d = \frac{\rho_w}{1 + 0.01\omega}$$

式中 ρ_d——试坑材料的干密度(g/cm³);

w——试坑材料的含水率(%)。

(4)当为水泥、石灰、粉煤灰等无机结合料稳定土时,可按下式计算密度。

$$\rho_d = \frac{m_d}{m_b} \times \rho_s$$

式中 ρ_d——当为水泥、石灰、粉煤灰等无机结合料稳定土时的密度(g/cm³);

m_d——试坑中取出的稳定土的烘干质量(g)。

(5)按下式计算施工压实度。

$$K = \frac{\rho_d}{\rho_c} \times 100$$

式中 ρ_d——试样的干密度（g/cm³）；

ρ_c——由击实等试验得到的最大干密度（g/cm³）。

5. 报告内容

（1）测试位置信息（桩号、层位等）。

（2）干密度、最大干密度。

（3）压实度。

知识拓展

灌砂法测定试样最大粒径不得超过 60 mm，测定密度层的厚度为 150～200 mm。在测定细粒土的密度时，可以采用直径 100 mm 的小型灌砂筒。如最大粒径超过 15 mm，则灌砂筒和现场试洞的直径应为 150～200 mm，灌砂筒的直径宜大于最大粒径的 3 倍。

（二）核子密湿度仪法

核子密湿度仪法适用于用核子密湿度仪测试路基、路面材料的密度和含水率，并计算施工压实度，以评价结构层的压实质量。核子密湿度仪法可采用散射和直接透射两种方式进行。其中，散射方式宜用于测试沥青混合料面层的压实密度或硬化混凝土等难以打孔材料的密度。直接透射方式宜用于测试厚度不大于 30 cm 的土基、基层材料或非硬化水泥混凝土等可以打孔材料的密度及含水率。

（三）环刀法

环刀法是用已知质量及容积的环刀，切取土样，称重后减去环刀质量即为土的质量，环刀的容积即为土的体积，进而可求得土的密度。环刀法适用于现场测试细粒土及龄期不超过 2 d 的无机结合料稳定细粒土结构的密度，并计算施工压实度，以评价结构层的压实质量。

（四）钻芯法

钻芯法适用于测试从压实的沥青路面上钻取沥青混合料芯样的密度，并计算施工压实度，以评价结构层的压实质量。

（五）无核密度仪法

无核密度仪法适用于现场无核密度仪快速测试当日铺筑且未开放交通的沥青路面各层沥青混合料的密度，并计算压实度。测试结果不宜用于评定验收。

三、弯沉检测

（一）弯沉的概念

弯沉是指在规定的荷载作用下，路基或路面表面产生的总垂直变形（总弯沉）或垂直回弹变形值（回弹弯沉），以 0.01 mm 计。通常所说的回弹弯沉值是指标准后轴载双轮组轮隙中心处的最大回弹弯沉值。回弹弯沉值表征路基路面的承载能力，回弹弯沉值越大，承载能力越小，反之则越大。

（二）弯沉检测方法

1. 贝克曼梁法

贝克曼梁法适用于测试路基及沥青路面的回弹弯沉，以评价其承载能力；不适用于路基冻结后的回弹弯沉检测。贝克曼梁法为传统检测方法,检测速度较慢,属于静态测试,但试验方法较为成熟。

2. 自动弯沉仪法

自动弯沉仪法适用于测试沥青路面的总弯沉,以评价其承载能力;不适用于有严重坑槽、车辙等病害、不具备正常通车条件路面的弯沉测试。由于自动弯沉仪法测定的是总弯沉,在实际使用时需要采用贝克曼梁法进行标定换算。

3. 落锤式弯沉仪法

落锤式弯沉仪法适用于采用落锤式弯沉仪测试路表在冲击荷载作用下产生的瞬时变形,即动态弯沉,以便评价路基路面承载能力。落锤式弯沉仪法测定的是动态弯沉,能够进行连续测定,在实际使用时需要采用贝克曼梁法进行标定换算。

第四节 路基工程质量通病及防治措施

一、路基压实质量问题的防治

(一)原因分析

(1)填料原因:填料含水量超过规定值,特别是超过最佳含水量两个百分点;填料粒径大于 10 cm,填料之间空隙过大,或采用不符合要求的填料(天然稠度小于 1.1,液限大于 40,塑性指数大于 18);选用粉质土、有机土、高塑土等不符合要求的填料;土场土质种类多,出现异类土壤混填,尤其是透水性差的土壤包裹透水性好的土壤。

(2)压实原因:压实遍数不合理;碾压不均匀,局部有漏压现象;压实机械选用不当,如质量偏小;填土厚度过大;压实机械碾压不到边;路基边缘漏压或压实遍数不够等。

(3)土层处治原因:没有对上一层表面浮土或松软层进行处治。

(二)预防及治理措施

(1)在同一压实功能作用下,含粗粒径越多的土,最大干密度越大,最佳含水量越小,就越容易压实,所以应优先选择级配良好的粗粒土作为路堤填料,填料的最小强度和最大粒径应符合规范要求。比如石质土、砂土以及砂性土都是良好的路基填料。

(2)按照公路路基施工技术规范给出的范围,即碾压时填料的含水量在最佳含水量 ±2% 时进行碾压,能达到良好的效果。

(3)对填料进行翻开晾晒,待含水量合格后再进行碾压。

(4)**性质不同的填料,应采取水平分层、分段填筑,并分层压实;同一水平层,应采用同一填料,不得混合填筑,每种填料层累计厚度至少为 50 cm。**

(5)**每一水平层的全宽应用同一种填料填筑,应水平分层填筑、分层压实,填料分层的最大压实厚度不应大于 30 cm,路床顶面最后一层厚度一般不小于 10 cm,分层填筑的最小分层厚度不宜小于 10 cm。**

(6)应通过试验来确定压实机械和压实遍数。

(7)认真控制碾压顺序,确保轮迹重叠宽度和段落搭接超压长度;控制碾压工艺,保证机具碾压到边;确保压路机的碾压遍数符合规范要求。

考题探究

【多选题】对于路基行车带碾压，出现“弹簧土”的部位，可采取的措施有（　　）。

A. 将过湿土进行翻晒

B. 掺生石灰粉翻拌后重新碾压

C. 控制碾压顺序和碾压遍数

D. 挖除换填含水量适宜的良性土壤后重新碾压

E. 适量洒水后重新碾压

ABD。【解析】路基行车带压实度不足的治理措施包括：(1)清除碾压层下软弱层，换填良性土然后重新进行碾压。(2)对产生“弹簧土”的部位，可将过湿土进行翻晒，拌合均匀后重新碾压，或挖除换填含水量适宜的良性土壤后重新碾压。(3)对产生“弹簧土”且急于赶工的路段，可掺生石灰粉翻拌，待其含水量适宜后重新碾压。本题属于补充性内容，可结合上文中路基压实质量问题的预防和治理措施理解记忆。

二、路基边坡病害的防治

（一）边坡病害的类型

边坡病害可分为坡面冲刷、碎落崩塌、局部坍塌、滑坡四类。

(1)坡面冲刷是指由雨水冲刷坡面形成深度 10 cm 以上的沟槽（含坡脚缺口）。

(2)碎落崩塌是指路堑边坡因表层风化等产生的碎石滚落、局部崩塌等。

(3)局部坍塌是指因边坡表面松散破碎或雨水冲刷而引起的坡面滑塌。

(4)滑坡是指边坡发生整体剪切破坏引起的坡体下滑，或有明显水平位移。

（二）原因分析

造成路基边坡危害的原因一般有：

(1)表层为渗水的土或岩层，下层为不透水土或岩层（形成隔水层），且岩层向路基倾斜。

(2)设计时未对地震、洪水、地下水位进行充分考虑。

(3)排水设施布置不合理，导致路基顶面排水不畅；填筑路堤的填料透水性较差，未妥当处理（当填料透水性较差时，应做成4%的双向横坡）。

(4)边坡上有灌溉渠道或水田，未进行适当处理；或路基位于陡坡上（陡于1∶5时，原地面应开挖反坡台阶）。

(5)边坡植被过少。

(6)路基基底压实度不足。

(7)填土速率过快，未及时对施工沉降、侧向位移进行观测。

(8)进行换填土时，未彻底清淤；有软土存在且厚度不一。

(9)路基填筑层有效宽度不足，边坡二期补贴。

(10)填挖交界面未处理妥当。

(11)**原地面坡度大于12%的路段，没有采用纵向水平分层法施工。**

（三）边坡病害的处治措施

边坡病害处治应保证坡面与坡体稳定，并应根据实际情况计算确定原支护结构的有效抗力。当出现坡面冲刷、岩体碎落崩塌、边坡局部滑塌、滑坡等病害时，应及时采取相应的技术措施进行维修加固。

应根据边坡岩土体条件、病害类型及严重程度、地下水类型及埋藏深度、降水量、施工可行性，经比选后确定合理的养护技术。

常用的处治措施有坡面防护、沿河路基冲刷防护、挡土墙、锚固、抗滑桩、削方减载、堆载反压、棚洞等。应根据病害的类型选择具体的处治措施。

三、高填方路基沉降的防治

高填方路堤的沉降一般表现为均匀沉降和不均匀沉降。均匀沉降一般发生在自然环境基本一致，如路线通过地质、地形、地下水和地表水变化不大，并且路基用土、机械设备、施工管理、质量控制等方面无显著变化的路段。不均匀沉降一般发生在地质、地形、地下水和地表水、填挖结合部及筑路材料发生显著变化的路段。

（一）高填方路基沉降原因分析

高填方路基沉降一般有下列几种原因：

(1)路基施工前未认真设置纵、横向排水系统或排水系统不畅通，长期积水浸泡路基而使地基和路基土承载力降低，导致沉降发生。

(2)原地面处理不彻底，如未清除草根、树根、淤泥等不良土壤，地基压实度不足等因素，在静、动荷载的作用下，使路基沉降变形。

(3)在高填方路堤施工中，未严格按分层填筑、分层碾压工艺施工，路基压实度不足或路堤两侧超填宽度不够而导致路基沉降变形。

(4)路堤固结沉降导致路基沉降且在路堤设计时，未对其稳定性、沉降量及地基承载力进行验算。

(5)不良地质路段未予以处理而导致路基沉降变形。

(6)路基纵、横向填挖交界处未按规范要求挖台阶，原状土和填筑土密度不同，衔接不良而导致路基不均匀沉降。

(7)填筑路基时，未按全断面范围均匀分层填筑，而是先填半幅，后填另外半幅导致发生不均匀沉降。

(8)施工中路基土含水量控制不严，导致压实度不足，从而产生不均匀沉降。

(9)施工组织安排不当，先施工低路堤，后施工高填方路基。往往高填方路堤施工完成后就立即铺筑路面，路基没有足够的时间固结，从而使路面使用不久就被破坏。

(10)高填方路基在分层填筑时，没有按照相关规范要求的厚度进行铺筑，随意加厚铺筑厚度；压实机具按规定的碾压遍数压实时，压实度达不到规范规定的要求，当填筑到路基设计高程时，必然产生累计的沉降变形，在重复荷载与填料自重作用下产生下沉。

(11)路堤填料土质差，填料中混进了种植土、腐殖土或泥沼土等劣质土，由于土壤中有机物含量多、抗水性差、强度低等特性的作用，路堤将出现塑性变形或沉陷破坏。

（二）高填方路基沉降预防措施

高填方路基沉降预防措施具体包括：

(1)做好施工组织设计，合理安排各施工段的先后顺序，明确构造物和路基的衔接关系，尤其对高填方段应优先安排施工，给高填方路堤留有足够的时间施工和沉降。

(2)认真清除地表不良土质，提高地表压实度。

(3)填筑路堤前，疏通路基两侧纵横向排水系统，避免路基受水浸泡。

(4)严格选取路基填料用土。选择水稳性好、干密度大、承载能力高的砾石类土填筑路基为宜。土质应均匀一致,不得混杂,剔除超大颗粒填料,保证各点密实度均匀一致。尽量选择集中取土,避免沿线取土。

(5)路堤填筑方式应采用水平分层填筑,即按照横断面全宽分层逐层向上填筑。原地面纵坡大于12%的地段宜采用纵向分层填筑施工,填筑至路基上部时,仍应采用水平分层法填筑。每层应保证层面平整,便于各点压实一致。

(6)合理确定路基填筑厚度,分层松铺厚度一般控制在30 cm。当采用大吨位压路机碾压时,增加分层厚度,必须要有足够的试验数据证明压实效果,同时须征得监理工程师的同意,方可施工。**高填方路堤两侧超填宽度一般控制在30～50 cm,并逐层填压密实,然后削坡整形。**

(7)控制路基填料含水量。

(8)选择合适的压实机具,重型轮胎压路机和振动压路机效果比较好。

(9)做好压实度的检测工作。

(10)认真做好台背、路桥过渡段及填挖结合部的压实工作。将该段作为路基施工的管理重点,抽调组成专门的回填队伍,台背处大型设备不易工作而采用小型夯实机具时,填筑的分层厚度宜控制在20 cm以内,同时应加大抽检频率保证压实。

(11)对于填挖结合部,应彻底清除结合部的松散软弱土质,做好换土、排水和填前碾压工作,按设计要求从上到下挖出台阶,清除松方后逐层碾压,确保填挖结合部的整体施工质量。

四、路基开裂病害的防治

(一)路基开裂分类

路基开裂一般分为以下几类:

(1)横向裂缝。该种裂缝垂直于道路中线,部分包含少量支缝。它的成因主要有基层或路基裂缝反射和低温收缩两种,初期在路面两侧出现,后延伸成横缝。

(2)纵向裂缝。该种裂缝平行于道路中线,包含少量支缝。它主要是由路基和基层沉降、施工接缝质量不达标或结构承载力不足导致的。施工搭接往往会出现长直纵缝。结构承载力背景下的纵缝则多分布于路面边缘,因路基湿软而承载力不足。

(3)块状裂缝。该种裂缝以矩形小块对路面进行分割。块状裂缝的形成原因是面层材料收缩或温度周期性变化,其基本不会受荷载影响。

(4)龟裂。该种裂缝相互交错,将路面分割成类似于龟纹的多边形小块。它属于疲劳裂缝,主要成因是行车荷载重复作用。长期受荷载影响,使平行纵缝之间出现横向和斜向连接缝,继而导致龟裂。

(5)滑移裂缝。该种裂缝的形成原因是车辆转弯或刹车对面层产生影响,使其出现变形或滑移。

(二)路基开裂原因分析

1. 荷载原因

外部道路荷载,会使路基路面产生荷载型裂缝。道路的性质决定了其会长时间受到车辆的碾压,并承受相应的拉应力,使道路应用过程中出现荷载超标情况,继而产生疲劳裂缝。该类裂缝的外部特征呈网状分布。

2. 温度原因

如果道路温度比较低或温差大容易形成低温裂缝或温度骤变裂缝。低温裂缝的形成原因是路面温度低,使施工材料发生收缩,加之车辆碾压。区域性温度较低,且外部性天气恶劣,容易产生低温裂缝。温度骤变裂缝的形成原因是长时间受太阳照射,并且昼夜温差比较大。

3. 路基不稳

道路路基施工中,施工单位普遍结合区域性土质情况对路基类型、施工方法和施工材料等进行合理选择,也会在该过程中,对雨水沉降问题进行充分考量。施工人员也会依据具体道路工程情况,疏通路基排水,避免路基受雨水浸泡而发生沉降。假定施工单位并未按照正确的方法对路基进行排水和施工,很容易增加路基含水量,即便经过多次碾压,也很难保障路基的稳固性。同时,它长期受到外部车辆荷载的干扰,使路基很难对路面变形问题进行承受,以至于出现路面开裂情况。

4. 路面设计不合理导致的开裂

如果道路工程施工中,不能够结合具体工程情况,严格按照相应的技术规程,对施工过程进行严格规划和设计,也容易出现路基路面开裂问题。道路工程设计中,需对路面设计进行具体考量,在设计之初,就要对路面开裂的成因进行具体分析。施工单位既要对原有路段进行拓宽,更要修复和维护原有裂缝,增加该路段强度,确保路面整体强度及性能,从而对路面裂缝问题进行有效控制。

(三)路基开裂预防措施

1. 严格控制路基施工质量

路基施工中存在问题,导致后期受外部因素或车辆碾压等出现开裂问题。施工单位要依据具体设计情况,严格控制路基施工质量,具体措施如下:

(1)对路基施工材料进行合理选择,以确保道路强度符合具体工程要求,并对材料质量进行严格控制。

(2)完成路基的填土施工后,检测它的压实度。压实度与路基强度具有直接相关性,检测压实度能够对不必要的质量问题进行严格控制,并使路基强度及路面稳定性得到保障。

(3)控制地下水位。路面施工中,部分路段地势比较低,地下水与地表距离比较近,增加了路基施工难度,因而需要应用优质材料对其进行填充,或采用换填法对地下水位进行严格控制,确保路基整体强度,并保障其稳定性。

2. 增加路基厚度

路基承载力与其厚度具有直接相关性。因而,路基基层施工中,需增加路基厚度,使其具备较好的承载力。

3. 合理选用施工材料

道路路基施工中,对抗冲击性比较好和抗拉力强的材料进行优先选用,在路基路面施工中将外部环境温度和湿度对它的影响降到最低。严格控制材料采购过程,采购人员可依据具体道路施工背景,优先选用表面比较粗糙的高硬度材料,以达到良好的耐磨效果。

第二章 路面工程

第一节 路面基层（底基层）施工

一、路面的概念

路面是指用各种筑路材料铺筑在道路路基上直接承受车辆荷载的层状构造物。

二、路面的分类

路面的具体分类见表1-2-1。

表1-2-1 路面的分类

分类依据	类型	特点
性质	刚性路面	刚度较大、抗弯拉强度较高的路面。一般指水泥混凝土路面
	柔性路面	刚度较小、抗弯拉强度较低，主要靠抗压、抗剪强度来承受车辆荷载作用的路面
级别	高级路面	用水泥混凝土、沥青混凝土、热拌沥青碎石或整齐石块作面层的路面
	次高级路面	用沥青贯入碎（砾）石、冷拌沥青碎（砾）石、半整齐石块、沥青表面处治等作面层的路面
	中级路面	用水结碎石、泥结碎石、级配碎（砾）石、不整齐石块等作面层的路面
	低级路面	用各种材料改善土的路面
材料	水泥混凝土路面	用水泥混凝土板作面层的路面
	钢筋混凝土路面	配置有纵横向钢筋或钢筋网的水泥混凝土路面
	块料路面	用石块、水泥混凝土块等铺砌而成的路面之统称
	沥青路面	用沥青作结合料铺筑面层的路面之统称
	再生沥青路面	用再生沥青混合料作面层的路面
	沥青混凝土路面	用沥青混凝土作面层的路面
	全厚式沥青（混凝土）路面	沥青混凝土面层以下各结构层（垫层除外）均采用沥青混合料铺筑的路面
	沥青碎石路面	用沥青碎石作面层的路面
	沥青贯入式路面	用沥青贯入碎（砾）石作面层的路面
	上拌下贯式（沥青）路面	下部用贯入式、上部用沥青混合料作面层的路面
	（沥青）表面处治	用沥青和集料按层铺法或拌合法铺筑而成的厚度不超过3 cm的沥青面层

（续表）

分类依据	类型	特点
集料	泥结碎石路面	以碎石为骨料，经碾压后灌泥浆，依靠碎石的嵌锁和黏土的黏结作用形成的路面
	水结碎石路面	石灰岩类碎石层经洒水碾压，依靠碎石的嵌锁的石粉的黏结作用形成的路面
	级配路面	按密实级配原理选配的集料和适量黏性土，经拌合、摊铺、压实而成的路面
基层	刚性基层	用低标号水泥混凝土铺筑的路面基层
	半刚性基层	用无机结合料稳定土铺筑的能结成板体并具有一定抗弯强度的基层
	稳定土基层	用石灰、水泥、粉煤灰等结合料与土、砂砾或其他集料，经拌合、摊铺，压实而成的路面基层
	工业废渣基层	用适合于路用的工业废渣修筑的路面基层
	（锥形）块石基层	用一定规格的锥形块石经手工铺砌、碎石嵌缝并压实而成的路面基层

三、路面基层施工原材料要求

（一）一般规定

在原材料试验评定中，应随机选取具有足够数量的样本进行材料试验。

再生材料可用于低于原路结构层位或原路等级的公路建设，其技术指标应满足《公路路面基层施工技术细则》的相关要求。

工业废弃物作为筑路材料使用前应进行环境评价，并满足国家相关规定。

（二）水泥及添加剂

强度等级为32.5或42.5，且满足《公路路面基层施工技术细则》要求的普通硅酸盐水泥等均可使用。

所用水泥初凝时间应大于3 h，终凝时间应大于6 h且小于10 h。

在水泥稳定材料中掺加缓凝剂或早强剂时，应对混合料进行试验验证。缓凝剂和早强剂的技术要求应符合现行《公路水泥混凝土路面施工技术细则》的规定。

（三）石灰

高速公路和一级公路用石灰应不低于Ⅱ级技术要求，二级公路用石灰应不低于Ⅲ级技术要求，二级以下公路宜不低于Ⅲ级技术要求。

高速公路和一级公路的基层宜采用磨细消石灰。

二级以下公路使用等外石灰时，有效氧化钙含量应在20%以上，且混合料强度应满足要求。

（四）粉煤灰等工业废渣

各等级公路的底基层、二级及二级以下公路的基层使用的粉煤灰，通过率指标不满足规定要求时，应进行混合料强度试验，达到《公路路面基层施工技术细则》相关要求的强度指标时，方可使用。

知识拓展

绝大多数粉煤灰的主要成分是二氧化硅(SiO_2)和三氧化二铝(Al_2O_3),其总含量常超过70%,氧化钙(CaO)含量一般在2%~6%,这种粉煤灰可称作硅铝粉煤灰。个别地方的粉煤灰含有10%~40%的氧化钙,这种粉煤灰可称作高钙粉煤灰。

下面以考题探究的形式对煤矸石等工业废渣使用的相关规定进行讲解。

考题探究

【案例题】某等外级公路,起讫桩号K0+000~K7+300,沿途经过工业废矿区域。施工单位对水泥稳定煤矸石混合料进行了不同龄期条件下的强度和模量试验以及温度收缩和干湿收缩试验等,评价其性能。

【问题】施工单位在煤矸石使用前,还应做什么处理?

【答案】煤矸石使用前还应崩解稳定。

【解析】煤矸石、煤渣、高炉矿渣、钢渣及其他冶金矿渣等工业废渣可用于修筑基层或底基层,使用前应崩解稳定,且宜通过不同龄期条件下的强度和模量试验以及温度收缩和干湿收缩试验等评价混合料性能。

水泥稳定煤矸石不宜用于高速公路和一级公路。工业废渣类作为集料使用时,公称最大粒径应不大于31.5 mm,颗粒组成宜有一定级配,且不宜含杂质。

(五)水

符合现行《生活饮用水卫生标准》的饮用水可直接作为基层、底基层材料拌合与养生用水。

拌合使用的非饮用水应进行水质检验,技术要求应符合表1-2-2的规定。

表1-2-2 非饮用水技术要求

项次	项目	技术要求	试验方法
1	pH值	≥4.5	JGJ 63
2	Cl^-含量/(mg·L^{-1})	≤3 500	
3	SO_4^{2-}含量/(mg·L^{-1})	≤2 700	
4	碱含量/(mg·L^{-1})	≤1 500	
5	可溶物含量/(mg·L^{-1})	≤10 000	
6	不溶物含量/(mg·L^{-1})	≤5 000	
7	其他杂质	不应有漂浮的油脂和泡沫及明显的颜色和异味	

养生用水可不检验不溶物含量,其他指标应符合表1-2-2的规定。

(六)粗集料

用作被稳定材料的粗集料宜采用各种硬质岩石或砾石加工成的碎石,也可直接采用天然砾石。粗集料应符合表1-2-3中Ⅰ类的规定,用作级配碎石的粗集料应符合表1-2-3中Ⅱ类的规定。

表 1-2-3 粗集料技术要求

指标	层位	高速公路和一级公路				二级及二级以下公路		试验方法
		极重、特重交通		重、中、轻交通				
		Ⅰ类	Ⅱ类	Ⅰ类	Ⅱ类	Ⅰ类	Ⅱ类	
压碎值/%	基层	≤22*	≤22	≤26	≤26	≤35	≤30	T 0316
	底基层	≤30	≤26	≤30	≤26	≤40	≤35	
针片状颗粒含量/%	基层	≤18	≤18	≤22	≤18	—	≤20	T 0312
	底基层	—	≤20	—	≤20	—	≤20	
0.075 mm 以下粉尘含量/%	基层	≤1.2	≤1.2	≤2	≤2	—	—	T 0310
	底基层	—	—	—	—	—	—	
软石含量/%	基层	≤3	≤3	≤5	≤5	—	—	T 0320
	底基层	—	—	—	—	—	—	

注：* 对花岗岩石料，压碎值可放宽至 25%。

基层、底基层的粗集料规格要求宜符合规范的规定。

高速公路和一级公路极重、特重交通荷载等级基层的 4.75 mm 以上粗集料应采用单一粒径的规格料。

作为高速公路、一级公路底基层和二级及二级以下公路基层，底基层被稳定材料的天然砾石材料宜满足表 1-2-3 的要求，并应级配稳定、塑性指数不大于 9。

应选择适当的碎石加工工艺，用于破碎的原石粒径应为破碎后碎石公称最大粒径的 3 倍以上。高速公路基层用碎石应采用反击破碎的加工工艺。

碎石加工中，根据筛网放置的倾斜角度和工程经验，应选择合理的筛孔尺寸。粒径尺寸与筛孔尺寸对应关系宜符合表 1-2-4 的规定。根据破碎方式和石质的不同，可适当调整筛孔尺寸，调整范围宜为 1 ~ 2 mm。

表 1-2-4 粒径尺寸与筛孔尺寸对应表

粒径尺寸/mm	4.75	9.5	13.2	16	19	26.5	31.5	37.5
筛孔尺寸/mm	5.5	11	15	18	22	31	36	43

用作级配碎石或砾石的粗集料应采用具有一定级配的硬质石料，且不应含有黏土块、有机物等。

级配碎石或砾石用作基层时，高速公路和一级公路公称最大粒径应不大于 26.5 mm，二级及二级以下公路公称最大粒径应不大于 31.5 mm；用作底基层时，公称最大粒径应不大于 37.5 mm。

（七）细集料

细集料应洁净、干燥、无风化、无杂质，并有适当的颗粒级配。

细集料规格要求应符合表 1-2-5 的规定。

表 1-2-5　细集料规格要求

规格名称	工程粒径/mm	通过下列筛孔/mm 的质量百分率/%								公称粒径/mm
		9.5	4.75	2.36	1.18	0.6	0.3	0.15	0.075	
XG1	3 ~ 5	100	90 ~ 100	0 ~ 15	0 ~ 5	—	—	—	—	2.36 ~ 4.75
XG2	0 ~ 3	—	100	90 ~ 100	—	—	—	—	0 ~ 15	0 ~ 2.36
XG3	0 ~ 5	100	90 ~ 100	—	—	—	—	—	0 ~ 20	0 ~ 4.75

对 0 ~ 3 mm 和 0 ~ 5 mm 的细集料应分别严格控制大于 2.36 mm 和 4.75 mm 的颗粒含量。对 3 ~ 5 mm 的细集料应严格控制小于 2.36 mm 的颗粒含量。高速公路和一级公路，细集料中小于 0.075 mm 的颗粒含量应不大于 15%；二级及二级以下公路，细集料中小于0.075 mm的颗粒含量应不大于 20%。

级配碎石或砾石中的细集料可使用细筛余料，或专门轧制的细碎石集料。天然砾石或粗砂作为细集料时，其颗粒尺寸应满足工程需要，且级配稳定，超尺寸颗粒含量超过规范或实际工程的规定时应筛除。

（八）材料分档与掺配

材料分档应符合表 1-2-6 的规定。

表 1-2-6　材料分档要求

层位	高速公路和一级公路		二级及二级以下公路
	极重、特重交通	重、中、轻交通	
基层	≥5	≥4	≥3 或 4[a]
底基层	≥4	≥3 或 4[a]	≥3

注：[a]对一般工程可选择不少于 3 档备料，对极重、特重交通荷载等级且强度要求较高时，为了保证级配的稳定，宜选择不少于 4 档备料。

公称最大粒径为 19 mm、26.5 mm 和 31.5 mm 的无机结合料稳定碎石或砾石的备料规格宜符合规范的规定。**用于二级及二级以上公路基层和底基层的级配碎石或砾石，应由不少于 4 种规格的材料掺配而成。**天然材料用于高速公路和一级公路的基层时，应筛分成《公路路面基层施工技术细则》中规定的规格，并按规范中的备料规格进行掺配。天然材料的规格不满足设计级配的要求时，可掺配一定比例的碎石或轧碎砾石。级配碎石或砾石类材料中宜掺加石屑、粗砂等材料。**级配碎石或砾石细集料的塑性指数应不大于 12。**不满足要求时，可加石灰、无塑性的砂或石屑掺配处理。

知识拓展

水泥及石灰稳定级配碎石、未筛分碎石、砂砾、碎石土、砂砾土、煤矸石以及各种粒状矿渣等以及石灰工业废渣稳定土，适用于各个等级公路的基层和底基层。水泥稳定细粒土的弹性模量较小，石灰土干缩和温缩较大，两者均不得用作二级和二级以上公路高级路面的基层。二灰（石灰、粉煤灰）、二灰土（土中加入石灰和粉煤灰）、二灰砂（砂中加入石灰和粉煤灰）不应用作二级和二级以上公路高级路面的基层。

四、混合料组成设计一般规定

混合料组成设计应按设计要求,选择技术经济合理的混合料类型和配合比。应根据公路等级、交通荷载等级、结构形式、材料类型等因素确定材料技术要求。**无机结合料稳定材料组成设计应包括原材料检验、混合料的目标配合比设计、混合料的生产配合比设计和施工参数确定四部分。**

知识拓展

无机结合料稳定材料组成设计流程如下图所示。

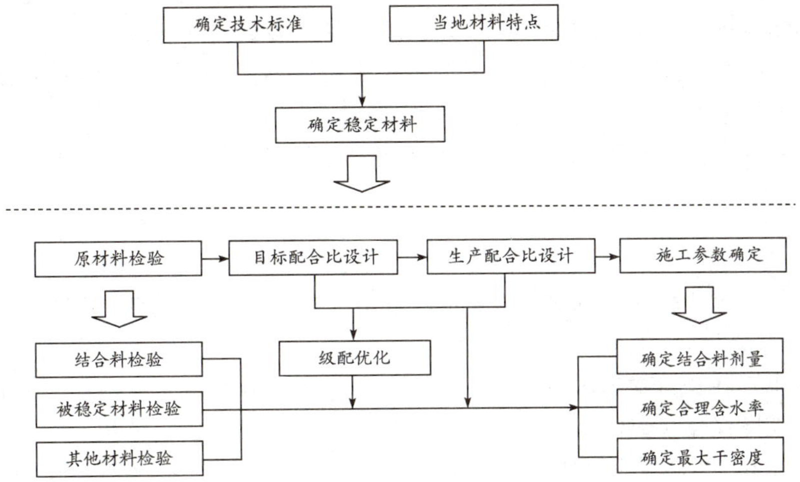

原材料检验应包括结合料、被稳定材料及其他相关材料的试验。所有检测指标均应满足相关设计标准或技术文件的要求。

目标配合比设计应包括下列技术内容:

(1)选择级配范围。

(2)确定结合料类型及掺配比例。

(3)验证混合料相关的设计及施工技术指标。

生产配合比设计应包括下列技术内容:

(1)确定料仓供料比例。

(2)确定水泥稳定材料的容许延迟时间。

(3)确定结合料剂量的标定曲线。

(4)确定混合料的最佳含水率、最大干密度。

下面以考题探究的形式对无机结合料稳定材料组成设计所确定的施工参数进行讲解。

考题探究

【多选题】无机结合料稳定材料组成设计所确定的施工参数包括(　　)。

A. 结合料的剂量　　B. 最佳含水率

C. 合理含水率　　D. 最大松铺厚度

E. 最大干密度

ACE。【解析】施工参数确定应包括下列技术内容:(1)确定施工中结合料的剂量。(2)确定施工合理含水率及最大干密度。(3)验证混合料强度技术指标。

确定无机结合料稳定材料最大干密度指标时宜采用重型击实方法，也可采用振动压实方法。 应根据当地材料的特点和混合料设计要求，通过配合比设计选择最优的工程级配。用于基层的无机结合料稳定材料，强度满足要求时，尚宜检验其抗冲刷和抗裂性能。在施工过程中，当材料品质或规格发生变化、结合料品种发生变化时，应重新进行材料组成设计。

五、混合料生产、摊铺及碾压

（一）一般规定

根据公路等级的不同，宜按规定选择基层、底基层材料施工工艺措施。对于边角部位施工，混合料拌合方式应与主线相同，可采用推土机摊铺、平地机整平的人工方式摊铺，并与主线同步碾压成型。

下面以考题探究的形式对不同等级公路的基层和底基层施工工艺选择的规定进行讲解。

考题探究

【单选题】二级公路无机结合料稳定碎石基层施工中，其拌合工艺和摊铺工艺推荐采用(　　)。

A. 集中厂拌合摊铺机摊铺　　B. 人工路拌合摊铺机摊铺

C. 人工路拌合推土机摊铺　　D. 集中厂拌合推土机摊铺

A。【解析】不同等级公路的基层和底基层施工工艺选择应符合下表的规定。

材料类型	公路等级	结构层位	拌合工艺		摊铺工艺	
			推荐	可选择	推荐	可选择
无机结合料稳定中、粗粒材料	二级及二级以上	基层	集中厂拌	—	摊铺机摊铺	—
无机结合料稳定细粒材料	二级及二级以上	底基层	集中厂拌	—	摊铺机摊铺	推土机摊铺，平地机整平
水泥稳定材料	二级以下	基层和底基层	集中厂拌	—	摊铺机摊铺	—
其他各种无机结合料稳定材料	二级以下	基层和底基层	集中厂拌	人工路拌	摊铺机摊铺	推土机摊铺，平地机整平
级配碎石	二级及二级以上	基层和底基层	集中厂拌	—	摊铺机摊铺	—
级配碎石	二级以下	基层和底基层	集中厂拌	人工路拌	摊铺机摊铺	推土机摊铺，平地机整平

稳定材料层宽 11～12 m 时，每一流水作业段长度以 500 m 为宜；稳定材料层宽大于 12 m 时，作业段宜相应缩短。 宜综合考虑下列因素，合理确定每日施工作业段长度：施工

机械和运输车辆的生产效率和数量;施工人员数量及操作熟练程度;施工季节和气候条件;水泥的初凝时间和延迟时间;减少施工接缝的数量。

对水泥稳定材料或水泥粉煤灰稳定材料,宜在2 h之内完成碾压成型,应取混合料的初凝时间与容许延迟时间较短的时间作为施工控制时间。石灰稳定材料或石灰粉煤灰稳定材料层宜在当天碾压完成,最长不应超过4 d。无机结合料稳定材料在过分潮湿路段上施工时应采取措施,降低潮湿程度、消除积水。

知识拓展

过分潮湿路段指路段湿度水平超过所用无机结合料稳定材料所适应的湿度水平的上限。

无机结合料稳定材料结构层施工应选择适宜的气候环境,针对当地气候变化制订相应的处置预案,并应符合下列规定:

(1)宜在气温较高的季节组织施工。无机结合料稳定材料施工期的日最低气温应在5 ℃以上,在有冰冻的地区,应在第一次重冰冻到来的15~30 d之前完成施工。

(2)宜避免在雨季施工,且不应在雨天施工。

应将室内重型击实试验法确定的干密度作为压实度评价的标准密度。

对级配碎石材料,基层压实度应不小于99%,底基层压实度应不小于97%。

高速公路和一级公路在极重、特重交通荷载等级下,基层和底基层的压实标准可提高1~2个百分点。

(二)混合料集中厂拌与运输

混合料的拌合能力与混合料摊铺能力应相匹配。拌合厂应安置在地势相对较高的位置,并做好排水设施。拌合厂场地应平整并具有足够的承载能力。高速公路和一级公路的拌合厂,场地应采用混凝土硬化,混凝土强度等级应不低于C15,厚度应不小于200 mm。

工程所需的原材料严禁混杂,应分档隔仓堆放,并有明显的标志。细集料、水泥、石灰、粉煤灰等原材料应有覆盖。对高速公路和一级公路,上述材料严禁露天堆放,应放置于专门搭建的防雨棚内或库房内。

对高速公路和一级公路,应采用专用稳定材料拌合设备拌制混合料。**稳定细粒材料集中拌合时,土块应粉碎,最大尺寸应不大于15 mm。**

无机结合料稳定中、粗粒材料的拌合生产设备应满足下列要求:

(1)对高速公路和一级公路,混合料拌合设备的产量宜大于500 t/h。

(2)拌合设备的料仓数目应与规定的备料档数相匹配,宜较规定的备料档数增加1个。

(3)各个料仓之间的挡板高度应不小于1 m。

(4)高速公路的基层施工时,每个料斗与料仓下面应安装称量精度达到±0.5%的电子秤。

装水泥的料仓应密闭、干燥,同时内部应装有破拱装置。对高速公路,水泥料仓应配备计重装置,不宜通过电机转速计量水泥的添加量。

气温高于30 ℃时,水泥进入拌缸温度宜不高于50 ℃;高于50 ℃时应采取降温措施。气温低于15 ℃时,水泥进入拌缸温度应不低于10 ℃。加水量的计量应采用流量计的方式。对高速公路和一级公路,水的流量数值应在中央控制室的控制面板上显示。在正式拌制混合料之前，应先调试所用的设备，使混合料的级配组成和含水率都达到配合比设计的规定要求。原材料的颗粒组成发生变化时，应重新调试设备。

在稳定中、粗粒材料生产过程中，应按配合比设计确定的材料规格及数量拌合。高速公路基层的混合料拌合时，宜采用两次拌合的生产工艺，也可采用间歇式拌合生产工艺，拌合时间应不少于15 s。

在拌合过程中，应实时监测各个料仓的生产计量，对高速公路和一级公路，应每10 min打印各档料仓的使用量。某档材料的实际掺加量与设计要求值相差超过10%时，应立即停机检查原因，正常后方可继续生产。天气炎热或运距较远时，无机结合料稳定材料拌合时宜适当增加含水率。**对稳定中、粗粒材料，混合料的含水率可高于最佳含水率0.5~1个百分点；对稳定细粒材料，含水率可高于最佳含水率1~2个百分点。** 对高速公路和一级公路，应从拌合厂取料，每隔2 h测定一次含水率，每隔4 h测定一次结合料的剂量，并做好记录。

应根据工程量的大小和运距的长短，配备足够数量的混合料运输车。混合料运输车装料前应清理干净车厢，不得存有杂物。混合料运输车装好料后，应用篷布将厢体覆盖严密，直到摊铺机前准备卸料时方可打开。**对高速公路和一级公路，水泥稳定材料从装车到运输至现场，时间宜不超过1 h，超过2 h时应作为废料处置。** 对无机结合料稳定中、粗粒材料，在装料过程中应采取措施减小混合料的离析。

（三）混合料人工拌合

混合料人工拌合工艺应包括现场准备、布料和拌合等流程。

知识拓展

混合料人工拌合工艺流程如下图所示。

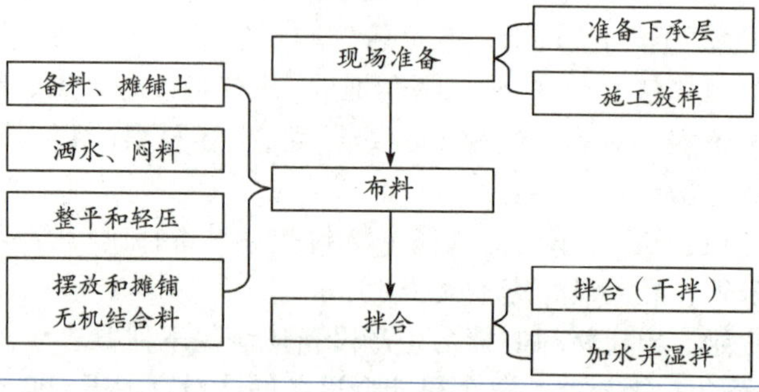

下承层表面应平整、坚实，具有规定的路拱，下承层的平整度和压实度应符合《公路路面基层施工技术细则》相关规定。

下承层为路基时，宜用12~15 t三轮压路机或等效的碾压机械碾压3~4遍，并应符合下列规定：

（1）在碾压过程中，发现表层松散时，宜适当洒水。

（2）发现“弹簧”现象时，宜采用挖开晾晒、换土、掺石灰或水泥等措施处理。

下承层为粒料底基层时，应检测弯沉值。不符合设计要求时，应根据具体情况，采取措施，使之达到《公路路面基层施工技术细则》规定的标准。

下承层为原路面时，应检查其材料是否符合底基层材料的技术要求；不符合要求时，应翻松原路面并采取必要的处理措施。底基层或原路面上存在低洼和坑洞时，应填补及压实;对搓板和辙槽应刮除;对松散应耙松洒水并重新碾压,达到平整密实。新完成的底基层或路基,应按相关标准的规定验收,验收合格后方可铺筑上层稳定材料层。

在槽式断面的路段,宜在两侧路肩上每隔 5 ~ 10 m 交错开挖泄水沟。 应在底基层或原路面或路基上恢复中线,直线段应每 15 ~ 20 m 设一桩,平曲线段应每 10 ~ 15 m 设一桩,并应在两侧路肩边缘外设指示桩。 在两侧指示桩上应用明显标记标出稳定材料层边缘的设计高程。

使用原路面或路基上部材料备料时,应符合下列规定:

(1)清除原路面上或路基表面的石块等杂物。

(2)每隔 10 ~ 20 m 挖一小洞,使洞底高程与预定的无机结合料稳定材料层的底面高程相同,并在洞底做一标记,控制翻松及粉碎的深度。

(3)用犁、松土机或装有强固齿的平地机或推土机将原路面或路基的上部翻松到预定的深度,土块应粉碎到符合要求。

(4)用犁将土向路中心翻松,使预定处治层的边部呈一个垂直面。

(5)用专用机械粉碎黏性土。无专用机械时,也可用旋转耕作机、圆盘耙等设备粉碎塑性指数不大的土。

使用料场的材料备料时,应符合下列规定:

(1)采集材料前,应将树木、草皮和杂土清除干净。

(2)应筛除材料中的超尺寸颗粒。

(3)应在预定的深度范围内采集材料,不宜分层采集,不应将不合格的材料与合格的材料一起采集。

(4)对塑性指数大于 12 的黏性土,可视土质和机械性能确定是否需要过筛。

应按下列方法计算现场拌合时的工程数量:

(1)根据各路段无机结合料稳定材料层的宽度、厚度及预定的干密度,计算各路段需要的干燥材料的数量。

(2)根据料场材料的含水率和所用运料车辆的吨位,计算每车料的堆放距离。

(3)根据无机结合料稳定材料层的厚度和预定的干密度及水泥剂量,计算每平方米无机结合料的用量,并确定摆放的纵横间距。

堆料前应用两轮压路机碾压 1 ~ 2 遍,整平表面,并在预定堆料的路段上洒水,使其表面湿润,但不宜过分潮湿。材料装车时,应控制每车料的质量基本相等。在同一料场供料的路段内,宜由远到近将料按规定计算距离卸置于下承层表面的中间或两侧。应严格掌握卸料距离。**材料在下承层上的堆置时间不宜过长。 材料运送宜比摊铺工序提前 1 ~ 2 d。 路肩用料与稳定材料层用料不同时,应先将两侧路肩培好。 路肩料层的压实厚度应与稳定材料层的压实厚度相同。 在两侧路肩上,宜每隔 5 ~ 10 m 交错开挖临时泄水沟。**

石灰稳定材料除应满足相关规定外,尚应符合下列规定:

(1)分层采集材料时,应将不同层位材料混合装车运送到现场。

(2)对塑性指数小于 15 的黏性土,可视土质和机械性能确定是否需要过筛。

(3)石灰应选择临近水源、地势较高且宽敞的场地集中覆盖封存堆放。

(4)生石灰块应在使用前 7 ~ 10 d 充分消解,消解后的石灰应保持一定的湿度,不得产生扬尘,也不可过湿成团。

(5)**消石灰宜过 9.5 mm 筛,并尽快使用。**

(6)材料组成设计与现场实际施工的时间间隔长时,应重新做材料组成设计。

(7)被稳定材料宜先摊平并用两轮压路机碾压1~2遍,再人工摊铺石灰。

(8)按计算的每车石灰的纵横间距,在被稳定材料层上做标记,并画出边线。

(9)用刮板将石灰均匀摊开,表面应没有空白位置。

(10)应量测石灰的松铺厚度,校核石灰用量。

石灰粉煤灰稳定材料除应满足相关规定外,尚应符合下列规定:

(1)粉煤灰在场地集中堆放时,应覆盖,避免雨淋。在堆放过程中粉煤灰凝结成块时,使用前应打碎。

(2)运到现场的粉煤灰应含有足够的水分,在干燥和多风季节,应采取措施保持表面湿润。

(3)采用石灰粉煤灰时,应先将粉煤灰运到现场。

(4)每种材料摊铺均匀后,宜先用两轮压路机碾1~2遍,再运送并摊铺下一种材料。

水泥稳定材料应符合下列规定:

(1)被稳定材料应在摊铺水泥的前一天摊铺,雨季施工期间,预计第二天有雨时,不宜提前摊铺材料。

(2)摊铺长度应按日进度的需要量控制。

(3)摊铺材料过程中,应将土块、超尺寸颗粒及其他杂物拣除。土中有较多土块时,应粉碎。

(4)按计算的每袋水泥摆放的纵横间距,在被稳定材料层上做标记,并将当日施工用水泥卸在做标记的地点,并检查有无遗漏和多余。

(5)用刮板将水泥均匀摊开,路段表面应没有空白位置,也没有水泥过分集中的区域,每袋水泥的摊铺面积应相等。

应检验松铺土层的厚度,其厚度应满足预定的要求。人工摊铺的土层整平后,应采用两轮压路机碾压1~2遍,使其表面平整,并有一定的压实度。

已整平材料含水率过小时,应在土层上洒水闷料,且应符合下列规定:

(1)洒水应均匀。

(2)严禁洒水车在洒水段内停留和掉头。

(3)采用高效率的路拌机械时,闷料时宜一次将水洒够。

(4)**采用普通路拌机械时,闷料时所洒水量宜较最佳含水率低2~3个百分点。**

(5)细粒材料应经一夜闷料,中粒和粗粒材料可视其中细粒材料的含量,缩短闷料时间。

(6)对综合稳定材料,应先将石灰和土拌合后一起闷料。

(7)对水泥稳定材料,应在摊铺水泥前闷料。

级配碎石或砾石施工应符合下列规定:

(1)用平地机或其他合适的机具将材料均匀地摊铺在预定的宽度上,表面应平整,并具有规定的路拱。

(2)采用不同粒级的碎石和石屑时,宜将大粒径碎石铺在下层,中粒径碎石铺在中层,小粒径碎石铺在上层,洒水使碎石湿润后,再摊铺石屑。

(3)对未筛分碎石,摊铺平整后,应在其较潮湿的情况下,将石屑卸置其上,用平地机并辅以人工将石屑均匀摊铺在碎石层上。

(4)检查材料层的松铺厚度,必要时,应进行减料或补料工作。

(5)同时摊铺路肩用料。

严禁在拌合层底部留有素土夹层,并应符合下列规定:

(1)采用专用稳定材料拌合设备拌合时,设专人随时检查拌合深度,并配合拌合设备操作员调整拌合深度。

(2)拌合深度应达稳定层底并宜侵入下承层不小于5~10 mm。

二级以下公路在没有专用拌合设备时,可用农用旋转耕作机与多铧犁或平地机相配合拌合,拌合时间不可过长。

对石灰稳定材料,在拌合时应符合下列规定:

(1)对石灰稳定碎石或砾石,先将石灰和需添加的黏性土拌合均匀,然后均匀地摊铺在碎石或砾石层上,再一起拌合。

(2)对石灰稳定塑性指数大的黏土,宜先加70%~100%预定剂量的石灰拌合,闷放1~2 d,再补足需用的石灰,进行第二次拌合。

对石灰粉煤灰稳定中、粗粒材料,应先将石灰和粉煤灰拌合均匀,然后均匀地摊铺在材料层上,再一起拌合。拌合过程结束时,应及时检测含水率,含水率宜略大于最佳值。含水率不足时,宜用喷管式洒水车补充洒水。洒水车不应在正拌合以及当天计划拌合的路段上掉头和停留。洒水后,应及时再次拌合。混合料拌合均匀后应色泽一致,没有灰条、灰团和花面,以及无明显粗细集料离析现象。

对二级以下公路的级配碎石,可采用平地机或多铧犁与缺口圆盘耙相配合拌合,应符合下列规定:

(1)用稳定材料拌合设备时,应拌合两遍以上,拌合深度应直到级配碎石层底。

(2)用平地机拌合时,宜翻拌5~6遍,使石屑均匀分布于碎石料中。平地机拌合的作业长度,每段宜为300~500 m。

(3)用缺口圆盘耙与多铧犁相配合拌合级配碎石时,多铧犁在前面翻拌,圆盘耙紧跟在后面拌合,共翻耙4~6遍,应随时检查调整翻耙的深度。

(4)拌合结束时,混合料的含水率和均匀性应符合《公路路面基层施工技术细则》的要求。

使用在料场已拌合均匀的级配碎石或砾石混合料,摊铺后有粗细颗粒离析现象时,应用平地机补充拌合。

(四)摊铺机摊铺与碾压

下面以考题探究的形式对混合料摊铺机摊铺与碾压的相关规定进行讲解。

考题探究

【案例题】某施工单位承接了一条二级公路的施工。针对基层与底基层的施工,施工单位在施工组织设计中做了详细要求,现摘录4条技术要点如下:

(1)应在下承层施工质量检测合格后,开始摊铺上层结构层。采用两层连续摊铺时,下层质量出了问题时,上层应同时处理。

(2)分层摊铺时,应先将下承层顶面拉毛或采用凸块压路机碾压,再摊铺上层混合料。

(3)对无法使用机械摊铺的超宽路段,应采用人工同步摊铺、修整,并同时碾压成型。

(4)气候炎热干燥时,碾压稳定中、粗混合料,含水率比最佳含水率降低0.5~1.5个百分点。

【问题】对这4条技术要点逐条判断对错,并改正错误之处。

【答案】第(1)条正确。

第(2)条错误。改正:下承层是稳定细粒材料时,宜先将下承层顶面拉毛或采用凸块式压路机碾压,再摊铺上层混合料;下承层是稳定中、粗粒材料时,应先将下承层清理干净,并洒铺水泥净浆,再摊铺上层混合料。

第(3)条正确。

第(4)条错误。改正:气候炎热干燥时,碾压时的含水率可比最佳含水率增加0.5~1.5个百分点。

【解析】除上述内容外,混合料摊铺机摊铺与碾压的相关规定还包括:(1)混合料摊铺应保证足够的厚度,碾压成型后每层的摊铺厚度宜不小于160 mm,最大厚度宜不大于200 mm。具有足够的摊铺能力和压实功率时,可增加碾压厚度,具体的摊铺厚度应根据试验结果确定。大厚度的摊铺施工时,应增加相应的拌合能力。(2)应采用摊铺功率不低于120 kW的沥青混凝土摊铺机或稳定材料摊铺机摊铺混合料。采用两台摊铺机并排摊铺时,两台摊铺机的型号及磨损程度宜相同。在施工期间,两台摊铺机的前后间距宜不大于10 m,且两个施工段面纵向应有300~400 mm的重叠。摊铺机前宜增设橡胶挡板,橡胶挡板底部距下承层距离宜不大于100 mm。在摊铺机后面应设专人消除粗细集料离析现象,及时铲除局部粗集料堆积或离析的部位,并用新拌混合料填补。对高速公路和一级公路,在摊铺过程中宜设立纵向模板。二级以下公路没有摊铺机时,可采用摊铺箱摊铺混合料。(3)水泥稳定材料结构层施工时,应在混合料处于或略大于最佳含水率的状态下碾压。石灰稳定材料和石灰粉煤灰稳定材料碾压时应处于最佳含水率或略大于最佳含水率状态,含水率宜增加1~2个百分点。

应根据施工情况配备足够的碾压设备,并应符合下列规定:

(1)双向四车道高速公路或一级公路的半幅摊铺时,应配备不少于4台重型压路机。

(2)双向六车道的半幅摊铺时,应配备不少于5台重型压路机。

应安排专人负责指挥碾压,严禁漏压和产生轮迹。采用钢轮压路机初压时,宜采用双钢轮压路机稳压2~3遍,再用激振力大于35 t的重型振动压路机、18~21 t三轮压路机或25 t以上的轮胎压路机继续碾压密实,最后采用双钢轮压路机碾压,消除轮迹。采用胶轮压路机初压时,应采用25 t以上的重胶轮压路机稳压1~2遍,错轮不超过1/3的轮迹带宽度,再采用重型振动压路机碾压密实,最后采用双钢轮压路机碾压,消除轮迹。

对稳定细粒材料,在采用上述碾压工艺时,最后的碾压收面可采用凸块式压路机碾压。

在碾压过程中出现软弹现象时,应及时将该路段混合料挖出,重新换填新料碾压。碾压成型后的表面应平整、无轮迹。碾压过程中,压路机严禁随意停放,应停放在已碾压完成的路段。

混合料摊铺时,应保持连续。对水泥稳定材料,因故中断时间大于2 h时,应设置横向接缝,并应符合下列规定:

(1)人工将末端含水率合适的混合料整齐,紧靠混合料末端放两根方木,方木的高度应与混合料的压实厚度相同,整平紧靠方木的混合料。

(2)方木的另一侧用砾石或碎石回填约3 m长,其高度应高出方木2~3 cm,并碾压密实。

(3)在重新开始摊铺混合料之前,应将砾石或碎石和方木除去,并将下承层顶面清扫干净。

(4)摊铺机应返回到已压实层的末端,重新开始摊铺混合料。

(5)摊铺中断大于2 h且未按上述方法处理横向接缝时,应将摊铺机附近及其下面未经压实的混合料铲除,并将已碾压密实且高程和平整度符合要求的末端挖成与路中心线垂直并垂直向下的断面,再摊铺新的混合料。

摊铺时宜避免纵向接缝,分两幅摊铺时,纵向接缝处应加强碾压。存在纵向接缝时,纵缝应垂直相接,严禁斜接,并应符合下列规定:

(1)在前一幅摊铺时,宜在靠中央的一侧用方木或钢模板做支撑,方木或钢模板的高度应与稳定材料层的压实厚度相同。

(2)应在摊铺另一幅之前拆除支撑。

碾压贫混凝土等强度较高的基层材料成型后可采用预切缝措施,应符合下列规定:预切缝的间距宜为8~15 m;宜在养生的3~5 d内切缝;切缝深度宜为基层厚度的1/2~1/3,切缝宽度约5 mm;切缝后应及时清理缝隙,并用热沥青填满。

(五)人工摊铺与碾压

混合料拌合均匀后,应及时用平地机初步整形。在初平的路段上,应用拖拉机、平地机或轮胎压路机快速碾压一遍。整形前,对局部低洼处应用齿耙将其表层50 mm以上的材料耙松,并用新拌的混合料找平,再碾压一遍。应用平地机再整形一次,应将高处料直接刮出路外,严禁形成薄层贴补现象。反复整形,直至满足技术要求,每次整形都应达到规定的坡度和路拱。人工整形时,应用锹和耙先将混合料摊平,用路拱板整形。用拖拉机初压1~2遍后,应根据实测松铺系数,确定纵横断面高程,并设置标记和挂线。在整形过程中,严禁任何车辆通行,并应保持无明显的粗细集料离析现象。

应根据路宽、压路机的轮宽和轮距的不同,制订碾压方案,使各部分碾压到的次数尽量相同,路面的两侧宜多压2~3遍。

整形后,混合料的含水率满足要求时,应立即对结构层进行全宽碾压。在直线段和不设超高的平曲线段,宜从两侧路肩向路中心碾压,且轮迹应重叠1/2轮宽,后轮应超过两段的接缝处。碾压次数宜为6~8遍。

压路机前两遍的碾压速度宜为1.5~1.7 km/h,以后宜为2.0~2.5 km/h,**采用人工摊铺和整形的稳定材料层,宜先用拖拉机或6~8 t两轮压路机或轮胎压路机碾压1~2遍,再用重型压路机碾压。**严禁压路机在已完成的或正在碾压的路段上掉头或紧急制动。碾压过程中,无机结合料稳定材料的表面应始终保持湿润,水分蒸发过快时,宜及时补洒少量的水,严禁大量洒水。碾压过程中,有"弹簧"、松散、起皮等现象时,应及时翻开重新拌合或用其他方法处理。在碾压结束前,应用平地机终平一次,纵坡、路拱和超高应符合设计要求。终平时,应将局部高出部分刮除并扫出路外;对局部低洼之处,不再找补。碾压应达到要求的压实度,并没有明显的轮迹。

级配碎石施工,应符合下列规定:

(1)用平地机按规定的路拱整平和整形。在整形过程中,应消除粗细集料离析。

(2)用拖拉机、平地机或轮胎压路机在已初平的路段上快速碾压一遍,再用平地机整平和整形。

同日施工的两工作段的衔接处理应符合下列规定:

(1)前一段拌合整形后,留5~8 m不碾压。

(2)后一段施工时,在前一段的未压部分再加部分水泥重新拌合,并与后一段一起碾压。

应做好每天最后一段的施工缝,并应符合下列规定:

(1)在已碾压完成的无机结合料稳定材料层末端,挖一条横贯铺筑层全宽的宽约300 mm的槽,直至下承层顶面。形成与路的中心线垂直并垂直向下的断面,并放两根与压实厚度等厚、长为全宽一半的方木紧贴垂直面,如图1-2-1所示。

(2)用原挖出的材料回填槽内其余部分。

(3)第二天邻接作业段拌合后除去方木,用混合料回填。

(4)靠近方木未能拌合的一小段,应人工补充拌合。

(5)整平时,接缝处的稳定材料应较已完成断面高出约50 mm。

(6)新混合料碾压过程中,应将接缝修整平顺。

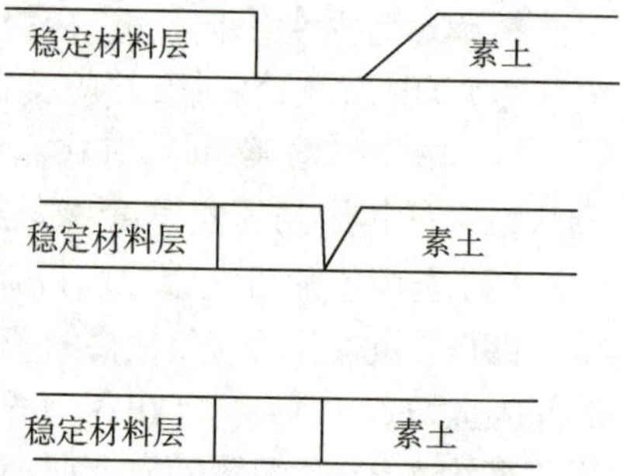

图1-2-1 横向接缝处理示意图

施工机械掉头处应符合下列规定:

(1)在准备用于掉头的8~10 m长的稳定材料层上,覆盖一张厚塑料布或油毡纸,再铺上约100 mm厚的土、砂或砾石。

(2)整平时,宜用平地机将塑料布或油毡纸上大部分材料除去,再人工除去余下的材料,并收起塑料布或油毡纸。

水泥稳定材料层的施工应避免纵向接缝。分两幅施工时,纵缝应垂直相接,并应符合下列规定:

(1)前一幅施工时,在靠中央一侧应用与稳定材料层的压实厚度相同的方木或钢模板作支撑。

(2)混合料拌合结束后,靠近支撑的部分,应人工补充拌合,再整形和碾压。

(3)应在铺筑后一幅之前拆除支撑。

(4)后一幅混合料拌合结束后,靠近前一幅的部分,宜人工补充拌合,再整形和碾压。

级配碎石施工的接缝处理应符合下列规定:

(1)两作业段的衔接处应搭接拌合、整平和碾压。

(2)**宜避免纵向接缝。在分两幅铺筑时,纵缝应搭接拌合、整平和碾压,搭接宽度宜不小于300 mm。**

六、养生、交通管制、层间处理及其他

(一)一般规定

无机结合料稳定材料层碾压完成并经压实度检查合格后,应及时养生。**无机结合料稳定材料的养生期宜不少于7 d,养生期宜延长至上层结构开始施工的前2 d。**养生可采取洒水养生、薄膜覆盖养生、土工布覆盖养生、铺设湿砂养生、草帘覆盖养生、洒铺乳化沥青养生等方式,宜结合工程实际情况选择适宜的方式。养生期间应封闭交通,除洒水车和小型通勤车辆外严禁其他车辆通行。无机结合稳定材料层过冬时应采取必要的保护措施。根据结构层位的不同和施工工序的要求,应择机进行层间处理。

(二)养生方式

洒水养生宜作为水泥稳定材料的基本养生方式,并应符合下列规定:

(1)每天洒水次数应视气候而定。高温期施工,宜上、下午各洒水两次。

(2)养生期间,稳定材料层表面应始终保持湿润。

(3)对于石灰稳定或石灰粉煤灰稳定材料层应注意表层情况,必要时,可用两轮压路机补充压实。

薄膜覆盖养生应符合下列规定:

(1)混合料摊铺碾压成型后,可覆盖薄膜,薄膜厚度宜不小于1 mm。

(2)薄膜之间应搭接完整,避免漏缝,薄膜覆盖后应用砂土等材料呈网格状堆填,局部薄膜破损时,应及时更换。

(3)养生至上层结构层施工前1~2 d,方可将薄膜掀开。

(4)对蒸发量较大的地区或养生时间大于15 d的工程,在养生过程中应适当补水。

土工布养生应符合下列规定:

(1)宜采用透水式土工布全断面覆盖,也可铺设防水土工布。

(2)铺设过程中应注意缝之间的搭接,不应留有间隙。

(3)铺设土工布后,应注意洒水,每天洒水次数应视气候而定。高温期施工,上、下午宜各洒水一次。

(4)养生至上层结构层施工前1~2 d,方可将土工布掀开。

(5)在养生过程中应采取有效措施防止土工布破损。

铺设湿砂养生应符合下列规定:

(1)砂层厚宜为70~100 mm。

(2)砂铺匀后,宜立即洒水,并在整个养生期间保持砂的潮湿状态,不得用湿黏性土覆盖。

(3)养生结束后,应将覆盖物清除干净。

草帘覆盖养生应符合下列规定:

(1)全断面铺设草帘。

(2)草帘铺设后应注意洒水,每天洒水的次数应视气候而定。高温期施工,上、下午宜各洒水一次,每次洒水应将草帘浸湿。

(3)必要时可采用土工布与草帘双层覆盖养生。

对沥青面层厚度大于20 cm的结构或二级及二级以下公路的无机结合料稳定材料的基层可采用洒铺乳化沥青方式养生,并应符合下列规定:

(1)表面干燥时,宜先喷洒少量水,再喷洒沥青乳液。

(2)采用稀释沥青时,宜待表面略干时再喷洒沥青。

(3)在用乳液养生前,应将基层清扫干净。

(4)沥青乳液的沥青用量宜采用0.8~1.0 kg/m^2,分两次喷洒。

(5)第一次喷洒时,宜采用沥青含量约35%的慢裂沥青乳液,第二次宜喷洒浓度较大的沥青乳液。

(6)不能避免施工车辆通行时,应在乳液破乳后撒布粒径4.75~9.5 mm的小碎石,做成下封层。

(三)交通管制

正式施工前宜建好施工便道。对高速公路和一级公路,无施工便道,不应施工。无机结合料稳定材料养生期间,小型车辆和洒水车的行驶速度应小于40 km/h。无机结合料稳定材料养生7 d后,施工需要通行重型货车时,应有专人指挥,按规定的车道行驶,且车速应不大于 30 km/h。级配碎石、级配砾石基层未做透层沥青或铺设封层前，严禁开放交通。

无法安排施工便道而需要车辆通行时，应符合下列规定：

(1)合理安排施工工序，保障 7 ~ 15 d 的养生期。

(2)宜在硬路肩或临时停车带的位置划出专门车道，专人指挥车辆通行。

(3)无机结合料稳定材料应适当提高早期强度。

(4)限定载重车辆的轴载，应不大于 13 t。

（四）无机结合料稳定材料层之间的处理

在上层结构施工前，应将下层养生用材料彻底清理干净。应采用人工、小型清扫车以及洒水冲刷的方式将下层表面的浮浆清理干净。下承层局部存在松散现象时，也应彻底清理干净。

下承层清理后应封闭交通。在上层施工前 1 ~ 2 h，宜撒布水泥或洒铺水泥净浆。可采用上下结构层连续摊铺施工的方式，每层施工应配备独立的摊铺和碾压设备，不得采用一套设备在上下结构层来回施工。

稳定细粒材料结构层施工时，根据土质情况，最后一道碾压工艺可采用凸块式压路机碾压。

（五）无机结合料稳定材料基层与沥青面层之间的处理

在沥青面层施工前 1 ~ 2 d 内，应清理基层顶面。 应彻底清除基层顶面养生期间的覆盖物。

应采用人工清扫、小型清扫车、空压机以及洒水冲刷等方式将基层表面的浮浆清理干净，并应符合下列规定：

(1)基层表面达到无浮尘、无松动状态。

(2)清理出小坑槽时，不得用原有基层材料找补。

(3)清理出较大范围松散时，应重新评定基层质量，必要时宜返工处理。

在基层表面干燥的状态下，可洒铺透层油。透层油宜采用稀释沥青、煤沥青或乳化沥青，沥青洒铺量宜为 0.3 ~ 0.6 kg/m^2。**透层油施工后严禁一切车辆通行，直至上层施工。** 下封层或黏层应在透层油挥发、破乳完成后施工，并封闭交通。

对极重、特重交通荷载等级或较薄的沥青面层，基层顶面应采用热洒沥青的方式加强层间结合，并应符合下列规定：

(1)根据工程情况，热洒沥青可采用普通沥青、改性沥青或橡胶沥青。对高速公路和一级公路的极重、特重交通荷载等级，或沥青面层厚度小于 150 mm 时，宜选择 SBS 改性沥青或橡胶沥青。

(2)普通沥青的洒铺量宜为 1.8 ~ 2.2 kg/m^2，SBS 改性沥青宜为 2.0 ~ 2.4 kg/m^2，橡胶沥青宜为 2.2 ~ 2.6 kg/m^2。

(3)沥青洒铺时应均匀，避免漏洒，纵向接缝应重叠 2/3 单一喷口的洒铺范围，横向接缝应齐整，不应重叠。

(4)撒布的碎石宜选择洁净、干燥，单一粒径的石灰岩石料，超粒径含量应不大于 10%，粒径范围宜为 13.2 ~ 19 mm。

(5)碎石撒布前应通过拌合设备加热、除尘、筛分，碎石撒布到路面前的温度应不低于 80 ℃。

(6)碎石撒布量宜为满铺面积的 60% ~ 70%，不得重叠。

(7)高速公路和一级公路不宜采用同步碎石施工设备，应采用分离式的施工设备。

(8)沥青洒铺车的容量宜不少于 10 t，一台沥青洒铺车应配备两台碎石撒布车。

（六）基层收缩裂缝的处理

基层在养生过程中出现裂缝，经过弯沉检测，结构层的承载能力满足设计要求时，可继续铺筑上面的沥青面层，也可采取下列措施处理裂缝：在裂缝位置灌缝；在裂缝位置铺设玻璃纤维格栅；洒铺热改性沥青。

七、填隙碎石施工技术要求

（一）一般规定

填隙碎石可采用干法或湿法施工。干旱缺水地区宜采用干法施工。

（二）材料技术要求

填隙碎石用作基层时，骨料的公称最大粒径应不大于53 mm；用作底基层时，应不大于63 mm。用作基层时骨料的压碎值应不大于26%，用作底基层时应不大于30%。骨料中针片状颗粒和软弱颗粒的含量应不大于15%。骨料可用具有一定强度的各种岩石或漂石轧制，宜采用石灰岩。采用漂石时，其粒径应大于骨料公称最大粒径的3倍。骨料也可以用稳定的矿渣轧制。矿渣的干密度和质量应均匀，且干密度应不小于960 kg/m^3。

填隙碎石用骨料的颗粒组成应符合规范的规定。

填隙料宜采用石屑，缺乏石屑地区，可添加细砾砂或粗砂等细集料。

（三）施工工法

下面以考题探究的形式对填隙碎石施工的相关规定进行讲解。

考题探究

【单选题】关于填隙碎石施工的说法，错误的是（　　）。

A. 单层填隙碎石的压实厚度宜为公称最大粒径的1.5～2.0倍

B. 填隙料应干燥

C. 填隙碎石施工，应采用胶轮压路机碾压

D. 填隙碎石碾压后，表面集料间的空隙应填满，但表面应看得见集料

C。【解析】填隙碎石施工宜采用振动压路机碾压。故选项C错误。除上述内容外，填隙碎石施工的相关规定还包括：(1)填隙碎石层上为薄沥青面层时，宜使骨料的棱角外露3～5 mm。(2)碾压后基层的固体体积率宜不小于85%，底基层的固体体积率宜不小于83%。(3)填隙碎石基层未洒透层沥青或未铺封层时，不得开放交通。(4)填隙碎石施工前，应按《公路路面基层施工技术细则》中有关规定准备下承层和施工放样。(5)应根据各路段基层或底基层的宽度、厚度及松铺系数，计算各段需要的骨料数量，并应根据运料车辆的车厢体积，计算每车料的堆放距离。(6)填隙料的用量宜为骨料质量的30%～40%。材料装车时，应控制每车料的数量基本相等。应由远到近将骨料按计算的距离卸置于下承层上，应严格控制卸料距离。(7)用平地机或其他合适的机具将骨料均匀地摊铺在预定的范围内，表面应平整，并有规定的路拱。应同时摊铺路肩用料。应检验松铺材料层的厚度，不满足要求时应减料或补料。

填隙碎石的干法施工应符合下列规定：

(1)初压宜用两轮压路机碾压3～4遍，使骨料稳定就位，初压结束时，表面应平整，并具有规定的路拱和纵坡。

(2)填隙料应采用石屑撒布机或类似的设备均匀地撒铺在已压稳的骨料层上，松铺厚度宜为25～30 mm；必要时，可用人工或机械扫匀。

(3)应采用振动压路机慢速碾压，将全部填隙料振入骨料间的空隙中。无振动压路机时，可采用重型振动板。路面两侧宜多压2～3遍。

(4)再次撒布填隙料，松铺厚度宜为20～25 mm，应用人工或机械扫匀。

(5)同第(3)条,再次振动碾压;局部多余的填隙料应扫除。

(6)碾压后,应对局部填隙料不足之处进行人工找补,并用振动压路机继续碾压,直到全部空隙被填满,应将局部多余的填隙料扫除。

(7)填隙碎石表面空隙全部填满后,宜再用重型压路机碾压1～2遍。在碾压过程中,不应有任何蠕动现象。在碾压之前,宜在表面洒少量水,洒水量宜不少于3 kg/m²。

(8)需分层铺筑时,应将已压成的填隙碎石层表面骨料外露5～10 mm,然后在其上摊铺第二层骨料,并按第(1)条～第(7)条要求施工。

填隙碎石湿法施工应按下列要求操作:

(1)开始工序应与上文第(1)条～第(7)条要求相同。

(2)骨料层表面空隙全部填满后,宜立即用洒水车洒水,直到饱和。

(3)宜用重型压路机跟在洒水车后碾压。应将湿填隙料及时扫入出现的空隙中；必要时，宜再添加新的填隙料。

(4)应洒水碾压至填隙料和水形成粉浆,粉浆应填塞全部空隙,并在压路机轮前形成微波纹状。

(5)碾压完成的路段应让水分蒸发一段时间,结构层变干后,应将表面多余的细料以及细料覆盖层扫除干净。

(6)需分层铺筑时,宜待结构层变干后,将已压成的填隙碎石层表面的填隙料扫除一些,使表面骨料外露5～10 mm,然后在其上摊铺第二层骨料。

第二节　沥青路面施工

一、沥青路面的概念

沥青路面是指铺筑沥青面层的路面。

二、沥青路面的结构

沥青路面结构可由面层、基层、底基层和必要的功能层（如起排水、隔水、防冻和防污作用的垫层）组合而成。面层采用不同材料分层铺筑时,可分为表面层、中面层和下面层。

温馨提示

路面结构组成中,基层起主要承重作用。

三、沥青路面原材料要求

沥青路面的原材料有沥青材料、粗集料、细集料、填料等,沥青材料又分石油沥青、乳化沥青、煤沥青、改性沥青等。

沥青混合料是一种复合材料,主要由沥青、粗骨料、细骨料、矿粉组成,有的还加入聚合物和木纤维素。由这些不同质量和数量的材料混合形成不同的结构,并具有不同的力学性质。

沥青混合料是由矿料与沥青结合料拌合而成的混合料的总称。按矿料级配组成及空隙率大小分为密级配、半开级配、开级配、间断级配沥青混合料。按公称最大粒径的大小可分为特粗式、粗粒式、中粒式、细粒式、砂粒式沥青混合料。按制造工艺分为热拌沥青混合料、冷拌沥青混合料、再生沥青混合料等。沥青路面按结构组成可分为密实-悬浮结构、密实-骨架结构和骨架-空隙结构。其具体类型下面以考题探究的形式进行讲解。

工程上最常用的沥青混合料有两类:其一是沥青混凝土混合料,是由适当比例的粗集料、细集料及填料组成的符合规定级配的矿料,与沥青结合料拌合、压实后剩余空隙率小于10%的混合料,简称沥青混凝土,以AC表示,采用圆孔筛时用LH表示;其二是沥青碎石混合料,是由适当比例的粗集料、细集料及填料(或不加填料)与沥青拌合、压实后剩余空隙率在10%以上的混合料,简称沥青碎石混合料,以AM表示。

考题探究

【单选题】按矿料级配分类,属于开级配沥青混合料的是( )。

A. SMA　　B. AM

C. AC-16　　D. OGFC

D。【解析】沥青路面按矿料级配分类可分为:(1)密级配沥青混凝土混合料,代表类型有沥青混凝土、沥青稳定碎石。(2)半开级配沥青混合料,代表类型有改性沥青稳定碎石,以AM表示。(3)开级配沥青混合料,代表类型有排水式沥青磨耗层混合料,以OGFC表示;另有排水式沥青稳定碎石基层,以ATPB表示。(4)间断级配沥青混合料,代表类型有沥青玛蹄脂碎石混合料(SMA)。

【单选题】沥青碎石玛蹄脂混合料属于( )结构。

A. 密实-悬浮　　B. 密实-骨架

C. 骨架-空隙　　D. 骨架-悬浮

B。【解析】沥青路面按结构组成可分为密实-悬浮结构、密实-骨架结构和骨架-空隙结构。密实-悬浮结构典型代表是AC-I型沥青混凝土;密实-骨架结构典型代表是沥青碎石玛蹄脂混合料(SMA);骨架-空隙结构典型代表是沥青碎石混合料(AM)和排水沥青混合料(OGFC)。

(一)一般规定

沥青路面使用的各种材料运至现场后必须取样进行质量检验,经评定合格后方可使用,不得以供应商提供的检测报告或商检报告代替现场检测。沥青路面集料的选择必须经过认真的料源调查,确定料源应尽可能就地取材。质量符合使用要求,石料开采必须注意环境保护,防止破坏生态平衡。集料粒径规格以方孔筛为准。不同料源、品种、规格的集料不得混杂堆放。

(二)道路石油沥青

各个沥青等级的适用范围应符合表1-2-7的规定。道路石油沥青的质量应符合规范规定的技术要求。经建设单位同意,沥青的PI值,60 ℃动力黏度,10 ℃延度可作为选择性指标。

表 1-2-7　道路石油沥青的适用范围

沥青等级	适用范围
A 级沥青	各个等级的公路，适用于任何场合和层次
B 级沥青	高速公路、一级公路沥青下面层及以下的层次，二级及二级以下公路的各个层次。 用作改性沥青、乳化沥青、改性乳化沥青、稀释沥青的基质沥青
C 级沥青	三级及三级以下公路的各个层次

沥青路面采用的沥青标号宜按照公路等级、气候条件、交通条件、路面类型及在结构层中的层位及受力特点、施工方法等，结合当地的使用经验，经技术论证后确定。

(1)**对高速公路、一级公路，夏季温度高，高温持续时间长、重载交通、山区及丘陵区上坡路段、服务区、停车场等行车速度慢的路段，尤其是汽车荷载剪应力大的层次，宜采用稠度大、60 ℃黏度大的沥青，也可提高高温气候分区的温度水平选用沥青等级；对冬季寒冷的地区或交通量小的公路、旅游公路宜选用稠度小、低温延度大的沥青；对温度日温差、年温差大的地区宜注意选用针入度指数大的沥青。** 当高温要求与低温要求发生矛盾时应优先考虑满足高温性能的要求。

(2)当缺乏所需标号的沥青时，可采用不同标号掺配的调和沥青，其掺配比例由试验决定。

沥青必须按品种、标号分开存放。除长期不使用的沥青可放在自然温度下存储外，沥青在储罐中的贮存温度不宜低于 130 ℃，并不得高于 170 ℃。桶装沥青应直立堆放，加盖苫布。

道路石油沥青在贮运、使用及存放过程中应有良好的防水措施，避免雨水或加热管道蒸气进入沥青中。

(三)乳化沥青

乳化沥青适用于沥青表面处治路面、沥青贯入式路面、冷拌沥青混合料路面，修补裂缝，喷洒透层、粘层与封层等。

下面以考题探究的形式对乳化沥青的品种和适用范围进行讲解。

考题探究

【单选题】下列乳化沥青品种中，属于阳离子乳化沥青的是(　　)。

A. PA－1　　B. BA－1

C. PC－1　　D. BN－1

C。【解析】乳化沥青的品种和适用范围应符合下表的规定。

分类	品种及代号	适用范围
阳离子乳化沥青	PC－1	表处、贯入式路面及下封层用
	PC－2	透层油及基层养生用
	PC－3	粘层油用
	BC－1	稀浆封层或冷拌沥青混合料用
阴离子乳化沥青	PA－1	表处、贯入式路面及下封层用
	PA－2	透层油及基层养生用
	PA－3	粘层油用
	BA－1	稀浆封层或冷拌沥青混合料用
非离子乳化沥青	PN－2	透层油用
	BN－1	与水泥稳定集料同时使用(基层路拌或再生)

乳化沥青的质量应符合规范的规定。在高温条件下宜采用黏度较大的乳化沥青,寒冷条件下宜使用黏度较小的乳化沥青。乳化沥青类型根据集料品种及使用条件选择。阳离子乳化沥青可适用于各种集料品种,阴离子乳化沥青适用于碱性石料。乳化沥青的破乳速度、黏度宜根据用途与施工方法选择。制备乳化沥青用的基质沥青,对高速公路和一级公路,宜符合道路石油沥青 A、B 级沥青的要求,其他情况可采用 C 级沥青。乳化沥青宜存放在立式罐中,并保持适当搅拌。贮存期以不离析、不冻结、不破乳为度。

(四)液体石油沥青

液体石油沥青适用于透层、粘层及拌制冷拌沥青混合料。根据使用目的与场所,可选用快凝、中凝、慢凝的液体石油沥青,其质量应符合规范规定。

液体石油沥青宜采用针入度较大的石油沥青,使用前按先加热沥青后加稀释剂的顺序,掺配煤油或轻柴油,经适当的搅拌、稀释制成。掺配比例根据使用要求由试验确定。

液体石油沥青在制作、贮存、使用的全过程中必须通风良好,并有专人负责,确保安全。**基质沥青的加热温度严禁超过 140 ℃,液体沥青的贮存温度不得高于 50 ℃。**

(五)煤沥青

道路用煤沥青的标号根据气候条件、施工温度、使用目的选用,其质量应符合规范规定。

道路用煤沥青适用于下列情况:

(1)各种等级公路的各种基层上的透层,宜采用 T-1 或 T-2 级,其他等级不符合喷洒要求时可适当稀释使用。

(2)三级及三级以下的公路铺筑表面处治或贯入式沥青路面,宜采用 T-5、T-6 或 T-7 级。

(3)与道路石油沥青、乳化沥青混合使用,以改善渗透性。

道路用煤沥青严禁用于热拌热铺的沥青混合料,作其他用途时的贮存温度宜为 70~90 ℃,且不得长时间贮存。

(六)改性沥青

改性沥青可单独或复合采用高分子聚合物、天然沥青及其他改性材料制作。

各类聚合物改性沥青的质量应符合规范规定的技术要求,针入度指数 PI 可作为选择性指标。当使用规范规定以外的聚合物及复合改性沥青时,可通过试验研究制定相应的技术要求。

制造改性沥青的基质沥青应与改性剂有良好的配伍性,其质量宜符合 A 级或 B 级道路石油沥青的技术要求。供应商在提供改性沥青的质量报告时应提供基质沥青的质量检验报告或沥青样品。

天然沥青可以单独与石油沥青混合使用或与其他改性沥青混融后使用。天然沥青的质量要求宜根据其品种参照相关标准和成功的经验执行。

用作改性剂的 SBR 胶乳中的固体物含量不宜少于 45%,使用中严禁长时间暴晒或遭冰冻。改性沥青的剂量以改性剂占改性沥青总量的百分数计算,胶乳改性沥青的剂量应以扣除水以后的固体物含量计算。改性沥青宜在固定式工厂或在现场设厂集中制作,也可在拌合厂现场边制造边使用,改性沥青的加工温度不宜超过 180 ℃。胶乳类改性剂和制成颗粒的改性剂可直接投入拌合缸中生产改性沥青混合料。用溶剂法生产改性沥青母体时,挥发性溶剂回收后的残留量不得超过 5%。

现场制造的改性沥青宜随配随用,需作短时间保存,或运送到附近的工地时,使用前必须搅拌均匀,在不发生离析的状态下使用。改性沥青制作设备必须设有随机采集样品的取样口，采集的试样宜立即在现场灌模。工厂制作的成品改性沥青到达施工现场后存贮在改性沥青罐中，改性沥青罐中必须加设搅拌设备并进行搅拌，使用前改性沥青必须搅拌均匀。在施工过程中应定期取样检验产品质量，发现离析等质量不符合要求的改性沥青不得使用。

（七）改性乳化沥青

改性乳化沥青的品种和适用范围宜按表 1-2-8 选用。

表 1-2-8　改性乳化沥青的品种和适用范围

品种		代号	适用范围
改性乳化沥青	喷洒型改性乳化沥青	PCR	粘层、封层、桥面防水黏结层用
	拌合用乳化沥青	BCR	改性稀浆封层和微表处用

（八）粗集料

沥青层用粗集料包括碎石、破碎砾石、筛选砾石、钢渣、矿渣等，但高速公路和一级公路不得使用筛选砾石和矿渣。粗集料必须由具有生产许可证的采石场生产或施工单位自行加工。

粗集料应该洁净、干燥、表面粗糙，质量应符合规范的规定。当单一规格集料的质量指标达不到表中要求，而按照集料配合比计算的质量指标符合要求时，工程上允许使用。对受热易变质的集料，宜采用经拌合机烘干后的集料进行检验。

采石场在生产过程中必须彻底清除覆盖层及泥土夹层。生产碎石用的原石不得含有土块、杂物，集料成品不得堆放在泥土地上。

筛选砾石仅适用于三级及三级以下公路的沥青表面处治路面。经过破碎且存放期超过 6 个月以上的钢渣可作为粗集料使用。除吸水率允许适当放宽外，各项质量指标应符合规范的要求。**钢渣在使用前应进行活性检验，要求钢渣中的游离氧化钙含量不大于 3%，浸水膨胀率不大于 2%。**

（九）细集料

沥青路面的细集料包括天然砂、机制砂、石屑。细集料必须由具有生产许可证的采石场、采砂场生产。

天然砂可采用河砂或海砂，通常宜采用粗、中砂，其规格应符合规范规定。热拌密级配沥青混合料中天然砂的用量通常不宜超过集料总量的 20%，SMA 和 OGFC 混合料不宜使用天然砂。

（十）填料

沥青混合料的矿粉必须采用石灰岩或岩浆岩中的强基性岩石等憎水性石料经磨细得到的矿粉，原石料中的泥土杂质应除净。矿粉应干燥、洁净，能自由地从矿粉仓流出，其质量应符合规范要求。

拌合机的粉尘可作为矿粉的一部分回收使用。**但每盘用量不得超过填料总量的 25%，掺有粉尘填料的塑性指数不得大于 4%。粉煤灰作为填料使用时，用量不得超过填料总量的 50%，粉煤灰的烧失量应小于 12%，与矿粉混合后的塑性指数应小于 4%，其余质量要求与矿粉相同。高速公路、一级公路的沥青面层不宜采用粉煤灰做填料。**

（十一）纤维稳定剂

在沥青混合料中掺加的纤维稳定剂宜选用木质素纤维、矿物纤维等，木质素纤维的质量应符合规范技术要求。纤维应在250 ℃的干拌温度不变质、不发脆，使用纤维必须符合环保要求，不危害身体健康。纤维必须在混合料拌合过程中能充分分散均匀。矿物纤维宜采用玄武岩等矿石制造，易影响环境及造成人体伤害的石棉纤维不宜直接使用。纤维应存放在室内或有棚盖的地方，松散纤维在运输及使用过程中应避免受潮，不结团。**纤维稳定剂的掺加比例以沥青混合料总量的质量百分率计算，通常情况下用于SMA路面的木质素纤维不宜低于0.3%，矿物纤维不宜低于0.4%，必要时可适当增加纤维用量。纤维掺加量的允许误差宜不超过±5%。**

四、热拌沥青混合料路面施工技术

热拌沥青混合料的主要类型包括AC型沥青混合料、改性沥青混合料、沥青玛蹄脂碎石混合料(SMA)等。

（一）一般规定

热拌沥青混合料(HMA)适用于各种等级公路的沥青路面。其种类按集料公称最大粒径、矿料级配、空隙率划分。各层沥青混合料应满足所在层位的功能性要求，便于施工，不容易离析。各层应连续施工并连结成为一个整体。当发现混合料结构组合及级配类型的设计不合理时，应进行修改、调整，以确保沥青路面的使用性能。

沥青面层集料的最大粒径宜从上至下逐渐增大，并应与压实层厚度相匹配。**对热拌热铺密级配沥青混合料，沥青层一层的压实厚度不宜小于集料公称最大粒径的2.5~3倍，对SMA和OGFC等嵌挤型混合料不宜小于公称最大粒径的2~2.5倍**，以减少离析，便于压实。

（二）施工准备

铺筑沥青层前，应检查基层或下卧沥青层的质量，不符合要求的不得铺筑沥青面层。旧沥青路面或下卧层已被污染时，必须清洗或经铣刨处理后方可铺筑沥青混合料。

石油沥青加工及沥青混合料施工温度应根据沥青标号及黏度、气候条件、铺装层的厚度确定。

热拌沥青混合料的施工温度应符合表1-2-9的规定。

表1-2-9 热拌沥青混合料的施工温度 单位：℃

施工工序		石油沥青的标号			
		50号	70号	90号	110号
沥青加热温度		160~170	155~165	150~160	145~155
矿料加热温度	间歇式拌合机	集料加热温度比沥青温度高10~30			
	连续式拌合机	矿料加热温度比沥青温度高5~10			
沥青混合料出料温度		150~170	145~165	140~160	135~155
混合料贮料仓贮存温度		贮料过程中温度降低不超过10			
混合料废弃温度，高于		200	195	190	185
运输到现场温度，不低于		150	145	140	135
开放交通的路表温度，不高于		50	50	50	45

（三）配合比设计

沥青混合料必须在同类公路配合比设计和使用情况调查研究的基础上，充分借鉴成功的经验，选用符合要求的材料，进行配合比设计。沥青混合料的矿料级配应符合工程设计规定的级配范围。密级配沥青混合料宜根据公路等级、气候及交通条件按规范选择采用粗型（C 型）或细型（F 型）混合料。

（四）混合料的拌制

沥青混合料必须在沥青拌合厂（场、站）采用拌合机械拌制。

沥青混合料可采用间歇式拌合机或连续式拌合机拌制。高速公路和一级公路宜采用间歇式拌合机拌合。连续式拌合机使用的集料必须稳定不变，一个工程从多处进料、料源或质量不稳定时，不得采用连续式拌合机。沥青混合料拌合设备的各种传感器必须定期检定，周期不少于每年一次。冷料供料装置需经标定得出集料供料曲线。

集料与沥青混合料取样应符合现行试验规程的要求。从沥青混合料运料车上取样时必须在设置取样台分几处采集一定深度下的样品。集料进场宜在料堆顶部平台卸料，经推土机推平后，铲运机从底部按顺序竖直装料，减小集料离析。

高速公路和一级公路施工用的间歇式拌合机必须配备计算机设备，拌合过程中逐盘采集并打印各个传感器测定的材料用量和沥青混合料拌合量、拌合温度等各种参数。

沥青混合料的生产温度应符合规范要求。**烘干集料的残余含水量不得大于 1%。** 每天开始几盘集料应提高加热温度，并干拌几锅集料废弃，再正式加沥青拌合混合料。

拌合机的矿粉仓应配备振动装置以防止矿粉起拱。添加消石灰、水泥等外掺剂时，宜增加粉料仓，也可由专用管线和螺旋升送器直接加入拌合锅，若与矿粉混合使用时应注意二者因密度不同发生离析。

沥青混合料拌合时间根据具体情况经试拌确定，以沥青均匀裹覆集料为度。间歇式拌合机每盘的生产周期不宜少于 45 s（其中干拌时间不少于 5 ~ 10 s）。改性沥青和 SMA 混合料的拌合时间应适当延长。使用改性沥青时应随时检查沥青泵、管道、计量器是否受堵，堵塞时应及时清洗。沥青混合料出厂时应逐车检测沥青混合料的重量和温度，记录出厂时间，签发运料单。

知识拓展

沥青混合料的生产，每日应做抽提试验、马歇尔稳定度试验。应严格控制沥青混合料拌合的加热温度。拌合后的沥青混合料应均匀、无花白、无粗细料分离和结团成块现象，且拌合的混合料出料温度过高时，应将此批混合料废弃。

（五）混合料的运输

热拌沥青混合料宜采用较大吨位的运料车运输，但不得超载运输，或急刹车、急弯掉头使透层、封层造成损伤。运料车的运力应稍有富余，施工过程中摊铺机前方应有运料车等候。对高速公路、一级公路，宜待等候的运料车多于 5 辆后开始摊铺。

运料车每次使用前后必须清扫干净，在车厢板上涂一薄层防止沥青黏结的隔离剂或防粘剂，但不得有余液积聚在车厢底部。从拌合机向运料车上装料时，应多次挪动汽车位置，平衡装料，以减少混合料离析。运料车运输混合料宜用苫布覆盖保温、防雨、防污染。

（六）混合料的摊铺

热拌沥青混合料应采用沥青摊铺机摊铺，在喷洒有粘层油的路面上铺筑改性沥青混合料或 SMA 时，宜使用履带式摊铺机。摊铺机的受料斗应涂刷薄层隔离剂或防黏结剂。

铺筑高速公路、一级公路沥青混合料时，一台摊铺机的铺筑宽度不宜超过 6 m（双车道）~7.5 m（3 车道以上），通常宜采用两台或更多台数的摊铺机前后错开 10 ~ 20 m，呈梯队方式同步摊铺，两幅之间应有 30 ~ 60 mm 左右宽度的搭接，并躲开车道轮迹带，上、下层的搭接位置宜错开 200 mm 以上。

摊铺机开工前应提前 0.5 ~ 1 h 预热熨平板不低于 100 ℃。 铺筑过程中应选择熨平板的振捣或夯锤压实装置具有适宜的振动频率和振幅，以提高路面的初始压实度。熨平板加宽连接应仔细调节至摊铺的混合料没有明显的离析痕迹。

摊铺机必须缓慢、均匀、连续不间断地摊铺，不得随意变换速度或中途停顿，以提高平整度，减少混合料的离析。**摊铺速度宜控制在 2 ~ 6 m/min 的范围内，对改性沥青混合料及 SMA 混合料宜放慢至 1 ~ 3 m/min。** 当发现混合料出现明显的离析、波浪、裂缝、拖痕时，应分析原因，予以消除。

摊铺机应采用自动找平方式，下面层或基层宜采用钢丝绳引导的高程控制方式，上面层宜采用平衡梁或雪橇式摊铺厚度控制方式，中面层根据情况选用找平方式。直接接触式平衡梁的轮子不得黏附沥青。铺筑改性沥青或 SMA 路面时宜采用非接触式平衡梁。

沥青路面施工的最低气温应符合规范的要求，寒冷季节遇大风降温，不能保证迅速压实时不得铺筑沥青混合料。热拌沥青混合料的最低摊铺温度根据铺筑层厚度、气温、风速及下卧层表面温度按《公路沥青路面施工技术规范》的相关规定执行。每天施工开始阶段宜采用较高温度的混合料。

沥青混合料的松铺系数应根据混合料类型由试铺试压确定。摊铺过程中应随时检查摊铺层厚度及路拱、横坡，并按规范规定的方法由使用的混合料总量与面积校验平均厚度。

摊铺机的螺旋布料器应相应于摊铺速度调整到保持一个稳定的速度均衡地转动，两侧应保持有不少于送料器 2/3 高度的混合料，以减少在摊铺过程中混合料的离析。

用机械摊铺的混合料，不宜用人工反复修整。当不得不由人工作局部找补或更换混合料时，需仔细进行，特别严重的缺陷应整层铲除。

在雨季铺筑沥青路面时，应加强与气象台（站）的联系，已摊铺的沥青层因遇雨未行压实的应予铲除。

沥青混合料在进行摊铺时，表面层应采用平衡梁法施工，中面层及下面层应采用走线法施工。

（七）沥青路面的压实及成型

压实成型的沥青路面应符合压实度及平整度的要求。

沥青路面施工应配备足够数量的压路机，选择合理的压路机组合方式及初压、复压、终压（包括成型）的碾压步骤，以达到最佳碾压效果。高速公路铺筑双车道沥青路面的压路机数量不宜少于 5 台。施工气温低、风大、碾压层薄时，压路机数量应适当增加。

压路机应以慢而均匀的速度碾压，压路机的碾压速度应符合规范规定。压路机的碾压路线及碾压方向不应突然改变而导致混合料推移。碾压区的长度应大体稳定，两端的折返位置应随摊铺机前进而推进，横向不得在相同的断面上。

在不产生严重推移和裂缝的前提下，初压、复压、终压都应在尽可能高的温度下进行。同时不得在低温状况下作反复碾压，使石料棱角磨损、压碎，破坏集料嵌挤。

沥青混合料的初压应符合下列要求：

（1）初压应在紧跟摊铺机后碾压，并保持较短的初压区长度，以尽快使表面压实，减少热量散失。对摊铺后初始压实度较大，经实践证明采用振动压路机或轮胎压路机直接碾压无严重推移而有良好效果时,可免去初压,直接进入复压工序。

(2)通常宜采用钢轮压路机静压1~2遍。碾压时应将压路机的驱动轮面向摊铺机,从外侧向中心碾压,在超高路段则由低向高碾压,在坡道上应将驱动轮从低处向高处碾压。

(3)初压后应检查平整度、路拱,有严重缺陷时进行修整乃至返工。

复压应紧跟在初压后进行,并应符合下列要求:

(1)复压应紧跟在初压后开始,且不得随意停顿。压路机碾压段的总长度应尽量缩短,通常不超过60~80 m。采用不同型号的压路机组合碾压时宜安排每一台压路机作全幅碾压,防止不同部位的压实度不均匀。

(2)密级配沥青混凝土的复压宜优先采用重型的轮胎压路机进行搓揉碾压,以增加密水性,其总质量不宜小于25 t,吨位不足时宜附加重物,使每一个轮胎的压力不小于15 kN,冷态时的轮胎充气压力不小于0.55 MPa,轮胎发热后不小于0.6 MPa,且各个轮胎的气压大体相同,相邻碾压带应重叠1/3~1/2的碾压轮宽度,碾压至要求的压实度为止。

(3)对粗集料为主的较大粒径的混合料,尤其是大粒径沥青稳定碎石基层,宜优先采用振动压路机复压。厚度小于30 mm的薄沥青层不宜采用振动压路机碾压。振动压路机的振动频率宜为35~50 Hz,振幅宜为0.3~0.8 mm。层厚较大时选用高频率大振幅,以产生较大的激振力,厚度较薄时采用高频率低振幅,以防止集料破碎。相邻碾压带重叠宽度为100~200 mm。振动压路机折返时应先停止振动。

(4)当采用三轮钢筒式压路机时,总质量不宜小于12 t,相邻碾压带宜重叠后轮的1/2宽度,并不应少于200 mm。

(5)对路面边缘、加宽及港湾式停车带等大型压路机难于碾压的部位,宜采用小型振动压路机或振动夯板作补充碾压。

终压应紧接在复压后进行,如经复压后已无明显轮迹时可免去终压。终压可选用双轮钢筒式压路机或关闭振动的振动压路机碾压不宜少于两遍,至无明显轮迹为止。

SMA路面的压实应符合以下要求:

(1)除沥青用量较低,经试验证明采用轮胎压路机碾压有良好效果外,不宜采用轮胎压路机碾压,以防将沥青结合料搓揉挤压上浮。

(2)SMA路面宜采用振动压路机或钢筒式压路机碾压。振动压路机应遵循"紧跟、慢压、高频、低幅"的原则,即紧跟在摊铺机后面,采取高频率、低振幅的方式慢速碾压。如发现SMA混合料高温碾压有推拥现象,应复查其级配是否合适。

OGFC宜采用小于12 t的钢筒式压路机碾压。

碾压轮在碾压过程中应保持清洁,有混合料黏轮应立即清除。对钢轮可涂刷隔离剂或防黏结剂,但严禁刷柴油。当采用向碾压轮喷水(可添加少量表面活性剂)的方式时,必须严格控制喷水量且成雾状,不得漫流,以防混合料降温过快。轮胎压路机开始碾压阶段,可适当烘烤、涂刷少量隔离剂或防黏结剂,也可少量喷水,并先到高温区碾压使轮胎尽快升温,之后停止洒水。轮胎压路机轮胎外围宜加设围裙保温。

压路机不得在未碾压成型路段上转向、调头、加水或停留。在当天成型的路面上,不得停放各种机械设备或车辆,不得散落矿料、油料等杂物。

知识拓展

除上文中沥青路面压实的规定外,沥青混合料在进行压实时,压路机应采用双轮双振压路机(2~3台)和胶轮压路机(2~3台,质量≥16 t)进行施工。

（八）接缝

沥青路面的施工必须接缝紧密、连接平顺，不得产生明显的接缝离析。上、下层的纵缝应错开 150 mm（热接缝）或 300～400 mm（冷接缝）以上。**相邻两幅及上、下层的横向接缝均应错位 1 m 以上。接缝施工应用 3 m 直尺检查，确保平整度符合要求。**

纵向接缝部位的施工应符合下列要求：

（1）摊铺时采用梯队作业的纵缝应采用热接缝，将已铺部分留下 100～200 mm 宽暂不碾压，作为后续部分的基准面，然后作跨缝碾压以消除缝迹。

（2）当半幅施工或因特殊原因而产生纵向冷接缝时，宜加设挡板或加设切刀切齐，也可在混合料尚未完全冷却前用镐刨除边缘留下毛茬的方式，但不宜在冷却后采用切割机作纵向切缝。加铺另半幅前应涂洒少量沥青，重叠在已铺层上 50～100 mm，再铲走铺在前半幅上面的混合料，碾压时由边向中碾压留下 100～150 mm，再跨缝挤紧压实。或者先在已压实路面上行走碾压新铺层 150 mm 左右，然后压实新铺部分。

高速公路和一级公路的表面层横向接缝应采用垂直的平接缝，以下各层可采用自然碾压的斜接缝，沥青层较厚时也可作阶梯形接缝。其他等级公路的各层均可采用斜接缝。

斜接缝的搭接长度与层厚有关，宜为 0.4～0.8 m。搭接处应洒少量沥青，混合料中的粗集料颗粒应予剔除，并补上细料，搭接平整，充分压实。阶梯形接缝的台阶经铣刨而成，并洒粘层沥青，搭接长度不宜小于 3 m。

平接缝宜趁尚未冷透时用凿岩机或人工垂直刨除端部层厚不足的部分，使工作缝成直角连接。当采用切割机制作平接缝时，宜在铺设当天混合料冷却但尚未结硬时进行。刨除或切割不得损伤下层路面。切割时留下的泥水必须冲洗干净，待干燥后涂刷粘层油。铺筑新混合料接头应使接茬软化，压路机先进行横向碾压，再纵向碾压成为一体，充分压实，连接平顺。

（九）SMA 沥青混凝土路面施工

1. SMA 沥青混凝土路面概述

SMA 混合料的主要组成部分为沥青、纤维稳定剂、矿粉、沥青玛蹄脂、碎石等，施工中经过拌合而成，并被应用到公路工程施工中，满足工程建设需要。SMA 混合料具有良好的耐久性、抗变形能力、水稳定性、高温抗车辙性能、低温抗变形能力，有利于提高路面工程质量，预防质量通病发生，越来越受到施工单位重视，其应用也愈加广泛。

考题探究

【单选题】沥青混合料需要添加纤维稳定剂的沥青混合料是（　　）。

A. AC　　B. AM

C. SMA　　D. ATB

C。【解析】沥青玛蹄脂碎石（SMA）混合料主要组成部分为沥青、矿粉、纤维稳定剂、沥青玛蹄脂、碎石等，填于间断级配的矿料骨架中。

2. SMA 沥青混凝土路面的施工工艺要求

（1）原材料准备。做好原材料采购和试验检测工作，保证原材料质量合格。SMA 的沥青结合料黏性要求高，这样才能与集料紧密结合，有效预防不稳定、韧性不足等问题的发生，为提高路面工程质量奠定基础。

粗集料：要求材质硬度高，表面不光滑，水分含量少，干净无泥污，镶嵌挤压能力良好，以提高集料黏结性，增强混合料密实度。

细集料：采用机制砂和石屑作为细集料，并且各项指标要符合《公路沥青路面施工技术规范》的相关要求，同时保证细集料干燥、整洁，没有出现风化现象，无杂质。

纤维稳定剂：采用木质和矿物纤维，以实现改善沥青性能的目的，增强沥青吸附能力，更好地满足施工需要。要求纤维性能稳定，在高温下不会出现性质改变的情况，并且纤维是健康无害物质。搅拌时要确保纤维搅拌均匀，以达到提高混合料稳定性的目的。根据混合料实际情况确定纤维添加量，木质纤维约占混合料0.3%的比例，矿物纤维约占0.4%。使用木质纤维应该确保其干燥，不能采用变质、潮湿的纤维。

(2)SMA沥青混合料拌合除符合前文“(四)混合料的拌制”的规定外，尚应符合下列要求：拌合纤维类掺加剂时应采用间歇式拌合机拌合混合料；当混合料拌合均匀、纤维掺加剂均匀分布于混合料中，且所有矿料颗粒全部裹覆沥青结合料时，方可结束沥青混合料拌合。

(3)SMA沥青混合料摊铺、碾压、接缝均应符合前文“热拌沥青混合料路面施工技术”的相关规定。

SMA沥青混合料的拌合、摊铺和碾压等工序不得在气温低于10 ℃时和雨期等情形下施工。

五、沥青表面处治与封层施工技术

（一）一般规定

沥青表面处治适用于三级及三级以下公路的沥青面层。各种封层适用于加铺薄层罩面、磨耗层、水泥混凝土路面上的应力缓冲层、各种防水和密水层，预防性养护罩面层。

沥青表面处治与封层宜选择在干燥和较热的季节施工，并在最高温度低于15 ℃时期到来之前半个月及雨季前结束。

（二）层铺法沥青表面处治

沥青表面处治可采用道路石油沥青、乳化沥青、煤沥青铺筑，沥青标号应按规范相关规定选用。沥青表面处治的集料最大粒径应与处治层的厚度相等，其规格和用量宜按《公路沥青路面施工技术规范》规定选用；沥青表面处治施工后，应在路侧另备S12(5 ~ 10 mm)碎石或S14(3 ~ 5 mm)石屑、粗砂或小砾石2 ~ 3 m^3/1 000 m^2作为初期养护用料。

在清扫干净的碎(砾)石路面上铺筑沥青表面处治时，应喷洒透层油。在旧沥青路面、水泥混凝土路面、块石路面上铺筑沥青表面处治路面时，可在第一层沥青用量中增加10% ~ 20%，不再另洒透层油或粘层油。

层铺法沥青表面处治路面宜采用沥青洒布车及集料撒布机联合作业。

温馨提示

沥青表面处治路面可采用拌合法或层铺法施工，其厚度不宜大于3 cm。其中，层铺法是沥青表面处治较常采用的施工方法。层铺法包括单层式、双层式和三层式三种施工方法。三层式施工包含单层式和双层式施工。沥青表面处治施工的工序应紧密衔接，每个作业段长度应根据压路机数量、洒油设备及集料撒布机能力等确定。当天施工的路段应当天完成。

三层式沥青表面处治的施工工艺应按下列步骤进行：

(1)清扫基层，撒布第一层沥青。沥青的撒布温度根据气温及沥青标号选择，石油

沥青宜为 130 ~ 170 ℃，煤沥青宜为 80 ~ 120 ℃，乳化沥青在常温下洒布，加温洒布的乳液温度不得超过 60 ℃。前后两车喷洒的接茬处用铁板或建筑纸铺 1 ~ 1.5 m，使搭接良好。分几幅浇洒时，纵向搭接宽度宜为 100 ~ 150 mm。撒布第二、三层沥青的搭接缝应错开。

(2)撒布主层沥青后应立即用集料撒布机或人工撒布第一层主集料。撒布集料后应及时扫匀，达到全面覆盖、厚度一致、集料不重叠，也不露出沥青的要求。局部有缺料时适当找补，积料过多的将多余集料扫出。两幅搭接处，第一幅撒布沥青应暂留 100 ~ 150 mm 宽度不撒布石料，待第二幅一起撒布。

(3)撒布主集料后，不必等全段撒布完，立即用 6 ~ 8 t 钢筒双轮压路机从路边向路中心碾压 3 ~ 4 遍，每次轮迹重叠约 300 mm。碾压速度开始不宜超过 2 km/h，以后可适当增加。

(4)第二、三层的施工方法和要求应与第一层相同，但可以采用 8 t 以上的压路机碾压。

双层式或单层式沥青表面处治浇洒沥青及撒布集料的次数相应减少，其施工程序和要求参照三层式沥青表面处治进行。

除乳化沥青表面处治应待破乳、水分蒸发并基本成型后方可通车外，沥青表面处治在碾压结束后即可开放交通，并通过开放交通补充压实，成型稳定。在通车初期应设专人指挥交通或设置障碍物控制行车，限制行车速度不超过 20 km/h，严禁畜力车及铁轮车行驶，使路面全部宽度均匀压实。

沥青表面处治应注意初期养护。当发现有泛油时，应在泛油处补撒与最后一层石料规格相同的嵌缝料并扫匀，过多的浮料应扫出路外。

(三)上封层

根据情况可选择乳化沥青稀浆封层、微表处、改性沥青集料封层、薄层磨耗层或其他适宜的材料。铺设上封层的下卧层必须彻底清扫干净，对车辙、坑槽、裂缝进行处理或挖补。

上封层的类型根据使用目的、路面的破损程度选用。

(1)裂缝较细、较密的可采用涂洒类密封剂、软化再生剂等涂刷罩面。

(2)对二级及二级以下公路的旧沥青路面可以采用普通的乳化沥青稀浆封层，也可在喷洒道路石油沥青后撒布石屑(砂)后碾压作封层。

(3)对高速公路、一级公路有轻微损坏的宜铺筑微表处。

(4)对用于改善抗滑性能的上封层可采用稀浆封层、微表处或改性沥青集料封层。

(四)下封层

多雨潮湿地区的高速公路、一级公路的沥青面层空隙率较大，有严重渗水可能，或铺筑基层不能及时铺筑沥青面层而需通行车辆时，宜在喷洒透层油后铺筑下封层。下封层宜采用层铺法表面处治或稀浆封层法施工。稀浆封层可采用乳化沥青或改性乳化沥青作结合料。下封层的厚度不宜小于 6 mm，且做到完全密水。以层铺法沥青表面处治铺筑下封层时，通常采用单层式，规定的矿料用量宜为 5 ~ 8 m^3/1 000 m^2，沥青用量可采用要求范围的中高限。

知识拓展

封层是指为封闭表面空隙、防止水分侵入而在沥青面层或基层上铺筑的有一定厚度的沥青混合料薄层。铺筑在沥青面层表面的称为上封层，铺筑在沥青面层下面、基层表面的称为下封层。封层的主要作用包括：

(1)封闭某层以达到保水、防水作用。

(2)保证基层与沥青表面的过渡和有效联结。

(3)加固补强面层表面破坏离析分散部位。

(4)避免由于天气或车辆的原因面层出现水毁。

（五）稀浆封层和微表处

微表处主要用于高速公路及一级公路的预防性养护以及填补轻度车辙，也适用于新建公路的抗滑磨耗层。稀浆封层一般用于二级及二级以下公路的预防性养护，也适用于新建公路的下封层。

稀浆封层和微表处必须使用专用的摊铺机进行摊铺。单层微表处适用于旧路面车辙深度不大于15 mm的情况；超过15 mm的必须分两层铺筑，或先用V字形车辙摊铺箱摊铺；深度大于40 mm时不适宜微表处处理。微表处必须采用改性乳化沥青，稀浆封层可采用普通乳化沥青或改性乳化沥青。

稀浆封层和微表处应选择坚硬、粗糙、耐磨、洁净的集料。各项性能应符合规范的要求。其中微表处用通过4.75 mm筛的合成矿料的砂当量不得低于65%，稀浆封层用通过4.75 mm筛的合成矿料的砂当量不得低于50%。当用于抗滑表层时，还应符合规范中有关磨光值的要求。细集料宜采用碱性石料生产的机制砂或洁净的石屑。对集料中的超粒径颗粒必须筛除。稀浆封层和微表处的混合料中乳化沥青及改性乳化沥青的用量应通过配合比设计确定。

稀浆封层和微表处施工前，应彻底清除原路面的泥土、杂物，修补坑槽、凹陷，较宽的裂缝宜清理灌缝。在水泥混凝土路面上铺筑微表处时宜洒布粘层油，过于光滑的表面需拉毛处理。稀浆封层和微表处的最低施工温度不得低于10 ℃，严禁在雨天施工，摊铺后尚未成型混合料遇雨时应予铲除。稀浆封层和微表处两幅纵缝搭接的宽度不宜超过80 mm，横向接缝宜做成对接缝。分两层摊铺时，第一层摊铺后至少应开放交通24 h后方可进行第二层摊铺。

稀浆封层和微表处铺筑后的表面不得有超粒径料拖拉的严重划痕，横向接缝和纵向接缝处不得出现余料堆积或缺料现象，用3 m直尺测量接缝处的不平整度不得大于6 mm。对微表处不得有横向波浪和深度超过6 mm的纵向条纹。经养生和初期交通碾压稳定的稀浆封层和微表处，在行车作用下应不飞散且完全密水。

六、沥青贯入式路面施工技术

（一）一般规定

沥青贯入式路面适用于三级及三级以下公路，也可作为沥青路面的联结层或基层。沥青贯入式路面的厚度宜为4～8 cm，但乳化沥青的厚度不宜超过5 cm。当贯入层上部加铺拌合的沥青混合料面层成为上拌下贯式路面时，拌合层的厚度宜不小于1.5 cm。沥青贯入式路面的最上层应撒布封层料或加铺拌合层。沥青贯入层作为联结层使用时，可不撒表面封层料。沥青贯入式路面宜选择在干燥和较热的季节施工，并宜在日最高温度降低至15 ℃以前半个月结束，使贯入式结构层通过开放交通碾压成型。

（二）材料规格和用量

沥青贯入式路面的集料应选择有棱角、嵌挤性好的坚硬石料，其规格和用量宜根据贯入层厚度按规范规定选用。当使用破碎砾石时，其破碎面应符合规范的要求。沥青贯入式路面的结合料可采用道路石油沥青、煤沥青或乳化沥青，用量及标号应按规范规定选用。

贯入式路面各层分次沥青用量应根据施工气温及沥青标号等在规定范围内选用。在寒冷地带或当施工季节气温较低、沥青针入度较小时，沥青用量宜用高限；在低温潮湿气候下用乳化沥青贯入时，应按乳液总用量不变的原则进行调整，上层较正常情况适当增加，下层较正常情况适当减少。

（三）施工准备

沥青贯入式路面施工前，基层必须清扫干净。当需要安装路缘石时，应在路缘石安装完成后施工。路缘石应予遮盖。**乳化沥青贯入式路面必须浇洒透层或粘层沥青。沥青贯入式路面厚度小于或等于 5 cm 时，也应浇洒透层或粘层沥青。**

（四）施工方法

沥青贯入式路面的施工应按下列步骤进行：

（1）采用碎石摊铺机、平地机或人工摊铺主层集料。铺筑后严禁车辆通行。

（2）碾压主层集料。撒布后应采用 6 ~ 8 t 的轻型钢筒式压路机自路两侧向路中心碾压，碾压速度宜为 2 km/h，每次轮迹重叠约 30 cm，碾压一遍后检验路拱和纵向坡度，当不符合要求时，应调整找平后再压。然后用重型的钢轮压路机碾压，每次轮迹重叠 1/2 左右，宜碾压 4 ~ 6 遍，直至主层集料嵌挤稳定，无显著轮迹为止。

（3）浇洒第一层沥青。浇洒方法应按规范规定进行。采用乳化沥青贯入时，为防止乳液下漏过多，可在主层集料碾压稳定后，先撒布一部分上一层嵌缝料，再浇洒主层沥青。

（4）采用集料撒布机或人工撒布第一层嵌缝料。撒布后尽量扫匀，不足处应找补。当使用乳化沥青时，石料撒布必须在乳液破乳前完成。

（5）立即用 8 ~ 12 t 钢筒式压路机碾压嵌缝料，轮迹重叠轮宽的 1/2 左右，宜碾压 4 ~ 6 遍，直至稳定为止。碾压时随压随扫，使嵌缝料均匀嵌入。因气温较高使碾压过程中发生较大推移现象时，应立即停止碾压，待气温稍低时再继续碾压。

（6）按上述方法浇洒第二层沥青、撒布第二层嵌缝料，然后碾压，再浇洒第三层沥青。

（7）按撒布嵌缝料方法撒布封层料。

（8）采用 6 ~ 8 t 压路机作最后碾压，宜碾压 2 ~ 4 遍，然后开放交通。

沥青贯入式路面开放交通后应按规范规定的要求控制交通，作初期养护。

铺筑上拌下贯式路面时，贯入层不撒布封层料，拌合层应紧跟贯入层施工，使上下成为一个整体。贯入部分采用乳化沥青时应待其破乳、水分蒸发且成型稳定后方可铺筑拌合层，当拌合层与贯入部分不能连续施工，且要在短期内通行施工车辆时，贯入层部分的第二遍嵌缝料应增加用量 2 ~ 3 m^3/1 000 m^2，在摊铺拌合层沥青混合料前，应作补充碾压，并浇洒粘层沥青。

七、冷拌沥青混合料路面施工技术

冷拌沥青混合料适用于三级及三级以下的公路的沥青面层、二级公路的罩面层施工，以及各级公路沥青路面的基层、联接层或整平层。冷拌改性沥青混合料可用于沥青路面的坑槽冷补。冷拌沥青混合料宜采用密级配沥青混合料，当采用半开级配的冷拌沥青碎石混合料路面时应铺筑上封层。

八、沥青路面透层、粘层施工技术

（一）透层

沥青路面各类基层都必须喷洒透层油，沥青层必须在透层油完全渗透入基层后方可铺筑。基层上设置下封层时，透层油不宜省略。气温低于 10 ℃或大风天气，即将降雨时不得喷洒透层油。

根据基层类型选择渗透性好的液体沥青、乳化沥青、煤沥青作透层油，喷洒后通过钻孔或挖掘确认透层油渗透入基层的深度宜不小于 5 mm（无机结合料稳定集料基层）~10 mm（无结合料基层），并能与基层联结成为一体。透层油的质量应符合本规范的要求。

透层油的黏度通过调节稀释剂的用量或乳化沥青的浓度得到适宜的黏度，基质沥青的针入度通常宜不小于 100。透层用乳化沥青的蒸发残留物含量允许根据渗透情况适当调整，当使用成品乳化沥青时可通过稀释得到要求的黏度。透层用液体沥青的黏度通过调节煤油或轻柴油等稀释剂的品种和掺量经试验确定。

透层油的用量通过试洒确定，不宜超出表 1-2-10 要求的范围。

表 1-2-10　沥青路面透层材料的规格和用量表

用途	液体沥青		乳化沥青		煤沥青	
	规格	用量/($L \cdot m^{-2}$)	规格	用量/($L \cdot m^{-2}$)	规格	用量/($L \cdot m^{-2}$)
无结合料粒料基层	AL(M)-1,2 或 3 AL(S)-1,2 或 3	1.0~2.3	PC-2 PA-2	1.0~2.0	T-1 T-2	1.0~1.5
半刚性基层	AL(M)-1 或 2 AL(S)-1 或 2	0.6~1.5	PC-2 PA-2	0.7~1.5	T-1 T-2	0.7~1.0

注：表中用量是指包括稀释剂和水分等在内的液体沥青、乳化沥青的总量。乳化沥青中的残留物含量以 50% 为基准。

用于半刚性基层的透层油宜紧接在基层碾压成型后表面稍变干燥，但尚未硬化的情况下喷洒。在无结合料粒料基层上洒布透层油时，宜在铺筑沥青层前 1~2 d 洒布。透层油宜采用沥青洒布车一次喷洒均匀，使用的喷嘴宜根据透层油的种类和黏度选择并保证均匀喷洒，沥青洒布车喷洒不均匀时宜改用手工沥青洒布机喷洒。

喷洒透层油前应清扫路面，遮挡防护路缘石及人工构造物避免污染，透层油必须洒布均匀，有花白遗漏应人工补洒，喷洒过量的立即撒布石屑或砂吸油，必要时作适当碾压。透层油洒布后不得在表面形成能被运料车和摊铺机粘起的油皮，透层油达不到渗透深度要求时，应更换透层油稠度或品种。

透层油洒布后的养生时间随透层油的品种和气候条件由试验确定，确保液体沥青中的稀释剂全部挥发，乳化沥青渗透且水分蒸发，然后尽早铺筑沥青面层，防止工程车辆损坏透层。

知识拓展

根据《沥青路面施工及验收规范》，透层是指为使沥青面层与非沥青材料基层结合良好，在基层上浇洒乳化沥青、煤沥青或液体石油沥青而形成的透入基层表面的薄层，这也是透层的基本作用。透层洒布后应尽早铺筑沥青面层。当用乳化沥青作透层时，洒布后应待其充分渗透，水分蒸发后方可铺筑沥青面层，其时间间隔不宜少于 24 h。

（二）粘层

符合下列情况之一时，必须喷洒粘层油：

（1）双层式或三层式热拌热铺沥青混合料路面的沥青层之间。

(2)水泥混凝土路面、沥青稳定碎石基层或旧沥青路面层上加铺沥青层。

(3)路缘石、雨水口、检查井等构造物与新铺沥青混合料接触的侧面。

粘层油宜采用快裂或中裂乳化沥青、改性乳化沥青,也可采用快、中凝液体石油沥青,其规格和质量应符合规范的要求,所使用的基质沥青标号宜与主层沥青混合料相同。

粘层油品种和用量,应根据下卧层的类型通过试洒确定,并符合表1-2-11的要求。当粘层油上铺筑薄层大空隙排水路面时,粘层油的用量宜增加到0.6~1.0 L/m^2。在沥青层之间兼作封层而喷洒的粘层油宜采用改性沥青或改性乳化沥青,其用量宜不少于1.0 L/m^2。

表1-2-11 沥青路面粘层材料的规格和用量表

下卧层类型	液体沥青		乳化沥青	
	规格	用量/($L\cdot m^{-2}$)	规格	用量/($L\cdot m^{-2}$)
新建沥青层 或旧沥青路面	AL(R)-3~AL(R)-6 AL(M)-3~AL(M)-6	0.3~0.5	PC-3 PA-3	0.3~0.6
水泥混凝土	AL(M)-3~AL(M)-6 AL(S)-3~AL(S)-6	0.2~0.4	PC-3 PA-3	0.3~0.5

注:表中用量是指包括稀释剂和水分等在内的液体沥青、乳化沥青的总量。乳化沥青中的残留物总量以50%为基准。

粘层油宜采用沥青洒布车喷洒,并选择适宜的喷嘴,洒布速度和喷洒量保持稳定。当采用机动或手摇的手工沥青洒布机喷洒时,必须由熟练的技术工人操作,均匀洒布。气温低于10 ℃时不得喷洒粘层油,寒冷季节施工不得不喷洒时可以分成两次喷洒。路面潮湿时不得喷洒粘层油,用水洗刷后需待表面干燥后喷洒。

喷洒的粘层油必须成均匀雾状,在路面全宽度内均匀分布成一薄层,不得有洒花漏空或成条状,也不得有堆积。喷洒不足的要补洒,喷洒过量处应予刮除。喷洒粘层油后,严禁运料车外的其他车辆和行人通过。

粘层油宜在当天洒布,待乳化沥青破乳、水分蒸发完成,或稀释沥青中的稀释剂基本挥发完成后,紧跟着铺筑沥青层,确保粘层不受污染。

知识拓展

根据《沥青路面施工及验收规范》,粘层是指为加强在路面的沥青层与沥青层之间、沥青层与水泥混凝土路面之间的黏结而洒布的沥青材料薄层,这也是粘层的基本作用。

九、沥青路面施工质量管理与检查验收

(一)一般规定

所有与工程建设有关的原始记录、试验检测及计算数据、汇总表格,必须如实记录和保存。对已经采取措施进行返工和补救的项目,可在原记录和数据上注明,但不得销毁。

(二)施工前的材料与设备检查

施工前必须检查各种材料的来源和质量。对经招标程序购进的沥青、集料等重要材料,供货单位必须提交最新检测的正式试验报告。从国外进口的材料应提供该批材料的船运单。对首次使用的集料,应检查生产单位的生产条件、加工机械、覆盖层的清理情况。所

有材料都应按规定取样检测,经质量认可后方可订货。

各种材料都必须在施工前以“批”为单位进行检查,不符合规范技术要求的材料不得进场。对各种矿料是以同一料源、同一次购入并运至生产现场的相同规格材料为一“批”;对沥青是指从同一来源、同一次购入且储入同一沥青罐的同一规格的沥青为一“批”。材料试样的取样数量与频度按现行试验规程的规定进行。

工程开始前,必须对材料的存放场地、防雨和排水措施进行确认,不符合规范要求时材料不得进场。进场的各种材料的来源、品种、质量应与招标及提供的样品一致,不符要求的材料严禁使用。使用成品改性沥青的工程,应要求供应商提供所使用的改性剂型号、基质沥青的质量检测报告。使用现场改性沥青的工程,应对试生产的改性沥青进行检测。质量不合格的不可使用。

施工前应对沥青拌合楼、摊铺机、压路机等各种施工机械和设备进行调试,对机械设备的配套情况、技术性能、传感器计量精度等进行认真检查、标定,并得到监理的认可。

(三)铺筑试验路段

高速公路和一级公路的沥青路面在施工前应铺筑试验段。其他等级公路在缺乏施工经验或初次使用重大设备时,也应铺筑试验段。当同一施工单位在材料、机械设备及施工方法与其他工程完全相同时,也可利用其他工程的结果,不再铺筑新的试验路段。

试验段的长度应根据试验目的确定,通常宜为 100 ~ 200 m,宜选在正线上铺筑。

热拌热铺沥青混合料路面试验段铺筑分试拌及试铺两个阶段,应包括下列试验内容:

(1)检验各种施工机械的类型、数量及组合方式是否匹配。

(2)通过试拌确定拌合机的操作工艺,考察计算机打印装置的可信度。

(3)通过试铺确定透层油的喷洒方式和效果、摊铺、压实工艺,确定松铺系数等。

(4)验证沥青混合料生产配合比设计,提出生产用的标准配合比和最佳沥青用量。

(5)建立用钻孔法与核子密度仪无破损检测路面密度的对比关系。确定压实度的标准检测方法。核子仪等无破损检测在碾压成型后热态测定,取 13 个测点的平均值为 1 组数据,一个试验段的不得少于 3 组。钻孔法在第 2 天或第 3 天以后测定,钻孔数不少于 12 个。

(6)检测试验段的渗水系数。

试验段铺筑应由有关各方共同参加,及时商定有关事项,明确试验结论。铺筑结束后,施工单位应就各项试验内容提出完整的试验路施工、检测报告,取得业主或监理的批复。

(四)施工过程中的质量管理与检查

沥青面层施工必须在得到开工令后方可开工。

施工单位在施工过程中应随时对施工质量进行自检。监理应按规定要求自主地进行试验,并对承包商的试验结果进行认定,如实评定质量,计算合格率。当发现有质量低劣等异常情况时,应立即追加检查。施工过程中无论是否已经返工补救,所有数据均必须如实记录,不得丢弃。

沥青路面铺筑过程中必须随时对铺筑质量进行评定,质量检查的内容、频度、允许差应符合规定。

沥青路面的压实度采取重点对碾压工艺进行过程控制,适度钻孔抽检压实度的方法。

(五)交工验收阶段的工程质量检查与验收

工程完工后,施工单位应将全线以 1 ~3 km 作为一个评定路段;每一侧车行道按规定频度,随机选取测点;对沥青面层进行全线自检,将单个测定值与质量要求或允许偏差进行比较,计算合格率;然后计算一个评定路段的平均值、极差、标准差及变异系数。施工单位应在规定时间内提交全线检测结果及施工总结报告,申请交工验收。

沥青路面交工时应检查验收沥青面层的各项质量指标,包括路面的厚度、压实度、平整度、渗水系数、构造深度、摩擦系数等。

(六)工程施工总结及质量保证期管理

施工总结报告应包括工程概况(包括设计及变更情况)、工程基础资料、材料、施工组织、机械及人员配备、施工方法、施工进度、试验研究、工程质量评价、工程决算、工程使用服务计划等。

施工企业在质保期内,应进行路面使用情况观测、局部损坏的原因分析和维修保养等。质量保证的期限根据国家规定或招标文件等要求确定。

十、再生沥青路面施工技术

(一)厂拌热再生沥青路面施工技术

厂拌热再生适用于对各等级道路回收沥青路面材料(RAP)进行再生利用。再生后的沥青混合料根据其性能和工程情况,可用于各等级城镇道路的沥青面层及柔性基层。

拌合设备必须具备回收沥青路面材料(RAP)计量、再生剂计量喷洒等再生系统。当回收沥青路面材料(RAP)掺配比例大于5%时,宜增加回收沥青路面材料(RAP)烘干加热系统,加热温度宜为95~130 ℃。

温馨提示

厂拌热再生沥青路面施工中,利用旧沥青回收料的比例通常为10%~30%,最高不超过50%。

拌合温度和拌合时间应根据拌合设备的加热干燥能力、回收沥青路面材料(RAP)的含水率、再生混合料的级配、新沥青的黏温曲线等综合确定。**压实成型后的路面应进行早期养护,当沥青混合料表面温度低于50 ℃后,方可开放交通;当需提前开放交通时,可洒水冷却。** 养护期间严禁履带车通行,严禁机动车辆调头或刹车,同时应限制车速和交通量。厂拌热再生沥青路面施工具有再生成本较高的缺点和再生工艺易于控制的优点;该方法解决了旧沥青混合料中沥青的加热重熔问题,并能够精确计量旧沥青混合料,这也是该方法的关键技术。

(二)现场热再生沥青路面施工技术

现场热再生适用于仅存在浅层轻微病害且沥青材料老化程度较轻的快速路及主干路、次干路沥青路面表面层的现场再生利用;可就地修复破损路面。

现场热再生施工不宜在冬季或雨季进行。现场热再生前应清理旧路表面,清扫宽度应超过再生宽度20 cm及以上。

沥青路面现场热再生的再生深度一般为25~60 mm。对有稀浆封层、微表处、超薄罩面或碎石封层的原路面,不宜直接进行现场热再生。**再生混合料的摊铺温度应高于120 ℃。**

现场热再生沥青路面施工工艺有整形再生法、重铺再生法和复拌再生法三种工艺。

为便于记忆,下面以考题探究的形式对现场热再生沥青路面施工技术进行讲解。

考题探究

【单选题】旧沥青路面再生工艺中,现场热再生工艺的特点是(　　)。

A. 施工速度较慢

B. 再生深度通常在 25 ~60 mm,较易深入

C. 对原路面材料的级配调整幅度有限

D. 再生后路面的质量稳定性和耐久性有所增强

C。【解析】旧沥青路面再生工艺中,现场热再生工艺的特点是施工速度快;对原路面材料的级配调整幅度有限;再生深度一般在 25 ~60 mm,深入较难;再生后路面的质量稳定性和耐久性会减弱。

【单选题】有轻度车辙、磨耗层损坏及破损面积较小的旧沥青路面最适合采用(　　)修复。

A. 重铺再生法　　B. 整形再生法

C. 复拌再生法　　D. 厂拌热再生法

B。【解析】现场热再生法主要有整形再生法、重铺再生法和复拌再生法。其中,整形再生法适合维修路面出现轻度车辙、龟裂、微型裂纹、磨损层损坏及破损面积较小的路面;重铺再生法和复拌再生法均适用于 4 ~6 cm 面层的再生。厂拌热再生法适用范围较广,各等级沥青路面铣刨料都可用来再生利用。

(三)现场冷再生沥青路面施工技术

现场冷再生沥青混合料根据其性能和工程情况,可用于快速路、主干路、次干路沥青路面的下面层及以下层位,支路沥青路面的中面层及以下层位。对于有快速开放交通需求的道路工程,不宜采用现场冷再生技术。

沥青层现场冷再生应使用乳化沥青、改性乳化沥青、泡沫沥青作为再生用结合料;全深式现场冷再生可使用乳化沥青、改性乳化沥青、泡沫沥青等沥青类材料作为再生用结合料,也可使用水泥、石灰等无机结合料作为再生用结合料。当使用水泥、石灰等作为再生用结合料时,再生层应用作基层。

下面以考题探究的形式对现场冷再生法的关键技术进行讲解。

考题探究

【多选题】现场冷再生法的关键技术包括(　　)。

A. 添加的胶黏剂与旧混合料的均匀拌合技术

B. 旧沥青混合料的环保弃置技术

C. 旧沥青混合料的铣刨、破碎技术

D. 胶黏剂配比性能

E. 旧沥青混合料的经济运输技术

ACD。【解析】现场冷再生法主要应用于冷法施工中,且新添加的结合料是乳化沥青,这种方法对设施要求较低,生产成本不高,但同时再生路面的品质不是很好,主要是用于等级低的道路或铺筑基层使用。现场冷再生法的关键技术包括:添加的胶黏剂与旧混合料的均匀拌合技术;旧沥青混合料的铣刨、破碎技术;胶黏剂配比性能等。

第三节 水泥混凝土路面施工

一、水泥混凝土路面的概念

水泥混凝土路面是指以水泥混凝土作面层(配筋或不配筋)的路面。

二、水泥混凝土路面原材料技术要求

(一)水泥

下面以考题探究的形式对水泥混凝土路面的水泥选用原则进行讲解。

考题探究

【单选题】关于水泥混凝土路面的水泥选用原则的说法,正确的是( )。

A. 重交通荷载等级的公路面层应采用旋窑生产的道路硅酸盐水泥、硅酸盐水泥、普通硅酸盐水泥

B. 高温期施工应采用早强型水泥

C. 低温期施工应采用普通型水泥

D. 采用机械化铺筑时,应采用袋装水泥

A。【解析】高温期施工宜采用普通型水泥。故选项B错误。低温期施工宜采用早强型水泥。故选项C错误。采用机械化铺筑时,宜选用散装水泥。故选项D错误。

面层水泥混凝土所用水泥的技术要求除应满足现行《道路硅酸盐水泥》或《通用硅酸盐水泥》的规定外,各龄期的实测抗折强度、抗压强度尚应符合表1-2-12的规定。

表1-2-12 面层水泥混凝土用水泥各龄期的实测强度值

混凝土设计弯拉强度标准值/MPa	5.5[a]		5.0		4.5		4.0		试验方法
龄期/d	3	28	3	28	3	28	3	28	—
水泥实测抗折强度/MPa,≥	5.0	8.0	4.5	7.5	4.0	7.0	3.0	6.5	GB/T 17671
水泥实测抗压强度/MPa,≥	23.0	52.5	17.0	42.5	17.0	42.5	10.0	32.5	GB/T 17671

注:[a] 本栏也适用于设计弯拉强度为6.0 MPa的纤维混凝土。

面层水泥混凝土选用水泥时,除应满足《公路水泥混凝土路面施工技术细则》规定的各项要求外,还应对拟采用厂家水泥进行混凝土配合比对比试验,根据所配制的混凝土弯拉强度、耐久性和工作性,选择适宜的水泥品种和强度等级。

采用滑模摊铺机铺筑时,宜选用散装水泥。高温期施工时,散装水泥的入罐最高温度不宜高于60 ℃;低温期施工时,水泥进入搅拌缸前的温度不宜低于10 ℃。

(二)掺合料

下面以考题探究的形式对水泥混凝土路面掺合料的使用要求进行讲解。

考题探究

【案例题】某施工单位承建了长度 5 km 的“四好农村路”改建工程。该改建工程是将现有的农村公路升级改建为轻交通荷载等级的四级公路，路面面层为水泥混凝土结构。为满足设计要求，施工单位在面层水泥混凝土中掺加了各种掺合料，质量满足规范要求的各种掺合料使用前，施工单位进行了 A 检验以及 B 试验。

【问题】写出 A，B 的内容。

【答案】A：混凝土配合比试配；B：掺量优化。

【解析】除上述内容外，水泥混凝土路面掺合料的使用要求还包括：(1) 使用道路硅酸盐水泥或硅酸盐水泥时，可在混凝土中掺入适量粉煤灰；使用其他水泥时，不应掺入粉煤灰。面层水泥混凝土可单独或复配掺用符合规范规定的粉状低钙粉煤灰、矿渣粉或硅灰等掺合料，不得掺用结块或潮湿的粉煤灰、矿渣粉和硅灰。粉煤灰质量不应低于《公路水泥混凝土路面施工技术细则》中规定的Ⅱ级粉煤灰的要求。不得掺用高钙粉煤灰或级及级以下低钙粉煤灰。粉煤灰进货应有等级检验报告。(2) 掺加于面层水泥混凝土中的矿渣粉、硅灰，其质量应符合规范的规定。使用矿渣硅酸盐水泥时不得再掺加矿渣粉。高温期施工时，不宜掺用硅灰。

（三）粗集料与再生粗集料

粗集料应使用质地坚硬、耐久、干净的碎石、破碎卵石或卵石。极重、特重、重交通荷载等级公路面层混凝土用粗集料质量不应低于《公路水泥混凝土路面施工技术细则》中规定的Ⅱ级的要求；中、轻交通荷载等级公路面层混凝土可使用Ⅲ级粗集料。

中、轻交通荷载等级公路面层水泥混凝土可使用再生粗集料，其质量应符合规范的规定。再生粗集料可单独或掺配新集料后使用，但应通过配合比试验验证，确定混凝土性能满足设计要求，并符合下列规定：

(1) 有抗冰冻、抗盐冻要求时，再生粗集料不应低于Ⅱ级；无抗冰冻、抗盐冻要求时，可使用Ⅲ级再生粗集料。

(2) 再生粗集料不得用于裸露粗集料的水泥混凝土抗滑表层。

(3) 不得使用出现碱活性反应的混凝土为原料破碎生产的再生粗集料。

粗集料与再生粗集料应根据混凝土配合比的公称最大粒径分为 2～4 个单粒级的集料，并掺配使用。粗集料与再生粗集料的合成级配及单粒级级配范围宜符合规范的要求。不得使用不分级的统料。

各种面层水泥混凝土配合比的不同种类粗集料与再生粗集料公称最大粒径宜符合规范的规定。

（四）细集料

细集料应使用质地坚硬、耐久、洁净的天然砂或机制砂，不宜使用再生细集料。极重、特重、重交通荷载等级公路面层水泥混凝土用天然砂的质量标准不应低于规范规定的Ⅱ级，中、轻交通荷载等级公路面层水泥混凝土可使用Ⅲ级天然砂。天然砂的级配范围宜符合规范的规定。面层水泥混凝土使用的天然砂细度模数宜在 2.0～3.7 之间。

机制砂宜采用碎石作为原料，并用专用设备生产。极重、特重、重交通荷载等级公路面层水泥混凝土用机制砂的质量标准不应低于《公路水泥混凝土路面施工技术细则》中规定的Ⅱ级，中、轻交通荷载等级公路面层水泥混凝土可使用Ⅲ级机制砂。机制砂的级配范围宜符合规范的规定。面层水泥混凝土使用的机制砂细度模数宜在2.3～3.1之间。

细集料的使用尚应符合下列规定：

(1)配筋混凝土路面及钢纤维混凝土路面中不得使用海砂。

(2)细度模数差值超过0.3的砂应分别堆放，分别进行配合比设计。

(3)采用机制砂时，外加剂宜采用引气高效减水剂或聚羧酸高性能减水剂。

（五）水

符合现行《生活饮用水卫生标准》的饮用水可直接作为混凝土搅拌与养生用水。

下面以考题探究的形式对非饮用水作为混凝土搅拌用水时的相关规定进行讲解。

考题探究

【多选题】使用非饮用水作为混凝土搅拌用水时，应做的工作有（　　）。

A. 与蒸馏水进行水泥安定性对比试验

B. 与蒸馏水进行水泥凝结时间对比试验

C. 水质检验

D. 与蒸馏水进行水泥胶砂强度对比试验

E. 与蒸馏水进行水泥砂浆和易性对比试验

BCD。【解析】除选项B,C,D外，使用非饮用水作为混凝土搅拌用水时的相关规定还包括：(1)对比试验的水泥初凝与终凝时间差均不应大于30 min。(2)水泥胶砂3 d和28 d强度不应低于蒸馏水配制的水泥胶砂3 d和28 d强度的90%。

养生用水可不检验不溶物含量和其他杂质，其他指标应符合《公路水泥混凝土路面施工技术细则》的规定。

（六）外加剂

面层水泥混凝土外加剂质量除应符合国家和行业现行相关标准外，尚应符合《公路水泥混凝土路面施工技术细则》的要求，各项性能的检验方法应符合现行《混凝土外加剂》的规定。

外加剂产品出厂报告中应标明其主要化学成分和使用注意事项。面层水泥混凝土的各种外加剂应经有相应资质的检测机构检验合格，并提供检验报告后方可使用。外加剂产品应使用工程实际采用的水泥、集料和拌合用水进行试配，检验其性能，确定合理掺量。外加剂复配使用时，不得有絮凝现象，应使用工程实际采用的水泥、集料和拌合用水进行试配，确定其性能满足要求后方可使用。各种可溶外加剂均应充分溶解为均匀水溶液，按配合比计算的剂量加入。采用非水溶的粉状外加剂时，应保证其分散均匀、搅拌充分，不得结块。

滑模摊铺施工的水泥混凝土面层宜采用引气高效减水剂；高温施工混凝土拌合物的初凝时间短于3 h时，宜采用缓凝引气高效减水剂；低温施工混凝土拌合物终凝时间长于10 h时，宜采用早强引气高效减水剂。

有抗冰冻、抗盐冻要求时，各级公路水泥混凝土面层及暴露结构物混凝土应掺入引气剂；无抗冻要求地区的二级及二级以上公路水泥混凝土面层宜掺入引气剂。

处在海水、海风、氯离子环境或冬季撒除冰盐的路面或桥面钢筋混凝土、钢纤维混凝土中可掺用或复配阻锈剂。阻锈剂产品的质量标准、检验方法及应用技术应符合现行《钢筋阻锈剂应用技术规程》的规定。

（七）钢筋

水泥混凝土、钢筋混凝土及连续配筋混凝土面层所用钢筋、钢筋网、传力杆、拉杆等应符合国家和行业现行相关标准的规定。

钢筋不得有裂纹、断伤、刻痕、表面油污和锈蚀。配筋混凝土路面与桥面用钢筋宜采用环氧树脂涂层或防锈漆涂层等保护措施。

传力杆应无毛刺，两端应加工成圆锥形或半径为 2 ~3 mm 的圆倒角。胀缝传力杆应在一端设置镀锌钢管帽或塑料套帽，套帽厚度不应小于 2.0 mm，并应密封不透水，套帽长度宜为 100 mm，套帽内活动空隙长度宜为 30 mm。传力杆钢筋应采取喷塑、镀锌、电镀或涂防锈漆等防锈措施，防锈层不得局部缺失。拉杆钢筋应在中部不小于 100 mm 范围内采取涂防锈漆等防锈措施。

（八）纤维

用于路面和桥面水泥混凝土的钢纤维质量除应满足现行《纤维混凝土应用技术规程》等标准的要求外，尚应符合下列规定：

（1）钢纤维抗拉强度等级不应低于 600 级。

（2）钢纤维应进行有效的防锈蚀处理。

（3）钢纤维的几何参数及形状精度应满足规范的要求。钢丝切断型钢纤维或波形、带倒钩的钢纤维不应使用。

（4）钢纤维表面不应沾染油污及妨碍水泥黏结及凝结硬化的物质，结团、黏结连片的钢纤维不得使用。

用于面层水泥混凝土的玄武岩短切纤维的外观应为金褐色，匀质、表面无污染，二氧化硅含量应在 48% ~60% 之间。其表面浸润剂应为亲水型。玄武岩纤维质量应满足规范要求；玄武岩短切纤维的规格、尺寸及其精度应符合规范规定。

用于面层水泥混凝土的合成纤维可采用聚丙烯腈（PANF）、聚丙烯（PPF）、聚酰胺（PAF）和聚乙烯醇（PVAF）等材料制成的单丝纤维或粗纤维，其质量应符合现行《水泥混凝土和砂浆用合成纤维》的规定，且实测单丝抗拉强度最小值不得小于 450 MPa。

合成纤维的规格、加工精度及分散性应满足规范要求。

（九）接缝材料

用于水泥混凝土面层的胀缝板的高度、长度和厚度应符合设计要求，并按设计间距预留传力杆孔。孔径宜大于传力杆直径 2 mm，高度和厚度尺寸偏差均应小于 1.5 mm。胀缝板质量应符合规范的规定。

高速公路、一级公路胀缝板宜采用塑胶板、橡胶（泡沫）板或沥青纤维板；其他等级公路也可采用浸油木板。聚氨酯类填缝料中不得掺入碳黑等无机充填料。

硅酮类常温施工式填缝料质量应符合规范规定。加热施工式橡胶沥青填缝料质量应符合规范规定。加热施工式道路石油沥青与改性沥青类填缝料质量应符合规范规定。

硅酮类、聚氨酯类常温施工式填缝料可用于各等级公路水泥混凝土面层；橡胶沥青、改性沥青类填缝料可用于二级及二级以下公路，不宜用于高速公路和一级公路；道路石油沥青类填缝料可用于三、四级公路，不宜用于二级公路，不得用于高速公路和一级公路。

严寒及寒冷地区宜采用低模量型填缝料，其他地区宜采用高模量型填缝料。橡胶沥青应根据当地所处的气候区划选用四类中适宜的一类。严寒、寒冷地区宜使用 70 号石油沥青和/或 SBS 类 I-C；炎热、温暖地区宜使用 50 号石油沥青和/或 SBS 类 I-D。

填缝背衬垫条应具有弹性良好、柔韧性好、不吸水、耐酸碱腐蚀及高温不软化等性能。背衬垫条可采用橡胶条、发泡聚氨酯、微孔泡沫塑料等制成，其形状宜为可压缩圆柱形，直径宜比接缝宽度大2～5 mm。

（十）夹层与封层材料

沥青混凝土夹层用材料应符合现行《公路沥青路面施工技术规范》的规定。

热沥青表处与改性乳化沥青稀浆封层用材料应符合现行《公路沥青路面施工技术规范》的规定。

封层用薄膜材料的质量、规格与外观应符合《公路水泥混凝土路面施工技术细则》的规定。

（十一）养生材料

水泥混凝土面层用养护剂应采用由石蜡、适宜高分子聚合物与适量稳定剂、增白剂经胶体磨制成水乳液，不得采用以水玻璃为主要成分的养护剂。养护剂宜为白色胶体乳液，不宜为无色透明的乳液，养护剂的质量应符合规范规定。

使用养护剂时，高速公路、一级公路水泥混凝土面层应使用满足一级品要求的养护剂，其他等级公路可使用满足合格品要求的养护剂。

水泥混凝土面层用节水保湿养护膜应由高分子吸水保水树脂和不透水塑料面膜制成，其质量应符合《公路水泥混凝土路面施工技术细则》的规定。

高温期施工时，宜选用白色反光面膜的节水保湿养护膜；低温期施工时，宜选用黑色或蓝色吸热面膜的产品。

三、水泥混凝土配合比设计

水泥混凝土配合比设计应包括目标配合比设计和施工配合比设计两个阶段。目标配合比设计应确定混凝土的水泥用量、集料用量、水灰（胶）比、外加剂掺量，纤维混凝土还应确定纤维掺量。施工配合比设计应通过拌合楼试拌确定拌合参数。经批准的配合比在施工过程中不得擅自调整。

四、水泥混凝土路面施工准备

（一）一般规定

应根据标段施工条件、场地位置、沿线建筑物等情况，对现场施工便道、拌合站、钢筋加工场、生活与办公区等进行合理的总体布局。

应对拌合楼（机）与滑模摊铺机操作手和各特种岗位人员进行培训。未经培训的人员不得上岗操作。

基层、封层或夹层应验收合格，并应测量校核平面和高程控制桩，恢复路面中心、边缘等全部基本标桩，测量精度应满足相应规范的规定。

进场时，每批量原材料应有产品合格证。应建立能对原材料、配合比和施工质量进行检测和控制、符合相应资质要求的工地试验室。

施工现场的发电机、线缆等应放置在无车辆、人、畜通行部位，确保用电安全。

所有施工机械、电力、燃料等操作部位，严禁吸烟和有任何明火。摊铺机、拌合楼、油库、发电站、配电站等重要施工设备上应配备消防器具，确保防火安全。

所有机械设备机手不得擅离操作台,严禁用手或工具触碰正在运转机件。非操作人员不得登机。

大型摊铺设备停放在通车道路上时,周围应设置明显的安全标志,正对行车方向应提前不少于 200 m 引导车辆转向,夜间应以红灯示警。

(二)施工组织

施工组织设计应包括下列内容:

(1)施工机械设备种类与数量组合、进场计划、操作人员与设备调配方案。

(2)路面的施工工艺流程、质量检验计划、关键工序质量控制要求。

(3)配合比的试验、检验与控制程序,计划和质检人员安排。

(4)工程计划进度网络图及直方图。

(5)原材料进场计划,水资源、油料与电力获取方式、供应计划与备用方案。

(6)劳动力进场计划。

(7)拌合站、钢筋加工场、项目部与生活区建设方案。

(8)施工便道及临时导改方案,原材料与混凝土运输道路的建设计划与施工交通管制。

(9)安全生产计划等。

施工过程中,应结合工程的进展速度及变化情况,及时调整施工组织设计,使工程质量及进度始终处于可控状态。

交通繁忙的路口应设立标志,疏导交通。夜间施工时,应保证施工照明,模板或基准线桩附近应设置警示灯或反光标志。

(三)拌合站

拌合站的选址应防止噪声扰民和粉尘污染,距摊铺路段的最长运输距离不宜大于 20 km。拌合站内的运输道路及拌合楼下应硬化处理,其结构和强度应满足施工车辆行驶的需要。

温馨提示

水泥混凝土路面施工前,应对各种原材料及设备进行检查,并对路基进行沉降观测,以及对基层进行相应检查和修复。

(四)试验路段铺筑

二级及二级以上公路水泥混凝土面层施工前,应制订试验路段的施工方案和质量检测计划,并应铺筑试验路段。 其他等级公路施工前宜铺筑试验路段。**试验路段长度不应短于 100 m,高速公路、一级公路宜在主线路面以外进行试铺。**

试验路段铺筑应达到下述目的:确定拌合楼的拌合参数、实际生产能力和配料精度;检验混凝土的施工性能、技术参数和实测强度;检验铺筑机械、工艺参数及与拌合能力匹配情况;检验施工组织方式、质量控制水平和人员配备。

拌合楼应通过动、静态标定检验合格后方可试拌。用于试验段的拌合楼(机)试拌合格后,方可进行试验路段铺筑。

试验路段铺筑时,应确定下列内容:实测试验路段的松铺系数、摊铺速度、振捣时间与频率、滚压遍数、碾压遍数、压实度、拉杆与传力杆置入精度、抗滑构造深度、摩擦系数、接缝顺直度等;验证施工各工艺环节操作要领,确定各关键岗位的作业指导书。

五、水泥混凝土路面的施工

（一）基层准备

在铺筑水泥混凝土面层前，应将基层上的浮石、杂物、尘土等全部清除，保持表面整洁，并整理排水设施。基层如有车辙、松软及其他不符规定要求的部位。均应翻挖、清除，并以同类混合料填补，其压实厚度不得小于 8 cm，重新整型、碾压，并符合密实度的要求。

（二）施工机械准备

根据工程规模、施工质量和进度要求，配置合适的施工机械，其技术性能应满足混凝土路面施工的要求，并应将工地配置的各种施工机械的名称、机型、规格、数量等，列表报监理工程师认可。

（三）模板

模板以钢板材料制成，并配有合适的装置以保证模板连接牢固可靠，使在浇注混凝土时能经受捣实和饰面设备的冲击和振动。模板安装应顺直，无扭曲；相邻钢模应以平头锁接方式紧密联接，不得漏浆；模板接缝在任何方向都应不能活动。模板高度应与混凝土路面厚度相同，误差为 +0，-5 mm。

用于胀缝和施工缝的模板，根据传力杆和拉杆的设计位置放样钻孔。模板在整个长度完全紧压在基层上，并正确地按完成后的路面边缘要求的坡度和纵向安置。模板要彻底清扫干净，并在每次浇注混凝土之前涂隔离剂。

下面以考题探究的形式对模板的架设与拆除的相关内容进行讲解。

考题探究

【多选题】关于水泥混凝土路面施工的说法，正确的有（　　）。

A. 施工模板应便于搬运，尽量使用木模板、塑料模板

B. 支模前在基层上应进行模板安装及摊铺位置的测量放样，核对路面标高、面板分板、胀缝和构造物位置

C. 曲线路段应采用短模板，每块模板起点应安装在曲线切点上

D. 模板安装应能承受摊铺、振实、整平设备的负载行进，冲击、振动时不发生位移

E. 模板与混凝土拌合物接触表面应喷水润滑

BD。【解析】水泥混凝土路面施工时，模板不得使用木模板、塑料模板，应采用钢材、槽钢或方木制成。故选项 A 错误。安装水平曲线与纵曲线路面模板时，应将每块短模板中点安装在曲线的切点上。故选项 C 错误。模板固定后，模板与混凝土拌合物接触表面应涂脱模剂或隔离剂。故选项 E 错误。除上述规定外，模板拆除时，面层混凝土抗压强度不应小于 8.0 MPa。

（四）水泥混凝土拌合物搅拌与运输

1. 混凝土拌合

施工单位应编制安全搅拌生产作业指导书，明确混凝土拌合物质量标准和安全拌合生产程序。拌合楼（机）机械上料时，在铲斗及拉铲活动范围内，人员不得逗留和通过。拌合楼（机）应满足规范的计量精度要求。

在标定有效期满或拌合楼（机）搬迁安装后，应重新标定。施工中应每 15 d 校验一次拌

合楼(机)计量精度。采用计算机自动控制的拌合楼(机)时,应使用自动配料方式控制生产,并按要求打印对应路面摊铺桩号的混凝土主配料统计数据及偏差。

拌合楼(机)拌合第一盘拌合物之前,应润湿搅拌锅,并排净积水。拌合楼(机)生产时,每台班结束后均应对搅拌锅进行清洗,剔除结硬的混凝土块,并更换严重磨损的搅拌叶片。

搅拌时间应根据拌合物的黏聚性、匀质性及搅拌机类型,经试拌确定,并应符合下列规定:

(1)单立轴式搅拌机总搅拌时间宜为 80 ~ 120 s,纯搅拌时间不应短于 40 s。

(2)行星立轴和双卧轴式搅拌机总搅拌时间宜为 60 ~ 90 s,纯搅拌时间不应短于 35 s。

(3)连续双卧轴拌合楼(机)的总搅拌时间宜为 80 ~ 120 s,纯搅拌时间不应短于 40 s。

可溶解的外加剂应充分溶解、搅拌均匀后加入搅拌锅,并扣除溶液中的加水量。有沉淀的外加剂溶液,应每天清除一次稀释池中的沉淀物。

不可溶解的粉末外加剂加入前应过 0.30 mm 筛,可与集料同时加入,并适当延长纯搅拌时间。

混凝土中掺有引气剂时,拌合楼(机)一次搅拌量不应大于其额定搅拌量的 90%。

粉煤灰或其他掺合料应采用与水泥相同的输送、计量方式加入。加入粉煤灰的水泥混凝土拌合物的纯搅拌时间应比不掺的延长 15 ~ 25 s。

拌合楼(机)卸料时,自卸车每装载一盘拌合物应挪动一次车位,搅拌锅出口与车厢底板之间的卸料落差不应大于 2.0 m。

混凝土拌合物质量检验与控制应符合下列规定:

(1)混凝土拌合物质量检测项目及频率应符合规范规定。

(2)**拌合物出料温度宜控制在 10 ~ 35 ℃之间。**

(3)拌合物应均匀一致。生料、干料、严重离析的拌合物,或有外加剂团块、粉煤灰团块的拌合物不得用于路面摊铺。

(4)一座拌合楼(机)每盘之间,各拌合楼(机)之间,**拌合物的坍落度偏差应小于 10 mm。**

2. 混凝土运输

混凝土的运输应保证到现场的拌合物具有适宜摊铺的工作性。不掺加缓凝剂的混凝土拌合物从搅拌机出料到运抵现场的允许最长时间应符合《公路水泥混凝土路面施工技术细则》中的规定。不满足时,可采用通过试验调整缓凝剂的剂量等措施,保证到达现场的拌合物工作性满足要求。

运送混凝土的车辆装料前,应清洁车厢或车罐,洒水润壁,排干积水。混凝土运输过程中应防止漏浆、漏料和污染,防止拌合物离析。车辆行驶和卸料过程中,当碰撞了模板或基准线时,应重新测量纠偏。

(五)滑模摊铺机施工

1. 一般规定

滑模摊铺工艺宜用于高速、一级、二级公路普通水泥混凝土面层、配筋混凝土面层、纤维混凝土面层、钢筋混凝土桥面、隧道混凝土面层、混凝土路缘石、路肩石及护栏等的滑模施工。

采用滑模摊铺机在基层上行走的铺筑方案时,基层侧边缘到滑模摊铺面层边缘的宽度不宜小于 650 mm。传力杆和胀缝拉杆钢筋宜采用前置支架法施工,也可采用滑模摊铺机配备的自动插入装置(DBI)施工。应加强混凝土运输组织,保证供料速度与摊铺速度相适应,避免发生料多废弃或等料停机现象。滑模铺筑施工应编制安全生产作业指导书。**上坡纵坡大于5%、下坡纵坡大于6%、半径小于50 m或超高超过7%的路段，不宜采用滑模摊铺机进行摊铺。**

2. 设备选择

滑模摊铺机的选择应根据路面结构形式、路面板块划分等因素，并参考滑模摊铺机的性能确定。选用的滑模摊铺机的技术指标宜符合规范规定的基本技术参数要求。

高速公路、一级公路宜选配能一次摊铺不少于2个车道宽度的滑模摊铺机。二级公路路面的最小摊铺宽度不得小于单个车道设计宽度。硬路肩宜选配可连体摊铺路缘石的中、小型多功能滑模摊铺机。滑模摊铺水泥混凝土路面时，摊铺机应配备自动抹平板装置。

滑模摊铺机械系统应配套齐全，辅助设备的数量及生产能力应满足铺筑进度的要求。可按下列要求进行配备：

(1)滑模铺筑无传力杆水泥混凝土路面时，布料可使用轻型挖掘机或推土机。

(2)滑模铺筑连续配筋混凝土路面、钢筋混凝土路面、桥面和桥头搭板，路面中设传力杆钢筋支架、胀缝钢筋支架时，布料应采用侧向上料的布料机或供料机。

(3)应采用刻槽机制作宏观抗滑构造。

(4)面层切缝可使用软锯缝机、支架式硬锯缝机或普通锯缝机。

3. 摊铺前准备

摊铺段夹层或封层质量应检验合格，对于破损或缺失部位，应及时修复。表面应清扫干净并洒水润湿，并采取防止施工设备和车辆碾坏封层的措施。

应检查并平整滑模摊铺机的履带行走区。行走区应坚实，不得存在湿陷等病害，并应清除砖、瓦、石块、废弃混凝土块等杂物。履带行走部位基层存在斜坡时，应提前整平。

摊铺前应检查并调试施工设备。滑模摊铺机首次作业前，应挂线对其铺筑位置、几何参数和机架水平度进行设置、调整和校准，满足要求后方可用于摊铺作业。

横向连接摊铺前，前次摊铺路面纵向施工缝处溜肩胀宽部位应切割顺直；拉杆应校正扳直，缺少的拉杆应钻孔锚固植入。

横向连接摊铺时，纵向施工缝的上半部缝壁应按设计涂覆隔离防水材料。

滑模摊铺面层前，应准确架设基准线。基准线架设与保护应符合下列规定：

(1)滑模摊铺高速公路、一级公路时，应采用单向坡双线基准线；横向连接摊铺时，连接一侧可依托已铺成的路面，另一侧设置单线基准线。

(2)滑模整体铺筑二级公路的双向坡路面时，应设置双线基准线，滑模摊铺机底板应设置为路拱形状。

(3)基准线桩纵向间距直线段不宜大于10 m，桥面铺装、隧道路面及竖曲线和平曲线路段宜为5～10 m，大纵坡与急弯道可加密布置。基准线桩最小距离不宜小于2.5 m。

(4)基层顶面到夹线臂的高度宜为450～750 mm。基准线桩夹线臂夹口到桩的水平距离宜为300 mm。基准线桩应固定牢固。

(5)单根基准线的最大长度不宜大于450 m。架设长度不宜大于300 m。

(6)基准线宜使用钢绞线。采用直径2.0 mm的钢绞线时，张线拉力不宜小于1 000 N；采用直径3.0 mm钢绞线时，不宜小于2 000 N。

(7)基准线设置精度应符合规范的规定。

(8)基准线设置后，应避免扰动、碰撞和振动。多风季节施工，宜缩小基准线桩间距。

架设完成的基准线，不得存在眼睛可见的拐点及下垂，并应逐段校验其顺直度及张紧度。

应按下列规定对板厚进行校验：

(1)采用垂直于两侧基准线横向拉线，用直尺或加垂头的方法，对预备摊铺路段的板厚进行复核测量。

(2)**单车道铺筑时，1 个横断面横向应测不少于 3 个点；双车道及全幅摊铺时，应测不少于 5 个点。纵向每 200 m 应测不少于 10 个断面。**

(3)横断面板厚测量值的算数平均值不应薄于设计板厚，极小值不应薄于质量控制极值。

(4)纵向以 200 m 为单元，全部板厚总平均值不应薄于设计板厚。

顺直度、张紧度或板厚不满足要求时，应重新测量架设基准线。

当面层传力杆、胀缝钢筋采用前置支架法施工时，应在表面先准确安装和固定支架。保证传力杆中部对中缩缝切割位置，且不会因布料、摊铺而导致推移。支架可采用与锚固入基层的钢筋焊接等方法固定。

边缘补强钢筋的安装应符合下列规定：

(1)应按设计图纸加工焊接边缘补强钢筋支架。

(2)边缘补强中部底筋与封层表面距离宜为 30 ~ 50 mm；两端弯起筋与面层表面的距离不应小于 50 mm，外侧钢筋到板边距离宜为 100 ~ 150 mm。

(3)可采用在封层或夹层上钻孔，钉入架立锚固钢筋，再将边缘补强钢筋支架与架立锚固钢筋焊接的方式固定边缘补强钢筋。

(4)边缘补强钢筋两弯起处应各有不少于两根锚固钢筋与支架焊接，其他部位每延米不宜少于一根锚固钢筋。

4. 水泥混凝土面层滑模摊铺机铺筑

滑模摊铺机的施工参数设定及校准应符合下列规定：

(1)振捣棒应均匀排列。间距宜为 300 ~ 450 mm；混凝土摊铺厚度较大时，应采用较小间距。两侧最边缘振捣棒与摊铺边缘距离不宜大于 200 mm。振捣棒下缘位置应位于挤压底板最低点以上。

(2)挤压底板前倾角宜设置为 3°，提浆夯板位置宜在挤压底板前缘以下 5 ~ 10 mm。

(3)边缘超铺高度应根据拌合物稠度确定，宜为 3 ~ 8 mm；板厚较厚、坍落度较小时，边缘超铺高度宜采用较小值。

(4)搓平梁前沿宜调整到与挤压底板后沿高程相同的位置；搓平梁的后沿应比挤压底板后沿低 1 ~ 2 mm。并与路面高程相同。

(5)符合铺筑精度要求的摊机设置应加以固定和保护。当基底高程等摊铺条件发生变化，铺筑精度超出范围时，可由操作手在行进中通过缓慢微调加以调整。

滑模摊铺混凝土机前布料，应采用机械完成，布料高度应均匀一致，不得采用翻斗车直接卸料的方式。布料应符合下列规定：

(1)卸料、布料速度应与摊铺速度协调一致，不得局部或全断面缺料。发生缺料时应立即停止摊铺。

(2)采用布料机布料时，布料机与滑模摊铺机之间施工距离宜为 5 ~ 10 m；现场蒸发率较大时，宜采用较小值。

(3)当坍落度在10~30 mm时,布料松铺系数宜在1.08~1.15之间。

(4)应保证滑模摊机前的料位高度位于螺旋布料器叶片最高点以下,最高料位高度不得高于松方控制板上缘。使用布料犁布料时,应按松方高度严格控制料位高度。

(5)当面层传力杆、胀缝与隔离缝钢筋采用前置支架法施工时,不得在支架顶面直接卸料。传力杆以下的混凝土宜在摊铺前采用手持振捣棒振实。

滑模摊铺机起步时,应先开启振捣棒,在2~3 min内调整振捣到适宜振捣频率,使进入挤压底板前缘拌合物振捣密实,无大气泡冒出破灭,方可开动滑模机平稳推进摊铺。当天摊铺施工结束,摊铺机脱离拌合物后,应立即关闭振捣棒组。

摊铺过程中应随时调整松方高度板位置控制摊铺机进料,保证进料充足。起步时宜适当调高,正常摊铺时宜保持振捣仓内料位高于振捣棒顶面100 mm左右,料位高低波动宜控制在±30 mm之内。

滑模摊铺应缓慢、匀速、连续不间断地作业。滑模摊铺速度应根据板厚、混凝土工作性、布料能力、振捣排气效果等确定,可在0.75~2.5 m/min之间选择,宜采用1 m/min。滑模摊铺水泥混凝土面层时,严禁快速推进、随意停机与间歇摊铺。滑模摊铺振捣频率应根据板厚、摊铺速度和混凝土工作性确定,以保证拌合物不发生过振、欠振或漏振。振捣频率可在100~183 Hz之间调整,宜为150 Hz。

可根据拌合物的稠度大小,采取调整摊铺的振捣频率或速度等措施,保证摊铺质量稳定。当拌合物稠度发生变化时,宜先采取调振捣频率的措施,后采取改变摊铺速度的措施。

在开始摊铺5~10 m内,应在铺筑行进中对摊铺出的路面高程、边缘厚度、中线、横坡度等参数进行复核测量,必要时可缓慢微调摊铺参数,保证路面摊铺质量满足规范要求。

摊铺上坡路段时,挤压底板前仰角宜适当调小,并适当调小抹平板压力;摊铺下坡路段时,前仰角宜适当调大,并适当调大抹平板压力。

抗滑纹理做毕,应立即开始保湿养生。养生龄期不应少于5 d,且混凝土强度满足要求后,方可连接摊铺相邻车道面板。履带在新铺面层上行走时,钢履带底部应铺橡胶垫或使用有橡胶垫履带的摊铺机。纵缝横向连接高差不应大于2 mm。

摊铺中应经常检查振捣棒的工作情况和位置。面层出现条带状麻面现象时,应停机检查振捣棒是否损坏;振捣棒损坏时,应更换振捣棒。摊铺面层上出现发亮的砂浆条带时,应检查振捣棒位置是否异常;振捣棒位置异常时,应将振捣棒调整到正常位置。

当摊铺宽度大于7.5 m时,应加强左右两侧拌合物工作性检查。发现不一致时,摊铺速度应按偏干一侧进行微调,并采取将偏稀一侧的振捣棒频率调小等措施,避免局部过振。当拌合物严重离析或离散时,应停止摊铺,废弃已拌合混合料,查找并解决问题后,再重新开始摊铺。

(六)水泥混凝土面层三辊轴机组铺筑施工

三辊轴机组铺筑水泥混凝土面层时,应按照支模、安装钢筋、布料、振捣、三辊轴整平、精平、养生、刻槽(拉毛)、切缝、填缝的工艺流程进行。

当一次铺筑宽度大于4.5 m时,纵缝拉杆宜使用预设钢筋支架固定。横向连接纵缝处的拉杆应在边模板预留孔中插入,并振实粘牢。松动的拉杆应在连接摊铺前重新植牢固。横缝传力杆应采用预制钢筋支架法安装固定,不得手工设置传力杆。宜使用手持振捣棒专门振实传力杆支架范围内的混凝土。振捣机连续振捣时,振捣棒的深度应位于传力杆顶面以上。

振捣机振实后，料位应高于模板顶面5~15 mm，局部坑洼不得低于模板顶面。过高时应铲除，过低应及时补料。

（七）水泥混凝土面层小型机具铺筑施工

小型机具铺筑宽度不大于4.5 m时，铺筑能力不宜小于20 m/h。拌合物的坍落度宜控制在5~20 mm之间。松铺系数宜控制在1.10~1.25，坍落度高时取低值，横坡高侧取高值。小型机具铺筑时，应依次使用振捣棒、振动板、振动梁三遍振捣密实。

插入式振捣棒振实应符合下列规定：

(1)在待振横断面上，每车道应配备不少于三根振捣棒，振捣棒的功率不应小于1.1 kW，沿横断面连续振捣密实，板底、内部和边角不得欠振和漏振。

(2)振捣时，振捣棒应轻插慢提，不得在拌合物中平推或拖拉振捣。

(3)振捣棒移动距离不应大于有效作用半径的1.5倍，并不大于500 mm，每处振动时间不宜短于30 s。边角插入振捣离模板的距离不应大于150 mm，并应避免碰撞模板。

(4)缩缝传力杆支架与胀缝钢筋笼应预先安装固定，再用振捣棒振捣密实。边缘拉杆振捣时，应由人工扶正拉杆。

(5)振捣时，应辅以人工补料，并随时检查振实效果，及时纠正模板、拉杆、传力杆和钢筋的移位、变形、松动、漏浆等情况。

振动板振实应符合下列规定：

(1)每车道应配备不少于2台振动板，振动板的功率不应小于2.2 kW。

(2)每个振动板应由两名作业人员提拉振动，不得自由放置或长时间持续振动。振动板移位时，应重叠100~200 mm，每处振动时间不应少于15 s。

(3)振动板振动遍数应纵、横向交错两遍，不得过振或漏振，应控制振动板板底泛浆厚度为4 mm±1 mm。

(4)缺料的部位，应在振动的同时辅以人工补料找平。

振动梁振实应符合下列规定：

(1)应配备一根振动梁，长度应比路面宽度每侧宽出300~500 mm。振动梁上应安装两台附着式表面振动器，振动器功率不应小于1.1 kW。振动梁底部应焊接或安装深度4 mm的粗集料压入齿。

(2)振动板振实长度达到10 m后，可垂直路面中线纵向人工拖动振动梁，在模板顶面往复拖行2~3遍，使表面泛浆均匀平整。

(3)拖行过程中，振动梁下间隙应及时用混凝土补平，不得用纯砂浆填补；料位高出模板时应人工铲除，直到表面泛浆均匀，路面平整。

小型机具应采用滚杠、整平尺或抹面机三遍整平，直至面层无任何缺陷，平整度符合要求。

滚杠整平应符合下列规定：

(1)应在每个作业面配备两根整平滚杠，一根用于施工，另一根浸泡清洗备用。滚杠应使用直径为100 mm或125 mm的无缝钢管制成，刚度及顺直度应满足施工质量要求，两端设有把手与轴承，能够往复拖滚。

(2)滚杠应支承在模板顶面，用人工往返拖滚，拖滚遍数宜为2~3遍，第一遍应短距离缓慢拖滚或推滚，以后应较长距离匀速拖滚，并将水泥浆始终赶在滚杠前方。

(3)滚杠下有间隙的部位应及时找补，多余水泥浆应铲除。

整平饰面应待混凝土表面泌水基本完成后进行，采用 3 m 刮尺收浆饰面，纵横各 2 ~3 遍抄平饰面，直到表面平整度符合要求，表面砂浆厚度均匀。整平饰面也可采用叶片式或圆盘式抹面机进行，抹面机应按每车道路面不少于一台配备。饰面遍数宜为往返 1 ~2 遍。

考题探究

【单选题】水泥混凝土路面采用小型机具施工时，滚杠所起的作用是(　　)。

A. 振密材料　　B. 提浆整平

C. 避免材料离析　　D. 提高表面粗糙度

B。【解析】水泥混凝土路面小型机具铺筑施工时，应采用滚杠、整平尺或抹面机三遍整平。采用滚杠整平时，应用人工往返拖滚，拖滚遍数宜为 2 ~3 遍。因此，滚杠所起的作用是提浆整平。

精平饰面应符合下列规定：

(1)在抹面机完成作业后，应使用抹刀进行精平饰面。精平饰面包括清边整缝，清除粘浆，修补缺边、掉角等工作。

(2)当烈日暴晒或风大时，应加快表面的修整速度，或在防雨篷下进行。

(3)精平饰面后的面层表面应致密均匀，无抹面印痕，无露骨，平整度应达到要求，并应立即进行保湿养生。

(八)面层接缝、抗滑构造施工及养生

1. 一般规定

水泥混凝土面层缩缝应使用切缝机按设计位置、深度、形状切割而成。横向施工缝应与其他横向缝合并设计。

2. 接缝设计

纵向接缝设计应符合下列规定：

(1)纵向接缝的布设应符合下列规定。

①**当一次铺筑宽度小于路面宽度时，应设置纵向施工缝。** 纵向施工缝宜采用平缝形式，上部应锯切槽口，深度宜为 30 ~ 40 mm，宽度宜为 3 ~ 8 mm，槽内应灌塞填缝料(图 1-2-2)。

②当一次铺筑宽度大于 4.5 m 时，应设置纵向缩缝。纵向缩缝宜采用假缝形式，锯切的槽口深度应大于施工缝的槽口深度。当采用粒料基层时，槽口深度应为板厚的 1/3；当采用半刚性基层时，槽口深度应为板厚的 2/5(图 1-2-3)。

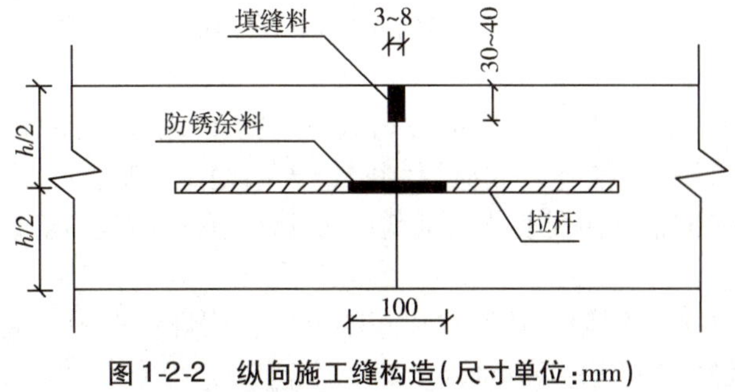

图 1-2-2　纵向施工缝构造(尺寸单位：mm)

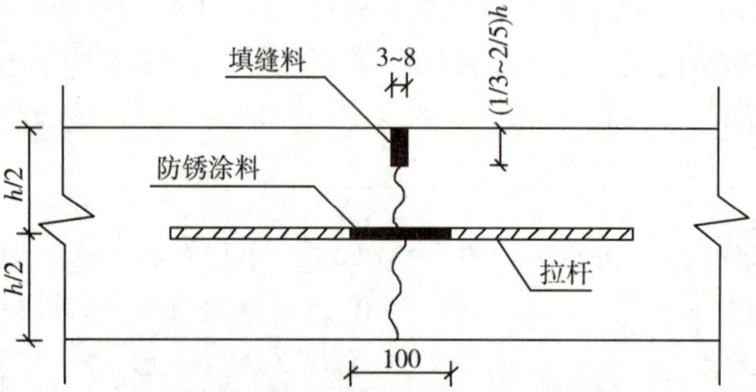

图 1-2-3　纵向缩缝构造(尺寸单位:mm)

(2)纵缝应与路线中线平行。在路面等宽的路段内或路面变宽路段的等宽部分,纵缝的间距和形式应保持一致。路面变宽段的加宽部分与等宽部分之间,应以纵向施工缝隔开。加宽板在变宽段起终点处的宽度不应小于 1 m。

(3)拉杆应采用螺纹钢筋,宜设在板厚中央,应对拉杆中部 100 mm 范围内进行防锈处理。拉杆的直径、长度和间距可按规范规定选用。当施工布设时,拉杆间距应按横向接缝的实际位置予以调整,最外侧的拉杆距横向接缝的距离不得小于 100 mm。

(4)连续配筋混凝土面层的纵缝拉杆可由板内横向钢筋延伸穿过接缝代替。

(5)水泥混凝土路面纵缝施工中,当发生拉杆钢筋松脱或漏插时,应在横向相邻路面摊铺前,钻孔重新植入。纵缝拉杆应设在板厚中央,采用热轧带肋钢筋,并应对拉杆中部 100 mm 进行防锈处理。

知识拓展

增强钢纤维混凝土面层切割纵、横缝中可不设拉杆与传力杆;断开的纵、横施工缝中应设拉杆与传力杆。抗裂纤维混凝土面层各种接缝中的拉杆与传力杆设置应与水泥混凝土面层相同。

横向接缝布置应符合下列规定:

(1)**每日施工结束或因临时原因中断施工时,必须设置横向施工缝,其位置应选在缩缝或胀缝处。设在缩缝处的施工缝应采用传力杆的平缝形式;设在胀缝处的施工缝,其构造与胀缝相同。当有困难需设在缩缝之间,施工缝应采用设拉杆的企口缝形式。**

(2)**横向缩缝可等间距或变间距布置,应采用假缝形式。快速路和主干路、特重和重交通道路、收费广场以及邻近胀缝或自由端部的三条缩缝,应采用设传力杆假缝形式。其他情况可采用不设传力杆假缝形式。**

(3)横向缩缝顶部应锯切槽口,深度宜为面层厚度的 1/5 ~ 1/4,宽度宜为 3 ~ 8 mm,槽内应填塞填缝料。快速路的横向缩缝槽口宜增设深 20 mm、宽 6 ~ 10 mm 的浅槽口,缝内设置可滑动的传力杆。

(4)在邻近桥梁或其他固定构造物处或与其他道路相交处、板厚改变处、小半径平曲线处应设置横向胀缝。设置的胀缝条数应视膨胀量大小而定。低温浇筑混凝土面层或选用膨胀性高的集料时,应酌情确定是否设置胀缝。胀缝宽 20 mm,缝内应设置填缝板和可滑动的传力杆。

(5)传力杆应采用光面钢筋。其尺寸和间距可按规范规定选用。最外侧传力杆距纵向接缝或自由边的距离宜为 150 ~ 250 mm。

3. 接缝施工

水泥混凝土面层纵向缩缝施工应符合下列规定：

(1)采用滑模摊铺机施工时，纵向施工缝的拉杆宜采用支架法安设，也可采用侧向拉杆液压装置一次推入。

(2)采用固定模板施工时，应从侧模预留孔中插入拉杆并振实。

(3)插入的侧向拉杆应牢固，避免松动和漏插。拉杆握裹强度应按规范规定实测，不满足规定要求时应钻孔重新设置拉杆。

胀缝的施工应符合下列规定：

(1)采用前置钢筋支架法施工时，应预先准确安装和固定胀缝钢筋支架，并使用手持振捣棒振实胀缝板两侧的混凝土后，再摊铺。也可采用预留两块面板的方法，在气温接近年平均气温时再封铺。

(2)应在混凝土未硬化时，剔除胀缝板上部的混凝土，嵌入(20～25 mm)×20 mm 的木条，整平表面。填缝前，应剔除木条，再黏胀缝多孔橡胶条或填缝。

(3)胀缝板应连续完整，胀缝板两侧的混凝土不得相连。

4. 抗滑构造施工

细观纹理的施工应符合下列规定：

(1)细观纹理宜在精平后的湿软表面，使用钢支架拖挂 1～3 层叠合麻布、帆布等布片拖出。布片接触路面的长度宜为 0.7～1.5 m，细度模数较大的粗砂，接触长度宜取小值；细度模数较小的细砂，接触长度宜取大值。

(2)用抹面机修整过较干硬的光面，可采用较硬的竹扫帚扫出细观纹理。

(3)已经硬化后的光滑表面可采用钢刷刷毛、喷砂打毛、喷钢丸打毛、稀盐酸腐蚀、高压水射流等方式制作细观纹理。

极重、特重和重交通荷载等级公路水泥混凝土面层应采用刻槽法制作宏观抗滑构造。中、轻交通荷载等级公路水泥混凝土面层可使用拉槽法制作宏观抗滑构造。

在水平弯道路段、桥面、隧道路面宜使用纵向槽。当组合坡度小于 3% 时，要求减噪的路段可使用纵向槽。组合坡度大于或等于 3% 的纵坡路段，应使用横向槽。

5. 面层养生

面层养生应符合下列规定：

(1)高速公路、一级公路混凝土面层宜采用养护剂加覆膜养生。

(2)现场养生用水充足的情况下，可采用节水保湿养护膜、土工毡、土工布、麻袋、草袋、草帘等养生，并及时洒水保湿养生。

(3)缺水条件下，宜采用覆盖节水保湿养护膜养生，并应洒透第一遍养生水。

面层养生初期，人、畜、车辆不得通行，达到设计弯拉强度 40% 后，可允许行人通行。 平交道口应采取搭建临时便桥等措施保护养生期的混凝土面层。面层达到设计弯拉强度后，方可开放交通。

六、水泥路面改建施工技术

（一）直接加铺法施工技术

施工工艺为:原水泥路面病害处理→剔缝重灌→清理→土工布张拉固定→刷粘层油→铺沥青路面。

针对不同路面状况,原水泥路面病害处理措施如下:

(1)边角破损:切割成规则的形状,浇筑同标号的混凝土即可。

(2)板底脱空:采用钻孔灌浆方法。具体工艺流程见下文考题探究。

(3)板块破碎严重:只能重做,板块挖开,基层处理好,重新施做板块。

下面以考题探究的形式对直接加铺法施工技术进行讲解。

考题探究

【单选题】关于直接加铺法施工技术的说法,正确的是(　　)。

A. 对边角破碎损坏较浅和较窄的路面,应先用切割机切除损坏部分

B. 对发生错台或板块网状开裂,应先将整个板全部凿除

C. 对板块脱空、桥头沉陷及弯沉较大的部位,应先用水泥浆高压灌注

D. 对纵横缝进行清缝时,用手持式注射枪进行沥青灌缝防止发生反射裂缝

B。【解析】水泥混凝土路面直接加铺沥青面层时,对边角破碎损坏较浅和较窄的路面,可凿除 5 cm 以上,再用细石拌制的混凝土混合料填平;对边角破碎损坏较深和较宽的路面,先用切割机切除损坏部分,再浇筑同强度等级混凝土。故选项 A 错误。对于板块脱空、桥头沉陷、板的不均匀沉陷及弯沉较大的部位,应先钻穿板块,再用水泥浆高压灌注处理。故选项 C 错误。处理纵横缝时,如有必要可加铺一层特殊沥青材料的过渡层,其作用是对纵横缝的向上扩展的能量进行吸收或抵抗,避免产生反射裂缝。故选项 D 错误。

【单选题】对于板块脱空,具体的工艺流程是(　　)。

A. 定位→制浆→钻孔→灌浆→灌浆孔封堵→交通控制→弯沉检测

B. 定位→钻孔→制浆→灌浆→灌浆孔封堵→交通控制→弯沉检测

C. 定位→钻孔→制浆→灌浆→交通控制→灌浆孔封堵→弯沉检测

D. 定位→钻孔→制浆→灌浆→灌浆孔封堵→弯沉检测→交通控制

B。【解析】对于板块脱空、桥头沉陷、板的不均匀沉陷及弯沉较大的部位,应钻穿板块,然后用水泥浆高压灌注处理。具体的工艺流程是:定位→钻孔→制浆→灌浆→灌浆孔封堵→交通控制→弯沉检测。

【单选题】水泥混凝土路面板块脱空病害压浆处理后,须对压浆板四角的弯沉值进行复测,若弯沉值超过(　　)mm,应重新钻孔补压。

A. 0.1　　　　B. 0.2

C. 0.3　　　　D. 0.4

C。【解析】对水泥混凝土路面板块脱空病害,需进行压浆处理,待强度达到要求后,须对压浆板四角的弯沉值进行复测,若弯沉值超过 0.3 mm,则说明板块有可能再次脱空,应重新钻孔补压。

剔缝重灌是指将原水泥路面接缝的填封料剔除，重新灌的沥青与后续铺的新沥青路面的材料相同。

清理即将原路面清理干净。

土工布张拉固定可抵抗反射应力，预防反射裂缝。

刷粘层油即水泥路面与沥青路面间刷粘层油。

温馨提示

直接加铺法预防反射裂缝采取的措施有剔缝重灌、土工布张拉固定、增加沥青面层的厚度。

（二）碎石化法施工技术

碎石化技术就是将水泥混凝土路面破碎成表面小于 8 cm、底部小于 40 cm 的紧密结合、内部嵌挤的混凝土块，用以限制新铺的热拌沥青（HMA）罩面上出现反射裂缝。路面碎石化法的步骤如下：路面碎石化前的处理→特殊路段的处理→构造物的标记和保护→路面碎石化施工→破碎后压实→乳化沥青透层的洒布。

用碎石化法进行水泥路面改造时，通常两幅破碎要保证的搭接破碎宽度为 10 cm 左右。路面碎石化施工后，表面凹处在 10 cm×10 cm 以上的，应利用沥青混合料找平；在 10 cm×10 cm 以内的，可采用密级配碎石回填后压实。

第四节　路面防、排水施工

一、路面防水施工技术

在道路施工的过程中，防水系统发挥着十分重要的作用，防水系统在运行的过程中可以将多余的水及时排出，此外也可以将水直接拦截在路基的区域之内，这样就不会出现面漫的状况。路基面防水操作的必要性与重要性主要体现在两个方面，分别是：强化公路的防水层面与路基面之间的黏合力；增强防水性能。

施工过程中防水路基面损害的原因包括：公路防水路基面的设计存在不足；公路防水基面材料不合格；公路防水基面受损技术问题。

路基面防水施工工艺的实施方案与策略包括：

（1）处理剂涂刷。选用科学的材料，增强防水效果；公路防水路基面的整洁；铺设防水材料的工艺。

（2）搭接部位的施工。

（3）沥青混凝土的平整度操控。

知识拓展

路面表面防排水设施主要包括路肩横坡、路拱横坡、拦水带。

二、路面排水施工技术

（一）路界地表排水

1. 路面表面排水

路面表面排水设计应符合以下规定：

(1)路堑地段路面表面水应通过横向排流的方式汇集于边沟内。

(2)路堤较高且边坡坡面未做防护，或坡面虽有防护措施但仍有可能受到冲刷的路段，应采用路面集中排水系统排除路表水。

(3)路线纵坡平缓、汇水量不大、路堤较低且边坡坡面不易受到冲刷的路段，以及设置了具有截、排水功能的骨架护坡的高填方路段，可采用路面横向分散漫流排水方式排除路表水。

(4)设置拦水带汇集路表水时，高速公路及一级公路的设计积水宽度不得超过右侧车道外边缘；二级及二级以下公路不得超过右侧车道中心线。当硬路肩宽度较窄、汇水量大或拦水带形成的过水断面不足时，可采用沿土路肩设置U形路肩边沟等措施加大过水断面。路肩边沟宜采用水泥混凝土等预制件铺筑。

(5)采用路面横向分散漫流方式排除路表水时，宜对土路肩及坡面进行加固。

路肩拦水带宜采用水泥混凝土、沥青砂或当地其他材料预制或现场浇筑。在季冻区及受盐侵蚀破坏的路段，宜采用现浇沥青砂、花岗岩、陶瓷预制件等耐冻、耐盐蚀材料。拦水带宜采用梯形横断面。

拦水带泄水口的间距应根据过水断面水面漫盖宽度的要求和泄水口的泄水能力按规范规定的计算方法确定，宜为25～50 m；高速公路、一级公路车道较多时，宜采用较小的泄水口间距。在凹形竖曲线底部、道路交叉口、匝道口、与桥涵构造物连接、填挖交界等处应设置拦水带泄水口。凹形竖曲线的底部应加密设置泄水口。

拦水带泄水口宜设置成喇叭口式。设在纵坡较大坡段上的泄水口，宜采用不对称的喇叭口式，喇叭口上游方向与下游方向的长度之比不宜小于3∶1，上游方向渐变段最小半径不宜小于900 mm，下游方向最小半径不宜小于600 mm。

2. 坡面排水

挖方、低路堤及路界范围地面低于路界外侧地面的填方路段，应在挖方边坡或填方边坡坡脚外设置边沟汇集和排泄降落在坡面和路面上的表面水。

边沟横断面形式应根据排水需要以及对路侧安全与环境景观的协调等选定，可采用三角形、浅碟形、梯形或矩形等形式。高速公路、一级公路挖方路段的矩形边沟，在不设护栏的地段，应设置带泄水孔的钢筋混凝土盖板或钢筋加强的复合材料盖板。

边沟的纵坡坡度应结合路线纵坡、地形、土质、出水口位置等情况选定，宜与路线纵坡坡度一致，且不宜小于0.3%，困难情况下，不应小于0.1%。当路线纵坡坡度小于沟底最小不淤积纵坡坡度时，边沟宜采用沟底最小不淤积纵坡坡度，并缩短边沟出水口的间距。

边沟出水口的间距，应结合地形、地质条件以及桥涵和天然沟渠位置，经水力计算确定。梯形、矩形边沟不宜超过500 m，多雨地区不宜超过300 m；三角形和碟形边沟不宜超过200 m。

挖方路段或斜坡路堤上方流入路界的地表径流量大时，应设置拦截地表径流的截水沟。深路堑或高路堤坡面径流量大时，可在边坡中部设置平台排水沟，减少坡面冲刷。

截水沟应结合地形和地质条件设置，宜布设在路堑坡顶5 m或路堤坡脚2 m以外，可采用梯形或矩形断面。截水沟长度超过500 m时，宜在中间适宜位置处增设泄水口，通过急流槽(管)分流引排,泄水口间距以 200 ~ 500 m 为宜。当截水沟或急流槽对行车产生视觉冲突或影响路域环境景观时,可利用地势或采用灌木遮蔽。

在路堤和路堑坡面或者坡面平台上向下竖向集中排水时,宜设置急流槽(管);边沟、截水沟、排水沟纵坡很大时,可设置急流槽(管)减小纵坡。急流槽(管)的进水口与沟渠泄水口之间宜采用喇叭口形式连接,并做铺砌处理,出水口处应设消能设施。急流槽底面宜设置防滑平台或凸榫。

陡坡或沟谷地段的排水沟宜设置跌水等消能结构物,避免其出口下游的桥涵、自然水道或农田受到冲刷。急流槽可采用矩形断面等形式,槽深不应小于 0.2 m,槽底宽度不应小于 0.25 m。采用浆砌片石时,矩形断面槽底厚度不应小于 0.2 m,槽壁厚度不应小于 0.3 m。

跌水槽横断面可采用矩形断面,断面尺寸要求与急流槽相同。对不设消力池的跌水,台阶高度与长度之比应与原地面坡度相吻合,且台阶高度不宜大于 0.6 m;带消力池的跌水的高度与长度之比也应结合原地面的坡度确定,单级跌水墙的高度不宜小于 1.0 m,消力槛高度不宜小于 0.5 m,消力槛与跌水墙的距离不宜小于 5 m。

边沟、截水沟、排水沟、急流槽等的横断面尺寸应根据设计流量、沟底纵坡、沟壁材料、出水口间距,按规范规定计算确定。沟槽顶面高度应高出设计水位不小于 0.1 m。沟壁材料的抗冲刷能力应与沟内水流速度相适应。设置在土质、软质岩、全风化及强风化硬质岩石地段的边沟、截水沟、排水沟,应采取防渗处理措施。地形平缓无固定沟槽的山前冲积扇、戈壁滩、草原及其他漫流地区,应按分片泄洪的原则在桥涵上下游地段设置必要的导流设施。桥涵进水口上方的坡面宜设置人字形导流堤,长度不宜小于 30 m;桥涵出水口下方的坡面可设置导流堤或扇形铺砌,长度不宜小于 20 m。导流堤应与桥涵相衔接。

(二)路面内部排水

1. 一般规定

路面内部排水系统可由路面边缘排水系统、排水基层或排水垫层单独或组合构成。

遇有下列情况之一时,宜设置路面内部排水系统:

(1)年降水量为 600 mm 以上的湿润多雨地区,路床由渗透系数不大于 10^{-4} mm/s 的细粒土填筑的高速、一级或重要的二级公路。

(2)路基两侧有滞水,可能渗入路面结构内。

(3)重冰冻地区,路床为粉性土的潮湿路段。

(4)现有公路路面改建或路基改善工程,需排除积滞在路面结构内的水。

路面内部排水设计应符合以下规定:

(1)路面内部排水系统中各种排水设施的设计排泄量均应不小于路面表面水渗入量的 2 倍,下游排水设施的泄水能力应超过上游排水设施的泄水能力。

(2)排水设施应能避免被渗流从路面结构、路基或路肩中带来的细颗粒堵塞。

(3)系统的排水功能不应随时间很快降低。

路表面渗入路面结构的水量大,仅设置路面边缘排水系统难以迅速排除时,可在面层下设置排水基层。地下水丰富的低填和挖方路段的路基顶面应设置排水垫层。

2. 路面边缘排水系统

路面边缘排水系统应沿路面结构外侧边缘设置,宜由透水性填料集水沟、纵向排水管、横向出水管和过滤织物等组成。

集水沟的断面尺寸应根据透水材料的渗透系数和设计泄水能力需要确定。集水沟底面的最小宽度，对于新建路面，不宜小于0.3 m；对于旧路面新增边缘排水系统，应能保证排水管两侧各有至少0.1 m宽的透水填料。透水填料底面和外侧应铺反滤织物。

透水性填料宜采用水泥处治开级配碎石，其空隙率宜为15%～20%。粗集料最大粒径不应大于31.5 mm，粒径4.75 mm以下的细粒含量不应超过16%，2.36 mm以下的细粒含量不应超过6%。集料在通过率为15%时的粒径应为排水管槽口宽或孔口直径的1.0～1.2倍。水泥处治集料的配合比，应按透水性要求和施工要求通过试配确定，水泥同集料的比例可为1∶6～1∶10，水灰比可为0.35～0.47。

3. 排水基层

透水性排水基层应直接设置在面层下，排水基层下应设置不透水层阻截自由水的下渗。排水基层可采用横贯路基整个宽度的形式，也可采用在排水基层边缘设置边缘排水系统的形式。排水基层可采用水泥或沥青处治的不含或含少量粒径4.75 mm以下细料的开级配碎石材料，也可采用未经结合料处治的开级配碎石材料，并应符合以下规定：

（1）**集料应选用洁净、坚硬的碎石，其压碎值不得大于28%。采用沥青处治时，最大公称粒径宜为16 mm；采用水泥处治时，最大公称粒径宜为19 mm；最大公称粒径不得超过层厚的2/3。粒径4.75 mm以下细料的含量不得大于10%。混合集料级配应满足透水性要求，且渗透系数不得小于300 m/d。**

（2）**水泥处治碎石集料的水泥用量不得少于160 kg/m^3，其7 d浸水抗压强度不得低于3 MPa。沥青处治碎石集料的沥青用量可为集料烘干质量的2.5%～4.5%。**

（3）**渗透系数可采用常水头或变水头渗透试验测定。**

（4）**水泥混凝土面层的排水基层，宜采用水泥处治开级配碎石。沥青混凝土路面的排水基层，宜采用沥青处治碎石。**

排水基层厚度应根据所需排放的水量和基层材料的渗透系数，通过计算确定，并满足最小厚度的要求。采用沥青处治碎石时，最小厚度不得小于60 mm；采用水泥处治碎石时，最小厚度不得小于80 mm；采用级配碎石时，最小厚度不得小于120 mm。排水基层的宽度应根据面层施工需要确定，宜超出面层宽度300～900 mm。渗入水在路面结构内的最大渗流时间，冰冻地区不应超过1 h，其他地区不应超过2 h。

下面以考题探究的形式对路基排水层透水材料的透水性进行讲解。

考题探究

【单选题】路面基层排水层的透水材料，透水性从高到低排序正确的是（　　）。

A. 未经处治的开级配碎石集料 > 沥青处治的碎石集料 > 水泥处治的碎石集料

B. 水泥处治的碎石集料 > 未经处治的开级配碎石集料 > 沥青处治的碎石集料

C. 沥青处治的碎石集料 > 水泥处治的碎石集料 > 未经处治的开级配碎石集料

D. 未经处治的开级配碎石集料 > 水泥处治的碎石集料 > 沥青处治的碎石集料

C。【解析】路面基层排水层的透水性材料可以采用水泥或沥青处治的不含或含少量粒径4.75 mm以下细料的开级配碎石材料，也可采用未经结合料处治的开级配碎石集料。未经处治碎石集料的透水性一般比水泥或沥青处治的要低，其渗透系数大致变动于60～100 m/d范围内。而水泥或沥青处治碎石集料的渗透系数则大致在1 000～6 000 m/d范围内，其中沥青处治的碎石集料的透水性略高于水泥处治的碎石。

知识拓展

在连续长纵坡坡段、曲线超高过渡段和凹形竖曲线段等特殊地段，排水层内渗流的自由水有可能被堵封或者渗流路径超过45～60 m时应增设横向排水管以拦截水流，缩短渗流长度。

第五节 路面试验检测

一、无侧限抗压强度试验检测

（一）适用范围

无侧限抗压强度试验方法适用于测定无机结合料稳定材料（包括稳定细粒土、中粒土和粗粒土）试件的无侧限抗压强度。

（二）仪器设备

标准养护室。

水槽：深度应大于试件高度50 mm。

压力机或万能试验机（也可用路面强度试验仪和测力计）：压力机应符合现行《液压式万能试验机》及《试验机通用技术要求》中的要求，其测量精度为±1%，同时应具有加载速率指示装置或加载速率控制装置。上下压板平整并有足够刚度，能够均匀地连续加载卸载，可以保持固定荷载。开机停机均灵活自如，能够满足试件吨位要求，且压力机加载速率可以有效控制在1 mm/ min。

电子天平：量程15 kg，感量0.1 g；量程4 000 g，感量0.01 g。

量筒、拌合工具、大小铝盒、烘箱等。

球形支座。

机油：若干。

知识拓展

测定无机结合料稳定土的无侧限抗压强度时，一般使用的仪器设备有圆孔筛、圆柱体试模、脱模器、反力框架、液压千斤顶、夯锤和导管、密封湿气箱或湿气池、水槽、路面材料强度试验仪或其他合适的压力机、天平、台秤、量筒、拌合工具、漏斗、大小铝盒、烘箱等。

（三）试件制备和养护

细粒土，试模的直径×高＝ϕ50 mm×50 mm；中粒土，试模的直径×高＝ϕ100 mm×100 mm；粗粒土，试模的直径×高＝ϕ150 mm×150 mm。

按照《公路工程无机结合料稳定材料试验规程》方法成型径高比为1∶1的圆柱形试件。

按照《公路工程无机结合料稳定材料试验规程》的标准养生方法进行7 d的标准养生。

将试件两顶面用刮刀刮平，必要时可用快凝水泥砂浆抹平试件顶面。

为保证试验结果的可靠性和准确性，每组试件的数目要求为：小试件不少于6个；中试件不少于9个；大试件不少于13个。

考题探究

【单选题】采用圆柱体试件测试水泥稳定碎石(最大粒径 31.5 mm)的无侧限抗压强度,制备试件的尺寸应是(　　)。

A. 直径 100 mm,高∶直径 = 1∶1

B. 直径 100 mm,高∶直径 = 1.5∶1

C. 直径 150 mm,高∶直径 = 1∶1

D. 直径 150 mm,高∶直径 = 1.5∶1

C。【解析】采用圆柱体试件测试水泥稳定碎石的无侧限抗压强度,当最大粒径不超过 10 mm 时,制备试件的尺寸应是:直径 50 mm,高∶直径 = 1∶1;当最大粒径不超过 25 mm 时,制备试件的尺寸应是:直径 100 mm,高∶直径 = 1∶1;当最大粒径不超过 40 mm时,制备试件的尺寸应是:直径 150 mm,高∶直径 = 1∶1。

(四)试验步骤

根据试验材料的类型和一般的工程经验,选择合适量程的测力计和压力机,试件破坏荷载应大于测力量程的 20% 且小于测力量程的 80%。球形支座和上下顶板涂上机油,使球形支座能够灵活转动。将已浸水一昼夜的试件从水中取出,用软布吸去试件表面的水分,并称试件的质量 m。用游标卡尺测量试件的高度 h,精确至 0.1 mm。将试件放在路面材料强度试验仪或压力机上,并在升降台上先放一扁球座,进行抗压试验。试验过程中,应保持加载速率为 1 mm/min。记录试件破坏时的最大压力 P(N)。从试件内部取有代表性的样品(经过打破),按照《公路工程无机结合料稳定材料试验规程》方法,测定其含水量 w。然后进行计算,整理结果后撰写报告。

二、马歇尔试验检测

(一)概念

马歇尔试验是确定沥青混合料最佳油石比的试验。其试验过程是对试件在规定的温度和湿度等条件下进行标准击实,测定沥青混合料的稳定度和流值等指标,经一系列计算后,分别绘制出油石比与稳定度、流值、密度、空隙率、饱和度的关系曲线,最后确定出沥青混合料的最佳油石比。浸水后的稳定度与标准马歇尔稳定度的百分比可得到的残留稳定度,其是反应沥青混合料受水损害时抵抗剥落的能力。

(二)试验目的

以进行沥青混合料的配合比设计或沥青路面施工质量检验。浸水马歇尔稳定试验供检验沥青混合料受水损害时抵抗剥落的能力时使用,通过测试其水稳定性检验配合比设计的可行性。

(三)仪器设备

沥青混合料马歇尔试验仪、恒温水槽、真空饱水容器、烘箱、天平、温度计、卡尺、棉纱、黄油等。

(四)准备工作

按标准击实法成型马歇尔试件,标准马歇尔试件尺寸应符合直径 101.6 mm ± 0.2 mm、高 63.5 mm ± 1.3 mm 的要求。对大型马歇尔试件,尺寸应符合直径 152.4 mm ± 0.2 mm、高

95.3 mm ±2.5 mm 的要求。一组试件的数量不得少于 4 个,并符合规范的规定。

量测试件的直径及高度:用卡尺测量试件中部的直径,用马歇尔试件高度测定器或用卡尺在十字对称的 4 个方向量测离试件边缘 10 mm 处的高度,准确至 0.1 mm,并以其平均值作为试件的高度。如试件高度不符合 63.5 mm ±1.3 mm 或 95.3 mm ±2.5 mm 要求或两侧高度差大于 2 mm,此试件应作废。

按试验规程规定的方法测定试件的密度,并计算空隙率、沥青体积百分率、沥青饱和度、矿料间隙率等体积指标。**将恒温水槽调节至要求的试验温度,对黏稠石油沥青或烘箱养生过的乳化沥青混合料为 60 ℃ ±1 ℃,对煤沥青混合料为 33.8 ℃ ±1 ℃,对空气养生的乳化沥青或液体沥青混合料为 25 ℃ ±1 ℃。**

(五)试验步骤

将试件置于已达规定温度的恒温水槽中保温,保温时间对标准马歇尔试件需 30 ~40 min,对大型马歇尔试件需 45 ~60 min,试件之间应有间隔,底下应垫起,距水槽底部不小于 5 cm。

将马歇尔试验仪的上下压头放入水槽或烘箱中达到同样温度。将上下压头从水槽或烘箱中取出擦拭干净内面。为使上下压头滑动自如,可在下压头的导棒上涂少量黄油。再将试件取出置于下压头上,盖上上压头,然后装在加载设备上。在上压头的球座上放妥钢球,并对准荷载测定装置的压头。

当采用自动马歇尔试验仪时,将自动马歇尔试验仪的压力传感器、位移传感器与计算机或 $X-Y$ 记录仪正确连接,调整好适宜的放大比例,压力和位移传感器调零。

当采用压力环和流值计时,将流值计安装在导棒上,使导向套管轻轻地压住上压头,同时将流值计读数调零。调整压力环中百分表,对零。

启动加载设备,使试件承受荷载,加载速度为 50 mm/min ±5 mm/min。计算机或 $X-Y$ 记录仪自动记录传感器压力和试件变形曲线并将数据自动存入计算机。

当试验荷载达到最大值的瞬间,取下流值计,同时读取压力环中百分表读数及流值计的流值读数。

从恒温水槽中取出试件至测出最大荷载值的时间,不得超过 30 s。

三、水泥混凝土路面抗压、抗折强度试验检测

(一)水泥混凝土抗压强度试验方法

1. 概述

目前混凝土抗压强度标准试件规格:边长为 150 mm 的正立方体。

混凝土强度标准:以标准试件为标准养护到 28 d,按规定方法测得的强度为准。

当混凝土抗压强度采用非标准试件时,应根据其集料粒径要求及抗压强度尺寸换算系数得到标准试件强度。

2. 仪器设备

压力机或万能试验机、球座、金属直尺等。

3. 试件制备和养护

试件制备和养护应符合规范的规定,试件尺寸、集料公称最大粒径应符合规范的规定。

混凝土立方体抗压强度试件应同龄期者为一组,每组为 3 个同条件制作和养护的混凝土试块。

4. 试验步骤

(1)至试验龄期时,自养护室取出试件,应尽快试验,避免其湿度变化。

(2)取出试件,检查其尺寸及形状,相对两面应平行。量出棱边长度,精确至 1 mm。

(3)试件受力截面积按其与压力机上下接触面的平均值计算。在破型前,保持试件原有湿度,在试验时擦干试件。

(4)以成型时侧面为上下受压面,试件中心应与压力机几何对中。圆柱体应对端面进行处理,确保端面的平行度。

(5)混凝土强度等级小于 C30 时,取 0.3 ~ 0.5 MPa/s 的加荷速度;混凝土强度等级大于或等于 C30 小于 C60 时,取 0.5 ~ 0.8 MPa/s 的加荷速度;混凝土强度等级大于或等于 C60 时,取 0.8 ~ 1.0 MPa/s 的加荷速度。当试件接近破坏而开始迅速变形时,应停止调整试验机油门,直至试件破坏,记下破坏极限荷载 F。

(6)计算混凝土立方体抗压强度,结果计算精确至 0.1 MPa。

(7)整理试验报告。

温馨提示

试验过程中,若试件有蜂窝麻面等缺陷,可在试验前 3 d 用水泥砂浆填补修整,并在试验结束后整理的试验报告中加以说明。

(二)水泥混凝土抗弯拉(抗折)强度试验方法

1. 仪具与材料

(1)压力机或万能试验机应符合规范的规定。

(2)抗弯拉试验装置(即三分点处双点加荷和三点自由支承式混凝土抗弯拉强度与抗弯拉弹性模量试验装置)。

2. 试件制备和养护

(1)试件尺寸应符合规范的规定,同时在试件长向中部 1/3 区段内表面不得有直径超过 5 mm、深度超过 2 mm 的孔洞。

(2)混凝土抗弯拉强度试件应以同龄期者为一组,每组为三根同条件制作和养护的试件。

3. 试验步骤

(1)试件取出后,用湿毛巾覆盖并及时进行试验,保持试件干湿状态不变。在试件中部量出其宽度和高度,精确至 1 mm。

(2)调整两个可移动支座,将试件安放在支座上,试件成型时的侧面朝上,几何对中后,应使支座及承压面与活动船形垫块的接触面平稳、均匀,否则应垫平。

(3)加荷时,应保持均匀、连续。当混凝土的强度等级小于 C30 时,加荷速度为 0.02 ~ 0.05 MPa/s;当混凝土的强度等级大于或等于 C30 且小于 C60 时,加荷速度为 0.05 ~ 0.08 MPa/s;当混凝土的强度等级大于或等于 C60 时,加荷速度为 0.08 ~ 0.10 MPa/s。当试件接近破坏而开始迅速变形时,不得调整试验机油门,直至试件破坏,记下破坏极限荷载 F。

(4)记录下最大荷载和试件下边断裂的位置。

(5)结果计算,整理试验数据。

(6)提供试验报告。

温馨提示

试件成型养护后,需对其外观进行检查、修整,若发现试件中部1/3长度内有蜂窝麻面等缺陷,则试件应废弃。

考题探究

【单选题】水泥混凝土抗折强度的试验步骤包括:①试件的成型和养护;②标记试件;③试件外观检查、修整;④加载试验;⑤整理试验数据,提供试验报告,正确的顺序为(　　)。

A. ①→②→③→④→⑤　　B. ①→③→②→④→⑤

C. ①→③→④→②→⑤　　D. ①→②→④→③→⑤

B。【解析】水泥混凝土抗折强度的试验步骤为:(1)试件的成型并养护。(2)试件外观检查、修整。将达到规定龄期的抗折试件取出,擦干表面,检查试件。(3)标记试件。(4)加载试验。连续加荷,直至试件破坏,记录最大荷载;但当断面出现在加荷点外侧时,则试验结果无效。(5)整理试验数据,提供试验报告。

第六节　路面工程质量通病及防治措施

一、无机结合料基层裂缝的防治

(一)原因分析

无机结合料基层产生裂缝的主要原因如下:

(1)混合料中石灰、水泥、粉煤灰等比例偏大;集料级配中细料偏多,或石粉中性指数偏大。

(2)碾压时含水量偏大。

(3)成型温度较高,形成强度较快。

(4)碎石中含泥量较高。

(5)路基沉降尚未稳定或路基发生不均匀沉降。

(6)养护不及时、缺水或养护时洒水量过大。

(7)拌合不均匀。

(二)防治措施

石灰稳定土基层裂缝的主要防治措施如下:

(1)改善施工用土的性质,采用塑性指数较低的土或适量掺加粉煤灰。

(2)掺加粗粒料,在石灰土中适量掺加砂、碎石、碎砖、煤渣及矿渣等。

(3)保证拌合遍数。控制压实含水量(在最佳含水量±1%范围内),需要根据土的性质采用最佳含水量,避免含水量过高或过低。

(4)铺筑碎石过渡层,在石灰土基层与路面间铺筑一层碎石过渡层,可有效避免裂缝。

(5)分层铺筑时,在石灰土强度形成期,任其产生收缩裂缝后,再铺筑上一层,可有效减少新铺筑层的裂缝。

(6)**设置伸缩缝,在石灰土层中,每隔5~10 m设一道缩缝。**

水泥稳定土基层裂缝的主要防治措施如下：

(1)改善施工用土的土质,采用塑性指数较低的土或适量掺加粉煤灰或掺砂。

(2)严格控制压实含水量,需要根据土的性质采用最佳含水量,避免含水量过高或过低。

(3)在能保证水泥稳定土强度的前提下,尽可能采用低的水泥用量。

(4)一次成型,尽可能采用慢凝水泥,加强对水泥稳定土的养护,避免水分挥发过大。养护结束后应及时铺筑下封层。

(5)设计合理的水泥稳定土配合比,加强拌合,避免出现粗细料离析和拌合不均匀现象。

除上述防治措施外,石灰稳定土基层和水泥稳定土基层均应在其成型后及时进行养护,也可有效防治裂缝的产生。

(三)治理措施

可采用聚合物加特种水泥压力注入法修补水泥稳定粒料的裂缝。

加铺高抗拉强度的聚合物网。

破损严重的基层,应将原破损基层整幅开挖维修,不应横向局部或一个单向车道开挖,以避免板边受力产生的不利后果,最小维修长度一般为6 m,维修半刚性基层所用材料也应是同类半刚性材料。

一般情况下,石灰土被用于底基层时,根据其干缩特性,应重视初期养护,保证基层表面处于潮湿状态,防止干晒。在石灰稳定土施工结束后,要及早铺筑面层,使基层含水量不发生大的变化,以减轻干缩裂缝。

二、沥青混凝土路面接缝病害的防治

(一)接缝类型

实践证明,新旧路面的接缝受压实机具和接缝黏结材料等因素影响,成为维修后路面的薄弱环节。接缝病害大多出现在横穿部位、路口部位和转弯车道。

接缝病害分为横向接缝和纵向接缝。

(二)接缝病害的发生原因

接缝边缘压实度不足,摊铺、碾压施工不当,沥青混凝土路面新旧混合料的黏结不紧密时,容易引起横向接缝。此外,采用平接缝施工时,如果边缘没有处理成垂直面或者采用斜接缝时,施工方法不当,均会引起造成横向接缝。施工方法不当、摊铺不当、碾压不当,也会引起纵向接缝。

(三)接缝质量控制措施

接缝质量的控制措施如下:提高接缝及周边摊铺质量;正确选择碾压机具和方法;垂直接缝部位的黏结和补强;控制新旧路面的高差。

(四)接缝施工注意事项

沥青混凝土路面局部病害治理工作中,无论是人工摊铺还是机械摊铺,除了上述质量控制方法以外,还应注意以下施工问题:控制沥青混凝土的碾压温度;防止接缝处骨料离析;提高作业工人的技术水平;加强质量监控工作。

考题探究

【多选题】关于沥青混凝土路面接缝病害的说法,正确的有(　　)。

A. 新旧混合料的黏结不紧密,容易引起纵向接缝

B. 预防横向接缝时,应尽量采用斜接缝

C. 采用斜接缝时,搭接长度一般为0.4～0.8 m

D. 预防纵向接缝时,应尽量采用热接缝施工

E. 纵缝若为热接缝时,应以1/2轮宽进行跨缝碾压

CDE。【解析】沥青混凝土路面新旧混合料的黏结不紧密时,容易引起横向接缝。故选项A错误。预防横向接缝时,应尽量采用平接缝,即路面尽头边缘为垂直面,与纵向边缘成直角。故选项B错误。本考题探究属于补充性内容,可与上文知识结合学习。

三、水泥混凝土路面裂缝的防治

水泥混凝土路面具有使用寿命长、强度高、稳定性好、耐久性好及养护费用少、经济效益高等优点,在公路工程和市政工程中得到广泛应用。但是随着使用时间的延长,也随之会产生常见裂缝等质量通病,它影响混凝土路面使用的耐久性,又影响到行车的舒适和安全。水泥混凝土路面裂缝分为横向裂缝、纵向裂缝和龟裂三种类型。

(一)水泥混凝土路面裂缝产生的原因

1. 路基沉降的影响

压实遍数不合理、压路机吨位偏小、填土松铺厚度过大、碾压不均匀、路基填筑宽度不足、局部有漏压现象均影响路基沉降。软弱地基未进行加固处理或处理不到位、含水率过大、出现"弹簧"现象都会影响路基沉降。路基填料混杂或压实度不足,特别是构造物(雨、污检查井等)附近压实机械难以施工,导致该部位压实度达不到设计要求,易产生沉降变形。路基填土速度过快,特别在高填方路基内,沉降变形更加明显。

2. 混凝土原材料的影响

水泥混凝土路面所采用的水泥质量不达标,其必然导致拌合的混凝土强度无法保证。当水泥标号选择过高或水泥用量偏大时,混凝土开裂的概率将会增加。进场的砂、石骨料如杂质多、含泥量高,会影响水泥与骨料的黏接,导致混凝土强度偏低,易产生裂缝。级配不合理、石子强度不达标、石子粒径偏小、砂率过大、水泥用量过高、水灰比偏大、坍落度偏大时都会产生收缩裂缝。

3. 施工方面的影响

水灰比直接影响混凝土强度。如果水灰比过高或过低,由于混合过程中测量不准确,会增加早期裂纹的概率。当运输条件较差,运输时间过长时,混凝土易产生"离析"现象,影响混凝土性能,导致水泥混凝土板早期开裂。在施工过程中,若因漏振、振捣次数不足或振捣过早而拆除模板,容易使混凝土表面或边缘开裂。未能控制好切缝时间或切缝的深度,也会导致路面产生横向裂缝。特别是切缝时间较迟的。在养护过程中未及时洒水养护或不能保证路面中的养护水分,导致水分蒸发,都将产生路面裂缝(龟裂)。

4. 荷载原因的影响

在水泥混凝土路面养生期,其强度未达到设计强度,提前开放交通,以及正式通车后使用期间严重的超载,超出的荷载远远大于混凝土的设计强度,造成其内部结构严重损伤,进而出现贯穿裂缝,严重时混凝土路面会出现断板现象(纵向裂缝)。

此外,水泥混凝土路面裂缝产生的原因还有环境气候的影响、混凝土收缩的影响等。

下面以考题探究的形式对水泥混凝土路面产生龟裂的原因进行讲解。

考题探究

【多选题】水泥混凝土路面产生龟裂的原因有(　　)。

A. 混凝土浇筑后,表面没有及时进行覆盖

B. 混凝土拌制时水胶比过小

C. 混凝土路面切缝不及时

D. 模板与垫层过于湿润

E. 混凝土表面过度振捣或抹平

AE。【解析】混凝土拌制时水胶比过大会使路面产生龟裂。故选项 B 错误。混凝土路面切缝不及时,会因为温缩和干缩使路面产生横向裂缝。故选项 C 错误。当模板与垫层过于干燥,导致吸水性增大,使路面产生龟裂。故选项 D 错误。

(二)水泥混凝土路面裂缝防治措施

水泥混凝土路面裂缝可从施工人员、机械设备、材料选择、施工工艺、环境影响等方面进行防治。

下面以考题探究的形式对水泥混凝土路面产生横向裂缝的防治措施进行讲解。

考题探究

【多选题】避免水泥混凝土路面产生横向裂缝的防治措施有(　　)。

A. 严格掌握混凝土路面的切缝时间

B. 保证基础稳定、无沉陷

C. 混凝土路面的结构组合与厚度设计应满足交通需要

D. 选用干缩性较大的水泥,并增加水泥用量

E. 混凝土施工时,振捣要均匀、适度

ABCE。【解析】干缩性较大的水泥容易引起横向裂缝,因此应选用干缩性较小的硅酸盐水泥或普通硅酸盐水泥。故选项 D 错误。除此之外,横向裂缝的防治措施还包括严格控制切缝深度及方式。对于不满足切缝需求时,可根据要求先锯一段,再进行分锯。

四、水泥混凝土路面断板的防治

水泥混凝土路面断板是指水泥混凝土路面在施工养生期间或正常使用过程中在无切缝处产生裂缝,经发展使整块混凝土板断裂成两块或两块以上不规则混凝土路面板的现象。断板是水泥混凝土路面的主要病害之一,特别是施工期间出现的断板,将直接影响到水泥混凝土路面的使用年限,因此有必要就施工期间水泥混凝土路面断板产生的原因进行一些分析,并针对分析出来的原因制定相应的预防措施。

(一)水泥混凝土路面产生断板的原因

1. 原材料不合格

水泥安定性差,强度不足;骨料的含泥量及有机质含量超标。

2. 混凝土配合比不当

单位水泥用量偏大;水灰比控制失调。

3. 施工工艺不当

搅拌不足或搅拌过分;振捣不均匀;养护不及时;混凝土间断浇筑;切缝不及时。

除了以上原因,过早放行车辆、基层标高不平整、未严格控制基层标高、基层材料强度不足、切缝不及时等原因也会造成水泥混凝土路面断板。

(二)水泥混凝土路面断板的预防

1. 设计过程中的控制

良好的结构组合设计能够有效预防断板。水泥混凝土路面在使用过程中,由于设计、超限荷载的因素都会导致水泥混凝土路面出现断板。设计因素的影响主要是由于结构组合设计、排水设计考虑不周到而造成的。结构组合设计中应着重考虑路面基层对水泥混凝土面板的影响,即路面基层除满足有足够的强度、刚度外,还应具有良好的水稳性和平整度。良好的水稳性能够有效地避免唧泥的产生、从而避免基层的破坏与板底的脱空,为水泥混凝土面板提供良好的支撑,避免断板;良好的平整度能够有效地避免荷载作用下水泥混凝土面板出现应力集中区域,避免断板。

2. 施工过程中的控制

严格控制水泥混凝土混合料的配合比,避免水灰比过大或混合料离析,确保混凝土混合料有足够的强度,同时,严格掌握切缝时间,切缝时间一般根据气温而定,避免由于混凝土的收缩而产生断板,因为温度、湿度和风的变化,都会引起混凝土出现较大的干缩。

3. 使用过程中的控制

水泥混凝土路面在使用过程中,会因超限荷载、各种地面水进入水泥混凝土路面的缝隙,形成唧泥,进而产生断板,因而应严格控制超限荷载,及时对水泥混凝土路面的各种缝隙进行灌缝,防止各种地面水进入水泥混凝土路面结构内部,消灭唧泥源,避免断板。

(三)水泥混凝土路面断板的处理方法

混凝土面板断缝(断板)的处理方法很多,其中凹槽填充膨胀混凝土方法操作简单,处理效果也较好。此种方法主要用于处理轻微断裂、裂缝较宽且有轻微剥落的断板。

对于大面积断板的情况,如裂缝处有严重剥落,板块被分割成三块以上,并且存在错台或裂块已经开始活动的断板,则应将该段路面全部切除,按照规范处理好基层后重新浇筑路面混凝土;切除面层后如果发现底基层与基层不能达到设计要求,则将底基层与基层材料挖除,重新填筑压实好再浇筑路面混凝土。

下面以考题探究的形式对水泥混凝土路面断板的具体处理方法进行讲解。

考题探究

【多选题】水泥混凝土路面断板的治理措施有(　　)。

A. 直接灌浆　　B. 局部带状修补

C. 扩缝灌浆　　D. 罩面补强

E. 整块板更换

ABCE。【解析】对于轻微断裂,裂缝无剥落或轻微剥落,宜采用灌入胶结剂的方法灌缝封闭。灌缝工艺有直接灌浆法、压注灌浆法、扩缝灌浆法。对轻微断裂也可采用局部带状修补。对于严重断裂,裂缝处有严重剥落,板被分割成三块以上,有错台或裂块已开始活动的断板,应采用整块板更换的措施。

第三章 桥涵工程

第一节 桥梁工程

一、桥梁的组成和分类

（一）桥梁的组成

概括地说，桥梁由四个基本部分组成，即上部结构、下部结构、支座和附属设施。

为便于记忆，下面以考题探究的形式对桥梁工程中相关术语进行讲解。

考题探究

【单选题】从桥梁拱顶截面形心至相邻两拱脚截面形心之连线的垂直距离称为（　　）。

A. 净矢高　　B. 计算矢高

C. 桥梁高度　　D. 桥梁建筑高度

B。【解析】计算矢高（f）是指从桥梁拱顶截面形心至相邻两拱脚截面形心之连线的垂直距离。除计算矢高外，桥梁工程中相关术语还包括：(1) l_0：净跨径，设计洪水位以上相邻两个桥墩（台）之间的净距；拱桥是两个拱脚截面最低点之间的水平距离。桥梁孔径（总跨径，$\sum l_0$），反映了桥下泄洪能力。(2) l：计算跨径，两个支座中心之间的距离；拱桥是拱轴线两端点之间的水平距离。(3) L：桥梁全长，两个桥台的侧墙或八字墙后端点之间的距离；或桥面系行车道全长。(4) 桥高（桥梁高度）：桥面与低水位之间的高差，或桥面与桥下路面之间的距离，反映了桥梁施工的难易。(5) H：桥下净空高度，设计洪水位或计算通航水位至桥跨结构最下缘之间的距离，应保证排洪和通航。(6) 建筑高度：路面标高与结构最下缘之间的距离，须小于容许建筑高度，保证通航。(7) 净矢高 f_0：从拱顶截面下缘至相邻两拱脚截面下缘最低点的垂直距离。(8) 矢跨比 f/l：反映拱桥受力特性的重要指标。

一般桥梁工程的几个主要名词解释如下：

(1) 上部结构是在线路中断时跨越障碍的主要承重结构，是桥梁支座以上（无铰拱起拱线或刚架主梁底线以上）跨越桥孔的总称，当跨越幅度越大时，上部结构的构造也就越复杂，施工难度也相应增加。

(2) 下部结构包括桥墩、桥台和基础。桥墩和桥台是支承上部结构并将其传来的恒载和车辆等活载传至基础的结构物。通常设置在桥两端的称为桥台，设置在桥中间部分的称为桥墩。桥台除了上述作用外，还与路堤衔接，并抵御路堤土压力，防止路堤填土的坍落。单孔桥只有两端的桥台，而没有中间桥墩。桥墩和桥台底部的奠基部分称为基础，基础承担了从桥墩和桥台传来的全部荷载，这些荷载包括竖向荷载以及地震力、船舶撞击墩身等引起的水平荷载。由于基础往往深埋于水下地基中，在桥梁施工中是难度较大的一部分，也是确保桥梁安全的关键之一。

(3) 支座是设在墩（台）顶，用于支承上部结构的传力装置，它不仅要传递很大的荷载，并且要保证上部结构按设计要求能产生一定的变位。

(4)桥梁附属设施包括桥面系、伸缩缝、桥梁与路堤衔接处的桥头搭板和锥形护坡等。其中,桥面系包括护栏、灯光照明、桥面铺装、防水与排水系统等。桥梁伸缩缝处应设置伸缩装置。桥梁伸缩装置是为使车辆平稳通过桥面并满足桥面变形的需要,在桥面伸缩接缝所设置的各种装置。

(二)桥梁的分类

1. 桥梁按受力体系分类

按照受力体系分类,桥梁有梁、拱、索三大基本体系,其中梁桥以受弯为主,拱桥以受压为主,悬索桥以受拉为主,刚架桥受力状态介于梁桥与拱桥之间。另外,由上述三大基本体系的相互组合,派生出在受力上也具有组合特征的多种桥型。下面分别阐述各种桥梁体系的主要特点:

(1)梁式桥。梁式桥的特点是其桥跨的承载结构由梁组成,其存在历史悠久。在竖向荷载作用下梁的支承处仅产生竖向反力而无水平反力(推力)。梁的内力以弯矩和剪力为主。梁式桥可分为简支梁桥、连续梁桥、悬臂梁桥和固端梁桥。连续梁、悬臂梁和固端梁可以实现较大跨径是由于其利用负弯矩来减少跨中弯矩,使梁跨内的内力分配更合理。简支梁桥的跨越能力有限(一般在 50 m 以下),当计算跨径小于 25 m 时,通常采用混凝土材料,而计算跨径大于 25 m 时,更多采用预应力混凝土材料。

(2)拱式桥。拱式桥的主要承重结构是拱圈或拱肋。其特点是结构在竖向荷载作用下,两拱脚处不仅产生竖向反力,还产生水平力(推力),由于水平推力的作用使拱中的弯矩和剪力大大地降低。设计合理的拱主要承受拱轴压力,拱截面内弯矩和剪力均较小,因此可充分利用石料或混凝土等抗压能力强而抗拉能力差的圬工材料。拱式桥是推力结构,其墩台、基础必须承受强大的拱脚推力。因此拱式桥对地基要求很高,适建于地质和地基条件良好的桥址。拱式桥构造简单,承载能力大,造型美观,是桥梁工程中广泛采用的桥型之一。

(3)悬索桥。悬索桥又称吊桥,其特点是桥梁的主要承重结构由桥塔和悬挂在塔上的高强度柔性缆索及吊索,加劲梁和锚锭结构组成。桥跨上的荷载由加劲梁承受,并通过吊索将其传至缆索。主缆索是主要承重结构,但其仅受拉力。缆索本身是几何可变体,但可通过桥塔、锚锭结构及作用的荷载相组合,在空间形成有一定几何形状的平衡受力结构体系。主缆索的拉力通过对桥塔的压力和锚锭结构的拉力传至基础和地基。这种桥型充分发挥了高强钢缆的抗拉性能,使其结构自重较轻,能以较小的建筑高度跨越其他任何桥型无法比拟的特大跨度。

(4)组合体系。代表性的组合体系有以下几种:

①梁、拱组合体系。梁、拱组合体系中,梁和拱都是主要承重结构,两者相互配合共同受力。由于吊杆将梁向上(与荷载作用方向相反)吊住,这就显著减小了梁中弯矩;同时由于拱和梁连接在一起,拱的水平推力就传给梁承受,这样梁除了受弯矩以外尚且受拉。这种组合体系桥能跨越较一般简支梁桥更大的跨度,而墩台没有推力。因此,对地基的要求就与一般简支梁桥一样。拱置于梁的下方,通过立柱对梁起辅助支承作用的组合体系桥。

②斜拉桥。斜拉桥是典型的悬索结构和梁式结构组合的结构体系。这一结构体系由主梁、缆索和塔架组成,充分利用了悬索结构和梁结构的特点,其组合相当合理。在结构体系中,梁结构直接承受桥面外荷载引起的弯矩和剪力,桥塔两侧的斜拉索张紧后为梁结构提供弹性支承,同时承受由荷载引起的拉力,其拉力的竖向分量通过桥塔传至基础和地基;斜拉索中荷载引起拉力的水平分量,使桥结构承受轴向压力,相当于对梁结构施加预应力。

③刚架桥。刚架桥是梁与立柱(墩柱、竖墙)刚性连接的结构体系。刚架桥的特点是在竖向荷载作用下,柱脚处不仅产生竖向反力,同时产生水平反力,使其基础承受较大推力。结构中梁和柱的截面均作用有弯矩、剪力和轴力。由于梁和柱结点为刚结,梁端部承受负弯矩,使梁跨中弯矩减小,跨中截面尺寸也可相应减小;与一般墩台不同,刚架桥的支柱(墩台)不仅承受压力,还承受较大弯矩,通常采用较小的钢筋混凝土或预应力混凝土构件。由于刚架桥的上述特点,在城市中当遇到线路立体交叉或需要跨越通航江河时,常采用这种桥型以降低线路标高,减少路堤土方量。当桥面标高已确定时,能增加桥下净空。

2. 桥梁的其他分类简述

除了上述按受力特点分成不同的结构体系外,人们还习惯按桥梁的用途、规模大小和建桥材料等分类标准将桥梁进行分类,见表 1-3-1。

表 1-3-1　桥梁的其他分类

分类标准	桥梁主要类型
用途	公路桥、铁路桥、公铁两用桥、农桥或机耕道桥、人行桥、水运桥或渡槽桥、管线桥等
桥梁全长和跨径	特大桥、大桥、中桥、小桥和涵洞
主要承重结构所用的材料	圬工桥、钢筋混凝土桥、预应力混凝土桥、钢桥、钢-混凝土组合桥和木桥等
跨越障碍的性质	跨河桥、跨海桥、跨线桥、立交桥和高架桥等
桥跨结构的平面布置	正交桥、斜交桥和弯桥
上部结构的行车道位置	上承式桥、中承式桥和下承式桥
桥梁的可移动性	固定桥和活动桥

二、公路桥梁工程施工总则

公路桥梁工程施工应符合设计文件的规定,并应满足安全、耐久、环保和节能减排的要求。公路桥梁工程施工宜推行标准化、工厂化、装配化和信息化施工,并应积极推广使用可靠的新技术、新工艺、新材料、新设备。

三、施工准备和施工测量

(一)施工准备

桥涵工程施工前应熟悉设计文件,对结构设计尺寸和关键施工参数进行核对,且应由设计单位进行设计交底。

应在对工程进行施工调查及现场核对后,根据设计要求、合同条件及现场情况等,编制实施性施工组织设计。对技术复杂或危险性较大的分部分项工程,应制订安全可靠、技术可行、经济合理的专项施工方案。

施工前应建立健全质量保证体系和质量管理体系、安全生产管理体系、环保管理体系和施工组织机构。

应根据工程的规模和有关规定,建立工地试验室。水泥、砂、石、外加剂等施工原材料的选择应在工程开工前通过试验确定。

开工前应完成现场的“四通一平”工作。

温馨提示

"四通"是指水通、电通、路通、通信通;"一平"是指场地平整。

(二)施工测量

施工前应由勘测设计单位对控制性桩点进行现场交桩,并应在复测原控制网的基础上,根据施工需要适当加密、优化,建立施工测量控制网。

对测量控制点,应编号绘于施工总平面图上,并应采取有效措施妥善保护。施工过程中,应对控制网(点)进行不定期的检测和定期复测,定期复测周期应不超过6个月。当对控制点的稳定性有疑问时,应及时进行局部或全面复测。

桥涵工程施工的平面控制测量应符合下列规定:

(1)大桥、特大桥以及特殊结构桥梁的平面控制测量坐标系,其投影长度变形值应不大于10 mm/km,投影分带位置不得选在桥址处。

(2)在布设平面控制点时,四等及以上平面控制网中相邻点之间的距离不得小于500 m;一级平面控制网中相邻点之间的距离在平原、微丘区不得小于200 m,重丘、山岭区不得小于100 m;最大距离应不大于平均边长的2倍。特大桥及特殊结构桥梁的每一端应至少埋设3个平面控制点。

温馨提示

平面控制测量等级分为一级、二等、三等、四等。

桥涵工程施工的高程控制测量应符合下列规定:

(1)同一工程项目应采用同一高程系统,并应与相邻工程项目的高程系统相衔接。桥位水准点的高程应与路线控制高程联测。

(2)桥梁工程的高程控制测量等级不得低于表1-3-2的规定。

表1-3-2　高程控制测量等级

多跨桥梁总长 L/m	单跨桥梁跨径 L_K/m	其他构造物	测量等级
$L \geqslant 3\ 000$	$L_K \geqslant 500$	—	二等
$1\ 000 \leqslant L < 3\ 000$	$150 \leqslant L_K < 500$	—	三等
$L < 1\ 000$	$L_K < 150$	高架桥	四等

宽阔水域和海上桥梁的基础工程施工测量宜采用卫星定位测量,且宜在水域和海上建立专门的测量平台。

宽阔水域和海上桥梁工程的卫星定位测量平面控制网宜分为首级网、首级加密网、一级加密网和二级加密网4个等级,一级和二级加密网的布设和使用应符合下列规定:

(1)加密网应采用与全桥统一的坐标系统,且宜由三角形或大地四边形组成,并应一次完成网形设计、施测与平差。加密网应保证至少与最近的2个高级网点为起算点进行联测,任一加密网点应至少与另外2个控制点通视。加密网应按一级卫星定位测量精度施测,其精度应保证最弱相邻点点位中误差为±10 mm。

(2)控制网点应安全、稳定,在使用过程中应进行定期或不定期检测。当对控制点的稳定性有疑问时,应及时进行局部或全面复测。加密网两次复测的间隔时间应不超过3个月。

四、钢筋施工

（一）一般规定

桥涵工程中采用的普通钢筋、环氧涂层钢筋应符合现行相关标准的规定；其他特殊钢筋应符合其相应产品标准的规定。钢筋应具有出厂质量证明书和试验报告单，进场时除应检查其外观和标志外，应按不同的钢种、等级、牌号、规格及生产厂家分批抽取试样进行力学性能检验，检验试验方法应符合现行国家标准的规定。钢筋经进场检验合格后方可使用。

钢筋分批检验时，可由同一牌号、同一炉罐号、同一尺寸的钢筋进行组批，每批的质量应不大于 60 t，超过 60 t 的部分，每增加 40 t（或不足 40 t 的余数）应增加一个拉伸和一个弯曲试验试样；钢筋的进场检验亦可由同一牌号、同一冶炼方法、同一浇注方法的不同炉罐号组成混合批进行，但各炉罐号的含碳量之差应不大于 0.02%，含锰量之差应不大于 0.15%。

钢筋在运输过程中应避免锈蚀、污染或被压弯；在工地存放时，应按不同品种、规格，分批分别堆置整齐，不得混杂，并应设立识别标志，存放的时间宜不超过 6 个月；存放场地应有防、排水设施，且钢筋不得直接置于地面，应垫高或堆置在台座上，顶部应采用合适的材料予以覆盖，防止水浸和雨淋。

在工程施工过程中，应采取适当的措施，防止钢筋产生锈蚀。钢筋的级别、种类和直径应按设计规定采用，当需要代换时，应得到设计认可。预制构件的吊环，必须采用未经冷拉的热轧光圆钢筋制作，且其使用时的计算拉应力应不大于 65 MPa。

（二）加工

钢筋的表面应洁净、无损伤，使用前应将表面的油渍、漆皮、鳞锈等清除干净，带有颗粒状或片状老锈的钢筋不得使用。**钢筋应平直、无局部弯折，成盘的钢筋和弯曲的钢筋在加工前均应调直。采用冷拉方法调直钢筋时，HPB300 钢筋的冷拉率宜不大于 2%；HRB400 钢筋的冷拉率宜不大于 1%。** 钢筋宜采用数控化机械设备在专用厂房中集中下料和加工，其形状、尺寸应符合设计的规定；加工后的钢筋，其表面不应有削弱钢筋截面的伤痕。钢筋的弯制和端部的弯钩应符合设计要求，设计未要求时，应符合规范的规定。

箍筋的末端应做弯钩，弯钩的形状应符合设计规定。弯钩的弯曲直径应大于被箍受力主钢筋的直径，且 HPB300 钢筋应不小于箍筋直径的 2.5 倍，HRB400 钢筋应不小于箍筋直径的 5 倍。弯钩平直部分的长度，一般结构应不小于箍筋直径的 5 倍；有抗震要求的结构，应不小于箍筋直径的 10 倍。 设计对弯钩的形状未规定时，可按《公路桥涵施工技术规范》的要求加工。钢筋加工的允许偏差应符合规范规定。

（三）连接

钢筋的连接宜采用焊接接头或机械连接接头。绑扎接头仅当钢筋构造复杂施工困难时方可采用，绑扎接头的钢筋直径宜不大于 28 mm，对轴心受压和偏心受压构件中的受压钢筋可不大于 32 mm；轴心受拉和小偏心受拉构件不应采用绑扎接头。

钢筋的机械连接宜采用镦粗直螺纹、滚轧直螺纹或套筒挤压接头，且适用于 HRB400、HRBF400、HRB500 和 RRB400 热轧带肋钢筋。各类接头的性能应符合下列规定：

（1）钢筋机械连接接头的等级应选用Ⅰ级或Ⅱ级，接头的性能指标应符合规定。

（2）钢筋机械连接接头的材料、制作、安装施工及质量检验和验收，应符合现行相应标准的规定。

(3)**钢筋机械连接件的最小混凝土保护层厚度，应符合设计受力主筋混凝土保护层厚度的规定，且不得小于 20 mm；连接件之间或连接件与钢筋之间的横向净距应不小于 25 mm。**

(4)连接套筒、锁母、丝头等在运输和储存过程中应采取防护措施，防止雨淋、沾污和损伤。

钢筋直螺纹接头的连接安装应符合相应规定。钢筋套筒挤压接头的连接安装应符合相应规定。钢筋的绑扎接头应符合相应规定。

为便于记忆，下面以考题探究的形式对钢筋连接的其他规定进行讲解。

考题探究

【多选题】关于普通钢筋焊接施工的说法，正确的有(　　)。

A. 接头采用搭接电弧焊时，应使接合钢筋轴线一致

B. 接头搭接双面焊时，两钢筋不得弯折，应直接紧贴焊接

C. 焊接接头应设置在弯矩、剪力较小断面

D. 接头应集中布置在内力较小的同一断面内

E. 单面焊缝的长度不应小于 $5d$(d 为钢筋直径)

AC。【解析】电弧焊宜采用双面焊缝，仅在双面焊无法施焊时，方可采用单面焊缝。采用搭接电弧焊时，两钢筋搭接端部应预先折向一侧，两接合钢筋的轴线应保持一致；采用帮条电弧焊时，帮条应采用与主筋相同强度等级的钢筋，其总截面面积应不小于被焊接钢筋的截面积。故选项 B 错误。受力钢筋的连接接头应设置在内力较小区段，并应错开布置。故选项 D 错误。电弧焊接头的焊缝长度，对双面焊缝应不小于 $5d$，单面焊缝应不小于 $10d$。电弧焊接与钢筋弯曲处的距离应不小于 $10d$，且不宜位于构件的最大弯矩处。故选项 E 错误。除上述内容外，钢筋连接的其他规定还包括：(1)对焊接接头和机械连接接头，在接头长度区段内，同一根钢筋不得有两个接头；对绑扎接头，两接头间的距离应不小于 1.3 倍搭接长度。配置在接头长度区段内的受力钢筋，其接头的截面面积占总截面面积的百分率，应符合规范的规定。(2)钢筋的焊接接头宜采用闪光对焊，或采用电弧焊、电渣压力焊、气压焊，但电渣压力焊仅可用于竖向钢筋的连接，不得用于水平钢筋和斜筋的连接。钢筋焊接的接头形式、焊接方法和焊接材料应符合规定。(3)每批钢筋焊接前，应先选定焊接工艺和焊接参数，按实际条件进行试焊，并检验接头外观质量及规定的力学性能，试焊质量经检验合格后方可正式施焊。焊接时，对施焊场地应有适当的防风、雨、雪、严寒的设施。

(四)安装

对集中加工、整体安装的半成品钢筋和钢筋骨架，在运输时应采用适宜的装载工具，并应采取增加刚度、防止其扭曲变形的措施。

安装钢筋时应符合下列规定：

(1)钢筋的级别、直径、根数、间距等应符合设计的规定。

(2)对多层多排钢筋，宜根据安装需要在其间隔处设立一定数量的架立钢筋或短钢筋，但架立钢筋或短钢筋的端头不得伸入混凝土保护层内。

(3)半成品钢筋和钢筋骨架采用整体方式安装时，宜设置专用胎架或卡具等进行辅助定位，安装过程中应采取保证整体刚度及防止变形的措施。

(4)当钢筋过密,将会影响到混凝土浇筑质量时,应及时与设计协商解决。

钢筋与模板之间应设置垫块,垫块的制作、设置和固定应符合下列规定:

(1)混凝土垫块应具有不低于结构本体混凝土的强度,并应有足够的密实性;采用其他材料制作垫块时,除应满足使用强度的要求外,其材料中不应含有对混凝土产生不利影响的成分。**垫块的制作厚度不应出现负误差,正误差应不大于1 mm。**

(2)用于重要工程或有防腐蚀要求的混凝土结构或构件中的垫块,宜采用专门制作的定型产品,且该类产品的质量同样应符合第(1)款的规定。

(3)垫块应相互错开、分散设置在钢筋与模板之间,但不应横贯混凝土保护层的全部截面进行设置。垫块在结构或构件侧面和底面所布设的数量应不少于4个/m^2,重要部位宜适当加密。

(4)垫块应与钢筋绑扎牢固,且绑丝及其丝头均不应进入混凝土保护层内。

(5)混凝土浇筑前,应对垫块的位置、数量和紧固程度进行检查,不符合要求时应及时处理,应保证钢筋的混凝土保护层厚度满足设计要求和《公路桥涵施工技术规范》的规定。

钢筋骨架的焊接拼装应在坚固的工作台上进行,操作时应符合下列规定:

(1)拼装前应按设计图纸放大样,放样时应考虑焊接变形的预留拱度。拼装时,在需要焊接的位置宜采用楔形卡卡紧,防止焊接时局部变形。

(2)**骨架焊接时,不同直径钢筋的中心线应在同一平面上,较小直径的钢筋在焊接时,下面宜垫以厚度适当的钢板。施焊顺序宜由中到边对称地向两端进行,先焊骨架下部,后焊骨架上部。相邻的焊缝应采用分区对称跳焊,不得顺方向一次焊成。**

钢筋网的焊点应符合设计规定,当设计未规定时,应按下列要求进行焊接:

(1)在焊接网的受力钢筋为HPB300或冷拉HPB300钢筋的情况下,当焊接网只有1个方向为受力钢筋时,网两端边缘的两根锚固横向钢筋与受力钢筋的全部交叉点必须焊接;当焊接网的2个方向均为受力钢筋时,沿网四周边缘的两根钢筋的全部交叉点均应焊接;其余的交叉点可焊接或绑扎一半,或根据运输和安装条件决定。

(2)当焊接网的受力钢筋为冷拔低碳钢丝,而另一方向的钢筋间距小于100 mm时,网两端边缘的两根钢筋的全部交叉点必须焊接,中间部分的焊点距离可增大至250 mm。

灌注桩钢筋骨架的制作、运输与安装应符合下列规定:

(1)制作时应采取必要措施,保证骨架的刚度,主筋的接头应错开布置。大直径长桩的钢筋骨架宜在胎架上分段制作,且宜编号,安装时应按编号顺序连接。

(2)**应在骨架外侧设置控制混凝土保护层厚度的垫块,垫块的间距在竖向应不大于2 m,在横向圆周应不少于4处。**

(3)钢筋骨架在运输过程中,应采取适当的措施防止其变形。

(4)钢筋骨架在安装时,其顶端应设置吊环。

绑扎或焊接的钢筋骨架和钢筋网不得有变形、松脱和开焊。

五、常用模板、支架的设计与施工

(一)一般规定

模板宜采用钢材、胶合板或其他适宜的材料制作;支架宜采用钢材或常备式定型钢构件等材料制作。钢材、胶合板、其他材料应符合其相应国家或行业标准的规定,常备式定型钢构件应符合该产品相应的技术规定。

模板和支架应符合下列规定:

(1)模板和支架应具有足够的强度、刚度和稳定性,应能承受施工过程中所产生的各种荷载。

(2)模板、支架的构造应简单、合理,结构受力应明确,安装、拆除应方便。

(3)模板应能与混凝土结构或构件的特征、施工条件和浇筑方法相适应,应保证结构物各部位形状尺寸和相互位置的准确。

(4)模板的板面应平整,接缝处应严密且不漏浆;模板与混凝土的接触面应涂刷隔离剂,但不得采用废机油等油料,且不得污染钢筋及混凝土的施工缝。

(5)支架应稳定、坚固,应能抵抗在施工过程中可能发生的振动和偶然撞击。

(6)支架不得与应急安全通道相连接。

模板和支架均应进行施工图设计,且经批准后方可用于施工。施工图设计应包括下列内容:工程概况和工程结构简图;结构设计的依据和设计计算书;总装图和细部构造图;制作、安装的质量及精度要求;安装、拆除时的安全技术措施及注意事项;材料的性能质量要求及材料数量表;设计说明书和使用说明书。

在模板上设置的吊环应采用 HPB300 钢筋,严禁采用冷加工钢筋制作。每个吊环应按两肢截面计算,在模板自重标准值作用下,吊环的拉应力应不大于 65 MPa。

(二)模板、支架设计

模板、支架的设计应根据工程结构形式、荷载情况、地基土类别、施工设备和材料性能等条件进行,且宜优先采用标准化、定型化的构件。

模板的构造要求应符合下列规定:

(1)模板背面应设置主肋和次肋作为其支承系统,主肋和次肋的布置应根据模板的荷载和刚度要求进行。次肋的配置方向应与模板的长度方向相垂直,应能直接承受模板传递的荷载,其间距应按荷载数值和模板的力学性能计算确定;主肋应承受次肋传递的荷载,且应能起到加强模板结构的整体刚度和调整平直度的作用,支架或支撑的着力点应设置在主肋上。

(2)模板的配板应根据配模面的形状、几何尺寸及支撑形式决定。配板时宜选用大规格的模板为主板,其他规格的模板作为补充;配板后的板缝应规则,不得杂乱无章。

(3)对在墩柱、梁、板的转角处使用的模板及各种模板面的交接部分,应采用连接简便、结构牢固、易于拆除的专用模板。

(4)当设置对拉螺杆或其他拉筋,需要在模板上钻孔时,应使钻孔的模板能多次周转使用,并应采取措施减少或避免在模板上钻孔。

支架的构造要求应符合下列规定:

(1)支架的构造形式宜综合所采用的材料类别、所支承的结构及其荷载、地形及环境条件、地基情况等因素确定。

(2)支架的立杆之间应根据其受力要求和结构特点设置水平和斜向等支撑连接杆件,增强支架的整体刚度和稳定性。

(3)托架结构宜设置成三角形,且与预埋件的连接固定方式应可靠。

(4)采用定型钢管脚手架材料作支架时,其构造应符合相应技术规范的规定。

模板、支架的设计应考虑下列各项荷载,并应按表 1-3-3 的规定进行荷载组合:

(1)模板、支架自重。

(2)新浇筑混凝土、钢筋、预应力筋或其他圬工结构物的重力。

(3)施工人员及施工设备、施工材料等荷载。

(4)振捣混凝土时产生的振动荷载。

(5)新浇筑混凝土对模板侧面的压力。

知识拓展

当采用内部振捣器时，新浇筑的混凝土作用于模板的侧压力标准值，可按下列公式计算，并取其中的较小值：

$$F = 0.22\gamma_c t_0 \beta_1 \beta_2 V^{\frac{1}{2}}$$

式中 F——新浇混凝土对模板的侧压力计算值(kN/m^2)；

γ_c——混凝土的重力密度(kN/m^3)；

V——混凝土的浇筑速度(m/h)；

t_0——新浇混凝土的初凝时间(h)，可按试验确定；当缺乏试验资料时，可采用 $t_0 = 200/(T+15)$［T 为混凝土的温度(℃)］；

β_1——外加剂影响修正系数；不掺外加剂时取1.0，掺具有缓凝作用的外加剂时取1.2；

β_2——混凝土坍落度影响修正系数；当坍落度小于30 mm时，取0.85；坍落度为50～90 mm时，取1.00；坍落度为110～150 mm时，取1.15；

H——混凝土侧压力计算位置处至新浇混凝土顶面的总高度(m)；混凝土侧压力的计算分布图形如下图所示，图中 $h = F/\gamma_c$，h 为有效压头高度。

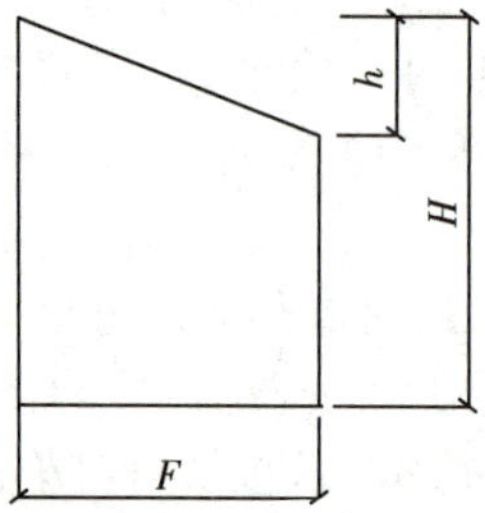

(6)混凝土入模时产生的水平方向的冲击荷载。

(7)设于水中的支架所承受的水流压力、波浪力、流冰压力、船只及其他漂浮物的撞击力。

(8)其他可能产生的荷载，如风荷载、雪荷载、冬季保温设施荷载、温度应力等。

表1-3-3 模板、支架设计计算的荷载组合

模板、支架结构类别	荷载组合	
	强度计算	刚度验算
梁、板的底模板以及支承板、支架等	(1)+(2)+(3)+(4)+(7)+(8)	(1)+(2)+(7)+(8)
缘石、人行道、栏杆、柱、梁、板等的侧模板	(4)+(5)	(5)
基础、墩台等厚大结构物的侧模板	(5)+(6)	(5)

验算模板、支架的刚度时,其最大变形值不得超过下列允许值:

(1)结构表面外露的模板,挠度为模板构件跨度的1/400。

(2)结构表面隐蔽的模板,挠度为模板构件跨度的1/250。

(3)支架受载后挠曲的杆件(横梁、纵梁),其弹性挠度为相应结构计算跨度的1/400。

(4)钢模板的面板变形为1.5 mm,钢棱和柱箍变形为$L/500$和$B/500$(其中L为计算跨径,B为柱宽)。

验算模板、支架在自重和风荷载等作用下的抗倾覆稳定性时,其抗倾覆稳定系数应不小于1.3。

(三)模板的制作与安装

模板的制作应符合下列规定:

(1)钢模板应按批准的加工图进行制作,成品经检验合格后方可使用。组装前应对零部件的几何尺寸和焊缝进行全面检查,合格后方可进行组装。面板变形及整体刚度应符合规范的规定。

(2)制作钢木组合模板时,钢与木之间的接触面应贴紧。面板采用防水胶合板的模板,除应使胶合板与背楞之间密贴外,对在制作过程中裁切过的防水胶合板茬口,应按产品的要求及时涂刷防水涂料。

(3)木模板与混凝土接触的表面应刨光且应保持平整。木模板的接缝可制作成平缝、搭接缝或企口缝,当采用平缝时,应有防止漏浆的措施;转角处应加嵌条或做成斜角。

(4)采用其他材料(高分子合成材料面板、硬塑料或玻璃钢)制作模板时,其接缝应严密,边肋及加强肋应安装牢固,并应与面板成一整体。

模板的安装应符合下列规定:

(1)模板应按设计要求准确就位,且不宜与脚手架连接。

(2)安装侧模板时,支撑应牢固,应防止模板在浇筑混凝土时产生移位。

(3)模板在安装过程中,必须设置防倾覆的临时固定设施。

(4)模板安装完成后,其尺寸、平面位置和顶部高程等应符合设计要求,节点联系应牢固。

(5)梁、板等结构的底模板宜根据需要设置预拱度。

(6)固定在模板上的预埋件和预留孔洞均不得遗漏,安装应牢固,位置应准确。

采用提升模板施工时,应设置脚手平台、接料平台、挂吊脚手及安全网等辅助设施。

采用翻转模板和爬升模板施工时,其结构应满足强度、刚度及稳定性要求。液压爬模应由专业单位设计和制造,并应有检验合格证明及操作说明书。施工应符合下列规定:

(1)混凝土的强度应达到规定的数值后方可拆模并进行模板的翻转或爬架爬升。作用于爬模上接料平台、脚手平台和拆模吊篮的荷载应均衡,不得超载,严禁混凝土吊斗碰撞爬模系统。

(2)模板沿墩身周边方向应始终保持顺向搭接。在施工过程中,应随时检查爬模的中线、水平位置和高程等,发现问题应及时纠正。

采用滑升模板时,除应符合现行《滑动模板工程技术标准》的规定外,尚应符合下列规定:

(1)模板的高度宜根据结构物的实际情况确定;模板的结构应具有足够的强度、刚度和稳定性;支承杆及提升设备应能保证模板竖直均衡上升。组装时应使各部尺寸的精度符合设计要求,组装完毕应经全面检查试验合格后,方可正式投入使用。

(2)模板的滑升速度宜不大于250 mm/h,滑升时应检测并控制其位置。滑升模板的施工宜连续进行,因故中断时,宜在中断前将混凝土浇筑齐平,中断期间模板仍应继续缓慢地滑升,直到混凝土与模板不致粘住时为止。

（四）支架的制作与安装

支架的制作应符合下列规定：

(1)支架宜采用标准化、系列化、通用化的钢构件制作拼装。

(2)制作木支架时，两相邻立柱的连接接头宜分设在不同的水平面上，并应减少长杆件接头。主要压力杆的接长连接，宜使用对接法，并宜采用木夹板或铁夹板夹紧；次要构件的连接可采用搭接法。

下面以考题探究的形式对支架安装的相关规定进行讲解。

考题探究

【单选题】桥梁支架安装完成后，下一工序施工前，必须检查其平面位置、节点连接、纵横向稳定性及(　　)。

A. 杆件长度　　B. 承载能力

C. 顶部高度　　D. 支架外观

C。【解析】支架在安装完成后，应对其平面位置、顶部高程、节点连接及纵、横向稳定性进行全面检查，符合要求后，方可进行下一工序。除上述内容外，支架安装的相关规定还包括：(1)支架应按施工图设计的要求进行安装。立柱应垂直，节点连接应可靠。(2)高支架应设置足够的斜向连接、扣件或缆风绳，横向稳定应有保证措施。

支架宜根据其结构形式、所用材料和地基情况的不同，在施工前确定是否对其进行预压，并应符合下列规定：

(1)对位于刚性地基上的刚度较大且非弹性变形可确定控制在一定范围内的支架，在经计算并通过一定审核程序，确认其满足强度、刚度和稳定性等要求的前提下，可不预压；但在施工过程中应对支架的材料和安装施工质量采取严格的管控措施。

(2)对位于软土地基或软硬不均地基上的支架，宜通过预压的方式，消除地基的不均匀沉降和支架的非弹性变形。

(3)对支架进行预压时，预压荷载宜为支架所承受荷载的1.05～1.10倍，预压荷载的分布宜模拟需承受的结构荷载及施工荷载。

(4)对采用定型钢管脚手架作为承重杆件的满布式支架进行预压时，可按现行相应规定执行。

支架应结合模板的安装一并考虑设置预拱度和卸落装置，并应符合下列规定：

（1）设置的预拱度值，应包括结构本身需要的预拱度和施工需要的预拱度两部分。

（2）施工预拱度应考虑下列因素：模板、支架承受施工荷载引起的弹性变形；受载后由于杆件接头的挤压和卸落装置压缩而产生的非弹性变形；支架地基在受载后的沉降变形。

（3）专用支架应按其产品的要求进行模板的卸落；自行设计的普通支架应在适当部位设置相应的木楔、木马、砂筒或千斤顶等卸落模板的装置，并应根据结构形式、承受的荷载大小确定卸落量。

（五）模板、支架的拆除

模板、支架的拆除期限和拆除程序等应根据结构物特点、模板部位和混凝土所应达到的强度要求确定，并应严格按其相应的施工图设计的要求进行。**非承重侧模板应在混凝土抗压强度达到2.5 MPa，且能保证其表面及棱角不致因拆模而受损坏时方可拆除。**

知识拓展

对预应力混凝土结构，在符合上述规定的条件下，其侧模应在预应力钢束张拉前拆除；底模及支架应在结构建立预应力后方可拆除。

芯模和预留孔道的内模，应在混凝土强度能保证其表面不发生塌陷或裂缝现象时，方可拆除。钢筋混凝土结构的承重模板、支架，应在混凝土强度能承受其自重荷载及其他可能的叠加荷载时，方可拆除。对预应力混凝土结构，在符合规范规定的条件下，其侧模应在预应力钢束张拉前拆除；底模及支架应在结构建立预应力后方可拆除。**模板、支架的拆除应遵循后支先拆、先支后拆的原则顺序进行。墩、台的模板宜在其上部结构施工前拆除。拆除梁、板等结构的承重模板时，在横向应同时、在纵向应对称均衡卸落。简支梁、连续梁结构的模板宜从跨中向支座方向依次循环卸落；悬臂梁结构的模板宜从悬臂端开始顺序卸落。**模板、支架拆除时，不得损伤混凝土结构。

六、混凝土施工

（一）混凝土工程

1. 一般规定

混凝土工程所用的各种原材料，均应符合现行国家标准或行业标准的规定，并应在进场时对其性能和质量进行检验。

在进行试配和质量检测时，混凝土的抗压强度应以边长为 150 mm 的立方体标准试件测定，且应取其保证率为 95%。试件应以同龄期者 3 个为一组，每组试件的抗压强度以 3 个试件测值的算术平均值（计算精确至 0.1 MPa）为测定值，当有 1 个测值与中间值的差值超过中间值的 15% 时，取中间值为测定值；当有 2 个测值与中间值的差值均超过 15% 时，该组试件无效。

混凝土的抗压强度，应以标准方式成型的试件置于标准养护条件下（温度 20 ℃ ± 2 ℃，相对湿度不低于 95%）养护 28 d 所测得的抗压强度值（MPa）进行评定。对采用蒸汽养护的混凝土，其测试抗压强度的试件应先随构件同条件蒸汽养护，再转入标准条件下养护，累计养护时间应为 28 d。

公路桥涵混凝土宜使用非碱活性集料，当条件不具备必须使用时，其他材料中的碱含量及混凝土中的最大总碱含量应符合规范的规定。

2. 原材料

公路桥涵混凝土工程宜采用散装水泥，散装水泥在工地应采用专用水泥罐储存；采用袋装水泥时，在运输和储存过程中应防止受潮，且不得长时间露天堆放，临时露天堆放时应设支垫并覆盖。不同品种、强度等级和出厂日期的水泥应分别按批存放。

细集料宜采用级配良好、质地坚硬、颗粒洁净的河砂；当河砂不易得到时，可采用符合规定的其他天然砂或机制砂；细集料不得采用海砂。细集料的技术指标应符合规范的规定。

粗集料宜采用质地坚硬、洁净、级配合理、粒形良好、吸水率小的碎石或卵石，其技术指标应符合规范的规定。施工前应对所用的粗集料进行碱活性检验，在条件许可时宜避免采用有碱活性反应的粗集料，必须采用时应采取必要的抑制措施。

符合国家标准的饮用水可直接作为混凝土的拌制和养护用水；当采用其他水源或对水质有疑问时，应对水质进行检验。水的品质指标应符合规范的规定。

公路桥涵工程使用的外加剂，与水泥、矿物掺合料之间应具有良好的相容性。采用膨胀剂时应符合下列规定：

(1)在公路桥涵混凝土工程中采用的膨胀剂，其性能应符合现行《混凝土膨胀剂》的规定。

(2)膨胀剂的品种和掺量应通过试验确定。

(3)掺入膨胀剂的混凝土宜采取有效的持续保湿养护措施，且宜按不同结构和温度适当延长养护时间。

知识拓展

在混凝土中掺入外加剂时，除应符合上述规定外，尚应符合下列规定：

(1)在钢筋混凝土和预应力混凝土中，均不得掺用氯化钙、氯化钠等氯盐。

(2)减水剂宜采用聚羧酸类减水剂。

(3)各种外加剂中的氯离子总含量宜不大于混凝土中胶凝材料总质量的0.02%，硫酸钠含量宜不大于减水剂干重的15%。

(4)从各种组成材料引入的氯离子总含量(折合氯盐含量)应不超过规定的限值。

(5)掺入引气剂的混凝土，其含气量应按不同环境类别和作用等级确定。

掺合料应保证其产品品质稳定，来料均匀。掺合料应由生产单位专门加工，进行产品检验并出具产品合格证书。混凝土中需要掺用粉煤灰、粒化高炉矿渣粉、硅灰等掺合料时，其掺入量应在使用前通过试验确定。掺合料在运输与储存中，应有明显标识，严禁与水泥等其他粉状材料混淆。

3. 配合比

混凝土的配合比应以质量比表示，并应通过计算和试配选定。试配时应采用施工实际使用的材料，配制的混凝土拌合物应满足和易性、凝结时间等施工技术条件；制成的混凝土应满足配制强度、力学性能和耐久性能的设计要求。普通混凝土的配合比，可按现行《普通混凝土配合比设计规程》的规定进行设计，并应通过试配确定。通过设计和试配确定的配合比，应经批准后方可使用，且应在混凝土拌制前将理论配合比换算为施工配合比。

混凝土进行耐久性设计时，环境类别和作用等级、原材料的选用、配合比设计等均应符合现行《公路工程混凝土结构耐久性设计规范》的规定。不同强度等级混凝土的最大水胶比、胶凝材料用量宜符合表1-3-4的规定。

表1-3-4　混凝土的最大水胶比和胶凝材料用量

<table>
<tr><th>混凝土强度等级</th><th>最大水胶比</th><th>最小水泥用量/(kg·m⁻³)</th><th>最大胶凝材料用量/(kg·m⁻³)</th></tr>
<tr><td>C25</td><td>0.55</td><td>275</td><td rowspan="3">400</td></tr>
<tr><td>C30</td><td>0.55</td><td>280</td></tr>
<tr><td>C35</td><td>0.50</td><td>300</td></tr>
<tr><td>C40</td><td>0.45</td><td>320</td><td rowspan="2">450</td></tr>
<tr><td>C45</td><td>0.40</td><td>340</td></tr>
<tr><td>C50</td><td>0.36</td><td>360</td><td>480</td></tr>
<tr><td>C55</td><td>0.32</td><td>380</td><td>500</td></tr>
<tr><td>C60</td><td>0.30</td><td>400</td><td>530</td></tr>
</table>

混凝土处于不同环境与作用等级时，矿物掺合料的掺用量宜按规定选用。

在混凝土中掺入外加剂时，应符合规范有关规定。如在钢筋混凝土和预应力混凝土中,均不得掺用氯化钙、氯化钠等氯盐;减水剂宜采用聚羧酸类减水剂等。

除应对由各种组成材料带入混凝土中的碱含量进行控制外,尚应控制混凝土的总碱含量。每立方米混凝土的总碱含量,对一般桥涵宜不大于 3.0 kg/m³,对特大桥、大桥和重要桥梁宜不大于 2.1 kg/m³。当混凝土结构处于受严重侵蚀的环境时,不得使用有碱活性反应的集料。

泵送混凝土的配合比宜符合下列规定:

(1)**胶凝材料用量宜不小于 300 kg/m³。水泥宜选用硅酸盐水泥、普通硅酸盐水泥、矿渣硅酸盐水泥或粉煤灰硅酸盐水泥;细集料宜采用中砂,且其通过 300 μm筛孔的颗粒含量宜不少于 15%,砂率宜为 35% ~ 45%;粗集料宜采用连续级配,其针片状颗粒含量宜不大于 10%,粗集料的最大公称粒径与输送管径之比宜符合规定。**

(2)应通过试验掺用适量的泵送剂或减水剂,且宜掺用矿物掺合料。

(3)试配时应考虑坍落度经时损失。

4. 拌制

混凝土的配料宜采用自动计量装置,各种衡器的精度应符合要求,计量应准确。计量器具应定期标定,迁移后应重新进行标定。拌制混凝土所用的各项固体原材料应按质量进行计量投料,水和液体外加剂可按体积进行计量投料,配料数量的允许质量偏差应符合规范的规定。外加剂应以稀释溶液加入,其稀释用水和原液中的水量,应从拌合加水量中扣除。加入搅拌筒的外加剂溶液应充分溶解,并搅拌均匀。掺合料应采用与水泥相同的输送、计量方式加入。

混凝土应采用机械拌制。拌制时,自全部材料装入搅拌筒开始搅拌至开始出料的最短搅拌时间,应按搅拌机产品说明书的要求和混凝土搅拌的技术要求经试验确定。

混凝土拌合物应搅拌均匀、颜色一致,不得有离析和泌水现象,对在施工现场集中拌制的混凝土,应检测其拌合物的均匀性。检测时,应在搅拌机的卸料过程中,从卸料流的 1/4 ~ 3/4 之间部位取试样进行试验,试验结果应符合下列规定:**混凝土中砂浆密度两次测值的相对误差应不大于 0.8%;单位体积混凝土中粗集料含量两次测值的相对误差应不大于 5%。**

混凝土搅拌完毕后,应按下列要求检测混凝土拌合物的各项性能:

(1)混凝土拌合物的坍落度及其损失,宜在搅拌地点和浇筑地点分别取样检测,每一工作班或每一单元结构物应不少于两次,评定时应以浇筑地点的测值为准。**当混凝土拌合物从搅拌机出料起至浇筑入模的时间不超过 15 min 时,其坍落度可仅在搅拌地点取样检测。**

(2)必要时,尚宜对工作性能、泌水率及含气量等混凝土拌合物的其他指标进行检测。

5. 运输

运输能力应与混凝土的凝结速度和浇筑速度相匹配,应使浇筑工作不间断且混凝土运到浇筑地点时仍能保持其均匀性及适宜浇筑的坍落度。混凝土的运输宜采用搅拌运输车,或在条件允许时采用泵送方式输送,对寒冷、严寒或炎热的天气情况,搅拌运输车的搅拌罐和泵送管应有保温或隔热措施;采用吊斗或其他方式运输时,**运距宜不超过 100 m 且不得使混凝土产生离析。**

采用搅拌运输车运输混凝土时,途中应以 2 ~4 r/min 的慢速进行搅动,卸料前应采用快挡旋转搅拌罐不少于 20 s。混凝土运至浇筑地点后发生离析、泌水或坍落度不符合要求时,应进行第二次搅拌,二次搅拌时不宜加水,确有必要时,可同时加水、相应的胶凝材料和外加剂并保持其原水胶比不变;二次搅拌仍不符合要求时,不得使用。

混凝土采用泵送方式时应符合下列规定:

(1)混凝土的供应宜使输送混凝土的泵能连续工作,**泵送的间歇时间宜不超过 15 min**。在泵送过程中,受料斗内应具有足够的混凝土,应防止吸入空气产生阻塞。

(2)输送管应顺直,转弯处应圆缓,接头应严密不漏气。

(3)向低处泵送混凝土时,应采取必要措施,防止混凝土离析或堵塞输送管。

6. 浇筑

浇筑混凝土前应进行下列准备工作:

(1)应根据待浇筑结构物的情况、环境条件及浇筑量等制订合理的浇筑工艺方案,工艺方案应对施工缝设置、浇筑顺序、浇筑工具、防裂措施、保护层的控制等作出明确规定。

(2)应对支架、模板、钢筋和预埋件等进行检查,模板内的杂物、积水及钢筋上的污物应清理干净。模板如有缝隙或孔洞时,应堵塞严密且不漏浆。

(3)应对混凝土的均匀性和坍落度等性能进行检测。

下面以考题探究的形式对自高处向模板内倾卸混凝土时的相关规定进行讲解。

考题探究

【多选题】承台混凝土浇筑直接倾卸高度超过 2 m 时,应通过(　　)等设施下落。

A. 串筒　　B. 滑槽

C. 溜槽　　D. 振动溜管

E. 宽口料斗

ACD。【解析】自高处向模板内倾卸混凝土时,应防止混凝土离析。直接倾卸时,其自由倾落高度宜不超过 2 m;超过 2 m 时,应通过串筒、溜管(槽)或振动溜管(槽)等设施下落;倾落高度超过 10 m 时,应设置减速装置。

混凝土应按一定的厚度、顺序和方向分层浇筑,且应在下层混凝土初凝或能重塑前浇筑完成上层混凝土;上下层同时浇筑时,上层与下层的前后浇筑距离应保持 1.5 m 以上;在倾斜面上浇筑混凝土时,应从低处开始逐层扩展升高,并保持水平分层。混凝土分层浇筑厚度宜不超过表 1-3-5 的规定。

表 1-3-5　混凝土分层浇筑厚度

振捣方式		浇筑层厚度/mm
采用插入式振动器		300
采用附着式振动器		300
采用表面振动器	无筋或配筋稀疏时	250
	配筋较密时	150

采用振动器振捣混凝土时,应符合下列规定:

(1)插入式振动器的移位间距应不超过振动器作用半径的 1.5 倍,与侧模应保持 50~100 mm 的距离,且插入下层混凝土中的深度宜为 50~100 mm。

(2)表面振动器的移位间距应使振动器平板能覆盖已振实部分不小于 100 mm。

(3)附着式振动器的布置距离,应根据结构物形状和振动器的性能通过试验确定。

(4)每一振点的振捣延续时间宜为 20~30 s,以混凝土停止下沉、不出现气泡、表面呈现浮浆为度。

混凝土的浇筑宜连续进行,因故中断间歇时,其间歇时间应小于前层混凝土的初凝时间或能重塑时间。混凝土的运输、浇筑及间歇的全部时间宜不超出表 1-3-6 的规定;超出时应按浇筑中断处理,并应留置施工缝,同时应作出记录。

表 1-3-6　混凝土的运输、浇筑及间歇的全部允许时间　单位:min

混凝土强度等级	气温≤25 ℃	气温 > 25 ℃
≤C30	210	180
> C30	180	150

注:当混凝土中掺有促凝剂或缓凝剂时,其允许时间应通过试验确定。

专家解读

"允许时间"是指从混凝土加水搅拌起计,包括拌合及运输时间、前层混凝土浇筑时间和后一层混凝土浇筑振捣时间。

施工缝的位置应在混凝土浇筑之前确定,且宜设置在结构受剪力和弯矩较小且便于施工的部位。对施工缝的处理应符合下列规定:

(1)**施工缝处混凝土表面的光滑表层、松弱层应予凿除,凿毛的最小深度应不小于 8 mm。对施工缝处混凝土的强度,当采用水冲洗凿毛时,应达到 0.5 MPa;人工凿除时,应达到 2.5 MPa;采用风动机凿毛时,应达到 10 MPa。**

(2)经凿毛处理后的混凝土面,新混凝土浇筑前,应采用洁净水冲洗干净。

(3)对重要部位及有抗震要求的混凝土结构或钢筋稀疏的钢筋混凝土结构,宜在施工缝处补插适量的锚固钢筋,补插的锚固钢筋直径可比结构主筋小一个规格,间距宜不小于 150 mm,插入和外露的长度均不宜小于 300 mm;有抗渗要求的混凝土,其施工缝宜做成凹形、凸形或设置止水带,施工缝为斜面时应浇筑成或凿成台阶状。

在环境相对湿度较小、风速较大的条件下浇筑混凝土时,应采取适当措施防止混凝土表面过快失水。浇筑混凝土期间,应随时检查支架、模板、钢筋、预应力管道和预埋件等的稳固情况,并应及时填写混凝土施工记录。**新浇筑混凝土的强度达到 2.5 MPa 之前,不得使其承受行人、运输工具、模板、支架及脚手架等荷载。**

7. 养护

对新浇筑混凝土的养护,应根据施工对象、环境条件、水泥品种、外加剂或掺合料以及混凝土性能等因素,制订具体的养护方案,并严格实施。

混凝土浇筑完成后,应在其收浆后尽快予以覆盖并洒水保湿养护。对干硬性混凝土、高强度和高性能混凝土、炎热天气浇筑的混凝土以及桥面等大面积裸露的混凝土,应加强初始保湿养护,具备条件的可在浇筑完成后立即加设棚罩,待收浆后再予以覆盖和洒水养护,覆盖时不得损伤或污染混凝土表面。

混凝土表面有模板覆盖时,应在养护期间使模板保持湿润。拆除模板后,仍应对混凝土进行覆盖和洒水养护,直至达到规定的养护期限;尤其在低温、干燥或大风环境下拆除模板时,应采取必要的覆盖、保温等措施,防止混凝土表面产生裂缝。

混凝土的养护严禁采用海水。混凝土的洒水保湿养护时间应不少于 7 d,对重要工程或有特殊要求的混凝土,应根据环境湿度、温度、水泥品种以及掺用的外加剂和掺合料等情况，酌情延长养护时间，并应使混凝土表面始终保持湿润状态。当气温低于 5 ℃时，应采取保温养护措施，不得向混凝土表面洒水。当采用喷洒养护剂对混凝土进行养护时，所使用的养护剂应不会对混凝土产生不利影响，且应通过试验验证其养护效果。

新浇筑的混凝土与流动的地表水或地下水接触时，应采取临时防护措施，保证混凝土在 7 d 以内且强度达到设计强度的 50% 以前，不受水的冲刷侵袭；当环境水具有侵蚀作用时，应保证混凝土在 10 d 以内且强度达到设计强度的 70% 以前，不受水的侵袭。混凝土处于冻融循环作用的环境时，宜在结冰期到来 4 周前完成浇筑施工，且在混凝土强度未达到设计强度等级的 80% 前不得受冻，否则应采取技术措施，防止发生冻害。

8. 大体积混凝土、抗冻混凝土、抗渗混凝土

大体积混凝土在选用原材料和进行配合比设计时，应按降低水化热温升的原则进行，并应符合下列规定：

(1) **宜选用低水化热和凝结时间长的水泥品种。粗集料宜采用连续级配，细集料宜采用中砂。宜掺用可降低混凝土早期水化热的外加剂和掺合料，外加剂宜采用缓凝剂、减水剂；掺合料宜采用粉煤灰、粒化高炉矿渣粉等。**

(2) 进行配合比设计时，在保证混凝土强度、和易性及坍落度要求的前提下，宜采取改善粗集料级配、提高掺合料和粗集料的含量、降低水胶比等措施，减少单方混凝土胶凝材料中的水泥用量。

(3) 大体积混凝土进行配合比设计及质量评定时，可按 60 d 龄期的抗压强度控制。

大体积混凝土的施工应提前制订专项施工方案，并应对混凝土采取温度控制措施。大体积混凝土的浇筑、养护和温度控制应符合下列规定：

(1) 施工前应根据原材料、配合比、环境条件、施工方案和施工工艺等因素，进行温控设计和温控监测设计，并应在浇筑后按该设计要求对混凝土内部和表面的温度实施监测和控制。**对大体积混凝土进行温度控制时，应使其内部最高温度不高于 75 ℃，内表温差不大于 25 ℃，混凝土表面与大气温差不大于 20 ℃。**

(2) 大体积混凝土可分层、分块浇筑，分层、分块的尺寸宜根据温控设计的要求及浇筑能力合理确定；当结构尺寸相对较小或能满足温控要求时，可全断面一次浇筑。

(3) **分层浇筑时，在上层混凝土浇筑之前应对下层混凝土的顶面作凿毛处理，且新浇混凝土与下层已浇筑混凝土的温差宜小于 20 ℃，并应采取措施将各层间的浇筑间歇期控制在 7 d 以内。**

(4) 分块浇筑时，块与块之间的竖向接缝面应平行于结构物的短边，并应在浇筑完成拆模后按施工缝的要求进行凿毛处理。分块施工所形成的后浇段，应在对大体积混凝土实施温度控制且其温度场趋于稳定后方可浇筑；后浇段宜采用微膨胀混凝土，并应一次浇筑完成。

(5) **大体积混凝土的浇筑宜在气温较低时进行，但混凝土的入模温度应不低于 5 ℃；热期施工时，宜采取措施降低混凝土的入模温度，且其入模温度宜不高于 28 ℃。**

(6) **大体积混凝土采用硅酸盐水泥或普通硅酸盐水泥时，其浇筑后的养护时间宜不少于 14 d，采用其他品种水泥时宜不少于 21 d。在寒冷天气或遇气温骤降天气时浇筑的混凝土，除应对其外部加强覆盖保温外，尚宜适当延长养护时间。**

下面以考题探究的形式对大体积混凝土温度控制的相关规定进行讲解。

考题探究

【单选题】桥梁大体积混凝土施工中，在混凝土内部设置冷却水管，并进行循环水冷却养护时，水温与内部混凝土的温差宜(　　)。

A. ≤20 ℃　　B. ≤25 ℃

C. ≤30 ℃　　D. ≤35 ℃

A。【解析】大体积混凝土的温度控制宜按照“内降外保”的原则，对混凝土内部采取设置冷却水管通循环水冷却，对混凝土外部采取覆盖蓄热或蓄水保温等措施进行。在混凝土内部通水降温时，进出口水的温差宜小于或等于10 ℃，且水温与内部混凝土的温差宜不大于20 ℃，降温速率宜不大于2 ℃/d；利用冷却水管中排出的降温用水在混凝土顶面蓄水保温养护时，养护水温度与混凝土表面温度的差值应不大于15 ℃。

专家解读

“内降外保”是大体积混凝土实施温度控制的基本原则，其目的是使混凝土的内部温度与外表温度之间的差值不致偏离过大，过大则将产生温度应力裂缝，进而发展成贯通裂缝。蓄水保温一般利用内部冷却降温的循环水，因经内部循环后的水，其温度能基本满足外表混凝土保温的要求。

有抗冻性要求的混凝土，应符合下列规定：

(1)宜选用硅酸盐水泥或普通硅酸盐水泥，不宜使用火山灰质硅酸盐水泥；粗集料宜选用连续级配，并应进行坚固性试验。

(2)抗冻混凝土的配合比设计应进行抗冻融性能试验。

(3)有抗冻要求的混凝土宜掺入适量引气剂，同时宜掺入减水剂，其拌合物的适宜含气量应符合规范的规定。

有抗渗要求的混凝土应符合下列规定：

(1)混凝土的抗渗等级应符合设计规定。

(2)**水泥宜采用普通硅酸盐水泥；粗集料宜选用连续级配，其最大粒径宜不大于40.0 mm；细集料宜采用中砂。** 抗渗混凝土宜掺用外加剂和矿物掺合料；粉煤灰应采用F类，并不应低于Ⅱ级。

(3)胶凝材料总量宜不小于320 kg/m^3；砂率宜为35% ~45%；最大水胶比应符合规范的规定。

(4)掺引气剂的抗渗混凝土，应做含气量试验，其含气量宜控制在3% ~5%之间。

(5)试配时要求的抗渗水压值应比设计值提高0.2 MPa。

9. 高强度混凝土

此部分内容适用于按常规工艺生产的C60及以上强度等级混凝土的施工。

高强度混凝土的施工技术要求除应符合普通混凝土的规定外，尚应符合下列规定：

(1)混凝土应采用强制式搅拌机拌制，不得采用自落式搅拌机搅拌。配料数量的允许偏差应符合规范的规定。

(2)应准确控制用水量，粗、细集料的含水率应及时测定，并应按测定值调整用水量和集料用量，不得在拌合物出机后再加水。

(3)搅拌混凝土时高效减水剂或高性能减水剂宜采用后掺法，且宜制成溶液后再加入，并应在混凝土用水量中扣除溶液用水量。加入减水剂后,混凝土拌合料在搅拌机中继续搅拌的时间宜不少于30 s。

(4)高强度混凝土的入模温度应根据环境状况和结构所受的内、外约束程度加以限制。保湿养护的时间应不少于7 d。

(二)预应力混凝土工程

此部分内容适用于预应力混凝土现浇结构和预制构件的施工。

1.预应力筋及制作

预应力混凝土结构所采用的钢丝、钢绞线、螺纹钢筋等材料的性能和质量,应符合现行国家标准的规定。预应力筋进场时应分批验收,验收时,除应按合同要求对其质量证明书、包装、标志和规格等进行检查外,尚应按规定进行检验。

下面以考题探究的形式对预应力钢筋和金属管道存放的相关规定进行讲解。

考题探究

【单选题】关于预应力钢筋和金属管道存放的说法,正确的是(　　)。

A.进场后如需长时间存放,必须安排定期的外观检查

B.室外存放时,时间不宜超过12个月

C.如直接堆放在地面上,地面应先进行硬化

D.存放的仓库内若有腐蚀性气体,应设挡板隔离

A。【解析】预应力筋和金属管道应保持清洁,在存放和搬运过程中应避免使其产生机械损伤和有害的锈蚀。进场后的存放时间宜不超过6个月,且宜存放在干燥、防潮、通风良好、无腐蚀气体和介质的仓库内;在室外存放时,不得直接堆放在地面,应支垫并遮盖,防止雨露和各种腐蚀性介质对其产生不利影响。

预应力筋制作时的下料应符合下列规定:

(1)下料长度应通过计算确定,计算时应考虑结构的孔道长度或台座长度、锚夹具厚度、千斤顶长度、墩头预留量、冷拉伸长值、弹性回缩值、张拉伸长值和张拉工作长度等因素。

(2)钢丝束两端采用墩头锚具时,宜采用等长下料法对钢丝进行下料。

(3)预应力筋的下料,应采用切断机或砂轮锯切断,严禁采用电弧切割。

2.锚具、夹具和连接器

锚具应满足分级张拉、补张拉以及放松预应力的要求;锚固多根预应力筋的锚具除应具有整束张拉的性能外,尚应具有单根张拉的性能;用于承受低应力或动荷载的夹片式锚具应具有防松性能;**锚具的锚口摩阻损失率宜不大于6%。夹具应具有良好的自锚性能、松锚性能和安全的重复使用性能,主要锚固零件应具有良好的防锈性能,可重复使用的次数应不少于300次。**

在混凝土结构或构件中的永久性预应力筋连接器,应符合锚具的性能要求;用于先张法施工且在张拉后还需进行放张和拆卸的连接器,应符合夹具的性能要求。

锚垫板应具有足够的强度和刚度,且宜设置锚具对中止口以及压浆孔或排气孔,压浆孔的内径宜不小于20 mm。与后张预应力筋用锚具或连接器配套的锚垫板和局部加强钢筋,在规定的局部承压试件尺寸及混凝土强度下,应满足传力性能要求。

锚具、夹具和连接器进场时，应按合同核对其型号、规格和数量，以及适用的预应力筋品种、规格和强度等级，且生产厂应提供产品质保书、产品技术手册、锚固区传力性能型式检验报告，以及夹片式锚具的锚口摩阻损失测试报告或参数。产品按合同核对无误后，应按下列规定进行进场检验：

(1)外观检验。应从每批产品中抽取2%且不少于10套样品，检验表面裂纹及锈蚀情况。表面不得有裂纹及锈蚀。对配套使用的锚垫板和螺旋筋可按上述方法进行外观检验，但允许表面有轻度锈蚀。

(2)尺寸检验。应从每批产品中抽取2%且不少于10套样品，检验其外形尺寸。外形尺寸应符合产品质保书所示的尺寸范围。

(3)硬度检验。应从每批产品中抽取3%且不少于5套样品（对多孔夹片式锚具的夹片，每套抽取6片），对其中有硬度要求的零件进行硬度检验，每个零件测试3点，其硬度应符合产品质保书的规定。

(4)静载锚固性能试验。应在外观检验和硬度检验均合格的同批产品中抽取样品，与相应规格和强度等级的预应力筋组成3个预应力筋—锚具组装件，进行静载锚固性能试验。如有1个试件不符合要求，则应另取双倍数量的样品重做试验；如仍有1个试件不符合要求，则该批锚具为不合格。静载锚固性能试验方法应符合现行《预应力筋用锚具、夹具和连接器》的规定。

(5)对特大桥、大桥和重要桥梁工程中使用的锚具产品，应进行上述4项检查和检验；对锚具用量较少的一般中、小桥梁工程，如生产厂能提供有效的静载锚固性能试验合格的证明文件，则可仅进行外观检验和硬度检验。

(6)进场检验时，同种材料、同一生产工艺条件下、同批进场的产品可视为同一验收批。锚具的每个验收批宜不超过2 000套；夹具、连接器的每个验收批宜不超过500套；获得第三方独立认证的产品，其验收批可扩大1倍。检验合格的产品，在现场的存放期超过1年，再用时应进行外观检验。

锚具、夹具和连接器在存放、搬运及使用期间均应妥善防护，避免锈蚀、沾污、遭受机械损伤、混淆和散失，临时性的防护措施应不影响其安装和永久性防腐的实施。

预应力筋用锚具产品应配套使用，同一结构或构件中应采用同一生产厂的产品，工作锚不得作为工具锚使用。夹片式锚具的限位板和工具锚宜采用与工作锚同一生产厂的配套产品。

3. 管道

在后张有黏结预应力混凝土结构或构件中，预应力筋的孔道宜由浇筑在混凝土中的刚性或半刚性管道构成，或采取钢管抽芯、胶管抽芯及金属伸缩套管抽芯等方法进行预留。设置于混凝土中的刚性或半刚性管道不应有漏浆现象，且应具有足够的强度和刚度，应能在浇筑混凝土重力的作用下保持原有的形状，并能按要求传递黏结应力。

管道的性能要求应符合下列规定：

(1)刚性管道应是壁厚不小于2 mm的平滑钢管，且应具有光滑的内壁并可被弯曲成适当的形状而不出现卷曲或被压扁；半刚性管道应是波纹状的金属管或高密度聚乙烯塑料管，且金属波纹管宜采用镀锌钢带制作，壁厚宜不小于0.3 mm。

(2)金属波纹管的性能和质量应符合现行《预应力混凝土用金属波纹管》的规定；塑料波纹管的制作材料、性能和质量应符合现行《预应力混凝土桥梁用塑料波纹管》的规定。

管道的进场检验应符合下列规定：

(1)进场时除应按合同检查出厂合格证和质量保证书，核对其类别、型号、规格及数量外，尚应对其外观、尺寸、集中荷载下的径向刚度、荷载作用后的抗渗漏及抗弯曲渗漏等进行检验。检验试验方法应分别符合现行《预应力混凝土用金属波纹管》和《预应力混凝土桥梁用塑料波纹管》的规定。

(2)管道应按批进行检验。金属波纹管每批应由同一钢带生产厂生产的同一批钢带所制造的产品组成，每批数量应不超过 50 000 m；塑料波纹管每批应由同一配方、同一生产工艺、同设备稳定连续生产的产品组成，每批数量应不超过 10 000 m。

(3)检验时应先进行外观质量的检验，合格后再进行其他指标的检验。当其他指标中有不合格项时，应取双倍数量的试件对该不合格项进行复验；复验仍不合格时，该批产品为不合格。

4. 混凝土浇筑

浇筑混凝土前，除应按规范规定做好准备工作外，尚应对预埋于混凝土中的锚具、管道和钢筋等进行全面检查验收，符合要求后方可开始浇筑。

浇筑混凝土时，宜根据结构或构件的不同形式选用插入式、附着式或平板式等振动器进行振捣。对箱梁腹板与底板及顶板连接处的承托、预应力筋锚固区及其他预应力钢束与钢筋密集的部位，应采取有效措施加强振捣；对先张构件应避免振动器碰撞预应力筋；对后张结构应避免振动器碰撞预应力筋的管道、预埋件等。浇筑过程中应随时检查模板、管道、锚固端垫板等的稳固性，保证其位置及尺寸符合设计要求。

用于判断现场预应力混凝土结构或构件强度的混凝土试件，应置于现场与结构或构件同环境、同条件养护。

5. 施加预应力

预应力张拉用的机具设备和仪表应符合下列规定：

(1)预应力筋的张拉宜采用穿心式双作用千斤顶，整体张拉或放张宜采用具有自锚功能的千斤顶；张拉千斤顶的额定张拉力宜为所需张拉力的 1.5 倍，且不得小于 1.2 倍。与千斤顶配套使用的压力表应选用防振型产品，其最大读数应为张拉力的 1.5～2.0 倍，标定精度应不低于 1.0 级。张拉机具设备应与锚具产品配套使用，并应在使用前进行校正、检验和标定。

(2)**张拉用的千斤顶与压力表应配套标定、配套使用，标定应在经国家授权的法定计量技术机构定期进行，标定时千斤顶活塞的运行方向应与实际张拉工作状态一致。当处于下列情况之一时，应重新进行标定：使用时间超过 6 个月；张拉次数超过 300 次；使用过程中千斤顶或压力表出现异常情况；千斤顶检修或更换配件后。**

(3)采用测力传感器测量张拉力时，测力传感器应按相关国家标准的规定每年送检一次。

施加预应力之前，施工现场的准备工作及结构或构件需达到的要求应符合下列规定：

(1)施工现场已具备经批准的张拉顺序、张拉程序和施工作业指导书，经培训掌握预应力施工知识和正确操作的施工人员，以及能保证操作人员和设备安全的防护措施。

(2)锚具安装正确，结构或构件混凝土已达到要求的强度和弹性模量(或龄期)。

对预应力筋施加预应力时，应符合下列规定：

(1)千斤顶安装时，工具锚应与前端的工作锚对正，工具锚和工作锚之间的各根预应力筋不得错位、扭绞。实施张拉时，千斤顶与预应力筋、锚具的中心线应位于同一轴线上。

(2)预应力筋的张拉顺序和张拉控制应力应符合设计规定。当施工中需要对预应力筋实施超张拉或计入锚圈口预应力损失时，可比设计规定提高 5%，但在任何情况下不得超过设计规定的最大张拉控制应力。

(3)预应力筋采用应力控制方法张拉时，应以伸长值进行校核。实际伸长值与理论伸长值的差值应符合设计规定；设计未规定时，其偏差应控制在 ±6% 以内，否则应暂停张拉，待查明原因并采取措施予以调整后，方可继续张拉。对环形筋、U 形筋等曲率半径较小的预应力束，其实际伸长值与理论伸长值的偏差宜通过试验确定。

(4)预应力筋的理论伸长值 ΔL_L(mm)可按规定公式计算。

(5)预应力筋张拉时，应先调整到初应力 σ_0，该初应力宜为张拉控制应力 σ_{con} 的 10% ~ 25%，伸长值应从初应力时开始量测。预应力筋的实际伸长值除量测的伸长值外，尚应加上初应力以下的推算伸长值。

下面以考题探究的形式对预应力筋张拉的实际伸长值 ΔL_s(mm)的计算方法进行讲解。

考题探究

【单选题】预应力筋张拉的实际伸长值 ΔL_s(mm)，可按下式计算 $\Delta L_s = \Delta L_1 + \Delta L_2$，式中 ΔL_1 表示从初应力至最大张拉力间的实测伸长值，ΔL_2 表示(　　)。

A. 初应力以下的推算伸长值　　B. 超张拉伸长值

C. 预应力损失伸长值　　D. 锚具变形伸长值

A。【解析】ΔL_2 表示初应力以下的推算伸长值(mm)，可采用相邻级的伸长值。

(6)预应力筋张拉控制应力的精度宜为 ±1.5%。

(7)预应力筋的锚固，应在张拉控制应力处于稳定状态下进行。锚固阶段张拉端锚具变形、预应力筋的回缩量和接缝压缩值，应不大于设计规定或不大于规范规定的容许值。

(8)**张拉锚固后，建立在锚下的实际有效预应力与设计张拉控制应力的相对偏差应不超过 ±5%，且同一断面中预应力束的有效预应力的不均匀度应不超过 ±2%。**

(9)在预应力筋张拉、锚固过程中及锚固完成后，均不得大力敲击或振动锚具。预应力筋锚固后需要放松时，对夹片式锚具宜采用专门的放松装置松开；对支撑式锚具可采用张拉设备缓慢地松开。

(10)预应力筋在实施张拉或放张作业时，应采取有效的安全防护措施，预应力筋两端的正面严禁站人和穿越。

(11)预应力筋张拉、锚固及放松时，均应填写施工记录。

(12)施加预应力时宜采用信息化数据处理系统对各项张拉参数进行采集。

6. 先张法

先张法的墩式台座结构应符合下列规定：

(1)承力台座应进行专门设计，并应具有足够的强度、刚度和稳定性，其抗倾覆安全系数应不小于 1.5，抗滑移系数应不小于 1.3。

(2)锚固横梁应有足够的刚度，受力后挠度应不大于 2 mm。

预应力筋的安装宜自下而上进行，并应采取措施防止其被台座上涂刷的隔离剂污染。预应力筋与锚固横梁间的连接，宜采用张拉螺杆。

先张法预应力筋的张拉除应符合上述施加预应力的相关规定外，尚应符合下列规定：

(1)张拉前，应对台座、锚固横梁及各项张拉设备进行详细检查，符合要求后方可进行操作。

(2)**同时张拉多根预应力筋时，应预先调整其单根力筋的初应力，使相互之间的应力一致，再整体张拉。张拉过程中，应使活动横梁与固定横梁始终保持平行，并应检查预应力筋的预应力值，其偏差的绝对值不得超过按一个构件全部预应力筋预应力总值的 5%。**

下面以考题探究的形式对先张法的预应力张拉程序进行讲解。

考题探究

【单选题】关于先张法预应力张拉操作时，热轧带肋钢筋张拉程序的说法，正确的是(　　)。

A. 0→初应力→1.03σ_{con}（锚固）

B. 0→初应力→σ_{con}（持荷 5 min 锚固）

C. 0→初应力→1.05σ_{con}（持荷 5 min）→0→σ_{con}（锚固）

D. 0→初应力→1.05σ_{con}（持荷 5 min）→0.9σ_{con}→σ_{con}（锚固）

D。【解析】先张法预应力筋的张拉程序应符合设计规定；设计未规定时，其张拉程序可按下表的规定进行。

预应力筋种类		张拉程序
钢丝、钢绞线	夹片式等具有自锚性能的锚具	低松弛预应力筋：0→初应力→σ_{con}（持荷 5 min 锚固）
	其他锚具	0→初应力→1.05σ_{con}（持荷 5 min）→0→σ_{con}（锚固）
螺纹钢筋		0→初应力→1.05σ_{con}（持荷 5 min）→0.9σ_{con}→σ_{con}（锚固）

注：a. 表中σ_{con}为张拉时的控制应力值，包括预应力损失值。

b. 超张拉数值超过《公路桥涵施工技术规范》规定的最大超张拉应力限值时，应按该条规定的限制张拉应力进行张拉。

c. 张拉螺纹钢筋时，应在超张拉并持荷 5 min 后放张至 0.9σ_{con}时再安装模板、普通钢筋及预埋件等。

(3)张拉时，预应力筋的断丝数量不得超过表 1-3-7 的规定。

表 1-3-7　先张法预应力筋断丝限制

预应力筋种类	检查项目	控制数
钢丝、钢绞线	同一构件内断丝数不得超过钢丝总数的百分比	1%
螺纹钢筋	断筋	不容许

(4)**预应力筋张拉完毕后，其位置与设计位置的偏差应不大于 5 mm，同时应不大于构件最短边长的 4%，且宜在 4 h 内浇筑混凝土。**

先张法预应力筋的放张应符合下列规定：

(1)**预应力筋放张时构件混凝土的强度和弹性模量（或龄期）应符合设计规定；设计未规定时，混凝土的强度应不低于设计强度等级值的 80%；弹性模量应不低于混凝土 28 d 弹性模量的 80%，当采用混凝土龄期代替弹性模量控制时应不少于 5 d。**

(2)在预应力筋放张之前，应将限制位移的侧模、翼缘模板或内模拆除。

(3)预应力筋的放张顺序应符合设计规定；设计未规定时，应分阶段、均匀、对称、相互交错地放张。

(4)多根整批预应力筋的放张，当采用砂箱放张时，放砂速度应均匀一致；采用千斤顶放张时，放张宜分数次完成；单根钢筋采用拧松螺母的方法放张时，宜先两侧后中间，并不得一次将一根力筋松完。

(5)**放张后，预应力筋在构件端部的内缩值宜不大于 1.0 mm。**

(6)预应力筋放张后，对钢丝和钢绞线，应采用机械切割的方式进行切断；对螺纹钢筋，可采用乙炔－氧气切割，但应采取必要措施防止高温对其产生不利影响。

(7)长线台座上预应力筋的切断顺序，应由放张端开始，依次向另一端切断。

7. 后张法

采用金属或塑料管道构成后张预应力混凝土结构或构件的孔道时，应符合下列规定：

(1)管道的规格、尺寸应符合设计规定，且其内横截面积应不小于预应力筋净截面积的2倍；对长度大于60 m的管道，宜通过试验确定其面积比是否可以进行正常的压浆作业。

(2)管道应按设计规定的坐标位置进行安装，并应采用定位钢筋固定，使其能牢固地置于模板内的设计位置，且在混凝土浇筑期间不产生位移。管道与普通钢筋重叠时，应移动普通钢筋，不得改变管道的设计坐标位置。固定各种成孔管道用的定位钢筋的间距，对钢管宜不大于1.0 m，波纹管宜不大于0.8 m；位于曲线上的管道和扁平波纹管道应适当加密。定位后的管道应平顺，其端部的中心线应与锚垫板相垂直。

(3)管道接头处的连接管宜采用大一级直径的同类管道，其长度宜为被连接管道内径的5～7倍。连接时不应使接头处产生角度变化及在混凝土浇筑期间发生管道的转动或移位，并应缠裹紧密，防止水泥浆的渗入。塑料波纹管应采用专用焊接机进行热熔焊接或采用具有密封性能的塑料结构连接器连接。当采用真空辅助压浆工艺进行孔道压浆时，管道的所有接头应具有可靠的密封性能，并应满足真空度的要求。

(4)所有管道均应在每个顶点设排气孔，以及需要时在每个低点设排水孔，在每个顶点和两端设检查孔。压浆管、排气管和排水管应是最小内径为20 mm的标准管或适宜的塑性管，与管道之间的连接应采用金属或塑料结构扣件，长度应足以从管道引出结构物以外。

(5)管道安装完毕后，其端口应采取可靠措施临时封堵，防止水或其他杂物进入。

采用胶管抽芯法制孔时，胶管内应插入芯棒或充以压力水增加刚度；采用钢管抽芯法制孔时，钢管表面应光滑，焊接接头应平顺。抽芯时间应通过试验确定，以混凝土抗压强度达到0.4～0.8 MPa时为宜，抽拔时不得损伤结构混凝土。抽芯后，应采用通孔器或压气、压水等方法对孔道进行检查，如发现孔道堵塞或有残留物或与邻孔有串通，应及时处理。

预应力筋的安装应符合下列规定：

(1)预应力筋可在浇筑混凝土之前或之后穿入孔道，穿束前应检查锚垫板和孔道，锚垫板的位置应准确。孔道内应畅通，无水和其他杂物。

(2)宜将一根钢束中的全部预应力筋编束后整体穿入孔道中，整体穿束时，束的前端宜设置穿束网套或特制的牵引头，应保持预应力筋顺直，且仅应前后拖动，不得扭转。对钢绞线，可采用穿束机逐根将其穿入孔道内，但应保证其在孔道内不发生相互缠绕。

(3)对在混凝土浇筑之前安装在孔道中但在规定时限内未压浆的预应力筋，应采取防止锈蚀或其他防腐蚀措施，直至压浆。

(4)预应力筋安装在管道中后，应将管道端部开口密封防止湿气进入。采用蒸汽养护混凝土时，在养护完成之前不应安装预应力筋。

(5)在任何情况下，当在安装有预应力筋的结构或构件附近进行电焊作业时，均应对全部预应力筋、管道和附属构件进行保护，防止溅上焊渣或造成其他损坏。

(6)对在混凝土浇筑之前穿束的管道，预应力筋安装完成后，应进行全面检查，查出可能被损坏的管道。在混凝土浇筑之前，应将管道上所有非有意留的孔、开口或损坏之处修复，并应在浇筑混凝土过程中随时检查预应力筋能否在管道内自由移动。

锚具、夹具和连接器在安装前，应擦拭干净，安装时应符合下列规定：

(1)锚具和连接器的安装位置应准确,且应与孔道对中。锚垫板上设置有对中止口时,应防止锚具偏出止口。安装夹片时,应使夹片的外露长度基本一致。

(2)采用螺母锚固的支撑式锚具,安装时应逐个检查螺纹的配合情况,应保证在张拉和锚固过程中能顺利旋合拧紧。

后张法预应力筋的张拉和锚固应符合下列规定:

(1)预应力张拉之前,宜对不同类型的孔道进行至少1个孔道的摩阻测试。

(2)**张拉时,结构或构件混凝土的强度、弹性模量(或龄期)应符合设计规定;设计未规定时,混凝土的强度应不低于设计强度等级值的80%,弹性模量应不低于混凝土28 d弹性模量的80%,当采用混凝土龄期代替弹性模量控制时应不少于5 d。**

(3)预应力筋的张拉顺序应符合设计规定;当设计未规定时,宜采用分批、分阶段的方式对称张拉。

(4)预应力筋应整束张拉锚固。对扁平管道中平行排放的预应力钢绞线束,在保证各根钢绞线不会叠压时,可采用小型千斤顶逐根张拉,但应考虑逐根张拉时预应力损失对控制应力的影响。

(5)预应力筋张拉端的设置应符合设计要求;当设计未要求时,应符合下列规定:

①**对钢束长度小于20 m的直线预应力筋可在一端张拉;对曲线预应力筋或钢束长度大于或等于20 m的直线预应力筋,应采用两端张拉。**

②当同一截面中有多束一端张拉的预应力筋时,张拉端宜分别交错设置在结构或构件的两端。

③预应力筋采用两端张拉时,宜两端同时张拉;或先在一端张拉锚固后,再在另一端补足预应力值进行锚固。

(6)**两端张拉时,各千斤顶之间同步张拉力的允许误差宜为±2%。**

下面以考题探究的形式对后张法的预应力张拉程序进行讲解。

考题探究

【单选题】采用夹片式带有自锚性能的锚具,其后张法张拉程序正确的是(　　)。

A. 0→初应力→1.05σ_{con}→σ_{con}(锚固)

B. 0→初应力→1.05σ_{con}(持荷5 min)→σ_{con}(锚固)

C. 0→初应力→σ_{con}(持荷5 min锚固)

D. 0→初应力→σ_{con}(持荷3 min锚固)

C。【解析】后张预应力筋的张拉程序应符合设计规定;设计未规定时,可按下表的规定进行。

锚具和预应力筋类别		张拉程序
夹片式等具有自锚性能的锚具	钢绞线束、钢丝束	低松弛力筋:0→初应力→σ_{con}(持荷5 min锚固)
其他锚具	钢绞线束	0→初应力→1.05σ_{con}(持荷5 min)→σ_{con}(锚固)
	钢丝束	0→初应力→1.05σ_{con}(持荷5 min)→0→σ_{con}(锚固)
螺母锚固锚具	螺纹钢筋	0→初应力→σ_{con}(持荷5 min)→0→σ_{con}(锚固)

注:a. 表中σ_{con}为张拉时的控制应力,包括预应力损失值。

b. 两端同时张拉时,两端千斤顶升降压、画线、测伸长等工作应基本一致。

c. 超张拉数值超过规定的最大超张拉应力限值时,应按该条规定的限值进行张拉。

（7）后张预应力筋断丝及滑移的数量不得超过表1-3-8的控制数。

表1-3-8 后张预应力筋断丝、滑移限制

类别	检查项目	控制数
钢丝束、钢绞线束	每束钢丝断丝或滑丝	1根
	每束钢绞线断丝或滑丝	1丝
	每个断面断丝之和不超过该断面钢丝总数的百分比	1%
螺纹钢筋	断筋或滑移	不容许

注：a. 钢绞线断丝系指单根钢绞线内钢丝的断丝。

b. 超过表列控制数时，原则上应更换；当不能更换时，在许可的条件下，可采取补救措施，如提高其他束预应力值，但必须满足设计各阶段极限状态的要求。

（8）**预应力筋在张拉控制应力达到稳定后方可锚固。对夹片式锚具，锚固后夹片顶面应平齐，其相互间的错位宜不大于2 mm，且露出锚具外的高度应不大于4 mm。锚固完毕并经检验确认合格后方可切割端头多余的预应力筋，切割时应采用砂轮锯，严禁采用电弧进行切割，同时不得损伤锚具。**

（9）**切割后预应力筋的外露长度应不小于30 mm，且应不小于1.5倍预应力筋直径。锚具应采用封端混凝土保护，当需长期外露时，应采取防止锈蚀的措施。**

对长度较小的竖向或横向预应力钢束，可采用低回缩锚具。低回缩锚具的张拉和锚固施工要求宜符合相应产品标准的规定。

8. 后张孔道压浆及封锚

预应力筋张拉锚固后，孔道应尽早压浆，且应在48 h内完成，否则应采取避免预应力筋锈蚀的措施。

后张预应力孔道应采用专用压浆料或专用压浆剂配制的浆液进行压浆。

用于后张孔道压浆的设备性能应符合下列规定：

（1）**压浆机应采用活塞式可连续作业的压浆泵，其压力表的最小分度值应不大于0.1 MPa**，最大量程应使实际工作压力在其25%～75%的量程范围内。不得采用风压式压浆泵进行孔道压浆。

（2）真空辅助压浆工艺中采用的真空泵应能达到0.10 MPa的负压力。

孔道压浆前的准备工作应符合下列规定：

（1）应在工地试验室对压浆材料加水进行试配验证，各种材料的称量（均以质量计）应精确到±1%。经试配的浆液其各项性能指标均满足要求后方可用于正式压浆。

（2）应对孔道进行清洁处理。

（3）应对压浆设备进行清洗，清洗后的设备内不应有残渣和积水。

压浆时，对曲线孔道和竖向孔道应从最低点的压浆孔压入；对水平直线孔道可从任意一端的压浆孔压入；对结构或构件中以上下分层设置的孔道，应按先下层后上层的顺序进行压浆。同一孔道的压浆应连续进行，一次完成。压浆应缓慢、均匀地进行，不得中断，并应将所有最高点的排气孔依次一一打开和关闭，使孔道内排气通畅。

浆液自拌制完成至压入孔道的延续时间宜不超过40 min，且在使用前和压注过程中应连续搅拌，对因延迟使用所致流动度降低的水泥浆，不得通过额外加水增加其流动度。

对水平或曲线孔道，压浆的压力宜为0.5～0.7 MPa；对超长孔道，最大压力宜不超过

1.0 MPa,当超过时可采用分段的方式进行压浆;对竖向孔道,压浆的压力宜为0.3~0.4 MPa。压浆的充盈度应达到孔道另一端饱满且排气孔排出与规定流动度相同的水泥浆为止。关闭出浆口后,宜保持一个不小于0.5 MPa的稳压期,该稳压期的保持时间宜为3~5 min。

采用真空辅助压浆工艺时,在压浆前应对孔道进行抽真空,真空度宜稳定在-0.06~-0.10 MPa范围内。真空度稳定后,应立即开启孔道压浆端的阀门,同时启动压浆泵进行连续压浆。

压浆过程中及压浆后48 h内,结构或构件混凝土的温度及环境温度不得低于5 ℃,否则应采取保温措施,并应按冬期施工的要求处理,浆体中可适量掺用引气剂,但不得掺用防冻剂。当环境温度高于35 ℃时,压浆宜在夜间进行。

对后张预制构件,在孔道压浆前不得安装就位;压浆后,应在浆液强度达到规定的强度后方可移运和吊装。孔道压浆宜采用信息化数据处理系统对相关参数进行采集,并填写施工记录,记录的项目宜包括压浆材料、配合比、压浆日期、搅拌时间、出机初始流动度、浆液温度、环境温度、压浆量、稳压压力及时间;采用真空辅助压浆工艺时尚应包括真空度。

9. 无黏结预应力

无黏结预应力筋的铺放和安装应符合下列规定:

(1)铺放前应检查其规格、数量及是否有破损,并应在逐根确认其端部组装配件可靠无误后,方可铺放。

(2)安装时应按设计规定的位置,采用定位钢筋控制定位,并应保持其顺直、牢固,浇筑混凝土时不应出现移位和变形。

(3)当与其他构件位置有矛盾时,不应将无黏结预应力筋垂直位置抬高或降低。

(4)当集束配置多根无黏结预应力筋时,应保持平行走向,宜适当增加分丝器,防止其相互扭绞。

无黏结预应力筋的张拉和防护应符合下列规定:

(1)施加预应力之前,应对结构或构件进行检验,符合要求后方可进行张拉。

(2)张拉完毕后应及时对锚固区进行保护处理,应采用防腐油脂通过灌注孔将张拉形成的空腔全部灌注密实。将多余的预应力筋切割后,应先在锚具部位套上内涂防腐油脂的塑料封端罩,再采用细石混凝土或微膨胀砂浆进行封堵。

(3)对不能使用细石混凝土或微膨胀砂浆封堵的部位,应将锚具全部涂以与无黏结预应力筋涂料层相同的防腐油脂,并采用具有可靠防腐和防火性能的保护罩将锚具全部密封。

七、桥梁下部结构施工

桥梁下部结构包括基础、桥墩和桥台等。

(一)扩大基础

所谓扩大基础,是将桥墩或桥台及上部结构传来的荷载由其直接传递至较浅的支承地基的一种基础形式,一般采用明挖基坑的方法进行施工,故又称明挖扩大基础或浅基础。扩大基础是由地基反力承担全部上部荷载,将上部荷载通过基础分散至基础底面,使之满足地基承载力和变形的要求。**明挖扩大基础施工工艺流程为:定位放样→基坑开挖→基坑排水→基底处理→砌筑(浇筑)基础结构物→回填。**

浅基础(扩大基础)的基底为非黏性土或干土时,在施工前应将其润湿,并应按设计要求浇筑混凝土垫层,垫层顶面不得高于基础底面设计高程;地基为淤泥或承载力不足时,应按设计要求处理后方可进行基础的施工;基底为岩石时,应用水冲洗干净,且在基础施工前应铺设一层不低于基础混凝土强度等级的水泥砂浆。

浅基础(扩大基础)的施工宜采用钢模板。混凝土宜在全平截面范围内水平分层进行浇筑,且机械设备的能力应满足混凝土浇筑施工的要求;当浇筑量过大、设备能力难以满足施工要求,或大体积混凝土有温控需要时,可分层或分块浇筑。

以下主要介绍明挖基坑施工相关内容,包括一般规定、土石围堰、基坑开挖、基坑降排水、基底处理、基底检验等。

1. 一般规定

基坑施工前,应全面了解水文、地质、周边构筑物和地下管线等情况,确定开挖方式,制订专项施工方案。基坑开挖前应根据水文、地质、开挖方式及施工环境条件等因素,验算基坑边坡的稳定,确定是否对坑壁采取支护措施。当基坑深度较小且坑壁土层稳定时,可直接放坡开挖;坑壁土层不易稳定且有地下水影响,或放坡开挖场地受到限制,或放坡开挖工程量过大时,应按设计要求对坑壁进行支护,设计未要求时,应结合实际情况选择适宜的坑壁支护方案,并应进行支护的专项设计。

基坑开挖时,应根据其等级和规模,对基坑结构的受力、变形、稳定性、坑外重要构筑物和地下管线的位移变形等进行监测控制,保证施工安全以及周边重要构筑物和地下管线的安全。对危险性较大的基坑,除应按边开挖、边支护的原则进行施工外,尚应建立信息化实时监控系统,指导施工。

开挖基坑所产生的弃土应进行妥善处置,不得阻塞河道,影响泄洪,污染环境。

2. 土石围堰

土石围堰工程应符合下列规定:

(1)**围堰顶面的高程应高出施工期间可能出现的最高水位(包括浪高)0.5~0.7 m。**

(2)围堰的外形和尺寸应考虑河流断面被压缩后流速增大导致水流对围堰本身和河床的集中冲刷,以及对河道泄洪、通航和导流的影响等不利因素。堰内的平面尺寸应满足基础施工作业的需要。

(3)围堰的填筑应分层进行,应达到防水严密,减少渗漏,并应满足堰身强度和整体稳定的要求。

土围堰、土袋围堰,以及竹笼、木笼、铅丝笼及钢笼围堰、膜袋围堰的填筑施工应符合表1-3-9的规定。

表1-3-9 土石围堰的填筑施工规定

围堰类型	施工规定
土围堰	(1)水深1.5 m以内,流速0.5 m/s以内,河床土质渗水性较小且满足泄洪要求时,可筑土围堰。 (2)堰顶的宽度宜根据施工需要确定;边坡的坡度应按围堰位置的不同、高度及基坑开挖深度等条件确定。 (3)在筑堰之前,应将堰底河床处的树根、石块及其他杂物清除干净。筑堰材料宜采用黏性土或砂夹黏土,填筑应自上游开始至下游合龙,超出水面之后应进行夯实。堰外坡面有受水流冲刷的危险时,应采用合适的材料对其进行防护

（续表）

围堰类型	施工规定
土袋围堰	(1)水深在3 m以内，流速在1.5 m/s以内，河床土质渗水性较小且满足泄洪要求时，可筑土袋围堰。 (2)袋内填土宜采用黏性土，装填量宜为60%左右；水流流速较大时，在过水面及迎水面，袋内可装填粗砂或卵石。堆码时土袋的上下层和内外层应相互错缝，搭接长度宜为1/2～1/3，堆码应密实平整。 (3)围堰的中心部分可填筑黏土及黏性土芯墙。堰外边坡宜为1∶0.5～1∶1，堰内边坡宜为1∶0.2～1∶0.5
竹笼、木笼、铅丝笼及钢笼围堰	(1)水深在4 m以内，流速较大，且能满足泄洪要求时，可筑竹笼、木笼或铅丝笼围堰；水深超过4 m时可筑钢笼围堰。 (2)各种笼体的制作应坚固，并应满足使用要求。围堰的层数宜根据水深、流速、基坑大小及防渗要求等因素确定；宽度宜为水深的1.0～1.5倍。 (3)宜在堰底外围堆填土袋，防止堰底渗漏
膜袋围堰	(1)水深在5 m以内，流速在3.0 m/s以内，且河床较平缓时，可筑膜袋围堰。 (2)膜袋的缝合应牢固严密，袋内可采用砂或水泥固化土材料填充，填充后应采取有效措施减少膜袋内的水分。 (3)围堰沉降稳定后方可进行基坑的排水，排水时应控制水位降速

3. 基坑开挖

基坑边缘的顶面应设置防止地面水流入基坑的设施。

基坑开挖时，应对基坑边缘顶面的各种荷载进行严格限制，并应在基坑边缘与荷载之间设置护道，基坑深度小于或等于4 m时护道的宽度应不小于1 m；基坑深度大于4 m时护道的宽度应按边坡稳定计算的结果进行适当加宽，水文和地质条件较差时应采取加固措施。

基坑的开挖施工应符合下列规定：

(1)挖基施工宜安排在枯水或少雨季节进行。基坑的开挖应连续施工，对有支护的基坑应采取防碰撞的措施；基坑附近有其他结构物时，应有可靠的防护措施。

(2)在开挖过程中进行排水时，应不对基坑的安全产生影响；确认基坑坑壁稳定的情况下，方可进行基坑内的排水。排水困难时，宜采用水下挖基方法，但应保持基坑中的原有水位高程。

(3)采用机械开挖时应避免超挖，宜在挖至基底前预留一定厚度，再由人工开挖至设计高程；如超挖，则应将松动部分清除，并应对基底进行处理。

(4)基坑开挖施工完成后不得长时间暴露、被水浸泡或被扰动，应及时检验其尺寸、高程和基底承载力，检验合格后应尽快进行基础工程的施工。

不支护坑壁进行基坑开挖施工时应符合下列规定：

(1)基坑坑壁坡度宜按地质条件、基坑深度、施工方法等情况确定。当为无水基坑且土层构造均匀时，基坑坑壁坡度可按表1-3-10确定；当土质较差有可能使坑壁不稳定而引起坍塌时，基坑坑壁坡度应适当缓于表1-3-10的坡度。

表 1-3-10 基坑坑壁坡度

坑壁土类别	坑壁坡度		
	坡顶无荷载	坡顶有静荷载	坡顶有动荷载
砂类土	1:1	1:1.25	1:1.5
卵石、砾类土	1:0.75	1:1	1:1.25
粉质土、黏质土	1:0.33	1:0.5	1:0.75
极软岩	1:0.25	1:0.33	1:0.67
软质岩	1:0	1:0.1	1:0.25
硬质岩	1:0	1:0	1:0

注：a. 坑壁有不同土层时，基坑坑壁坡度可分层选用，并酌设平台。

b. 坑壁土的类别按现行《公路土工试验规程》划分；岩面单轴抗压强度小于 5 MPa、为 5 ~ 30 MPa、大于 30 MPa 时，分别定为极软、软质、硬质岩。

c. 当基坑深度大于 5 m 时，基坑坑壁坡度可适当放缓或加设平台。

(2) 当有地下水时，地下水位以上的基坑部分可放坡开挖；地下水位以下部分，若土质易坍塌或水位在基坑底以上较高时，应采用加固土体或降低地下水位等方法开挖。

(3) 基坑为渗水性的土质基底时，坑底的平面尺寸应根据排水要求（包括排水沟、集水井、排水管网等）和基础模板所需基坑大小确定。

下面以考题探究的形式对基坑开挖时坑壁应采取的支护措施进行讲解。

考题探究

【多选题】桥梁基坑开挖施工中，当地下水位较高，基坑开挖深度大于 4 m 时，可采用的坑壁挡板支护结构有（　　）。

A. 锁口钢板桩　　B. 竹排桩

C. 锁口钢管桩　　D. 木板

E. 钢板

AC。【解析】对坑壁采取支护措施进行基坑的开挖时，应符合下列规定：(1) 基坑较浅且渗水量不大时，可采用竹排、木板、混凝土板或钢板等对坑壁进行支护；基坑深度小于或等于 4 m 且渗水量不大时，可采用槽钢、H 型钢或工字钢等进行支护；地下水位较高，基坑开挖深度大于 4 m 时，宜采用锁口钢板桩或锁口钢管桩围堰进行支护，其施工要求应符合规范的规定；在条件许可时亦可采用水泥土墙、混凝土围圈或桩板墙等支护方式。(2) 支护结构应进行设计计算，支护结构受力过大时应加设临时支撑，支护结构和临时支撑的强度、刚度及稳定性应满足基坑开挖施工的要求。

基坑坑壁采用喷射混凝土、锚杆喷射混凝土、预应力锚索和土钉支护等方式进行加固时，其施工应符合下列规定：

(1) 对基坑开挖深度小于 10 m 的较完整中风化基岩，可直接喷射混凝土加固坑壁，喷射混凝土之前应将坑壁上的松散层或岩渣清理干净。

(2) 对锚杆、预应力锚索和土钉支护，均应在施工前按设计要求进行抗拉拔力的验证试验，并确定适宜的施工工艺。

(3) **采用锚杆挂网喷射混凝土加固坑壁时，各层锚杆进入稳定层的长度、间距和钢筋的直**

径应符合设计要求。孔深小于或等于 3 m 时，宜采用先注浆后插入锚杆的施工工艺；孔深大于 3 m 时，宜先插入锚杆后注浆。锚杆插入孔内后应居中固定，注浆应采用孔底注浆法，注浆管应插至距孔底 50 ~ 100 mm 处，并随浆液的注入逐渐拔出，注浆的压力宜不小于 0.2 MPa。

(4)采用预应力锚索加固坑壁时，预应力锚索（包括锚杆）编束、安装和张拉等的施工应符合规范的规定。

(5)采用土钉支护加固坑壁时，施工前应制订专项施工方案和施工监控方案，配备适宜的机具设备。

(6)不论采用何种加固方式，均应按设计要求逐层开挖、逐层加固，坑壁或边坡上有明显出水点处应设置导管排水。

4. 基坑降排水

采用集水坑排水时应符合下列规定：

(1)基坑开挖时，宜在坑底基础范围之外设置集水坑并沿坑底周围开挖排水沟，使水流入集水坑内，排出坑外。集水坑的尺寸宜视渗水量的大小确定。

(2)排水设备的能力宜为总渗水量的 1.5 ~ 2.0 倍。

下面以考题探究的形式对采用井点降水法排水时的相关规定进行讲解。

考题探究

【单选题】桥梁浅挖基坑施工中，当土质较差且有较严重流沙现象时，宜采用(　　)排水。

A. 井点　　B. 集水坑

C. 板桩法　　D. 帷幕法

A。【解析】采用井点降水法排水时应符合下列规定：(1)井点降水法宜用于粉砂、细砂、地下水位较高、有承压水、挖基较深、坑壁不易稳定的土质基坑，在无砂的黏质土中不宜采用。井点类别的选择，宜按土层的渗透系数、要求降低水位的深度以及工程特点确定。(2)井管的成孔可根据土质分别采用射水成孔或冲击钻机、旋转钻机及水压钻探机成孔。井点降水曲线应低于基底设计高程或开挖高程至少 0.5 m。(3)应做好沉降及边坡位移监测，保证水位降低区域内构筑物的安全，必要时应采取防护措施。

采用止水帷幕法防渗时应符合下列规定：

(1)采用帷幕防渗方法施工时应进行施工设计。帷幕防渗层的厚度应满足基坑防渗的要求，止水帷幕的渗透系数宜小于 10×10^{-6} mm/s。

(2)采用防水土工膜在围堰外侧铺底防渗时，应将河床面杂物清除干净并整平。土工膜应从围堰外侧的水位以上铺起，并超过堰脚不小于 3 m；土工布之间的接头应搭接严密。铺底土工膜上应满压不小于 300 mm 厚的砂土袋。

5. 基底处理

对符合设计要求的细粒土、特殊土等基底，经修整完成后，应尽快设置混凝土垫层并进行基础的施工，不得使基底浸水或长期暴露；基坑开挖后如基底的地质情况与设计不符，则应按程序进行设计变更并应对地基进行处理。地基处理应根据地基土的种类、强度和密度，按照设计要求，并结合现场情况，采用相应的处理方法。地基处理的范围应宽出基础之外不小于 0.5 m。

对强度低、稳定性差的细粒土及特殊土地基，如饱和软弱黏土层、粉砂土层、湿陷性黄土、膨胀土、季节性冻土等，处理时应视该类土的处治深度和含水率等情况，采取固结、换填等措施，使之满足设计要求。

粗粒土和巨粒土地基的处理应符合下列规定：

(1)对于强度和稳定性满足设计要求的粗粒土及巨粒土基底，应将其承重面平整夯实。

(2)基底有水不能彻底排干时，应先将水引至排水沟，然后再在其上进行基础的施工。

岩层基底的处理应符合下列规定：

(1)对风化岩层，应在挖至设计高程并满足地基承载力要求后尽快进行封闭，防止其继续风化。

(2)在未风化的平整岩层上，基础施工前应先将淤泥、苔藓及松动的石块清除干净，并凿出新鲜岩面。

(3)对坚硬的倾斜岩层，宜将岩层面凿平；倾斜度较大无法凿平时，可按设计要求凿成多级台阶，台阶的宽度宜不小于0.3 m。

多年冻土地基的处理应符合下列规定：

(1)基础不应置于季节性冻融土层上，并不得直接与冻土接触。

(2)基础位于多年冻土层(即永冻土)上时，基底之上应设置隔温层或保温层材料，其铺筑宽度应在基础外缘加宽1 m。

(3)**按保持冻结原则设计的明挖基坑的地基，其多年平均地温大于或等于 −3 ℃时，应在冬季施工；多年平均地温低于 −3 ℃时，可在其他季节施工，但应避开高温季节，并应按下列规定处理：**

①严禁地表水流入基坑。

②应及时排除季节冻层内的地下水和冻土本身的融化水。

③必须搭设遮阳棚和防雨棚。

④施工前应做好充分准备，组织快速施工。施工完成的基础应立即回填封闭，不宜间歇；必须间歇时，应采用保温材料加以覆盖，防止热量侵入。

(4)**施工期间如有明水，应在距坑顶边缘 10 m 之外设置排水沟，并应将水引向远离基坑的位置排出；有融化水时亦应及时排除。**

岩溶地基的处理应符合下列规定：

(1)处理岩溶地基时，不得堵塞溶洞的水路。

(2)对干溶洞可采用砂砾石、碎石、干砌或浆砌片石、灰土、混凝土等回填密实；基底的干溶洞较大，回填处理有困难时，可设置桩基进行处理，桩基的设置应履行设计变更手续，并应由设计单位进行设计。

6. 基底检验

地基基底的检验应包括下列内容：

(1)基底的平面位置、尺寸和基底高程。

(2)基底的地质情况和承载力是否与设计资料相符。

(3)基底处理和排水情况是否符合本规范要求。

(4)施工记录及有关试验资料等。

特大桥或特殊结构桥梁的地基基底检验应符合设计规定，其余可按桥涵大小、地基土质复杂情况及结构对地基有无特殊要求等，采用下列方法进行地基的检验：

(1)小桥涵的地基检验可采用直观或触探方法，必要时可进行土质试验。

(2)大、中桥和地基土质复杂、结构对地基有特殊要求的地基检验，宜采用触探和钻探(钻深至少4 m)取样做土工试验，亦可按设计的特殊要求进行荷载试验。

基底的平面位置应符合设计要求，且应满足基础施工作业的需要。基底高程的允许偏差应符合现行《公路工程质量检验评定标准　第一册　土建工程》的规定。

（二）沉入桩

此部分内容适用于预制钢筋混凝土桩、预应力混凝土桩和钢管桩等的施工，其他类型桩的施工可参照执行。

沉桩施工前应具备工程地质、水文等资料，并应制订专项施工方案，配置合理的沉桩设备；沉桩施工过程中如发现实际地质情况与勘测报告出入较大时，宜补充地质钻探。

选择沉桩设备和施工方法应符合下列规定：

（1）锤击沉桩宜用于砂类土、黏性土。桩锤可选择单动汽锤、柴油机锤；当沉入桩数量少，入土深度小，在交通不便地区亦可使用落锤。

（2）振动沉桩宜用于锤击沉桩效果较差的密实的黏性土、砾石、风化岩。

（3）在砂类土层、碎石类土层中，锤击沉桩困难时，可采用射水锤击沉桩，以射水为主，锤击配合；在黏性土、粉土中采用射水锤击沉桩时，应以锤击为主，射水配合；在湿陷性黄土中采用射水沉桩时，应按设计要求进行。

（4）静力压桩宜用于软黏土（标准贯入度 $N<20$）、淤泥质土。

（5）**钻孔埋桩宜用于黏土、砂土、碎石土，且河床覆土较厚的情况**。

沉桩顺序宜由一端向另一端进行，当基础尺寸较大时，宜由中间向两端或四周进行；如桩埋置有深浅，宜先沉深的，后沉浅的；在斜坡地带，应先沉坡顶的，后沉坡脚的。在桩的沉入过程中，应始终保持锤、桩帽和桩身在同一轴线上。

（三）灌注桩

1. 一般规定

灌注桩施工前应制订专项施工方案。对工程地质、水文地质或技术条件特别复杂的灌注桩，宜在施工前进行工艺试桩，获得相应的工艺参数后再正式施工。钻孔或挖孔时，相邻两桩孔不得同时施工，应间隔交错进行作业。

2. 钻孔灌注桩

桩位位于旱地时，可在原地适当平整并填土压实形成工作平台；位于浅水区时，宜采用筑岛法施工；位于深水区时，宜搭设钢制平台，当水位变动不大时，亦可采用浮式工作平台，但在水流湍急或潮位涨落较大的水域，不应采用浮式平台。各类施工平台的平面面积大小，应满足钻孔成桩作业的需要；其顶面高程应高于桩施工期间可能的最高水位 1.0 m 以上，在受波浪影响的水域，尚应考虑波高的影响。

钢制固定式施工平台应牢固、稳定，应能承受钻孔桩施工期间的全部静荷载和动荷载。平台应进行专项施工设计，并应符合下列规定：利用双壁钢围堰或钢套箱等作为钻孔桩的施工平台时，应验算平台结构的刚度和稳定性；利用钢护筒搭设钻孔施工平台时，除应对钢护筒的受力情况进行验算外，应使其位置保持准确、相互连接稳定、倾斜度不超过允许偏差；采用冲击钻成孔时，钢护筒不宜兼作工作平台。

护筒的设置应符合下列规定：

（1）护筒宜采用钢板卷制。在陆上或浅水区筑岛处的护筒，其内径应大于桩径至少 200 mm，壁厚应能使护筒保持圆筒状且不变形；在水中以机械沉设的护筒，其内径和壁厚的大小，应根据护筒的平面、垂直度偏差要求及长度等因素确定，并应在护筒的顶、底口处采取适当的加强措施，保证其在沉设过程中不变形；对参与结构受力的护筒，其内径、壁厚及长度应符合设计的规定。

(2)护筒在埋设定位时,除设计另有规定外,护筒中心与桩中心的平面位置偏差应不大于50 mm,护筒在竖直方向的倾斜度应不大于1%;对深水基础中的护筒,在竖直方向的倾斜度宜不大于1/150,平面位置的偏差可适当放宽,但应不大于80 mm。在旱地和筑岛处设置护筒时,可采用挖坑埋设法实测定位,且护筒的底部和外侧四周应采用黏质土回填并分层夯实,使护筒底口处不致漏失泥浆;在水中沉设护筒时,宜采用导向架定位,并应采取有效措施保证其平面位置、倾斜度的准确,以及护筒接长连接处的焊接质量,焊接连接处的内壁应无突出物,且应耐拉、压,不漏水。

(3)护筒顶宜高于地面0.3 m或水面1.0~2.0 m,同时应高于桩顶设计高程1 m。在有潮汐影响的水域,护筒顶应高出施工期最高潮水位1.5~2.0 m,并应在施工期间采取稳定孔内水头的措施;当桩孔内有承压水时,护筒顶应高于稳定后的承压水位2.0 m以上。

(4)护筒的埋置深度在旱地或筑岛处宜为2~4 m,在水中或特殊情况下应根据设计要求或桩位的水文、地质情况经计算确定。对有冲刷影响的河床,护筒宜沉入施工期局部冲刷线以下1.0~1.5 m,且宜采取防止河床在施工期过度冲刷的防护措施。

(5)永久钢护筒的制作、运输和沉入应符合规范的相关规定。

知识拓展

钻孔灌注桩施工中,埋设护筒的作用有保护孔口地面、隔离地表水、固定桩孔位置、对钻头进行导向、稳定孔壁从而防止塌孔等。

钻孔施工应符合下列规定:

(1)钻机的选型宜根据孔径、孔深、桩位处的水文和地质情况、施工环境条件等因素综合确定,所选用的钻机及钻孔方法应能满足施工质量和施工安全的要求。

(2)钻机就位前,应对钻孔的各项准备工作进行检查;钻机安装后,其底座和顶端应平稳。不论采用何种方法钻孔,开孔的孔位必须准确;开钻时应慢速钻进,待导向部位或钻头全部进入地层后,方可正常钻进。钻机在钻进施工时不应产生位移或沉陷,否则应及时处理。分级扩孔钻进施工时应保持桩轴线一致。

下面以考题探究的形式对常见的灌注桩的钻孔施工方法进行讲解。

考题探究

【单选题】特别适合在有孤石的砂砾石层、漂石层、硬土层中使用的钻机是(   )。

A. 回旋钻机　　B. 冲击钻机

C. 旋挖钻机　　D. 潜水钻机

B。**【解析】**常见的灌注桩的钻孔施工方法有:(1)正、反循环回旋钻机(含潜水钻)钻孔。采用正、反循环回旋钻机(含潜水钻)钻孔时,宜根据成孔的不同阶段、不同地层及岩层坡面等情况,采取不同的钻进工艺。减压钻进时,钻机的主吊钩始终应承受部分钻具的重力,孔底承受的钻压应不超过钻具重力之和(扣除浮力)的80%。(2)冲击钻机冲击成孔。采用冲击钻机冲击成孔时,应小冲程开孔,并应使初成孔的孔壁坚实、竖直、圆顺,能起到导向的作用。待钻进深度超过钻头全高加冲程后,方可进行正常的冲击。冲击钻进过程中,应采取有效措施防止坍孔;掏取钻渣和停钻时,应及时向孔内补浆,保持水头高度。该方法适用于黏性土、粉质黏土、黄土、人工杂填土层;对于含有孤石的岩层、砂砾石层、硬土层及漂石层中较为适用。(3)全护筒法钻孔。采用全护筒法钻进时,钻机应安装平正,压进的首节护筒应竖直。钻孔开始后应随时检测护筒的水平位置和竖直线，如发现偏移超出容许范围，应将护筒拔出，调整后重新压入钻进。
(4)旋挖钻机钻孔。采用旋挖钻机钻孔时，应根据不同的地质条件选用相应的钻头。钻进过程中应采取有效措施严格控制钻进速度，避免进尺过快造成坍孔埋钻事故。钻头的升降速度宜控制在0.75～0.80 m/s，在粉砂层或亚砂土层中，升降速度应更加缓慢。泥浆初次注入时，应垂直向桩孔中间进行注浆。该方法适用于黏土、砂土、粉土、淤泥质土、人工回填土及含有部分碎石、卵石的地层。

知识拓展

正循环回转钻孔施工中，护壁泥浆循环路径：泥浆泵笼头→钻杆中心→钻头口→桩头→泥浆沉淀池。桩基础冲击钻孔施工中，应注意校正垂直度，当转进2～3 m后应立即进行校正，如果钻孔太深且偏差太大时，只能选择回填重钻。

(3)在钻孔排渣、提钻头除土或因故停钻时，应保持孔内具有规定的水位及要求的泥浆相对密度和黏度。处理孔内事故或因故停钻时，必须将钻头提出孔外。

钻孔泥浆应符合下列规定：

(1)泥浆的配合比和配制方法宜通过试验确定，其性能应与钻孔方法、土层情况相适应。

(2)钻孔过程中，应随时对孔内泥浆的性能进行检测，不符合要求时应及时调整。

(3)钻孔泥浆宜进行循环处理后重复使用，减小排放量。对重要工程的钻孔桩施工，宜采用泥沙分离器进行泥浆的循环。

(4)施工完成后废弃的泥浆应采取先集中沉淀再处理的措施，严禁随意排放，污染环境。

清孔应符合下列规定：

(1)钻孔深度达到设计高程后，应对孔径、孔深和孔的倾斜度进行检验，符合要求后方可清孔。

(2)清孔方法应根据设计要求、钻孔方法、机具设备条件和地层情况决定。不论采用何种清孔方法，在清孔排渣时，必须保持孔内水头，防止坍孔。

(3)清孔后，泥浆的相对密度宜控制在1.03～1.10，对冲击成孔的桩可适当提高，但宜不超过1.15，黏度宜为17～20 Pa·s，含砂率宜小于2%，胶体率宜大于98%。孔底沉淀厚度应不大于设计的规定；设计未规定时，对桩径小于或等于1.5 m的摩擦桩宜不大于200 mm，对桩径大于1.5 m或桩长大于40 m以及土质较差的摩擦桩宜不大于300 mm，对支承桩宜不大于50 mm。

(4)在吊入钢筋骨架后，灌注水下混凝土之前，应再次检查孔内泥浆的性能指标和孔底沉淀厚度，如超过上述第(3)条的规定，应进行第二次清孔，符合要求后方可灌注水下混凝土。

(5)不得采用加深钻孔深度的方式代替清孔。

钢筋骨架的制作、运输要求应符合规范的规定。安装钢筋骨架时，不得直接将钢筋骨架支承在孔底，应将其吊挂在孔口的钢护筒上，或在孔口地面上设置扩大受力面积的装置进行吊挂，且不应采用钢丝绳或其他容易变形的材料进行吊挂。安装时应采取有效的定位措施，减小钢筋骨架中心与桩中心的偏位，使钢筋骨架的混凝土保护层满足要求。

灌注水下混凝土前的准备工作应符合下列规定：

(1)应按水下混凝土灌注数量和灌注速度的要求配齐施工机具设备，设备的能力应能满足桩孔在规定时间内灌注完毕的要求，且应保证其完好率，对主要设备应有备用。

(2)水下混凝土宜采用钢导管灌注，导管内径宜为200～350 mm。导管使用前应进行水密承压和接头抗拉试验，严禁采用压气试压。进行水密试验的水压应不小于孔内水深1.3倍的压力，亦应不小于导管壁和焊缝可能承受灌注混凝土时最大内压力 p 的1.3倍，p 可按下式计算：

$$p=\gamma_c h_c-\gamma_w H_w$$

式中 p——导管可能受到的最大内压力（kPa）；

γ_c——混凝土拌合物的重度（取24 kN/m³）；

h_c——导管内混凝土柱最大高度（m），以导管全长或预计的最大高度计；

γ_w——桩孔内水或泥浆的重度（kN/m³）；

H_w——桩孔内水或泥浆的深度（m）。

水下混凝土的配制应符合下列规定：

（1）水泥可采用火山灰水泥、粉煤灰水泥、普通硅酸盐水泥或硅酸盐水泥，采用矿渣水泥时应采取防离析的措施；粗集料宜选用卵石，如采用碎石宜适当增加混凝土配合比中的含砂率，粗集料的最大粒径应不大于导管内径的1/8～1/6和钢筋最小净距的1/4，同时应不大于37.5 mm；细集料宜采用级配良好的中砂。

（2）混凝土的配合比，可在保证水下混凝土顺利灌注的条件下，按有关规定计算确定。掺用外加剂、粉煤灰等材料时，其技术条件及掺用量亦应符合规定。混凝土的初凝时间应根据气温、运距及灌注时间长短等因素确定，并满足现场使用要求。混凝土可经试验掺配适量缓凝剂。

知识拓展

钻孔灌注桩施工中，为满足混凝土和易性要求，坍落度应控制在160～220 mm范围内。

灌注水下混凝土应符合下列规定：

（1）水下混凝土的灌注时间不得超过首批混凝土的初凝时间。

（2）混凝土运至灌注地点时，应检查其均匀性和坍落度等，不符合要求时不得使用。

（3）首批灌注混凝土的数量应能满足导管首次埋置深度1.0 m以上的需要，所需混凝土数量可按下式计算：

$$V=\frac{\pi D^2}{4}(H_1+H_2)+\frac{\pi d^2}{4}h_1$$

式中 V——灌注首批混凝土所需数量（m³）；

D——桩孔直径（m）；

H_1——桩孔底至导管底端间距（m），一般为0.3～0.4 m；

H_2——导管初次埋置深度（m）；

d——导管内径（m）；

h_1——桩孔内混凝土达到埋置深度 H_2 时，导管内混凝土柱平衡导管外（或泥浆）压力所需的高度（m），即 $h_1=H_w\gamma_w/\gamma_c$。

（4）首批混凝土入孔后，应连续灌注，不得中断。

（5）在灌注过程中，应保持孔内的水头高度。导管的埋置深度宜控制在2～6 m，并应随时测探桩孔内混凝土面的位置，及时调整导管埋深；在确保能将导管顺利提升的前提下，方可根据现场的实际情况适当放宽导管的埋深，但最大埋深应不超过9 m。应将桩孔内溢出的水或泥浆引流至适当地点处理,不得随意排放。

(6)灌注时应采取措施防止钢筋骨架上浮。当灌注的混凝土顶面距钢筋骨架底部以下1 m左右时,宜降低灌注速度;混凝土顶面上升到骨架底部4 m以上时,宜提升导管,使其底口高于骨架底部2 m以上后再恢复正常灌注速度。

(7)对变截面桩,应在灌注过程中采取措施,保证变截面处的水下混凝土灌注密实。

(8)采用全护筒钻机施工的桩在灌注水下混凝土时,护筒应随导管的提升逐步上拔,上拔过程中除应保证导管的埋置深度外,同时应使护筒底口始终保持在混凝土面以下。施工时应边灌注、边排水,并应保持护筒内的水位稳定。

(9)混凝土灌注至桩顶部位时,应采取措施保持导管内的混凝土压力,避免桩顶泥浆密度过大而产生泥团或桩顶混凝土不密实、松散等现象;在灌注将近结束时,应核对混凝土的灌入数量,确定所测混凝土的灌注高度是否正确。灌注桩桩顶高程应比设计高程高出不小于0.5 m,当存在地质条件较差、孔内泥浆密度过大、桩径较大等情况时,应适当提高其超灌的高度;超灌的多余部分在承台施工前或接桩前应凿除,凿除后的桩头应密实、无松散层,混凝土应达到设计规定的强度等级。

(10)灌注中发生故障时,应尽快查明原因,确定合适的处置方案,进行处理。

知识拓展

钻孔灌注桩的施工工序:埋设护筒→制备泥浆→钻孔→清底→制作、安装钢筋笼→灌注混凝土。

3. 大直径、超长灌注桩

钻孔宜采用高性能优质泥浆,泥浆的配合比应通过试验确定,配制时膨润土或聚丙烯酰胺(PHP)水解后宜静置24 h。在钻孔过程中,宜采用泥水分离装置进行泥浆的循环。

大直径灌注桩和超长灌注桩的成孔宜采用大扭矩反循环回旋钻机,钻孔作业时,应根据不同土层、不同钻孔深度采用不同的钻压、转速、配重、进尺速度及泥浆指标。当岩石强度较高时,可选用冲击钻机,或根据地质及施工条件选用大型旋挖钻机进行钻孔施工。

水下混凝土的灌注应符合下列规定:

(1)**混凝土灌注前,宜采用相对密度小于1.05的优质泥浆循环置换孔内泥浆**。

(2)采用搅拌船或水上搅拌站拌制混凝土时,材料的储备应满足一根桩连续灌注的需要。

(3)首批混凝土灌注时,宜采用大、小储料斗同时储料,料斗的出口应能方便快捷地开启或关闭,储料斗的体积应大于或等于首批灌注混凝土的体积,并应满足混凝土能完全充满导管连续灌注的要求。

4. 挖孔灌注桩

在无地下水或有少量地下水且较密实的土层或风化岩层中,或无法采用机械成孔或机械成孔非常困难且水文、地质条件允许的地区,可采用人工挖孔施工;岩溶地区和采空区不宜采用人工挖孔施工;孔内空气污染物超过现行《环境空气质量标准》规定的三级标准浓度限值,且无通风措施时,不得采用人工挖孔施工;桩径或最小边宽度小于1 200 mm时不得采用人工挖孔施工。

人工挖孔的施工安全应符合下列规定：

(1)施工前应编制专项施工方案，并应对作业人员进行安全技术交底。

(2)挖孔作业前，应详细了解地质、地下水文等情况，不得盲目施工。

(3)桩孔内的作业人员必须戴安全帽、系安全带，人员上下时必须系安全绳。

(4)桩孔内应设防水带罩灯泡照明，电压应为安全电压，电缆应为防水绝缘电缆，并应设置漏电保护器。当需要设置水泵、电钻等动力设备时，应严格接地。

(5)人工挖孔作业时，应始终保持孔内空气质量符合规范的规定。**孔深大于 10 m 或空气质量不符合要求时，孔内作业必须采取机械强制通风措施**。

(6)桩孔内遇岩层需爆破作业时，应进行爆破的专门设计，且宜采用浅眼松动爆破法，并应严格控制炸药用量，在炮眼附近应对孔壁加强防护或支护。**孔深大于 5 m 时，必须采用导爆索或电雷管引爆。桩孔内爆破后应先通风排烟 15 min 并经检查确认无有害气体后，施工人员方可进入孔内继续作业。** 爆破作业的安全管理应符合现行《爆破安全规程》的有关规定。

知识拓展

人工挖孔的孔深不宜超过 15 m，孔径不宜小于 1.2 m。孔深超过 15 m 的桩孔内应配备有效的通信器材，作业人员在孔内连续作业不得超过 2 h；桩周支护应采用钢筋混凝土护壁，护壁上的爬梯应每间隔 8 m 设一处休息平台。孔深超过 30 m 的应配备作业人员升降设备。孔口应设专人看守，孔内作业人员应检查护壁变形、裂缝、渗水等情况，并与孔口人员保持联系，发现异常应立即撤出。挖孔作业人员的头顶部应设置护盖。弃渣吊斗不得装满，出渣时，孔内作业人员应位于护盖下。

挖孔桩施工应符合下列规定：

(1)人工挖孔施工应根据工程地质和水文地质情况，因地制宜选择孔壁支护方式。

(2)**孔口处应设置高出地面不小于 300 mm 的护圈；并应设置临时排水沟，防止地表水流入孔内。**

(3)挖孔施工时相邻两桩孔不得同时开挖，宜间隔交错跳挖。

(4)采用混凝土护壁支护的桩孔，护壁混凝土的强度等级，当桩径小于或等于 1.5 m 时应不小于 C25，桩径大于 1.5 m 时应不小于 C30。挖孔作业时必须挖一节浇筑一节护壁，护壁的节段高度必须严格按专项施工方案执行，严禁只挖不及时浇筑护壁的冒险作业。护壁外侧与孔壁间应填实，不密实或有空洞时，应采取措施进行处理。

(5)桩孔直径应符合设计规定，孔壁支护不得占用桩径尺寸。挖孔过程中，应经常检查桩孔尺寸、平面位置和竖轴线倾斜情况，如偏差超出规定范围应随时纠正。

(6)挖孔的弃土应及时转运，孔口四周作业范围内不得堆积弃土及其他杂物。

(7)挖孔达到设计高程并经确认后，应将孔底的松渣、杂物和沉淀泥土等清除干净。当孔底地质条件复杂且与设计条件不符时，应进一步探明孔底以下的地质能否满足设计要求，并采取适当的处置措施。

(8)孔内无积水时，混凝土的灌注可按规范的有关规定进行干施工；孔内有积水且无法排净时，宜按水下混凝土灌注的要求施工。

5. 成孔、成桩检验

钻孔灌注桩在终孔后，应对桩孔的孔位、孔径、孔形、孔深和倾斜度进行检验；清孔后，应对孔底的沉淀厚度进行检验。挖孔桩终孔并对孔底处理后,应对桩孔孔位、孔径、孔深、倾斜度及孔底处理情况等进行检验。

孔径、孔形、倾斜度和孔底沉淀厚度宜采用专用仪器检测,孔深可采用专用测绳检测。采用钻杆测斜法量测桩的倾斜度时,量测应从钻孔平台顶面起算至孔底。

灌注桩成孔的质量标准应符合现行《公路工程质量检验评定标准　第一册　土建工程》的规定。

灌注桩的混凝土质量检验应符合下列规定:

(1)桩身混凝土和后压浆中水泥浆的抗压强度应符合设计规定。每桩的试件取样组数、混凝土和水泥浆的检验要求均应符合现行《公路工程质量检验评定标准　第一册　土建工程》的规定。

(2)对桩身的完整性进行检验时,检测的数量和方法应符合设计或合同的规定。宜选择有代表性的桩采用无破损法进行检测,重要工程或重要部位的桩宜逐桩进行检测;设计有规定或对无破损法检测和桩的质量有疑问时,应采用钻取芯样法对桩进行检测;当需检验柱桩的桩底沉淀与地层的结合情况时,其芯样应钻至桩底 0.5 m 以下。

(3)经检验桩身质量不符合要求时,应研究处理方案,报批处理。

(四)沉井

1. 制作

沉井位于浅水或可能被水淹没的岸滩上时,宜就地筑岛制作;位于无水的陆地时,若地基承载力满足设计要求,可就地整平夯实形成平台制作,地基承载力不足时应对地基采取加固措施;在地下水位较低的岸滩,土质较好时,可在开挖后的基坑内制作。制作沉井的岛面、平台面和开挖基坑的坑底高程,应比施工期可能的最高水位(包括波浪影响)高出 0.5 ~ 0.7 m;有流冰时,应再适当加高。

2. 下沉与接高

应根据水文、地质情况和沉井的结构特点确定其下沉的施工方法,并应按下沉的不同工况进行必要的验算。沉井的下沉应符合下列规定:

(1)宜采用不排水的方式除土下沉;在稳定的土层中,可采用排水方式除土下沉,但应有安全措施,防止发生事故。

(2)下沉过程中,宜对下沉的状况进行信息化管理,应随时掌握土层情况,进行下沉的监测和控制,及时分析和检验土的阻力与沉井重力的关系,采取最有利的下沉措施。下沉困难时,可采用空气幕、泥浆润滑套、井外高压射水、压重或接高沉井等方法助沉。

(3)正常下沉时,应自井孔中间向刃脚处均匀对称除土。采取排水除土下沉的底节沉井,对设计支承位置处的土,应在分层除土中最后同时挖除;由数个井室组成的沉井,应控制各井室之间除土面的高差,使下沉不发生倾斜,并应避免内隔墙底部在下沉时受到下面土层的顶托。采用吸泥吹砂等方法下沉时,必须备有向井内补水的设施,应保持井内外的水位平衡或井内水位略高于井外水位;吸泥吹砂在井内应均匀进行,应防止局部吸吹过深导致沉井的偏斜。

(4)下沉时应随时进行纠偏,保持竖直下沉,每下沉 1 m 至少应检查一次;当沉井出现倾斜时,应及时校正。下沉至设计高程以上 2 m 左右时,应适当放慢下沉速度并控制井内的除土量和除土位置,使沉井能平稳下沉,准确到位。

(5)特大型沉井在下沉时,宜对沉井井壁的中心点进行高程监测。

沉井的接高应符合下列规定:

(1)接高前应将沉井的倾斜纠正到允许偏差范围内,接高各节的竖向中轴线应与前一节的中轴线相重合。

(2)水中沉井着床前的接高应均匀、对称地进行,并应采取措施防止沉井在悬浮状态接高过程中发生倾斜。

(3)对水中沉井着床后的接高,应结合沉井下沉所需要的重力确定接高的适宜高度,并不得提前将刃脚下部的土层掏空。

(4)陆上沉井在地面上接高时,井顶露出地面应不小于0.5 m;水中沉井在水上接高时,井顶露出水面应不小于1.5 m。

3. 基底检验与沉井封底

沉井下沉至设计高程后,应检验基底的地质情况是否与设计相符。不排水下沉的沉井基底面应整平,基底为岩层时,岩面残留物应清除干净,清理后的有效面积不得小于设计要求,岩面倾斜时的处理应符合规范的规定;排水下沉沉井的基底处理应符合规范的有关规定。井壁隔墙及刃脚与封底混凝土接触面处的泥污亦应清除干净。对下沉至设计高程后的沉井尚应进行沉降观测,沉降稳定且满足设计要求后方可封底。

沉井基底检验合格及沉降稳定后,应及时封底。

沉井的水下混凝土封底宜全断面一次连续灌注完成;对特大型沉井,可划分区域进行封底,但任一区域的封底工作应一次连续灌注完成。

(五)地下连续墙

1. 一般规定

地下连续墙工程施工前,应具备水文、地质、区域内障碍物和有关试验等资料,必要时应补充地质勘察,并应制订专项施工方案。

在堤防等水利、防洪设施及其他既有构筑物周边进行地下连续墙工程施工时,应就施工可能会导致对其不利的影响进行评估,必要时应采取有效措施进行保护。

2. 施工平台与导墙

施工平台应坚固、平整,适合于重型设备和运输车辆通行,平面尺寸及高度应满足施工需要。

采用泥浆护壁挖槽构成的地下连续墙应先构筑导墙。导墙的材料、平面位置、形式、埋置深度、墙体厚度、顶面高程应符合设计要求;设计未要求时,应符合下列规定:

(1)导墙宜采用钢筋混凝土构筑,混凝土强度等级宜不低于C20。导墙的形式根据土质情况可采用板墙形、⼕形或倒L形,墙体的厚度应满足施工需要。

(2)导墙的平面轴线应与地下连续墙轴线平行,两导墙的内侧间距宜比地下连续墙墙体的厚度大40~60 mm。导墙应每隔1~1.5 m距离设置一道支撑。

(3)导墙底端埋入土内的深度宜大于1 m;基底土层应夯实,地基土较松散或较软弱时,构筑导墙前应采取加固措施;导墙顶端应高出地面,遇地下水位较高时,导墙顶端应高于稳定后的地下水位1.5 m以上。

3. 地下连续墙施工

地下连续墙的槽孔施工，应根据水文、地质情况和施工条件选用能满足成槽要求的机具与设备，必要时可选用多种设备组合施工。

槽壁式地下连续墙的槽孔开挖应符合下列规定：

(1)槽孔宜分段施工，开挖前应按已划分的单元槽段，决定各段开挖的先后次序，且相邻槽孔之间应留有足够的安全距离。挖槽施工开始后应连续进行，直到槽段完成。

(2)成槽机械开挖一定深度后，应立即输入调制好的泥浆，并宜保持槽内的泥浆面不低于导墙顶面 300 mm。挖掘的槽壁及接头处应保持竖直，其倾斜率应不大于 0.5%；接头处相邻两槽段的挖槽中心线在任一深度的偏差值均不得大于墙厚的 1/3；槽底高程不得高于墙底的设计高程。

(3)挖槽时应加强观测，如遇槽壁发生坍塌或槽孔偏斜超过允许偏差时，应查明原因，采取相应措施后，方可继续施工。槽段开挖达到槽底设计高程后，应对成槽质量进行检验，合格后方可进行下一工序。

(4)挖槽施工应做好施工记录，并应妥善处理废弃泥浆及钻渣，防止污染环境。

槽孔的清底工作应在吊放接头装置之前进行。清底工序应包括清除槽底沉淀的泥渣和置换槽中的泥浆。

地下连续墙钢筋骨架的制作和吊放除应符合钢筋的相关规定外，尚应符合下列规定：

(1)钢筋骨架应根据设计图和单元槽段的划分长度制作，并宜在胎架上试装配成型；骨架主筋的接长宜采用机械连接，骨架中间应留出上下贯通的导管位置。

(2)对钢筋骨架的刚度及吊点位置设置，应在制作前进行必要的验算。

(3)吊放钢筋骨架时，应使其中心对准单元槽段中心。钢筋骨架应竖直、不变形并能顺利地下放插入槽内，下放时不得使骨架发生摆动。

(4)全部钢筋骨架入槽后，应固定在导墙上，并应使骨架顶端高程符合设计要求。

(5)当钢筋骨架不能顺利插入槽内时，应将骨架吊起，查明原因并采取措施后，重新放入，不得强行压入槽内。

水下混凝土应采用导管法灌注。单元槽段长度小于或等于 4 m 时，可采用一根导管灌注；单元槽段长度超过 4 m 时，宜采用两根或三根导管同时灌注。采用多根导管灌注时，导管间净距宜不大于 3 m，导管距节段端部宜不大于 1.5 m；各导管灌注的混凝土表面高差宜不大于 0.3 m；导管内径宜不小于 200 mm。

(六)承台

承台施工采用钢围堰作为挡水(土)设施时，应根据承台的结构特点、水文、地质和施工条件等因素确定适宜的围堰形式，并应对围堰进行专项设计；施工期间环境条件发生较大变化时，应对围堰设计方案重新进行论证。

钢板桩围堰的施工应符合下列规定：

(1)钢板桩的材质、性能和尺寸应符合产品的相应规定。钢板桩在存放、搬运和起吊时，应采取措施防止其变形及锁口损坏。经过整修或焊接后的钢板桩，应采用同类型的短桩进行锁口通过试验，合格者方可继续使用。

(2)钢板桩施打前应设置测量观测点，控制其施打的定位。

(3)钢板桩在施打前,其锁口宜采用止水材料捻缝,防止在使用过程中漏水。

(4)施打钢板桩应有导向装置,应能保证桩的位置准确。施打顺序应按既定的施工技术方案进行,并宜从上游开始分两头向下游方向合龙。施打时应随时检查其位置和垂直度是否准确,不符合要求的应立即纠正或拔起重新施打。施打完成后所有钢板桩的锁口均应闭合。

(5)同一围堰内采用不同类型的钢板桩时,宜将不同类型桩的各半拼焊成一根异型钢板桩,分别与相邻桩进行连接。接长的钢板桩,其相邻桩的接头位置应上下错开。

(6)拔除钢板桩之前,应向堰内注水使堰内外的水位保持平衡。拔桩应从下游侧开始逐步向上游侧进行,拔除的钢板桩应对其锁口进行检修并涂油,堆码妥善保存。

温馨提示

地下水位较高,基坑开挖深度大于5 m时,宜采用钢板桩围堰进行支护。

锁口钢管桩围堰的施工除应符合上述规定外,尚应符合下列规定:

(1)钢管的材质和截面特性应满足围堰受力的要求。锁口的形式应根据土层地质情况和止水要求确定,当用于水中或透水性土层中的围堰时,应对锁口采取可靠的止水处理措施。

(2)施打钢管时,如土层中有孤石、片石或其他障碍物,其底口应作加强处理。

钢套箱围堰的施工应符合下列规定:

(1)对有底钢套箱,除应进行结构的计算和验算外,尚应针对套箱内抽干水后的工况进行抗浮验算。钢套箱采用悬吊方式安装时,应验算悬吊装置及吊杆的强度是否满足受力要求。

(2)钢套箱应根据现场设备的起吊能力和移运能力确定采用整体式或装配式制作,制作时应采取防止接缝渗漏的措施。

(3)钢套箱下沉就位时,在下沉过程中应保持平稳,当采用多个千斤顶吊放时,应使各千斤顶的行程同步,且宜设置导向装置或利用已成桩作为导向的承力结构进行准确定位。钢套箱就位后应对其平面位置和高程进行精确调整,并应及时予以固定;当水流速度过大会使套箱的位置发生改变时,应具有稳定套箱的可靠措施。

(4)有底钢套箱在浇筑封底混凝土之前,应对底板和钢护筒的表面进行清理,并应采用适宜的止水装置或材料对底板与桩基之间的缝隙进行封堵。

(5)钢套箱内的排水应在封底混凝土符合设计规定的强度后或达到设计强度的80%及以上时方可进行,在封底混凝土未达到规定强度之前,应打开套箱上设置的连通器,保持套箱内外水头一致,排水时不应过快,并应在排水过程中加强对套箱情况变化的监测;对有底钢套箱,必要时可设反压装置抵抗过大的浮力。

(6)钢套箱侧壁兼作承台模板时,其位置和尺寸应符合承台结构的允许偏差规定。

双壁钢围堰的施工应符合下列规定:

(1)围堰的双壁间距应根据下沉时需要克服的浮力、土层摩阻力及基底抗力等经计算确定,并应在双壁之间分设多个对称的、横向互不相通的隔水仓。

(2)双壁钢围堰兼作钻孔平台时,应将钻孔施工产生的全部荷载及各种工况加入围堰结构的最不利荷载组合中进行设计和验算。钢围堰需度汛或度凌施工时,应制订稳定和防撞击、防冲刷的可靠方案,并应进行相应的验算。

(3)双壁钢围堰结构的制作宜在工厂按设计要求进行,各节、块应按预定的顺序对称组装拼焊,制作完成后应进行焊接质量检验,并应进行水密性试验。

(4)围堰应根据现场的水文、地质和通航等情况,设置可靠的定位系统和导向装置,其浮运、下沉、定位等工序的施工及允许偏差应符合规范的相关规定。

(5)围堰下沉至设计高程,在灌注封底混凝土之前,应对河床面进行清理和整平。围堰置于岩面上时,宜将岩面整平;基岩岩面倾斜或凹凸不平时,宜将围堰底部制作成与岩面相应的异形刃脚,增加其稳定性并减少渗漏。

承台施工前应进行桩基等隐蔽工程的质量验收,桩顶的混凝土面应按水平施工缝的要求凿毛,桩头预留钢筋上的泥土及鳞锈等应清理干净。承台基底为软弱土层时,应按设计要求采取措施,避免在浇筑承台混凝土过程中产生不均匀沉降。

承台的钢筋和混凝土应在无水条件下进行施工,施工时应根据地质、地下水位和基坑内的积水等情况采取防水或排水措施。应采取有效措施,使承台钢筋的混凝土保护层厚度符合设计规定。桩伸入承台的长度以及边桩外侧与承台边缘的净距应不小于设计规定值。

(七)桥墩

此部分内容适用于在现场就地整体浇筑和分节段浇筑的桥墩施工。

对高度小于 40 m 的桥墩,其施工应符合下列规定:

(1)桥墩施工前,应对其施工范围内基础顶面的混凝土进行凿毛处理,并应将表面的松散层、石屑等清理干净;对分节段施工的桥墩,其接缝亦应作相同的凿毛和清洁处理。

(2)**应尽量缩短首节桥墩墩身与承台之间浇筑混凝土的间隔时间,间歇期宜不大于 10 d,**当不能满足间歇期要求时,应采取防止墩、台身混凝土开裂的有效措施。**墩身平面尺寸较大时,首节墩身可与承台同步施工。**

(3)**桥墩高度小于或等于 10 m 时可整体浇筑施工;高度超过 10 m 时,可分节段施工,节段的高度宜根据施工环境条件和钢筋定尺长度等因素确定。上一节段施工时,已浇节段的混凝土强度应不低于 2.5 MPa。各节段之间浇筑混凝土的间歇期宜控制在 7 d 以内。**

(4)桥墩的钢筋可分节段制作和安装,且应保证其连接精度;条件具备时,亦可采用整体制作、整体安装的方式施工,但在制作、存放、运输和安装时应采取有效措施保证其刚度,避免产生过大的变形。

(5)在模板安装前,应在基础顶面放出桥墩的轴线及边缘线;对分节段施工的桥墩,其首节模板安装的平面位置和垂直度应严格控制。模板在安装过程中应通过测量监控措施保证桥墩的垂直度,并应有防倾覆的临时措施;对风力较大地区的墩身模板,应考虑其抗风稳定性。

(6)**浇筑混凝土时,串筒、溜槽等的布置应便于混凝土的摊铺和振捣,并应明确划分工作区域。混凝土浇筑完成后,应及时进行养护,养护时间应不少于 7 d。**

(7)作业人员的上下步梯宜采用钢管脚手架或专用产品搭设,并应进行专项设计,设置时应固定在已浇筑完成的墩身上。

(8)桥墩高处作业的施工安全应符合规范的规定。

专家解读

对承台基础上的首节墩台身，如在施工中不采取有效措施，该处的混凝土非常容易产生裂缝，尤其为薄壁墩身时更易发生。因此除设计上需要考虑将该处的墩身设计为实心段，并逐渐过渡到空心段外，施工时尚需要将首节墩台身与承台之间的施工间歇期尽量缩短，以避免因混凝土龄期相差过大而产生裂缝。

对高度大于或等于40 m的高墩，其施工除应符合上述高度小于40 m的桥墩施工的规定外，尚应符合下列规定：

（1）施工前应编制专项施工方案，对各项临时受力结构和临时设施应进行必要的施工设计计算和验算。

（2）宜设置塔吊或其他可靠的起重设备，用于施工期间钢筋或其半成品材料以及其他材料的垂直起吊运输。

（3）宜设置施工电梯作为运送作业人员和小型机具、操作工具的垂直运输设施。

（4）对塔吊和施工电梯的平面位置宜根据环境条件和桥墩的结构特点进行比较选择，其布置除应方便施工操作外，亦不应影响到其他作业的安全。塔吊和施工电梯均应有可靠的附墙安全措施。

（5）模板体系宜根据施工的环境条件、桥墩截面形式的特点、分节段施工高度、施工作业人员的经验等因素综合选择确定。

（6）**绑扎和安装钢筋时，应在作业面设置具有外围护的操作平台。** 当采用劲性骨架辅助钢筋安装时，劲性骨架宜在地面上制作好后再起吊就位安装。整体制作安装的钢筋应有保证刚度防止变形的可靠措施。钢筋的主筋宜采用机械方式连接，机械连接的施工要求应符合规范的规定。

（7）混凝土的垂直输送宜采用泵送方式，泵管可沿已施工完成的墩身或搭设专用支架进行布设，而不应布设在塔吊和施工电梯上。

（8）混凝土的浇筑施工要求应符合规范的规定，每一节段混凝土的养护时间应不少于7 d。养护用的水管可布设在墩身上，且应与电缆分开设置。

（9）高墩施工前应编制测量控制方案，施工过程中应对墩身的平面位置和垂直度进行监控，条件具备时宜采用激光铅垂仪进行控制。施工测量中应考虑日照对墩身扭转的影响，当日照影响较大时，测量宜在夜间气温相对稳定的时段进行。

专家解读

严格来说，高墩的施工与普通高度桥墩的施工并不存在本质上的区别，但高墩相对于普通高度的桥墩而言，其施工需要采取的手段和措施更多，施工的风险也更大，因此增加对高墩施工的规定是有必要的。

（八）桥台

桥台在施工前应在基础顶面测量放样出台身的纵横向轴线和内外轮廓线，其平面位置应准确。当台身较长需要设置沉降缝时，应在施工前确定其设置位置。

桥台后背的回填除应符合此处的规定外，尚应符合圬工结构后背回填的规定。

知识拓展

圬工结构后背回填应符合下列规定：

(1)桥涵台背及锥坡、护坡后背的填料应符合设计规定。设计未规定时，宜采用天然砂砾、二灰土、水泥稳定土或粉煤灰等轻质材料，不得采用含有泥草、腐殖质或冻块的土。采用膨胀性聚苯乙烯泡沫塑料、泡沫轻质土等特殊材料回填施工时，应符合现行《公路路基施工技术规范》和《现浇泡沫轻质土技术规程》的规定。

(2)后背回填应顺路线方向，自台身起，其填土的长度在顶面应不小于桥台高度加2 m，在底面应不小于2 m；拱桥台背填土的长度应不小于台高的3～4倍。锥坡填土应与台背填土同时进行，并应按设计宽度一次填足。

(3)后背回填应严格控制土的分层厚度和压实度，应设专人负责监督检查，检查频率应每50 m^2检验一点，不足50 m^2时应至少检验一点，每点均应合格，且宜采用小型机械压实。桥涵台背填土的压实度应不小于96%。

(4)后背回填的顺序应符合设计规定。设计未规定时，拱桥的台背填土宜在主拱圈安装或砌筑以前完成；梁式桥轻型桥台的台背填土宜在梁体安装完成以后，在两端桥台平衡地进行；埋置式桥台的台背填土宜在柱侧对称、平衡地进行。

重力式桥台的施工应符合下列规定：

(1)**混凝土或钢筋混凝土台身宜一次连续浇筑完成**，当台身较长或截面积过大，一次连续浇筑完成难以保证混凝土质量时，可分段或分层浇筑。分段浇筑时，其接缝宜设置在沉降缝处；分层浇筑时应采取有效措施控制接缝的外观质量，防止产生过大的层间错台。

(2)采用片石混凝土浇筑圬工台身时，应选用无裂纹、无夹层、未煅烧过并具有抗冻性的石块，片石混凝土的施工要求应符合圬工结构片石混凝土的规定。

(3)采用石料砌筑圬工台身时，其施工要求应符合圬工结构墩、台身圬工砌体的规定。

知识拓展

圬工结构墩、台身圬工砌体的砌筑施工应符合下列规定：

(1)砌块在使用前应浇水湿润，砌块的表面如有泥土、水锈，应清洗干净。

(2)砌筑基础的第一层砌块时，如基底为土质，可直接坐浆砌筑；如基底为岩层或混凝土地基，应先将基底表面清洗、湿润，再坐浆砌筑。

(3)砌体宜分层砌筑，砌体较长时可分段分层砌筑，但两相邻工作段的砌筑高差宜不超过1.2 m；分段位置宜设在沉降缝或伸缩缝处，各段的水平砌缝应一致。

(4)各砌层应先砌外圈定位行列，再砌筑里层，其外圈砌块应与里层砌块交错连成一体。砌体外露面石料的镶面种类应符合设计规定，对有流冰或有漂浮物河流中的墩台，当设计未明确要求时，其镶面宜选用强度等级不低于MU30且较坚硬的石料或C30以上较高强度等级的混凝土预制块进行镶砌。砌体里层应砌筑整齐，分层应与外圈一致，应先铺一层适当厚度的砂浆再安放砌块和填塞砌缝。砌体的外露面应进行勾缝，并应在砌筑时靠外露面预留深约20 mm的空缝备作勾缝之用。砌体隐蔽面的砌缝可随砌随刮平，不另勾缝。

(5)各砌层的砌块应安放稳固,砌块间的砂浆应饱满,黏结牢固,不得直接贴靠或脱空。砌筑时,底浆应铺满,竖缝砂浆应先在已砌石块侧面铺放一部分,然后在石块放好后用砂浆填满捣实。用小石子混凝土填竖缝时,应捣固密实。

(6)砌筑上层砌块时,应避免振动下层砌块。砌筑工作中断后恢复砌筑时,对已砌筑的砌层表面应加以清扫和湿润。

(4)翼墙、八字墙施工时,其顶面坡度的变化应与台后边坡的坡度相适应。

(5)桥台后背与回填土接触面的防水处理应符合设计规定。

肋板式埋置式桥台施工时,肋板的斜面方向应符合设计规定的方向,避免反置。柱式和肋板式等埋置式桥台施工完成后的填土要求均应符合圬工结构后背回填的规定,台前溜坡的坡度及其坡面防护应符合设计的规定。

薄壁轻型桥台施工时,对混凝土的浇筑应采取有效措施,保证其浇筑质量。施工完成后台背的填土要求除应符合圬工结构后背回填的规定外,对设置有支撑梁的,尚应在支撑梁安装完成后再填土。

组合式桥台应按其各组成部分的相应要求进行施工。锚碇(拉)板式组合桥台可按加筋土桥台的规定进行施工;挡土墙组合桥台中挡土墙的施工应符合现行《公路路基施工技术规范》的规定;后座式组合桥台中的后座可按重力式桥台的规定进行施工,台身与后座之间的构造缝应严格按设计要求施工。

加筋土桥台施工应符合下列规定:

(1)混凝土面板的预制施工应符合规范的规定。露于面板混凝土外面的钢拉环、钢板锚头应作防锈处理,加筋带与钢拉环的接触面应作隔离处理。筋带的强度和受力后的变形应满足设计要求,筋带应能与填料产生足够的摩擦力,接长和与面板的连接应简单。

(2)面板应按要求的垂度挂线安砌,安砌时单块面板可内倾1/200~1/100,作为填料压实时面板外倾的预留度。不得在未完成填土作业的面板上安砌上一层面板。

(3)钢带应平顺铺设于已压实整平的填料上,不得弯曲或扭曲;钢筋混凝土带可直接铺设在已压实整平的填料上或在填料上挖槽铺设;加筋带应呈扇形辐射状铺设,不宜重叠,不得卷曲或折曲,并不得与尖锐棱角的粗粒料直接接触。在与桥台立柱或肋板相互干扰时,筋带可适当避让。

(4)台背筋带锚固段的填筑宜采用粗粒土或改性土等填料。当填料为黏性土时,宜在面板后不小于0.5 m范围内回填砂砾材料。

(5)**填料摊铺厚度应均匀一致,表面平整,并应设置不小于3%的横坡。当采用机械摊铺时,摊铺机械距面板应不小于1.5 m。**机械的运行方向应与筋带垂直,并不得在未覆盖填料的筋带上行驶或停车。

(6)台背填料应严格分层碾压,碾压时宜先轻后重,并不得使用羊足碾。压实作业应先从筋带中部开始,逐步碾压至筋带尾部,再碾压靠近面板部位,且压实机械距面板应不小于1.0 m。台背填筑施工过程中应随时观测加筋土桥台的变化。

对位于软土地基处的桥台,可先填筑路堤并待其沉降基本稳定后,再以反开挖的方式进行基础和台身的施工。

桥台的耳墙和背墙宜在台背回填之前施工，但在后续的其他工序施工中应采取有效措施对其进行保护，防止产生碰撞、挤压等损伤。

（九）预制安装墩台身、盖梁

预制安装墩台身和盖梁的施工应制订专项施工方案，其施工方法、施工工艺、临时设施和设备等宜根据结构的构造特点和施工环境条件综合确定，对施工中使用的受力装置和受力临时结构应进行专门设计和验算。

墩台身和盖梁的预制宜采用整体式定型钢模板，模板应具有足够的强度、刚度和稳定性。

墩台身预制节段的安装应采用满足吊装施工能力的起重机械和设备，在陆地上安装时，宜采用履带式起重机或龙门吊机；在水上安装时，宜采用起重船。

盖梁的预制安装施工尚应符合下列规定：

(1)盖梁的预制安装方式应符合设计规定。设计未规定时，宜根据盖梁结构的构造特点、运输能力、起重能力以及施工的方便性等因素综合考虑，确定采用整体预制安装或分节段预制安装。

(2)盖梁分节段预制安装时，应采用匹配预制、匹配安装的方式进行施工。

(3)安装盖梁预制构件前，应先检查盖梁预留槽(孔)的位置是否与墩台身的相应位置一致，有偏差时应采取适当的措施进行调整。

(4)匹配安装盖梁预制构件时，应采取可靠的临时固定措施，在构件精确就位后对其进行临时固定，未固定之前不得将起重机的吊钩松脱。

（十）现浇墩台帽、盖梁、系梁和挡块

墩台帽、盖梁、系梁和挡块的施工应在墩、台身质量检验合格后方可进行。

对墩台帽、盖梁和系梁施工所采用的托架、支架或抱箍等临时结构，应进行受力分析计算与验算。支架宜直接支承在承台顶部；当必须支承在承台以外的软弱地基上时，应对地基进行妥善加固处理，并应对支架进行预压。

在墩台帽、盖梁和系梁与墩身的连接处，模板与墩台身之间应密贴，不得出现漏浆现象。钢筋安装施工时，应避免在钢筋的接头处起弯，并应保证钢筋的混凝土保护层厚度。对支座垫石的预埋钢筋及上部结构所需要的预埋件，其位置应准确。

八、桥梁上部结构施工

此部分内容主要以梁式桥为例，介绍梁式桥主梁的预制、安装、现场浇筑施工。

（一）装配式梁、板预制安装

此部分内容适用于装配式钢筋混凝土和预应力混凝土梁、板等构件的预制、移运、存放和安装施工。装配式梁、板施工的一般要求应符合下列规定：

(1)**装配式梁、板等构件在脱底模、移运、存放和安装时，混凝土的强度应不低于设计规定的吊装强度；设计未规定时，应不低于设计强度的80%。**

(2)构件安装前应检查其外形、预埋件的尺寸和位置，允许偏差不得超过设计规定；设计未规定时，不得超过规范的有关规定。

(3)安装构件时，支承结构(墩台、盖梁)的混凝土强度和预埋件(包括预留锚栓孔、锚

栓、支座钢板等)的尺寸、高程及平面位置应符合设计要求。

(4)构件安装就位完毕并经检查校正符合要求后,方可焊接或浇筑混凝土固定构件。简支梁的安装应采取措施保证梁体的稳定性,防止倾覆。

(5)对分层、分段安装的构件,应在先安装的构件可靠固定且受力较大的接头混凝土达到设计强度的80%后,方可继续安装;设计有规定时,应从其规定。

(6)分段拼装梁的接头混凝土或砂浆,其强度应不低于构件的设计强度;不承受内力的构件的接缝砂浆,其强度等级应不低于 M10。需与其他混凝土或砌体结合的预制构件的砌筑面应按施工缝处理。

(7)构件吊运安装时,其起重安全应符合规范的规定。吊运工具、设备的使用技术要求,应按起重吊装的有关规定执行。

构件预制场的布置应满足预制、移运、存放及架设安装的施工作业要求;场地应平整、坚实,应根据地基情况和气候条件,设置必要的防排水设施,并应采取有效措施防止场地沉陷。

构件的预制台座应符合下列规定:

(1)预制台座的地基应具有足够的承载能力和稳定性。当用于预制后张预应力混凝土梁、板时,宜对台座两端及适当范围内的地基进行特殊加固处理。

(2)预制台座应采用适宜的材料和方式制作,且应保证其坚固、稳定、不沉陷。

(3)**预制台座的间距应能满足施工作业的要求;台座表面应光滑、平整,在 2 m 长度上平整度的允许偏差应不超过 2 mm,且应保证底座或底模的挠度不大于 2 mm。**

(4)对预应力混凝土梁、板,应根据设计提供的理论拱度值,结合施工的实际情况,正确预计梁体拱度的变化情况,在预制台座上按梁、板构件跨度设置相应的预拱度。当预计后张预应力混凝土梁的上拱度值较大,将会对桥面铺装的施工产生不利影响时,宜在预制台座上设置反拱。

(5)预制台座应具有对梁底的支座预埋钢板或楔形垫块进行角度调整的功能,并应在预制施工时严格按设计要求的角度进行设置。

各种构件混凝土的浇筑除应符合混凝土工程的规定外,尚应符合下列规定:

(1)腹板底部为扩大断面的 T 形梁和 I 形梁,应先浇筑扩大部分并振实后,再浇筑其上部腹板。

(2)**U 形梁可上下一次浇筑或分两次浇筑。** 一次浇筑时,宜先浇筑底板至底板承托顶面,待底板混凝土振实后再浇筑腹板;分两次浇筑时,宜先浇筑底板至底板承托顶面,按施工缝处理后,再浇筑腹板混凝土。

(3)箱形梁宜一次浇筑完成,且宜先浇筑底板至底板承托顶面,待底板混凝土振实后再浇筑腹板、顶板。

(4)中小跨径的空心板浇筑混凝土时,对芯模应有防止上浮和偏位的可靠措施。

对高宽比较大的预应力混凝土 T 形梁和 I 形梁,应对称、均衡地施加预应力,并应采取有效措施防止梁体产生侧向弯曲。

构件的场内移运应符合下列规定:

(1)对后张预应力混凝土梁、板,在施加预应力后可将其从预制台座吊移至场内的存放台座上后再进行孔道压浆,但必须满足下列要求:从预制台座上移出梁、板仅限一次,不得在孔道压浆前多次倒运。吊移的范围必须限制在预制场内的存放区域,不得移往他处。吊移过程中不得对梁、板产生任何冲击和碰撞。不得将构件安装就位后再进行预应力孔道压浆。

(2)**后张预应力混凝土梁、板在预制台座上进行孔道压浆后再移运的，移运时其压浆浆体的强度应不低于设计强度的80%。**

(3)梁、板构件移运时的吊点位置应符合设计规定;设计未规定时,应根据计算确定。

(4)在构件上设置的吊环必须采用未经冷拉的 HPB300 钢筋制作;吊具应采用经专门设计的定型产品,且应符合相关产品标准或设计规范的要求。

(5)**吊绳与起吊构件的交角小于60°时，应设置吊架或起吊扁担，使吊点垂直受力。**

(6)**吊移板式构件时，不得吊错上、下面。**

下面以考题探究的形式对桥梁预制构件存放的相关规定进行讲解。

考题探究

【多选题】关于桥梁预制构件存放的说法,正确的有(   )。

A. 存放台座宜高出地面 200 mm 以上

B. 直接支承在坚硬台座上时应注意支撑稳固

C. 预应力混凝土梁、板的存放时间不宜超过 3 个月

D. 箱型梁叠放时不应超过 3 层

E. 多层叠放时,上下层垫木不得在同一条竖直线上

ACD。【解析】构件的存放应符合下列规定:(1)存放台座应坚固稳定,且宜高出地面 200 mm 以上。存放场地应有相应的防排水设施,并应保证梁、板等构件在存放期间不致因支点沉陷而受到损坏。(2)梁、板构件存放时,其支点应符合设计规定的位置,支点处应采用垫木和其他适宜的材料进行支承,不得将构件直接支承在坚硬的存放台座上;存放时混凝土养护期未满的,应继续养护。(3)构件应按其安装的先后顺序编号存放。预应力混凝土梁、板的存放时间宜不超过 3 个月,特殊情况下应不超过 5 个月;存放时间超过 3 个月时,应对梁、板的上拱度值进行检测,当上拱度值过大将会严重影响后续桥面铺装施工或梁、板混凝土产生严重开裂时,则不得使用。(4)当构件多层叠放时,层与层之间应以垫木隔开,各层垫木的位置应设在设计规定的支点处,上下层垫木应在同一条竖直线上。叠放的高度宜按构件强度、台座地基的承载力、垫木强度及叠放的稳定性等经计算确定,大型构件以 2 层为宜,应不超过 3 层;小型构件宜为 6 ~ 10 层。(5)雨季或春季融冻期间,应采取有效措施防止地基软化下沉而造成构件断裂及损坏。

专家解读

水平多层叠放构件时,层与层之间以垫木隔开极为重要(因采用垫木隔开的方式可以明确构件的支搁位置在设计支点附近),否则会由于构件的上下面不平整,凸出处成为支点,使构件产生负弯矩,造成顶面开裂或折断等事故。

构件的运输应符合下列规定:

(1)板式构件运输时,宜采用特制的固定架稳定构件。对小型构件,宜顺宽度方向侧立放置,并应采取措施防止倾倒;如平放,在两端吊点处必须设置支搁方木。

(2)梁的运输应按高度方向竖立放置,并应有防止倾倒的固定措施;装卸梁时,必须在支撑稳妥后,方可卸除吊钩。

(3)采用平板拖车或超长拖车运输大型梁、板构件时,车长应能满足支点间的距离要求,支点处应设活动转盘防止搓伤构件混凝土;运输道路应平整,当有坑洼或高低不平时,应事先处理平整。

(4)水上运输梁、板构件时,应有相应的封舱加固措施,并应根据天气状况安排装卸和运输作业时间,同时应满足水上(海上)作业的相关安全规定。

简支梁、板的安装应符合下列规定:

(1)安装前应制订专项施工方案,安装的方法和安装设备应根据构件的结构特点、重力及施工环境条件等综合确定;对安装施工中的各种临时受力结构和安装设备的工况应进行必要的安全验算,所有施工设施均宜进行试运行和荷载试验。

(2)安装前应对墩台的施工质量进行检验,并应对支座或临时支座的平面位置和高程进行复测,合格后方可进行梁、板等构件的安装。

(3)**采用架桥机进行梁、板构件的安装作业时,其抗倾覆稳定系数应不小于1.3。架桥机过孔时,应将起重小车置于对稳定最有利的位置,且抗倾覆稳定系数应不小于1.5;不得采用将梁、板吊挂在架桥机后部配重的方式进行过孔作业。**

(4)采用起重机吊装构件时,如采用一台起重机起吊,则应在吊点位置的上方设置吊架或起吊扁担;如采用两台起重机抬吊,则应统一指挥,协调一致,使构件的两端同时起吊、同时就位。

(5)采用缆索吊机进行安装时,应事先对缆索吊机进行1.2倍最大设计荷载的静力试验和设计荷载下的试运行,全面验收合格后方可使用。

(6)梁、板安装施工期间及架桥机移动过孔时,严禁行人、车辆和船舶在作业区域的桥下通行。

(7)梁、板就位后,应及时设置锁定装置或支撑将构件临时固定,对横向自稳性较差的T形梁和I形梁等,应与先安装的构件进行可靠的横向连接,防止倾倒。

(8)安装在同一孔跨的梁、板,其预制施工的龄期差宜不超过10 d,特殊情况应不超过30 d。梁、板上有预留相互对接的预应力孔道的,其中心应在同一轴线上,偏差应不大于4 mm。梁、板之间的横向湿接缝,应在一孔梁、板全部安装完成后方可进行施工。

(9)对弯、坡、斜桥的梁、板,其安装的平面位置、高程及几何线形应符合设计要求。

(10)当安装条件与设计规定的条件不一致时,应对构件在安装时产生的内力进行复核。

温馨提示

历年考试中考查过T梁双导梁架桥机架设的施工工序。T梁预制并运输到架设施工现场时,采用双导梁架桥机架设的主要施工工序为:架桥机及导梁拼装、试吊→架桥机前移至安装跨,支顶前支架→运梁喂梁,吊梁、纵移到位→落梁、横梁到位→安放支座→重复各步骤架设下一片梁直至完成整孔梁→铰缝施工,完成整跨安装→架桥机前移至下一跨,直至完成整桥施工。

先简支后连续的梁,其施工应符合下列规定:

(1)先简支安装梁的施工应符合简支梁、板的安装的规定,当设置临时支座进行支承时,对一片梁中的各临时支座,其顶面的相对高差应不大于2 mm。

(2)简支变连续的施工程序应符合设计规定。

(3)对湿接头处的梁端,应按施工缝的要求进行凿毛处理。永久支座应在设置湿接头底模之前安装。湿接头处的模板应具有足够的强度和刚度,与梁体的接触面应密贴并具有一定的搭接长度,各接缝应严密不漏浆。负弯矩区的预应力管道应连接平顺,与梁体预留管道的接合处应密封;预应力锚固区预留的张拉齿板应保证其外形尺寸准确且不被损坏。

(4)**湿接头的混凝土宜在一天中气温相对较低的时段浇筑,且一联中的全部湿接头应尽快浇筑完成。湿接头混凝土的养护时间应不少于14 d。**

(5)湿接头按设计要求施加预应力、孔道压浆且浆体达到规定强度后,应立即拆除临时支座,按设计规定的顺序完成体系转换。同一片梁的临时支座应同时拆除。

(6)仅为桥面连续的梁、板,应按设计要求进行施工。

知识拓展

简支梁变连续T梁部分施工工艺流程为:永久支座安装→湿接头底模安装→湿接头钢筋及预应力筋安装→湿接头侧模安装→湿接头混凝土浇筑→湿接头预应力张拉、压浆→临时支座拆除。

(二)支架上现浇

梁式桥梁、板的现场浇筑可采用满布支架或梁式支架。现浇支架除应符合模板、支架的规定外,尚应符合下列规定:

(1)支架应稳定、牢固,其地基应有足够的承载力。支架位于水中时,其基础宜采用桩基;对弯、坡、斜桥,其支架的设置应适应梁体相应几何线形的变化,且应采取有效措施保证支架的稳定性。

(2)满布支架的地基表面应平整,并应有防排水措施;满布支架位于坡地上时,宜将地基的坡面挖成台阶;在软弱地基上设置满布支架时,应采取措施对地基进行处理,使其承载力满足施工要求。

(3)梁式支架各支点的基础应设在可靠的地基上,当地基沉降过大或承载力不能满足要求时,宜设置桩基或采取其他有效措施进行处理。梁式支架不宜采用拱式结构;必须采用时,应按拱架的要求施工。

(4)对梁式桥现浇支架,应根据支架的类型和结构形式、地基的沉降量和承载能力,以及荷载大小等因素,按规范的规定确定是否采取预压措施。

(5)梁式桥跨越需要维持正常通行(航)的道路(水域)时,对其现浇支架应采取防碰撞的安全措施,并应设置必要的交通导流标志,保证施工安全和交通安全。

梁式桥现浇施工时,梁体混凝土在顺桥向宜从低处向高处进行浇筑,在横桥向宜对称进行浇筑。混凝土浇筑过程中,应对支架的变形、位移、节点和卸架设备的压缩及支架地基的沉降等进行监测,如发现超过预警值的变形、变位,应及时采取措施予以处理。

(三)移动模架逐孔现浇

移动模架宜采用定型产品,模架的功能、承载能力、长度、模板的尺寸及支承系统等,应与所施工的预应力混凝土连续梁的各项要求相适应,设计制造厂家应提供模架的产品出厂质量合格证书以及操作手册等相关技术文件。当采用非定型模架用于中小跨径梁、板的施工时,应对模架进行专门的设计计算,并应进行荷载试验,确认其能保证施工的安全和质量后方可投入使用。

模架的拼装应按产品的操作手册进行,并应保证拼装期间的施工安全;拼装完成后应对其拼装质量进行检验,并应在首孔梁的浇筑位置就位后进行荷载试压试验,检验和试压合格后方可正式使用。

模架的支承系统应安全可靠,并应具有足够的承载能力、刚度和稳定性。模架的后端宜设置后吊点,应使模架中的模板与已浇梁段的悬臂端梁体紧密贴合,防止该处产生错台或漏浆。模架应设置预拱度,预拱度值应经计算并参考荷载试验结果确定。

首孔梁浇筑混凝土前,应做好施工前的各项准备工作,制订详细的施工方案、施工工艺、各项保障措施及应急预案;浇筑施工时,应对模架进行挠度监测,监测的数据及分析结果应作为修正模架预拱度的依据。首孔梁的混凝土在顺桥向宜从桥台(或过渡墩)开始向悬臂端进行浇筑,中间孔宜从悬臂端开始向已浇梁段推进浇筑,末孔宜从一联中最后一个墩位处向已浇梁段推进浇筑,最终与已浇梁段接合;梁体混凝土在横桥向应对称浇筑。连续梁逐跨现浇的纵向分段接缝位置应符合设计规定;设计未规定时,宜设在1/5跨的弯矩零点附近。

任一孔梁的混凝土浇筑施工完成后,内模中的侧向模板应在混凝土抗压强度达到2.5 MPa后,顶面模板应在混凝土抗压强度达到设计强度的75%后,方可拆除;外模架应在梁体建立预应力后方可卸落。

模架横移和纵向移动过孔前,应解除作用于模架上的全部约束。纵向移动时两侧的承重钢梁应保持基本同步,不同步的最大距离偏差应符合产品设计的规定,且应有限位和紧急制动装置;移动到下一孔位置后,应立即对模架进行准确就位并固定。模架在移动过孔时的抗倾覆稳定系数应不小于1.5。

模架的拆除应根据不同的施工环境条件确定相应的拆除方案,并应有可靠的起吊和拆除的安全措施,防止发生事故。

移动模架在使用期间尚应符合下列规定:

(1)在梁体混凝土的浇筑施工过程中,应随时对模架的关键受力部位和支承系统进行检查,有异常时应采取有效措施及时处理;在移动过孔时,应对模架的运行状态进行监控。

(2)模架所有操作平台的边缘处均应设置防护栏杆,必要时应挂安全网,同时应在模架的适当部位配备消防器材。

(3)模架中的动力和照明线路应由专业人员敷设,并应定期检查清理,消除漏电、短路等隐患。

(4)每完成一孔梁的施工,均应对模架的关键部位及支承系统等进行检查,发现问题后应及时处理。

(四)悬臂浇筑

悬臂施工法是指在桥墩两侧设置工作平台,平衡地逐段向跨中悬臂浇筑或拼装梁段,直至桥跨结构合龙的施工方法。可分为悬臂浇筑和悬臂拼装两类,其工作环节主要包括工作平台移位(挂篮或吊机)、施工梁段就位(浇筑或拼装)和施工梁段联结(强拉预应力)。

下面以考题探究的形式对桥梁悬臂浇筑挂篮施工的要求进行讲解。

考题探究

【单选题】关于桥梁悬臂浇筑挂篮施工要求的说法,正确的是(　　)。

A. 挂篮与悬浇梁段混凝土的重量比宜不大于0.8

B. 挂篮的最大变形应不大于50 mm

C. 挂篮在浇筑混凝土状态时的抗倾覆安全系数应不小于2

D. 挂篮行走时的抗倾覆安全系数应不小于1.5

C。【解析】用于悬臂浇筑施工的挂篮,其结构除应满足强度、刚度和稳定性要求外,尚应符合下列规定:(1)挂篮与悬浇梁段混凝土的质量比宜不大于0.5,且挂篮的总重应控制在设计规定的限重之内。(2)挂篮的最大变形(包括吊带变形的总和)应不大于20 mm。(3)挂篮在浇筑混凝土状态和行走时的抗倾覆安全系数、锚固系统的安全系数、斜拉水平限位系统的安全系数及上水平限位的安全系数均应不小于2。(4)挂篮的支承平台应有足够的平面尺寸,应能满足梁段现场施工作业的需要。(5)挂篮模板的制作与安装应准确、牢固,安装误差应符合规范的规定。后吊杆和下限位拉杆孔道应严格按设计尺寸准确预留。(6)挂篮锚固系统所用的轴销、键、拉杆、垫板、螺母、分配梁等应专门设计、加工,并不得随意更换或替代。(7)悬挂系统两端应能与承压面密贴配合,混凝土承压面不规则、不平整时应事前处理,应使吊杆能轴向受拉而不承受额外的弯矩和剪力。(8)挂篮制作加工完成后应进行试拼装。挂篮在现场组拼后,应全面检查其安装质量,并应进行模拟荷载试验,符合挂篮设计要求后方可正式投入使用。

钢筋的制作及安装除应符合《公路桥涵施工技术规范》关于钢筋的规定外,尚应符合下列规定:

(1)底板钢筋与腹板钢筋的连接应牢固,且宜采用焊接;底板上、下两层的钢筋网应采用两端带弯钩的竖向筋进行连接,使之形成整体;顶板底层的横向钢筋宜采用通长筋。

(2)钢筋与预应力管道、预应力施工作业相互影响时,钢筋仅可移动,不得切断。若挂篮的下限位器、下锚带、斜拉杆等部位影响下一步操作必须切断钢筋时,应在该工序完成后,将切断的钢筋重新连接。

预应力混凝土连续梁的墩顶梁段施工时,应按设计规定在墩梁之间设置临时固结装置,并应进行必要的施工验算,且临时固结装置的结构和采用的材料应满足方便、快速拆除的要求。

墩顶及墩顶邻近梁段可采用落地支架或托架施工,支架和托架应符合规范的规定。墩顶梁段宜全断面一次浇筑完成,当梁段过高一次浇筑完成难以保证质量时,可沿高度方向分两次浇筑,但首次浇筑的高度宜超过底板承托顶面以上至少500 mm,且宜将两次浇筑混凝土的龄期差控制在7 d以内。

悬臂浇筑施工应符合下列规定:

(1)悬臂浇筑施工应对称、平衡地进行,两端悬臂上荷载的实际不平衡偏差不得超过设计规定值;设计未规定时,宜不超过梁段重的1/4。悬臂梁段应全断面一次浇筑完成,并应从悬臂端开始,向已完成梁段推进分层浇筑。

(2)悬臂浇筑的施工过程控制宜遵循变形和内力双控的原则,且宜以变形控制为主。

(3)悬臂浇筑施工时,立模高程的误差应不大于±5 mm,立模轴线的偏位应不大于5 mm。

(4)挂篮前移时,宜在其后方设置控制其滑动的装置或在滑道上设置止动装置;前移就位后,应立即将后锚固点锁定,防止倾覆。

(5)每一节段悬臂浇筑施工完成后,除应进行质量检验外,尚应对预应力孔道进行检查,防止有杂物堵塞孔道的情况发生。

(6)悬臂浇筑施工时,应对桥面上的各种临时施工荷载进行控制。

(7)当悬臂浇筑施工跨越铁路、公路、航道及其他建筑物时,应采取有效的安全施工防护措施。

专家解读

对称、平衡浇筑是为了不产生或产生较小的扭矩、力矩,施工时不可能做到绝对平衡,但对其不平衡的偏差需要进行控制。施工过程控制以变形控制为主,但亦需要兼顾内力,以达到双控的目的。立模高程的误差是指施工监控分析给出的立模高程与实际安装模板高程的差值。质量检验评定标准中虽然规定了浇筑完成后梁体的中线偏位和高程误差,但在混凝土浇筑前对立模高程和中线偏位的控制更符合预先控制的原则,也便于操作,事实上梁体浇筑施工完成后几乎不可能再进行调整。

悬臂浇筑时预应力的施工除应符合预应力混凝土工程的规定外,尚应符合下列规定:

(1)预应力管道的安装定位应准确,备用管道和长束的管道应采取措施保证其在使用时的有效性。

(2)对纵向预应力长钢束的张拉,宜通过必要的试验确定其张拉程序和各项参数,张拉持荷时间宜增加1倍;当钢束的伸长值不能满足要求时,可采取补张拉或多次张拉的措施,但张拉应力不得超过设计规定的最大控制应力。横向预应力采用一端张拉时,其张拉端宜在梁两侧交错设置。竖向预应力宜采用多次张拉的方式进行,多次张拉的次数应以钢束的伸长值是否达到要求且是否可靠锚固而定。

(3)对钢束施加预应力时,不得随意将锚具附近的普通钢筋切断;当该处的钢筋影响到张拉操作不能进行正常作业时,应会同设计人员协商处理。

(4)对竖向预应力孔道,压浆时应从下端的压浆孔压入,压力宜为0.3~0.4 MPa,且压入的速度不宜过快。

悬臂浇筑预应力混凝土梁的合龙和体系转换应符合下列规定:

(1)合龙的程序和顺序应符合设计规定。

(2)合龙施工前应对两端悬臂梁段的轴线、高程和梁长受温度影响的偏移值进行观测,并应根据实际观测值进行合龙的施工计算,确定准确的合龙温度、合龙时间及合龙程序。

(3)对连续刚构两端的悬臂梁段采用施加水平推力的方式调整梁体的内力时,千斤顶的施力应对称、均衡。

(4)合龙时,宜采取措施将合龙口两侧的悬臂端予以临时刚性连接后,再浇筑合龙段混凝土。宜在合龙口两侧的梁体顶面设置等重压载水箱,并在浇筑合龙段混凝土时同步卸载。

(5)合龙段的混凝土宜在一天中气温最低且稳定的时段内浇筑,浇筑后应及时覆盖洒水养护,养护时间宜不少于14 d。

(6)合龙时在桥面上设置的全部临时施工荷载应符合施工控制的要求。对预应力混凝土连续梁，合龙后应在规定的时间内尽快拆除墩梁临时固结装置，按设计规定的程序完成体系转换和支座反力调整。

悬臂浇筑施工监控应符合下列规定：

(1)施工前应编制施工监控方案，进行结构分析复核，确定主梁施工监控目标高程和应力控制标准，建立指令、监测数据等信息传递和反馈的控制流程。施工监控方案应依据批准的图纸和实施性施工组织设计编制，结构分析的参数和结果应经设计认可。

(2)施工监控应考虑环境温度、桥上施工设备及临时荷载的影响；监控测量应考虑日照温差、季节性温差、大风等因素的影响；施工荷载应不超出规定的限值。

(3)每节段施工应在混凝土浇筑后、预应力张拉后、挂篮前移就位后等阶段，测量梁段的高程，并据此预测、确定下一梁段的立模高程。应力监测应按预定的频次实施，不得随意改变。

(4)当需要改变施工顺序、进度和作业条件时，应复核施工监控的可行性，并制定措施保证桥梁线形和应力符合设计要求。如果施工顺序、进度或作业条件发生了重大偏差，应重新进行施工监控结构分析，确定目标高程和应力控制标准。

知识拓展

挂篮悬臂浇筑法适用于大跨径的预应力混凝土悬臂梁桥、连续梁桥、T型刚构桥、连续刚构桥等结构。悬臂施工方法特别适用于宽深河流和山谷、施工期水位变化频繁不宜水上作业的河流，以及通航频繁且施工时需留有较大净空的河流、湖泊、海域上桥梁的施工。悬臂浇筑施工时，应采取先边跨合龙，再中跨合龙的顺序进行，且为保证两侧悬浇施工保持绝对平衡，须对连续梁中梁和墩采取临时固结措施，使梁具有抗弯能力。当连续刚构桥已具备抗弯能力时，不用再采取临时固结措施。

(五)节段预制拼装

此部分内容适用于预应力混凝土连续梁桥或连续刚构桥分节段预制并采用悬臂拼装方法或逐跨拼装方法的施工。

桥梁节段可采用短线法或长线法进行预制，预制场地的布置应便于节段的预制、移运、存放及装车(船)出运；预制台座应稳定、坚固，在荷载作用下，其顶面的沉降应控制在2 mm以内。

节段预制前，应在预制场地建立精密测量的平面控制网和高程控制网，并设置测量控制点、测量塔及靶标。测量控制点应设在远离热源和震动源的位置，且应具有良好的通视条件，必要时应设置备用的测量控制点。

节段预制时，应对其预制线形进行控制，使成桥后的线形符合设计要求。节段预制的测量控制宜采用专用线形控制软件进行。

节段预制宜采用专门设计的钢模板，钢模板及其支撑除应满足强度、刚度和稳定性的要求外，尚应满足多次重复使用不变形及保证节段预制精度的要求。采用长线法预制节段时，同一连续匹配浇筑的梁段应在同一长线台座上制作；采用短线法时，应在台座上匹配预制，并应符合下列规定：

(1)内模系统应是可调整的，且宜安装在可移动的台车支架上。

(2)端模应垂直、牢固，外侧模与底模应能适应节段的线形变化要求。

(3)模板与匹配节段的连接应紧密、不漏浆,其安装质量应符合规范的规定。

节段的钢筋宜在专用胎架上制成整体骨架后,吊入模板内进行安装;吊装整体骨架时应设置吊架,吊点的布置应合理,且宜采用多点起吊,防止变形。对预埋件的安装和预留孔的设置,应采用定位钢筋将其准确固定;当有体外预应力钢束转向器时,其安装必须准确可靠。

节段预制混凝土的性能除应符合《公路桥涵施工技术规范》关于混凝土工程的规定外,尚应符合设计对其弹性模量、收缩和徐变等性能的要求。节段预制混凝土的浇筑应符合《公路桥涵施工技术规范》关于混凝土工程的规定,并应根据环境温度、水泥品种、外加剂、施工进度及对混凝土性能的要求等制订养护方案,总体养护时间宜不少于 14 d,对节段的外立面混凝土宜采用喷湿或其他适宜的方式进行养护。

节段的脱模时间应符合设计规定;设计未规定时,应在混凝土强度达到设计强度的75%后方可脱模并拆除。在脱模、拆除或移动节段时,应采取措施防止损伤节段混凝土的棱角和剪力键。

模板拆除后应及时对节段进行检查验收,测量其外形尺寸,并标出梁高及纵横轴线。

节段的起吊、移运、存放应符合下列规定:

(1)节段从预制台座起吊时,混凝土的强度应符合设计规定。

(2)节段的移运应满足运输安全和施工安全的要求。在移运时,应采取措施防止对节段产生冲击或碰撞。

(3)节段在存放台座的叠放层数宜不超过两层,并应对存放台座及其地基的承载力进行验算。节段支点的位置应符合设计规定,且宜采用垫木或橡胶板等弹性支撑物进行支承。

(4)节段的存放时间应符合设计要求;设计未要求时,宜不少于 90 d。对未达到养护时间的节段,应在存放时继续养护。

墩顶及相邻梁段采用现浇方式施工时,应符合前文悬臂浇筑的规定,且应使其与预制梁段匹配良好。

对连续梁,墩顶的梁段与墩之间应按设计要求进行临时固结,并应进行必要的施工验算,且临时固结的结构和材料应满足方便、快速拆除的要求。

悬臂拼装施工应符合下列规定:

(1)节段拼装施工前,应对预制节段的匹配面进行必要的处理,并应确定接缝施工的方法和工艺。在拼装施工过程中,应跟踪监测各节段梁体的挠度变化情况,控制其中轴线及高程;当实测梁体线形与设计值有偏差时,应及时进行调整。

(2)施工前应按施工荷载对起吊设备进行强度、刚度和稳定性验算,其安全系数应不小于2。节段起吊安装前,应对起吊设备进行全面安全技术验收,并应分别进行 1.25 倍设计荷载的静载和 1.1 倍设计荷载的动载试验。

(3)墩顶节段安装前,应在每一联梁中建立其独立的三维坐标系,对该联各墩顶节段安装的平面位置和高程进行测量放样,X,Y 两个方向的放样精度宜不大于 1 mm,Z 方向的放样精度宜不大于 2 mm。安装时,应对其安装精度进行严格控制。

(4)墩顶梁段采用现浇方式施工时,对与之相邻的拼装起始节段的放样精度控制,亦应符合上述第(3)条的规定。

(5)节段悬臂拼装时,桥墩两侧的节段应对称起吊,且应保证桥墩两侧平衡受力,最大不平衡力应符合设计规定。

逐跨拼装施工尚应符合下列规定:

(1)应根据整跨桥梁的设计重力、施工荷载和现场的环境条件等因素,选择用于安装施工的架桥机。

(2)节段正式拼装前宜进行试拼装。

(3)拼装节段时,应对基准节段的空间位置进行测量放样,测量放样的精度要求应符合规范的规定,定位后应及时进行固定。

(4)采用上行式架桥机拼装节段时,各节段应错层悬挂,且节段之间应设置防止碰撞的垫块,错层的节段数量和节段之间的纵向间距应能满足拼装工艺的要求;采用下行式架桥机拼装节段时,应采取有效措施抵抗支承面倾斜时节段重力对装载车产生的水平分力。

(5)各节段与匹配节段的预应力孔道应连接顺畅,在节段拼装后的匹配面接缝处,孔道位置不应有超过2 mm的错台现象,且应保证其密封性。

(6)拼装后整跨梁体的三维位置不符合设计要求时,应对其进行调整,直至满足设计规定的精度要求。

(7)节段拼装完成并施加预应力后,应进行支承的转换,转换顺序应通过计算确定。当架桥机不具备支承转换功能时,可通过事先设置在墩顶的临时千斤顶顶升节段完成支承转换,连续梁的中支点则宜采用临时支座进行支承。支承转换前应使梁底与支座接触,但不应使支座承受压力。采用上行式架桥机拼装时,应在支承转换全部完成后,方可拆除在架桥机上的固定装置。

(8)节段逐跨拼装完成后,梁体应处于简支状态,在对结构进行体系转换后方可形成连续梁。

下面以考题探究的形式对节段预制拼装中各节段间接缝的处理要求进行讲解。

考题探究

【单选题】关于预制梁块悬臂拼装使用胶黏剂的说法,正确的是(　　)。

A. 采用人工拌合　　B. 涂抹厚度不小于3 mm

C. 涂抹覆盖不少于半个匹配面　　D. 应在梁体的全断面挤出

D。【解析】接缝的处理应符合下列规定:(1)各节段间的接缝施工应符合设计规定。(2)采用胶接缝拼装的节段,涂胶前应就位试拼。胶黏剂进场后应进行力学性能及作业性能的抽检,其各项性能应满足结构设计与节段拼装施工的要求。节段的匹配面应平整,尘土、油脂等污染物及松散混凝土和浮浆应清除干净。涂胶前的匹配面应进行干燥处理。(3)胶黏剂宜采用机械拌合,且在使用过程中应连续搅拌并保持其均匀性。胶黏剂应涂抹均匀,覆盖整个匹配面,涂抹厚度宜不超过3 mm。对胶接缝施加临时预应力进行挤压时,挤压力宜为0.2 MPa,胶黏剂应在梁体的全断面挤出,且胶接缝的挤压应在3 h以内完成;当施工时间超过明露时间的70%时,在固化之前应清除被挤出的胶结料。胶黏剂在涂抹和挤压时,应采取措施对预应力孔道的端口处进行防护,防止胶黏剂进入孔道内。

（六）顶推

梁体的顶推应符合下列规定：

(1)顶推施工宜根据梁体长度、顶推跨度、桥墩所能承受的水平推力等条件，选择适宜的顶推方式。

(2)采用单点或多点水平千斤顶方式顶推时，顶推滑道的长度应大于水平千斤顶行程加滑块的长度，宽度应为滑板宽度的 1.2～1.5 倍；相邻墩滑道顶面高程的允许偏差宜为 ±2 mm，同墩两滑道高程的允许偏差宜为 ±1 mm；滑动装置的摩擦系数宜经试验确定。

(3)采用单点或多点水平千斤顶方式顶推时，实际总顶推力应不小于计算顶推力的 2 倍；采用单点或多点拉杆方式顶拉时，拉杆的截面积和根数应满足顶拉力的要求，拉锚器的锚固和放松应方便、快速，设置在各墩顶的反力台应牢固且应满足顶拉反力的要求。多点顶推(拉)时，各点的水平千斤顶应同步运行。

(4)宜在墩台上设置导向装置，防止梁体在顶推过程中产生偏移。顶推过程中，宜对梁体的轴线位置、墩台的变形、主梁及导梁控制截面的挠度和应力变化等进行施工监测；发生异常情况时，应停止顶推，查明原因并进行处理后方可继续施工。

(5)顶推时至少应在两个墩上设置保险千斤顶。如遇顶推故障需采用竖向千斤顶将梁顶高时，最大顶升高度不得超过设计规定或不得大于 10 mm，起顶的反力值不得大于计算反力的 1.1 倍。

(6)平曲线连续梁顶推施工时，预制台座的平面及梁体均应按设计线形设置成圆弧形；导梁宜设置成直线形，但与主梁连接处应偏转一定角度，使导梁前端的中心落在设计线形的中线上。顶推应使梁体沿圆弧曲线前进。

(7)竖曲线连续梁顶推施工时，预制台座的底模板顶面应符合设计竖曲线的曲率；所需水平顶推力的大小，应考虑正负纵坡的影响。

(8)采用步履式顶推时，垫梁应有足够的长度和刚度，且应与梁体底部完全接触(垫 50 mm厚橡胶垫)，保证梁体腹板可靠受力。顶推过程中竖向顶升和水平顶推各墩的同步精度应控制在 5 mm 以内，同墩两侧的同步精度应控制在 4 mm 以内。

（七）箱梁整孔预制安装

此部分内容适用于高性能混凝土、整孔预制架设安装的大型后张预应力混凝土箱梁的施工。

箱梁混凝土宜一次连续浇筑完成，且宜采用水平分层、斜向推进的方式浇筑，水平分层的厚度不得大于 300 mm，各层间混凝土的间隔浇筑时间不应超过其初凝时间。梁体腹板下部的底板混凝土宜采用设于底模处的附着式振捣器振动；腹板混凝土宜采用插入式振捣器及附着式振捣器辅助振捣；对钢筋和预应力管道密布区域的混凝土，应提前按一定间距设置混凝土溜槽和插入式振捣器辅助导向等装置，保证该区域的混凝土能振捣密实。

箱梁混凝土浇筑完成后，应按规范的规定及时进行覆盖和养护，并应符合下列规定：

(1)当采用蒸汽养护时，除应符合《公路桥涵施工技术规范》关于混凝土工程的规定外，尚宜分为静停、升温、恒温、降温及自然养护 5 个阶段。静停期间应保持蒸养棚内的温度不低于 5 ℃；混凝土浇筑完成 4 h 后方可升温，且升温的速度应不大于 10 ℃/h；恒温时应将温度控制在 50 ℃以下，恒温时间宜由试验确定；降温的速度应不大于 5 ℃/h；蒸汽养护结束后，应立即进入自然养护阶段，且养护时间宜不少于 7 d。蒸养期间、拆除保温设施及模板时，梁体混凝土表层的温度与环境温度之差应不大于 15 ℃。

(2)当采用自然养护时，对暴露于大气环境中的混凝土表面应采用适宜的材料进行覆

盖，并洒水养护；拆模后尚未达到养护时间的梁体混凝土表面，宜采用喷淋方式或采用养护剂喷洒养护。当环境相对湿度小于60%时，自然养护的时间宜不少于28 d；相对湿度大于或等于60%时，宜不少于14 d。

梁体混凝土的抗压强度达到设计强度的1/3以上，弹性模量不低于设计值的50%时，可对部分预应力钢束进行初张拉，但其张拉应力不应超过设计张拉控制应力的1/3，且初张拉的预应力钢束编号及张拉应力应符合设计的规定。对箱梁预应力钢束的终张拉，应在其混凝土抗压强度达到设计强度的80%，弹性模量不小于设计值的80%后进行。设计对张拉有具体规定时，应从其规定。

箱梁的场内移运及存放应符合下列规定：

(1)箱梁在场内的移运可采用龙门吊机、轮胎式移梁机或滑移方式，且应预设相应的移运通道。

(2)采用滑移方式移梁时，滑道应设在坚固稳定的地基基础上。滑道应保持平整，滑移时4个支点的相对高差不得超过4 mm，两滑道之间的高差不得超过50 mm。滑移的动力设施应经计算及试验确定。滑移过程中应采取有效措施保证梁体不受损伤。

(3)梁体预应力钢束初张拉后进行吊运或滑移时，箱梁顶面严禁堆放重物或施加其他额外荷载；终张拉后吊运或滑移箱梁，应在预应力孔道压浆浆体达到设计规定强度后方可进行。

(4)箱梁的存放台座应坚固稳定，且应有相应的防排水设施，应保证箱梁在存放期间不致因台座下沉受到损坏。箱梁在存放时，其支点距梁端的距离应符合设计规定。

箱梁的运输应符合下列规定：

(1)采用运梁车运输箱梁时，运梁线路的路面应平坦，地基应有足够的承载能力，纵向坡度应不大于3%，横向坡度(人字坡)应不大于4%，最小曲率半径应不小于运梁车的允许转弯半径。在运梁车通过的限界内，不得有任何障碍物。

(2)运梁车装载箱梁时，其支承应牢固，起步和运行应缓慢，应平稳前进，严禁突然加速或紧急制动。重载运行时的速度宜控制在5 km/h以内，曲线、坡道地段应严格控制在3 km/h以内。当运梁车接近卸梁地点或架桥机时，应减速徐停。

(3)采用水运方式运输箱梁时，除支承应符合结构受力及运输要求外，尚应对梁体进行固定，并应采取防止船体摆动的有效措施，保证其在风浪颠簸中不移位。

(4)不论采用何种方式运输箱梁，均不得使其在装卸和运输过程中产生任何形式的损伤及变形。

箱梁的架设安装应符合下列规定：

(1)箱梁应采用通过技术质量监督部门产品认证的专用架桥机，或由海事部门颁发船舶证书及起重检验证书的起重船进行架设安装，且起重参数应能满足架梁的要求，起重船的锚泊系统应能满足作业水域的条件。吊架和吊具应专门设计。起重设备、吊架和吊具等应经试吊确认安全后方可用于正式施工，吊具应定期进行探伤检查。

(2)采用架桥机安装作业时，其抗倾覆稳定系数应不小于1.3；架桥机过孔时，起重小车应位于对稳定最有利的位置，且抗倾覆稳定系数应不小于1.5。

(3)采用起重船安装作业时，起重船在进入安装位置后应根据流速、流向、风向和浪高等情况抛锚定位，定位时不得利用桥墩墩身带缆；在起重船定位和箱梁架设安装过程中，船体和梁体均不得对桥墩或承台产生碰撞。

(4)架设安装时，箱梁在起落过程中应保持水平；顶落梁时梁体的两端应同步缓慢起落，并不得冲击临时支座。箱梁就位时，应设置必要的装置对梁体的空间位置进行精确调整。

(5)在墩顶设置的临时支座,其形式和位置应符合设计规定,梁底与支座应密贴;4 个临时支座的顶面相对高差不得超过 4 mm。

(6)箱梁架设安装后的吊梁孔应采用收缩补偿混凝土封填。

箱梁简支变连续时的体系转换除应符合设计要求和规范的规定外,尚应符合下列规定:

(1)需浇筑湿接头的箱梁端部的形状应符合设计规定,预应力钢束及其他预留孔道的位置偏差应不大于 4 mm。

(2)宜先将一联箱梁采用型钢在纵向予以临时固结,且宜在一天中气温最低且温度场均匀稳定的时段浇筑湿接头混凝土。

九、钢混组合结构施工

施工前应制订专项施工方案,并应根据结构的特点和受力特性确定施工程序和施工工艺,且应有防止桥面板混凝土和接头混凝土开裂的预防措施。

钢-混凝土组合梁在安装施工时,应综合考虑钢构件和预制混凝土桥面板的安装方式,其安装、组合的顺序和加载程序应符合设计和施工控制的规定。

十、拱桥

(一)一般规定

施工前应根据拱桥的结构特点和受力特性,进行施工设计和施工计算;对危险性较大的分部分项工程,应制订专项施工方案。

(二)拱架

拱架应进行专门设计,并应符合下列规定:

(1)拱架的设计应遵循安全可靠、结构简单、受力明确、制作和安拆方便的原则。所采用材料的性能和质量应符合相应的国家或行业标准的规定;常备式构件用作拱架时,其设计与计算应依据该构件的技术要求进行。

(2)设计荷载除应符合规范规定外,尚应根据拱桥的结构特点和施工荷载特性分析取用,拱圈的自重荷载宜乘以 1.2 倍系数。在计算荷载作用下,应按可能产生的最不利荷载组合验算拱架的强度、刚度和稳定性。

(3)对拱架各截面的强度进行验算时,应根据拱架的结构形式和所承受的荷载大小,按分环分段浇筑或砌筑施工的工况,分别验算其拱顶、拱脚和 1/4 跨等特征截面的应力,并应对特征拱架节点进行受力分析。

(4)应严格控制拱架的刚度,拱架受载后,对落地式拱架,其弹性挠度应不大于相应结构跨度的 1/2 000;对拱式拱架,其弹性挠度应不大于相应结构跨度的 1/1 000。

(5)稳定性的验算应包括拱架的整体稳定和局部稳定,抗倾覆稳定系数应不小于 1.5。对拱架在拼装过程中的稳定性亦应进行验算,当不能满足拼装要求时,应采取必要的辅助稳定措施。

(6)拱架的地基与基础设计应符合现行《公路桥涵地基与基础设计规范》的规定,并应对地基承载力进行验算。

拱架的制作和安装应符合下列规定:

(1)制作拱架所采用材料的规格和质量应符合施工设计要求。对钢拱架,宜采用标准化、通用化的常备式构件,或型钢、钢管等材料;在特殊情况下采用木拱架时,应选择材质坚硬、无损伤且湿度较小的材料。拱架的制作应保证杆件或构件的尺寸准确,连接节点处的螺栓孔或焊接质量应满足施工设计要求。

(2)拱架在安装前,应对桥轴线、拱轴线、跨径和高程等进行校核,确认无误后方可进行拼装。拼装应根据拱架的构造确定适宜的方法进行,分片或分段拼装时应有保证拱架稳定的临时措施,必要时应设置缆风绳进行固定;拱架拼装时尚应设置足够的平联、斜撑和剪刀撑,保证其横向的稳定。

(3)拱架应设置施工预拱度和卸落装置,其施工要求除应符合规范规定外,拱式拱架尚应考虑其受载后产生水平位移所引起的拱圈挠度。各类拱架的顶部高程应符合拱圈下缘加预拱度后的几何线形,允许偏差宜为 ±10 mm;拱架纵轴的平面位置偏差应不大于跨度的 1/1 000,且宜不大于 30 mm。

(4)拱架安装完成后,应按设计荷载进行预压;并应对其平面位置、顶部高程、节点连接及纵横向的稳定性进行全面检查,符合要求后,方可进行下一工序。

(5)拱架应稳定、牢固,应能抵抗在施工过程中可能发生的偶然碰撞和振动。

拱架的拆卸应符合下列规定。

(1)现浇混凝土拱圈的拱架,其拆除期限应符合设计规定;设计未规定时,应在拱圈混凝土强度达到设计强度的 85% 后,方可卸落拆除。

(2)卸落拱架应按提前拟定的卸落程序进行,且宜分步卸落;在纵向应对称均衡卸落,在横向应同时一起卸落。满布式落地拱架卸落时,可从拱顶向拱脚依次循环卸落;拱式拱架可在两支座处同时均匀卸落;多孔拱桥卸架时,若桥墩允许承受单孔施工荷载,可单孔卸落,否则应多孔同时卸落,或各连续孔分阶段卸落。卸落拱架时,应设专人对拱圈的挠度和墩台的位移等情况进行监测,当有异常时,应暂停卸落,查明原因并采取相应措施后方可继续进行。

(3)石拱桥的拱架卸落时间应符合下列规定:

①对浆砌石拱桥,应待砂浆强度达到设计强度的 85% 后方可卸落;设计另有规定时,应从其规定。

②对跨径小于 10 m 的小拱桥,宜在拱上建筑全部完成后卸架;中等跨径的实腹式拱桥,宜在护拱砌完后卸架;跨径较大的空腹式拱,宜在拱上小拱横墙砌好(未砌小拱圈)后卸架。

③当需要裸拱卸架时,应对裸拱进行截面强度及稳定性验算,并应采取必要的辅助稳定措施。

温馨提示

拱架的拆卸多以选择题的形式进行考查。

(三)施工控制

拱桥施工时应对其进行过程控制,应保证拱结构在施工过程中的稳定性、变形和内力始终处于安全范围内。对大跨径拱桥,应按规范的规定进行施工过程控制;对中、小跨径拱桥,可采用相对简便易行的方法进行施工控制。

十一、桥面及附属工程施工

(一)一般规定

本部分内容适用于支座、伸缩装置、桥面防水与排水、桥面铺装、桥面防护设施及桥头搭板等的施工。

桥面铺装施工时,运料车辆的等候排队应按施工组织设计的规定保持足够的距离,应避免车辆过于集中导致超载或偏载,损伤桥梁结构。

(二)支座

支座进场后,应对其规格、数量、产品合格证等进行检查,不符合设计要求的不得用于工程中。支座在开箱检查时以及直至安装前均不得随意拆卸其上的固定件。

支座应存放在干燥通风的库房内,并不得直接置于地面,应垫高堆放整齐,保持清洁;支座不得与酸、碱、油类和有机溶剂等相接触,且应距热源至少 1 m 以上。

支座在安装前,应对支座垫石的混凝土强度、平面位置、顶面高程、预留地脚螺栓孔和预埋钢垫板等进行复核检查,确认符合设计要求后方可进行安装。支座垫石的顶面高程应准确,表面应平整、清洁;对先安装后填灌浆料的支座,其垫石的顶面应预留出足够的灌浆料层的厚度。

支座安装时,应分别在垫石和支座上标出纵横向的中心十字线,就位后两者的中心十字线应对准,并应采取有效措施保证支座处于水平状态且支座的顶面高程符合设计要求。调整支座的顶面高程时,应采用钢垫片对支座进行支垫,支垫处在支座安装完成后留下的空隙应采用环氧树脂砂浆填实。

安装双向活动或单向活动支座时,应保证支座滑板的主要滑移方向符合设计的要求。在安装活动支座的顶板时,宜考虑安装温度与设计要求不符时对位移的影响,必要时宜通过计算在顺桥向设置预偏量;对跨数较多、连续长度较长的连续梁,宜考虑温度、预应力、混凝土收缩与徐变等因素影响导致的梁长方向的位移变化,位移量较大时宜将支座顶板顺桥向的尺寸适当加长,保证支座能正常工作。

支座安装完成后,其顺桥方向的中心线应与梁顺桥方向的中心线水平投影重合或相平行,且支座应保持水平,不得有偏斜、不均匀受力和脱空等现象。安装完成后,应及时拆除支座上的各种临时固定构件和装置,并应全面核对检查支座的形式、规格和安装方向等是否符合设计要求,如有误应及时调整处理。

板式橡胶支座、盆式支座、球型支座的安装施工应符合表 1-3-11 的规定。

表 1-3-11 支座的安装施工规定

支座类型	安装施工规定
板式橡胶支座	(1)支座在安装时,应对其顶面和底面进行检查核对,避免反置。对矩形滑板支座,应按产品表面顺桥向和横桥向的方向标注进行安装。 (2)支座垫石的顶面高程应准确无误。在平坡情况下,一片梁(板)中两端的垫石和同一墩(台)上的垫石,其顶面高程应一致,相对高差应不超过 ±1.5 mm,同一垫石上的四角高差应小于 0.5 mm;当顺桥向有纵坡导致两相邻墩(台)的垫石顶面高程不同时,对高程的控制应符合设计的规定,且同一片梁(板)在考虑坡度后其相邻墩垫石顶面高程的相对误差应不超过 3 mm。 (3)梁、板吊装时,应采取有效措施防止对支座产生偏压或产生过大的初始剪切变形。梁、板的就位应准确且其底面应与支座顶面密贴,否则应将梁、板吊起,对支座进行重新调整安装;梁、板在安装时不得采用撬棍移动梁、板的方式进行就位

（续表）

支座类型	安装施工规定
盆式支座	(1)梁、板底面和垫石顶面的钢垫板应埋置稳固。垫板与支座间应平整密贴，支座四周不得有0.3 mm以上的缝隙，并应保持清洁。 (2)活动支座的改性聚四氟乙烯板和不锈钢冷轧钢板不得有刮伤、撞伤。改性聚四氟乙烯板应密封在钢盆内，应排除空气，保持紧密。 (3)活动支座安装前应采用适宜的清洁剂擦洗各相对滑移面，擦净后应在四氟滑板的储油槽内注满硅脂类润滑剂。 (4)盆式支座的顶板和底板可采用焊接或锚固螺栓栓接在梁体底面和垫石顶面的预埋钢板上。采用焊接时，应对称、间断焊接，并应防止温度过高对改性聚四氟乙烯板和不锈钢冷轧钢板以及对周边混凝土的影响；安装锚固螺栓时，其外露螺杆的高度不得大于螺母的厚度。锚固螺栓和焊接部位均应作防腐处理
球型支座	(1)支座的安装高度应符合设计要求，安装时应保证支座平面的水平，支座支承面的四角高差应不大于2 mm。 (2)安装支座板及地脚螺栓时，在下支座板四周宜采用钢楔块进行调整，使支座水平。支座在安装过程中不得松开上顶板与下底盘的连接固定板。 (3)灌浆料应采用质量可靠的专用产品，灌浆应饱满、密实。灌浆料硬化并达到规定的强度后，应及时拆除支座四角的临时钢楔块，楔块抽出的位置应采用相同的灌浆料填塞密实。 (4)在梁体安装完毕或现浇混凝土梁体形成整体并达到设计要求强度后，张拉梁体预应力之前，应拆除支座上顶板与下底盘的连接固定板，解除约束使梁体能正常转动和位移。 (5)拆除连接固定板后，应对支座进行清洁，检查无误后灌注硅脂，并应及时安装支座外防尘罩。 (6)当支座采用焊接连接时，应在支座准确定位后，采用对称、间断的方式焊接。焊接时应采取适当措施防止损伤支座的钢构件、聚四氟乙烯板、硅脂以及周边的混凝土等；焊接后应对焊接部位作防腐处理

（三）伸缩装置

伸缩装置的钢构件外观应光洁、平整，不得扭曲变形，且应进行有效的防腐处理。伸缩装置应在工厂进行组装，出厂时应附有效的产品质量合格证明文件；吊装位置应采用明显颜色标明；在运输和存放过程中应避免阳光直接暴晒或雨淋雪浸，并应保持清洁，防止变形。

伸缩装置宜在桥面铺装施工完成后，采用反开槽的方式进行安装；当采用先安装再铺装桥面的方式时，应采取有效措施对安装好的伸缩装置进行妥善保护。

伸缩装置安装前，应按现场的实际气温调整其安装定位值。

伸缩装置在吊装时，应按制造工厂标明的吊点位置进行起吊，安装就位时，应使其中心线与桥梁的中心线相重合；在桥面的横坡方向，应按每米一点的间距进行其顶面高程的测量控制和调整。伸缩装置的安装位置和高程经检查确认符合设计要求后，应对其进行临时固定，并设置横向水平连接钢筋，将其与槽口的预埋钢筋焊接固定。

伸缩装置安装固定后，应在其能自由伸缩的开放状态下进行两侧过渡段混凝土的浇筑施工，过渡段宜采用环氧树脂混凝土或纤维混凝土。浇筑时应采取措施防止已定位固定的构件移位，并应防止混凝土渗入伸缩装置位移控制箱内或洒落在密封橡胶带缝中及表面，如发生此现象，应立即清除；对溢入桥台台帽和桥墩盖梁顶部的混凝土亦应及时清理干净。混凝土在浇筑完成后应及时对其进行覆盖洒水养护，养护时间应不少于 7 d。过渡段混凝土在未达到设计要求的强度前，不得开放交通。

梳齿板式伸缩装置安装时，应采取措施防止产生梳齿不平、扭曲和变形等现象，并应对梳齿间隙的偏差进行控制，在气温最高时，梳齿的横向间隙应不小于 5 mm，齿板的间隙应不小于 15 mm。

橡胶伸缩装置、模数式伸缩装置的安装施工应符合表 1-3-12 的规定。

表 1-3-12　伸缩装置的安装施工规定

伸缩装置类型	安装施工规定
橡胶伸缩装置	(1)安装前应检查桥面端部预留槽口的尺寸及钢筋，确认无误后方可进行安装。采用后嵌式橡胶伸缩体时，应在桥面混凝土干燥收缩完成且徐变亦大部分完成后再进行安装。 (2)安装前应将预留槽口的混凝土表面清理干净，并涂防水胶黏材料。应根据气温和缝宽进行必要的调整后，再将伸缩装置安装就位，且安装后应使其处于受压状态。 (3)应根据安装时的环境温度计算并设置伸缩装置的模板宽度与螺栓间距，将加强钢筋与螺栓焊接就位后，再浇筑过渡段的混凝土。 (4)向伸缩装置螺栓孔内灌注防蚀剂后，应及时安装盖帽
模数式伸缩装置	(1)安装时宜采用专用卡具将其固定，其平面位置和顶面高程应符合设计要求；绑扎其他钢筋和铺设防裂钢筋网等工作，应在按桥面横坡定位、焊接固定后进行。 (2)浇筑过渡段混凝土前应将所有间隙填塞紧密，浇筑完成后应将填塞物及时取出

（四）桥面防水与排水

铺设桥面防水层时应符合下列规定：

(1)防水层材料应在进场时进行检测，在符合产品的相应标准后方可使用。

(2)铺设防水材料前应清除桥面的浮浆和各类杂物。

(3)防水层在横桥向应闭合铺设，底层表面应平顺、干燥、干净。防水层不宜在雨天或低温下铺设。

(4)防水层通过伸缩缝或沉降缝时，应按设计规定铺设。

(5)水泥混凝土桥面铺装层当采用织物与沥青黏合的防水层时，应设置隔断缝。

(6)防水层施工完成后，在未达到规定的时间内，不得开放交通。

泄水孔的顶面不宜高于水泥混凝土调平层的顶面，且在泄水孔的边缘宜设渗水盲沟，使桥面上的积水能顺利排出。

专家解读

当泄水孔顶面不高于水泥混凝土调平层的顶面时，能较好地排除桥面铺装中积存的水，如果将泄水孔顶面设置成与桥面铺装顶面平齐，则桥面铺装中积存的水会无法排出。

（五）混凝土桥面铺装

沥青混凝土桥面铺装、水泥混凝土桥面铺装的施工应符合表 1-3-13 的规定。

表 1-3-13 桥面铺装的施工规定

桥面铺装类型	施工规定
沥青混凝土桥面铺装	(1)铺装的层数和厚度应符合设计规定,铺装前应对桥面进行检查,桥面应平整、粗糙、干燥、整洁。 (2)沥青混凝土桥面铺筑前应洒布黏层沥青
水泥混凝土桥面铺装	(1)铺装的厚度、材料、铺装层结构、混凝土强度、防水层设置等均应符合设计规定。 (2)桥面铺装工作应在梁体的横向联结钢板焊接工作或湿接缝浇筑完成后,方可进行。 (3)铺装施工前应使梁、板顶面粗糙,清洗干净,并应按设计要求铺设纵向接缝钢筋和桥面钢筋网。 (4)水泥混凝土桥面铺装,其做面应采取防滑措施,做面宜分两次进行,第二次抹平后,应沿横坡方向拉毛或采用机具压槽

(六)钢桥面铺装

钢桥面铺装实际上是指在钢箱梁顶面的铺装。由于该项技术目前在国内还处于摸索完善阶段,仍在不断总结经验,因此在执行规范有关规定时,需要根据当地实际,结合国内外的成功经验,通过研究与试验进行施工。

(七)桥面防护设施

桥面防护设施的施工应符合表 1-3-14 的规定。

表 1-3-14 桥面防护设施的施工规定

桥面防护设施	施工规定
混凝土防撞护栏	(1)防撞护栏应在桥面的两侧对称进行施工;对结构重心位于梁体以外的悬臂式防撞护栏,应在与主梁横向联结或拱上结构完成后方可施工。 (2)对就地现浇的防撞护栏,宜在顺桥向每间隔 5 ~ 8 m 设一道断缝或假缝;在温差较大的地区,断缝或假缝的设置间距宜再适当减小。 (3)防撞护栏的钢筋应与梁体的预留钢筋可靠连接。 (4)模板宜采用钢模,支模时宜在其顶部和底部各设一道对拉螺杆,或采用其他固定模板的可靠装置。 (5)宜采用坍落度较低的干硬性混凝土,浇筑时应分层进行,分层厚度宜不超过 200 mm;振捣时应采取适当的措施使模板表面的气泡逸出
小型构件	宜在振动台上振动浇筑。混凝土砌块、小型盖板、路缘石和栏杆等小型构件,可在移动式底模上浇筑
栏杆构件	应在人行道板铺设完毕后方可安装。安装栏杆柱时,应全桥对直、校平,弯桥、坡桥应平顺
人行道	(1)悬臂式人行道构件应在与主梁横向联结或拱上结构完成后方可安装。 (2)人行道梁应采用 M20 稠水泥砂浆坐浆安装,并应使人行道顶面形成设计规定的横向排水坡。 (3)人行道板应在人行道梁锚固后方可铺设,对设计无锚固的人行道梁、人行道板,应按由里向外的次序铺设

（续表）

桥面防护设施	施工规定
桥面安全带和缘石	(1)悬臂式安全带构件应在与主梁横向联结或拱上结构完成后方可安装。 (2)安全带梁应采用M20稠水泥砂浆坐浆安装,并应使顶面形成设计规定的横向排水坡。 (3)桥面上的缘石宜采用混凝土现浇施工。当缘石为混凝土预制块或石材时,应采用M20稠水泥砂浆坐浆安装

（八）桥头搭板

桥头搭板下台后填土的填料宜以透水性材料为主,并应分层填筑、压实。

台后地基如为软土,应按设计要求对地基进行处理并对台后填土进行预压,预压应在搭板施工前完成。

钢筋混凝土桥头搭板的施工应符合下列规定:

(1)钢筋混凝土搭板及枕梁宜采用就地浇筑的方式施工。

(2)搭板钢筋与其下的垫层间宜设置垫块并应交错布置。在上、下两层钢筋之间应设置支撑,保证其位置的准确。

(3)浇筑搭板混凝土时应按搭板的坡度由低处向高处进行,振捣时应避免碰撞钢筋、模板。

第二节 涵洞工程

一、涵洞的组成和分类

涵洞是指为保证地面水流能够横穿公路而设置的小型排水构造物,一般由基础、洞身、洞口建筑组成。

按建筑材料的不同,涵洞可分为圬工涵、钢筋混凝土涵、波纹钢管(板)涵等。

按构造形式的不同,涵洞可分为管涵、盖板涵、拱涵、箱涵等。

按填土高度的不同,涵洞可分为明涵、暗涵,当涵洞洞顶填料厚度(包括路面)小于0.5 m时为明涵,大于或等于0.5 m时为暗涵。

按水力性质的不同,涵洞可分为无压力式、半压力式、压力式三种。 具体如下:

(1)压力式涵洞是指进、出洞口都被水流淹没,洞身涵长范围内全断面过水且洞内顶部承受水头压力的涵洞。

(2)半压力式涵洞是指进口被水流淹没,洞身内只有部分段落承受水头压力的涵洞。

(3)无压力式涵洞是指洞身全长的水流处于无压流动状态下的涵洞。

按施工方法的不同,涵洞可分为装配式涵、现浇涵和顶进涵三种。

二、涵洞施工

（一）一般规定

涵洞在开工前应根据设计文件进行现场核对;当设计文件与现场的实际情况差别较大,确需变更时,应及时办理设计变更手续。对地形复杂处、斜交、平曲线和纵坡上的涵洞,应先绘出定位详图,再依图放样施工。

除设置在岩石地基上的涵洞外,涵洞的洞身及基础应根据地基土的情况,按设计要求设置沉降缝,且沉降缝处的两端面应竖直、平整,上下不得交错。填缝料应具有弹性和不透水性,并应填塞紧密。预制圆管涵的沉降缝应设在管节接缝处,预制盖板涵的沉降缝应设在盖板的接缝处,沉降缝应贯穿整个洞身断面;波纹钢管涵可不设沉降缝。

涵洞施工完成后,砌体砂浆或混凝土强度达到设计强度的85%时,方可进行涵洞洞身两侧的回填。涵洞两侧紧靠涵台部分的回填土不宜采用大型机械进行压实施工,宜采用人工配合小型机械的方法夯填密实。填土的每侧长度应符合设计规定;设计未规定时,应不小于洞身填土高度的1倍,特殊地形条件下应根据实际情况适当加长,填筑应在两侧同时对称、均衡地分层进行,填筑的压实度应不小于96%。涵洞顶部的填土厚度必须大于0.5 m后方可通行车辆和筑路机械。

知识拓展

桥台、涵洞及挡土墙等结构物背部的回填作业面小,压实困难。该处路基是结构物完成后再填筑,加之是路基与结构物的刚柔结合部,易产生跳车等病害。因此,《公路路基施工技术规范》对此处路基的填料与施工工艺提出相关特殊要求。台背与墙背填筑的要求详见第一部分第一章"第一节 路基施工"的相关内容。

除台背外,护坡、锥坡及拱上各种填料,也应采用透水性材料进行填筑,若透水性材料不满足要求时,也可采用石灰土或水泥稳定土代替,但不得使用含有腐殖土、冻土块、泥草的土。

涵洞进出水口的沟床应整理顺直,与上下游导流、排水设施的连接应圆顺、稳固,并应保证流水顺畅。

(二)混凝土管涵

下面以考题探究的形式对混凝土管涵的施工要求进行讲解。

考题探究

【单选题】关于圆管涵施工要求的说法,正确的是(　　)。

A. 管节不得现场就地制造

B. 当管壁厚度不一致时,应调整高度使内壁持平

C. 管接口处不得使用沥青填塞

D. 每节管底出现反坡的坡度应小于3°

B。【解析】管涵施工时应符合下列要求:(1)管涵的管节宜在工厂内集中制作,仅当不具备集中制作的环境和条件时,方可在工地设置预制场地进行制作。(2)管节可采用振动制管法、离心法、悬辊法或立式挤压法等方法进行制作,采用振动法制作管节时,应采取有效措施防止内外模板产生移位,保证管壁的厚度均匀。(3)各管节应顺水流方向安装平顺,当管壁厚度不一致时应调整高度使下部内壁齐平;管节应垫稳坐实,安装完成后应采取有效措施予以临时固定,保证其不产生移位,且管内不得遗留泥土等杂物。(4)插口管安装时,其接口应平直,环形间隙应均匀,并应安装特制的胶圈或采用沥青、麻絮等防水材料填塞;平接管安装的接缝宽度宜为10~20 mm,其接口表面应平整,并应采用有弹性的不透水材料嵌塞密实,不得采用加大接缝宽度的方式满足涵洞长度要求。(5)管节的接缝不得有间断、裂缝、空鼓和漏水等现象。(6)每节管底坡度均不得出现反坡。

专家解读

管涵的管座担负着支承管节的作用，若管座与管节密贴不好，会形成支承反力集中，有可能造成管节开裂。因此不论管节搁置在混凝土、砌体基础还是天然地基上，都要求管座混凝土或填土弧形管座表面与管身密贴，这样可使管节受力均匀。

（三）拱涵、盖板涵

拱涵、盖板涵的施工除应符合以下内容的规定外，对钢筋、模板支架、混凝土、砌体等的施工尚应符合《公路桥涵施工技术规范》的规定。

拱圈和出入口拱上端墙的砌筑施工，应由两侧向中间同时对称进行。

拱涵、盖板涵混凝土的现场浇筑施工在涵长方向宜连续进行；当涵身较长不能一次连续完成时，可沿长度方向分段进行浇筑，施工缝应设在涵身的沉降缝处。现浇混凝土拱圈时，应对称浇筑，最后浇筑拱顶，或在拱顶预留合龙段最后浇筑并合龙。

就地浇筑的拱涵和盖板涵，宜采用钢模板或胶合板模板。采用土胎就地现浇时应有保证浇筑质量的可靠措施。

温馨提示

历年考试中考查过盖板涵的主要施工工序。盖板涵的主要施工工序为：测量放线→基坑开挖→现浇混凝土基础→浆砌墙身→现浇板座→提前预制盖板并吊装→出入口浆砌→防水层施工→涵洞回填及加固。

拱圈、盖板的预制施工除应符合《公路桥涵施工技术规范》的相关规定外，尚应注意检查盖板上下面的方向，对斜交涵洞应注意斜交角的方向，避免发生反向错误。

预制拱圈和盖板的安装应符合下列规定：

（1）**预制构件的混凝土强度应达到设计强度的 85% 后，方可搬运安装**，设计有规定时应从其规定。

（2）安装前，应检查构件及拱座、涵台的尺寸；安装后，拱圈和盖板上的吊装孔，应以砂浆填塞密实。

（3）拱座与拱圈、拱圈与拱圈的拼装接触面，应先拉毛或凿毛（沉降缝处除外），安装前应浇水湿润，再以 M10 水泥砂浆砌筑。

拱架拆除和拱顶填土应符合下列规定：

（1）先拆除拱架再进行拱顶填土时，拱圈和护拱的砌筑砂浆或混凝土的强度应符合设计规定，设计未规定时，应达到设计强度的 85% 后，方可拆除拱架，且在拱架拆除时应先完成拱脚以下部分回填土的填筑；达到设计强度的 100% 后，方可进行拱顶填土。

（2）在拱架未拆除的情况下进行拱顶填土时，拱圈和护拱砌筑砂浆或混凝土的强度应符合设计规定，设计未规定时，应达到设计强度的 85% 后，方可进行拱顶填土；拱架应在拱圈强度达到设计强度的 100% 后，方可拆除。

专家解读

拱架拆除后，拱圈会产生较大的水平力，因此在拱架拆除时需要先完成拱脚以下部分回填土的填筑，以平衡拱圈的水平力。

（四）箱涵

预制钢筋混凝土箱涵节段拼装时，接缝两侧的混凝土表面应采用清水冲洗干净，再按设计要求进行拼接施工。拼装时应符合下列规定：

(1)**设计未规定时，预制构件的混凝土强度应达到设计强度的85%，方可吊运、安装。**

(2)构件安装前，应完成构件、地基、定位测量等验收工作。

就地浇筑的箱涵可视具体情况分阶段施工，且宜先进行底板和梗肋的混凝土浇筑，然后再完成剩余部分的混凝土浇筑。本阶段施工时前一阶段的混凝土强度要求以及施工缝的处理，应符合混凝土工程的规定。

混凝土强度达到设计强度的85%时，方可拆除支架；达到设计强度的100%后，方可进行涵顶回填土。 设计有具体要求的应从其规定。

（五）倒虹吸管

倒虹吸管宜采用钢筋混凝土或混凝土圆管，进出水口应设置竖井及防淤沉淀井。施工时对管节接头及进出水口砌缝的质量应严格控制，不得漏水。填土覆盖前应做灌水试验，符合要求后，方可回填土。

倒虹吸管如需在冰冻期施工时，除应符合冬期施工的规定外，还应在灌水试验后及时将管内积水排出。

倒虹吸管的进出水口应在完工后及时上盖，并应按设计要求及时安装防堵塞装置。

倒虹吸管灌水试验渗水量应符合规范的规定。

（六）涵洞接长

接长涵洞的施工，除应符合以下内容的规定外，尚应符合相应类型涵洞的规定。

新建涵洞与既有涵洞连接处应按沉降缝处理。接长涵洞的涵底（铺砌）应与既有涵洞的涵底（铺砌）顺接，并应符合设计要求的涵底纵坡。

对有流水的涵址，施工前应根据实际情况制定可行的排水措施。

当明挖新建涵台的基底高程低于既有涵台基底高程时，应对既有涵台基础做好防护措施。

对在软基上采用沉入桩的涵洞基础，沉桩不宜采用射水或振动法施工；沉桩顺序应从靠近既有涵洞的一侧开始，逐排向外扩展，同时应随时监测既有涵台的沉降变形。

（七）波纹钢涵洞

波纹钢的管节、块件及连接螺栓应符合下列规定：

(1)波纹钢的管节、块件及连接螺栓宜采用定型产品，并应符合现行《公路涵洞隧道用波纹钢管（板）》的规定。其管节和块件除应满足强度要求外，尚应具有足够的刚度，在运输和安装过程中应具备抵抗冲击力的能力，以及在安装就位后填土夯实时仍可保持不产生较大变形的能力。

(2)波纹钢的管节、块件及连接螺栓均应作防腐处理。

波纹钢构件进场时，应在检查产品质量证明书的基础上，对其质量进行组批抽样检验。组批时，同一牌号、同一规格、同一制造工艺的产品，应以50个管节或100个块件为一批，数量不足时亦应为一批；抽样时，应将规格和用量最大的管节或块件作为抽取对象，从每批产品中随机抽取1个管节或1个块件进行检验。检验项目为产品规格、尺寸偏差和外观质量等，检验试验方法及合格判定规则应符合现行《公路涵洞隧道用波纹钢管（板）》的规定。

在运输、装卸、堆放和安装管节或块件时,应采取措施防止其变形或损坏,不得对管节和块件进行敲打或碰撞硬物,损伤其防腐涂层。管节在搬运、安装时不得滚动;块件在运输、堆放时应按同规格、同曲度进行叠放,且相互间宜设置适宜的材料予以隔离。对在施工中轻微损坏的防腐涂层,应涂刷防锈漆进行修补;变形严重或防腐涂层脱落的管节和块件不得用于工程中,应作更换处理。

波纹钢管涵的轴线与路线中线正交时,对进出水口处的端节,其外端面应与管涵轴线垂直且平整。管涵轴线与路线中线斜交,当斜交角度小于或等于20°时,可将端节波纹钢管的外端面切割成与路线中线平行的斜面,但斜切坡度宜不超过2∶1,并应将端节采用螺栓锚固于端墙或路堤斜坡上;斜交角度大于20°时,管涵的设置方式应符合设计规定。

管节的地基应予压实,并应做成与管身弧度密贴的弧形管座,管座所采用的材料应匀质且无大石块等硬物。波纹钢管不得直接置于岩石地基或混凝土基座上,应在管节和地基之间设置砂砾垫层或其他适宜材料;对于软土地基,应先对其进行处理后,再填筑一层厚度不小于200 mm的砂砾垫层并夯实,方可安装管节;在寒冷地区,应对换填深度以及砂砾垫层材料的最大粒径和粉黏粒含量进行控制。

对拱式结构的波纹钢涵洞,其拱座基础宜为钢筋混凝土或圬工结构,且波纹钢块件的拱脚应置于拱座的预留槽中,或牢固地与预埋金属拱座相连。拱座支承面的宽度应不小于波纹钢板的波幅尺寸。

波纹钢涵洞的安装施工应符合下列规定:

(1)管节或块件的形式、规格、直径和厚度等应符合设计规定。

(2)拼装管节时,上游管节的端头应置于下游管节的内侧,不得反置;采用法兰盘或管箍环向拼接时,应将螺栓孔的位置对准,并应按产品设计规定的扭矩值进行螺栓的施拧。

(3)管节或块件的拼接处应清理干净,其接缝应采用不透水的弹性材料进行嵌塞,宽度宜为2~5 mm;接缝嵌塞材料应连续,不得有漏水现象。

(4)各管节应顺水流方向安装平顺,垫稳坐实,安装完成后管节内不得遗留泥土等杂物。

(5)波纹钢管涵宜设置预拱度,其大小应根据地基可能产生的下沉量、涵底纵坡和填土高度等因素综合确定,但管涵中心的高程应不高于进水口的高程。

(6)在涵洞的进出水口处,当波纹钢管节的管端与涵洞刚性端墙相连时,宜采用直径不小于20 mm的螺栓,按不大于500 mm的间距,将管节与端墙墙体予以锚固。

波纹钢涵洞安装后的填土施工应符合下列规定:

(1)填土的材料宜采用砾类土、砂类土,或砾、卵石与细粒土的混合料;当细粒土的成分为黏性土或粉土时,所掺入的石料体积应占总体积的2/3以上。

(2)在距波纹钢管节或块件0.3 m范围内的填土中,不得含有尺寸超过80 mm的石块、混凝土块、冻土块、高塑性黏土块或其他有害腐蚀材料。

(3)涵洞两侧的填土应对称、均衡地进行,水平分层的压实厚度宜为150~200 mm。

(4)**在对涵洞两侧的回填土进行压实时,距波纹钢管节或块件外边缘2 m范围内,宜采用小型压实机械或夯实机具进行作业,重型压实机械或其他重型机械均不得进入该范围;管节下方楔形部位的回填可采用砂砾料,并可采用"水密法"使其振荡密实。**

(5)**管涵顶部填土前,对直径1.25 m及以上的波纹钢管节,宜在管内设置一排竖向临时支撑;对直径大于2.0 m的波纹钢管节,宜在管内设置竖向和横向十字临时支撑,防止其在填土和压实施工过程中产生变形。管内的临时支撑应在填土不再下沉后方可拆除。**

(6)对涵洞两侧的填土进行压实施工时,压实或夯实机械的作业方向应平行于涵洞的长度方向;对涵洞顶部的填土进行压实施工时,压实或夯实机械的作业方向应与涵洞的长度方向相垂直。

(7)波纹钢涵洞顶部填土的最小厚度应在符合表1-3-15的规定后,方可允许车辆或筑路机械通行。

表1-3-15 波纹钢涵洞顶部最小填土厚度

单位:mm

直径或跨径/m	车辆轴载/kN		
	100～200	201～500	501～1 000
0.75	500	600	800
0.80～1.25	600	800	1 200
1.30～2.00	800	1 200	1 600
3.00～4.00	1 200	1 600	2 000

注:a. 表中数值未考虑动荷载的效应。

b. 直径或跨径的数值不连续时,其最小填土厚度的数值可内插求得。

第三节 桥涵工程质量通病及防治措施

一、钻孔灌注桩断桩的防治

(一)断桩的产生原因分析

(1)灌注时间长,表层混凝土失去流动性,形成硬盖,而继续灌注的混凝土顶破硬层上升,将混有泥浆砂砾的表层覆盖包裹,是造成断桩事故的最主要因素。

(2)桩身的截面强度不足引起的断桩。

(3)由于塌孔引起的断桩。

(4)导管或导管底口进水引起的断桩。导管的水密性、承压、抗拉性能不好,隔水设施差,而导致导管渗水,首批混凝土储备量不足,使导管底口进水。

(5)接桩时没有认真处理好多余的那部分桩头从而引起的断桩。

除上述原因外,钻孔灌注桩发生断桩的其他原因下面以考题探究的形式进行讲解。

考题探究

【多选题】钻孔灌注桩发生断桩的原因有(　　)。

A. 混凝土坍落度较大,离析或石料粒径过小

B. 因测量、计算错误,使导管底口距孔底距离较大

C. 盲目提拔导管使导管提拔过量,致导管拔出混凝土面

D. 导管接口渗漏使泥浆进入导管内,在混凝土内形成夹层

E. 导管埋置深度较浅,使导管极易提起

BCD。【解析】当导管直径较小时,由于混凝土坍落度较小、离析或石料粒径过大,在混凝土浇筑中会堵塞导管,若在混凝土初凝前导管没有疏通,则会造成提导管时形成断桩。故选项A错误。导管埋置过深,导管无法提起或者被拔断,从而形成断桩。故选项E错误。

（二）防治措施

(1)严密施工组织设计,在施工前把一切灌孔的设备工具都准备齐全,保证混凝土施工的连续性,尽量缩短浇筑时间。

(2)对桩截面抗拉强度进行验算,保证材料质量及用量,保证截面设计强度。

(3)防止塌孔。在施工中,应有专人负责观察施工水位,观察护筒四周是否渗水,在水中钻孔桩施工中,因河流汛期,注意测量河流水位,如发现水位差降低,应及时采取措施,保证孔内水头高度,要注意不要让孔口震动过大并尽量减轻孔附近重量。塌孔不严重时,采取改善泥浆性能、加高水头后进行钻孔;当护筒底口发生塌孔时应采取护筒跟进、下内护筒等办法进行施工;当塌孔严重时,应尽快回填,采用黏土并加入适量的纯碱和水泥,回填高度应高于坍孔处2~4 m,待其固化后,提高泥浆比,快速穿过该地层。**为满足混凝土和易性要求，坍落度应控制在16~22 cm范围内。**

(4)防止导管或底口进水,加强隔水设施。**应保证首批混凝土灌注后能埋住导管至少1.0 m，下导管时，底口距孔底的距离应控制在25~40 cm。在灌注过程中，导管的埋置深度不能过大，一般控制在2.0~6.0 m范围内。**

(5)利用超声检测断桩。利用超声法对钻孔灌注桩进行检测,具有检测精度高,结果直观可靠,可以较详细查明桩身内部缺陷的性质、深度位置、范围大小及严重程度等优势,为控制钻孔灌注桩桩身完整性质量提供了一种有效的检测方法。通过实例证明超声波检测法能准确判断出桩身缺陷的位置,并能对缺陷严重程度做出定量分析,是检测灌注桩桩身质量的一种较好方法。

二、钢筋混凝土梁桥预拱度偏差的防治

（一）预拱度偏差的产生原因分析

对于现浇梁,支架的样式相对比较多,我们对地基在荷载作用下的深陷计算、支架弹性变形的计算、混凝土梁挠度的计算,所依据的一些参数是根据经验值确定的,因此,理论计算所得出的预拱度跟实际发生的情况相比,有一定的差距。

预制梁预拱度偏差的原因分析:

(1)由于混凝土强度并不是一成不变的,而是有一定差异,混凝土弹性模量也会出现不稳定状况,就会导致梁的起拱值也会不稳定;另外施加预应力的时间不定、架梁时间出现差异,都会使理论计算预拱度时的各种假定条件与实际情况有差异,这样就会使预拱度出现偏差。

(2)理论计算的公式是根据一些试验数据确定,理论计算与实际情况本身一定存在偏差。

(3)施工工艺的原因。

（二）防治措施

(1)提高模板的施工质量,确保模板标高的偏差在允许的范围内;提高支架和支架基础的施工质量,按要求对其进行预压。

(2)加强施工过程的控制,发现预拱度出现误差要及时进行调整。

(3)严格控制张拉时的混凝土的强度,控制张拉的试块要与梁板在同一条件下进行养护,如果是预制梁,还要对混凝土的弹性模量进行严格控制。

(4)确保波纹管的安装定位要准确无误,结构中的预应力筋的位置也要严格进行控制;控制好张拉时的应力值,要按规范及设计图纸要求,控制好持荷时间。

(5)计算钢绞线的伸长值时，要采用同批钢绞线实测的弹性模量值。预制梁的存梁时间也不宜过长。

在设计中，除了要对主梁强度进行计算、对应力进行验算，还要计算梁的变形，也就是竖向挠度。在施工中要准确计算和设置预拱度，以有效控制桥面铺装厚度和桥面构造标高，使竣工后的桥梁整体线型达到顺直美丽的理想线型。

三、钢筋混凝土结构构造裂缝的防治

（一）钢筋混凝土结构构造裂缝的产生原因分析

1. 材料不合格

裂缝的产生与施工材料息息相关。由于钢筋混凝土本身容易发生形变，如果水泥安定性不合格，或者配比不合理，就容易产生裂缝。例如粗细集料含泥量过大、骨料粒径过小，针片状含量越大、混凝土的水泥及水的用量过多，造成混凝土收缩裂缝。

2. 温差变形

温差引起的裂缝，此类裂缝产生的主要原因是混凝土浇筑后，积聚在混凝土内部的水泥水化热不易散发，使其内部温度升高，而表面因散热较快，温度较低，形成较大的内外温差，使混凝土表面出现不规则裂缝。

3. 施工质量差引起的裂缝

施工质量差引起的裂缝分析如下：

(1)钢筋混凝土保护层过厚，或者因浇筑混凝土时操作工人随意踩踏负筋，使负筋下移，导致表面出现裂缝。

(2)混凝土振捣不密实、不均匀或欠振、漏振，出现蜂窝、麻面、空洞，导致混凝土结构内部产生质量隐患。

(3)钢筋混凝土搅拌时间过长，运输时间过长，水分蒸发过多，导致坍落度损失过多，浇筑后混凝土表面易出现不规则裂缝。

(4)商品钢筋混凝土用泵送施工时，由于水灰比较大，混凝土凝结硬化时体积收缩值增大，易发生塑性收缩裂缝。

(5)钢筋混凝土分层或分段施工时，接槎部位未处理好，易在槎口和施工缝部位出现裂缝。

(6)钢筋混凝土早期受冻，使混凝土结构构件表面出现裂缝，或局部出现空鼓剥落、冻酥掉皮。

(7)拆模过早，混凝土强度不足，使构件在其自重作用下产生裂缝。

(8)混凝土养护，特别是早期养护质量与裂缝的关系密切。早期表面干燥或室内外温差较大更容易产生裂缝。

考题探究

【单选题】钢筋混凝土结构构造裂缝形成原因不包括（　　）。

A. 骨料含泥量过大

B. 混凝土搅拌及运输时间过长

C. 采用了水灰比大的混凝土

D. 采取了推迟水化热峰值出现的措施

D。【解析】选项 D 属于钢筋混凝土结构构造裂缝的防治措施。

（二）钢筋混凝土结构构造裂缝的防治措施

1. 严控施工材料质量

选用优质水泥及骨料；对钢筋混凝土各类材料进行严格监管，制定严格的钢筋混凝土施工工艺；尽量使用水化热较低，强度较高的水泥。

2. 塑性收缩裂缝的预防措施

选择合适的材料，合理设计混凝土配合比，严格控制水灰比例，为了积极保护混凝土结构物，最好设置防风和遮阳的设施，合理减少水和水泥的分量。在水泥的选择上一般选用掺加高效减水剂干缩值较小、强度好的硅酸盐或普通硅酸盐水泥以获得较高的混凝土的强度。及时在混凝土的表面覆盖一层薄膜，将模板浇水均匀湿透，保证混凝土的湿度。

3. 温差变形裂缝的防治措施

选用水化热较低的水泥拌制混凝土（如矿渣、粉煤灰水泥），以降低混凝土的初始温度，掺加缓凝剂或高效减水剂，以提高混凝土强度并可合理减少用水量和水泥用量；在夏秋高温季节或大体积混凝土浇筑时，可采用对砂石料喷淋冷水降温和在拌合水中掺加适量冰屑的方法，以降低混凝土拌合物的入模温度；设置冷却水管或遮阳棚的方法，以推迟或降低水化热峰值的出现。此外，在混凝土浇筑、振捣和抹压后，应及时用塑料薄膜覆盖其表面，特别是大体积混凝土（如筏板基础等）表面，防止因表面散热快、温度低而内部水化热积聚、温度高，导致发生温差裂缝。

4. 施工质量差引起裂缝的防治措施

认真检查模板及其立柱、斜撑等的强度、刚度和稳定性等情况；浇捣混凝土时应安排有责任心的木工、钢筋工全程跟踪混凝土浇捣，一旦发现模板或钢筋有下沉、位移、松扣等现象，应急时纠正或责令暂停施工，经整改完善后方可继续施工。分层或分段浇筑混凝土时，分层要合理，振捣应均匀。要用界面剂处理好槎口和施工缝；同条件养护试块强度达到设计允许值时方可拆模；混凝土二次振捣和抹压后应立即覆盖塑料薄膜，冬期施工时还应在塑料薄膜上加盖草帘等保温材料，确保混凝土保湿、保温养护 7 ~ 14 d。

温馨提示

钢筋混凝土结构构造裂缝的防治措施可总结为：避免混凝土长时间搅拌后使用；振捣充分，养护及时；保证基础与支架的强度、刚度、稳定性；加强模板施工质量。

四、悬臂浇筑钢筋混凝土箱梁施工（挠度）控制

大跨径多跨连续梁钢筋混凝土箱梁悬臂浇筑施工时，挠度控制的好坏直接影响到箱梁桥成桥后正常使用状态下的线形。

箱梁悬臂浇筑施工时，影响其挠度的因素主要有混凝土重力密度、弹性模量、收缩徐变、日照和温度变化、预应力大小、结构体系转换、施工荷载和桥墩变位等。

箱梁悬臂浇筑施工时，其挠度控制可以通过对挂篮进行加载试验，在 0 号块箱梁顶面建立相对坐标系，控制不平衡荷载的分布，以及对梁体进行挠度观测、温度控制、应力观测等措施进行防治。

五、桥面铺装病害的防治

（一）桥面铺装病害的类型及其成因

目前在公路桥梁中，桥面行车道铺装一般采用水泥混凝土，高等级公路的大中桥桥面多采用水泥混凝土和沥青混凝土双结构层铺装，由于桥面铺装在我国尚缺乏较成功的经验，再加上施工工艺上的不足，使得桥面铺装在施工过程中常出现一些病害问题。另外由于梁体预拱度过大，桥面铺装设计的施工允许误差难以控制；未严格控制施工质量，桥面铺装混凝土质量差；桥头跳车和伸缩缝破坏导致的继发破坏；桥梁结构变形过大、水害等原因导致的沥青混凝土铺装层破坏；铺装防水层破损引起桥面铺装的破坏等。桥面铺装的破坏形式主要表现为沥青混凝土路面的破坏形式，破坏形式主要有裂缝类、变形类、表面损坏类、水损坏以及黏结层损坏等，桥面铺装常规性破坏与一般路面破坏原理相同。

（二）桥面铺装病害的防治措施

下面以考题探究的形式对桥面铺装病害的防治措施进行讲解。

考题探究

【多选题】桥面铺装病害的防治措施有（　　）。

A. 加强对主梁的预拱度控制　　B. 加强桥面铺装施工质量控制

C. 提高桥面防水混凝土的强度　　D. 优化桥面铺装的混凝土配合比设计

E. 防止预拱度过小

ABCD。【解析】桥面铺装病害的防治措施有防止预拱度过大，严格控制主梁的预拱度；加强控制桥面铺装质量；提高桥面防水混凝土的强度；优化桥面铺装的混凝土配合比设计，采用优质集料，提高施工和养护质量等。

六、桥梁伸缩缝病害的防治

（一）桥梁伸缩缝病害的产生原因分析

1. 设计因素

由于伸缩缝需要预留槽口，这对桥板结构而言是在断面上的一种削弱，而设计时对桥梁端部未能慎重考虑，在反复荷载的作用下，梁端破坏引起伸缩缝装置失灵。有时变形量计算不妥，采用过大的伸缩间距，也会使梁端的局部受力过大而导致伸缩缝装置破坏。**交通量超出设计值也会造成伸缩缝病害。**

2. 施工因素

伸缩装置两侧混凝土太薄，体积小，加上预埋件的干扰，施工难度大，浇筑不密实，混凝土内部存在空洞、蜂窝，达不到设计所要求的强度，在使用过程中，受车辆荷载的强烈冲击，出现裂纹、开裂，逐渐出现坑槽，如不及时处理，将会导致锚固件的损坏。

3. 伸缩装置自身因素

伸缩装置本身构造刚度不足，锚固的构件强度不够，在运营过程中产生不同程度的破坏。伸缩缝装置的选型不合理。

4. 管理养护不及时

未能及时认真地对桥面和伸缩装置内的杂物进行清扫，影响了伸缩装置的正常变形。

桥面铺装层老化，接缝处桥面凹凸不平，维修又不充分。随着交通量增大，重型车辆增多，车辆超载不能得到有效地控制，再加上夜间缺乏有效管理，车辆不按规定行驶，从而影响了桥梁伸缩缝装置的正常使用和寿命。

（二）桥梁伸缩缝病害的防治措施

（1）伸缩装置结构设计上，在考虑伸缩量大小的同时还要考虑产品在施工工艺上的要求，对预埋件的位置、深度等尽量与主梁（板）相连接，并与桥梁的结构设计相匹配，对伸缩缝两侧混凝土和铺装层材料的选择、配合比、密实度、强度等应严格要求。

（2）受各种客观因素的影响，伴随着桥梁结构的变位，伸缩缝也将要产生相应的伸缩变位以顺应结构的变位，首先在安装时要精确对伸缩量进行计算，并考虑一定的富余量，以保证伸缩缝在今后运营中始终处于良好的工作状态。

（3）加强伸缩装置的桥面板端设置。对于悬臂板或薄翼缘板的结构来说，当伸缩装置的高度比桥面板的厚度大而侵占桥面板以外时，要对桥面板的断面尺寸作必要的调整以满足锚固需要，同时还应适当增加断面受力钢筋的用量。

（4）加强日常养护，早期病害及时修补。严格控制超载车辆的行驶，加强夜间行车管理。

七、桥头跳车的防治

（一）桥头跳车的产生原因分析

桥头跳车产生的主要原因是桥台和台后路基的沉降差造成的，而造成二者沉降差的主要因素有：

（1）路基和桥涵基础采用的地基处理方法不同。对于桥台结构基础一般采用钻孔灌注桩等刚性基础，而软土路基常采用换填土、土工布、砂桩、砂井、塑料排水板、超载预压等方法进行基础处理。由于桥台刚性基础后期沉降往往较小，会很快完成，而用砂井、塑料排水板等方法处理软土地基时，其固结周期长，沉降速率小，因此在施工完成后，仍有较大的沉降发生。这样造成桥台基础与台后路基沉降的不同步，产生沉降差。沉降差越大，跳车现象就越严重。

（2）台后路基填土的压缩沉降。

（二）桥头跳车的防治措施

（1）采用轻质填料填筑路基。采用石灰土、粉煤灰等轻质材料填筑路基，减小地基的附加应力，从而达到减小路基沉降量的目的。

（2）提前填筑路基，使其有足够的固结时间。提前进行路基填筑，保证路基土体及地基有充分的固结时间，待其充分沉降后再进行搭板及路面的施工。该方法简单、经济，但施工工期较长，需提前足够的时间予以规划并严密组织，若在工期紧张的情况下采用此法不会达到理想的效果。

（3）对台后地基进行处理。采用地基处理的方法对软土路基进行处理，以减小其工后沉降。

桥头跳车的其他防治措施可结合下面的考题探究进行学习。

考题探究

【多选题】关于桥梁“桥头跳车质量通病”防治措施的说法，正确的有(　　)。

A. 路堤施工留有必要的自然固结沉降期

B. 加大台背填土的含水量

C. 桥台基坑采用大型压实机械压实

D. 做好桥头路堤的排水、防水工程

E. 设置桥头搭板

ADE。【解析】桥头跳车的防治措施除选项A,D,E外，还包括:(1)改善地基性能，提高地基承载力，减少地基沉降。(2)桥台基坑采用小型压实机械夯实。(3)填筑前对不适合填筑的地表土进行清理。(4)台前预压长度能够满足连续进行沉降观测的要求。

八、涵洞基础不均匀沉降的防治

(一)涵洞基础不均匀沉降的产生原因分析

产生涵洞基础不均匀沉降的原因如下:

(1)基底处理不符合要求。分离式基础涵洞的基底换填处理未采取同步施工技术。软基路段涵洞基底处理未达到设计要求。

(2)基坑的开挖和回填不符合要求。在进行基坑开挖时，标高有误，不符合超挖回填标准。在涵洞基坑开挖后，未对其地基承载力进行检验。未注意回填材料的选取，填土含水量不符合要求(较大)。

(3)基坑排水不符合要求。在进行基坑开挖时，未做好防排水措施，不及时排水引起基底承载力降低等影响。基坑还存在积水，就进行基础混凝土的浇筑。

(4)沉降缝不符合要求。沉降缝与设计要求不符，存在上下不贯通、错台的情况。

(二)涵洞基础不均匀沉降的防治措施

(1)分离式基础涵洞的基底换填处理需采取前后左右同步施工的技术措施。软基路段涵洞基底处理深度和质量应满足设计要求。

(2)在进行基坑开挖时，涵洞底施工标高需要通过标高测量、土层承载力测试工作确定，需要预留涵底地基土的保护土层;一旦出现基底遇水的现象，需要在基础施工前挖除一定的地基软化表层。在涵洞基坑开挖即将完成时，为确保基底承载力满足设计要求，需采用轻便触探仪检测基底承载力。回填选材要具有针对性，提高涵洞部位压实度。

(3)通过在基坑的周围修筑截水沟，以及在坑底基础范围之外设置集水井等方式排除基坑内的积水。在进行基础混凝土浇筑施工前，需处理被水泡软的地基，可进行换填处理，将基坑的积水排除干净后再浇筑基础混凝土。

(4)沉降缝应按照设计要求进行设置，需对齐、贯通。

第四章 隧道工程

隧道是指为使道路从地层内部或水底通过而修建的建筑物，由洞身、洞门等组成。

第一节 隧道围岩分级与隧道构造

一、隧道围岩分级

隧道围岩级别的综合评判宜采用下列两步分级：

(1)根据岩石的坚硬程度和岩体完整程度两个基本因素的定性特征和定量的岩体基本质量指标 BQ,进行初步分级。

(2)在岩体基本质量分级基础上,考虑修正因素的影响,修正岩体基本质量指标值,得出基本质量指标修正值[BQ],再结合岩体的定性特征进行综合评判,确定围岩的详细分级。

下面以考题探究的形式对岩体基本质量指标的修正因素进行讲解。

考题探究

【单选题】隧道围岩详细定级时,对岩体基本质量指标 BQ 进行修正的因素不包括(　　)。

A. 有地下水

B. 有瓦斯涌出

C. 存在高初始应力

D. 围岩稳定性受软弱结构影响,且由一组起控制作用

B。【解析】围岩详细定级时,如发生选项 A,C,D 的情况,应对岩体基本质量指标进行修正。

可根据调查、勘探、试验等资料,隧道岩质围岩定性特征、岩体基本质量指标 BQ 或岩体修正质量指标[BQ]、土质围岩中的土体类型、密实状态等定性特征,按表 1-4-1 确定围岩级别,并应符合下列规定:

(1)围岩分级中岩石坚硬程度、岩体完整程度 2 个基本因素的定性划分,可按《公路隧道设计规范　第一册　土建工程》确定。

(2)围岩岩体主要特征定性划分与根据 BQ 或[BQ]值确定的级别不一致时,应重新审查定性特征和定量指标计算参数的可靠性,并对它们重新观察、测试。

(3)在工可和初勘阶段,可采用定性或工程类比方法进行围岩级别划分。

表 1-4-1　公路隧道围岩级别划分

围岩级别	围岩岩体或土体主要定性特征	岩体基本质量指标 BQ 或 岩体修正质量指标[BQ]
Ⅰ	坚硬岩,岩体完整	>550
Ⅱ	坚硬岩,岩体较完整; 较坚硬岩,岩体完整	550～451
Ⅲ	坚硬岩,岩体较破碎; 较坚硬岩,岩体较完整; 较软层,岩体完整,整体状或巨厚层状结构	450～351
Ⅳ	坚硬岩,岩体破碎; 较坚硬岩,岩体较破碎～破碎; 较软岩,岩体较完整～较破碎; 软岩,岩体完整～较完整	350～251
Ⅳ	土体: (1)压密或成岩作用的黏性土及砂性土。 (2)黄土(Q_1,Q_2)。 (3)一般钙质、铁质胶结的碎石土、卵石土、大块石土	—
Ⅴ	较软岩,岩体破碎; 软岩,岩体较破碎～破碎; 全部极软岩和全部极破碎岩	≤250
Ⅴ	一般第四系的半干硬至硬塑的黏性土及稍湿至潮湿的碎石土、卵石土、圆砾、角砾土及黄土(Q_3,Q_4)。非黏性土呈松散结构,黏性土及黄土呈松软结构	—
Ⅵ	软塑状黏性土及潮湿、饱和粉细砂层、软土等	—

注:本表不适用于特殊条件的围岩分级,如膨胀性围岩、多年冻土等。

各级岩质围岩的物理力学参数,宜通过室内或现场试验获取。

二、公路隧道的构造

(一)公路隧道的基本构造

隧道工程可分为洞身工程、洞门工程、辅助坑道工程及隧道其他工程。

狭义的洞身工程是指隧道的衬砌,广义的洞身工程是指包括围岩在内的隧道承载结构。隧道洞身可以是开挖出的裸洞,也可以是埋置地下的隧管,还可以是经锚喷支护、衬砌被覆的坑道。洞身工程是隧道工程的主要组成部分。**洞身构造有一次衬砌、二次衬砌、防排水构造、内装饰、顶棚、路面等。洞身按隧道断面形状可分为曲墙式、直墙式、连拱式等。**洞身工程可分为隧道、明洞和棚洞等工程。

知识拓展

明洞分为拱式明洞和棚式明洞。拱式明洞主要由拱顶和内外边墙组成,其按荷载分布,可分为路堑对称型明洞、路堑偏压型明洞、半路堑偏压型明洞、半路堑单压型明洞等。棚式明洞按构造,可分为墙式明洞、柱式明洞、刚架式明洞、悬臂式明洞等。除此之外,隧道的分类也需要了解。隧道按长度可分为四类,见下表。

隧道分类	特长隧道	长隧道	中隧道	短隧道
隧道长度 L/m	$L>3\ 000$	$1\ 000<L\leqslant 3\ 000$	$500<L\leqslant 1\ 000$	$L\leqslant 500$

隧道按跨度可分为四类,见下表。

按跨度分类	开挖宽度 B/m	说明
小跨度隧道	$B<9$	平行导洞 服务隧道 车行、人行横洞、风道及施工通道
一般跨度隧道	$9\leqslant B<14$	单洞两车道隧道
中等跨度隧道	$14\leqslant B<18$	单洞三车道隧道 单洞两车道+紧急停车带隧道
大跨度隧道	$B\geqslant 18$	单洞四车道隧道、单洞三车道+紧急停车带隧道、其他跨度大于等于18 m的隧道

洞门工程是指为稳定隧道洞口、美化洞口环境、降低洞口亮度而设置的构造物。洞门工程是隧道外露的唯一部分,起着保护洞口、保证边坡和仰坡稳定、美化和引导作用。**洞门主要有端墙式和明洞式两类。其中,端墙式洞门包括墙式洞门、柱式洞门、台阶式洞门、翼墙式洞门、拱墙式洞门。**

辅助坑道工程可分为平行导洞、斜井、竖井等工程,是为利于隧道洞身开挖而设置的。

(二)公路隧道构造的相关要求

以下主要介绍洞门工程和隧道衬砌结构设计的相关要求。

1. 洞门工程

洞门形式应根据洞口地形、地质条件及周边环境条件确定。

洞门宜与隧道轴线正交。

端墙式洞门设计应符合下列规定:

(1)洞门端墙和翼墙应具有抵抗来自仰坡、边坡土压力的能力,应按挡土墙结构进行设计。洞门墙墙身最小厚度不应小于0.5 m,翼墙墙身厚度不应小于0.3 m。

(2)洞顶仰坡与洞顶回填顶面的交线至洞门端墙墙背的水平距离不宜小于1.5 m;洞顶排水沟沟底至拱顶衬砌外缘的最小厚度不应小于1.0 m;洞门端墙墙顶应高出墙背回填面0.5 m。

(3)洞门端墙应根据需要设置伸缩缝、沉降缝和泄水孔。

(4)洞门端墙基础应置于稳固地基上,并埋入地面下一定深度。嵌入岩石地基的深度不应小于0.2 m;埋入土质地基的深度不应小于1.0 m。基底埋置深度应大于靠墙设置

的各种沟、槽底的埋置深度。地基为冻胀土层时，基底高程应在最大冻结深度以下不小于0.25 m。

(5)地基承载能力不足时，应进行加固处理。

(6)洞门结构设计应满足抗震要求。

明洞式洞门设计应符合下列规定：

(1)洞口段衬砌应采用钢筋混凝土结构。

(2)洞口段衬砌应伸出原山坡坡面或设计回填坡面不小于500 mm。

(3)洞口段衬砌端面可呈直削、削竹、倒削竹或喇叭形。

(4)采用削竹式洞门时，削竹面仰斜坡率应陡于或等于原山坡坡率或设计回填坡面坡率。

(5)设计回填坡面宜按自然山坡坡度回填。采用土石回填时，坡率不宜陡于1:1，表面宜植草覆盖。

2. 隧道衬砌结构设计

隧道衬砌设计应综合考虑围岩地质条件、断面形状、支护结构、施工条件等，充分利用围岩的自承能力。衬砌应有足够的强度、稳定性和耐久性，保证隧道长期使用安全。

隧道衬砌设计应符合下列规定：

(1)衬砌断面宜采用曲边墙拱形断面。

(2)围岩较差、侧压力较大、地下水丰富的地段可设仰拱，仰拱曲率半径应根据地质条件、地下水、隧道断面形状、隧道宽度等条件确定。路面与仰拱之间可采用混凝土或片石混凝土填充。隧底围岩较好、边墙基底承载力和稳定性满足要求时，可不设仰拱。

(3)洞口段应设加强衬砌，加强衬砌段长度应根据地形、地质和环境条件确定，两车道隧道不应小于10 m，三车道隧道不应小于15 m。

(4)围岩较差地段衬砌应向围岩较好地段延伸5～10 m。

(5)偏压衬砌段应向一般衬砌段延伸，延伸长度应根据偏压情况确定，不宜小于10 m。

(6)净宽大于3.0 m的横通道与主洞的交叉段，主洞与横通道衬砌均应加强。加强段衬砌应向各交叉洞延伸，主洞延伸长度不应小于5.0 m，横通道延伸长度不应小于3.0 m。延伸长度范围内不宜设变形缝。

知识拓展

公路隧道应设置衬砌，根据隧道围岩级别、施工条件和使用要求选择采用喷锚衬砌、整体式衬砌、复合式衬砌。高速公路、一级公路、二级公路的隧道应采用复合式衬砌；三级及三级以下公路的隧道洞口段、Ⅳ～Ⅴ级围岩洞身段应采用复合式衬砌或整体式衬砌，Ⅰ～Ⅲ级围岩洞身段可采用喷锚衬砌。

隧道衬砌构造要求如下：

(1)两车道、三车道隧道及地下风机房的衬砌圬工结构最小厚度不宜小于300 mm。

(2)在需严格控制裂缝宽度地段，隧道衬砌分布筋间距可适当减小，但不宜小于主筋间距。

第二节 隧道地质超前预报和监控量测技术

一、隧道地质超前预报

隧道超前地质预报是指采用物探、钻探等手段，对隧道开挖面前方的地质条件进行探测、分析与评价的活动。

（一）一般规定

跟踪地质调查与超前地质预报，应达到下列主要目的：

（1）在施工前期地质勘察成果的基础上，进一步查明掌子面前方一定范围内围岩的地质条件，进而预测前方不良地质以及隐伏的重大地质问题。

（2）为信息化设计和施工提供依据。

（3）为降低地质灾害发生风险提供预警。

（4）为编制交竣工文件提供地质资料。

隧道超前地质预报应以地质分析为基础，运用地质调查与物探相结合、长短探测相结合、洞内与洞外相结合、物探与钻探相结合、超前导洞与主洞探测相结合、地质构造探测与水文探测相结合的综合预报方法，并相互验证。

隧道施工前应根据区域地质资料和设计文件的地勘资料，编制超前地质预报方案和实施细则，报批后实施。

隧道超前地质预报应包括下列主要内容：

（1）地层岩性预报，特别是对软弱夹层、破碎地层、煤层及特殊性岩土的岩性预报。

（2）地质构造预报，特别是对断层、节理裂隙密集带、褶皱等影响岩体完整性的构造发育情况的预报。

（3）不良地质预报，特别是对岩溶、人为坑洞、瓦斯等发育情况的预报。

（4）地下水预报，特别是对岩溶管道水以及富水断层、富水褶皱轴、富水地层中的裂隙水等发育情况的预报。

超前地质预报按预报距离可分为三类，见表1-4-2。

表1-4-2 超前地质预报按预报距离分类

按预报长度分类	预报长度 L/m	说明
短距离预报	$L<30$	可采用地质调查法、地质雷达法及超前钻探法等
中距离预报	$30\leqslant L<100$	可采用地质调查法、弹性波反射法及超前钻探法等
长距离预报	$L\geqslant100$	可采用地质调查法、弹性波反射法及超前钻探法等

应根据隧道工程地质与水文地质条件和复杂程度、地质因素对隧道施工影响程度、诱发环境问题程度等，针对不同类型地质问题，按表1-4-3选择不同方法和手段，分段、分级进行超前地质预测预报。

表 1-4-3 地质预测预报分级

地质预测预报分级影响因素		地质预测预报分级			
		A	B	C	D
地质复杂程度（含物探异常）	岩溶发育程度	极强	强烈	中等	微弱
	涌水涌泥程度	特大突水、大型突水、突泥，高水压	中小型突水、突泥	小型涌水、涌泥	涌突水可能性极小
	断层稳定程度	大型断层破碎带，自稳能力差，富水，可能引起大型失稳坍塌	中型断层带，软弱，中～弱富水，可能引起中型坍塌	中小型断层，弱富水，可能引起小型坍塌	中小型断层，无水，无掉块
	地应影响力程度	极高应力，严重岩爆，大变形	高应力，中等岩爆，中～弱变形	弱岩爆，轻微变形	无岩爆，无变形
	瓦斯影响程度	瓦斯突出	高瓦斯	低瓦斯	无
地质因素对隧道施工影响程度		危及施工安全，可能造成重大安全事故	存在安全隐患	可能存在安全问题	局部可能存在安全问题
诱发环境问题的程度		可能造成重大环境灾害	施工、防治不当，可能诱发一般环境问题	特殊情况下可能出现一般环境问题	无
超前地质预报方式		采用地质分析法、弹性波反射法（地震波法、水平声波剖面法、陆地声呐法）、地质雷达法，高分辨直流电法、瞬变电磁法、激发极化法、超前水平钻探法等进行综合预报	采用地质分析法、弹性波反射法（地震波法、水平声波剖面法、陆地声呐法），辅以高分辨直流电法、瞬变电磁法、激发极化法、地质雷达法，必要时进行超前水平钻孔	以地质分析法为主。对重要地质层界面、断层或物探异常地段宜采用弹性波反射法（地震波法、水平声波剖面法、陆地声呐法）进行探测，必要时采用超前水平钻孔	采用地质分析法，必要时补充其他方法

表 1-4-3 中地质复杂程度（含物探异常）、地质因素对隧道施工影响程度、诱发环境问题的程度等地质预测预报分级影响因素，同时也是地质灾害分级的影响因素。

根据地质灾害对隧道施工安全的危害程度，地质灾害分为以下四级，其影响因素见表 1-57：

（1）A 级：存在重大地质灾害隐患的地段，如大型暗河系统，可溶岩与非可溶岩接触带，软弱、破碎、富水、导水性良好的地层和大型断层破碎带，特殊地质地段，重大物探异常地段，可能产生大型、特大型突水突泥地段，诱发重大环境地质灾害的地段，高地应力、瓦斯、天然气问题严重的地段以及人为坑洞等。

（2）B 级：存在中、小型突水突泥隐患的地段，物探有较大异常的地段，断裂带等。

（3）C 级：水文地质条件较好的碳酸盐岩及碎屑岩地段、小型断层破碎带，发生突水突泥的可能性较小。

（4）D 级：非可溶岩地段，发生突水突泥的可能性极小。

（二）地质调查法

地质调查法应包括隧道地表补充地质调查和隧道内地质素描，可适用于各种地质条件下的隧道超前地质预报。

知识拓展

地质调查法不占用开挖工作面施工时间、不干扰施工、设备简单、操作方便，提交资料及时，可随时掌握隧道开挖工作面的地层、岩性、地质构造、地下水等地质条件的变化，是隧道施工过程中的地质工作，是隧道工程全过程地质工作的重要一环，是隧道超前地质预报的基础工作。

（三）物探法

地质条件复杂的隧道和存在多种干扰因素的隧道，应根据被探测对象的物性条件开展综合物探，并与其他探测方法相互配合，对所测得的物探资料进行综合分析。

弹性波反射法可适用于划分地层界线、查找地质构造、探测不良地质体的厚度和范围。

地质雷达法可适用于岩溶、采空区、空洞、断层破碎带、软弱夹层等不均匀地质体的探测。

（四）超前钻探法

富水构造破碎带、富水岩溶发育地段、煤系或油气地层、瓦斯发育区、采空区以及重大物探异常地段和水下隧道应采用超前钻探法预测、预报、评价前方地质情况，包括超前地质钻探、加深炮孔探测及孔内摄影。

超前地质钻探法应结合地质调查和物探报告综合预报，并应符合下列规定：

（1）宜采用中距离钻探，必要时可采用长距离钻探，连续钻探时前后两次宜重叠 5 ~ 10 m。

（2）利用加深炮孔进行短距离钻探时，应符合规范的规定。

（3）一般地段可采用冲击钻，复杂地段宜采用回转取芯钻。

（五）超前导洞法

超前导洞法可采用平行超前导洞和主洞超前导洞，两座并行隧道可根据先行开挖的隧道预测后开挖隧道的地质条件。

应做好超前导洞的地质超前预报与评价工作，并根据超前导洞地质复杂程度，采取地质调查、物探、超前钻探等预报方法。

二、隧道施工监控量测技术

（一）一般规定

监控量测应纳入施工工序管理。监控量测应达到下列目的：

（1）掌握围岩和支护动态，及时反馈信息，指导施工作业。

（2）围岩和支护的变形、应力量测信息，可为修改设计提供依据。

专家解读

监控量测的主要目的是掌握围岩和支护工作状态、判断围岩稳定性、支护结构的合理性和隧道整体安全性，确定二次衬砌合理的施作时间，为在施工中调整围岩级别、变更设计方案及参数、优化施工方案及施工工艺提供依据，直接为设计和施工管理服务。

隧道开工前，应根据设计要求，结合隧道规模、地形地质条件、施工方法、支护类型和参数、工期安排等编制施工全过程监控量测方案。编制内容应包括量测项目、量测仪器选择、测点布置、量测频率、数据处理、信息反馈、组织机构、管理体系等。量测计划应与施工进度计划相适应。

监控量测工作应结合开挖、支护作业的进程，按量测方案布点和监测，根据现场量测情况及时调整补充，量测数据应及时分析、处理和反馈。

现场量测仪器，应根据量测项目及测试精度选用。宜选择简单适用、稳定可靠、操作方便、量程合理、便于进行结果处理和分析的测试仪器，并经过有效检校。

监控量测数据应真实、有效、规范并经过复核，有可追溯性，及时填报反馈报表。

在复合式衬砌和喷锚衬砌隧道施工时，必须进行表 1-4-4 所列项目的量测，其作业应符合表 1-4-4 的规定。

1-4-4　隧道现场监控量测必测项目

序号	项目名称	方法及工具	测点布置	精度	量测间隔时间			
					1 ~ 15 d	16 d ~ 1 个月	1 ~ 3 个月	大于 3 个月
1	洞内、外观察	现场观测、地质罗盘等	开挖及初期支护后进行	—	—			
2	周边位移	各种类型收敛计、全站仪或其他非接触量测仪器	每 5 ~ 100 m 1 个断面，每断面 2 ~ 3 对测点	0.5 mm（预留变形量不大于 30 mm 时）；1 mm（预留变形量大于 30 mm 时）	1 ~ 2 次/d	1 次/2 d	1 ~ 2 次/周	1 ~ 3 次/月
3	拱顶下沉	水准仪、铟钢尺、全站仪或其他非接触量测仪器	每 5 ~ 100 m 1 个断面		1 ~ 2 次/d	1 次/2 d	1 ~ 2 次/周	1 ~ 3 次/月
4	地表下沉	水准仪、铟钢尺、全站仪	洞口段、浅埋段（$h \leq 2.5b$），布置不少于 2 个断面，每断面不少于 3 个测点	0.5 mm	开挖面距量测断面前后 $<2.5b$ 时，1 ~ 2 次/d； 开挖面距量测断面前后 $<5b$ 时，1 次/(2 ~ 3) d； 开挖面距量测断面前后 $\geq 5b$ 时，1 次/(3 ~ 7) d			
5	拱脚下沉	水准仪、铟钢尺、全站仪	富水软弱破碎围岩、流沙、软岩大变形、含水黄土、膨胀岩土等不良地质和特殊性岩土段	0.5 mm	仰拱施工前，1 ~ 2 次/d			

注：b 为隧道开挖宽度；h 为隧道埋深。

知识拓展

现场量测项目分为必测项目和选测项目两大类。必测项目是为了在施工中保证安全，通过量测信息判断围岩稳定性来指导设计、施工的经常性量测，这类量测通常测试方式简单，费用少，可靠性高，但对监视围岩稳定、指导设计施工却有巨大作用。

应根据设计要求、隧道横断面形状和断面大小、埋深、围岩条件、周边环境条件、支护类型和参数、施工方法等综合确定选测项目。选测项目量测作业应符合表1-4-5的规定。

表1-4-5　隧道现场监控量测选测项目

序号	项目名称	方法及工具	布置	测试精度	量测间隔时间			
					1～15 d	16 d～1个月	1～3个月	大于3个月
1	钢架内力及外力	支柱压力计或其他测力计	每代表性地段1～2个断面，每断面钢架内力3～7个测点，或外力1对测力计	0.1 MPa	1～2次/d	1次/2 d	1～2次/周	1～3次/月
2	围岩内部位移（洞内设点）	洞内钻孔中安设单点、多点杆式或钢丝式位移计	每代表性地段1～2个断面，每断面3～7个钻孔	0.1 mm	1～2次/d	1次/2 d	1～2次/周	1～3次/月
3	围岩内部位移（地表设点）	地面钻孔中安设各类位移计	每代表性地段1～2个断面，每断面3～5个钻孔	0.1 mm	同地表下沉要求			
4	围岩压力	各种类型岩土压力盒	每代表性地段1～2个断面，每断面3～7个测点	0.01 MPa	1～2次/d	1次/2 d	1～2次/周	1～3次/月
5	两层支护间压力	压力盒	每代表性地段1～2个断面，每断面3～7个测点	0.01 MPa	1～2次/d	1次/2 d	1～2次/周	1～3次/月
6	锚杆轴力	钢筋计、锚杆测力计	每代表性地段1～2个断面，每断面3～7锚杆(索)，每根锚杆2～4测点	0.01 MPa	1～2次/d	1次/2 d	1～2次/周	1～3次/月

（续表）

序号	项目名称	方法及工具	布置	测试精度	量测间隔时间			
					1～15 d	16 d～1个月	1～3个月	大于3个月
7	支护、衬砌内应力	各类混凝土内应变计及表面应力解除法	每代表性地段1～2个断面，每断面3～7个测点	0.01 MPa	1～2次/d	1次/2 d	1～2次/周	1～3次/月
8	围岩弹性波速度	各种声波仪及配套探头	在有代表性地段设置	—	—			
9	爆破振动	测振及配套传感器	邻近建（构）筑物	—	随爆破进行			
10	渗水压力、水流量	渗压计、流量计	—	0.01 MPa	—			
11	地表下沉	水准测量的方法，水准仪、铟钢尺等	有特殊要求段落	0.5 mm	开挖面距量测断面前后＜2.5b时，1～2次/d； 开挖面距量测断面前后＜5b时，1次/(2～3)d； 开挖面距量测断面前后≥5b时，1次/(3～7)d；			
12	地表水平位移	经纬仪、全站仪	有可能发生滑移的洞口段高边坡	0.5 mm	—			

洞内必测项目，各测点宜在靠近掌子面、不受爆破影响范围内尽快安设，初读数应在每次开挖后12 h内、下一循环开挖前取得，最迟不得超过24 h。选测项目测点埋设时间宜根据实际需要确定。

测点应牢固、可靠、易于识别，应能真实反映围岩、支护的动态变化信息。洞内必测项目各测点应埋入围岩中，深度不应小于0.2 m，不应焊接在钢架上，外露部分应有保护装置。

各项量测作业均应持续到量测断面开挖支护全部结束，临时支护拆除完成，且变形基本稳定后15～20 d。

（二）变形量测

隧道施工时进行的变形量测，主要包括周边位移及拱顶下沉、地表下沉、整体位移、底鼓、土体深层水平位移、围岩内部位移。洞内、外观察对掌握围岩动态和支护结构工作状况非常重要，特别是在不良地质条件下更是确保施工安全和工程质量的必不可少的措施。洞内、外观察和量测结果一起分析，对于优化设计方案、调整施工参数及科学地进行施工组织和管理十分重要。

（三）受力监测

可根据设计要求、工程需要进行隧道受力监测，主要可包括锚杆轴力、钢架内力、接触压力、衬砌内力和孔隙水压力等内容。

知识拓展

隧道施工应进行有害气体监测,并应根据设计要求和工程需要对隧道施工影响范围内周边建(构)筑物进行监测。

(四)监控量测数据处理与应用

监控量测应及时进行数据整理和数据分析,并绘制监控量测数据时态曲线和距开挖面距离变化曲线图;应绘制地表下沉值沿隧道纵向和横向变化量和变化速率曲线。

监控量测数据整理、分析与反馈应符合下列规定:

(1)对初期的时态曲线应进行回归分析,预测可能出现的最大值和变化速度,掌握位置变化的规律。

(2)数据异常时,应及时分析原因,提出对策和建议,并及时反馈有关单位。

(3)信息反馈程序可按图1-4-1组织。

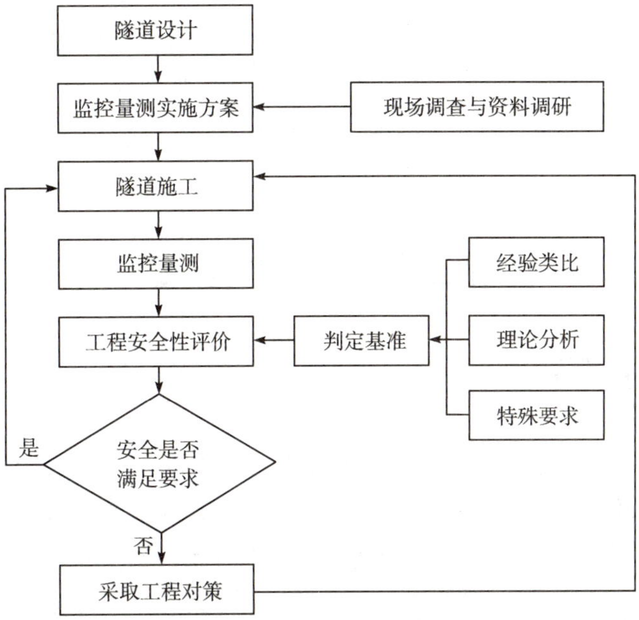

图1-4-1　信息反馈程序框图

围岩稳定性的综合判别,应根据监控量测结果,按下列指标判定:

(1)实测位移值不应大于隧道的极限位移,并按表1-4-6位移管理等级管理。一般情况下,将隧道设计的预留变形量作为极限位移,设计变形量应根据检测结果不断修正。

表1-4-6　位移管理等级

管理等级	管理位移/mm	施工状态
Ⅲ	$U<(U_0/3)$	可正常施工
Ⅱ	$(U_0/3)\leqslant U\leqslant(2U_0/3)$	应加强支护
Ⅰ	$U>(2U_0/3)$	应采取特殊措施

注:U为实测位移值;U_0为设计极限位移值。

(2)根据位移速率判断:速率大于1.0 mm/d时,围岩处于急剧变形状态,应加强初期支护;速率变化在0.2~1.0 mm/d时,应加强观测,做好加固的准备;速率小于0.2 mm/d时,围岩达到基本稳定。在高地应力软岩、膨胀岩土、流变蠕变岩土和挤压地层等不良地质和特殊性岩土中,应根据具体情况制定判别标准。

(3)根据位移速率变化趋势判断:当围岩位移速率不断下降时,围岩处于稳定状态;当围岩位移速率保持不变时,围岩尚不稳定,应加强支护;当围岩位移速率上升时,围岩处于危险状态,必须立即停止掘进,采取应急措施。

(4)**初期支护承受的应力、应变、压力实测值与允许值之比大于或等于0.8时,围岩不稳定,应加强初期支护;初期支护承受的应力、应变、压力实测值与允许值之比小于0.8时,围岩处于稳定状态。**

监控量测资料整理应包括下列内容,并纳入交竣工文件:

(1)现场监控量测计划。

(2)实际测点布置图。

(3)围岩和支护位移-时间曲线图、空间关系曲线图,以及监控量测记录汇总表。其中,位移-时间曲线图出现反弯点时,代表围岩或支护出现不稳定状态。

(4)变更设计和改变施工方法地段的信息反馈记录。

(5)现场监控量测说明。

第三节　隧道施工

一、隧道施工准备

(一)一般规定

隧道施工前,应编制施工组织设计,并做好施工准备和组织落实工作。编制时,应根据隧道长度、跨度、工期、地质和自然条件、重点及难点工程、施工方法、施工进度等因素,配备适宜、充足的施工机械,组织均衡生产,提高劳动生产效率。

知识拓展

为了控制和保证隧道工程的质量。开工前需要具备相应的试验检测条件。通常要建设工地试验室。工地试验室是控制工程质量的临时试验机构,承担工程项目施工所需的标准试验、原材料试验以及施工过程中的试验及检测工作。

隧道开工前,应完成分项工程划分、先期工程施工方案编制及混凝土配合比设计等技术准备工作。

(二)施工场地与临时工程

施工场地临时工程施工应符合表1-4-7的规定。

表 1-4-7 施工场地与临时工程施工规定

施工场地与临时工程	施工规定
施工场地	施工场地布置应遵循因地制宜、统一规划、安全方便、节地环保的原则,并应符合下列规定: (1)应考虑工程规模、工期、地形特点、弃渣场和水源等情况。 (2)应事先规划,以洞口为中心布置并减少与现有道路交叉和干扰。 (3)应不影响隧道和其他工程施工。 (4)运输便道、场区道路和临时排水设施等,应统一规划、合理布局、形成网络。 (5)隧道洞外宜设置机械设备安装、维修和停放的场地。机械设备、附属车间、加工场宜相对集中。 (6)砂石料应分仓存放。大宗材料、施工备品及回收材料堆放场地,应满足使用要求。 (7)施工场地周边开挖应采取降低开挖高度和面积、挡护等保持边坡稳定措施。 (8)施工场地周边应有防治边坡失稳、崩塌、落石危害的措施
临时工程和设施	临时工程和设施布设应满足安全和施工活动正常开展的需要,并应符合下列规定: (1)临时工程应在隧道开工前完成。 (2)临时工程布置应考虑高边坡、河道等突发性自然灾害的影响,制定相应的应急预案。 (3)临时工程应适用当地暴雪、暴雨、大风、台风、高温、高寒等极端天气条件,制定预警、预防和应急措施。 (4)临时工程布置宜考虑永临结合方案。 (5)应设置对人员、设备进出洞进行管理的设施,配备专人管理。 (6)风、水、电设施宜靠近洞口布设,并满足隧道施工需要
临时房屋	应满足施工人员工作和生活的需要;应符合消防安全规定;应设有排水系统;生活用水的排放不得影响施工和污染周围环境
施工便道	(1)线形、纵坡、宽度、路基及路面结构应满足大型设备、材料及出渣运输的需要。 (2)应设置必要的安全防护、排水设施和警示、提醒标志。 (3)使用期间应养护

知识拓展

严禁将临时房屋和设施布置在受洪水、泥石流、塌方、滑坡及雪崩等自然灾害威胁的地段。临时房屋不宜建在电力线路保护区内,与架空电力线路的距离应符合下表的规定。

类别	架空电力线路电压等级 G		
	$G \leqslant 10$ kV	10 kV $< G \leqslant 220$ kV	220 kV $< G \leqslant 500$ kV
最小垂直距离/m	5.0	8.0	14.0
最小水平距离/m	4.0	5.0	8.0

（三）施工人员、材料和设备

施工人员、材料和设备应符合表1-4-8相关规定。

表1-4-8　施工人员、材料和设备相关规定

资源配备	相关规定
施工人员	(1)应根据工程规模、工期、技术难度等，配备满足工程需要的管理、技术、测量、试验、质检和安全人员。 (2)隧道施工人员应经过岗前专业培训，接受安全、职业健康等教育。特种作业人员应持证上岗。 (3)施工前应对施工人员进行技术交底
材料	材料进场时应按批次和规定频率进行试验、检测，并满足设计和相关规范、规定要求
设备	(1)应根据安全、可靠、经济、适用的原则配置隧道施工机械和设备，并应符合下列规定：应与施工方法相配套，与隧道长度、断面大小、施工工期相适应；应按相关工序流水施工配套配置，提高机械的总体效率；宜优先选用污染小、噪音小的机械设备；应方便维修。 (2)二次衬砌模板台车宜在隧道开挖进洞前准备到位。 (3)应配备满足工程需要的检测仪器和设备，并在检校有效期内使用

知识拓展

隧道施工前应做好风险控制，建立健全隧道施工安全质量风险控制体系。隧道施工前应开展安全风险评估，辨识施工过程中的主要危险源及危害因素，制定安全防护措施，并应根据工程建设条件、技术复杂程度、地质与环境条件、施工管理模式以及工程建设经验对隧道工程实施动态风险控制和跟踪处理。施工单位应当依据风险评估结论，对风险等级较高的分部分项工程编制专项施工方案，并附安全验算结果，经施工单位技术负责人签字后报监理工程师批准执行。

二、隧道施工测量

（一）一般规定

隧道施工前应建立测量复核体系，并进行测量方案设计。应根据隧道规模和贯通误差要求，综合考虑控制网等级和图形、测量仪器精度和测量方法，估算误差范围，确保测量结果能够满足工程需要。

勘测设计用隧道平面和高程控制网桩点，应向施工单位逐桩逐点交付资料、确认桩点，遗失的桩点应补桩，资料与现场不符的应更正。

控制测量对隧道相向施工贯通面的贯通误差影响极限值应符合表1-4-9的规定。

表1-4-9　贯通误差影响极限值

测量部位	不同贯通长度 L(m)的横向贯通中误差/mm			高程中误差/mm
	$L<3\,000$	$3\,000\leq L<6\,000$	$6\,000\leq L<9\,000$	
洞外	45	60	90	25
洞内	60	80	120	25
整个贯通区间	75	100	150	35

地震多发区和影响区应加强特长、长隧道的控制测量工作，震后应复测控制网。

当洞内有瓦斯等易燃易爆气体时，测量工作应采取下列防爆措施：

(1)测量前检测测站附近20 m范围内瓦斯等易燃易爆气体浓度，小于0.5%时方可进

行测量作业。

(2)高瓦斯和煤(岩)与瓦斯突出隧道应采用防爆型测量仪器。

(二)控制测量

控制测量工作中的各项计算,均应由两组独立进行。计算过程中应及时校核,发现问题应及时检查,并找出原因。隧道洞外控制测量应在隧道进洞施工前完成。

平面控制测量可采用卫星定位测量、导线测量。洞外平面控制测量宜利用已有的定测控制网,并应符合《公路隧道施工技术规范》关于隧道贯通误差的有关规定和隧道施工要求。隧道平面控制测量等级应按表 1-4-10 确定。

表 1-4-10 隧道平面控制测量等级

隧道贯通长度 L/m	测量等级
$L \geq 6\,000$	二等
$3\,000 \leq L < 6\,000$	三等
$1\,000 \leq L < 3\,000$	四等
$L < 1\,000$	一级

卫星定位测量、导线测量、高程控制测量、洞内平面控制测量应符合表 1-4-11 的规定。

表 1-4-11 测量规定

测量方法	规定
卫星定位测量	(1)根据隧道贯通精度的要求按静态相对定位原理建网。 (2)标准差应根据固定误差、比例误差系数、基线长度按规定计算。 (3)卫星定位基线测量的中误差应小于标准差,固定误差、比例误差系数的取值应符合规定。 (4)卫星定位测量的主要技术要求应符合规定。每观测时段,观测前、后应分别量取天线高,两次量取差值应不大于 3 mm,取其平均值作为计算天线高
导线测量	导线测量的技术要求应符合规定。应根据仪器要求进行气象改正
高程控制测量	(1)隧道高程控制测量等级和误差应符合规定。高程控制测量宜采用水准测量,洞外四等高程控制测量也可采用光电测距三角高程测量;光电测距三角高程测量能够满足三等高程测量要求,并满足高程贯通误差的要求时,亦可在 3~6 km 隧道的洞外高程测量中采用光电测距三角高程测量。 (2)高程控制点可利用稳固坚硬的基岩刻凿,如无稳固坚硬的基岩可以利用,应埋设有金属标志的混凝土桩。 (3)高程控制网的竖井联系测量应采用全站仪或光电测距仪传递高程
洞内平面控制测量	(1)洞内平面控制测量宜采用导线测量。 (2)洞内导线,应布置成多边形导线环;应根据贯通精度的要求布点,宜选择在施工干扰小、稳固可靠、通视良好的地方。导线边长在直线地段不宜小于 200 m,在曲线地段不宜小于 70 m。 (3)掘进长度超过 2 倍导线边长时,应进行一次洞内导线延伸测量。导线测量视线与障碍物距离不应小于 0.2 m。 (4)联系洞外和洞内的控制测量,宜选在洞外和洞内观测条件接近的时段进行观测。 (5)平面控制测量的竖井联系测量可采用光学垂准仪投点、陀螺仪辅助定向。应根据竖井长度和贯通精度要求选择测量仪器和测量方法,估算贯通误差,确定测量方案。 (6)施工时不应损毁导线点

斜井导线测量和竖井内悬挂钢尺进行高程传递测量应符合规范的规定。

知识拓展

洞外平面控制网和高程控制网应不定期复测，复测周期宜不大于6个月，复测精度应与建网精度相同。沙漠、冻土、软土区、地震多发区和影响区、地面沉降地区、施工期间出现异常地段等特殊地区，复测频率应根据变形规律和控制桩情况分析确定，宜适当缩短复测周期，或临时增加复测。

（三）放样测量

用导线法进行洞内控制测量的隧道，需要使用施工中线点放样时，应由洞内导线测设施工中线。用中线法进行洞内测量的隧道，中线点点位横向偏差不得大于5 mm。中线点间距曲线部分不宜小于50 m，直线部分不宜小于100 m。直线地段宜采用正倒镜延伸直线法。

开挖前应校核中线点，并在开挖断面上标出设计断面轮廓线。供衬砌用的临时中线点的间距宜与模板长度一致。

洞内施工用的水准点，应根据洞外、洞内已设定的水准点，按施工需要加设。为使施工方便，在导坑内拱部、边墙施工地段宜每100 m设立一个临时水准点，并定期复核。

（四）贯通误差测定及调整

隧道贯通后，洞内导线、施工中线及高程的实际贯通误差，应在贯通面两侧未衬砌段调整，该贯通误差调整段的长度应根据中线形式、贯通误差值、支护和衬砌（包括仰拱）施工情况综合确定，宜大于100 m，贯通面两侧对称。该段的后续工序均应以调整后的中线及高程为准进行放样。

贯通误差的测定方法、原理及调整规定见表1-4-12。

表1-4-12　贯通误差的测定方法、原理及调整规定

测定方法	测定原理	调整规定
导线法	在贯通面附近定一临时点，由两端分别测量该点的坐标，所得的闭合差分别投影至贯通面及其垂直方向，得出实际的横向和纵向贯通误差，再将全站仪置于该临时点测求方位角贯通误差	(1)方位角贯通误差分配在未衬砌地段的导线角上。 (2)坐标闭合差在贯通误差调整段的导线上，按边长比例分配。 (3)采用调整后的导线坐标作为贯通误差调整段的放样依据
中线法	由两端向中间进行测量，并在贯通面上分别得出中线点，量出两点的横向和纵向距离，即为该隧道的实际贯通误差	(1)贯通误差调整段为直线时，宜通过加设曲线来调整线路中线。 (2)贯通误差调整段全部位于圆曲线地段时，贯通误差应由曲线的两端向贯通面按长度比例调整中线。 (3)贯通误差调整段既有直线又有曲线时，宜通过调整曲线偏角和曲线起(终)点位置调整线路中线
水准法	由两端向中间进行水准测量，分别测至贯通面附近的同一高程控制点或中线点上，所测得的高程差值即为实际的高程贯通误差	(1)由两端分别引测贯通点附近的高程控制点，采用其平均值作为该点调整后的高程，并作为放样依据。 (2)高程贯通误差的一半，分别在贯通面两端未衬砌地段按水准线路长度的比例调整

贯通误差的限值宜符合表 1-4-13 的规定。

表 1-4-13 贯通误差的限值

不同贯通长度 L(m)的横向贯通误差限值/mm			高程中误差/mm
$L<3\ 000$	$3\ 000\leqslant L<6\ 000$	$L\geqslant 6\ 000$	
≤150	≤200	≤300	≤70

（五）交（竣）工测量

应在中线复测的基础上埋设永久中线点，永久中线点应用混凝土包埋金属标志。直线上的永久中线点，每 200 ~ 250 m 设一个，曲线上应在缓和曲线的起终点各设一个；曲线中部，可根据通视条件适当增加。永久中线点设立后，应在隧道边墙上画出标志。

应在直线地段每 50 m、曲线地段每 20 m 及需要加测断面处，测绘以路线中线为准的隧道实际净空，标出拱顶高程、起拱线宽度、路面水平宽度。

洞内水准点每公里应埋设一个，短于 1 km 的隧道应至少设一个，并应在隧道边墙上画出标志。

应提交贯通测量技术成果书、贯通误差的实测成果和说明、净空断面测量和永久中线点、水准点的实测成果及示意图。

应提交隧道总体实测项目，具体包括车行道宽、净总宽、隧道净高、隧道偏位、引道中心线与隧道中心线的衔接、边坡坡度、仰坡坡度。

三、隧道洞口、明洞施工

（一）洞口工程

洞口开挖和进洞施工宜避开雨季和融雪期。当不能避免时，应采取防止坍塌的安全保证措施。

知识拓展

洞口工程指洞口土石方、边仰坡防护、洞门及其相邻的翼墙、挡土墙及洞口排水系统等。

对洞口不稳定的地表土及山坡危石等，应进行清除、防护或加固。

隧道洞口开挖前，应结合设计文件，遵循“早进晚出”的原则，复核确认明暗分界位置的合理性，控制边仰坡开挖高度。

洞口段存在偏压时，应采取偏压防治措施。

洞口开挖与防护应符合下列规定：

(1)**洞口边坡及仰坡应自上而下开挖，不得掏底开挖或上下重叠开挖。**

(2)**宜采用人工配合机械开挖**，或者采用控制爆破措施减少对边仰坡及围岩的扰动。

(3)边仰坡防护应及时施作。

(4)应随时检查监测边坡和仰坡的变形状态。

洞口边坡、仰坡开挖及地表恢复应符合环境保护规定，做好水土保持。

洞口截排水设施应符合下列规定：

(1)应结合地形条件设置，具备有效拦截、排水顺畅的能力。

(2)不应冲刷路基坡面及桥涵锥坡等设施。

(3)洞口截、排水设施应在雨季和融雪期之前完成。

(4)截水沟迎水面不得高于原地面,回填应密实且不易被水淘空。

(5)截水沟应采取防止渗漏和变形的措施。

洞内排水应与洞外排水设施合理连接。

开挖进洞前,应完成管棚、地层加固、降水等设计要求的辅助工程施工。

洞口永久性挡护工程应紧跟土石方开挖及早完成。

洞口爆破开挖影响邻近建(构)筑物或已建工程时,应采取措施控制爆破振动,并进行爆破振动监测。

洞门墙施工应符合下列规定:

(1)洞门墙宜在洞口衬砌施工完成后及时施作。

(2)洞门墙基底虚渣、杂物、泥、水等应清除干净,地基承载力应符合设计规定。

(3)洞口衬砌两侧端墙砌筑和墙背回填应对称进行。

(4)洞门墙背排水设施应与洞门墙同步施工。

管棚导向墙基础尺寸和承载力应符合设计规定。

(二)明洞工程

明洞工程宜尽早施工。基底承载力不足时,基底处理应符合设计规定。严禁超挖后回填虚土。

明洞防水层铺设前应检查并清除拱墙背面露出的尖锐突出物,明洞拱墙背面混凝土表面应平整圆顺,必要时可用砂浆抹平。防水层的铺设应保证各方向的搭接宽度。

明洞回填施工应遵循对称均衡原则,并应符合下列规定:

(1)明洞拱背回填应在外模拆除、防水层和排水盲管施工完成后进行。人工回填时,拱圈混凝土强度应不小于设计强度的75%。机械回填时,拱圈混凝土强度应不小于设计强度。

(2)明洞两侧回填水平宽度小于1.2 m的范围应采用浆砌片石或同级混凝土回填。

(3)回填料不宜采用膨胀岩土。

(4)顶面0.2 m可用耕植土回填。

(5)明洞土石回填应对称分层夯实,分层厚度不宜大于0.3 m,两侧回填高差不应大于0.5 m。回填到拱顶以上1.0 m后,方可采用机械碾压。回填土压实度应符合设计规定。

(6)单侧设有反压墙的明洞回填应在反压墙施工完成后进行。

(7)回填时不得倾填作业。

(8)明洞回填时,应采取防止损伤防水层的措施。

(9)洞门顶排水沟砌筑在填土上时,应在夯实后砌筑。

四、隧道开挖

公路隧道开挖主要是指洞身的开挖,此处主要介绍洞身开挖相关内容。

(一)一般规定

应根据隧道长度、跨度、结构形式、掌子面稳定性、地质条件等选择适宜的开挖方法,并应根据开挖方法选择配套的机械设备。

开挖后可能发生失稳、坍塌、涌水等地段,应预先采取针对性的预处理措施。

开挖作业应符合下列规定：

(1)开挖断面尺寸应符合设计规定。

(2)应根据开挖方法、断面大小、地质条件等因素确定合理的循环进尺。

(3)开挖作业不得危及人员、设备及支护结构的安全。

(4)开挖后应清除危石，并及时进行初期支护作业。

(5)危石清除工作应采用机械作业与人工作业相结合的方式。

隧道爆破应采用光面爆破。

知识拓展

公路隧道开挖的主要方法是钻孔爆破法，隧道开挖的主要工作有钻眼、装药、爆破等。

隧道对向开挖的两工作面相距达到4倍隧道跨度时，两端施工应加强联系，统一指挥；两工作面不得同时起爆。土质和软弱破碎围岩，两开挖面间距离达到3.5倍隧道跨度时，应改为单向开挖；围岩条件较好地段，两开挖面间距离达到2.5倍隧道跨度时，应改为单向开挖。

隧道邻近有需要保护的重要建(构)筑物时，应严格控制爆破振动；也可选择机械开挖。

隧道进、出洞前，应按设计完成超前支护等辅助工程措施。

(二)开挖方法

应根据地质条件、隧道开挖断面和围岩稳定情况选择开挖方法。不同围岩条件和开挖断面适宜的开挖方法见表1-4-14。

表1-4-14 不同围岩条件和开挖断面适宜的开挖方法

序号	开挖方法		围岩级别	
			双车道隧道	三车道隧道
1	全断面法		Ⅰ～Ⅲ	Ⅰ～Ⅱ
2	台阶法	长台阶法	Ⅲ～Ⅳ	Ⅱ～Ⅲ
		短台阶法	Ⅳ～Ⅴ	Ⅲ～Ⅳ
		超短台阶法	Ⅴ	Ⅳ
3	分部开挖法	环形开挖留核心土法	Ⅴ～Ⅵ	Ⅲ～Ⅳ
		中隔壁法	Ⅴ～Ⅵ	Ⅳ～Ⅴ
		交叉中隔壁法	Ⅴ～Ⅵ	Ⅳ～Ⅵ
		双侧壁导坑法	—	Ⅴ～Ⅵ

全断面法是指隧道设计开挖断面一次开挖成形的开挖方法。

台阶法是指将设计开挖断面分成上、下断面(或上、中、下断面)，先上后下，分次开挖成形的开挖方法。台阶数量和台阶高度应综合考虑隧道断面高度、机械设备及围岩稳定性等因素确定。台阶开挖高度宜为2.5～3.5 m。可采用二台阶法或者三台阶法，台阶数量不宜多于3个。

知识拓展

两台阶法施工工序如下图所示。

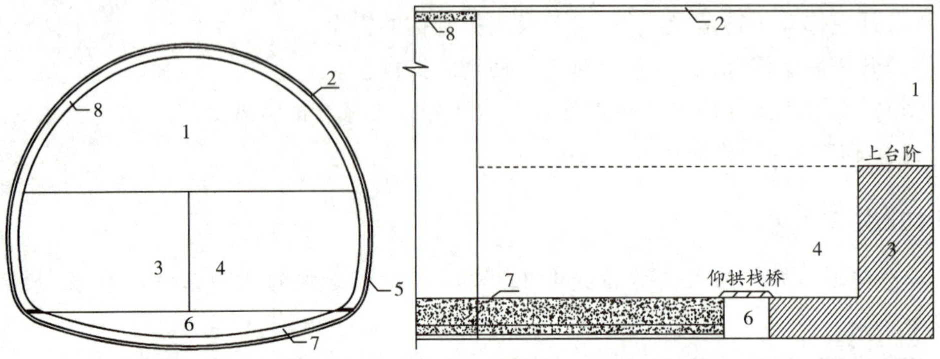

注：1－上台阶开挖；2－上台阶初期支护；3，4－下台阶错开开挖；5－下台阶初期支护；6－底部开挖（捡底）；7－仰拱及填充（底板）；8－二次衬砌

环形开挖留核心土法是指先开挖上部环形导坑并进行支护，再分部开挖两侧边墙及中部核心土的开挖方法。

中隔壁法（CD 法）是指将设计开挖断面分成左、右 2 个断面，先开挖隧道一侧，并施工中隔壁竖向支撑，再开挖另一侧的开挖方法。

交叉中隔壁法（CRD 法）是指将设计开挖断面分成左、右 2 个断面，先按台阶法开挖隧道一侧，施工中隔壁竖向支撑和横隔板；再按台阶法开挖隧道另一侧，并施工横隔板的开挖方法。

双侧壁导坑法是指将设计开挖断面分成左、中、右 3 个断面，先开挖隧道两侧断面，并施工隔离墙竖向支撑，再分部开挖中间断面的开挖方法。

考题探究

【单选题】隧道围岩为Ⅰ～Ⅲ级的中小跨度隧道，宜采用（　　）。

A. 全断面法　　B. 台阶法

C. 中导洞法　　D. 双侧壁导坑法

A。【解析】全断面法适用于Ⅰ～Ⅲ级围岩中小跨度隧道，若用于Ⅳ级围岩中跨度隧道及Ⅲ级围岩大跨度隧道，须采取有效预加固措施；台阶法适用于Ⅲ～Ⅴ级围岩中小跨度隧道，但是用于Ⅴ级围岩时，需采取预加固措施；中导洞法适用于连拱隧道；双侧壁导坑法适用于对地表下沉量要求较严格且围岩条件较差、浅埋大跨度隧道。

【单选题】公路隧道开挖方法中，环形开挖留核心土法适用的隧道为（　　）。

A. 浅埋大跨度隧道　　B. Ⅰ～Ⅲ级围岩的中小跨度隧道

C. Ⅲ～Ⅴ级围岩的中小跨度隧道　　D. 一般土质围岩的中小跨度土质隧道

D。【解析】环形开挖留核心土法是先开挖上部环形导坑并进行支护，再分部开挖两侧边墙及中部核心土的方法。Ⅳ～Ⅴ级围岩及一般土质围岩的中小跨度土质隧道适用此方法。

【多选题】当隧道围岩较差、跨度大、浅埋、地表沉降需要控制时,适用的开挖方法有(　　)。

A. 全断面法　　　　B. 台阶法

C. 中隔壁法(CD 法)　　　　D. 交叉中隔壁法(CRD 法)

E. 环形开挖留核心土法

CD。【解析】公路隧道主要开挖方法包括全断面法、台阶法、环形开挖留核心土法、中隔壁法、交叉中隔壁法、双侧壁导坑法、中导洞法。其中,中隔壁法和交叉中隔壁法适用于围岩较差、跨度大、浅埋、地表沉降需要控制的隧道开挖。

隧道不同开挖方法施工应符合表 1-4-15 规定。

表 1-4-15　隧道不同开挖方法施工规定

开挖方法	施工规定
全断面法	(1)宜采用机械化作业,各种机械设备应合理配套。 (2)应控制一次同时起爆的单段最大爆破药量。 (3)应根据掌子面围岩稳定情况、爆破振动、钻孔和出渣效率、超挖控制等确定循环进尺:Ⅲ级围岩宜控制在 3 m 左右;Ⅰ,Ⅱ级围岩,使用气腿式凿岩机时可控制在 4 m 左右,使用凿岩台车时可根据围岩稳定情况适当调整
台阶法	(1)台阶数量和台阶高度应综合考虑隧道断面高度、机械设备及围岩稳定性等因素确定。台阶开挖高度宜为 2.5 ~ 3.5 m。台阶数量可采用二台阶或者三台阶,不宜大于三个台阶。 (2)上台阶开挖每循环进尺,Ⅲ级围岩宜不大于 3 m;Ⅳ级围岩宜不大于 2 榀钢架间距;Ⅴ级围岩宜不大于 1 榀钢架间距。Ⅳ、Ⅴ级围岩下台阶每循环进尺宜不大于 2 榀钢架间距。下台阶单侧拉槽长度宜不超过 15 m。 (3)下台阶左、右侧开挖宜前后错开 3 ~ 5 m,同一榀钢架两侧不得同时悬空。 (4)下部施工应减少对上部围岩、支护的干扰和破坏。 (5)下台阶应在上台阶喷射混凝土强度达到设计强度的 70% 以后开挖
环形开挖留核心土法	(1)台阶开挖高度宜为 2.5 ~ 3.5 m。 (2)环形开挖每循环进尺,Ⅴ级围岩宜不大于 1 榀钢架间距,Ⅳ级围岩宜不大于 2 榀钢架间距。中下台阶每循环进尺,不得大于 2 榀钢架间距。核心土面积宜不小于断面面积的 50% 。 (3)上台阶钢架施工时,应采取有效措施控制其下沉和变形。 (4)拱部超前支护完成后,方可开挖上台阶环形导坑;留核心土长度宜为 3 ~ 5 m,宽度宜为隧道开挖宽度的 1/3 ~ 1/2。 (5)各台阶留核心土开挖每循环进尺宜与其他分部循环进尺相一致。 (6)核心土与下台阶开挖应在上台阶支护完成且喷射混凝土强度达到设计强度的 70% 后进行。下台阶左、右侧开挖应错开 3 ~ 5 m,同一榀钢架两侧不得同时悬空。 (7)仰拱施作应紧跟下台阶,以及时闭合成稳固的支护体系

（续表）

开挖方法	施工规定
中隔壁法	(1)各分部开挖时,周边轮廓应圆顺。开挖进尺不得大于1榀钢架间距。 (2)初期支护完成、强度达到设计规定后方可进行下一分部开挖。 (3)当开挖形成全断面时,应及时完成全断面初期支护闭合。 (4)临时支护拆除宜在仰拱施工前进行,一次拆除长度应与仰拱浇筑长度相适用。临时支护拆除后,应及时浇筑仰拱和仰拱填充、施作拱墙二次衬砌。 (5)临时支护拆除前后,应进行变形量测
交叉中隔壁法	(1)各分部开挖时,周边轮廓应圆顺。开挖进尺不得大于1榀钢架间距。 (2)初期支护完成、强度达到设计规定后方可进行下一分部开挖。每个台阶底部均应按设计规定及时施工临时钢架或临时仰拱。 (3)当开挖形成全断面时,应及时完成全断面初期支护闭合。 (4)临时支护拆除宜在仰拱施工前进行,一次拆除长度宜与仰拱浇筑长度相适用。临时支护拆除后,应及时浇筑仰拱和仰拱填充、施作拱墙二次衬砌。 (5)临时支护拆除前后,应进行变形量测
双侧壁导坑法	(1)侧壁导坑开挖时,周边轮廓应圆顺。导坑跨度宜为整个隧道开挖宽度的1/3。 (2)导坑与中间土体同时施工时,导坑应超前30～50 m。 (3)侧壁导坑开挖后,应及时施工初期支护并尽早形成封闭环。 (4)临时支护拆除宜在仰拱施工前进行,一次拆除长度宜与仰拱浇筑长度相适用。临时支护拆除后,应及时浇筑仰拱和仰拱填充、施作拱墙二次衬砌。 (5)临时支护拆除前后,应进行变形量测

仰拱部位开挖应符合下列规定:应控制仰拱到掌子面的距离,必要时,仰拱应紧跟掌子面;仰拱开挖时,应采取交通安全措施;仰拱开挖长度,土和软岩应不大于3 m,硬岩应不大于5 m,开挖后应及时施作仰拱初期支护、二次衬砌及填充;应做好排水设施,清除底面积水和松渣,严禁松渣回填。

开挖方法转换应符合下列规定:转换前应进行围岩级别核对,确认开挖方法和支护参数适用于前方围岩;分部断面变大、支护变弱应在较好的围岩段中进行;转换前应进行技术交底;转换应逐渐过渡;转换过程中各开挖分部应及时支护,及时闭合。

（三）超欠挖控制

当采用钢架支撑时,如围岩变形较大,支撑可能沉落或局部支撑难以拆除时,宜适当加大开挖断面,预留支撑沉落量,保证衬砌设计厚度。应根据围岩性质和围岩压力预留支撑沉落量,并在施工过程中根据监控量测结果调整。

应严格控制欠挖。当岩层完整、岩石抗压强度大于30 MPa并确认不影响衬砌结构稳定和强度时,每1 m^2内欠挖面积不宜大于0.1 m^2,欠挖隆起量不得大于50 mm。拱脚、墙脚以上1 m范围内及净空图折角对应位置严禁欠挖。

宜减少超挖,不同围岩地质条件下超挖控制值应符合规范的规定。

超挖应回填密实。超挖回填应符合设计规定,设计中没有规定时应符合下列规定:

(1)拱部坍塌形成的超挖处理应编制方案,并经审批后按方案处理。

(2)沿设计轮廓线的均匀超挖,有钢架时,可采用喷射混凝土回填,或增大钢架支护断面尺寸,使钢架贴近开挖轮廓,在施工二次衬砌时,以二次衬砌混凝土回填;无钢架时,可在施工二次衬砌时,以二次衬砌混凝土回填。

(3)**局部超挖,超挖量不超过 200 mm 时,宜采用喷射混凝土回填密实。**

(4)边墙部位超挖,可采用混凝土或片石混凝土回填。

(四)钻爆

钻爆设计应符合下列规定:

(1)施工前应进行钻爆设计。

(2)钻爆设计应根据工程地质、地形环境、开挖断面、开挖方法、循环进尺、钻孔机具、爆破材料和出渣能力等因素综合考虑。

(3)钻爆设计的内容宜包括爆破方法,炮孔(掏槽孔、辅助孔、周边孔)的布置、数目、深度和角度,炸药种类,装药量和装药结构,起爆方法,起爆器材和爆破顺序等。钻爆设计图应包括炮孔布置图、周边孔装药结构图、钻爆参数表、主要技术经济指标及必要的说明。

(4)钻爆设计应根据爆破效果优化调整。

钻爆作业应按钻爆设计实施。

爆破器材应具备相关的检验合格证、技术指标及说明书。

光面爆破应符合下列规定:

(1)应根据围岩特点合理选择周边孔间距及周边孔的最小抵抗线。

(2)应严格控制周边孔的装药量,并使药量沿炮孔全长合理分布。

(3)周边孔宜采用小直径药卷不耦合装药或装填低威力炸药。可借助导爆索实现空气间隔装药。

(4)宜采用毫秒雷管微差顺序起爆,使周边爆破时产生临空面。周边孔宜采用导爆索网路同时起爆;同时起爆药量超过安全允许药量时,也可分段起爆。

(5)初始光面爆破参数,可根据工程类比选择,也可按表 1-4-16、表 1-4-17 选用。光面爆破参数应根据爆破效果及时调整,优化爆破效果。

表 1-4-16 光面爆破参数

岩石种类	饱和单轴抗压极限强度 R_b/MPa	装药不耦合系数 D	周边孔间距 E/mm	周边孔最小抵抗线 V/mm	相对距 E/V	周边孔装药集中度 q/(kg·m^{-1})
硬岩	>60	1.25~1.50	550~700	700~850	0.8~1.0	0.30~0.35
中硬岩	30~60	1.50~2.00	450~600	600~750	0.8~1.0	0.20~0.30
软岩	<30	2.00~2.50	300~500	400~600	0.5~0.8	0.07~0.15

注:a. 装药不耦合系数为炮孔孔径与药卷直径的比值。

b. 断面较小或围岩软弱破碎或在曲线、折线处开挖成形要求高时,周边孔间距应取较小值。

c. 软岩在取较小的周边孔间距的同时,应适当增大抵抗线。

d. 软岩或破碎性围岩,相对距宜取小值。

e. 装药集中度按 2 号岩石硝铵炸药考虑;当采用其他炸药时,应进行换算。

表 1-4-17　预留光面层光面爆破参数

岩石种类	饱和单轴抗压极限强度 R_b/MPa	装药不耦合系数 D	周边孔间距 E/mm	周边孔最小抵抗线 V/mm	相对距 E/V	周边孔装药集中度 q/(kg·m^{-1})
硬岩	>60	1.25～1.50	600～700	700～800	0.7～1.0	0.30～0.35
中硬岩	30～60	1.50～2.00	400～500	500～600	0.8～1.0	0.20～0.30
软岩	<30	2.00～2.50	400～500	500～600	0.7～0.9	0.07～0.15

注:表的适用范围为炮孔深度 1.0～3.5 m;炮孔直径 40～50 mm;药卷直径 20～32 mm。

炮孔布置应符合下列规定:

(1)掏槽孔宜布置在开挖断面的中央稍靠下部。

(2)开挖断面底面两隅处,宜合理布置辅助孔,适当增加药量,消除爆破死角。断面顶部应控制药量。

(3)两个掏槽孔间距不宜小于 200 mm。

(4)在岩层层理或节理发育时,斜孔掏槽的炮孔方向宜与层理面或节理面垂直。

(5)掏槽孔宜比辅助孔孔底深 100～200 mm。爆破后开挖面凹凸较大时,应按实际情况调整炮孔深度及装药量。

钻爆作业应按照钻爆设计钻孔、装药、接线和引爆。隧道爆破作业人员应经过专业培训,持证上岗。

非程控钻机钻孔前应标出炮孔位置,钻孔完成后,应按炮孔布置图检查并做好记录,不符合规定的炮孔应重钻,经检查合格后方可装药。

装药作业应符合下列规定:

(1)严禁装药与钻孔平行作业。

(2)严禁作业人员穿戴化纤衣服。

(3)装药前,无关人员与机具等应撤至安全地点。

(4)应使用木质或竹质炮棍装药。非间隔装药各药卷间应彼此密接。

(5)已装药的炮孔应及时堵塞密封。除膨胀岩土地段和寒区隧道外,炮泥宜采用水炮泥、黏土炮泥。严禁用块状材料、煤粉或其他可燃材料作炮泥。

连线起爆作业应符合下列规定:

(1)每次起爆前,爆破员应仔细检查起爆网络。

(2)起爆前,应确认邻近爆破工作面未装炸药及雷管。

(3)爆破员应最后离开爆破地点,撤离到有掩护的安全地点起爆。

(4)起爆前,所有人员应撤至不受有害气体、振动及飞石伤害的安全地点;安全地点至爆破工作面的距离,在独头坑道内不应小于 200 m,当采用全断面开挖时,应根据爆破方法与装药量计算确定安全距离。在有可能发生涌水、突水地段应加强开挖工作面与洞内后部工作点的联系。

(5)起爆前班组长应清点人数,确认无误后,方可下达起爆指令。爆破员接到起爆指令后,应先发出爆破警号,至少等 5 s 后,方可起爆。

采用电力起爆时,除应执行现行《爆破安全规程》的有关规定外,尚应符合下列规定:

(1)工作面的电灯及电线应在装药前全部撤离,装药时应用矿灯、投光灯或风灯照明。

(2)起爆主导线不宜与电线和管路敷设在同一侧;若设在同一侧时,与钢轨、管道等导电体的间距应大于1.0 m,并悬空架设。

(3)起爆前,应确保现场人员、机械设备等已撤离到安全距离外,并检查主线的连接,确认起爆顺序无误后方可起爆。

(4)在地下水发育地段,爆炸材料应防水;应采用塑料导线作为连接线。应加强接头的防水与绝缘处理,爆破管路接头不得浸在水中。

爆破效果应达到围岩稳定、无大剥落或坍塌、块度适于出渣的要求。应对开挖断面形状、轮廓尺寸及爆破效果进行检查,并应符合下列规定:

(1)超欠挖量应符合规范规定。前后两茬炮衔接段的台阶形误差不宜大于150 mm,使用凿岩台车时可根据实际情况另行确定。

(2)周边炮孔痕迹保存率ξ = 残留有痕迹的炮孔数/周边孔总数 ×100%。不同岩质炮孔痕迹保存率ξ应符合下列规定:硬岩$\xi \geqslant 80\%$;中硬岩$\xi \geqslant 70\%$;软岩$\xi \geqslant 50\%$;松散岩土不规定炮孔痕迹保存率,但开挖周边轮廓平整圆顺。

爆破作业应在上一循环喷射混凝土终凝3 h后进行。

凿岩台车使用应符合下列规定:

(1)选择凿岩台车时,应根据其技术、经济指标的合理性和先进性,分析对比择优选用。

(2)程控凿岩台车定位应符合规范规定。

(3)凿岩台车进尺宜根据掌子面稳定、钻爆效率、超挖量、出渣效率等综合确定。

(五)机械开挖

土质围岩应采用机械开挖。软弱破碎围岩宜优先采用机械开挖。

机械开挖应根据隧道结构特点、围岩特性和掌子面稳定情况、断面大小、开挖和支护出渣效率、动力提供条件和工期要求、场地条件及经济性等因素,选择合适的机械、开挖方法、开挖参数。

机械开挖应及时施作初期支护。

五、隧道装渣、运渣与弃渣

(一)一般规定

出渣运输方式宜采用汽车无轨运输方式。通风、掉头、会车、爬坡困难时,可选用有轨运输、皮带运输或混合运输方式。

应定期检查、维护、保养出渣运输车辆,使之处于完好状态。

严禁人料混载,不得超载、超宽、超高、超速运输。运装大体积或超长料具时,应有专人指挥,专车运输,并设置显示界限的红灯。

进洞的各类施工机械与车辆,宜选用带净化装置的柴油机动力,有轨式出渣运输车辆宜选用电瓶车。

(二)出渣运输

隧道施工时,应建立运输调度系统,并编制运输计划,统一指挥,确保车辆运输安全,提高运输效率。

无轨运输作业应符合下列规定:

(1)洞内路面应平整密实、排水通畅。

(2)从隧道的开挖面到弃渣场地,会车场所、转向场所及行人的安全通路设置应按施工方案要求执行。

(3)在洞口、平交道口、狭窄的施工场地,应设置明显的警示标志,必要时应设专人指挥交通。

(4)单车道净宽不得小于车宽加 2 m,并应间隔适当距离设置错车道;双车道净宽不得小于 2 倍车宽加 2.5 m;会车视距宜大于 40 m。

(5)行车速度,在施工作业地段和错车时不应大于 10 km/h;成洞地段不宜大于 25 km/h。

(6)车辆行驶中严禁超车,洞内倒车与转向应由专人指挥。

(7)二次衬砌完成后可加装隔离设施,人车分流。

有轨运输线路布设应符合下列规定:

(1)轨道运输的弃渣线、编组线和联络线,应形成有效的循环系统。

(2)洞外应根据需要设置调车、编组、出渣、进料、设备整修等作业线路。

(3)洞内宜铺设双道;在单道地段,应根据装渣作业时间和行车速度的大小合理布设错车道、调车设备,增加岔线和岔道等。

有轨运输线路铺设应符合下列规定:

(1)同一线路应使用同一型号钢轨,钢轨质量不宜小于 38 kg/m。钢轨配件、夹板、螺栓应按标准配齐,且与轨型相符。

(2)道岔型号应与钢轨类型相配合,不得低于 6 号道岔,并安装转辙器。

(3)轨枕的规格及数量应符合标准规定,间距不宜大于 0.7 m,间距偏差不得超过 50 mm,长度为轨距加 0.6 m。轨枕的上下面应平整。

(4)平曲线半径,宜使用较大的曲线半径;洞内不应小于机动车或车辆轴距的 7 倍,洞外不应小于机动车或车辆轴距的 10 倍;使用有转向架的梭式矿车时,不应小于车辆技术文件规定的最小曲线半径。

(5)道床道砟应采用不易风化的碎石,粒径应符合标准规定,不宜过大。道床厚度不应小于 150 mm。

(6)双道的线间距应保持两列车间净距不小于 0.3 m,错车线处应大于 0.4 m。

(7)车辆距坑道壁或支撑边缘的净距不应小于 0.3 m,单道一侧的人行道宽度不宜小于 0.7 m。

(8)洞外卸渣线末端应设 1% ~3% 的上坡段。

(9)线路铺设轨距允许误差为: +6 mm、-4 mm,曲线地段应按规定加宽和设超高;钢轨接头间隙、顶面的高低差,以及曲线段外轨按设计加高后与内轨顶面的高低偏差,不得大于 5 mm。钢轨配件应齐全牢固。

(10)当采用新型轨式机械设备时,线路铺设标准应满足机械规格、性能的要求,保证运输安全。

有轨运输作业应符合下列规定:

(1)不得超载。

(2)车辆装载高度,斗车不应超过顶面 0.5 m,宽度不应超过车宽。

(3)列车应连接良好,采用不能自行脱钩的连接装置。利用机车进行车辆的调车、编组和停留时,应有可靠的制动装置,严禁溜车。

(4)车辆在同方向行驶时,相邻两组列车间的距离不应小于 100 m。人推斗车的间距,不应小于 20 m。

(5)在洞内施工地段、视线不良的弯道上或通过道岔和洞口平交道等处,机动车牵引的列车运行速度不宜超过 10 km/h;其他地段在采取有效的安全措施后,最大速度不宜超过 20 km/h。

(6)轨道旁的料堆,距钢轨外缘不应小于0.8 m,高度不应大于1.0 m。

(7)洞内在曲线区间、转辙器和人行横道处应设慢行标志、限速标志和注意安全标志。

(8)长隧道施工应有载人列车供施工人员上下班使用,并应制定安全保证措施。严禁非专职人员开车。

仰拱栈桥应符合下列规定:

(1)仰拱栈桥应经过强度、刚度和稳定性验算。应根据验算条件编制栈桥使用要求,并进行交底。

(2)仰拱栈桥宜采用自行式整体栈桥。

(3)仰拱栈桥液压千斤顶宜设有自锁定装置。

(4)仰拱栈桥引桥的最大纵向坡度宜不大于25%。

(5)仰拱栈桥基础应稳固。栈桥就位后应检查基础的稳定情况和千斤顶是否锁定。

(6)汽车通过仰拱栈桥时,栈桥下方施工人员应躲避。

(7)仰拱栈桥上部的泥水及残余混凝土应及时清除。

(8)车辆通过栈桥时速度不得大于5 km/h。

台车、仰拱栈桥护栏等道路宽度变化处、道路上阻挡物处应设置反光标志。

(三)装渣与卸渣

装渣设备应选用能在隧道开挖断面内发挥高效率的机械,其装渣能力应与开挖土石方量及运输车辆的容量相适应。装渣机械应具有移动、装卸方便、污染小的特点。

装渣作业范围内应有充足照明,并应符合下列规定:

(1)装渣前及装渣过程中,应观察开挖面围岩的稳定情况。发现有松动岩石或塌方征兆时,应先处理后装渣。

(2)装渣前,拒爆残药的处理应符合现行《爆破安全规程》相关规定。

(3)装渣时,应将车辆停稳并制动。

(4)漏斗装渣时,漏斗处应有防护设备和联络信号;装满渣时应发出停漏信号;装渣结束后漏斗处应加盖;接渣时,漏斗口下不得有人通过。

(5)机械装渣时,装载机械应能在开挖断面安全运转,装渣机操作时其回转范围内不得有人通过,2台以上机械同时作业时应明确各自的作业范围;机械装渣作业应严格按操作规程进行,并不得损坏已有的支护及设施。

(6)采用有轨式装渣机械时,轨道应紧跟开挖面,调车设备应及时向前移动。

(7)装渣高度不宜高于车厢护栏高度。

(8)临时弃渣倒运时,不得掏底装渣。

卸渣作业应符合下列规定:

(1)应根据弃渣场地形条件、弃渣利用情况、车辆类型,合理布置卸渣路线,卸渣应在规定的卸渣路线上依次进行。

(2)卸渣宜采用自动卸渣或机械卸渣设备和平渣设备。机械卸渣时应有专人指挥。应分层卸渣、及时平整。

(3)卸渣时,应将车辆停稳制动,严禁站在斗车内扒渣。

(4)轨道运输卸渣时,卸渣码头应搭设牢固,并设挂钩、栏杆,轨道末端应设置可靠的挡车装置和标志,以及足够宽的卸车平台。

(5)卸渣不得影响装渣人员和设备的安全。

（四）弃渣场

弃渣场地应按设计规定布置，满足安全、防洪、环保、水保要求，少占耕地和林地，运距合理，方便挡护、行洪和弃渣。

弃渣应符合下列规定：弃渣范围和坡度应符合设计规定；必要时可留平台；弃渣场防护和弃渣应协调进行。

六、隧道支护与衬砌

（一）支护与衬砌施工安全要求

围岩自稳程度差的地段应先进行超前支护、预加固处理，并应符合设计要求。应随时观察支护各部位，支护变形或损坏时，作业人员应及时撤离现场。

软弱围岩隧道开挖掌子面至二次衬砌之间应设置逃生通道，随开挖进尺不断前移，逃生通道距离开挖掌子面不得大于 20 m。逃生通道的刚度、强度及抗冲击能力应满足安全要求，逃生通道内径不宜小于 0.8 m。

软弱围岩及不良地质隧道的二次衬砌应及时施作，二次衬砌距掌子面的距离Ⅳ级围岩不得大于 90 m，Ⅴ级及以上围岩不得大于 70 m。

知识拓展

仰拱与掌子面的距离，Ⅲ级围岩不得超过 90 m，Ⅳ级围岩不得超过 50 m，Ⅴ级及以上围岩不得超过 40 m。

隧道内不得加工钢筋。

衬砌钢筋安装应设临时支撑，临时支撑应牢固可靠并有醒目的安全警示标志。

钢筋焊接作业在防水板一侧应设阻燃挡板。

衬砌台车应经专项设计，衬砌台车、台架组装调试完成应组织验收，并应试行走，日常使用应按规定维护保养。

仰拱应分段一次整幅浇筑，并应根据围岩情况严格限制分段长度。

（二）一般规定

支护与衬砌的强度、形状和尺寸应能保持围岩稳定、满足设计要求。

隧道衬砌结构包括喷锚衬砌和模筑混凝土衬砌。喷锚衬砌也称喷锚支护，在复合式衬砌结构中，通常称为初期支护；模筑混凝土衬砌在复合式衬砌结构中通常称为二次衬砌。支护与衬砌是隧道结构的一部分，是隧道施工安全和使用安全的基本保障。

隧道喷锚支护应紧随开挖及时施作。

喷锚支护是喷混凝土支护、喷混凝土 + 锚杆支护、喷混凝土 + 锚杆 + 钢筋网支护、喷混凝土 + 锚杆 + 钢筋网 + 钢架支护的统称。喷锚支护是薄型柔性支护结构，只有与围岩密贴，才能与围岩共同工作，才能与围岩形成组合结构，才能起到加固围岩、控制围岩变形、充分利用和发挥围岩自承能力的作用。及时施作喷锚支护是喷锚支护施工的关键，是维护围岩稳定的需要。

隧道衬砌中线、高程应满足设计要求，隧道衬砌（包括喷锚支护）施工时，中线、高程，隧道开挖断面形状、几何尺寸需要满足设计要求。施工误差包括测量精度误差、超欠挖控制等。施工误差不得导致衬砌结构厚度减薄、侵入隧道设计内轮廓线。

隧道衬砌施工应结合超前地质预报和现场监控量测结果，与设计配合对支护结构和开挖、支护方式进行合理调整。

（三）喷射混凝土

喷射混凝土施工应做好下列准备工作：

（1）清理受喷岩面的浮石、岩屑、杂物和粉尘等。

（2）检查开挖断面净空尺寸，凿除欠挖凸出部分。

（3）岩面渗水处采取引排措施。

（4）设置控制喷射混凝土厚度的标识。

（5）检查作业机具、设备、风水管路、电缆线路，并试运转正常。

（6）检查作业场地的通风和照明条件。

喷射混凝土的材料应符合下列规定：

（1）**应选用硅酸盐水泥或普通硅酸盐水泥。** 有特殊要求时，可采用特种水泥。采用特种水泥时应进行现场试验，强度指标应满足设计要求。

（2）**粗集料应采用坚硬耐久的碎石或卵石，粒径不宜大于 12 mm。** **细集料应采用坚硬耐久的中砂或粗砂，细度模数宜大于 2.5，集料级配宜采用连续级配。**

（3）外加剂应符合现行《混凝土外加剂应用技术规范》的相关规定。

（4）应选择速凝效果好，对喷射混凝土强度和收缩影响小的速凝剂，其**初凝时间应不大于 3 min，终凝时间应不大于 12 min**，并应符合国家现行标准《混凝土外加剂应用技术规范》的相关规定。

（5）应根据水泥品种、水灰比等通过试验确定速凝剂掺量。

（6）拌合用水应符合表 1-4-18 的规定。

表 1-4-18　混凝土拌合用水标准

项目	钢筋混凝土	素混凝土
pH 值	≥4.5	≥4.5
不溶物/（mg/L）	≤2 000	≤5 000
可溶物/（mg/L）	≤5 000	≤10 000
Cl^-/（mg/L）	≤1 000	≤3 500
SO_4^{2-}/（mg/L）	≤2 000	≤2 700
碱含量/（rag/L）	≤1 500	≤1 500

注：碱含量按 $Na_2O + 0.658K_2O$ 计算值表示。采用非碱活性集料时，可不检验碱含量。

喷射混凝土配合比应满足设计强度和喷射工艺的要求。喷射混凝土 1 d 龄期的抗压强度不应低于 8 MPa。

喷射混凝土施工宜采用湿喷工艺。

喷射混凝土混合料应采用机械搅拌，应拌合均匀，搅拌时间不应少于 2 min。

喷射混凝土作业应符合下列规定：

（1）喷射混凝土应直接喷在围岩面上，与围岩密贴，受喷面不得填塞杂物。

（2）喷射混凝土作业应按初喷混凝土和复喷混凝土分别进行，复喷混凝土可分层多次施作。

（3）喷射混凝土应分段、分片、分层由下而上顺序进行，拱部喷射混凝土应对称作业。

（4）初喷混凝土厚度宜控制在 20～50 mm，岩面有较大凹洼时，可结合初喷找平。

(5)根据喷射混凝土设计厚度、喷射部位和钢架、钢筋网设置情况，复喷可采用一次作业或分层作业。拱顶每次复喷厚度不宜大于100 mm。边墙每次复喷厚度不宜大于150 mm。复喷最小厚度不宜小于50 mm。

(6)后一层喷射混凝土应在前一层喷射混凝土终凝后进行，若终凝后初喷射混凝土表面已蒙上粉尘时，后一层喷射混凝土作业前，受喷面应吹洗干净。

(7)未掺入速凝剂的混合料存放时间不宜大于2 h。

(8)喷射混凝土作业时喷嘴宜垂直岩面，喷枪头到受喷面的距离宜为0.6～1.5 m。喷射机工作压力宜根据混凝土坍落度、喷射距离、喷射机械、喷射部位确定，可先在0.2～0.7 MPa之间选择，并根据现场试喷效果调整。

(9)喷射混凝土不得挂模喷射。

(10)喷射混凝土回弹物不得重新用作喷射混凝土材料。

喷射混凝土养护应符合下列规定：

(1)喷射混凝土与下一循环爆破作业间隔时间应符合规范规定。

(2)喷射混凝土终凝2 h后，应进行养护，养护时间不应少于7 d。

(3)隧道内环境日均温度低于+5 ℃时不得洒水养护。

冬期施工应符合下列规定：

(1)喷射混凝土作业区的气温不宜低于+5℃。

(2)在结冰的层面上不得进行喷射混凝土作业。

(3)喷射混凝土强度未达到6 MPa前不得受冻。

(4)喷射混凝土拌合条件应符合冬期施工方案要求。喷射混凝土在洞内拌合时，喷射混凝土材料应提前运进洞内。

钢纤维喷射混凝土应符合下列规定：

(1)水泥强度等级不宜低于42.5。

(2)钢纤维喷射混凝土粗集料粒径不宜大于10 mm。

(3)钢纤维喷射混凝土的水泥、砂石料、钢纤维应先干拌，搅拌时间不得少于1.5 min，加水后湿拌时间不应少于3 min。

(4)钢纤维抗拉强度不得低于380 MPa。

(5)钢纤维不得有油渍及明显的锈蚀。

喷射混凝土作业前，应清除被钢筋网网住的松动岩块或混凝土块。

(四)锚杆

隧道的锚杆种类有砂浆锚杆、药卷锚杆、中空注浆锚杆、自进式锚杆、组合中空锚杆、树脂锚杆、楔缝式端头锚固型锚杆等。砂浆锚杆、药卷锚杆、中空注浆锚杆、自进式锚杆、组合中空锚杆、树脂锚杆为全长黏结式锚杆。除全长黏结式锚杆，其类型还有端头锚固式、摩擦式、预应力式。

在设有系统锚杆的地段，系统锚杆宜在下一循环开挖前完成。锚杆施作时序应符合下列规定：

(1)无钢架地段，锚杆在初喷混凝土、挂钢筋网后施作，或在初喷混凝土、挂网钢筋网、复喷后施作。

(2)有钢架地段，锚杆在初喷混凝土、挂网钢筋网、立钢拱架、复喷混凝土后施作。

锚杆孔钻孔施工应符合下列规定：

(1)锚杆孔宜采用锚杆钻孔机或(多臂)钻孔台车钻孔。

(2)钻孔前应按设计布置要求,标出钻孔位置,钻孔数量不得少于设计数量。
(3)系统锚杆钻孔方向应为设计开挖轮廓法线方向,垂直偏差不宜大于20°。
(4)局部锚杆应与岩层层面或主要结构面成大角度相交。
(5)锚杆钻孔直径应大于锚杆杆体直径15 mm。
(6)钻孔深度应满足设计要求,与设计锚杆长度允许偏差为±50 mm。
锚杆安装前应进行下列检查工作,并做好原始记录:
(1)锚杆原材料型号、规格以及锚杆各部件质量和技术性能应满足设计要求。
(2)锚杆孔位、孔径、孔深及布置形式应满足设计要求。
(3)孔内积水、岩粉应吹洗干净。
(4)锚杆杆体应调直、除锈、清除油污。
(5)锚杆外露端应有螺纹,应逐根检查并与螺母试装配。
砂浆锚杆、药包锚杆、中空锚杆、组合中空锚杆安装施工应符合表1-4-19的规定。

表1-4-19　锚杆安装施工规定

锚杆类型	安装施工规定
砂浆锚杆	(1)锚杆外露端应加工120～150 mm的螺纹,锚杆前端应削尖。 (2)应配有止浆塞、垫板和螺母等配件。 (3)锚杆砂浆应拌合均匀、随拌随用,已初凝的砂浆不得使用。 (4)锚杆孔灌浆时,灌浆管应插至距孔底50～100 mm处,并随砂浆的灌入缓慢匀速拔出。 (5)灌浆后应及时插入锚杆杆体,锚杆杆体插到设计深度时,孔口应有砂浆流出。孔口无砂浆流出或杆体插不到设计深度时,应将杆体拔出,清孔,重新安装。 (6)应及时安装止浆塞。 (7)砂浆终凝后应及时安装垫板、螺母,垫板应紧贴岩面,垫板与岩面不平整接触时,应用砂浆填实。螺母应拧紧
药包锚杆	(1)药包应进行泡水检验。 (2)不应使用受潮结块的药包。 (3)药包砂浆的初凝时间应不小于3 min,终凝时间应不大于30 min。 (4)药包宜在清水中浸泡,随用随泡。 (5)药包宜采用专用工具推入钻孔内,并应防止中途药包纸破裂。 (6)锚杆插到设计深度时,孔口应有浆液溢出。孔口无浆液流出或杆体插不到设计深度时,应将杆体拔出,清孔,重新安装。 (7)锚杆应安装垫板并拧紧螺母
中空锚杆	(1)中空锚杆应有锚头、止浆塞、中空杆体、垫板、螺母等配件。 (2)插入中空锚杆后,应安装止浆塞。止浆塞应留有排气孔。 (3)应对锚杆中孔吹气或注水疏通。 (4)待排气孔出浆后,方可停止注浆。 (5)浆体终凝后应安装垫板、拧紧螺母
组合中空锚杆	(1)组合中空锚杆应有锚头、连接套、止浆塞、排气管、中空杆体、垫板、螺母等配件。 (2)锚杆前端应安上锚头,接上连接套、连接中空杆体。 (3)应从中空杆体插入排气软管、从连接套穿至锚头,并与钢筋绑扎固定。 (4)插入组合中空锚杆后,应塞上止浆塞将锚杆固定。 (5)接上注浆接头后,应对排气管吹气或注水疏通。 (6)排气软管口出浆后,方可停止注浆。 (7)浆体终凝后应安装垫板、拧紧螺母

锚杆垫板应与喷射混凝土层接触，垫板与喷射混凝土间的间隙应用 M20 水泥砂浆填实。

锚杆安设后不得随意敲击，其端部 3 天内不得悬挂重物。

楔缝式端头锚固型锚杆安装应符合下列规定：

(1)安装前，应检查杆体长度，楔缝、楔块、螺母尺寸和配合情况。

(2)钻孔直径应大于杆体直径 15 ~ 18 mm。

(3)锚杆与楔块同时送入孔内，楔块不应偏斜或脱落，楔块到达孔底时，用锤敲击锚杆端头，使锚头楔紧，按上垫板，拧紧螺母。螺母拧紧力矩不应小于 100 N · m。

(4)24 h 后应再次紧固，并于覆盖前最终检查紧固。

(5)宜在硬岩中作为临时支护使用。作永久支护锚杆使用时，安装前应安装注浆管和排气管，锚杆发挥作用后应注满水泥砂浆。

锁脚锚杆安装施工应符合下列规定：

(1)应在钢架安装就位后立即施作。

(2)安装位置应在钢架连接钢板以上 100 ~ 300 mm，采用型钢钢架时设于钢架两侧；采用格栅钢架时设在钢架主筋之间。

(3)锁脚锚杆方向应符合设计规定。

(4)锁脚锚杆杆体可采用螺纹钢或钢管，采用钢管时管内应注满砂浆。

(5)锁脚锚杆外露头与型钢钢架焊接时，可采用 U 形钢筋辅助焊接。

(6)上部台阶锁脚锚杆砂浆强度达到设计强度 70%，方可进行下一台阶开挖。

锚杆孔内注浆应密实饱满、浆体强度不应低于 M20。

(五)钢筋网

钢筋网钢筋规格应满足设计要求，使用前应调直、清除锈蚀和油渍。

钢筋网铺设应符合下列规定：

(1)应在初喷混凝土后再进行钢筋网铺设。

(2)钢筋网应随受喷岩面起伏铺设，与初喷混凝土面的最大间隙不宜大于 50 mm，不宜将钢筋预焊成片后铺挂。

(3)采用双层钢筋网时，两层钢筋网间距应满足设计要求，第二层钢筋网应在第一层钢筋网被喷射混凝土全部覆盖后铺挂。

(4)**钢筋网钢筋每节长度不宜小于 2.0 m，钢筋搭接长度不应小于 30 倍钢筋直径。**

(5)钢筋网每个交点和搭接段均应绑扎或焊接。

(6)钢筋网应与锚杆或其他固定装置联结牢固，在喷射混凝土时不晃动。

(六)钢架

钢架的强度和刚度应满足设计要求。

钢架制作应符合下列规定：

(1)钢架型号、规格、几何尺寸应满足设计要求，其形状应与开挖断面相适应。

(2)钢架支护断面内轮廓尺寸可根据隧道实际开挖轮廓进行加工，加工的内轮廓曲线半径不应小于设计钢架的内轮廓曲线半径。

(3)钢架可分节段制作，每节段长度应根据设计尺寸和开挖方法确定，每节段长度不宜大于 4 m，每节段应编号，注明安装位置。

(4)钢架节段两端应焊接连接钢板，连接钢板平面应与钢架轴线垂直。

(5)连接钢板规格尺寸应满足设计要求，连接钢板上螺栓孔应不少于 4 个，应采用冲压或铣切成孔，并应清除毛刺，不得采用氧焊烧孔。

（6）不同规格的首榀钢架加工完成后应在平整地面上试拼，当各部尺寸满足设计要求时，方可进行批量生产。

型钢钢架、格栅钢架加工应符合表 1-4-20 的规定。

表 1-4-20　钢架加工规定

钢架类型	加工规定
型钢钢架	（1）型钢钢架应采用冷弯法制造成形，宜在工厂加工。 （2）型钢钢架每节段宜为连续整体，当节段中出现两段型钢对接焊接时，应在焊缝两侧增加钢板骑缝帮焊，并应进行抗弯和抗扭矩试验，每节段对接焊缝数不得大于 1。对接焊应在场外完成。 （3）型钢钢架与连接钢板焊接应采用双面焊
格栅钢架	（1）格栅钢架应在工厂生产制造。 （2）所有钢筋连接结点必须采用双面对称焊接。 （3）格栅钢架主筋端头与连接板焊接时，除主筋端头与钢板焊接外，应采用 U 形钢筋帮焊。每块连接钢板的 U 型钢筋数量应不少于 2 个。U 型钢筋直径应不小于主筋直径。U 型钢筋应同时与主筋和连接钢板焊接。U 型钢筋与主筋的焊接长度不应小于 150 mm

钢架安装应符合下列规定：

（1）钢架应在初喷混凝土后安装。

（2）应清除钢架拱脚虚渣，使之支承在稳固的地基上。锁脚锚杆应及时施作并应符合设计规定。

（3）钢架节段与节段之间应通过连接钢板用螺栓连接。

（4）相邻两榀钢架之间应采用钢筋或型钢连接。

（5）钢架应垂直于隧道中线在竖直方向安装，竖向不倾斜，平面不错位、不扭曲；上、下、左、右允许偏差为 ±50 mm，钢架倾斜度允许偏差为 ±2°。

（6）钢架应贴近初喷射混凝土面安装，当钢架和围岩初喷射混凝土面之间有间隙时应采用钢楔块或木楔块楔紧，并用喷射混凝土充填密实。有多个楔块时，楔块和楔块的间距不宜大于 2.0 m。

（7）钢架安装宜采用机械设备配合进行。

（七）模筑混凝土衬砌

拼装式模板由模板，支撑模板的拱架、斜撑和横撑及拱架纵向连接件等组成。拼装式模板应符合下列规定：

（1）混凝土浇筑过程中，模板拱架不偏移、不扭曲，模板光滑、不变形，模板接缝平整不漏浆。

（2）模板拱架形状应与衬砌断面形状相适应，模板表面各点应不侵入衬砌内轮廓，放样时，可将设计衬砌轮廓线外扩 50～80 mm，但不得影响衬砌厚度，并应预留拱架高程沉落量，施工中应随时测量、调整。

（3）每一施工循环的前后两端拱架外形尺寸最大误差宜不大于 5 mm。

（4）单块活动模板长度宜为 1 000 mm，最大不应超过 1 500 mm，宽度不宜大于 500 mm。

(5)挡头模板应与衬砌断面相适应,方便止水带安装。

(6)挡头模板安装应固定牢固、封堵严密,不得损坏防水板。

(7)模板重复使用时,循环使用前应进行检查,出现异常应予以修整。

(8)模板、拱架架设位置应准确,高程应满足设计要求。

(9)一次浇筑长度宜为3.0~8.0 m。

全断面衬砌模板台车应符合下列规定:

(1)模板台车支架、模板应满足混凝土浇筑过程中的强度、刚度和稳定性要求。

(2)台车支撑门架结构净空应满足施工车辆和人员安全通行要求。

(3)台车支撑门架间距不宜大于2.0 m,且门架位置宜与模板拼缝重合。

(4)台车应配置自动行走装置和固定装置。

(5)应设置可整体调节升降的液压装置,边墙模板应设置可伸缩的液压调节或螺杆调节的支撑装置,并应满足边墙与边墙脚一次浇筑要求。

(6)台车模板应表面光滑、接缝严密,台车钢模板厚度不宜小于10 mm。

(7)模板应留振捣窗,振捣窗纵向间距不应大于2.5 m,与端头模板距离不应大于1.8 m,横向间距不应大于2.0 m,振捣窗不宜小于450 mm×450 mm,振捣窗周边模板应加强刚度,窗门应平整、严密、不漏浆。

(8)台车挡头模板应采用可重复使用并能同时固定止水带的定型模板,应便于固定。

(9)台车挡头模板安装应固定牢固、封堵严密,不得损坏防水板。

(10)台车应与洞室中线垂直方向架设,位置准确,高程满足设计要求。

(11)台车应根据施工通风风管设计参数预留风管穿越的空间。

(12)台车电缆线应穿入PVC管中。

(13)采用模板台车浇筑的混凝土,一次浇筑长度宜为6.0~12.0 m。

隧道主洞拱墙衬砌混凝土浇筑应采用全断面衬砌模板台车,车行横洞、人行横洞、紧急停车带、地下风机房等其他洞室拱墙衬砌混凝土浇筑可采用拼装式模板。

知识拓展

全断面模板台车成形的衬砌,表面光滑、规整,整体性好,施工速度快,已在隧道衬砌施工中广泛使用,拱、墙混凝土一次连续浇筑是常用做法。其他洞室,工程量较小,布置分散,断面大小、形式多样,采用拼装模板灵活、方便、经济。

拱、墙混凝土应一次连续浇筑,不得采用先拱后墙浇筑。不得先浇矮边墙。

模筑混凝土衬砌应按设计要求设置沉降缝和伸缩缝。

衬砌施工缝应结合沉降缝、伸缩缝调整设置,拱墙衬砌沉降缝、伸缩缝应与仰拱混凝土衬砌沉降缝、伸缩缝竖向对齐。

拱墙模板就位后、混凝土浇筑前应进行下列工作:

(1)检查模板背后混凝土浇筑净空尺寸。

(2)清除钢筋上的油污。

(3)钢模板涂脱模剂,木模板用水湿润。

(4)涂刷模板脱模剂时,不得污染钢筋。

(5)混凝土直接接触的喷射混凝土应洒水润湿。

(6)检查防水板、排水盲管、衬砌钢筋、预埋件等隐蔽工程,做好记录。

(7)清除底部杂物、积水;有仰拱地段,仰拱交接面用高压水冲洗干净、并涂刷界面剂。

混凝土配合比应满足设计强度和混凝土浇筑工艺要求。

应测定砂、石含水率,根据测试结果,调整施工配合比材料用量。

混凝土拌合设备应配有自动称量设备,应按配合比准确称量,每盘混凝土拌合料计量偏差应符合规范的规定。

混凝土混合料搅拌应符合下列规定:

(1)**衬砌混凝土应采用强制式混凝土搅拌机搅拌。自全部材料装入搅拌筒至开始出料的搅拌时间不应小于 60 s;坍落度小于 100 mm,且搅拌机出料量大于 500 L 时,搅拌时间不应小于 90 s;含有粉煤灰等掺合料时,搅拌时间不应小于 120 s。**

(2)混凝土拌合后应尽快浇筑,已经初凝的剩余混凝土,不得重新搅拌使用。

混凝土运送中不应产生离析、洒落及混入杂物。

衬砌混凝土浇筑应采用混凝土输送泵送料入模、均匀布料。混凝土入模温度应控制在5~32 ℃。

衬砌混凝土振捣应符合下列规定:

(1)宜采用附着式和插入式振捣相结合的方式振捣。

(2)采用高频机械振捣时,振捣时间宜为 10~30 s。

(3)振捣不应使模板、钢筋和预埋件移位。

衬砌混凝土施工应符合下列规定:

(1)混凝土出料口距浇筑面的垂直距离不应大于 2.2 m。

(2)混凝土应从两侧边墙向拱顶、由下向上依次分层对称浇筑,两侧混凝土浇筑面高差不应大于 1.0 m,同一侧混凝土浇筑面高差不应大于 0.5 m。

(3)混凝土浇筑至振捣窗下 0.2 m 时,应关闭振捣窗。

(4)混凝土衬砌应连续浇筑。当出现间歇浇筑时,其间歇浇筑时间不应大于规范的规定。

(5)当间歇浇筑时间超过规定时,应修整间歇面,使间歇面与二次衬砌曲线法线方向一致,并将界面凿毛,用高压水冲洗干净,涂刷界面剂。界面剂拉伸黏结强度不小于 0.5 MPa、剪切黏结强度不小于 1.5 MPa。

冬期施工的混凝土,可掺加引气剂,并按冬期施工有关要求进行施工。

衬砌背后空洞回填应符合下列规定:

(1)衬砌背后空洞回填作业应在衬砌混凝土厚度达到设计厚度的条件下进行,并应在下一环衬砌浇筑混凝土前完成。

(2)边墙背后空洞深度小于或等于 1.0 m、拱部背后空洞深度大于 0.5 m 时,应采用衬砌同级混凝土回填密实,应与衬砌混凝土同时浇筑。

(3)边墙背后空洞深度大于 1.0 m、拱部背后空洞深度大于 0.5 m 时,应按设计要求处理。

(4)当采用浆砌片石或片石混凝土回填时,片石不得侵入二次衬砌内。

(5)当衬砌混凝土厚度不足时,不得采用注浆回填,应采用其他方式处理。

衬砌采用防水混凝土时,防水混凝土配合比和集料级配应经试验确定,可采用防水水泥或掺加增强密实性的外加剂。

拱架、支架和模板拆除应符合下列规定:

(1)不承受外荷载的拱、墙混凝土强度应达到 5.0 MPa。

(2)承受围岩压力的拱、墙以及封顶和封口的混凝土强度应达到设计要求。

(3)围岩和初期支护变形未稳定,或在塌方地段浇筑的衬砌混凝土应达到设计强度的100%。

衬砌拆模后应及时养护,并应符合下列规定:

(1)混凝土养护时间不得少于7 d。

(2)掺加引气剂或引气型减水剂时,混凝土养护时间不得少于14 d。

(3)隧道内空气湿度不小于90%时,可不进行洒水养护。

施工缝、变形缝应避开预留洞室,预留洞室边缘距施工缝、变形缝的距离不应小于1.5 m。

(八)仰拱衬砌、仰拱回填和垫层

仰拱衬砌施工前应进行下列工作:

(1)隧底开挖断面形状、尺寸、基底高程、基底承载力应符合设计规定。

(2)应凿除欠挖。

(3)应清除隧底虚渣、杂物,淤泥、抽干积水。

(4)隧底超挖可采用强度等级不低于C15的混凝土或C20喷射混凝土回填,回填后应再次检查断面形状、尺寸。

(5)隧底溶洞、采空区或其他空穴应按设计要求进行处理。

仰拱初期支护施工应符合下列规定:

(1)仰拱初期支护应随开挖及时施作。

(2)仰拱初期支护喷射混凝土不得与仰拱混凝土衬砌一次浇筑。

(3)仰拱初期支护钢架应与拱墙钢架对齐,误差不应大于20 mm。

(4)仰拱钢架节段之间的连接及相邻钢架之间的横向连接方式应与拱墙钢架连接要求相同。

仰拱混凝土衬砌施工应符合下列规定:

(1)仰拱混凝土衬砌应先于拱墙混凝土衬砌施工,超前距离应根据围岩级别、施工机械作业环境要求确定,**一般不宜大于拱墙衬砌浇筑循环长度的2倍**。

(2)**仰拱衬砌混凝土应整幅一次浇筑成形,不得左右半幅分次浇筑,一次浇筑长度不宜大于5.0 m。**

(3)仰拱混凝土,应使用模板浇筑,模板应留振捣窗,振捣窗纵横向间距不宜大于2.0 m,振捣窗不宜小于450 mm×450 mm,振捣窗周边模板应加强刚度,窗门应平整、严密、不漏浆。

(4)挡头模板应采用可重复使用并能同时固定止水带的定型模板。

(5)仰拱混凝土衬砌与拱墙混凝土衬砌连接面应规整、密实。

(6)仰拱混凝土衬砌和拱墙混凝土均为素混凝土时,仰拱与拱墙连接面应插连接钢筋,钢筋级别应不低于HRB400、钢筋直径不应小于20 mm、长度不应小于500 mm,插入深度和外露长度均不应小于250 mm,连接钢筋沿衬砌内外缘两侧布置,纵向间距不应大于300 mm。当拱墙衬砌为钢筋混凝土、仰拱为素混凝土时,插入钢筋直径和布置间距应与拱墙受力主筋相同,并与拱墙受力主筋焊接。

仰拱填充施工应符合下列规定:

(1)仰拱填充混凝土不得与仰拱衬砌混凝土一次浇筑。

(2)仰拱填充混凝土施工前应清除仰拱表面积水、杂物等。

(3)仰拱衬砌横向施工缝与填充混凝土横向施工缝宜错开设置,错开距离不宜小于0.5 m。

(4)在设有变形缝位置,仰拱衬砌变形缝与填充混凝土变形缝应在同一断面位置。

(5)仰拱填充混凝土顶面应平顺,坡度应符合设计规定。

(6)仰拱填充采用片石混凝土时,片石距挡头模板的距离应大于50 mm,片石间距应大于混凝土粗集料的最大粒径,并应分层掺放。

仰拱和仰拱填充混凝土应在其强度达到2.5 MPa后方可拆模。

无仰拱地段隧道底部垫层混凝土施工应符合规范规定。

仰拱填充和垫层混凝土强度达到设计强度的100%后方可允许运渣车辆通行。

仰拱、仰拱填充和垫层混凝土浇筑宜采用插入式振捣器振捣密实。

(九)衬砌钢筋

钢筋应符合下列规定:

(1)钢筋表面的油渍、水泥浆和浮皮铁锈等均应清除干净。

(2)钢筋在加工弯制前应调直。

(3)当利用冷拉方法矫直钢筋时,钢筋的矫直伸长率:热轧光圆钢筋(HPB级)不得超过2%,热轧带肋钢筋(HRB级)不得超过1%。

(4)加工后的钢筋表面不应有削弱钢筋截面的伤痕。

(5)钢筋应集中加工后运至现场安装。

钢筋弯钩、弯折、弯曲应采用冷加工。

衬砌钢筋连接应符合下列规定:

(1)环向受力筋与纵向分布筋每个节点应进行绑扎或焊接。

(2)环向受力筋的搭接应采用焊接或机械连接。

(3)相邻环向受力筋搭接位置应错开,错开距离应不小于1 000 mm。

(4)同一受力钢筋的两个搭接距离应不小于1 500 mm。

(5)箍筋连接点应在环向受力筋与纵向分布筋的交叉连接处,并应进行绑扎或焊接。

(6)内外层受力钢筋之间的限位钢筋应与环向受力筋进行焊接。

(7)仰拱衬砌钢筋或预埋连接钢筋应与拱墙环向受力筋焊接或机械连接。

受力筋与模板之间、受力筋与防水层之间应安装满足设计厚度要求的混凝土垫块。垫块应按梅花形布置,垫块纵向、环向间距不宜大于1.5 m。

采用模板台车浇筑混凝土的衬砌段,应在钢筋全部安装绑扎完成后,再将模板台车移动就位。

(十)明洞衬砌

明洞衬砌应尽早施作,明洞衬砌施工应仰拱先行、拱墙整体浇筑。

明洞衬砌内模板应采用衬砌模板台车,应制作外模、支架,并应安装牢固、定位准确,模板接缝应紧密、不漏浆。

明洞衬砌混凝土浇筑时,拱圈混凝土混合料坍落度宜控制在120 mm以下。

混凝土入模温度应控制在5~32 ℃范围。

应在明洞混凝土强度达到2.5 MPa后拆除外模、明洞混凝土强度达到75%后拆除内模。

(十一)质量控制标准

明洞衬砌施工质量检查项目包括混凝土强度、衬砌厚度、基底高程、墙面平整度、施工缝表面错台、隧道净高、总宽度、中线偏差,各项目的质量控制标准应符合规范规定。

七、小净距隧道及连拱隧道

(一)小净距隧道

小净距隧道施工应结合中夹岩厚度、围岩条件、地下水水量及分布情况、埋深、有无偏压等制定专项施工方案。小净距隧道专项施工方案应包括下列内容：左右洞的开挖先后次序；先行洞和后行洞开挖方法；先行洞和后行洞爆破设计和爆破振动控制；先行洞和后行洞开挖错开距离；先行洞仰拱、衬砌与后行洞开挖错开距离；中夹岩保护和加固；其他内容。

软弱围岩开挖宜采用机械开挖；机械开挖不能实施时，可采用微振动爆破。

小净距隧道应尽早封闭初期支护、尽早浇筑仰拱。

小净距隧道监控量测应符合下列规定：

(1)应根据围岩地质条件、受力变形特性和施工方法，制定监控量测方案。

(2)后行洞开挖时，宜对先行洞相应断面前后 1 倍隧道单洞开挖宽度范围内进行重点监控量测。

(3)应加强对中夹岩的监控量测。

(二)连拱隧道

连拱隧道开挖时应考虑其埋深浅、跨度大、地质条件复杂、受偏压和雨季地表水影响大的特点，制定专项施工方案。

开挖过程中应及时做好洞内排水设施，洞内临时排水沟距边沿距离应大于 500 mm。

主洞爆破设计和实施时，应注意保护中墙。不得以中导洞作为爆破临空面。

中墙顶部与中导洞顶部应回填密实、紧密接触。中墙混凝土施工后，中墙基坑应及时回填密实。

连拱隧道监控量测应符合下列规定：

(1)应根据围岩地质条件、受力变形特性和施工方法，制定监控量测方案。

(2)应对先行洞掌子面至后行洞二衬范围内进行重点监控量测。

(3)应加强对中墙顶部和底部水平位移的监控量测。

八、隧道防水与排水

隧道防排水是为了保证隧道建筑不致因渗漏水造成病害，危及行车安全，腐蚀洞内设备，降低结构使用寿命而采取的防水及排水措施。隧道防排水系统结构或材料组成中一般有中央排水管、横(纵)向排水管、路缘沟、沉沙检查井以及各种止水条(带)等。

(一)一般规定

隧道防排水措施应遵循“防、排、截、堵相结合，因地制宜，综合治理”的原则，应对地表水、地下水妥善处理，形成完整的防排水系统，应使防水可靠、排水畅通。

二次衬砌施工前，应严格按设计做好衬砌背后的防排水设施，防水层不得有影响衬砌厚度的皱褶、绷弦现象，二次衬砌背后纵向盲管，不得侵占二次衬砌结构空间。

隧道施工期间排水设施宜与永久排水相结合，不得造成排水设施堵塞。

(二)施工期间排水

隧道洞口、辅助坑道洞口、斜(竖)井洞口进洞开挖前应做好排水系统，完善排水设施，并应符合下列规定：

(1)边坡、仰坡坡顶的截水沟出水口应接入周边排水沟渠。

(2)洞外路堑向隧道内为下坡时，路堑边沟应做成反坡，不应将洞外水排入洞内。

(3)洞顶排水沟应与洞门结构同时完成。

隧道开挖前应对影响隧道施工和运营的地表水进行处理。

隧道施工为顺坡排水时，宜尽早修筑永久排水沟并保持畅通。

隧道施工为反坡排水时，应采用水泵抽水，并应符合下列规定：

(1)应根据排水距离、坡度、水量和施工组织，编制反坡排水方案，选择排水设备、设置集水坑位置和容积、布置抽水管路。

知识拓展

隧道内反坡排水时，降水管路必须按照一次性降水排出洞外进行布置。

(2)集水坑位置不得造成围岩失稳和衬砌结构承载能力降低，不应影响隧道内运输。

(3)**井下工作水泵的排水能力应不小于1.2倍正常涌水量，并应配备备用水泵；井下备用水泵排水能力应不小于工作水泵排水能力的70%。**

(4)高冒水风险隧道反坡施工时，应准备一定的抢险物资、设备，宜设置两个独立的供电系统和排水管路。

(5)应做好停电时的应急排水预案和人员、设备的安全保障措施。

围岩有股水出露时，宜直接引排。

隧道浅埋地段地下水位较高，且影响隧道施工时，可采用井点降水措施，井点降水施工应符合下列规定：

(1)应根据降水要求，配备降水设备，编制降水施工方案。

(2)降水井应布置在隧道两侧，降水井井底高程应在隧底高程以下3~5 m。

(3)工作水泵的排水能力应不小于预测抽水量的1.2倍。

(4)应设水位观测井，监测水位高程，掌握水位变化情况，调整降水参数。

(5)隧道施工期间围岩地下水位应保持在开挖线以下0.5 m。

(6)降水期间应监测周边地表沉降大小和沉降范围，并应制定控制措施。

(7)降水施工完成后，降水井应按设计要求进行回填。

隧道开挖前方地下水必须排放时，可采用超前钻孔排水或开挖泄水洞排水等方式排放，并制定防止涌水、突水、突泥的安全措施。对岩溶地区应注意保留或恢复原有排水通道。

钻泄水孔排泄前方地下水时，应符合下列规定：

(1)应根据工程地质与水文地质条件，以及地下水流的方向等因素确定钻孔位置、方向、数目和每次钻进深度。

(2)超前钻孔深度不宜小于10 m，且应超出距开挖面3~6倍开挖循环进尺的距离。

(3)钻孔时孔口应有保护装置，钻孔结束后，对水压较高的出水孔应安装闸阀。

(4)隧道反坡开挖时，应配备足够的抽水设备。

(5)非作业人员应撤出钻孔作业区。

专家解读

超前钻孔排水一般用于开挖面前方有高压地下水或有充分补给源的涌水，且排放地下水不会影响围岩稳定及隧道周边环境的地段，是防止承压水突然涌出的措施。

斜井、竖井施工排水应符合下列规定

(1)井下工作水泵的排水能力应不小于1.2倍正常涌水量，并应配备备用水泵；井下备用水泵排水能力应不小于工作水泵排水能力的70%。

(2)水下隧道或通过承压水层等高冒水风险隧道宜设置两个独立的供电系统和排水管路。

(3)排水泵站应高于临时水仓，并有人值守。

(4)临时水仓应定期清理。

（三）防排水结构施工

防排水结构包括路侧边沟，中心水沟，沉沙池与检查井，环向、纵向、横向排水（盲）管，防水层，防水板。

路侧边沟施工应符合下列规定：

（1）边沟盖板应采用预制方式生产，其强度应符合设计规定，预制件应无毛刺，尺寸、平整度、光滑度应满足外观要求。

（2）边沟沟壁和沟底采用预制边沟时，开挖沟槽底应采用 M20 砂浆或 C15 混凝土铺底找平，安放平稳、接缝紧密，沟壁外侧应回填密实。

（3）盖板安放前应清除沟内杂物、泥沙。

中心水沟施工应按设计要求设置，并应符合下列规定：

（1）无仰拱地段中心水沟开挖宜采用切割开挖。

（2）圆形中心水沟预制圆管安放应施作底座，底座应采用混凝土浇筑，应密实、平顺，不得堵塞管壁泄水孔，底座混凝土强度不应小于 C20。

（3）圆形中心水沟预留泄水孔部分应采用滤水砂、砾石回填，砂、砾石粒径应满足渗水要求。

（4）矩形中心水沟盖板应采用预制。

（5）矩形中心水沟沟壁和沟底采用预制时，开挖沟槽底应采用 M20 砂浆或 C15 混凝土铺底找平，安放平稳、接缝紧密，沟壁外侧应回填密实。

（6）中心水沟盖板顶面、滤水砂、砾石层顶面在浇筑上部混凝土时应铺设隔离层。

（7）中心水沟施工期间作为施工排水通道时，进水口应设格栅遮挡，施工完成后应进行冲洗、疏通。

沉沙池与检查井施工应符合下列规定：

（1）沉沙池与检查井设置间距不应大于设计规定，并应与施工缝、变形缝错开，错开位置不宜小于 2 m。

（2）检查井井壁混凝土应一次整体现浇，井壁外侧超挖部分应采用同级混凝土回填。

（3）检查井口圈和盖板应采用预制，盖板应安放平稳。

环向、纵向、横向排水（盲）管施工应符合设计和下列规定：

（1）环向排水盲管、竖向排水盲管应紧贴初期支护表面敷设，布置间距应满足设计要求，应在有集中渗水位置敷设，在地下水较大地段应适当加密。

（2）纵向排水盲管敷设的纵向坡度应与隧道纵坡一致，不得起伏不平，不得侵占衬砌结构空间。

（3）环向排水盲管、竖向排水盲管与纵向排水盲管应采用三通连接，并应连接牢固。

（4）横向泄水管应采用硬质不透水管，横向泄水管与纵向排水盲管应采用三通连接，并应连接牢固，衬砌混凝土浇筑时应露出横向泄水管管头。

（5）横向导水管宜采用切槽方式铺设，浇筑路面混凝土时，槽顶面应采取隔离措施。

（6）环向排水盲管、竖向排水盲管、纵向排水盲管及透水的横向导水管的管体应用土工布包裹。

防水层铺设应符合下列规定：

（1）**防水层铺设应超前二次衬砌施工 1 ~ 2 个循环距离衬砌段**。

（2）初期支护表面应平顺。应无钢筋和锚杆头外露、尖硬物凸出、错台和急速凹凸现象。基面平整度宜满足要求。

（3）防水层宜利用专用台车铺设。

（4）防水层应环向整幅铺设，拱部和边墙应无纵向搭接。

（5）无纺布与防水板应分别铺挂，无纺布铺挂完成后再挂防水板。

（6）无纺布应采用射钉加热熔垫固定，防水板应采用无钉铺挂，铺挂固定点间距：拱部宜为0.5～0.7 m，侧墙宜为0.7～1.0 m，在凹处应适当增加固定点。

（7）防水板铺挂时应适当松弛，松弛系数根据超挖情况确定，一般情况取1.1～1.2。

防水板焊接应符合下列规定：

（1）防水板焊接前应进行焊接试验，确定适宜的焊接温度和速度，不得出现烧焦和溶穿现象。

（2）双焊缝焊接质量应采用充气法检查，充气压力在0.25 MPa保持15 min后，压力下降应小于10%。

中埋式止水带施工应符合下列规定：

（1）应埋设在衬砌结构设计厚度中央，平面应与衬砌表面平行、与衬砌端头模板正交，止水带中间空心圆环应顺施工缝、变形缝方向并与缝重合安装。

（2）先浇一侧混凝土应采用定型挡头模板固定止水带，挡头模板应支撑牢固。

（3）后浇一侧混凝土浇筑前应清除止水带上混凝土残渣，止水带有倒转、扭曲时应采取措施扶正。

（4）混凝土浇筑时止水带不应移位、折曲、倒转。

（5）在衬砌转角位置的止水带应采用连续圆弧过渡，橡胶止水带的转角半径不应小于200 mm，钢边止水带不应小于300 mm。

（6）止水带周边混凝土振捣应能使止水带与混凝土紧密结合，不留气泡和空隙，并应防止振捣造成止水带偏位或破损。

不得在止水带上穿钉、打孔，应防止止水带撕裂、刺破。

（四）质量控制标准

隧道防排水工程质量应符合下列规定：

（1）高速公路、一级公路、二级公路隧道拱部、边墙、设备箱洞不渗水，路面无湿渍，有冻害地段的隧道衬砌背后不积水、排水沟不冻结，车行横通道、人行横通道等服务通道拱部不滴水，边墙不淌水。

（2）三级公路、四级公路隧道拱部不滴水，边墙不淌水，设备箱洞不渗水，路面不积水、不淌水，有冻害地段的隧道衬砌背后不积水、排水沟不冻结。

九、隧道风水电供应

（一）一般规定

施工组织设计应包括风、水、电供应。

（二）供风

空气压缩机站应设在洞口附近，当有多个洞口需集中供风时，可选在适中位置，但应靠近用风量较大的洞口。空气压缩机站应有防水、降温和防雷击设施。压力表和安全阀应定期维护保养且每年至少校验一次。长隧道及特长隧道可将空气压缩机布设在洞内适当位置。

空气压缩机应能满足同时工作的各种风动机具最大耗风量和风压的要求。配置时应考虑空气压缩机的工作效率和分风及管路造成的风量风压损失。

隧道掌子面使用风压应不小于0.5 MPa，高压风管的直径应根据最大送风量、风管长度、闸阀等计算确定。

（三）供水

隧道工作面供水压力不应小于 0.3 MPa。 水管的直径应根据最大的供水量、管路长度、弯头、闸阀等条件计算确定。

供水方案的选择及设备的配置应符合下列规定：

(1)水源的水量应满足工程和生活用水的需要。有高山自然水源时应蓄水利用，水池高度应能保证洞内最高用水点的水压。

(2)水池的容量应有一定的储备量，满足洞内外集中用水的需要。

(3)采用机械站供水时，应有备用的抽水机。

(4)工程和生活用水使用前应经过水质鉴定。

（四）供电与照明

隧道施工低压供电，应采用 220/380 V 三相五线制电力系统，并且必须符合下列规定：

（1）宜采用总配电箱、分配电箱、末级配电箱三级配电系统。

（2）应采用二级漏电保护系统。

（3）应采用电源中性点直接接地。

（4）应采用 TN－S 接零保护系统。

非瓦斯隧道照明电压应符合下列规定：

(1)固定式照明电压应不大于 220 V，线路末端的电压降不应大于 10%。

(2)**手持式或移动式照明电压应不大于 36 V。**

瓦斯隧道各级配电电压和各种机电设备额定电压等级应符合下列规定：

(1)高压应不大于 10 000 V，低压应不大于 1 140 V。

(2)照明、信号、电话和手持式电气设备的供电额定电压，微瓦斯、低瓦斯工区应不大于 220 V，高瓦斯工区、煤(岩)与瓦斯突出工区应不大于 127 V。

(3)远距离控制线路的额定电压应不大于 36 V。

(4)掌子面设备电压超过 3 300 V 时，应采取专门的安全措施。

线路末端电压降满足要求时，变压器应设置在洞外，再低压进洞。洞外变电站宜设在靠近负荷集中地点的电源来线一侧。当变电站电源线需跨越施工地区时，其与施工道路安全距离应符合表 1-4-21 的规定。变压器容量应按电气设备总用电量确定。洞外变电站应设置防雷击和防风装置。

表 1-4-21　架空电力线路与施工道路的最小垂直距离

架空电力线路电压等级 G		
$G \leqslant 10$ kV	10 kV $< G \leqslant 220$ kV	220 kV $< G \leqslant 500$ kV
7.0 m	8.0 m	14.0 m

当单台电动设备容量超过变压器容量 1/3 时，宜适当增加启动附加容量。

洞内供电线路布置和安装应符合下列规定：

(1)成洞地段固定的电线路，应采用绝缘良好的胶皮线架设。施工地段的临时电线路应采用橡套电缆，竖井、斜井宜使用铠装电缆。

(2)涌水隧道斜井、竖井电动排水设备的电气装置应采用双电源供电，有可靠的切换装置和防水措施。

(3)动力干线上的每一分支线，必须装设开关及保险装置。不应在动力线路上加挂照明设施。

(4)不得与人行道布置在同一侧。照明和动力电线路安装在同一侧时,应分层架设。电线悬挂高度应满足:400 V 以下不应小于 2.5 m,6~10 kV 不应小于 3.5 m。瓦斯地段的电缆应沿侧壁铺设,不得悬空架设。

(5)36 V 低压变压器应设在安全、干燥处,机壳接地,输电线路长度不应大于 100 m。

隧道施工作业地段应有充足的照明。隧道施工作业地段采用普通光源照明时,其照度应符合表 1-4-22 的规定,并应符合下列规定。

表 1-4-22 隧道施工照明标准

施工作业地段	照度标准(lx)(平均照度不小于)
开挖工作面	50
混凝土、钢筋作业面、交叉运输区段	50
运输通道	15
特殊作业地段	50
成洞地段	10
竖井内	15

(1)在主要交通道路、洞内抽水机站或竖井等重要处所,应有安全照明。

(2)漏水地段照明应采用防水灯头和灯罩。瓦斯地段的照明器材料应采用防爆型。

(3)隧道施工不应采用白炽灯照明。可采用 LED 灯等节能光源照明。

(4)不安全因素较大地段宜加大光照度。

十、隧道施工通风与职业健康

(一)通风防尘

应根据隧道长度、断面大小、施工方法、设备条件等综合确定通风方式,并应符合下列规定:

(1)独头掘进长度超过 150 m 时,应采用机械通风。

(2)独头掘进长度超过 1.5 km,宜进行通风设计。

(3)主风流不顺畅、主风流改向、风速不符合规定等情况下,宜设置局部或诱导通风系统。

(4)巷道式通风宜优先利用辅助坑道。

(5)常用通风方式有抽出式,压入式,送排风并用式,送排风混合式,竖井排风、正洞送风方式,巷道通风方式,局部风机(风扇)方式。其中,抽出式、压入式、送排风并用式均可分为集中式和串联式。

隧道施工通风应能提供洞内各项作业所需要的最小风量。每人应供应新鲜空气 3 m^3/min,采用内燃机械作业时,供风量不宜小于 4.5 m^3/(min·kW)。全断面开挖时风速不应小于 0.15 m/s,导洞内不应小于 0.25 m/s,但均不应大于 6 m/s。

通风参数选择应符合下列规定:

(1)通风机的功率、风管的直径应根据供风风量、洞内风速、隧道独头掘进长度、运输方式、断面大小、通风方式等计算确定。

(2)供风风量应按实际需要风量的1.5倍计算。

(3)通风管应与风机配套,同一管路的直径宜一致。

(4)独头掘进长度较长时,宜选用大直径风管。

(5)通风管较长,需要提高风压时,可采用多台通风机串联。

(6)巷道式通风无大功率通风机时,可采用数台通风机并联。

(7)串联与并联的通风机应采用同一型号。

通风机的安装应符合下列规定:压入式通风主风机应设在洞外;洞内辅助风机应安装在新鲜风流中。

通风管的安装应符合下列规定:

(1)送风管宜采用软管。靠近风机的软风管应采用加强型。

(2)送风式的进风口宜在洞口30 m以外。

(3)送排风并用式通风的进风口与出风口宜错开20 m左右。洞外排风管出口宜做成烟囱式,并高于压入式风机进风口。

(4)通风管靠近开挖面的距离应根据开挖面大小确定,送风式通风管的送风口距开挖面不宜大于15 m,排风式风管吸风口不宜大于5 m。靠近开挖面的风管应可移动,爆破前从掌子面处移走。

(5)采用混合通风方式时,当一组风机向前移动,另一组风机的管路应相应接长,并始终保持两组管道相邻端交错20~30 m。局部通风时,排风式风管的出风口应引入主风流循环的回风流中。

(6)通风管的安装应平顺,接头应严密,每100 m平均漏风率不应大于2%,弯管半径应不小于风管直径的3倍。

(7)通风管应设置专人定期维护、修理,如有破损,应及时修补或更换。

隧道施工应采用综合防尘措施并应符合下列规定:

(1)隧道施工应采取通风、洒水等防尘措施,并按规定时间测定粉尘和有害气体的浓度。

(2)钻孔作业应采用湿式凿岩,当水源缺乏、容易冻结或岩性不适于湿式凿岩时,可采用带有捕尘设备的干式凿岩,采用防尘措施后应达到规定的粉尘浓度。

(3)凿岩机钻孔时应先送水后送风。

(4)放炮后应喷雾、洒水,出渣前应用水淋湿石渣和附近的岩壁。

(5)施工人员应佩戴防尘口罩。

特长隧道通风应符合下列规定:风管接头宜少不宜多,风管长度可选择50~100 m;宜优先采用大直径风管;必要时可设置接力风机;宜适当加密风管吊装间距,宜不大于5 m;可考虑永临结合;应加强风管的保护,及时修补。

(二)职业健康

洞内施工环境检查应符合下列规定:应测试通风的风量、风速、风压,检查通风设备的供风能力和动力消耗;应检测粉尘和有毒物质的浓度。

工作场所空气中的粉尘浓度、有毒物质浓度应符合规范规定。

空气中的氧气含量应大于19.5%;不符合规定时,不应直接用纯氧换气,可通过加大通风量等措施提高空气中的氧气含量。

高海拔隧道施工应符合下列规定：

(1)可根据高程、人员数量、制供氧条件等因素采取弥散式、分布式、单体便携式等方式供氧。

(2)高程超过 1 500 m 时,应了解高原反应及应急救援相关知识,准备应急供氧设施。

(3)高程超过 2 400 m 时,应提醒高原反应注意事项。宜为 5% ~10% 的人员准备供氧设施。供氧设施可采用分布式或单体便携式。

(4)高程超过 3 500 m 时,安排工作应考虑高原反应适用性。宜为 10% ~30% 的人员准备供氧设施。供氧设施可采用弥散式。

(5)高程超过 4 600 m 时,应控制工作时间和强度,为包括临时到场人员在内的所有人员准备足量的供氧设施和氧气。可对办公室、宿舍、二次衬砌工作面、开挖工作面进行弥散式供氧。

(6)弥散式供氧应具有氧气浓度控制、监测、显示、报警、中止等功能;氧气出口应远离明火并设置禁止烟火标志。

含有毒气体地层隧道施工应符合下列规定：

(1)应编制专项施工方案。

(2)应建立有效的有毒有害气体监测、控制和监督制度。

(3)应采取有毒有害气体局部积聚防治措施。

(4)应尽早施作喷射混凝土和二次衬砌。

(5)应通过穿戴防毒害衣具、减少工作时间、减少与有毒有害气体的接触等措施控制有毒有害气体对人身的伤害。

(6)应严格控制无关人员进入隧道施工现场。

(7)洞内施工人员应定期体检。

隧道施工中,人员接触噪声 40 h 等效声级应不大于 85 dB(A)。洞口位于居民区时,噪声声级限值应不大于 70 dB(A)。

隧道内气温不宜高于 28 ℃。隧道内气温高于 28 ℃时,宜采取通风、洒水、加冰等措施降低温度。

十一、隧道施工辅助工程措施

(一)一般规定

在隧道浅埋段、严重偏压地段、围岩自稳性差的地段以及大面积淋水或涌水地段、塌方地段等特殊地层地段施工时,应根据现场实际情况,按地层稳定和安全施工要求,采取适用的辅助工程措施。

(二)围岩加固措施

在隧道施工容易造成地表下沉、围岩失稳和坍塌、围岩大变形地段,可采用地面砂浆锚杆、地表注浆、地面旋喷桩、围岩超前注浆、围岩径向注浆、超前水平旋喷桩、长锚杆、锚索等进行围岩加固。当某一种围岩加固措施难以保证围岩稳定、施工安全时,可同时采用多种加固措施联合使用。

地面砂浆锚杆、地表注浆、围岩超前注浆施工应符合表 1-4-23 的规定。

表 1-4-23 围岩加固施工规定

围岩加固措施	施工规定
地面砂浆锚杆	(1)锚杆宜垂直地表设置,根据地形及岩层层面具体情况也可倾斜设置。 (2)锚杆布置和锚杆长度应根据隧道覆盖层厚度、地层岩性分布、地层产状等确定。 (3)锚杆孔内应灌满砂浆。 (4)锚杆外露头宜加垫板锚固,垫板尺寸应不小于 100 mm×100 mm×10 mm。 (5)地表设连系梁时,锚杆外露头应与连系梁焊接。 (6)锚固砂浆强度达到设计强度 70% 后方可进行隧道开挖
地表注浆	(1)注浆管宜竖向设置。 (2)注浆管深度应根据需加固地层范围、隧道埋深确定,但不宜超过隧道底部开挖线以下 1 m。 (3)注浆管应采用钢花管,钢管直径不宜小于 70 mm,在需加固地层范围的钢管管壁应留有出浆孔,孔直径宜为 8～12 mm,间距宜为 300～500 mm。 (4)注浆管施工前应在现场进行试验,找出合理注浆压力、单孔注浆量和注浆配比等参数后再进行施工。 (5)相邻孔不得同时施工,应在一孔注浆浆液终凝后,再进行相邻孔开孔。 (6)注浆强度达到设计强度 70% 后方可进行隧道开挖
超前注浆	(1)注浆段的长度应根据前方地质条件确定,需加固的地层范围较长时应采用多循环方式进行,每循环注浆长度宜为 5～20 m。 (2)注浆管应采用钢花管,管直径不宜小于 70 mm,管壁应留有出浆孔,孔直径宜为 8～12 mm,间距宜为 300～500 mm。在孔口 1～1.5 m 范围不应留出浆孔。 (3)注浆作业面与注浆加固段之间应有足够的地层安全防护厚度,当围岩不能承受注浆压力时,应设止浆墙。 (4)注浆施工过程中,应记录孔位、孔径、孔深、浆液配比、注浆压力、注浆量、跑浆、串浆、终止注浆等参数。 (5)注浆强度达到设计强度 70% 后方可进行隧道开挖

(三)稳定掌子面及超前支护措施

在隧道掌子面自稳性差、掌子面开挖可能坍塌、拱顶掉块时,可采用封闭开挖面、超前锚杆支护、超前小导管支护、超前管棚支护、超前水平旋喷加固等措施。

隧道开挖掌子面出现垮塌、溜坍、掉块涌水、突泥、流沙等危及施工安全生产的迹象时,应在保证作业人员安全的条件下及时封闭掌子面。封闭掌子面应符合下列规定:

(1)在软弱围岩、破碎围岩地段、掌子面容易出现掉块时,可采用喷射混凝土封闭围岩,喷射混凝土厚度不宜小于 80 mm,且封闭期间喷射混凝土不应起层、剥落,必要时可设钢筋网。

(2)在掌子面出现较大涌水、涌泥时,可采用混凝土封堵墙封堵,封堵墙厚度应根据封堵范围大小、涌出压力、涌泥规模、需封堵时间确定,封堵墙厚度应不小于 500 mm,并应采用早强混凝土,必要时可设钢筋网。

(3)当掌子面出现流沙、涌泥、湿陷性黄土及掌子面溜坍时,可采用洞渣加沙袋反压封堵。

超前锚杆支护、超前小导管支护、超前管棚支护施工应符合表 1-4-24 的规定。

表 1-4-24 超前支护施工规定

超前支护措施	施工规定
超前锚杆	(1)超前锚杆尾端应支撑于钢架上,并应焊接牢固。 (2)超前锚杆砂浆应饱满。 (3)超前锚杆与被支撑围岩间出现间隙时,应采用喷射混凝土填满。 (4)超前锚杆施工完成 8 h 后方可进行开挖。 (5)开挖时超前锚杆间仍有掉块时,应立即补打,加密间距,并应在下一环超前锚杆施工时适当加密
超前小导管	(1)超前小导管尾端应支撑于钢架上,并应焊接牢固。管口应设置止浆阀。 (2)超前小导管与围岩间出现间隙时,应采用喷射混凝土填满。 (3)超前小导管管内应注满砂浆。 (4)超前小导管施工完成 8 h 后方可进行开挖。 (5)开挖时导管间仍有掉块时,应立即补打导管,并应在下一环小导管施工时适当加密
超前管棚	(1)管棚开孔前宜先施作导向墙,其纵向长度不应小于 2 m、厚度应不小于 0.8 m,并应有足够的强度和刚度,导向墙基础应置于稳定地基上。 (2)管棚钢管宜分节连接顶入钻孔,节段长度不宜小于 2 m,相邻钢管的接头错开距离应大于 1 m,各节段间应采用丝扣连接或套管焊接连接,连接长度不应小于 50 mm。 (3)管棚钢管就位后,应插入钢筋笼,并应及时进行注浆施工,每根钢管应一次连续注满砂浆,注浆参数应根据现场试验确定,砂浆强度等级不应低于 M20。 (4)管棚钻孔应跳孔实施,先实施的管棚注浆凝固后,方可进行其相邻管棚的钻孔施工。 (5)围岩破碎、钻进难以成孔时,可采用跟管钻孔工艺施工

(四)涌水处理措施

隧道涌水处理应符合“预防为主、疏堵结合、注重保护环境”的原则。

隧道涌水处理应根据现场情况,采取超前围岩预注浆堵水、开挖后径向注浆堵水、超前钻孔排水、坑道排水等措施。

采用注浆堵水时,注浆前宜进行压稀浆试验,测定注浆压力、地层吸浆能力、浆液扩散半径、浆液凝固时间。

隧道开挖后,周边围岩出现涌水、股状水、大面积渗水时,应根据围岩条件、地下水类型、地下水性质、补给条件、允许排放量、环保要求,以及对施工的影响程度等,采用全断面径向注浆、局部径向注浆和径向点注浆等堵水措施。集中出水点应埋设导管原位引出。

隧道周边局部渗漏水时,可采用局部径向注浆;周边大面积渗漏水时,可采用全断面径向注浆。

径向注浆应符合下列规定:

(1)径向注浆应在初期支护完成后且混凝土强度达到设计强度的 100% 后进行。

(2)注浆钻孔宜垂直开挖岩面。

(3)注浆可分段、分片进行,注浆顺序应从水少区域向水多区域方向进行,宜从上往下进行,可多孔同时注浆。

径向单孔注浆满足下列规定之一,可结束注浆:注浆压力达到设计终压并稳定 10 min,

且进浆速度小于初始速度的25%；注浆量大于设计注浆量的80%；总体注浆效果达到设计预期。

注浆过程中应进行监测，当发生围岩或支护结构变形超过允许值、地表隆起或注浆浆液窜出地表等异常情况时，可采取下列措施：停止注浆，分析原因；降低注浆压力、采用间歇注浆；改变注浆材料、调整工艺和参数；调整注浆方案，改变注浆材料；加强支护措施。

当隧道开挖前方发现水体，可能出现涌水时，可采用超前围岩注浆堵水、超前探孔排水、坑道排水等封堵地下水、降压排水措施。

在需采取超前注浆堵水的地段，应根据前方围岩地质条件、水文地质条件、施工条件等，选择采用超前全断面帷幕注浆、超前周边注浆和超前局部注浆。

（五）隧底加固措施

隧道底部采用预制桩、钢管桩、旋喷桩等进行加固时，应符合相关现行规范要求。

隧道底部采用小导管注浆加固时，小导管应垂直于基底开挖设计轮廓线，小导管管壁应留出浆孔，管内应注满砂浆，钢管外露端应与仰拱钢架焊接牢固。

（六）质量控制标准

超前锚杆、超前小导管、超前管棚施工质量检查项目及控制标准应符合《公路隧道施工技术规范》规定。

十二、隧道工程主要质量通病及防治措施

公路隧道常见的质量问题主要有洞内渗漏水、衬砌裂缝、衬砌腐蚀、钢筋保护层厚度合格率低、拱墙背后脱空、混凝土浇筑质量差、喷射混凝土支护不平整等。

（一）洞内渗漏水

为便于记忆，下面以考题探究的形式对洞内渗漏水的成因进行讲解。

考题探究

【多选题】隧道水害产生的原因有(　　)。

A. 隧道穿过可溶性岩的地层

B. 隧道穿过砂类土和漂卵石类土含水地层

C. 流向隧道的水源被截断

D. 混凝土衬砌施工质量差

E. 混凝土的工作缝、伸缩缝等未做好防水处理

ABDE。【解析】流向隧道的水源被截断，或者水源流向隧道的水量减少，可以防止隧道发生水害。故选项C错误。隧道水害产生的原因除上述选项外，还包括隧道穿过含裂隙水的地层；浅埋隧道地段；其他隧道衬砌防水、排水设施不完善的部位。

洞内渗漏水的防治措施如下：

(1)设计预防措施。在隧道设计时根据岩体类别、透水性、地质构造、地下水类型、流量、补给条件及洞顶地面形状等制定防水措施，以保证衬砌的使用寿命。

(2)结构外层防水措施。从国内隧道复合式衬砌对防水层材料的选择来看，应用防水板较多，效果较好。

(3)结构自防水措施。按“多道设防”的原则,可采用复合式橡胶止水变形缝三道设防,即首先在变形缝部位、现浇混凝土中间埋入桥式橡胶止水带,然后再在端部施作双组份聚硫橡胶嵌缝,最后在预留槽涂抹焦油聚氨酯防水胶,形成三道防线,防水可靠性得到很大提高。

(4)施工预防措施。施工时应注意排水畅通,严禁水浸泡拱墙脚,防止出现不均匀沉降。

(二)衬砌裂缝

衬砌裂缝的成因分析:衬砌裂缝形成的原因非常复杂,往往是多种不利因素综合作用的结果。主要原因可归纳为两点:一是设计局部与实际地质不符、处置不当,造成了结构受力与设计的严重不符而埋下开裂隐患;二是施工方法和现场操作不规范、管理不到位,产生下列问题:

(1)个别部位衬砌厚度严重不足、不均匀,从而造成局部应力集中产生混凝土的开裂。

(2)过早拆除模型,拆模后不有效的养生。

(3)基底清理不彻底,仰拱填充施工偷工减料,没有根据实际围岩情况对沉降缝设置进行调整。

(4)混凝土机械拌合过程中原材料不严格计量,造成混凝土水灰比与设计不符。

(5)没有严格控制混凝土灌注速度,造成模型压力的聚变,局部变形。

下面以考题探究的形式对衬砌裂缝的具体原因及防治措施进行讲解。

考题探究

【多选题】隧道衬砌裂缝病害的发生原因有( )。

A. 围岩压力不均

B. 衬砌背后局部空洞

C. 衬砌厚度过大

D. 衬砌不均匀沉降

E. 混凝土发生收缩

ABDE。【解析】隧道衬砌裂缝病害的发生原因有围岩压力不均、衬砌背后局部空洞、衬砌厚度过薄、衬砌不均匀沉降、混凝土发生收缩、施工管理不当等。

【多选题】关于隧道衬砌裂缝的防治措施的说法,正确的有( )。

A. 钢筋保护层厚度应不小于 5 cm

B. 混凝土宜采用较大的骨胶比

C. 混凝土拆模时,内外温差不得大于 10 ℃

D. 衬砌背后可能形成水囊时,应对围岩进行止水处理

E. 衬砌施工应严格按要求设置沉降缝、收缩缝

BDE。【解析】隧道衬砌裂缝的防治措施中,钢筋保护层厚度应不小于 3 cm,使用前应进行除锈、清污处理。故选项 A 错误。混凝土拆模时,内外温差不得大于 20 ℃;混凝土养护时的温度变化速度不宜大于 5 ℃/h。故选项 C 错误。

(三)衬砌腐蚀

衬砌腐蚀的成因分析如下:

(1)隧道在寒冷和严寒地区衬砌混凝土充水部位冻融交替冻胀性裂损。

(2)隧道周围有含石膏、芒硝和岩盐的环境水,干湿交替盐类结晶性胀裂损坏。

(3)硫酸盐侵蚀、镁盐侵蚀、软水溶出性侵蚀、碳酸性侵蚀、一般酸性侵蚀。

衬砌腐蚀的防治措施如下：

(1)提高衬砌的密实度和整体性。这是提高混凝土抗侵蚀性能最主要的也是最重要的措施。因为不管是混凝土或砌块、砂浆遭受化学侵蚀，还是冻融交替或是干湿交替作用，甚至几种情况同时存在的最不利情况，共同的必要条件是衬砌的透水性。由于水及其中侵蚀介质能渗透到衬砌内部，才会发生一系列物理、化学变化，致使衬砌混凝土或砌块、灰缝产生腐蚀损坏。如果在修建隧道衬砌时，采用了防水混凝土(或防水砂浆砌不受侵蚀的石料)作衬砌，提高了衬砌的密实度和整体性，外界侵蚀性水就不易渗入混凝土内部，从而阻止了环境水的侵蚀速度，就可以提高衬砌的耐久性，降低侵蚀的影响。

(2)外掺加料法。由于腐蚀主要是由于混凝土中游离的$Ca(OH)_2$等引起的，可以采取降低混凝土中$Ca(OH)_2$浓度的措施来达到抗侵蚀的目的。比如：掺加粉煤灰可以除去游离的$Ca(OH)_2$，且给予铝相似不活泼性。

(3)选用耐侵蚀水泥。目前隧道工程常用的防腐蚀水泥有抗硫酸盐水泥、高抗硫酸盐水泥、低碱高抗硫酸盐水泥、矾土水泥、石膏矿渣水泥等。

(4)加强衬砌外排水措施。将侵蚀性环境水排离隧道周围，减少侵蚀性地下水与衬砌的接触。目前，在地下水丰富地区，用泄水导洞法将地下水引至导洞内，减少地下水对主体隧道的影响，一般泄水导洞应根据地下水的活动规律和流向，设在主洞的上游，拦截住地下水。地下水不发育地区，在隧道背后做盲沟，将地下水排入盲沟，从而减少对隧道衬砌的腐蚀。

(5)使用密实的与混凝土不起化学作用的材料，在衬砌外表面做隔离防水层。国内常用的防水卷材有乙烯-醋酸乙烯共聚物(EVA)、聚乙烯(PE)、聚氯乙烯(PVC)等，这些材料的耐酸碱性能稳定，作为隔离防水层，是较理想的材料。

(6)采用与侵蚀性环境水不起化学反应的天然石料砌筑衬砌。这种方法适用地质条件较好的隧道。

(7)向衬砌背后压注防蚀浆液。

(8)防腐蚀混凝土。

第五章 交通工程

第一节 交通安全设施

一、交通安全设施的主要构成与功能

公路交通安全设施包括交通标志、交通标线(含突起路标)、护栏和栏杆、视线诱导设施、隔离栅、防落网、防眩设施、避险车道和其他交通安全设施(含防风栅、防雪栅、积雪标杆、限高架、减速丘和凸面镜)等。

(一)交通标志

交通标志用于提供道路交通信息、组织疏导交通流并贯彻执行交通法规。其主要作用有提示、诱导、指示作用;使道路使用者安全、快捷到达目的地;促进交通畅通。

公路交通标志向道路使用者提供警告、禁令、指示、指路、安全等信息,**按交通标志的作用分为:警告标志、禁令标志、指路标志、指示标志、旅游区标志、施工标志和辅助标志**。

温馨提示

需要注意的是,交通标志还包括里程碑、百米桩、公路界碑等。

(二)交通标线

交通标线的主要作用是管制和引导交通。

交通标线包括各类路面标线、导向箭头、文字标记、立面标记和突起路标等。实体标记也属于交通标线。交通标线示意图如图 1-5-1 所示。

图 1-5-1 交通标线示意图

用于施划路面标线的涂料分为溶剂型、热熔型、双组分、水性四种,如果路面标线有反光要求,则在施工时,还应在涂料中掺入或在施工时面撒玻璃珠。突起路标根据其是否具备逆反射性能分为 A,B 两类:具备逆反射性能的为 A 类;不具备逆反射性能的为 B 类。

(三)护栏和栏杆

公路护栏设置于道路两侧或中央分隔带。按护栏在公路道路的安装部位可分为路基护栏、桥梁护栏、中央分隔带及其开口护栏。

缓冲设施也属于护栏和栏杆的组成部分。缓冲设施是指设置于公路互通式立体交叉、

服务区、停车区出口处的分流鼻端、收费岛头，或者护栏端部等，可以减缓冲击、降低碰撞车辆和车内人员伤害的设施，主要形式有防撞端头、防撞垫等。

防撞端头是指设置于护栏的迎车流方向起点，和护栏连接在一起，对碰撞车辆起阻挡、缓冲和导向作用的设施。

防撞垫是指设置于公路交通分流处的障碍物或其他位置的障碍物前端的一种缓冲设施，车辆碰撞时通过自体变形吸收碰撞能量，从而降低乘员的伤害程度。防撞垫可分为可导向防撞垫和非导向防撞垫。

根据碰撞后变形的程度，公路护栏可分为刚性护栏、半刚性护栏和柔性护栏：

(1)刚性护栏是指车辆碰撞后基本不变形的护栏。混凝土护栏是主要代表形式，车辆碰撞时通过爬高并转向来吸收碰撞能量。

(2)半刚性护栏是指车辆碰撞后有一定的变形，又具有一定强度和刚度的护栏。波形梁护栏是主要代表形式，车辆碰撞时利用土基、立柱、波纹状钢板的变形来吸收碰撞能量。

(3)柔性护栏是指具有较大缓冲能力的韧性护栏结构。缆索护栏是主要代表形式，车辆碰撞时依靠缆索的拉应力来吸收碰撞能量。

护栏的主要作用如下：

(1)防止失控车辆冲出路基，不致发生二次事故。

(2)吸收能量以减轻事故车辆及人员的损伤程度。

(3)诱导视线。

(四)防撞筒

防撞筒是指设置在公路的转弯、出入口、收费岛头、桥梁护栏端头、上跨桥的桥墩处、隧道洞口处等存在严重安全隐患的地方，起警示和减缓冲击作用的圆形安全设施。在发生车辆冲撞时，能降低事故严重度，减少事故损失。

考题探究

【多选题】防撞筒的主要作用有(　　)。

A. 警示　　B. 减缓冲击

C. 诱导视线　　D. 避免对向车辆灯光造成的眩目影响

E. 吸收能量，减经事故车辆及人员的损伤程度

ABCE。【解析】防撞筒的主要作用有吸收能量，减轻事故车辆及人员的损伤程度；警示；减缓冲击和诱导视线。

(五)视线诱导设施

视线诱导设施是指指示公路线形轮廓及行车方向的设施，主要包括轮廓标、合流诱导标、线形诱导标、隧道轮廓带、示警桩、示警墩、道口标柱等。 轮廓标主要包括附着式、柱式等形式。用于轮廓标上的逆反射材料主要包括反射器和反光膜。其中，反射器有微棱镜型和玻璃珠型两种形式。合流诱导标、线形诱导标的结构与交通标志相同。

温馨提示

护栏和防撞筒也能起视线诱导作用。

视线诱导设施示意图如图 1-5-2 所示。

图 1-5-2　视线诱导设施示意图

通过视线诱导设施，对公路沿线的路线走向、构造物、行车隐患路段、小型平面交叉等的分布等进行主动告知，尤其在夜间，通过逆反射材料或主动发光系统对驾驶人的行驶进行主动引导，是效益投资比较高的设施。

（六）隔离栅、防落网、防眩设施

隔离栅是指设置于公路沿线两侧，阻止人、动物进入公路或沿线其他禁入区域，防止非法侵占公路用地的设施。

隔离栅可选用焊接网、刺钢丝网、编织网、钢板网、隔离墙、绿篱、刺钢丝网和绿篱相结合等。

设置于公路桥梁两侧防止抛扔的物品、杂物或运输散落物进入桥梁下铁路、通航河流或交通量较大的公路的设施，称为防落物网。设置于公路路堑边坡防止落石进入公路建筑限界内的柔性防护设施，称为防落石网。防落物网和防落石网统称为防落网。

防落物网按网片形式可分为钢板网、编织网、电焊网、实体板等。

防眩设施是指防止夜间行车受对向车辆前照灯炫目影响的设施。

防眩设施主要包括防眩板、防眩网和植树防眩等形式。

（七）其他交通安全设施

防风栅是指设置在公路上风侧或公路两侧，减轻强风对公路行驶车辆影响的设施。

防雪栅是指设置在公路上风侧或公路两侧，减轻风吹雪对公路影响的设施。

积雪标杆是指在可能严重积雪的路段，设置于公路两侧指示公路路面边缘的设施。

减速丘是指设置于车行道或延展到整个公路路面宽度的弧形凸起区域，配合相应的交通标志和标线，起到提醒驾驶人控制车速的作用。

二、交通安全设施的施工技术要求

（一）交通标志

1. 标志定位与设置

所有交通标志都应按图纸的要求定位和设置，安装的标志应与交通流方向几乎成直角，在曲线路段，标志的设置角度应由交通流的行进方向来确定。为了消除路侧标志表面产生眩光，标志应向后旋转约 5°，以避开车前灯光束的直射；门架标志的垂直轴应向后倾成一定角度；对于路侧标志，标志板内缘距土路肩边缘不得小于 250 mm，或根据监理人的指示确定。

2. 基础

标志基础可根据就地浇筑或预制后再埋置。基础位置的确定、开挖以及浇筑混凝土立模和锚固螺栓的设置等，都应经监理人批准后方可施工。

3. 标志支承结构

立柱的长度应根据规范及设计的要求,并结合标志实际设置位置的情况进行确定。

钢支承结构应根据规范的规定制作和安装。

钻孔、冲孔和车间焊接,应在钢材电镀之前完成。

标志支撑结构的架设应在基础混凝土强度达到要求,并得到监理人的批准后才能进行。门架标志结构整个安装过程应以高空吊车为工具,不允许施工人员在门架的横梁上作业。

4. 标志板安装

交通标志现场安装应符合下列规定:

(1)标志支撑结构应在基础混凝土强度达到设计强度的80%以上后,经监理工程师批准后安装。

(2)标志板安装前应依据设计文件对交通标志基础、立柱和标志板一一进行核对。检查标志板、支撑结构是否存在裂缝、变形等影响安装的缺陷。

(3)小型交通标志可在立柱安装固定后安装标志板,门架、悬臂等交通标志宜将交通标志板安装后整体吊装。

(4)标志板安装到位后,应调整标志板面平整度,根据设置地点公路的平、竖曲线线形调整标志板安装角度,标志板安装角度应满足设计文件要求,设计文件无要求时,应符合下列规定:

①路侧标志宜与公路中线垂直或成一定角度,其中,禁令和指示标志为0°~45°;指路和警告标志为0°~10°。

②悬臂、门架或附着式支撑结构标志板面应垂直于公路行车方向,标志板面宜前倾0°~15°。

5. 质量过程控制

交通标志板安装应按下列规定进行质量检查:

(1)柱式标志板、悬臂式和门架式标志立柱的内边缘距土路肩边缘线的距离应符合设计文件要求或规范规定。

(2)悬臂、门架式等标志板最不利处下缘距路面高差应符合设计文件要求或规范规定。

(3)标志板安装后应平整,安装角度应符合规范规定。

考题探究

【单选题】关于交通标志施工技术要求的说法,正确的是(　　)。

A. 加工标志的支撑结构时,钻孔、焊接作业应避免损伤钢材镀锌层

B. 为提高标志的视认性,门架式标志的图板应适当后仰

C. 立柱的长度应根据规范及设计的要求,并结合标志实际设置位置的情况进行确定

D. 路侧单柱式标志的内边缘至硬路肩边缘的距离应满足规范和设计的要求

C。【解析】钻孔、冲孔和车间焊接,应在钢材电镀之前完成。故选项A错误。悬臂、门架或附着式支撑结构标志板面应垂直于公路行车方向,标志板面宜前倾0°~15°。故选项B错误。柱式标志板、悬臂式和门架式标志立柱的内边缘距土路肩边缘线的距离应符合设计文件要求或规范规定。故选项D错误。

（二）交通标线

1. 通用要求

交通标线宜采用机械化施工。施工专用机械设备应符合设计文件或产品使用说明书的规定。

交通标线正式施划前应在试验路段进行试划，试验路段应有代表性，长度不宜短于200 m，高速公路、一级公路可按单向计算。

试验路段应结合设计文件和交通标线材料使用说明书的规定对划线车的行驶速度，试划标线的长度、宽度、厚度，玻璃珠面撒率，标线的逆反射亮度系数等进行现场检测，确定施工参数。

2. 路面标线

设置标线的路面表面应清洁干燥，无松散颗粒、灰尘、沥青、油污或其他有害物质。

涂料喷涂于路面时的温度，应符合涂料生产商使用说明的要求，否则会影响喷涂使用寿命。

喷涂施工应在白天进行，雨天，尘埃大，风大，气温低于10 ℃时应暂时停止施工。

玻璃珠的撒布应经试验并获监理人批准后方可实施。撒布玻璃珠应在涂料喷涂后立即进行。

喷涂标线时，应有交通安全措施，设置适当警告标志，阻止车辆及行人在作业区内通行，防止将涂料带出或形成车辙，直至标线充分干燥。

考题探究

【单选题】关于标线施工技术要求的说法，错误的是（　　）。

A. 标线工程正式开工前，应进行标线车自动行驶试验

B. 在正式划标线前，应保证路面表面清洁干燥

C. 应根据设计图纸进行放样

D. 通过划线机的行驶速度控制好标线厚度

A。【解析】交通标线正式施划前应在试验路段进行试划。试验路段应结合设计文件和交通标线材料使用说明书的规定对划线车的行驶速度，试划标线的长度、宽度、厚度，玻璃珠面撒率，标线的逆反射亮度系数等进行现场检测，确定施工参数。设置标线的路面表面应清洁干燥，无松散颗粒、灰尘、沥青、油污或其他有害物质。

3. 突起路标

突起路标应按图纸要求或监理人的指示地点设置，设置时路面面层应干燥清洁，无杂屑，此时将环氧树脂均匀涂覆于突起路标的底部，涂覆厚度约为8 mm，将突起路标压在路面的正确位置上，轻微转动，直到四周出现挤浆并及时清除其溢出部分，在凝固前突起路标不得扰动。

在水泥混凝土路面设置突起路标时，先用硬刷和10%盐酸溶液洗刷混凝土表面，然后用清水冲洗干净，待路面清洁干燥后安装突起路标。

突起路标设置高度，顶部不得高出路面25 mm。

突起路标的反光玻璃球有白色、红色或黄色，白色设在一般路段，红色或黄色设在危险路段。

在降雨、风速过大或温度过高过低时，不进行设置。

4. 轮廓标

柱式轮廓标施工技术要求如下：

(1)柱式轮廓标应按图纸的规定量距定位。

(2)混凝土基础可采用现浇或预制的方法施工。

(3)柱式轮廓标安装时，柱体应垂直于水平面，三角形柱体的顶角平分线应垂直于公路中心线，柱体与混凝土基础之间可用螺栓连接。

附着式轮廓标施工技术要求如下：

(1)附着于梁柱式护栏上的轮廓标可按立柱间距定位，附着于混凝土护栏和隧道侧墙上的轮廓标应量距定位。

(2)附着式轮廓标应按照放样确定的位置进行安装。反射器的安装角度应符合图纸的规定。安装高度宜尽量统一，并应连接牢固。

5. 立面标记

立面标记设置的位置应符合图纸规定。

立面标记的颜色为黄黑相间的倾斜线条，斜线倾角为 45°，线宽及其间距均为 150 mm，设置时应把向下倾斜的一边朝向行车道。

（三）护栏和栏杆

1. 路基护栏

缆索护栏、波形梁护栏的路基土压实度和混凝土护栏的地基承载力应符合图纸的规定。所有钢构件均应进行防腐处理。

混凝土护栏的施工应满足下列要求：

(1)应根据现场条件确定并核对混凝土护栏的设置位置，确定控制点，检测基础承载力是否达到规范或图纸的要求。

(2)现场浇筑混凝土护栏应符合下列要求：

①采用固定模板法施工时，模板宜采用钢模板。

②混凝土浇筑前的温度应维持在 10 ~ 32 ℃之间。

③两处伸缩缝之间的混凝土护栏必须一次浇筑完成，伸缩缝应与水平面垂直，宽度应符合图纸的规定，伸缩缝内不得连浆。

④混凝土初凝后，严禁振动模板，预埋钢筋不得承受外力。

(3)预制混凝土护栏应符合下列要求：

①预制混凝土护栏的施工场地应平整、坚实、排水良好、交通方便。

②应采用钢模板，模板长度应根据吊装和运输条件确定，宜采用固定的规格。

③每块预制混凝土护栏必须一次浇筑完成。

④拆模时混凝土强度不应低于设计强度的 70%。拆模时不得损坏混凝土护栏的边角，并应保持模板完好。

⑤混凝土护栏的安装应从一端逐步向前推进，护栏的线形应与公路的平、纵线形相协调。

⑥中央分隔带混凝土护栏在超高路段，应按图纸要求处理好排水问题。

波形梁护栏的施工应满足下列要求：

(1)立柱放样。应根据图纸进行立柱放样，并以桥梁、通道、涵洞、隧道、中央分隔带开口、紧急电话开口、互通式立体交叉等控制立柱的位置，进行测距定位。

(2)立柱安装。立柱安装应与图纸相符,并与公路线形相协调。

(3)防阻块、托架、横隔梁安装。防阻块、托架应通过连接螺栓固定于护栏板和立柱之间。设有横隔梁的中央分隔带护栏,应在立柱准确定位后安装横隔梁。

(4)横梁安装。护栏板应通过拼接螺栓相互连接成纵向横梁,并由连接螺栓固定于防阻块、托架或横隔梁上。护栏板拼接方向应与行车方向一致。拼接螺栓必须采用高强螺栓。

(5)端头安装。各类护栏端头应通过拼接螺栓与护栏板牢固连接,拼接螺栓必须采用高强螺栓。防撞等级为SA,SAm和SS的波形梁护栏上,横梁必须按图纸的规定进行端部处理。

缆索护栏的施工应满足下列要求:

(1)放样。应根据现场桥梁、涵洞、通道、路线交叉、隧道等的分布确定控制立柱的位置,并测定控制立柱之间的间距,据此调整端部立柱、中间端部立柱、中间立柱的设置位置。

(2)架设缆索。缆索应支放在立柱的内侧,通过中间支架向另一端滚放。严禁在路面上长距离拖拽缆索。缆索应按从上向下的顺序架设。

2. 桥梁护栏

桥梁护栏应在桥梁车行道板、人行道板施工完毕,跨中支架及脚手架拆除后桥跨处于独立支撑的状态时施工。

金属桥梁护栏、钢筋混凝土墙式和梁柱式桥梁护栏、组合式桥梁护栏的施工均应符合相关规范的规定。

(四)桥梁护网

桥梁护网主要由钢丝和型钢组成,因其自重轻、强度高、刚度大,且安装简便、结构灵活,故而被广泛应用于多种超高、超重、规模较大的建筑施工中,如高速公路桥梁工程等。

桥梁护网在安装前应对设置在桥梁上的有关预埋件进行检查。桥梁护网立柱的安装过程中必须保证立柱的稳固,以及和基础的连接紧密,必要时可安设支撑来稳固立柱。立柱安装过程中应用小线对立柱安装的顺直度进行检测,对局部进行调整。确保直线段直顺,曲线段圆滑。

知识拓展

在高压输电线穿越安装桥梁护网的地方,桥梁护网应按电力部门的规定做防雷接地,接地电阻值应小于10 Ω。

(五)视线诱导设施

柱式轮廓标、附着式轮廓标施工技术要求同上述交通标线中的轮廓标施工技术要求。

隧道轮廓带的施工应符合下列规定:

(1)隧道轮廓带应量距定位。

(2)隧道轮廓带应按照放样确定的位置进行安装,并应与隧道连接牢固。

(3)隧道轮廓带在安装时不得侵入公路建筑限界以内。

轮廓标质量过程控制应满足下列要求:轮廓标安装完成后应与公路线形保持一致,安装高度宜保持一致。夜间应具有良好的反光性能,逆反射性能应符合现行《轮廓标》的规定。

(六)隔离栅

隔离栅宜在路基工程完成后尽早实施;承包人应在施工前制定详细的施工组织设计送监理人审批。承包人应根据批准的施工组织设计,按图纸要求及实际地形地物的情况进行施工放样,定出立柱中心线进行必要的清场和挖除树根,以便按规定的坡度和线形修建隔离栅。

每个柱位均应按图纸的要求确定高程,并应按实际地形进行调整。

应根据图纸的规定开挖基坑。

立柱应根据图纸的规定设置在现浇混凝土基础或预制混凝土基础内。立柱的埋设应分段进行。可先埋设两端的立柱,然后拉线埋设中间立柱,控制立柱与中间立柱的平面投影在一条直线上,柱顶应平顺。预制混凝土立柱和基础在运输及装卸时应避免折断或损坏边角。

混凝土基础强度达到设计强度的70%以上时,可按下列规定安装隔离栅网片:

(1)安装无框架卷网时,应从端头立柱开始,沿纵向展开。

(2)安装有框架的片网时,网面应平整,框架应整体平顺、美观,框架与立柱应连接牢固。

(3)安装刺钢丝网时,应从端头立柱开始。

隔离栅网片安装完毕后,应对基础周围进行夯实处理。

(七)防眩设施

防眩设施施工前,应确定控制点,在控制点之间测距定位、放样。

设置于混凝土护栏上的防眩板或防眩网的安装施工应符合下列规定:

(1)防眩板或防眩网可通过混凝土护栏顶部的预埋件及连接件安装在混凝土护栏上。

(2)混凝土护栏强度达到设计强度的80%时,方可安装防眩板或防眩网。

(3)防眩板或防眩网下缘与混凝土护栏顶部的间距应符合设计文件的规定。

(4)防眩板或防眩网安装后,不得削弱混凝土护栏的原有功能。

设置于波形梁护栏上的防眩板或防眩网的安装施工应符合下列规定:

(1)防眩板或防眩网可通过连接件安装在波形梁护栏上。

(2)防眩板或防眩网安装在波形梁护栏上时,不得削弱波形梁护栏的原有功能。

(3)防眩板或防眩网下缘与波形梁护栏顶面的间距应符合设计文件的规定。

(4)施工过程中不应损伤波形梁护栏的防腐层,否则应在24 h之内予以修补。

独立设置立柱的防眩板或防眩网的安装施工应符合下列规定:

(1)施工前,应清理场地、协调与其他设施的关系。

(2)防眩板或防眩网单独设置立柱时,可根据所在位置将立柱埋入土中、设置混凝土基础或固定于桥梁、通道、明涵等构造物上。

(3)立柱施工时,不得破坏地下管线和排水设施。

防眩板或防眩网安装完成后,其设置路段、防眩高度、遮光角应满足设计要求。

防眩板或防眩网整体应与公路线形协调一致,不得出现高低不平或者扭曲的外形。

防眩板或防眩网应牢固安装。

施工过程中应加强质量检查,各检查项目应符合表1-5-1的规定。

表1-5-1　防眩设施施工质量过程控制项目

项目	检查项目	允许偏差	检查方法
1	安装高度/mm	±10	尺量
2	防眩板设置间距/mm	±10	尺量
3	竖直度/($mm \cdot m^{-1}$)	≤5	垂线法
4	防眩网网孔尺寸	满足设计要求	尺量

考题探究

【单选题】关于防眩设施施工安装要求的说法，正确的是（　　）。

A. 防眩设施安装高度的允许偏差为 +20 mm

B. 施工前，应确定控制点，在控制点之间测距定位、放样

C. 防眩板的间距不得大于 60 cm

D. 防眩设施不得附着于其他设施上

B。【解析】防眩设施安装高度的允许偏差为 ±10 mm。故选项 A 错误。防眩板的间距应符合设计文件的规定，一般为 50～100 cm。故选项 C 错误。防眩设施可以附着于其他设施上，如设置于混凝土护栏或波形梁护栏上，但不能对其他设施造成损坏。故选项 D 错误。

第二节　监控和照明系统

一、监控系统的主要构成与功能

（一）概述

监控系统按其功能可分为九个子系统：交通监控系统、视频监视系统、紧急电话系统、火灾自动报警系统、隧道通风控制系统、隧道照明控制系统、供配电监控系统、调度指令电话系统、有线广播系统。监控系统虽然由九个子系统组成，但他们之间并不是完全独立的，相互之间要交换信息，有机地构成一个系统。一个路段的监控系统是根据道路的特点、桥梁与隧道大型构造物的分布、交通量以及气候环境等因素来构架本路段的监控系统，可以是全部系统，也可能只有交通监控、视频监视、紧急电话和调度指令电话等子系统。特大桥还会有桥梁结构安全检测子系统。

公路监控系统主要是实时收集道路状况、交通流信息、气象信息及相关设备状态，控制与调节交通流，疏导交通，减少交通事故，保证行车安全。其主要功能如下：信息收集功能；动态显示和监视功能；视频监视功能；控制功能；交通事件的排除、救援组织功能；事件输入记录功能；报表统计与打印功能；查询功能；自动数据备份和系统恢复功能；系统自诊断功能；安全功能；时间统一功能；提供内部其他系统相关信息；提供对外界的服务功能。

（二）交通监控系统的主要构成与功能

交通监控系统由计算机系统、外场设备以及传输通道等组成。计算机系统按管理体制又可以分为监控所计算机系统、路段监控分中心计算机系统、省监控中心计算机系统。路段监控分中心管辖各自路段，省监控中心对各路段监控分中心进行协调管理。一个路段监控分中心通常管辖一条路，或者管辖一个或多个（隧道、大桥）监控所，本身具有收集信息功能、信息分析处理功能、交通控制功能、特殊事件控制功能、辅助管理功能等。省监控中心管辖若干个路段监控分中心，它处于高一层的协调管理地位，具有宏观监视功能、宏观协调控制功能。

交通监控系统的功能：通过实时采集变化着的道路交通流信息（包括交通信息、气象信息、交通异常事件信息等）、道路及监控设施等信息，进行交通运行状态正常与否的判断、交通异常事件严重程度的确认、交通运行异常状态的预测、对已经发生或可能发生的异常事件处理方案的处理等从而达到信息发布、交通控制、诱导的目的，为管理部门提供有效的管理手段，为高速公路的使用者提供最好的交通信息服务。

（三）视频监视系统的主要构成与功能

视频监控系统示意图如图 1-5-3 所示。

图 1-5-3　视频监控系统示意图

一条路的视频监视系统包括沿线遥控摄像机，视频和数据传输设备以及监控分中心的视频监视、存储及控制装置等组成。监控分中心的视频监控装置一般由监视器、视频切换控制矩阵、数字录像设备、控制键盘（或视频工作站）、大屏幕投影机、视频编解码器等组成。

视频监视系统的功能如下：

（1）在分中心可任意选择调看所管辖范围内每个外场摄像机的视频图像，并对其进行水平、垂直方向的旋转、变焦等控制。

（2）通过监视器和大屏幕投影等显示设备，分中心、中心监控人员可直观地了解摄像机覆盖区的交通运行状况、拥堵情况和交通事件，以便正确的做出拥堵和事件确认，并做出有效的控制决策。

（3）具有对拥堵、交通事故现场的视频图像进行录像、存储，并能利用路段地点、时间等参数对录像图像进行检索、回放，为交通事件的事后分析和取证提供依据。

（4）当监控分中心和省中心或区域中心实现视频联网监控时，系统应具有多级联网视频监控功能，即上级中心可任意选择和控制沿线遥控摄像机。

（四）紧急电话系统的主要构成与功能

紧急电话系统根据传输介质分为有线型和无线型。有线型又分为电缆型和光缆型。紧急电话系统由设在监控分中心的紧急电话控制台、沿线路侧的紧急电话分机及传输电缆（或光缆或无线公网）等组成。紧急电话控制台包括计算机、彩显、声卡、麦克风、打印机及通信接口等。

紧急电话系统的功能：用于司机在发生交通事件等紧急情况进行呼救求援的主要手段，也可用于道路维护管理人员与监控分中心值班人员之间的联系。通过呼叫者与监控分中心值班人员的对话，能迅速确定交通事件的发生地点及事件状况，及时组织紧急救援、抢修和控制交通流。紧急电话系统独立运行。

（五）火灾自动报警系统的主要构成与功能

火灾自动报警系统分人工和自动报警两种：

（1）自动报警系统由外场火灾自动检测设备，监控分中心（监控所）的火灾自动报警系统，以及传输通道等组成，是隧道安全运行保障系统中的一个重要子系统。当火灾自动检测设备检测到附近有火情发生时，会立即生成一个报警信号传到监控分中心（监控所），监控分中心（监控所）产生声光报警和地点信号，值班员可进行确认和处理。

（2）人工手动报警系统与自动报警系统的构成相似。通常是在隧道内每 50 m 间距的消防洞处设一个手动报警按钮（每个按钮带地址编码），由传输通道将其连接到监控分中心（监控所）。

火灾自动报警系统的功能：用于隧道内发生火灾时，自动或人工发出紧急信号，迅速通告监控室或监控分中心，启动消防水泵，及时进行灭火、救援等活动，减少人员伤亡，减轻隧道设施的破坏、损失；结合隧道交通监控的控制，阻止洞外车辆进入故障隧道，避免事故的恶化，保证隧道安全。

（六）隧道通风控制系统的功能

用通风设备将新鲜空气强行送入隧道，稀释污染物质并将其排出隧道，使隧道内保持良好的卫生环境，提高能见度，保证行车安全。该系统根据检测到的环境数据、交通量信息等控制风机的运行台数、风向、运行时间，能实现节能运行和保持风机较佳寿命的控制运行；并在发生火灾时根据不同地点进行相应的火灾排烟处理，以保证隧道的安全及运行环境的舒适性。

（七）隧道照明控制系统的功能

合理地设置隧道照明系统能避免隧道黑洞效应，使驾驶员适应隧道内外的亮度差，保证行车安全；并根据洞外的照度变化、交通量的变化对洞内照明强度进行调节，节约用电，降低运营费用。

温馨提示

历年考试考查过此知识点。

（八）供配电监控系统的主要构成与功能

电力监控系统可与公路供配电系统相结合构成功能完善、独立的供配电监控系统；也可只对重要供配电回路进行遥控、遥信、遥测。它作为监控系统的一个子系统，其监控范围包括专用变配电所、高压电源线路、馈出高压线路、备用柴油发电机组、主变压器、重要的低压配电回路及低压配电装置等。供配电监控系统由远动子系统、监控中心计算机子系统和人机联系子系统组成，也可将人机联系子系统归入到监控中心计算机子系统。

供配电监控系统的功能如下：

（1）是完成对公路专用供配电系统进行数据采集、监视和控制的系统，实现对系统的安全监控。

（2）是完成供配电信息收集、处理和控制功能的自动化系统。它通过人机联系子系统的屏幕显示和调度模拟屏对供配电网运行进行在线的安全监视；并有越限告警、记录、打印制表、事故追忆、本系统的自检、远动通道状态的监测等功能；对供配电系统中重要开关进行遥控；对有载调压变压器分接头、静电电容器等无功功率补偿设备进行自动调节或投切，实现供配电监控。

（3）调度员可以掌握该系统当前的运行情况，实现遥控操作，完成记录、统计、制表等调度日常工作。

（九）调度指令电话系统的主要构成与功能

调度指令电话系统由数字程控交换机、话务台、维护终端、计费终端、调度指令电话总机以及双音多频话机等组成。

调度指令电话系统的功能：为高速公路运营管理机构（包括收费站、服务区、停车区、养护工区等）办理业务提供语音服务，包括业务电话和调度指令电话等。

（十）有线广播系统的主要构成与功能

有线广播系统有两种设置方式：单独设置和与紧急电话系统合并设置。与紧急电话系统合并设置方式可与紧急电话系统综合利用主机、控制台和传输电缆。有线广播系统由设在监控分中心(或隧道监控所)的广播控制台、功放模块、强指向扬声器和传输电缆等组成。

有线广播系统一般应用在长隧道和特大桥监控系统中,作为特定事件下交通信息发布的手段之一。该系统主要用于交通堵塞、交通事件等紧急情况下向桥上或隧道内和洞口处人员广播信息,组织疏导车辆、人员,迅速排除故障,恢复正常交通。

二、照明系统的主要构成与功能

公路照明系统一般由低压电源线、配电箱(包括低压开关)、低压配电线、灯杆、光源和灯具组成。公路照明系统的照明方式可以分为一般照明、局部照明和混合照明;照明种类可以分为正常照明和应急照明。

照明系统的功能如下:

(1)保证行车安全,减少交通事故。

(2)为收费、监控、通信、服务设施及运营管理提供正常运行,维护、管理必要的工作照明和应急照明。

(3)具有随白天、黑夜或日光照度的变化对照明进行调节控制的功能,以节约能源和降低运营费用。

(4)能针对不同路段、场所、不同设施的照明要求,分回路地进行分合控制。

(5)具有短路、过载等保护,保证照明系统正常运行,做到满足公路运输的要求。

第二部分　公路工程相关法规与标准

第一章　相关法规

第一节　公路建设法规体系和标准体系

一、公路建设法规体系

公路建设法规体系见表 2-1-1。

表 2-1-1　公路建设法规体系

级别	层次
国家级	国家层面发布的法律和行政法规、交通运输部发布的规章
地方级	地方政府相关部门发布的行政法规和规章

二、公路建设标准体系

标准体系是编制标准制、修订规划和计划的重要依据。《公路工程标准体系》是公路领域现有、应有和预计制定标准的蓝图，随着科学技术的发展而不断更新和充实。

（一）总则

为加强公路工程标准构成的科学性和系统性，适应公路建设、管理、养护、运营的需要，制定《公路工程标准体系》。该体系适用于公路领域的行业标准。体系范围包括公路工程从规划建设到养护管理全过程所需要制定的技术、管理与服务标准，也包括相关的安全、环保和经济方面的评价等标准。体系制定贯彻创新、协调、绿色、开放、共享的发展理念，立足公路交通发展阶段的内在联系和规律，反映一定时期内公路工程发展的需求。

体系标准分为强制性标准和推荐性标准。涉及保障人身健康和生命财产安全、国家安全、生态环境安全和满足社会经济管理基本要求的为强制性标准，其余为推荐性标准。

（二）体系结构

1. 体系框架

公路工程标准的体系结构分为三层：

（1）第一层为板块，按照公路建设、管理、养护、运营协调发展要求所做的标准分类。

（2）第二层为模块，在各板块中归纳现有、应有和计划制修订的标准的具体类别。

（3）第三层为标准。

公路工程标准体系框架如图 2-1-1 所示。

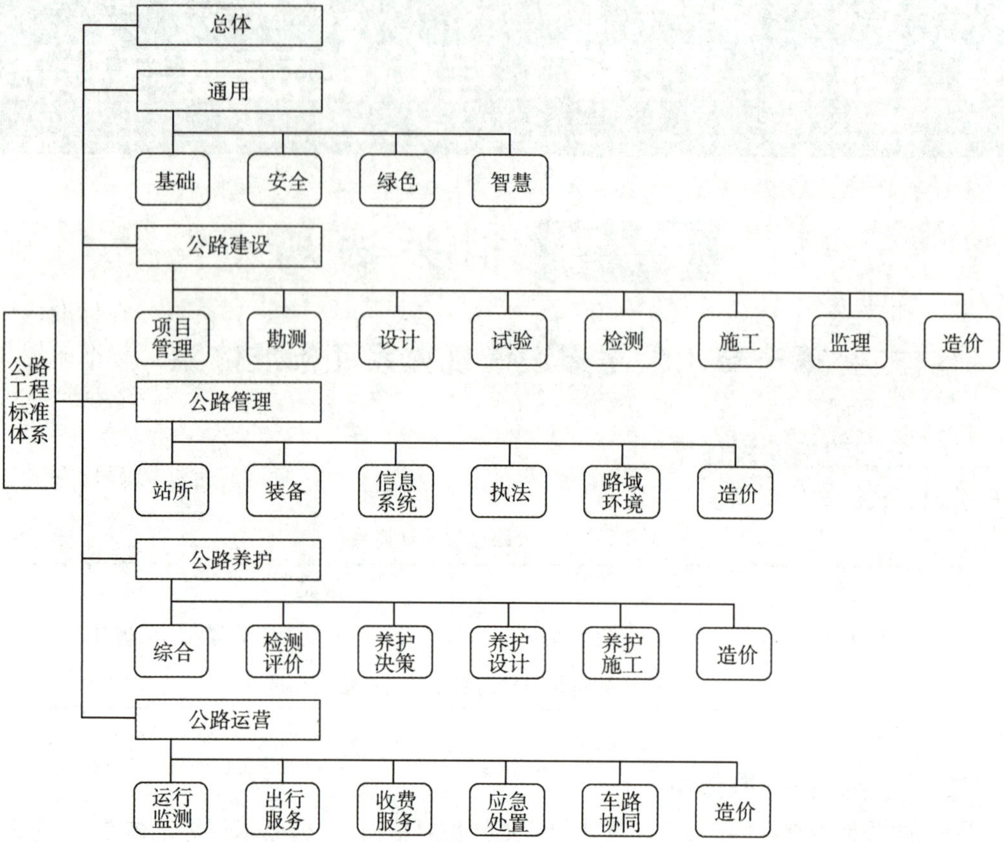

图 2-1-1 公路工程标准体系框架

2. 板块构成

公路工程标准体系由总体、通用、公路建设、公路管理、公路养护、公路运营六个板块构成。公路建设、公路管理、公路养护、公路运营板块中对同一事物从不同角度提出的要求应相互协调、互为补充。

（三）内容及范围

1. 总体

总体板块由《公路工程标准体系》《公路工程标准制修订管理导则》《公路工程标准编写导则》等标准构成。

2. 公路建设

公路建设板块由项目管理、勘测、设计、试验、检测、施工、监理、造价等模块构成。项目管理模块用于指导公路建设项目的过程管理，由组织实施、过程监管、考核评价等标准构成。勘测模块用于指导公路调查与测量，由公路勘测、工程地质勘察、工程水文勘测设计等标准构成。设计模块用于指导公路新建或改扩建工程设计，由路线、路基、路面、桥涵、隧道、交通工程及沿线设施等设计标准构成。试验模块用于指导公路设计、施工、养护、运营等环节的室内试验，由土工试验、土工合成材料试验、岩石试验、集料试验、结合料试验、沥青及沥青混合料试验、水泥及水泥混凝土试验等标准构成。检测模块用于指导公路设计、施工、运营等环节的现场检测，由路基路面现场测试、桥梁现场检测、隧道现场检测、机电系统现场检测等标准构成。施工模块用于指导公路新建或改扩建工程施工作业及管理。由路基、路面、桥涵、隧道、交通工程及沿线设施等施工标准构成。监理模块用于指导公路工程施工的监督管理、咨询服务，由工程施工监理等标准构成。造价模块用于指导公路建设立项、设计、施工及竣工验收等各个阶段造价确定和控制，由造价文件编制导则、投资估算、概算预算、工程量清单等标准构成。

（四）编号规则

标准编号由标准代号、板块序号、模块序号、标准序号、标准发布年号组成。

标准编号规则为 JTG(/T) ××××.×—××××。推荐性标准的编号在标准代号后加"/T"表示；JTG 是交、通、公三字汉语拼音的首字母；后面的第一位数字为标准的板块序号，其中1 代表总体、2 代表通用、3 代表公路建设、4 代表公路管理、5 代表公路养护、6 代表公路运营；第二位数字为标准的模块序号，根据模块顺序由左往右分别从 1 开始相应编号，未设模块一级的，按 0 编号；第三、四位数字为所属模块的标准序号，按顺序编号，在具体标准编制中，若同属同一标准，但需要分成若干部分单独成册，并构成系列标准的，从 1 ~9 按顺序编号，前面加"."表示；破折号后为标准发布年份，按 4 位编号。标准编号示意如图 2-1-2 和图 2-1-3 所示。

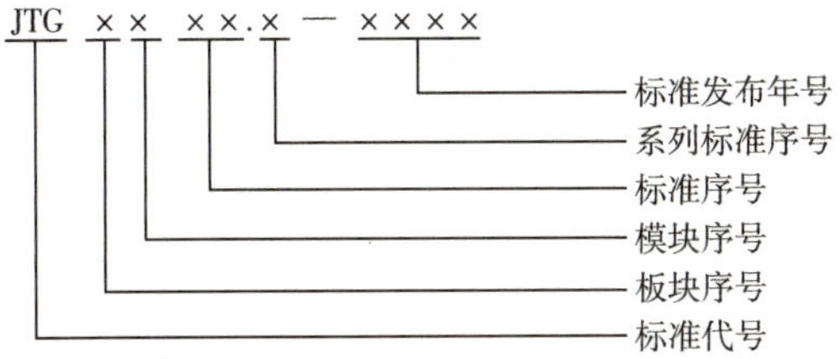

图 2-1-2　公路工程强制性标准编号示意图

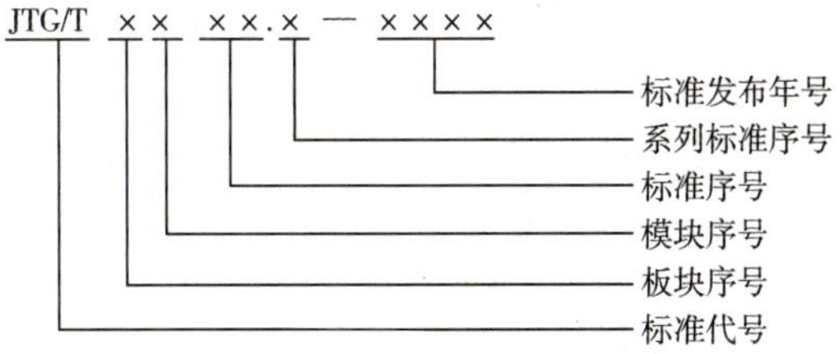

图 2-1-3　公路工程推荐性标准编号示意图

温馨提示

公路工程标准编号主要参考国家标准、行业标准等编号原则，按照公路工程标准体系的层级划分制定的，不同的数字排列代表公路工程标准体系板块、模块以及标准上下级之间的关系。

第二节　公路建设管理相关规定

一、公路建设市场管理相关规定

公路建设市场管理相关规定包括《公路工程设计施工总承包管理办法》《公路工程施工分包管理办法》《公路建设市场管理办法》《公路建设监督管理办法》。

（一）《公路工程设计施工总承包管理办法》相关规定

1. 总则

设计施工总承包（以下简称总承包），是指将公路工程的施工图勘察设计、工程施工等工程内容由总承包单位统一实施的承发包方式。国家鼓励具备条件的公路工程实行总承包。总承包可以实行项目整体总承包，也可以分路段实行总承包，或者对交通机电、房建及绿化工程等实行专业总承包。

2. 总承包单位选择及合同要求

总承包单位由项目法人依法通过招标方式确定。项目法人负责组织公路工程总承包招标。公路工程总承包招标应当在初步设计文件获得批准并落实建设资金后进行。

总承包单位应当具备以下要求：

(1)同时具备与招标工程相适应的勘察设计和施工资质，或者由具备相应资质的勘察设计和施工单位组成联合体。

(2)具有与招标工程相适应的财务能力，满足招标文件中提出的关于勘察设计、施工能力、业绩等方面的条件要求。

(3)以联合体投标的，应当根据项目的特点和复杂程度，合理确定牵头单位，并在联合体协议中明确联合体成员单位的责任和权利。

(4)总承包单位(包括总承包联合体成员单位，下同)不得是总承包项目的初步设计单位、代建单位、监理单位或以上单位的附属单位。

总承包招标文件的编制应当使用交通运输部统一制定的标准招标文件。在总承包招标文件中，应当对招标内容、投标人的资格条件、报价组成、合同工期、分包的相关要求、勘察设计与施工技术要求、质量等级、缺陷责任期工程修复要求、保险要求、费用支付办法等作出明确规定。总承包招标应当向投标人提供初步设计文件和相应的勘察资料，以及项目有关批复文件和前期咨询意见。

总承包投标文件应当结合工程地质条件和技术特点，按照招标文件要求编制。投标文件应当包括以下内容：

(1)初步设计的优化建议。

(2)项目实施与设计施工进度计划。

(3)拟分包专项工程。

(4)报价清单及说明。

(5)按招标人要求提供的施工图设计技术方案。

(6)以联合体投标的，还应当提交联合体协议。

(7)以项目法人和总承包单位的联合名义依法投保相关的工程保险的承诺。

招标人应当合理确定投标文件的编制时间，自招标文件开始发售之日起至投标人提交投标文件截止时间止，不得少于60 d。 招标人应当根据项目实际情况，提出投标人在投标文件中提供施工图设计技术方案的具体要求。招标人在招标文件中明确中标人有权使用未中标人的技术方案的，一般应当同时明确给予相应的费用补偿。

招标人应当根据工程地质条件、技术特点和施工难度确定评标方法。评标专家抽取应当符合有关法律法规的规定。评标委员会应当包含勘察设计、施工等专家，总人数应当不少于9人。

项目法人应当与中标单位签订总承包合同。项目法人和总承包单位应当在招标文件或者合同中约定总承包风险的合理分担。风险分担可以参照以下因素约定：

(1)项目法人承担的风险一般包括：

①项目法人提出的工期调整、重大或者较大设计变更、建设标准或者工程规模的调整。

②因国家税收等政策调整引起的税费变化。

③钢材、水泥、沥青、燃油等主要工程材料价格与招标时基价相比，波动幅度超过合同约定幅度的部分。

④施工图勘察设计时发现的在初步设计阶段难以预见的滑坡、泥石流、突泥、涌水、溶洞、采空区、有毒气体等重大地质变化，其损失与处治费用可以约定由项目法人承担，或者约定项目法人和总承包单位的分担比例。工程实施中出现重大地质变化的，其损失与处治费用除保险公司赔付外，可以约定由总承包单位承担，或者约定项目法人与总承包单位的分担比例。因总承包单位施工组织、措施不当造成的上述问题，其损失与处治费用由总承包单位承担。

⑤其他不可抗力所造成的工程费用的增加。

(2)除项目法人承担的风险外，其他风险可以约定由总承包单位承担。

总承包费用或者投标报价应当包括相应工程的施工图勘察设计费、建筑安装工程费、设备购置费、缺陷责任期维修费、保险费等。总承包采用总价合同，除应当由项目法人承担的风险费用外，总承包合同总价一般不予调整。项目法人应当在初步设计批准概算范围内确定最高投标限价。

（二）《公路工程施工分包管理办法》相关规定

1. 总则

公路工程施工分包活动实行统一管理、分级负责。鼓励公路工程施工进行专业化分包，但必须依法进行。禁止承包人以劳务合作的名义进行施工分包。

2. 管理职责

国务院交通运输主管部门负责制定全国公路工程施工分包管理的规章制度，对省级人民政府交通运输主管部门的公路工程施工分包活动进行指导和监督检查。

省级人民政府交通运输主管部门负责本行政区域内公路工程施工分包活动的监督与管理工作；制定本行政区域公路工程施工分包管理的实施细则、分包专项类别以及相应的资格条件、统一的分包合同格式和劳务合作合同格式等。

发包人应当按照规定和合同约定加强对施工分包活动的管理，建立健全分包管理制度，负责对分包的合同签订与履行、质量与安全管理、计量支付等活动监督检查，并建立台账，及时制止承包人的违法分包行为。

除承包人设定的项目管理机构外，分包人也应当分别设立项目管理机构，对所承包或者分包工程的施工活动实施管理。项目管理机构应当具有与承包或者分包工程的规模、技术复杂程度相适应的技术、经济管理人员，其中项目负责人和技术、财务、计量、质量、安全等主要管理人员必须是本单位人员。

3. 分包的条件

承包人可以将适合专业化队伍施工的专项工程分包给具有相应资格的单位。不得分包的专项工程，发包人应当在招标文件中予以明确。分包人不得将承接的分包工程再进行分包。

分包人应当具备如下条件：

(1)具有经工商登记的法人资格。

(2)具有与分包工程相适应的注册资金。

(3)具有从事类似工程经验的管理与技术人员。

(4)具有(自有或租赁)分包工程所需的施工设备。

承包人对拟分包的专项工程及规模,应当在投标文件中予以明确。未列入投标文件的专项工程,承包人不得分包。但因工程变更增加了有特殊性技术要求、特殊工艺或者涉及专利保护等的专项工程,且按规定无须再进行招标的,由承包人提出书面申请,经发包人书面同意,可以分包。

4. 合同管理

承包人有权依据承包合同自主选择符合资格的分包人。任何单位和个人不得违规指定分包。

承包人和分包人应当按照交通运输主管部门制定的统一格式依法签订分包合同,并履行合同约定的义务。分包合同必须遵循承包合同的各项原则,满足承包合同中的质量、安全、进度、环保以及其他技术、经济等要求。承包人应在工程实施前,将经监理审查同意后的分包合同报发包人备案。

承包人应当建立健全相关分包管理制度和台账,对分包工程的质量、安全、进度和分包人的行为等实施全过程管理,按照规定和合同约定对分包工程的实施向发包人负责,并承担赔偿责任。分包合同不免除承包合同中规定的承包人的责任或者义务。

分包人应当依据分包合同的约定,组织分包工程的施工,并对分包工程的质量、安全和进度等实施有效控制。分包人对其分包的工程向承包人负责,并就所分包的工程向发包人承担连带责任。

5. 行为管理

禁止将承包的公路工程进行转包。承包人未在施工现场设立项目管理机构和派驻相应人员对分包工程的施工活动实施有效管理,并且有下列情形之一的,属于转包:

(1)承包人将承包的全部工程发包给他人的。

(2)**承包人将承包的全部工程肢解后以分包的名义分别发包给他人的。**

(3)法律、法规规定的其他转包行为。

禁止违法分包公路工程。有下列情形之一的,属于违法分包:

(1)承包人未在施工现场设立项目管理机构和派驻相应人员对分包工程的施工活动实施有效管理的。

(2)承包人将工程分包给不具备相应资格的企业或者个人的。

(3)分包人以他人名义承揽分包工程的。

(4)承包人将合同文件中明确不得分包的专项工程进行分包的。

(5)承包人未与分包人依法签订分包合同或者分包合同未遵循承包合同的各项原则,不满足承包合同中相应要求的。

(6)分包合同未报发包人备案的。

(7)分包人将分包工程再进行分包的。

(8)法律、法规规定的其他违法分包行为。

(三)《公路建设市场管理办法》相关规定

1. 总则

公路建设市场遵循公平、公正、公开、诚信的原则。公路建设市场主体是指公路建设的从业单位和从业人员。从业单位是指从事公路建设的项目法人,项目建设管理单位,咨询、勘察、设计、施工、监理、试验检测单位,提供相关服务的社会中介机构以及设备和材料的供应单位。从业人员是指从事公路建设活动的人员。

2. 管理职责

公路建设市场管理实行统一管理、分级负责。

3. 市场准入管理

凡符合法律、法规规定的市场准入条件的从业单位和从业人员均可进入公路建设市场,任何单位和个人不得对公路建设市场实行地方保护,不得对符合市场准入条件的从业单位和从业人员实行歧视待遇。

公路建设项目依法实行项目法人负责制。 项目法人可自行管理公路建设项目,也可委托具备法人资格的项目建设管理单位进行项目管理。项目法人或者其委托的项目建设管理单位的组织机构、主要负责人的技术和管理能力应当满足拟建项目的管理需要,符合国务院交通运输主管部门有关规定的要求。

收费公路建设项目法人和项目建设管理单位进入公路建设市场实行备案制度。 收费公路建设项目可行性研究报告批准或依法核准后,项目投资主体应当成立或者明确项目法人。项目法人应当按照项目管理的隶属关系将其或者其委托的项目建设管理单位的有关情况报交通运输主管部门备案。对不符合规定要求的项目法人或者项目建设管理单位,交通运输主管部门应当提出整改要求。

公路工程勘察、设计、施工、监理、试验检测等从业单位应当按照法律、法规的规定,取得有关管理部门颁发的相应资质后,方可进入公路建设市场。

法律、法规对公路建设从业人员的执业资格作出规定的,从业人员应当依法取得相应的执业资格后,方可进入公路建设市场。

4. 市场主体行为管理

公路建设从业单位和从业人员在公路建设市场中必须严格遵守国家有关法律、法规和规章,严格执行公路建设行业的强制性标准、各类技术规范及规程的要求。

公路建设项目法人与中标人应当根据招标文件和投标文件签订合同,不得附加不合理、不公正条款,不得签订虚假合同。**国家投资的公路建设项目,项目法人与施工、监理单位应当按照国务院交通运输主管部门的规定,签订廉政合同。**

公路建设项目依法实行施工许可制度。

项目施工应当具备以下条件:

(1)项目已列入公路建设年度计划。

(2)施工图设计文件已经完成并经审批同意。

(3)建设资金已经落实,并经交通运输主管部门审计。

(4)征地手续已办理,拆迁基本完成。

(5)施工、监理单位已依法确定。

(6)已办理质量监督手续,已落实保证质量和安全的措施。

公路建设从业单位应当按照合同约定全面履行义务。

公路工程实行政府监督、法人管理、社会监理、企业自检的质量保证体系。交通运输主管部门及其所属的质量监督机构对工程质量负监督责任,项目法人对工程质量负管理责任,勘察设计单位对勘察设计质量负责,施工单位对施工质量负责,监理单位对工程质量负现场管理责任，试验检测单位对试验检测结果负责，其他从业单位和从业人员按照有关规定对其产品或者服务质量负相应责任。

公路建设从业单位和从业人员应当严格执行国家有关安全生产的法律、法规、国家标准及行业标准，建立健全安全生产的各项规章制度，明确安全责任，落实安全措施，履行安全管理的职责。

公路建设项目法人应当合理确定建设工期，严格按照合同工期组织项目建设。项目法人不得随意要求更改合同工期。如遇特殊情况，确需缩短合同工期的，经合同双方协商一致，可以缩短合同工期，但应当采取措施，确保工程质量，并按照合同规定给予经济补偿。

公路建设项目法人应当按照国家有关规定管理和使用公路建设资金，做到专款专用，专户储存；按照工程进度，及时支付工程款；按照规定的期限及时退还保证金、办理工程结算。不得拖欠工程款和征地拆迁款，不得挤占挪用建设资金。施工单位应当加强工程款管理，做到专款专用，不得拖欠分包人的工程款和农民工工资；项目法人对工程款使用情况进行监督检查时，施工单位应当积极配合，不得阻挠和拒绝。

勘察、设计单位经项目法人批准，可以将工程设计中跨专业或者有特殊要求的勘察、设计工作委托给有相应资质条件的单位，但不得转包或者二次分包。监理工作不得分包或者转包。

施工单位可以将非关键性工程或者适合专业化队伍施工的工程分包给具有相应资格条件的单位，并对分包工程负连带责任。允许分包的工程范围应当在招标文件中规定。分包工程不得再次分包，严禁转包。任何单位和个人不得违反规定指定分包、指定采购或者分割工程。项目法人应当加强对施工单位工程分包的管理，所有分包合同须经监理审查，并报项目法人备案。

施工单位可以直接招用农民工或者将劳务作业发包给具有劳务分包资质的劳务分包人。施工单位招用农民工的，应当依法签订劳动合同，并将劳动合同报项目监理工程师和项目法人备案。劳务分包人不得将其分包的劳务作业再次分包。

（四）《公路建设监督管理办法》相关规定

公路建设监督管理实行统一领导，分级管理。交通部主管全国公路建设监督管理；县级以上地方人民政府交通主管部门主管本行政区域内公路建设监督管理。

县级以上人民政府交通主管部门依据职责，负责对公路建设市场的监督管理，查处建设市场中的违法行为。对经营性公路建设项目投资人、公路建设从业单位和主要从业人员的信用情况应进行记录并及时向社会公布。公路建设市场依法实行准入管理。

二、公路建设信用信息管理相关规定

公路建设信用信息管理相关规定包括《公路建设市场信用信息管理办法（试行）》《公路施工企业信用评价规则（试行）》。

（一）《公路建设市场信用信息管理办法（试行）》相关规定

1. 总则

公路建设市场信用信息，是指各级交通运输主管部门、公路建设管理有关部门或单位、公路行业社团组织、司法机关在履行职责过程中，以及从业单位和从业人员在工作过程中产生、记录、归集的能够反映公路建设从业单位和从业人员基本情况、市场表现等信用状况

的各类信息。

信用信息管理应遵循客观、公正的原则,确保信用信息的真实性、完整性、及时性和准确性。

2. 管理职责

公路建设市场信用信息管理实行统一管理、分级负责。国务院交通运输主管部门负责全国公路建设市场信用信息的管理工作。省级交通运输主管部门负责本行政区域内的公路建设市场信用信息的管理工作。

3. 信用信息内容

公路建设市场信用信息包括公路建设从业单位基本信息、表彰奖励类良好行为信息、不良行为信息和信用评价信息。

从业单位基本信息是区分从业单位身份、反映从业单位状况的信息,主要有:

(1)**从业单位名称、法定代表人、注册登记基本情况及社会信用代码。**

(2)基本财务指标、在金融机构开立基本账户情况。

(3)资质、资格情况。

(4)主要经济、管理和工程技术从业人员的职称及执业资格基本状况。

(5)**自有设备基本状况。**

(6)近 5 年主要业绩及全部在建的公路项目情况等。

4. 信用信息征集与更新

公路建设市场信用信息按以下方式征集,由省级交通运输主管部门汇总录入:

(1)基本信息由从业单位按规定自行登录填报,对真实性负责。

(2)表彰奖励类良好行为信息由市级及以上交通运输主管部门、与公路建设有关的单位或涉及的从业单位提供。从业单位自主提供的,需附相关表彰奖励确认文件。

(3)不良行为信息由市级及以上地方交通运输主管部门、与公路建设有关的单位提供。

(4)信用评价信息由国务院和省级交通运输主管部门分别录入。

5. 信用信息发布与管理

省级及以上交通运输主管部门应通过公路建设市场信用信息管理系统及时发布公路建设市场信用信息。信用信息发布应保守从业单位商业秘密和从业人员个人隐私,不得侵犯其合法权益。从业单位基本账户等商业信息仅供交通运输主管部门市场管理用,不对外公布。

信用信息发布期限按照表 2-1-2 设定。

表 2-1-2 信用信息发布期限

信用信息	公布期限	备注
从业单位基本信息	长期	—
表彰奖励类良好行为信息、不良行为信息	2 年	期满后自动解除公布,转为系统档案信息
信用评价信息	1 年	

行政处罚期未满的不良行为信息将延长至行政处罚期满。上述期限均自认定相应行为或作出相应决定之日起计算。

(二)《公路施工企业信用评价规则(试行)》相关规定

公路施工企业信用评价遵循公平、公正、公开的原则,评价结果实行签认和公示、公告制度。信用评价管理工作实行统一管理、分级负责。公路施工企业信用评价工作实行定期评价和动态评价相结合的方式。

定期评价工作每年开展一次,对公路施工企业上一年度(1 月 1 日至 12 月 31 日期间)的信用行为进行评价。省级交通运输主管部门应在 2 月底前组织完成对上年度本行政区域公路施工企业的综合评价,并于 3 月底前将由国务院交通运输主管部门评价的施工企业的评价结果上报。国务院交通运输主管部门应当在 4 月底前完成由国务院有关部门许可资质的公路施工企业的全国综合评价。

公路施工企业信用评价等级分为 AA，A，B，C，D 五个等级，各信用等级对应的企业评分 X 分别为：AA 级：95 分 $\leqslant X \leqslant$ 100 分，信用好；A 级：85 分 $\leqslant X <$ 95 分，信用较好；B 级：75 分 $\leqslant X <$ 85 分，信用一般；C 级：60 分 $\leqslant X <$ 75 分，信用较差；D 级：$X <$ 60 分，信用差。

评价内容由公路施工企业投标行为、履约行为和其他行为构成。投标行为以公路施工企业单次投标为评价单元,履约行为以单个施工合同段为评价单元。投标行为和履约行为初始分值为 100 分,实行累计扣分制。若有其他行为的,从企业信用评价总得分中扣除。

公路施工企业资质升级的，其信用评价等级不变。 企业分立的,按照新设立企业确定信用评价等级,但不得高于原评价等级。企业合并的,按照信用评价等级较低企业的等级确定合并后企业。

公路施工企业信用评价结果按以下原则应用:

(1)公路施工企业的省级综合评价结果应用于本行政区域。

(2)国务院有关部门许可资质的公路施工企业初次进入某省级行政区域时,其等级按照全国综合评价结果确定。尚无全国综合评价的企业,若无不良信用记录,可按 A 级对待。若有不良信用记录,视其严重程度按 B 级及以下对待。

(3)其他施工企业(国务院有关部门许可资质的除外)初次进入某省级行政区域时,其等级参照注册地省级综合评价结果确定。

(4)联合体参与投标的,其信用等级按照联合体中最低等级方认定。

公路施工企业信用评价结果有效期 1 年,下一年度公路施工企业在该省份无信用评价结果的,其在该省份信用评价等级可延续 1 年。延续 1 年后仍无信用评价结果的,按照初次进入该省份确定,但不得高于其在该省份原评价等级的上一等级。

公路建设项目的招标人和项目法人应当建立公路施工企业信用管理台账,及时、客观、公正地对公路施工企业进行信用评价,不得徇私舞弊,不得设置市场壁垒。

三、公路工程设计变更管理相关规定

公路工程设计变更管理相关规定主要参考《公路工程设计变更管理办法》。

(一)一般规定

设计变更,是指自公路工程初步设计批准之日起至通过竣工验收正式交付使用之日止,对已批准的初步设计文件、技术设计文件或施工图设计文件所进行的修改、完善等活动。

公路工程设计变更应当符合国家有关公路工程强制性标准和技术规范的要求,符合公路工程质量和使用功能的要求,符合环境保护的要求。

(二)公路工程设计变更的分类

下面以考题探究的形式对公路工程设计变更的分类进行讲解。

考题探究

【单选题】下列公路工程设计变更中,属于重大设计变更的是(　　)。

A. 超过初步设计批准概算的变更

B. 大中桥的数量或结构形式发生变化的变更

C. 路面结构类型、宽度和厚度发生变化的变更

D. 连接线的标准和规模发生变化的变更

A。【解析】公路工程设计变更分为重大设计变更、较大设计变更和一般设计变更。有下列情形之一的属于重大设计变更:(1)连续长度10 km 以上的路线方案调整的。(2)特大桥的数量或结构型式发生变化的。(3)特长隧道的数量或通风方案发生变化的。(4)互通式立交的数量发生变化的。(5)收费方式及站点位置、规模发生变化的。(6)超过初步设计批准概算的。有下列情形之一的属于较大设计变更:(1)连续长度2 km以上的路线方案调整的。(2)连接线的标准和规模发生变化的。(3)特殊不良地质路段处置方案发生变化的。(4)路面结构类型、宽度和厚度发生变化的。(5)大中桥的数量或结构型式发生变化的。(6)隧道的数量或方案发生变化的。(7)互通式立交的位置或方案发生变化的。(8)分离式立交的数量发生变化的。(9)监控、通信系统总体方案发生变化的。(10)管理、养护和服务设施的数量和规模发生变化的。(11)其他单项工程费用变化超过500 万元的。(12)超过施工图设计批准预算的。一般设计变更是指除重大设计变更和较大设计变更以外的其他设计变更。

(三)公路工程设计变更的管理

公路工程重大、较大设计变更实行审批制。公路工程重大、较大设计变更,属于对设计文件内容作重大修改,应当按照规定的程序进行审批。未经审查批准的设计变更不得实施。不得肢解设计变更规避审批。经批准的设计变更一般不得再次变更。

公路工程设计变更的审查或审批单位见表 2-1-3。

表 2-1-3　工程设计变更审查或审批单位

设计变更等级	审查或审批单位
一般	项目法人
较大	省级交通主管部门
重大	交通部

公路工程勘察设计、施工及监理等单位可以向项目法人提出公路工程设计变更的建议。设计变更的建议应当以书面形式提出,并应当注明变更理由。项目法人也可以直接提出公路工程设计变更的建议。

项目法人对设计变更的建议及理由应当进行审查核实。必要时,项目法人可以组织勘察设计、施工、监理等单位及有关专家对设计变更建议进行经济、技术论证。

对一般设计变更建议,由项目法人根据审查核实情况或者论证结果决定是否开展设计变更的勘察设计工作。对较大设计变更和重大设计变更建议,项目法人经审查论证确认后,向省级交通主管部门提出公路工程设计变更的申请,并提交以下材料:

(1)设计变更申请书。包括拟变更设计的公路工程名称、公路工程的基本情况、原设计单位、设计变更的类别、变更的主要内容、变更的主要理由等。

(2)对设计变更申请的调查核实情况、合理性论证情况。

(3)省级交通主管部门要求提交的其他相关材料。

省级交通主管部门自受理申请之日起15日内作出是否同意开展设计变更的勘察设计工作的决定,并书面通知申请人。

设计变更文件完成后,项目法人应当组织对设计变更文件进行审查。一般设计变更文件由项目法人审查确认后决定是否实施。项目法人应当在15日内完成审查确认工作。重大及较大设计变更文件经项目法人审查确认后报省级交通主管部门审查。其中,重大设计变更文件由省级交通主管部门审查后报交通部批准;较大设计变更文件由省级交通主管部门批准,并报交通部备案。若设计变更与可行性研究报告批复内容不一致,应征得原可行性研究报告批复部门的同意。

公路工程设计变更工程的施工原则上由原施工单位承担。原施工单位不具备承担设计变更工程的资质等级时,项目法人应通过招标选择施工单位。

施工单位不按照批准的设计变更文件施工的,交通主管部门责令改正;造成建设工程质量不符合规定的质量标准的,负责返工、修理,并赔偿因此造成的损失;情节严重的,责令停业整顿,降低资质等级或者吊销资质证书。

四、公路工程验收相关规定

此部分内容主要依据《公路工程竣(交)工验收办法实施细则》进行讲解。

(一)总则

公路工程验收分为交工验收和竣工验收两个阶段。交工验收阶段的主要工作是:检查施工合同的执行情况,评价工程质量,对各参建单位工作进行初步评价。竣工验收阶段的主要工作是:对工程质量、参建单位和建设项目进行综合评价,并对工程建设项目作出整体性综合评价。

公路工程竣(交)工验收的依据是:

(1)批准的项目建议书、工程可行性研究报告。

(2)批准的工程初步设计、施工图设计及设计变更文件。

(3)施工许可。

(4)招标文件及合同文本。

(5)行政主管部门的有关批复、批示文件。

(6)公路工程技术标准、规范、规程及国家有关部门的相关规定。

(二)交工验收

公路工程交工验收工作一般按合同段进行,并应具备以下条件:

(1)合同约定的各项内容已全部完成。各方就合同变更的内容达成书面一致意见。

(2)施工单位按《公路工程质量检验评定标准》及相关规定对工程质量自检合格。

(3)监理单位对工程质量评定合格。

(4)质量监督机构按“公路工程质量鉴定办法”对工程质量进行检测,并出具检测意见。检测意见中需整改的问题已经处理完毕。

(5)竣工文件按公路工程档案管理的有关要求,完成资料内容的收集、整理及归档工作。

(6)施工单位、监理单位完成本合同段的工作总结报告。

交工验收程序：

(1)施工单位完成合同约定的全部工程内容，且经施工自检和监理检验评定均合格后，提出合同段交工验收申请报监理单位审查。交工验收申请应附自检评定资料和施工总结报告。

(2)监理单位根据工程实际情况、抽检资料以及对合同段工程质量评定结果，对施工单位交工验收申请及其所附资料进行审查并签署意见。**监理单位审查同意后，应同时向项目法人提交独立抽检资料、质量评定资料和监理工作报告。**

(3)项目法人对施工单位的交工验收申请、监理单位的质量评定资料进行核查，必要时可委托有相应资质的检测机构进行重点抽查检测，认为合同段满足交工验收条件时应及时组织交工验收。

(4)对若干合同段完工时间相近的，项目法人可合并组织交工验收。对分段通车的项目，项目法人可按合同约定分段组织交工验收。

(5)通过交工验收的合同段，项目法人应及时颁发“公路工程交工验收证书”。

(6)各合同段全部验收合格后，项目法人应及时完成“公路工程交工验收报告”。

交工验收工程质量等级评定分为合格和不合格，工程质量评分值大于等于 75 分的为合格，小于 75 分的为不合格。 交工验收不合格的工程应返工整改，直至合格。交工验收提出的工程质量缺陷等遗留问题，由项目法人责成施工单位限期完成整改。

（三）竣工验收

按照公路工程管理权限，各级交通运输主管部门应于年初制定年度竣工验收计划，并按计划组织竣工验收工作。列入竣工验收计划的项目，项目法人应提前完成竣工验收前的准备工作。

公路工程竣工验收应具备以下条件：

（1）通车试运营 2 年以上。

（2）交工验收提出的工程质量缺陷等遗留问题已全部处理完毕，并经项目法人验收合格。

（3）工程决算编制完成，竣工决算已经审计，并经交通运输主管部门或其授权单位认定。

（4）竣工文件已完成“公路工程项目文件归档范围”的全部内容。

（5）档案、环保等单项验收合格，土地使用手续已办理。

（6）各参建单位完成工作总结报告。

（7）质量监督机构对工程质量检测鉴定合格，并形成工程质量鉴定报告。

竣工验收主要工作内容：

(1)成立竣工验收委员会。

(2)听取公路工程项目执行报告、设计工作报告、施工总结报告、监理工作报告及接管养护单位项目使用情况报告。

(3)听取公路工程质量监督报告及工程质量鉴定报告。

(4)竣工验收委员会成立专业检查组检查工程实体质量，审阅有关资料，形成书面检查意见。

(5)对项目法人建设管理工作进行综合评价。审定交工验收对设计单位、施工单位、监理单位的初步评价。

(6)对工程质量进行评分，确定工程质量等级，并综合评价建设项目。

(7)形成并通过《公路工程竣工验收鉴定书》。

(8)负责竣工验收的交通运输主管部门印发《公路工程竣工验收鉴定书》。

(9)质量监督机构依据竣工验收结论,对各参建单位签发"公路工程参建单位工作综合评价等级证书"。

竣工验收委员会由交通运输主管部门、公路管理机构、质量监督机构、造价管理机构等单位代表组成。国防公路应邀请军队代表参加。大中型项目及技术复杂工程,应邀请有关专家参加。**项目法人、设计、施工、监理、接管养护等单位代表参加竣工验收工作,但不作为竣工验收委员会成员。**

参加竣工验收工作各方的主要职责是:

(1)竣工验收委员会负责对工程实体质量及建设情况进行全面检查。对工程质量进行评分,对各参建单位及建设项目进行综合评价,确定工程质量和建设项目等级,形成工程竣工验收鉴定书。

(2)**项目法人负责提交项目执行报告及验收工作所需资料,协助竣工验收委员会开展工作。**

(3)设计单位负责提交设计工作报告,配合竣工验收检查工作。

(4)**施工单位负责提交施工总结报告,提供各种资料,配合竣工验收检查工作。**

(5)监理单位负责提交监理工作报告,提供工程监理资料,配合竣工验收检查工作。

(6)接管养护单位负责提交项目使用情况报告,配合竣工验收检查工作。

(7)公路建设项目设计、施工、监理、接管养护等有多家单位的,项目法人应组织汇总设计工作报告、施工总结报告、监理工作报告、项目使用情况报告。竣工验收时选派代表向竣工验收委员会汇报。

竣工验收工程质量评分采取加权平均法计算,其中交工验收工程质量得分权值为0.2,质量监督机构工程质量鉴定得分权值为0.6,竣工验收委员会对工程质量的评分权值为0.2。对于交工验收和竣工验收合并进行的小型项目,质量监督机构工程质量鉴定得分权值为0.6,监理单位对工程质量评定得分权值为0.1,竣工验收委员会对工程质量的评分权值为0.3。**工程质量评分大于或等于90分为优良,小于90分且大于或等于75分为合格,小于75分为不合格。**

发生过重大及以上生产安全事故的建设项目综合评定等级不得评为优良。

第二章 相关标准

第一节 公路工程施工安全生产相关规定

一、公路工程施工安全生产条件

此部分内容主要依据《公路水运工程安全生产监督管理办法》进行讲解。

从业单位从事公路水运工程建设活动,应当具备法律、法规、规章和工程建设强制性标准规定的安全生产条件。任何单位和个人不得降低安全生产条件。公路水运工程应当坚持先勘察后设计再施工的程序。施工图设计文件依法经审批后方可使用。公路水运工程施工招标文件及施工合同中应当载明项目安全管理目标、安全生产职责、安全生产条件、安全生产信用情况及专职安全生产管理人员配备的标准等要求。

施工单位从事公路水运工程建设活动,应当取得安全生产许可证及相应等级的资质证书。施工单位的主要负责人和安全生产管理人员应当经交通运输主管部门对其安全生产知识和管理能力考核合格。**施工单位应当设置安全生产管理机构或者配备专职安全生产管理人员。施工单位应当根据工程施工作业特点、安全风险以及施工组织难度,按照年度施工产值配备专职安全生产管理人员,不足5 000万元的至少配备1名;5 000万元以上不足2亿元的按每5 000万元不少于1名的比例配备;2亿元以上的不少于5名,且按专业配备。** 从业单位应当依法对从业人员进行安全生产教育和培训。未经安全生产教育和培训合格的从业人员,不得上岗作业。公路水运工程从业人员中的特种作业人员应当按照国家有关规定取得相应资格,方可上岗作业。

二、公路工程承包人安全责任

此部分内容主要依据《建设工程安全生产管理条例》《公路水运工程安全生产监督管理办法》进行讲解。

(一)《建设工程安全生产管理条例》相关规定

施工单位主要负责人依法对本单位的安全生产工作全面负责。

施工单位应当设立安全生产管理机构,配备专职安全生产管理人员。

施工单位应当在施工组织设计中编制安全技术措施和施工现场临时用电方案,对下列达到一定规模的危险性较大的分部分项工程编制专项施工方案,并附具安全验算结果,经施工单位技术负责人、总监理工程师签字后实施,由专职安全生产管理人员进行现场监督:基坑支护与降水工程;土方开挖工程;模板工程;起重吊装工程;脚手架工程;拆除、爆破工程;国务院建设行政主管部门或者其他有关部门规定的其他危险性较大的工程。 对上述所列工程中涉及深基坑、地下暗挖工程、高大模板工程的专项施工方案,施工单位还应当组织专家进行论证、审查。

(二)《公路水运工程安全生产监督管理办法》相关规定

从业单位应当建立健全安全生产责任制,明确各岗位的责任人员、责任范围和考核标准等内容。从业单位应当建立相应的机制,加强对安全生产责任制落实情况的监督考核。

施工单位应当按照法律、法规、规章、工程建设强制性标准和合同文件组织施工,保障项目施工安全生产条件，对施工现场的安全生产负主体责任。施工单位主要负责人依法对项目安全生产工作全面负责。建设工程实行施工总承包的，由总承包单位对施工现场的安全生产负总责。分包单位应当服从总承包单位的安全生产管理，分包单位不服从管理导致生产安全事故的，由分包单位承担主要责任。

施工单位应当推进本企业承接项目的施工场地布置、现场安全防护、施工工艺操作、施工安全管理活动记录等方面的安全生产标准化建设，并加强对安全生产标准化实施情况的自查自纠。

施工单位应当根据施工规模和现场消防重点建立施工现场消防安全责任制度，确定消防安全责任人，制定消防管理制度和操作规程，设置消防通道，配备相应的消防设施、物资和器材。施工单位对施工现场临时用火、用电的重点部位及爆破作业各环节应当加强消防安全检查。

施工单位应当将专业分包单位、劳务合作单位的作业人员及实习人员纳入本单位统一管理。新进人员和作业人员进入新的施工现场或者转入新的岗位前，施工单位应当对其进行安全生产培训考核。施工单位采用新技术、新工艺、新设备、新材料的，应当对作业人员进行相应的安全生产教育培训，生产作业前还应当开展岗位风险提示。

施工单位应当建立健全安全生产技术分级交底制度，明确安全技术分级交底的原则、内容、方法及确认手续。

施工单位应当按规定开展安全事故隐患排查治理，建立职工参与的工作机制，对隐患排查、登记、治理等全过程闭合管理情况予以记录。

下面以考题探究的形式对施工单位的项目负责人和专职安全生产管理人员的安全生产职责进行讲解。

考题探究

【多选题】根据《公路水运工程安全生产监督管理办法》，施工单位项目负责人对项目安全生产工作负有的职责有(　　)。

A. 按规定配足项目专职安全生产管理人员

B. 组织制定项目安全生产教育和培训计划

C. 督促落实本单位施工安全风险管控措施

D. 督促项目安全生产费用的规范使用

E. 依据风险评估结论，完善施工组织设计和专项施工方案

ABDE。【解析】施工单位应当书面明确本单位的项目负责人，代表本单位组织实施项目施工生产。项目负责人对项目安全生产工作负有下列职责：(1)建立项目安全生产责任制，实施相应的考核与奖惩。(2)按规定配足项目专职安全生产管理人员。(3)结合项目特点，组织制定项目安全生产规章制度和操作规程。(4)组织制定项目安全生产教育和培训计划。(5)督促项目安全生产费用的规范使用。(6)依据风险评估结论，完善施工组织设计和专项施工方案。(7)建立安全预防控制体系和隐患排查治理体系，督促、检查项目安全生产工作，确认重大事故隐患整改情况。(8)组织制定本合同段施工专项应急预案和现场处置方案，并定期组织演练。(9)及时、如实报告生产安全事故并组织自救。施工单位的专职安全生产管理人员履行下列职责：(1)组织或者参与拟订本单位安全生产规章制度、操作规程，以及合同段施工专项应急预案和现场处置方案。

(2)组织或者参与本单位安全生产教育和培训,如实记录安全生产教育和培训情况。(3)督促落实本单位施工安全风险管控措施。(4)组织或者参与本合同段施工应急救援演练。(5)检查施工现场安全生产状况,做好检查记录,提出改进安全生产标准化建设的建议。(6)及时排查、报告安全事故隐患,并督促落实事故隐患治理措施。(7)制止和纠正违章指挥、违章操作和违反劳动纪律的行为。

三、公路工程项目施工安全风险评估

(一)《交通运输部关于开展公路桥梁和隧道工程施工安全风险评估(试行工作的通知)》相关规定

1. 目的与适用范围

公路桥梁和隧道工程施工环境条件复杂,施工组织实施困难,作业安全风险居高不下,一直以来是行业安全监管的重点环节。在施工阶段建立安全风险评估制度符合国际通行做法。在工程实施前,开展定性或定量的施工安全风险估测,能够增强安全风险意识,改进施工措施,规范预案预警预控管理,有效降低施工风险,严防重特大事故发生。这项工作也是公路桥梁和隧道工程设计风险评估结果在施工阶段的落实和深化。

列入国家和地方基本建设计划的新建、改建、扩建以及拆除、加固等高等级公路桥梁和隧道工程项目,在施工阶段,应按要求,进行施工安全风险评估。其他公路工程项目,可参照执行。

2. 评估要求

公路桥梁和隧道工程施工安全风险评估要求见表 2-2-1。

表 2-2-1 公路桥梁和隧道工程施工安全风险评估要求

项目	内容	
评估范围	桥梁工程: (1)多跨或跨径大于 40 m 的石拱桥,跨径大于或等于 150 m 的钢筋混凝土拱桥,跨径大于或等于 350 m 的钢箱拱桥,钢桁架、钢管混凝土拱桥。 (2)跨径大于或等于 140 m 的梁式桥,跨径大于 400 m 的斜拉桥,跨径大于 1 000 m的悬索桥。 (3)墩高或净空大于 100 m 的桥梁工程。 (4)采用新材料、新结构、新工艺、新技术的特大桥、大桥工程。 (5)特殊桥型或特殊结构桥梁的拆除或加固工程。 (6)施工环境复杂、施工工艺复杂的其他桥梁工程	隧道工程: (1)穿越高地应力区、岩溶发育区、区域地质构造、煤系地层、采空区等工程地质或水文地质条件复杂的隧道,黄土地区、水下或海底隧道工程。 (2)浅埋、偏压、大跨度、变化断面等结构受力复杂的隧道工程。 (3)长度 3 000 m 及以上的隧道工程,Ⅵ,Ⅴ级围岩连续长度超过 50 m 或合计长度占隧道全长的 30% 及以上的隧道工程。 (4)连拱隧道和小净距隧道工程。 (5)采用新技术、新材料、新设备、新工艺的隧道工程。 (6)隧道改扩建工程。 (7)施工环境复杂、施工工艺复杂的其他隧道工程
评估分类	总体风险评估: 桥梁或隧道工程开工前,根据桥梁或隧道工程的地质环境条件、建设规模、结构特点等孕险环境与致险因子,估测桥梁或隧道工程施工期间的整体安全风险大小,确定其静态条件下的安全风险等级	专项风险评估: 当桥梁或隧道工程总体风险评估等级达到Ⅲ级(高度风险)及以上时,将其中高风险的施工作业活动(或施工区段)作为评估对象

（续表）

项目	内容
评估工作	制定评估计划、选择评估方法、开展风险分析、进行风险估测、确定风险等级、提出措施建议、编制评估报告
评估步骤	开展总体风险评估→确定专项风险评估范围→开展专项风险评估→确定风险控制措施
评估组织	原则上由项目施工单位具体负责，被评估项目含多个合同段，总体风险评估应由建设单位牵头组织，专项风险评估由合同施工单位具体实施
评估报告内容	评估依据、工程概况、评估方法、评估步骤、评估内容、评估结论及对策建议
评估费用	在项目安全生产费用中列支

（二）《交通运输部关于发布高速公路路堑高边坡工程施工安全风险评估指南（试行）的通知》相关规定

凡列入国家和地方基本建设计划的新建、改建、扩建的高速公路，在施工阶段应进行路堑高边坡施工安全风险评估。高速公路路堑高边坡工程施工安全风险评估要求见表 2-2-2。

表 2-2-2　高速公路路堑高边坡工程施工安全风险评估要求

项目	内容	
评估分类	总体风险评估： 以高速公路全线的路堑工程整体为评估对象，根据工程建设规模、地质条件、工程特点、施工环境、诱发因素、资料完整性等，评估全线路堑边坡施工安全风险，确定风险等级并提出控制措施建议。总体风险评估结论应作为编制路堑边坡工程施工组织设计的依据	专项风险评估： 在总体风险评估基础上，将风险等级达到高度风险（Ⅲ级）及以上的路堑段作为评估单元，以施工作业活动为评估对象，根据其施工安全风险特点及类似工程事故情况，进行风险辨识、分析、估测；并针对其中的重大风险源进行量化评估，提出具体的风险控制措施。专项风险评估可分为施工前专项评估和施工过程专项评估。专项风险评估结论应作为编制或完善专项施工方案的依据
评估时间	总体风险评估应在项目开工前实施。专项风险评估应在路堑边坡分项工程开工前完成。施工中，经论证出现新的重大风险源，或发生生产安全事故（险情）等情况，应补充开展施工过程专项评估	
评估组织	总体风险评估工作由建设单位负责组织，专项风险评估工作由施工单位负责组织	
评估报告内容	编制依据、工程概况、评估方法、评估步骤、评估内容、评估结论及对策建议等	
评估费用	同公路桥梁和隧道工程施工安全风险评估要求，评估费用在项目安全生产费用中列支	

（三）《公路水运工程施工安全风险评估指南 第 1 部分：总体要求》相关规定

《公路水运工程施工安全风险评估指南 第 1 部分：总体要求》适用于新建公路水运工程的施工安全风险评估，其他公路水运工程的施工安全风险评估可参照使用。以下内容主要讲解公路水运工程施工安全风险评估的基本要求，总体风险评估、专项风险评估、风险控制措施、风险评估报告的要求可参考《公路水运工程施工安全风险评估指南 第 1 部分：总体要求》进行学习。

1. 评估阶段划分

施工安全风险评估分为总体风险评估和专项风险评估两个阶段。总体风险评估宜在项目施工招标前完成。专项风险评估包括施工前专项风险评估、施工过程专项风险评估和风险控制预期效果评价等环节,贯穿整个施工过程。

2. 评估方法选择

施工安全风险评估方法应根据工程的特点和实际进行选择。总体风险评估宜采用专家调查法和指标体系法等方法;专项风险评估可综合采用安全检查表法、作业条件危险性评价法(LEC法)、专家调查法、指标体系法、风险矩阵法等方法,必要时宜采用两种以上方法比对验证风险评估结果,当采用不同方法得出的评估结果出现较大差异时,应分析导致较大差异的原因,确定合理的评估结果。

3. 评估实施步骤

施工安全风险评估工作包括以下几个步骤:前期准备、现场调查、总体风险评估、专项风险评估、风险评估报告编制、风险评估报告评审。

4. 风险等级划分

总体风险评估和专项风险评估等级均分为四级:低风险(Ⅰ级)、一般风险(Ⅱ级)、较大风险(Ⅲ级)、重大风险(Ⅳ级)。

5. 评估结论应用

总体风险评估结论可为建设单位的项目组织实施、安全管理力量投入、资源配置和施工单位选择等方面决策提供支持,可作为施工单位编制施工组织设计和开展专项风险评估的依据。专项风险评估结论应作为施工单位完善施工组织设计、编制完善专项施工方案的依据。

6. 评估工作要求

开展施工安全风险评估工作应成立评估小组,评估小组成员应严格按照评估流程和要求开展评估工作,评估结果应通过评估小组集体讨论确定。桥梁工程、隧道工程、边坡工程、港口工程、航道工程和船闸工程施工安全风险评估工作还应符合各类工程的具体要求。

7. 风险控制要求

工程施工应实施全过程风险分级管控和风险警示告知、监控预警制度。在项目实施前期阶段,应根据总体风险评估结果采取相应措施,并在后续项目施工阶段根据专项风险评估结果采取事前预控、事中监控、事后评价的方式,实施动态、循环的风险控制,直至将风险至少降低到可接受的程度。施工过程中的风险监控宜采用信息化、智能化、可视化方式。

四、公路工程施工安全事故报告

生产安全事故(以下简称事故)发生后,事故现场有关人员应当立即向本单位负责人报告;单位负责人接到报告后,应当于1 h内向事故发生地县级以上人民政府应急管理部门和负有安全生产监督管理职责的有关部门报告。 情况紧急时,事故现场有关人员可以直接向事故发生地县级以上人民政府应急管理部门和负有安全生产监督管理职责的有关部门报告。

应急管理部门和负有安全生产监督管理职责的有关部门接到事故报告后,应当依照下列规定上报事故情况,并通知公安机关、劳动保障行政部门、工会和人民检察院:

(1)特别重大事故、重大事故逐级上报至国务院应急管理部门和负有安全生产监督管理职责的有关部门。

(2)较大事故逐级上报至省、自治区、直辖市人民政府应急管理部门和负有安全生产监督管理职责的有关部门。

(3)一般事故上报至设区的市级人民政府应急管理部门和负有安全生产监督管理职责的有关部门。

知识拓展

一般、较大、重大、特别重大事故等级的划分如下图所示。

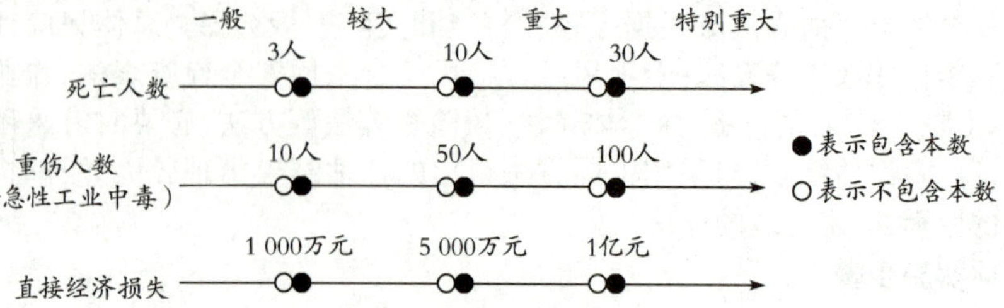

应急管理部门和负有安全生产监督管理职责的有关部门依照前款规定上报事故情况，应当同时报告本级人民政府。国务院应急管理部门和负有安全生产监督管理职责的有关部门以及省级人民政府接到发生特别重大事故、重大事故的报告后，应当立即报告国务院。必要时，应急管理部门和负有安全生产监督管理职责的有关部门可以越级上报事故情况。

应急管理部门和负有安全生产监督管理职责的有关部门逐级上报事故情况，每级上报的时间不得超过 2 h。

下面以考题探究的形式对生产安全事故报告的内容进行讲解。

考题探究

【多选题】生产安全事故发生后，报告事故应包括的内容有（　　）。

A. 事故发生单位情况

B. 事故的简要经过

C. 事故造成的伤亡人数和直接经济损失

D. 事故发生的原因和事故性质

E. 已经采取的措施

ABCE。【解析】报告事故应当包括下列内容：(1)事故发生单位概况。(2)事故发生的时间、地点以及事故现场情况。(3)事故的简要经过。(4)事故已经造成或者可能造成的伤亡人数（包括下落不明的人数）和初步估计的直接经济损失。(5)已经采取的措施。(6)其他应当报告的情况。事故报告后出现新情况的，应当及时补报。自事故发生之日起30日内，事故造成的伤亡人数发生变化的，应当及时补报。道路交通事故、火灾事故自发生之日起7日内，事故造成的伤亡人数发生变化的，应当及时补报。

事故发生单位负责人接到事故报告后，应当立即启动事故相应应急预案，或者采取有效措施，组织抢救，防止事故扩大，减少人员伤亡和财产损失。

五、公路工程施工项目安全生产监督管理

此部分内容主要依据《公路水运工程安全生产监督管理办法》进行讲解。

交通运输主管部门应当对公路水运工程安全生产行为和下级交通运输主管部门履行安全生产监督管理职责情况进行监督检查。交通运输主管部门应当依照安全生产法律、法规、规章及工程建设强制性标准，制定年度监督检查计划，确定检查重点、内容、方式和频次。加强与其他安全生产监管部门的合作，推进联合检查执法。

交通运输主管部门对公路水运工程安全生产行为的监督检查主要包括下列内容：

(1)被检查单位执行法律、法规、规章及工程建设强制性标准情况。

(2)《公路水运工程安全生产监督管理办法》规定的项目安全生产条件落实情况。

(3)施工单位在施工场地布置、现场安全防护、施工工艺操作、施工安全管理活动记录等方面的安全生产标准化建设推进情况。

交通运输主管部门在职责范围内开展安全生产监督检查时，有权采取下列措施：

(1)进入被检查单位进行检查，调阅有关工程安全管理的文件和相关照片、录像及电子文本等资料，向有关单位和人员了解情况。

(2)进入被检查单位施工现场进行监督抽查。

(3)责令相关单位立即或者限期停止、改正违法行为。

(4)法律、行政法规规定的其他措施。

交通运输主管部门执行监督检查任务时，应当将检查的时间、地点、内容、发现的问题及其处理情况作出书面记录，并由检查人员和被检查单位的负责人签字。被检查单位负责人拒绝签字的，检查人员应当将情况记录在案，向本单位领导报告，并抄告被检查单位所在的企业法人。

交通运输主管部门对有下列情形之一的从业单位及其直接负责的主管人员和其他直接责任人员给予违法违规行为失信记录并对外公开，公开期限一般自公布之日起12个月：

(1)因违法违规行为导致工程建设项目发生一般及以上等级的生产安全责任事故并承担主要责任的。

(2)交通运输主管部门在监督检查中，发现因从业单位违法违规行为导致工程建设项目存在安全事故隐患的。

(3)存在重大事故隐患，经交通运输主管部门指出或者责令限期消除，但从业单位拒不采取措施或者未按要求消除隐患的。

(4)对举报或者新闻媒体报道的违法违规行为，经交通运输主管部门查实的。

(5)交通运输主管部门依法认定的其他违反安全生产相关法律法规的行为。

对违法违规行为情节严重的从业单位及主要责任人员，应当列入安全生产失信黑名单，将具体情节抄送相关行业主管部门。

交通运输主管部门应当建立举报制度，及时受理对公路水运工程生产安全事故、事故隐患以及监督检查人员违法行为的检举、控告和投诉。任何单位或者个人对安全事故隐患、安全生产违法行为或者事故险情等，均有权向交通运输主管部门报告或者举报。

第二节　公路工程质量管理相关规定

一、公路工程施工单位质量责任和义务

施工单位质量责任和义务在《建设工程质量管理条例》和《公路水运工程质量监督管理规定》中均有相应的规定。《公路水运工程质量监督管理规定》是根据《建设工程质量管理条例》制定的，因此，关于施工单位质量责任和义务的规定有一定的相似性，更多内容可以参考《公路水运工程质量监督管理规定》进行学习。

二、公路工程质量事故管理相关规定

根据直接经济损失或工程结构损毁情况（自然灾害所致除外），公路水运建设工程质量事故分为特别重大质量事故、重大质量事故、较大质量事故和一般质量事故四个等级；直接经济损失在一般质量事故以下的为质量问题。

(1)特别重大质量事故,是指造成直接经济损失1亿元以上的事故。

(2)重大质量事故,是指造成直接经济损失5 000万元以上1亿元以下,或者特大桥主体结构垮塌、特长隧道结构坍塌,或者大型水运工程主体结构垮塌、报废的事故。

(3)**较大质量事故,是指造成直接经济损失1 000万元以上5 000万元以下,或者高速公路项目中桥或大桥主体结构垮塌、中隧道或长隧道结构坍塌、路基(行车道宽度)整体滑移,或者中型水运工程主体结构垮塌、报废的事故。**

(4)**一般质量事故,是指造成直接经济损失100万元以上1 000万元以下,或者除高速公路以外的公路项目中桥或大桥主体结构垮塌、中隧道或长隧道结构坍塌,或者小型水运工程主体结构垮塌、报废的事故。**

上述所称的"以上"包括本数,"以下"不包括本数。

知识拓展

公路水运建设工程质量事故等级划分可按下图记忆。

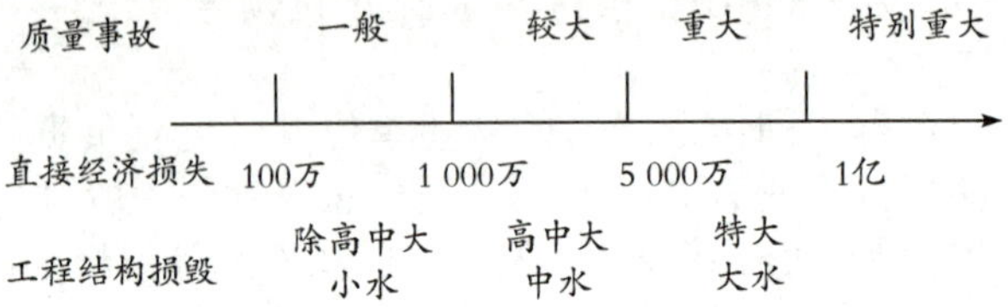

工程项目交工验收前,施工单位为工程质量事故报告的责任单位;自通过交工验收至缺陷责任期结束,由负责项目交工验收管理的交通运输主管部门明确项目建设单位或管养单位作为工程质量事故报告的责任单位。

一般及以上工程质量事故均应报告。事故报告责任单位应在应急预案或有关制度中明确事故报告责任人。事故报告应及时、准确,任何单位和个人不得迟报、漏报、谎报或瞒报。事故发生后,现场有关人员应立即向事故报告责任单位负责人报告。**事故报告责任单位应在接报2 h内,核实、汇总并向负责项目监管的交通运输主管部门及其工程质量监督机构报告。** 接收事故报告的单位和人员及其联系电话应在应急预案或有关制度中予以明确。重大及以上质量事故,省级交通运输主管部门应在接报2 h内进一步核实,并按工程质量事故快报统一报交通运输部应急办转部工程质量监督管理部门;出现新的经济损失、工程损毁扩大等情况的应及时续报。省级交通运输主管部门应在事故情况稳定后的10日内汇总、核查事故数据,形成质量事故情况报告,报交通运输部工程质量监督管理部门。对特别重大质量事故,交通运输部将按规定由交通运输部应急办会同部工程质量监督管理部门及时向国务院应急办报告。

三、公路工程质量监督管理相关规定

(一)《公路水运工程质量监督管理规定》有关监督管理的规定

公路水运工程实行质量监督管理制度。交通运输主管部门及其委托的建设工程质量监督机构应当依据法律、法规和强制性标准等,科学、规范、公正地开展公路水运工程质量监督管理工作。任何单位和个人不得非法干预或者阻挠质量监督管理工作。

交通运输主管部门委托的建设工程质量监督机构应当满足相应的基本条件。

交通运输主管部门或者其委托的建设工程质量监督机构依法要求建设单位按规定办理质量监督手续。建设单位应当按照国家规定向交通运输主管部门或者其委托的建设工程质量监督机构提交以下材料,办理工程质量监督手续:公路水运工程质量监督管理登记表;交通运输主管部门批复的施工图设计文件;施工、监理合同及招投标文件;建设单位现场管理机构、人员、质量保证体系等文件;本单位以及勘察、设计、施工、监理、试验检测等单位对其项目负责人、质量负责人的书面授权委托书、质量保证体系等文件;依法要求提供的其他相关材料。

建设单位提交的材料符合规定的,交通运输主管部门或者其委托的建设工程质量监督机构应当在15个工作日内为其办理工程质量监督手续,出具公路水运工程质量监督管理受理通知书。公路水运工程质量监督管理受理通知书中应当明确监督人员、内容和方式等。

建设单位在办理工程质量监督手续后、工程开工前,应当按照国家有关规定办理施工许可或者开工备案手续。交通运输主管部门或者其委托的建设工程质量监督机构应当自建设单位办理完成施工许可或者开工备案手续之日起,至工程竣工验收完成之日止,依法开展公路水运工程建设的质量监督管理工作。

公路水运工程交工验收前,建设单位应当组织对工程质量是否合格进行检测,出具交工验收质量检测报告,连同设计单位出具的工程设计符合性评价意见、监理单位提交的工程质量评定或者评估报告一并提交交通运输主管部门委托的建设工程质量监督机构。交通运输主管部门委托的建设工程质量监督机构应当对建设单位提交的报告材料进行审核,并对工程质量进行验证性检测,出具工程交工质量核验意见。**工程交工质量核验意见应当包括交工验收质量检测工作组织、质量评定或者评估程序执行、监督管理过程中发现的质量问题整改以及工程质量验证性检测结果等情况。**

交通运输主管部门或者其委托的建设工程质量监督机构可以采取随机抽查、备案核查、专项督查等方式对从业单位实施监督检查。公路水运工程质量监督管理工作实行项目监督责任制,可以明确专人或者设立工程项目质量监督组,实施项目质量监督管理工作。

交通运输主管部门或者其委托的建设工程质量监督机构应当制定年度工程质量监督检查计划,确定检查内容、方式、频次以及有关要求等。监督检查的内容主要包括:从业单位对工程质量法律、法规的执行情况;从业单位对公路水运工程建设强制性标准的执行情况;从业单位质量责任落实及质量保证体系运行情况;主要工程材料、构配件的质量情况;主体结构工程实体质量等情况。

实施监督检查时,应当有2名以上人员参加,并出示有效执法证件。检查人员对涉及被检查单位的技术秘密和商业秘密,应当为其保密。

交通运输主管部门或者其委托的建设工程质量监督机构履行监督检查职责时,有权采取下列措施:进入被检查单位和施工现场进行检查;询问被检查单位工作人员,要求其说明有关情况;要求被检查单位提供有关工程质量的文件和材料;对工程材料、构配件、工程实体质量进行抽样检测;对发现的质量问题,责令改正,视情节依法对责任单位采取通报批评、罚款、停工整顿等处理措施。

(二)《公路建设监督管理办法》有关质量与安全监督管理的规定

公路建设项目实施过程中,监理单位应当依照法律、法规、规章以及有关技术标准、设计文件、合同文件和监理规范的要求,采用旁站、巡视和平行检验形式对工程实施监理,对不符合工程质量与安全要求的工程应当责令施工单位返工。未经监理工程师签认,施工单位不得将建筑材料、构件和设备在工程上使用或安装,不得进行下一道工序施工。

公路建设从业单位应当对工程质量和安全负责。工程实施中应当加强对职工的教育与培训,按照国家有关规定建立健全质量和安全保证体系,落实质量和安全生产责任制,保证工程质量和工程安全。

第三部分　公路工程项目管理实务

第一章　公路工程企业资质与施工组织

第一节　公路工程企业资质

一、公路工程企业资质等级标准及承包工程范围

根据《建设工程企业资质管理制度改革方案》，施工资质分为综合资质、施工总承包资质、专业承包资质和专业作业资质。将《建筑业企业资质标准》规定的10类施工总承包企业特级资质调整为施工综合资质，可承担各行业、各等级施工总承包业务；保留12类施工总承包资质，将民航工程的专业承包资质整合为施工总承包资质；将36类专业承包资质整合为18类；将施工劳务企业资质改为专业作业资质，由审批制改为备案制。综合资质和专业作业资质不分等级；施工总承包资质、专业承包资质等级原则上压减为甲、乙两级（部分专业承包资质不分等级），其中，施工总承包甲级资质在本行业内承揽业务规模不受限制。

改革后公路工程施工企业资质分类分级见表3-1-1。

表3-1-1　公路工程施工企业资质分类分级

资质类别	施工资质类型	等级	改革措施
综合资质	综合资质	不分等级	原施工总承包企业特级资质，调整为施工综合资质，不分行业，不分等级
施工总承包资质	公路工程施工总承包	甲、乙级	保留原公路工程施工总承包，设甲、乙两级
专业承包资质	公路工程类专业承包	甲、乙级	原公路路面工程专业承包、公路路基工程专业承包、公路交通工程专业承包合并为公路工程类专业承包或公路工程施工总承包，设甲、乙两级
	桥梁工程专业承包	甲、乙级	保留原桥梁工程专业承包，设甲、乙两级
	隧道工程专业承包	甲、乙级	保留原隧道工程专业承包，设甲、乙两级

2022年2月23日，为落实建设工程企业资质管理制度改革要求，住房和城乡建设部会同国务院有关部门起草了《建筑业企业资质标准（征求意见稿）》，向社会公开征求意见。

温馨提示

由于新的《建筑业企业资质标准》目前并未发布，关于公路工程施工企业承包工程范围，原《建筑业企业资质标准》作了如下规定。

公路工程施工总承包资质承包工程范围如下：

（1）一级资质，可承担各级公路及其桥梁，长度3 000 m以下的隧道工程的施工。

(2)二级资质,可承担一级以下公路,单座桥长1 000 m以下、单跨跨度150 m以下的桥梁,长度1 000 m以下的隧道工程的施工。

(3)三级资质,可承担二级以下公路,单座桥长500 m以下、单跨跨度50 m以下的桥梁工程的施工。

桥梁工程专业承包资质承包工程范围如下:

(1)一级资质,可承担各类桥梁工程的施工。

(2)二级资质,可承担单跨150 m以下、单座桥梁总长1 000 m以下桥梁工程的施工。

(3)三级资质,可承担单跨50 m以下、单座桥梁总长120 m以下桥梁工程的施工。

隧道工程专业承包资质承包工程范围如下:

(1)一级资质,可承担各类隧道工程的施工。

(2)二级资质,可承担断面60 m^2 以下且单洞长度1 000 m以下的隧道工程施工。

(3)三级资质,可承担断面40 m^2 以下且单洞长度500 m以下的隧道工程施工。

公路路面工程专业承包资质承包工程范围如下:

(1)一级资质,可承担各级公路路面工程的施工。

(2)二级资质,可承担一级以下公路路面工程的施工。

(3)三级资质,可承担二级以下公路路面工程的施工。

公路路基工程专业承包资质承包工程范围如下:

(1)一级资质,可承担各级公路的路基、中小桥涵、防护及排水、软基处理工程的施工。

(2)二级资质,可承担一级标准以下公路的路基、中小桥涵、防护及排水、软基处理工程的施工。

(3)三级资质,可承担二级标准以下公路的路基、中小桥涵、防护及排水、软基处理工程的施工。

公路交通工程专业承包资质承包工程范围如下:

(1)一级资质(公路安全设施分项),可承担各级公路标志、标线、护栏、隔离栅、防眩板等公路安全设施工程的施工及安装。

(2)二级资质(公路安全设施分项),可承担一级以下公路标志、标线、护栏、隔离栅、防眩板等公路安全设施工程的施工及安装。

(3)一级资质(公路机电工程分项),可承担各级公路通信、监控、收费、干线传输系统、移动通信系统、光(电)缆敷设工程、紧急电话系统、交通信息采集系统、信息发布系统、中央控制系统、供配电、照明、智能交通管理等机电系统及配套工程系统的施工及安装;公路桥梁及隧道工程健康监测、通风、通信管道等机电系统及配套设备的施工及安装。

(4)二级资质(公路机电工程分项),可承担一级以下公路通信、监控、收费、干线传输系统、移动通信系统、光(电)缆敷设工程、紧急电话系统、交通信息采集系统、信息发布系统、中央控制系统、供配电、照明、智能交通管理等机电系统及配套工程系统的施工及安装。

上述内容中的“以下”均包含本数。

二、公路工程企业资质管理

此部分内容主要依据《建筑业企业资质管理规定》进行讲解，公路工程企业资质管理可参照执行。

（一）总则

建筑业企业资质分为施工总承包资质、专业承包资质、施工劳务资质三个序列。施工总承包资质、专业承包资质按照工程性质和技术特点分别划分为若干资质类别，各资质类别按照规定的条件划分为若干资质等级。施工劳务资质不分类别与等级。

（二）申请与许可

企业可以申请一项或多项建筑业企业资质。企业首次申请或增项申请资质，应当申请最低等级资质。

下列建筑业企业资质，由国务院住房城乡建设主管部门许可：

(1)施工总承包资质序列特级资质、一级资质及铁路工程施工总承包二级资质。

(2)专业承包资质序列公路、水运、水利、铁路、民航方面的专业承包一级资质及铁路、民航方面的专业承包二级资质；涉及多个专业的专业承包一级资质。

申请上述资质的，可以向企业工商注册所在地省、自治区、直辖市人民政府住房城乡建设主管部门提交申请材料。省、自治区、直辖市人民政府住房城乡建设主管部门收到申请材料后，应当在5日内将全部申请材料报审批部门。国务院住房城乡建设主管部门在收到申请材料后，应当依法作出是否受理的决定，并出具凭证；申请材料不齐全或者不符合法定形式的，应当在5日内一次性告知申请人需要补正的全部内容。逾期不告知的，自收到申请材料之日起即为受理。国务院住房城乡建设主管部门应当自受理之日起20个工作日内完成审查。自作出决定之日起10日内公告审批结果。其中，涉及公路、水运、水利、通信、铁路、民航等方面资质的，由国务院住房城乡建设主管部门会同国务院有关部门审查。需要组织专家评审的，所需时间不计算在许可时限内，但应当明确告知申请人。

下列建筑业企业资质，由企业工商注册所在地省、自治区、直辖市人民政府住房城乡建设主管部门许可：

(1)施工总承包资质序列二级资质及铁路、通信工程施工总承包三级资质。

(2)专业承包资质序列一级资质(不含公路、水运、水利、铁路、民航方面的专业承包一级资质及涉及多个专业的专业承包一级资质)。

(3)专业承包资质序列二级资质(不含铁路、民航方面的专业承包二级资质)；铁路方面专业承包三级资质；特种工程专业承包资质。

下列建筑业企业资质，由企业工商注册所在地设区的市人民政府住房城乡建设主管部门许可：

(1)施工总承包资质序列三级资质(不含铁路、通信工程施工总承包三级资质)。

(2)专业承包资质序列三级资质(不含铁路方面专业承包资质)及预拌混凝土、模板脚手架专业承包资质。

(3)施工劳务资质。

(4)燃气燃烧器具安装、维修企业资质。

资质许可机关应当及时将资质许可决定向社会公开，并为公众查询提供便利。

（三）延续与变更

建筑业企业资质证书有效期届满，企业继续从事建筑施工活动的，应当于资质证书有效期届满3个月前,向原资质许可机关提出延续申请。资质许可机关应当在建筑业企业资质证书有效期届满前做出是否准予延续的决定;逾期未做出决定的,视为准予延续。

企业在建筑业企业资质证书有效期内名称、地址、注册资本、法定代表人等发生变更的,应当在市场监督管理部门办理变更手续后1个月内办理资质证书变更手续。

企业发生合并、分立、重组以及改制等事项,需承继原建筑业企业资质的,应当申请重新核定建筑业企业资质等级。

企业需更换、遗失补办建筑业企业资质证书的,应当持建筑业企业资质证书更换、遗失补办申请等材料向资质许可机关申请办理。资质许可机关应当在2个工作日内办理完毕。企业遗失建筑业企业资质证书的,在申请补办前应当在公众媒体上刊登遗失声明。

企业申请建筑业企业资质升级、资质增项,在申请之日起前1年至资质许可决定作出前,有下列情形之一的,资质许可机关不予批准其建筑业企业资质升级申请和增项申请:

(1)超越本企业资质等级或以其他企业的名义承揽工程,或允许其他企业或个人以本企业的名义承揽工程的。

(2)与建设单位或企业之间相互串通投标,或以行贿等不正当手段谋取中标的。

(3)未取得施工许可证擅自施工的。

(4)将承包的工程转包或违法分包的。

(5)违反国家工程建设强制性标准施工的。

(6)恶意拖欠分包企业工程款或者劳务人员工资的。

(7)隐瞒或谎报、拖延报告工程质量安全事故,破坏事故现场、阻碍对事故调查的。

(8)按照国家法律、法规和标准规定需要持证上岗的现场管理人员和技术工种作业人员未取得证书上岗的。

(9)未依法履行工程质量保修义务或拖延履行保修义务的。

(10)伪造、变造、倒卖、出租、出借或者以其他形式非法转让建筑业企业资质证书的。

(11)发生过较大以上质量安全事故或者发生过两起以上一般质量安全事故的。

(12)其他违反法律、法规的行为。

(四)监督管理

县级以上人民政府住房城乡建设主管部门和其他有关部门应当依照有关法律、法规和规定,加强对企业取得建筑业企业资质后是否满足资质标准和市场行为的监督管理。

第二节　二级建造师执业范围

一、二级建造师(公路工程)注册执业工程规模标准

注册建造师(公路工程)执业工程规模标准见表3-1-2。

表3-1-2　注册建造师(公路工程)执业工程规模标准

序号	工程类别	项目名称	单位	规模			备注
				大型	中型	小型	
1	高速公路各工程类别		m	>0			

（续表）

序号	工程类别	项目名称	单位	规模			备注
				大型	中型	小型	
2	桥梁工程		m	单跨≥50	13≤单跨<50	单跨<13	
				桥长≥1 000	30≤桥长<1 000	桥长<30	
3	隧道工程		m	长度≥1 000	0≤长度<1 000		
4	单项合同额		万元	>3 000	500～3 000	<500	

注：a. 一级注册建造师可担任大中小型工程项目负责人，二级注册建造师担任中小型工程项目负责人。
b. 不同工程类别所要求的注册建造师执业资格不同时，以较高资格执行。

二、二级建造师（公路工程）注册执业工程范围

注册建造师（公路工程）执业工程范围见表3-1-3。

表3-1-3　注册建造师（公路工程）执业工程范围

注册专业	工程范围
公路工程	公路，地基与基础、土石方、预拌商品混凝土、混凝土预制构件、钢结构、消防设施、建筑防水、防腐保温、预应力、爆破与拆除、公路路面、公路路基、公路交通、桥梁、隧道、附着升降脚手架、起重设备安装、特种专业

第三节　施工项目管理机构

工程项目确定后，为了能使项目部机动、有效地运转，充分发挥项目部的职能，就必须建立一个合理、精干、高效的组织机构。首先组建项目管理机构，项目管理机构组建后，确定各部门职能、岗位职责分工和选聘岗位人员，以及部门之间和岗位之间的相互关系。

一、项目管理机构的概念

项目管理机构是为完成项目而建立的组织，一般也称为项目班子、项目管理班子、项目组等。一些大中型项目，如建筑施工项目的项目组织目前在我国叫项目经理部。工程项目经理部是为实现一个具体的工程项目目标而组建的协同工作团队，是具有高度凝聚力和团队精神的群体，也是工程项目组织的核心，更是实现项目目标的基本组织保障。

当企业签订工程项目合同，进入工程项目建设实施阶段，企业会依据工程项目的性质和规模聘任项目经理，同时抽调或招聘相应的工程技术人员组成项目经理部。

二、项目经理部的组织结构模式

组织结构模式可用组织结构图来描述，组织结构图是组织论中的一个重要的组织工具，它反映一个组织系统中各组成部门（组成元素）之间的组织关系（指令关系）。在组织结构图中，矩形框表示工作部门，上级工作部门对其直接下属工作部门的指令关系用单向箭线表示。

公路工程项目经理部的组织结构模式一般有四种，即直线式、职能式、矩阵式和直线

职能式。当前采用比较广泛的组织结构模式有直线式和直线职能式；对于大型项目来说，可采用矩阵式。

项目经理部主要职能部门有工程技术部、安全管理部、质量管理部、物资设备部、计划合同部、财务管理部、综合办公室和试验室等，通常根据项目特点进行设置。

三、项目经理部的作用

项目经理部是项目管理的组织机构，负责项目全过程的管理工作，是企业在该项目的管理层，同时对作业层具有管理与服务作用；在项目经理的领导下，项目经理部为项目经理决策提供信息依据，当好参谋，同时又要执行项目经理的决策意图，向项目经理全面负责。

项目经理部是一个组织体，不仅要完成企业所赋予的项目管理和专业管理任务，而且要凝集管理人员的力量，调动其积极性，促进管理人员的相互合作，协调各部门之间、管理人员之间的关系，发挥每一个人的岗位作用，为完成目标而工作。

项目经理部是代表施工企业履行工程承包合同的主体，对最终建筑产品和业主全面、全过程负责。

考题探究

【单选题】公路工程施工项目经理部是代表施工企业履行工程承包合同的主体，是最终产品质量责任的承担者，要代表企业对(　　)全面负责。

A. 监理单位　　B. 业主

C. 质量监督机构　　D. 交通运输主管部门

B。【解析】项目经理部是代表施工企业履行工程承包合同的主体，是最终产品质量责任的承担者，代表企业对业主全面负责是项目经理部的作用之一。另外，项目经理部是一个组织整体，实行项目经理负责制。

第四节　施工组织设计

施工组织设计是对施工活动实行科学管理的重要手段，它具有战略部署和战术安排的双重作用。施工组织设计作为施工过程组织的纲领性文件，其可指导具体施工活动，对整个施工过程进行统筹规划。

一、公路工程项目施工组织设计的编制

（一）公路工程施工组织设计的分类

公路工程施工组织设计按工程对象划分，可分为三类：施工组织总设计、单项（或单位）工程施工组织设计和分部工程施工组织设计。

（二）公路工程施工组织设计的主要内容

公路工程施工组织设计不管是按中标后合同书的要求编制，还是投标前按标书的要求编制，但是施工组织设计的内容大同小异。主要内容包括编制说明、编制依据、工程概况、施工部署、施工进度计划、施工准备与资源需求计划、主要工程项目施工方案及施工

工艺、施工总平面图、大型临时工程、季节性施工技术措施等基本内容。

下面以考题探究的形式对工程概况及资源需求计划的内容进行讲解。

考题探究

【单选题】公路工程施工组织设计中,工程概况的内容不包括(　　)。

A. 施工条件　　B. 工程施工难点分析

C. 施工任务划分　　D. 工程施工特点分析

C。【解析】公路工程施工组织设计中,工程概况的内容有工程项目的主要情况、施工条件、工程施工的特点和难点分析、合同特殊要求等。施工任务划分属于施工总体部署的内容。

【单选题】下列计划中,不属于资源需求计划的是(　　)。

A. 劳动力需求计划　　B. 施工进度需求计划

C. 材料需求计划　　D. 施工机械设备需求计划

B。【解析】资源需求计划包括劳动力需求计划、材料需求计划、资金需求计划和施工机械设备需求计划。

(三)公路工程施工组织设计的编制依据

公路工程施工组织设计应以下列内容作为编制依据:

(1)与工程建设有关的法律、法规和文件。

(2)国家现行有关标准和技术经济指标。

(3)工程所在地区行政主管部门的批准文件,建设单位对施工的要求。

(4)工程施工合同或招标投标文件。

(5)工程设计文件。

(6)工程施工范围内的现场条件,工程地质及水文地质、气象等自然条件。

(7)与工程有关的资源供应情况。

(8)施工企业的生产能力、机具设备状况、技术水平。

(9)其他文件,如企业质量管理体系文件、环境管理体系文件、各类定额及概预算资料等。

(四)公路工程施工组织设计的编制程序及优化

编制施工组织设计要遵守一定的程序,要按照施工的客观规律,协调和处理好各个影响因素的关系,用科学的方法进行编制。

施工组织设计的编制必须遵循工程建设程序,并应符合下列原则:

(1)符合施工合同或招标文件中有关工程进度、质量、安全、环境保护、造价等方面的要求。

(2)积极开发、使用新技术和新工艺,推广应用新材料和新设备。

(3)坚持科学的施工程序和合理的施工顺序,采用流水施工和网络计划等方法,科学配置资源,合理布置现场,采取季节性施工措施,实现均衡施工,达到合理的经济技术指标。

(4)采取技术和管理措施,推广建筑节能和绿色施工。

(5)与质量、环境和职业健康安全三个管理体系有效结合。

下面以考题探究的形式对公路工程项目施工组织设计的编制程序及优化进行讲解。

考题探究

【多选题】公路工程施工组织设计编制流程中,编制工程进度计划后的工作有(　　)。

A. 计算施工工程数量　　B. 确定施工方法

C. 计算人工、材料、机具需要量　　D. 确定临时工程

E. 确定技术措施计划

CDE。【解析】公路工程施工组织设计编制的流程为:(1)分析研究项目设计图纸、合同、技术规范,必要时收集和调研相关资料。(2)计算施工工程数量。(3)选择施工方案,确定施工方法。(4)编制工程进度计划。(5)计算人工、材料、机具需要量,编制计划。(6)确定临时工程,编制水、电、气、热供应计划。(7)设计和布置施工平面图。(8)确定技术措施计划、计算技术经济指标。(9)确定施工组织管理机构。(10)编制质量、安全、环保和文明施工措施计划。(11)编写说明书。

【多选题】公路工程施工方案优化主要包括(　　)。

A. 施工方法的优化　　B. 施工劳动组织的优化

C. 施工机械组织的优化　　D. 机械需要计划的优化

E. 施工顺序的优化

ABCE。【解析】公路工程施工方案优化主要包括对施工方法、施工顺序、施工劳动组织、施工机械组织、施工作业组织形式的优化。资源利用优化主要包括对物资采购与供应计划、机械需要计划的优化。

(五)公路工程施工过程时间组织方法

1. 概述

时间组织是施工组织的核心。时间组织主要考虑实施施工的作业顺序和施工组织的作业方式。施工任务的排序问题属于管理科学的动态规划,求解最优排序比较复杂,但仍可按施工的客观规律采用将前后关联工序的周期按一定方式合并的方法,分别应用约翰逊-贝尔曼法则,求出“合并后工序”相应的周期,最后再按选取最小值的方法求得施工顺序的较优安排。

施工顺序的安排,除考虑施工速度快外,同时还要考虑施工费用省、施工质量高和保证安全。因此必须从实际出发全面加以考虑,使施工顺序的确定能够为好、快、省、安全地完成施工任务创造条件。

2. 施工作业方式

在公路施工生产中,施工队(班组)对施工对象的施工作业方式(施工过程组织方法),**一般可分为顺序(依次)作业法、平行作业法和流水作业法三种基本施工方式**。

顺序作业法是指按工艺流程和施工程序(步骤),按先后顺序进行施工操作。如多层结构的路面工程,先后操作顺序是路槽、底基层、基层、连接层、面层和路肩。石方爆破工程的程序是打眼、装药、堵塞、引爆和清方等。顺序作业法就是按此固定(取决于工艺或结构物性质)程序组织施工。

顺序作业法具有的特点如下:

(1)没有充分地利用工作面进行施工,工期长。

(2)如果按专业成立工作队,则各专业队不能连续作业,有时间间歇,劳动力及施工机具等资源无法均衡使用。

(3)如果由一个工作队完成全部施工任务,则不能实现专业化施工,不利于提高劳动生产率和工程质量。

(4)单位时间内投入的劳动力、施工机具、材料等资源量较少,有利于资源供应的组织。

(5)施工现场的组织、管理比较简单。

平行作业法是指线性工程的作业面很长,根据工程或技术的需要,可划分为几段(或几个点),分别同时按程序施工。

平行作业法具有的特点如下:

(1)充分地利用工作面进行施工,工期短。

(2)资源供应特别集中,如果每一个施工对象均按专业成立工作队,劳动力及施工机具等资源无法均衡使用。

(3)不强调分工协作,如果由一个工作队完成一个施工对象的全部施工任务,则不能实现专业化施工,不利于提高劳动生产率。

(4)单位时间内投入的劳动力、施工机具、材料等资源成倍地增加,不利于资源供应的组织。

(5)施工现场的组织管理比较复杂。

流水作业法是一种比较先进的作业方法,是以施工专业化为基础,将不同工程对象的同一施工工序交给专业施工队(组)执行,各专业队(组)在统一计划安排下,依次在各个作业面上完成指定的操作。前一操作结束后转移至另一作业面,执行同样操作,后一操作则由其他专业队继续执行。各专业队按大致相同的时间(流水节拍)和速度(流水速度),协同而紧凑地相继完成全部施工任务。流水作业符合工艺流程,组织紧凑,有利于专业化施工,是现代化工业产品生产的基本组织形式,对于建筑工程(包括公路在内)亦具有先进性。

流水作业法具有的特点如下:

(1)尽可能地利用工作面进行施工,工期比较短。

(2)各工作队实现了专业化施工,有利于提高技术水平和劳动生产率。

(3)专业工作队能够连续施工,同时能使相邻专业队的开工时间最大限度地搭接。

(4)单位时间内投入的劳动力、施工机具、材料等资源量较为均衡,有利于资源供应的组织。

(5)为施工现场的文明施工和科学管理创造了有利条件。

3. 作业方式的综合利用

顺序作业法、平行作业法、流水作业法在生产过程中不仅可以单独运用,而且可以根据具体条件,将三种基本作业方式加以综合利用,从而出现平行流水作业法、平行顺序作业法以及立体交叉平行流水作业法。这些施工过程时间组织的综合形式,一般均能取得较明显的经济效果。

(1)平行流水作业法。在平行作业法的基础上,按照流水作业法的原则组织施工,以达到适当缩短工期,而又使劳动力、材料、机具需要量保持均衡。

(2)顺序平行作业法。这种方法的实质是用增加施工力量的方法来达到缩短工期的目的。它使顺序作业法和平行作业法的缺点更加突出,故仅适用于突击性施工情况。

(3)立体交叉平行流水作业法。它是在平行流水作业法的原则上,采用上、下、左、右全面施工的方法。它可以充分利用工作面和有效地缩短工期,一般适用于工序繁多、工程特别集中的大型构造物的施工,如大桥、立体交叉、隧道等工程量大、工作面狭窄、工期短的情况。

二、公路工程项目施工方案编制

公路工程项目施工方案编制详见本书第三部分第八章“第一节　施工技术管理”中相关内容,此处不再介绍。

第二章 施工招标投标与合同管理

第一节 施工招标投标

公路工程施工招标投标管理相关规定主要参考《公路工程建设项目招标投标管理办法》。

一、总则

在中华人民共和国境内从事公路工程建设项目勘察设计、施工、施工监理等的招标投标活动，适用《公路工程建设项目招标投标管理办法》。公路工程建设项目的招标人或者其指定机构应当对资格审查、开标、评标等过程录音录像并存档备查。

二、招标

公路工程建设项目招标人是提出招标项目、进行招标的项目法人或者其他组织。

对于按照国家有关规定需要履行项目审批、核准手续的依法必须进行招标的公路工程建设项目，招标人应当按照项目审批、核准部门确定的招标范围、招标方式、招标组织形式开展招标。**公路工程建设项目履行项目审批或者核准手续后，方可开展勘察设计招标；初步设计文件批准后，方可开展施工监理、设计施工总承包招标；施工图设计文件批准后，方可开展施工招标。** 施工招标采用资格预审方式的，在初步设计文件批准后，可以进行资格预审。

有下列情形之一的公路工程建设项目，可以不进行招标：

(1)涉及国家安全、国家秘密、抢险救灾或者属于利用扶贫资金实行以工代赈、需要使用农民工等特殊情况。

(2)需要采用不可替代的专利或者专有技术。

(3)采购人自身具有工程施工或者提供服务的资格和能力，且符合法定要求。

(4)**已通过招标方式选定的特许经营项目投资人依法能够自行施工或者提供服务。**

(5)需要向原中标人采购工程或者服务，否则将影响施工或者功能配套要求。

(6)国家规定的其他特殊情形。

招标人不得为适用前款规定弄虚作假，规避招标。

招标人可以自行决定是否编制标底或者设置最高投标限价。招标人不得规定最低投标限价。 接受委托编制标底或者最高投标限价的中介机构不得参加该项目的投标，也不得为该项目的投标人编制投标文件或者提供咨询。

招标人不得以任何名义增设或者变相增设保证金或者随意更改招标文件载明的保证金收取形式、金额以及返还时间。招标人不得在资格预审期间收取任何形式的保证金。**招标人在招标文件中要求投标人提交投标保证金的，投标保证金不得超过招标标段估算价的2%。投标保证金有效期应当与投标有效期一致。** 依法必须进行招标的公路工程建设项目的投标人，以现金或者支票形式提交投标保证金的，应当从其基本账户转出。投标人提交的投标保证金不符合招标文件要求的，应当否决其投标。招标人不得挪用投标保证金。

以暂估价形式包括在招标项目范围内的工程、货物、服务，属于依法必须进行招标的项目范围且达到国家规定规模标准的，应当依法进行招标。招标项目的合同条款中应当约定负责实施暂估价项目招标的主体以及相应的招标程序。

三、投标

投标人是响应招标、参加投标竞争的法人或者其他组织。

投标人应当具备招标文件规定的资格条件，具有承担所投标项目的相应能力。

投标人应当按照招标文件要求装订、密封投标文件，并按照招标文件规定的时间、地点和方式将投标文件送达招标人。公路工程勘察设计和施工监理招标的投标文件应当以双信封形式密封，第一信封内为商务文件和技术文件，第二信封内为报价文件。对公路工程施工招标，招标人采用资格预审方式进行招标且评标方法为技术评分最低标价法的，或者采用资格后审方式进行招标的，投标文件应当以双信封形式密封，第一信封内为商务文件和技术文件，第二信封内为报价文件。

投标文件按照要求送达后，在招标文件规定的投标截止时间前，投标人修改或者撤回投标文件的，应当以书面函件形式通知招标人。修改投标文件的函件是投标文件的组成部分，其编制形式、密封方式、送达时间等，适用对投标文件的规定。**投标人在投标截止时间前撤回投标文件且招标人已收取投标保证金的，招标人应当自收到投标人书面撤回通知之日起5日内退还其投标保证金。投标截止后投标人撤销投标文件的，招标人可以不退还投标保证金。**

四、开标、评标和中标

（一）开标

开标应当在招标文件确定的提交投标文件截止时间的同一时间公开进行；开标地点应当为招标文件中预先确定的地点。投标人少于3个的，不得开标，投标文件应当当场退还给投标人；招标人应当重新招标。

投标文件按照招标文件规定采用双信封形式密封的，开标分两个步骤公开进行：

（1）第一步骤对第一信封内的商务文件和技术文件进行开标，对第二信封不予拆封并由招标人予以封存。

（2）第二步骤宣布通过商务文件和技术文件评审的投标人名单，对其第二信封内的报价文件进行开标，宣读投标报价。未通过商务文件和技术文件评审的，对其第二信封不予拆封，并当场退还给投标人；投标人未参加第二信封开标的，招标人应当在评标结束后及时将第二信封原封退还投标人。

（二）评标

公路工程勘察设计和施工监理招标，应当采用综合评估法进行评标，对投标人的商务文件、技术文件和报价文件进行评分，按照综合得分由高到低排序，推荐中标候选人。评标价的评分权重不宜超过10%，评标价得分应当根据评标价与评标基准价的偏离程度进行计算。

公路工程施工招标，评标采用综合评估法或者经评审的最低投标价法。综合评估法包括合理低价法、技术评分最低标价法和综合评分法。评标方法的内容和应用见表3-2-1。

表 3-2-1　评标方法的内容和应用

评标方法		内容	应用
经评审的最低投标价法		按照评标价由低到高排序	工程规模较小、技术含量较低的工程
综合评估法	合理低价法	仅依据评标基准价对评标价进行评分	一般工程
	技术评分最低标价法	对施工组织设计、项目管理机构、技术能力等因素进行评分	
	综合评分法	对评标价、施工组织设计、项目管理机构、技术能力等因素进行评分	技术特别复杂的特大桥梁和特长隧道项目主体工程

评标委员会对投标文件进行评审后，因有效投标不足 3 个使得投标明显缺乏竞争的，可以否决全部投标。未否决全部投标的，评标委员会应当在评标报告中阐明理由并推荐中标候选人。

（三）中标

依法必须进行招标的公路工程建设项目，招标人应当自收到评标报告之日起3 日内，在对该项目具有招标监督职责的交通运输主管部门政府网站或者其指定的其他网站上公示中标候选人，公示期不得少于 3 日，公示内容包括：

（1）中标候选人排序、名称、投标报价。

（2）中标候选人在投标文件中承诺的主要人员姓名、个人业绩、相关证书编号。

（3）中标候选人在投标文件中填报的项目业绩。

（4）被否决投标的投标人名称、否决依据和原因。

（5）招标文件规定公示的其他内容。

投标人或者其他利害关系人对依法必须进行招标的公路工程建设项目的评标结果有异议的，应当在中标候选人公示期间提出。招标人应当自收到异议之日起3 日内作出答复；作出答复前，应当暂停招标投标活动。

除招标人授权评标委员会直接确定中标人外，招标人应当根据评标委员会提出的书面评标报告和推荐的中标候选人确定中标人。国有资金占控股或者主导地位的依法必须进行招标的公路工程建设项目，招标人应当确定排名第一的中标候选人为中标人。排名第一的中标候选人放弃中标、因不可抗力不能履行合同、不按照招标文件要求提交履约保证金，或者被查实存在影响中标结果的违法行为等情形，不符合中标条件的，招标人可以按照评标委员会提出的中标候选人名单排序依次确定其他中标候选人为中标人，也可以重新招标。

招标人和中标人应当自中标通知书发出之日起 30 日内，按照招标文件和中标人的投标文件订立书面合同，合同的标的、价格、质量、安全、履行期限、主要人员等主要条款应当与上述文件的内容一致。招标人和中标人不得再行订立背离合同实质性内容的其他协议。**招标人最迟应当在中标通知书发出后5 日内向中标候选人以外的其他投标人退还投标保证金，与中标人签订书面合同后5 日内向中标人和其他中标候选人退还投标保证金。**以现金或者支票形式提交的投标保证金，招标人应当同时退还投标保证金的银行同期活期存款利息，且退还至投标人的基本账户。

招标文件要求中标人提交履约保证金的，中标人应当按照招标文件的要求提交。履约保证金不得超过中标合同金额的10%。招标人不得指定或者变相指定履约保证金的支付形式，由中标人自主选择银行保函或者现金、支票等支付形式。

第二节　施工合同管理

一、公路工程合同体系结构

公路项目从立项、融资、建设到竣工验收投入使用的全过程中，业主会与相关方签订诸多合同，例如融资合同、勘察设计合同、咨询合同、材料设备供应合同、施工合同等，这些合同共同构成了公路工程项目的合同体系结构，其核心是施工合同。

二、公路工程施工合同的履行与管理

（一）施工合同的履行

施工合同是由发包人（业主）和承包人签订的，其履行也主要涉及以下两方：

（1）发包人（业主）。全面履行施工合同中的各项义务，发出开工通知；按合同约定向承包人提供施工场地，以及施工场地内地下管线和地下设施等有关资料，并保证资料的真实、准确、完整；协助承包人办理法律规定的有关施工证件和批件；组织设计单位向承包人进行设计交底；按合同约定向承包人及时支付合同价款；按合同约定及时组织竣工验收。

（2）承包人。全面履行施工合同中的各项义务。在施工过程中，承包人必须通过投入足够的资源，建立精干高效的组织机构和完善的制度体系，采用先进、合理、经济的施工方案和技术，精心组织、科学管理，确保如期、保质、保量完成各项施工任务。通过合理的工程变更与索赔，维护自己的合法权益，实现预期经营目标和战略。

（二）施工合同的管理

施工合同管理主要是对施工合同的实施进行控制。当发生争议时，应根据合同约定及合同文件的优先顺序处理争议。

下面以考题探究的形式对解释合同文件的优先顺序进行讲解。

考题探究

【单选题】根据《公路工程标准施工招标文件》，除项目专用合同条款另有约定外，下列合同文件：①投标函；②已标价工程量清单；③项目专用合同条款；④工程量清单计价规则。解释的优先顺序是（　　）。

A. ①③④②　　B. ③④①②

C. ①③②④　　D. ③①②④

A。【解析】组成合同的各项文件应互相解释，互为说明。除项目专用合同条款另有约定外，解释合同文件的优先顺序如下：(1)合同协议书及各种合同附件（含评标期间和合同谈判过程中的澄清文件和补充资料）。(2)中标通知书。(3)投标函及投标函附录。(4)项目专用合同条款。(5)公路工程专用合同条款。(6)通用合同条款。(7)工程量清单计量规则。(8)技术规范。(9)图纸。(10)已标价工程量清单。(11)承包人有关人员、设备投入的承诺及投标文件中的施工组织设计。(12)其他合同文件。

三、公路工程工程量清单

（一）工程量清单基本概念

工程量清单是在工程实施阶段用于表述公路工程工程量及对应价款的组成和内容的明细清单，包括完成公路建设活动所需的实物工程、措施项目以及费用项目等。

工程量清单通常是依据设计图纸（或实际工程数量）、工程量清单计量规则等将要招标的工程进行分解，按一定的基本计量单位和技术标准计算所得的构成工程实体的实物工程数量汇总清单表。用以明确工程项目的内容和数量，每个表中既有工程部位和该部位需实施的子项目（工程子目），又有每个子项目的工程数量和计价要求（单价或包干价）以及总计金额，可见工程量清单反映的是每个相对独立的个体项目的工程内容的预计数量及其完成价格。

未标价的工程量清单实际就是按计量规则计算的实体项目的工程数量汇总表。

（二）工程量清单的分类

工程量清单根据在公路建设过程中订立时间、阶段的不同分为招标工程量清单、投标工程量清单、合同工程量清单、结算工程量清单等类别。

招标工程量清单在项目的招投标阶段编制通常由招标人提供，招标工程量清单的标底或最高投标限价应以编制的工程量清单预算为基础确定，投标工程量清单则由投标人根据自身情况填报项目的单价、合计。

合同工程量清单是在公路工程发、承包活动中，发、承包双方根据民法典、招（投）标文件及有关规定，以约定的工程量清单计价方式，签订工程承包合同时确定的工程量清单。

结算工程量清单是在公路实施过程中或工程完工后，发、承包双方根据有关法律、法规，按合同约定用以计算确定的最终工程价款所确定的工程量清单。

但不管是哪种工程量清单，其组成内容是相同的，都包括项目的工程量、单位、单价、合价及总额。

（三）工程量清单的组成

按照公路工程项目的基本组成划分，公路工程工程量清单可以分为三大类，分别是交通土建工程工程量清单、交通机电工程工程量清单、房屋建筑工程工程量清单。以下主要介绍交通土建工程工程量清单的组成。工程量清单由说明、工程量清单表、计日工明细表、暂估价表、工程量清单汇总表组成。

1. 说明

《公路工程标准施工招标文件》对于说明给出了具体的规定。说明包括工程量清单说明、投标报价说明、计日工说明、其他说明。

（1）工程量清单说明。

本工程量清单是根据招标文件中包括的有合同约束力的工程量清单计量规则、图纸以及有关工程量清单的国家标准、行业标准、合同条款中约定的其他规则编制。约定计量规则中没有的子目，其工程量按照有合同约束力的图纸所标示尺寸的理论净量计算。计量采用中华人民共和国法定计量单位。

本工程量清单应与招标文件中的投标人须知、通用合同条款、专用合同条款、工程量清单计量规则、技术规范及图纸等一起阅读和理解。

本工程量清单中所列工程数量是估算的或设计的预计数量，仅作为投标报价的共同基础，不能作为最终结算与支付的依据。实际支付应按实际完成的工程量，由承包人按工程量清单计量规则规定的计量方法，以监理人认可的尺寸、断面计量，按本工程量清单的单价和总额价计算支付金额;或根据具体情况,按合同条款的规定,按监理人确定的单价或总额价计算支付额。

对作业和材料的一般说明或规定,未重复写入工程量清单内,在给工程量清单各子目标价前,应参阅"技术规范"的有关内容。工程量清单中所列工程量的变动,丝毫不会降低或影响合同条款的效力,也不免除承包人按规定的标准进行施工和修复缺陷的责任。图纸中所列的工程数量表及数量汇总表仅是提供资料,不是工程量清单的外延。当图纸与工程量清单所列数量不一致时,以工程量清单所列数量作为报价的依据。

(2)投标报价说明。

工程量清单中的每一子目须填入单价或价格,且只允许有一个报价。

除非合同另有规定,工程量清单中有标价的单价和总额价均已包括了为实施和完成合同工程所需的劳务、材料、机械、质检(自检)、安装、缺陷修复、管理、保险、税费、利润等费用,以及合同明示或暗示的所有责任、义务和一般风险。

工程量清单中投标人没有填入单价或价格的子目,其费用视为已分摊在工程量清单中其他相关子目的单价或价格之中。承包人必须按监理人指令完成工程量清单中未填入单价或价格的子目,但不能得到结算与支付。

符合合同条款规定的全部费用应认为已被计入有标价的工程量清单所列各子目之中,未列子目不予计量的工作,其费用应视为已分摊在本合同工程的有关子目的单价或总额价之中。

承包人用于本合同工程的各类装备的提供、运输、维护、拆卸、拼装等支付的费用,已包括在工程量清单的单价与总额价之中。

工程量清单中各项金额均以人民币(元)结算。

(3)计日工说明。

未经监理人书面指令,任何工程不得按计日工施工;接到监理人按计日工施工的书面指令,承包人也不得拒绝。

投标人应在计日工单价表中填列计日工子目的基本单价或租价,该基本单价或租价适用于监理人指令的任何数量的计日工的结算与支付。计日工的劳务、材料和施工机械由招标人(或发包人)列出正常的估计数量,投标人报出单价,计算出计日工总额后列入工程量清单汇总表中并进入评标价。计日工不调价。

2. 工程量清单表

工程量清单表是招标工程中按章的顺序排列的各个项目表。表中包括子目号、子目名称、单位、数量、单价、合价六项,见表3-2-2。

表3-2-2 工程量清单表

子目号	子目名称	单位	数量	单价	合价

工程量清单表的子目分章进行划分,划分原则应结合公路工程项目的工程设计、施工工艺、招投标和合同管理等因素设置。

工程子目分章排列,有利于将不同性质、不同部位、不同施工阶段或其他特性的不同工程区分开,同时也有利于将那些需要采用不同施工方法、不同施工阶段或成本不一样的工程区别开。

一个项目具体划分多少章,章中分多少级划分子目,则视工程实际情况确定。

3. 计日工明细表

计日工也称散工或点工，指在工程施工过程中，发包人可能有一些临时性的或新增加的项目，而且这种临时新增项目的工程量在招投标阶段很难估计，希望通过招投标阶段事先定价，避免开工后可能发生的争端，故需要以计日工明细表的方法在工程量清单中予以明确。计日工明细表包括计日工劳务、计日工材料、计日工施工机械和计日工汇总表。

4. 暂估价表

暂估价是在工程招标阶段已经确定的材料、工程设备或工程项目，但又无法在投标时确定准确价格而可能影响招标效果时，发包人在工程量清单中给定一个暂估价。在工程实施阶段，根据不同类型的材料与专业工程再重新定价。暂估价表包括材料暂估价表、工程设备暂估价表和专业工程暂估价表。

5. 工程量清单汇总表

工程量清单汇总表是将各章的工程细目表及计日工明细表进行汇总，加上暂列金额而得出该项目的总报价。 工程量清单汇总表见表 3-2-3。

表 3-2-3　工程量清单汇总表

______（项目名称）______标段

序号	章次	科目名称	金额/元
1	100	总则	
2	200	路基	
3	300	路面	
4	400	桥梁、涵洞	
5	500	隧道	
6	600	安全设施及预埋管线	
7	700	绿化及环境保护设施	
8	第 100 ~ 700 章清单合计		
9	已包含在清单合计中的材料、工程设备、专业工程暂估价合计		
10	清单合计减去材料、工程设备、专业工程暂估价合计（即 8 − 9 = 10）		
11	计日工合计		
12	暂列金额（不含计日工总额）		
13	投标报价（即 8 + 11 + 12 = 13）		

注：材料、工程设备、专业工程暂估价已包括在清单合计中，不应重复计入投标报价。

四、公路工程计量管理

（一）计量的基本概念

工程计量是按照相关规定，遵守工程量清单计价规范或计量规则的规定，施工单位对已经完成的、符合要求的工程或工作进行检查、测量、计算、汇总其工程数量，报请监理机构进行现场检查、审核、共同确认其工程数量或工作量的过程。

（二）计量的内涵

工程计量的任务是确认结算工程数量的多少。已标价工程量清单中的单价子目工程量为估算工程量，是承包人投标报价的依据，不能作为承包人应予完成的工程实际和确切的结算工程量。结算工程量的多少只有通过计量才能揭示和确定。按实际完成的结算工程量付款可以减少工程量的估计误差给双方带来的风险，增强工程费用结算结果的公平性与合理性，这正是单价合同的优点之一。

计量必须准确、真实、合法和及时。工程计量不解除合同中约定的承包人应尽的义务和责任。

（三）计量的一般要求

工程量清单计量规则各章节工程子目的工程量计量规则应与“技术规范”相应章节的施工规范结合起来理解、解释和应用。

工程量清单计量规则所有工程项目，除个别注明者外，均采用我国法定的计量单位，即国际单位及国际单位制导出的辅助单位进行计量。

工程量清单计量规则的计量与支付，应与合同条款、工程量清单以及图纸同时阅读，工程量清单中的支付项目号和工程量清单计量规则的章节编号是一致的。

任何工程项目的计量，均应按工程量清单计量规则规定或监理人书面指示进行。

按合同提供的材料数量和完成的工程数量所采用的测量与计算方法，应符合工程量清单计量规则规定。所有这些方法，应经监理人批准或指示。承包人应提供一切计量设备和条件，并保证其设备精度符合要求。

除非监理人另有准许，一切计量工作都应在监理人在场情况下，由承包人测量、记录。有承包人签名的计量记录原本，应提交给监理人审查和保存。

工程量应由承包人计算，由监理人审核。工程量计算的副本应提交给监理人并由监理人保存。

除合同特殊约定单独计量之外，全部必需的模板、脚手架、装备、机具、螺栓、垫圈和钢制件等其他材料，应包括在工程量清单中所列的有关支付项目中，均不单独计量。

除监理人另有批准外，凡超过图纸所示的面积或体积，都不予计量与支付。

承包人应严格标准计量基础工作和材料采购检验工作。沥青混凝土、沥青碎石、水泥混凝土、高强度等级水泥砂浆的施工现场必须使用电子计量设备称重。因不符合计量规定引发质量问题，所发生的费用由承包人承担。

考题探究

【多选题】根据《公路工程标准施工招标文件》，关于工程量计量的说法，正确的有（　　）。

A. 除非监理工程师另有准许，一切计量工作都应在监理工程师在场情况下，由承包人测量，监理工程师记录

B. 工程量应由承包人计算，由监理工程师审核，工程量计算原本应提交监理工程师保存

C. 除合同特殊约定单独计量之外，全部必需的模板、脚手架和钢制件等材料均不单独计量

D. 凡超过图纸所示的面积或体积均不予计量

E. 钢筋混凝土按监理工程师认可并已完工工程的净尺寸计量，不扣除钢筋所占体积

CE。【解析】除非监理人另有准许，一切计量工作都应在监理人在场情况下，由承包人测量、记录。故选项 A 错误。工程量应由承包人计算，由监理人审核。工程量计算的副本应提交给监理人并由监理人保存。故选项 B 错误。除监理人另有批准外，凡超过图纸所示的面积或体积，都不予计量与支付。故选项 D 错误。

（四）计量方法

工程的计量应以净值为准，除非项目专用合同条款另有约定。工程量清单中各个子目的具体计量方法按《公路工程标准施工招标文件》工程量清单计量规则中的规定执行。

（五）计量的组织方式

工程计量的组织方式有以下三种：

(1)承包人和监理人共同进行的计量方式。

(2)监理人独立计量的组织方式。

(3)承包人独立计量方式。

无论如何，计量必须符合合同的要求，其结果必须由监理人审核、签字确认。

（六）计量的一般程序

1. 单价子目的计量

已标价工程量清单中的单价子目工程量为估算工程量。结算工程量是承包人实际完成的，并按合同约定的计量方法进行计量的工程量。

承包人对已完成的工程进行计量，向监理人提交进度付款申请单、已完成工程量报表和有关计量资料。

监理人对承包人提交的工程量报表进行复核，以确定实际完成的工程量。对数量有异议的，可要求承包人按约定进行共同复核和抽样复测。承包人应协助监理人进行复核并按监理人要求提供补充计量资料。承包人未按监理人要求参加复核，监理人复核或修正的工程量视为承包人实际完成的工程量。

监理人认为有必要时，可通知承包人共同进行联合测量、计量，承包人应遵照执行。

承包人完成工程量清单中每个子目的工程量后，监理人应要求承包人派员共同对每个子目的历次计量报表进行汇总，以核实最终结算工程量。监理人可要求承包人提供补充计量资料，以确定最后一次进度付款的准确工程量。承包人未按监理人要求派员参加的，监理人最终核实的工程量视为承包人完成该子目的准确工程量。

监理人应在收到承包人提交的工程量报表后的 7 d 内进行复核，监理人未在约定时间内复核的，承包人提交的工程量报表中的工程量视为承包人实际完成的工程量，据此计算工程价款。

承包人未在已标价工程量清单中填入单价或总额价的工程子目，将被认为其已包含在本合同的其他子目的单价和总额价中，发包人将不另行支付。

2. 总价子目的计量

除专用合同条款另有约定外，总价子目的分解和计量按照下述约定进行：

(1)总价子目的计量和支付应以总价为基础，不因物价波动引起的价格调整因素而进行调整。承包人实际完成的工程量，是进行工程目标管理和控制进度支付的依据。

(2)承包人在合同约定的每个计量周期内，对已完成的工程进行计量，并向监理人提交进度付款申请单、专用合同条款约定的合同总价支付分解表所表示的阶段性或分项计量的支持性资料,以及所达到工程形象目标或分阶段需完成的工程量和有关计量资料。

(3)监理人对承包人提交的上述资料进行复核,以确定分阶段实际完成的工程量和工程形象目标。对其有异议的,可要求承包人按约定进行共同复核和抽样复测。

(4)除按照约定的变更外,总价子目的工程量是承包人用于结算的最终工程量。

本项目工程量清单中要求承包人以“总额”方式报价的子目,各子目的支付原则和支付进度按项目专用合同条款的规定执行。

温馨提示

关于公路工程工程量的计量原则可具体参考《公路工程标准施工招标文件》第八章“工程量清单计量规则”进行学习。

五、公路工程分包合同管理

《公路工程施工分包管理办法》关于合同管理的要求如下:

(1)承包人有权依据承包合同自主选择符合资格的分包人。任何单位和个人不得违规指定分包。

(2)承包人和分包人应当按照交通运输主管部门制定的统一格式依法签订分包合同,并履行合同约定的义务。分包合同必须遵循承包合同的各项原则,满足承包合同中的质量、安全、进度、环保以及其他技术、经济等要求。承包人应在工程实施前,将经监理审查同意后的分包合同报发包人备案。

(3)承包人应当建立健全相关分包管理制度和台账,对分包工程的质量、安全、进度和分包人的行为等实施全过程管理,按照《公路工程施工分包管理办法》和合同约定对分包工程的实施向发包人负责,并承担赔偿责任。分包合同不免除承包合同中规定的承包人的责任或者义务。

(4)分包人应当依据分包合同的约定,组织分包工程的施工,并对分包工程的质量、安全和进度等实施有效控制。分包人对其分包的工程向承包人负责,并就所分包的工程向发包人承担连带责任。

分包人须服从承包人转发的发包人或工程师与分包工程有关的指令。未经承包人允许,分包人不得以任何理由与发包人或工程师发生直接工作联系,分包人不得直接致函发包人或工程师,也不得直接接受发包人或工程师的指令。如分包人与发包人或工程师发生直接工作联系,将被视为违约,并承担违约责任。

就分包工程范围内的有关工作,承包人随时可以向分包人发出指令,分包人应执行承包人根据分包合同所发出的所有指令。分包人拒不执行指令,承包人可委托其他施工单位完成该指令事项,发生的费用从应付给分包人的相应款项中扣除。就分包工程范围内的有关工作,分包人应执行经承包人确认和转发的发包人或工程师发出的所有指令和决定。

综上所述,关于分包合同管理,应注意下列内容:

(1)监理人只与承包人有监理与被监理关系,对分包人在现场施工不承担协调管理义务。

(2)承包人对分包工程的实施具有全面管理责任。

(3)监理人就分包工程施工发布的任何指示只能发给承包人。

(4)分包人不能直接向监理人提出付款申请。分包工程最初支付申请应由分包人在合同约定的时间，向承包人报送该阶段施工的付款申请单。

(5)分包人的索赔要求只能向承包人提出。

知识拓展

FIDIC施工合同条件中也有类似的规定，由于业主方原因使分包商受到损失，分包商向总承包商提出索赔时，总承包商可利用分包商提供的索赔证据向工程师递交索赔报告。

六、公路工程施工阶段工程变更管理

(一)变更的范围和内容

除专用合同条款另有约定外，在履行合同中发生以下情形之一，应按照下列规定进行变更：

(1)取消合同中任何一项工作，但被取消的工作不能转由发包人或其他人实施，由于承包人违约造成的情况除外。

(2)改变合同中任何一项工作的质量或其他特性。

(3)改变合同工程的基线、标高、位置或尺寸。

(4)改变合同中任何一项工作的施工时间或改变已批准的施工工艺或顺序。

(5)为完成工程需要追加的额外工作。

(二)变更权

在履行合同过程中，经发包人同意，监理人可按约定的变更程序向承包人作出变更指示，承包人应遵照执行。没有监理人的变更指示，承包人不得擅自变更。

(三)变更程序

1. 变更的提出

在合同履行过程中，可能发生变更约定情形的，监理人可向承包人发出变更意向书。变更意向书应说明变更的具体内容和发包人对变更的时间要求，并附必要的图纸和相关资料。变更意向书应要求承包人提交包括拟实施变更工作的计划、措施和竣工时间等内容的实施方案。发包人同意承包人根据变更意向书要求提交的变更实施方案的，由监理人按约定发出变更指示。

在合同履行过程中，发生变更约定情形的，监理人应按照约定向承包人发出变更指示。

温馨提示

历年考试考查过下列内容：监理工程师下达工程变更令之前，应同承包人协商确定变更工程的价格不超过业主批准的范围并报业主批准。

承包人收到监理人按合同约定发出的图纸和文件，经检查认为其中存在变更约定情形的，可向监理人提出书面变更建议。变更建议应阐明要求变更的依据，并附必要的图纸和说明。监理人收到承包人书面建议后，应与发包人共同研究，确认存在变更的，应在收到承包人书面建议后的14 d内作出变更指示。经研究后不同意作为变更的，应由监理人书面答复承包人。

若承包人收到监理人的变更意向书后认为难以实施此项变更，应立即通知监理人，说明原因并附详细依据。监理人与承包人和发包人协商后确定撤销、改变或不改变原变更意向书。

2. 变更估价

除专用合同条款对期限另有约定外，承包人应在收到变更指示或变更意向书后的 14 d 内，向监理人提交变更报价书，报价内容应根据约定的估价原则，详细开列变更工作的价格组成及其依据，并附必要的施工方法说明和有关图纸。

变更工作影响工期的，承包人应提出调整工期的具体细节。监理人认为有必要时，可要求承包人提交要求提前或延长工期的施工进度计划及相应施工措施等详细资料。

除专用合同条款对期限另有约定外，监理人收到承包人变更报价书后的 14 d 内，根据约定的估价原则，按照约定商定或确定变更价格。

3. 变更指示

变更指示只能由监理人发出。

变更指示应说明变更的目的、范围、变更内容以及变更的工程量及其进度和技术要求，并附有关图纸和文件。承包人收到变更指示后，应按变更指示进行变更工作。

4. 变更审批程序

工程变更主要分为一般工程（小型工程）变更、重要工程变更和重大工程变更。

一般工程变更的审批程序为：施工单位提出申请→驻地监理工程师审查→总监理工程师审批并签署工程变更令→施工单位组织变更工程施工（包括可能的设计工作）→监理工程师和施工单位协商确定变更工程的价款及办理有关的结算工作。

重要工程变更的审批程序为：监理工程师先报业主批准，并同承包人协商确定变更的价格，若变更的价格不超过业主批准的范围则监理工程师下达工程变更令；若变更的价格超过业主批准的总额，则应在下达工程变更令前先取得业主批准或授权。

重大工程变更的审批程序为：业主在审批前应事先取得国家计划主管部门的审批。

温馨提示

工程变更通常实行分级审批的管理制度。

知识拓展

根据《公路工程设计变更管理办法》，公路工程设计变更分为重大设计变更、较大设计变更和一般设计变更。公路工程重大、较大设计变更实行审批制。经批准的设计变更一般不得再次变更。重大设计变更由交通部负责审批。较大设计变更由省级交通主管部门负责审批。项目法人负责对一般设计变更进行审查，并应当加强对公路工程设计变更实施的管理。设计变更文件完成后，项目法人应当组织对设计变更文件进行审查。一般设计变更文件由项目法人审查确认后决定是否实施。项目法人应当在15 日内完成审查确认工作。重大及较大设计变更文件经项目法人审查确认后报省级交通主管部门审查。其中，重大设计变更文件由省级交通主管部门审查后报交通部批准；较大设计变更文件由省级交通主管部门批准，并报交通部备案。若设计变更与可行性研究报告批复内容不一致，应征得原可行性研究报告批复部门的同意。

（四）变更的估价原则

除项目专用合同条款另有约定外，因变更引起的价格调整按照下列约定处理：

（1）如果取消某项工作，则该项工作的总额价不予支付。

（2）已标价工程量清单中有适用于变更工作的子目的，采用该子目的单价。

（3）已标价工程量清单中无适用于变更工作的子目，但有类似子目的，可在合理范围内参照类似子目的单价，由监理人按约定商定或确定变更工作的单价。

（4）已标价工程量清单中无适用或类似子目的单价，可在综合考虑承包人在投标时所提供的单价分析表的基础上，由监理人按约定商定或确定变更工作的单价。

（5）如果本工程的变更指示是因承包人过错、承包人违反合同或承包人责任造成的，则这种违约引起的任何额外费用应由承包人承担。

（五）承包人的合理化建议

在履行合同过程中，承包人对发包人提供的图纸、技术要求以及其他方面提出的合理化建议，均应以书面形式提交监理人。合理化建议书的内容应包括建议工作的详细说明、进度计划和效益以及与其他工作的协调等，并附必要的设计文件。监理人应与发包人协商是否采纳建议。建议被采纳并构成变更的，应按约定向承包人发出变更指示。

承包人提出的合理化建议缩短了工期，发包人按规定给予奖励。承包人提出的合理化建议降低了合同价格或者提高了工程经济效益的，发包人按项目专用合同条款数据表中规定的金额给予奖励。

七、公路工程施工索赔管理

索赔是指在工程合同履行过程中，合同当事人一方因非己方的原因而遭受损失，按合同约定或法律法规规定应由对方承担责任，从而向对方提出补偿的要求。索赔是合同双方依据合同约定维护自身合法利益的行为，其性质属于经济补偿行为，而非惩罚。索赔是双向的。

（一）施工索赔的分类

通常根据索赔目的不同，将施工索赔分为工期索赔和费用索赔两种类型。

工期索赔是对工期延误的索赔。工期延误的分类如下：

（1）按照工期延误的原因划分：因业主和工程师原因引起的延误；因承包人原因引起的延误；不可控制因素引起的延误。

（2）**按照索赔要求和结果划分：如图 3-2-1 所示。**

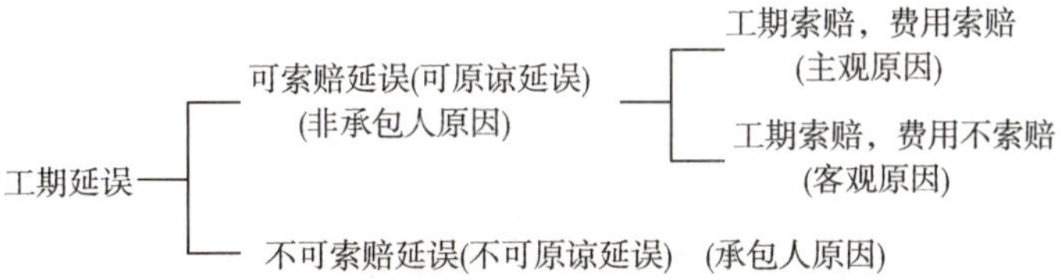

图 3-2-1　工期延误按照索赔要求和结果划分

（3）按照延误工作在工程网络计划的线路划分：关键线路延误；非关键线路延误。

（4）按照延误事件之间的关联性划分：单一延误；共同延误。

实际施工中比较常见的是共同延误，即多种原因同时发生（或相互作用）而形成的工期延误。共同延误根据多种原因发生的时间关系可以分为同时性延误、交叉性延误。交叉性延误的责任归属判断比较复杂，以下对其进行重点介绍。

对于多事件交叉造成工期延误的索赔原则，国际国内主要有以下三种观点：

(1)初始事件原则。根据这一处理原则，凡是在同一时段内发生两种以上原因的工期拖延，首先判别造成工期延误的哪一种原因是最先发生的，即确定“初始延误”者，它应对工期延误负责。这种方法不考虑交叉时段内干扰事件的重要性和可能的交互影响，违反了公平原则，但是可以迅速对交叉时段内的索赔给予量的判定。

(2)不利于施工方原则。根据这一处理原则，凡是在因施工方原因引起的工程拖期与因业主或客观原因引起的工程拖期同时发生的时间段内，施工方不能进行工期索赔，这一原则不符合逻辑，又违背公平原则，也与以 FIDIC 为代表的国际惯例相抵触，优点也是迅速对交叉时段内的索赔给予量的判定。

(3)责任分摊原则。根据这一处理原则，业主和施工方对交叉期间按比例分摊计算到不同的延误时间上。这一原则以单一事件造成的延误为基础，在交叉期间按各自的责任比例承担，符合民法的基本原则。虽然责任分摊原则这一处理原则对业主和施工方而言公平合理，但在实际操作中对交叉时段内的索赔给予量的判定要比另两种原则复杂得多。

基于上述三种原则的分析，提出如下原则：多事件交叉时，工期索赔雇主责任优先，费用索赔承包商责任优先。或者简单表述为工期从宽－费用从严原则。这一原则的含义是，在多事件交叉时段内，对于工期索赔，只要存在雇主责任或雇主风险，即给予承包商工期补偿。而对于费用索赔则正相反，只要在交叉时段内存在承包商责任或风险，则承包商的索赔(施工索赔)均不成立，同时，存在承包商责任时，雇主的索赔成立。

（二）索赔成立条件判断

索赔成立条件如图 3-2-2 所示。

索赔成立条件
- 非承包人原因引起
- 造成承包人损失(经济/工期)
- 承包人按要求提交索赔意向通知、索赔报告、证明材料

图 3-2-2　索赔成立条件

索赔成立的三个条件需要同时具备，缺一不可。

第三章 施工进度管理

第一节 施工进度计划

一、公路工程施工进度计划类型

（一）公路工程施工进度计划概述

施工进度计划是控制工程施工进度和工程竣工期限等各项施工活动的依据。施工组织工作中的其他有关问题都要服从进度计划的要求，如计划部门提出月、旬作业计划，平衡劳动力计划；材料部门调配材料、构件；设备部门安排施工机具的调度；财务部门的用款计划等，均须以施工进度为基础。

施工进度计划反映了工程从施工准备工作开始，直到工程竣工为止的全部施工过程；反映了工程建筑与安装的配合关系，及各分部工程及工序之间的衔接关系。

（二）公路工程项目施工进度计划的表示方法

编制工程项目施工进度计划通常需要借助两种方式，即文字说明与各种进度计划图表。前者是用文字形式说明各时间阶段内应完成的工程建设任务及所需到达的工程形象进度要求。后者是用图表形式来表达工程建设各项工作任务的具体时间顺序安排。**根据图表形式的不同，工程进度计划的表达有横道图、垂直图、网络图、线型图、斜率图、“S”曲线等形式。**

1. 横道图

横道图是一种最直观的工期计划方法，以横坐标表示时间，以纵坐标表示各分部（项）工程或工作内容，横道的长度表示活动的持续时间，横道的位置表示活动的起始时间。横道图简单明了，能够很清楚地表示出各工作的开始、结束时间以及工作的持续时间。

2. 垂直图

垂直图是以纵坐标表示时间，以横坐标表示公路里程或工程位置，以不同的斜率表示各分部（项）工程的施工进度。**斜率越陡（大）表示进度越慢，斜率越平（小）表示进度越快。** 工程量在图表上方相应地表示，施工组织平面示意图可在图表的下方相应地表示，资源平衡可在图表右侧以曲线表示。

考题探究

【单选题】公路工程进度计划图中，斜率越大表明进度越慢的图是（　　）。

A. 横道图　　B. “S”曲线

C. 垂直图　　D. 斜率图

C。【解析】公路工程进度计划的主要形式有横道图、斜线图、线型图、网络图、垂直图、“S”曲线等。其中，横道图用横坐标表示时间，用纵坐标表示各分部（项）工程或工作内容，按施工先后顺序，用水平横线表示对应工作内容持续时间的进度表。“S”曲线用横轴表示时间，用纵轴表示累计完成的工程费用的百分比，是一种图表化曲线，“S”曲线上有一条计划曲线和实际曲线；实际曲线高于计划曲线，则实际进度快，反之则慢；曲线斜率也可以反映进度快慢。“S”曲线通常与横道图合并于一张图表中，称之为“公路工程进度表”，其既能反映各分部(项)工程的进度，又能反映工程总体进度。斜率图用横轴表示时间，用纵轴表示累计完成的工程量的百分比，用不同斜率的曲(折)线表示各个分项工程的施工进度。斜率越大表示进度越快，反之则进度越慢。垂直图用纵坐标表示时间，用横坐标表示里程或工程位置，以不同的斜线表示各分部(项)工程的施工进度。斜率越陡(大)表示进度越慢，反之则进度越快。

3. 网络图

网络计划图是以加注工作持续时间的箭线和带有编号的节点组成的网状流程图，用以表示施工进度计划。其基本原理是：首先根据工作间的相互关系及其工作先后顺序流程绘制工程项目施工进度计划网络图；其次通过计算找出计划中的关键工作及关键线路；最后通过不断调整、改善网络计划，选择最优的方案付诸实施。在网络计划实施过程中进行有效的监督与控制，确保工程项目按合同条件顺利完成。

4. 线型图

线型图与横道图原理相近，它有许多形式，如时间 - 位置图，时间 - 速度图等，以二维平面上直线、折线和曲线形式表示工程的进度。线型图使用二维坐标系，在典型的线型图中通常以横坐标表示项目施工工作面的延续长度或距离，以纵坐标表示项目施工的持续时间。将对应于项目实施中每个工序的具体工作根据其性质以不同的线型绘制于二维坐标系中，形成线型图，二维坐标系中一系列的图线和图块即构成控制整个项目的进度计划。其中，每个工序对应工作图型在横坐标上的投影即为该工序在整个项目中的工作面位置和范围；而在纵坐标上的投影即为该工序在各个工作面的开始时间和结束时间，纵坐标上线段的长度则为该工作面的持续时间，各个线段长度总和即为该工序的在整个项目实施中的持续时间。

（三）公路工程流水施工方法

1. 流水施工概述

流水施工建立在分工协作和大批量生产的基础上，其实质就是连续作业，组织均衡生产，它是控制施工进度的有效方法，主要表现在：

(1)把劳动对象的施工过程划分为若干工序和操作过程，每个工序或操作过程分别按工艺原则建立的专业班组来完成。

(2)把一个劳动对象尽可能地划分为劳动量大致相等的若干施工段。

(3)各个作业班组按照一定的施工顺序，携带必要的机具，依次、连续地由一个施工段转移到另一个施工段，反复完成同类工作。

(4)不同工种或同种作业班组完成工作的时间尽可能地相互衔接起来。

2. 流水施工主要参数

(1)**工艺参数。工艺参数是指一组流水中施工过程的个数及流水强度。**

(2)**时间参数。时间参数包括流水节拍、流水步距、技术间歇、组织间歇和搭接时间。** 其中，流水节拍是指某个专业队(或作业班组)在一个施工段上的施工作业持续时间；流水步距是指两个相邻的施工队(组)先后进入流水作业的最小时间间隔。

(3)**空间参数**。空间参数是指单体工程划分的施工段或群体工程划分的施工区的个数。**主要包括工作面、施工段和施工层。**

3. 流水施工的分类

(1)全等节拍流水。所谓全等节拍流水,是指施工过程的流水节拍与相邻施工过程之间的流水步距完全相等的流水施工,即各专业施工队在所有施工段上的作业时间均相等。

(2)成倍节拍流水。使某些施工过程的流水节拍成为其他施工过程流水节拍的倍数,即形成成倍节拍流水施工。成倍节拍流水施工包括一般成倍节拍流水施工和加快的成倍节拍流水施工。为了缩短流水施工工期,一般均采用加快的成倍节拍流水施工方式。

(3)分别流水。所谓分别流水是指各施工过程的流水节拍各自保持不变,但不存在最大公约数,流水步距也是一个变数的流水作业。

(4)无节拍流水。对于公路工程施工来说,沿线工程量的分布都是不均匀的,而大、中型桥梁或路基土石方的高填深挖,为集中型工程。因此,实际上各专业施工队在机具和劳动力固定的条件下,流水作业速度不可能保持一致,即各施工段上同一施工过程的流水节拍无法相等。此时,流水节拍虽无任何规律,但仍可利用流水施工原理组织流水施工,使各专业工作队在满足连续施工的条件下,实现最大搭接。

(四)公路工程施工逻辑关系

各种工程活动之间存在着时间上的相关性,即逻辑关系。逻辑关系又称为搭接关系,而搭接所需要的时间又被称为时距,主要有五种类型的关系。

1. 结束到开始的搭接关系

这是一种最常见的关系,表示前面工作的结束到后面工作的开始之间的时间间隔。一般用横道图和单代号网络图表示。

2. 开始到开始的搭接关系

表示前面工作开始到后面工作开始的时间间隔,即紧后活动的开始时间受紧前活动的开始时间的制约。用横道图和单代号网络图表示。

3. 开始到完成的搭接关系

表示前面工作的开始到后面工作的完成的时间间隔。紧前活动开始后一段时间,紧后活动才能结束。此搭接关系在实际工程中应用的较少。

4. 完成到完成的搭接关系

紧前活动结束后一段时间,紧后活动才能结束,即紧后活动的结束时间受紧前活动结束时间的制约。表示前面工作的结束时间到后面工作的结束时间之间的间隔时间。

5. 混合搭接关系

表示前面工作和后面工作的时间间隔受到多种连接关系的限制。除了表示前面工作和后面工作的时间间隔受到开始到开始的限制外,还要受到结束到结束的时间间隔限制。

考题探究

【单选题】公路施工基层施工速度快于底基层施工速度,则应采用的搭接类型和时距是(　　)。

A. 开始到开始;一段工作面/基层速度　B. 开始到开始;一段工作面/底基层速度

C. 完成到完成;一段工作面/基层速度　D. 完成到完成;一段工作面/底基层速度

C。【解析】相邻结构层之间的施工速度决定了其搭接类型,前道工序的速度快于后道工序时选用开始到开始搭接类型,否则选用完成到完成搭接类型。时距=最小工作面长度/两者中快的速度。

二、公路工程施工进度计划编制

施工进度计划是施工组织设计的关键内容，是控制工程施工进度和工程施工期限等各项施工活动的依据，它直接关系到工程的施工进度和质量。

（一）施工进度计划编制原则

施工进度计划的编制应遵循下列原则：

（1）符合合同文件中有关进度的要求。

（2）编制的施工进度计划应先进、可行。

（3）切合实际，与项目经理部的施工能力相协调。

（4）满足企业对工程项目要求的施工进度目标。

（5）保证施工过程的均衡性和连续性。

（6）有利于节约施工成本，保证施工质量和施工安全。

（7）采用科学的方法编制施工进度计划，如采用网络计划技术等方法。

（二）施工进度计划编制步骤

施工进度计划的编制步骤一般为：划分施工过程→计算工作量→确定劳动量和机械台班数量→确定各施工过程的持续施工时间（天或周）→编制施工进度计划的初始方案→检查和调整施工进度计划初始方案。

第二节　施工进度控制

一、公路工程进度控制方法和措施

（一）公路工程项目进度控制概述

工程项目进度控制是指项目管理者围绕目标工期的要求编制计划，付诸实施，并在实施过程中不断检查计划的实际执行情况、分析进度偏差原因、进行相应的调整和修改。**公路工程项目进度控制的依据是施工项目进度计划系统。** **公路工程项目进度管理的对象是建设工期。** 公路工程项目进度控制应遵循的原理有**动态控制原理、系统控制原理、信息反馈原理、弹性原理、封闭循环原理、网络计划技术原理**等。

知识拓展

施工项目进度计划系统可以是由多个相互关联的不同计划功能（控制性进度计划、指导性进度计划、实施性进度计划）、不同计划深度（总体进度计划、单项工程进度计划）以及不同计划周期（年度计划、季度计划）的进度计划组成的计划系统。

（二）工程项目进度计划的工作与内容

1. 在实施进度计划的过程中应进行的工作

工程项目在实施进度计划的过程中应进行下列工作：

（1）**驻地监理人跟踪检查公路工程实际进展情况，项目部定期收集实际进度数据。**

（2）将实际数据与进度计划进行对比。

（3）分析计划执行情况。

（4）对产生的进度变化，采取措施予以纠正或调整计划。

(5)检查措施的落实情况。

(6)监理工程师定期组织现场施工负责人召开现场会议,进度计划的变更必须与有关单位和部门及时沟通。

知识拓展

在中标通知书发出后合同规定的时间内,承包人应向监理工程师书面提交工程总体进度计划、关键工程进度计划、现金流动估算、施工方案和施工方法总说明。

2. 进度计划的检查内容

对施工进度计划的检查应包括下列内容:

(1)各工作工程量的完成情况。

(2)关键工作的工作时间的执行情况及时差利用情况。

(3)资源使用及与进度的匹配情况。

(4)上次检查提出问题的整改情况。

(三)工程项目进度计划的检查方法

进度的检查与进度计划的执行是融汇在一起的。进度计划的检查方法主要采用对比法,即实际进度与计划进度进行对比。**常用的进度比较方法有横道图比较法、S形曲线比较法、香蕉曲线比较法、前锋线比较法、列表比较法和网络计划比较法等。**

1. 横道图比较法

横道图比较法是指将项目实施过程中检查实际进度收集到的数据,经加工整理后直接用横道线平行绘于原计划的横道线处,进行实际进度与计划进度的比较方法。

2. S形曲线比较法

从工程项目建设进展的全过程看,单位时间内完成的工作任务量一般都随着时间的递进而呈现两头少、中间多的分布规律,即工程的开工和收尾阶段完成的工作任务量少,而中间阶段完成的工作任务量多。这样以横坐标表示进度时间,以纵坐标表示累计完成工作任务量而绘制出来的曲线将是一条S形曲线。S形曲线比较法就是将进度计划确定的计划累计完成工作任务量和实际累计完成工作任务量分别绘制成S形曲线,并通过两者的比较借以判断实际进度与计划进度相比是超前还是滞后(实际累计完成工作量曲线高于计划累计完成工作任务量,表明进度提前;反之进度延误),并可得出其他各种有关进度信息的进度计划执行情况的检查方法。

考题探究

【单选题】在工程管理曲线中,当实际支付线低于计划线时,表明(　　)。

A. 进度延误　　B. 进度提前

C. 成本节约　　D. 成本超支

A。【解析】工程管理曲线线形像"S"形,故将工程管理曲线称为"S"曲线。"S"曲线是以横轴表示进度时间,以纵坐标表示累计完成工作任务量。一般在图上标注有一条计划曲线和实际支付曲线,实际支付线高于计划线则表明进度提前,否则进度延误。曲线本身的斜率也反映进度推进的快慢。

3. 香蕉形曲线比较法

根据网络计划的原理,网络计划中的任何一项工作均可具有最早开始和最迟开始两种不同的开始时间,而一项计划工作任务随着时间的推移,其逐日累计完成的工作任务量可以用S形曲线表示。于是,对工程网络计划而言,其逐日累计完成的工作任务量就必然都可借助于两条S形曲线概括表示:一是按工作的最早开始时间安排计划进度而绘制的S形曲线称为ES曲线;二是按工作的最迟开始时间安排计划进度而绘制的S形曲线称为LS曲线。两条曲线除在开始点和结束点相重合外,ES曲线的其余各点均落在LS曲线的左侧,使得两条曲线围合成一个形如香蕉的闭合曲线圈,故称为香蕉形曲线。

4. 前锋线比较法

前锋线是指在原时标网络计划上,从检查时刻的时标点出发,用点划线依次将各项工作实际进展位置点连接而成的折线。前锋线比较法就是在时标网络计划中通过绘制某检查时刻工程项目实际进度前锋线,并与原进度计划中各工作箭线交点的位置来判断工作实际进度与计划进度的偏差,进而判定该偏差对后续工作及总工期影响程度的一种方法。

知识拓展

绘制实际进度前锋线的关键是标定某检查时刻正在施工的各工作的实际进度到达点,标定方法有:按已完成的实际工程量标定;按尚需时间来标定。

(四)工程项目进度计划实施中的调整方法

网络计划工期调整方法可以改变某些工作逻辑关系,也可以缩短某些工作的持续时间。若采用上述两种方法无法达成进度目标时,可重新调整施工方案来加快进度。在一般情况下,承包商提交的施工进度计划一经审定就视为合同工期,但是在执行过程中往往会出现偏差,这样就必须对原计划进行调整,否则就无法按原计划完成任务。

下面以考题探究的形式对进度计划的调整进行讲解。

考题探究

【单选题】关于进度计划调整的说法,错误的是(　　)。

A. 将顺序进行的工作改为平行工作,可以有效缩短工期

B. 可改变某些工作的逻辑关系,来缩短工期

C. 可采取增加资源投入、提高劳动效率来缩短某些工作的持续时间

D. 被压缩的工作应位于非关键线路上,且其持续工作可以被压缩

D。【解析】采用缩短某些工作的持续时间的方式来调整进度计划时,被压缩的工作应位于关键线路上,且其持续工作可以被压缩。故选项D错误。

二、公路工程进度拖延处理

(一)进度拖延的原因及责任类型

拖延是指施工中实际进度与计划进度相比的延误,从处理拖延的最终结果来看,拖延可分为非承包人的原因或责任造成的拖延和承包人的原因或责任造成的拖延两类。

(二)进度拖延对工期的影响

进度拖延对工期的影响主要包括以下三种情况:

(1)拖延发生在关键线路上,对工期有影响,将导致工期延误。

(2)拖延发生在非关键工作上,但延误的时间超过其总时差,此时关键线路发生变化,已转变到该工作之上,则对工期有影响,将导致工期延误。

(3)拖延发生在非关键工作上,且拖延时间没有超过其总时差,则对工期没有影响。

(三)进度拖延的处理方法

由于拖延原因或责任有两类,与之相对应的处理方式也有不同。

1. 非承包人原因或责任造成的拖延的处理

若拖延对工期没有影响,则应提醒业主严格履行合同,监理工程师应加强监管。若拖延对工期已造成影响,则应督促业主采取措施。分析产生拖延的原因,并审查是否属于合同条款所规定可以提出延期的原因。审查承包人提出的延期申请是否符合合同规定的有关程序和要求。

2. 承包人原因或责任造成的拖延的处理

若拖延对工期没有影响,则应及时提醒承包人,使其加强管理。若拖延已对工程工期产生影响并将产生工期延误,且承包人未获得延期批准时,则应指令承包人采取措施,加快施工进度;或指令承包人调整后续工程进度计划,在后续的施工中抢回拖延时间。

第四章 施工质量管理

第一节 施工质量控制

一、公路工程施工质量控制策划要求与内容

工程施工质量控制策划是指在工程实施过程中，为确保项目质量目标的实现，制定相应的质量管理措施和控制计划的过程。

工程施工质量控制策划的内容一般有质量目标、质量管理组织、质量管理计划、质量管理措施、质量控制措施等。

二、公路工程质量控制方法及措施

（一）现场质量检查控制

现场质量检查最基本的方法有测量、试验、分析、观察、监督、记录和总结改进。

现场质量控制关键点的设置原则包括施工过程中重要项目、薄弱环节和关键部位影响工期、质量、成本、安全、材料消耗等重要因素的环节，新材料、新技术、新工艺的施工环节；质量信息反馈中缺陷频数较多的项目。关键点还应随着施工进度和影响因素的变化而调整。

（二）公路工程常见质量控制点

1. 土方路基的两个重要质量控制点

土的最佳含水量是指在标准击实试验条件下，能达到最大干密度时的含水量。

压实度是指路基压实后的实测干密度与标准击实试验所得的最大干密度之比，以百分率表示。

知识拓展

最佳含水量的测定方法有轻、重型击实试验法，振动台法和表面振动击实仪法。压实度现场密度的测定方法有环刀法、灌砂法和核子密度湿度仪法。

2. 沥青混凝土路面质量控制要点

（1）**原材料的检查和试验。** 沥青混合料所采用的运到现场的每批沥青都应附有制造商（或生产厂家）的证明和出厂试验报告，并说明装运数量、装运日期、订货数量等。分批进场以及不同生产厂家、不同标号的沥青要分开存放，不得混杂，并应有防水措施。

（2）**沥青混凝土配合比设计和试验。** 沥青混凝土配合比设计是沥青混凝土路面质量控制的关键点之一，采用马歇尔试验配合比设计方法。

（3）**基层表面的清理，基层强度、平整度、高程的检查和控制。** 基层表面的清理与检查主要包括对路面基层的清扫及对沥青下承层的质量检验。

（4）**试验段施工。** 为了确定路面松铺系数、压实遍数与压实度的关系、路面现场钻芯取样所测密度之间的关系、拌合时间及最佳的人员和机械配置等，须铺筑必要的试验路段加以标定。

(5)施工阶段的质量控制。 施工阶段对沥青混凝土的质量控制要点主要包括沥青混凝土的拌合、运输、摊铺、压实及接缝处理等。

考题探究

【多选题】沥青混凝土路面施工质量控制关键点有(　　)。

A. 沥青材料的检查与试验

B. 沥青混凝土配合比设计和试验

C. 沥青混凝土的拌合、运输及摊铺温度控制

D. 沥青混凝土施工机械设备配置与压实方案

E. 沥青混凝土摊铺厚度及水灰比的控制

ABCD。【解析】水灰比的控制不属于沥青混凝土路面施工质量控制关键点。故选项 E 错误。

3. 钻孔灌注桩质量控制要点

钻孔灌注桩施工过程中常见的质量控制要点有桩位坐标控制和垂直度的控制;桩顶、桩底标高的控制;孔径的控制,避免缩径;护筒埋深;护筒内水头高度;钢筋笼接头质量;泥浆指标控制;清孔质量(摩擦桩与嵌岩桩要求不同);导管接头质量检查和水下混凝土的灌注质量。

考题探究

【多选题】钻孔灌注桩的质量控制关键点有(　　)。

A. 护筒埋深　　B. 孔径控制

C. 基底表面松散层清理　　D. 桩顶、柱底标高控制

E. 钢筋笼接头质量

ABDE。【解析】选项 C 属于扩大基础的质量控制关键点。此外,扩大基础的质量控制关键点还有大体积混凝土施工裂缝控制;及时浇筑垫层混凝土,减少基底暴露时间;基底地基承载力的检测确认。

第二节　施工质量检验

一、公路工程质量数据统计分析方法及应用

公路工程质量数据统计分析方法有很多种,但是不论采用什么方法,均体现在数据或质量特性值的处理方法上。通常使用的方法有调查表法、分层法、排列图法、因果分析图法、直方图法、控制图法等。

(一)调查表法

调查表法又称调查分析法,它是利用专门设计的统计表对质量数据进行收集、整理和粗略分析质量状态的一种方法。在质量控制活动中,利用调查表收集数据,简便灵活,便于整理,实用有效。它没有固定格式,可根据需要和具体情况,设计出不同调查表。

（二）分层法

分层法又叫分类法，是将调查收集的原始数据，根据不同的目的和要求，按某一性质进行分组、整理的分析方法。分层的结果使数据各层间的差异突出地显示出来，层内的数据差异减少了。在此基础上再进行层间、层内的比较分析，可以更深入地发现和认识质量问题的原因。

（三）排列图法

排列图法是利用排列图寻找影响质量主次因素的一种有效方法。排列图又叫帕累托图或主次因素分析图，它由两个纵坐标、一个横坐标、几个连起来的直方形和一条曲线所组成。左侧的纵坐标表示频数，右侧纵坐标表示累计频率，横坐标表示影响质量的各个因素或项目，按影响程度大小从左至右排列，直方形的高度示意某个因素的影响大小。排列图法的实际运用如图 3-4-1 所示。

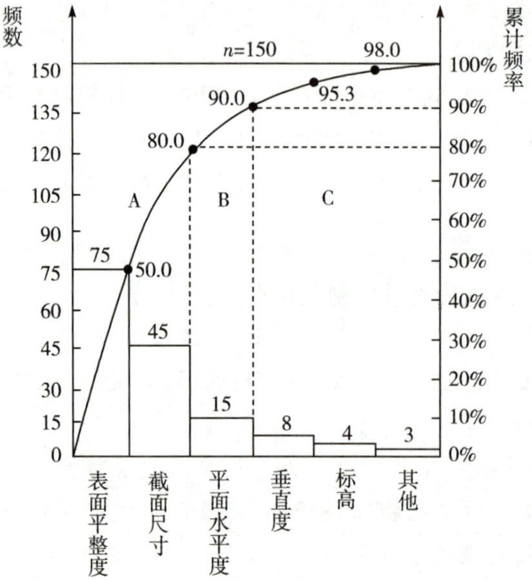

图 3-4-1　混凝土构件尺寸不合格点排列图

（四）因果分析图法

因果分析图法是利用因果分析图来系统整理分析某个质量问题（结果）与其产生原因之间关系的有效工具。因果分析图也称特性要因图，又因其形状常被称为树枝图或鱼刺图。因果分析图的基本形式如图 3-4-2 所示。

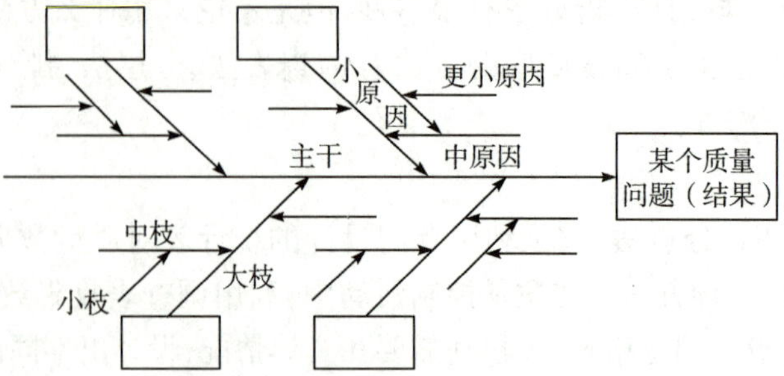

图 3-4-2　因果分析图的基本形式

（五）直方图法

直方图法即频数分布直方图法，它是将收集到的质量数据进行分组整理，绘制成频数分布直方图，用以描述质量分布状态的一种分析方法，所以又称质量分布图法。

通过直方图的观察与分析，可了解产品质量的波动情况，掌握质量特性的分布规律，以便对质量状况进行分析判断。同时可通过质量数据特征值的计算，估算施工生产过程总体的不合格品率，评价过程能力等。

作完直方图后，首先要认真观察直方图的整体形状，看其是否属于正常型直方图。正常型直方图就是中间高，两侧低，左右接近对称的图形，如图 3-4-3 所示。出现非正常型直方图时，表明生产过程或收集数据作图有问题。这就要求进一步分析判断，找出原因，从而采取措施加以纠正。凡属非正常型直方图，其图形分布有各种不同缺陷，归纳起来一般有五种类型，如图 3-4-3 所示。

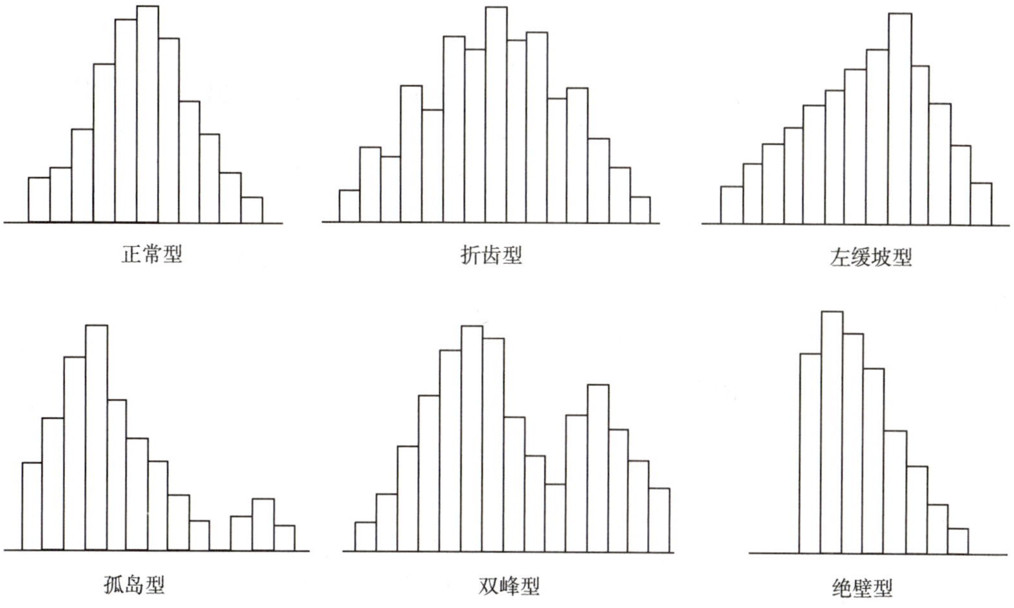

图 3-4-3　常见的直方图图形

（六）控制图法

控制图又称管理图，它是在直角坐标系内画有控制界限，描述生产过程中产品质量波动状态的图形。利用控制图区分质量波动原因，判明生产过程是否处于稳定状态的方法称为控制图法。控制图的基本形式如图 3-4-4 所示。

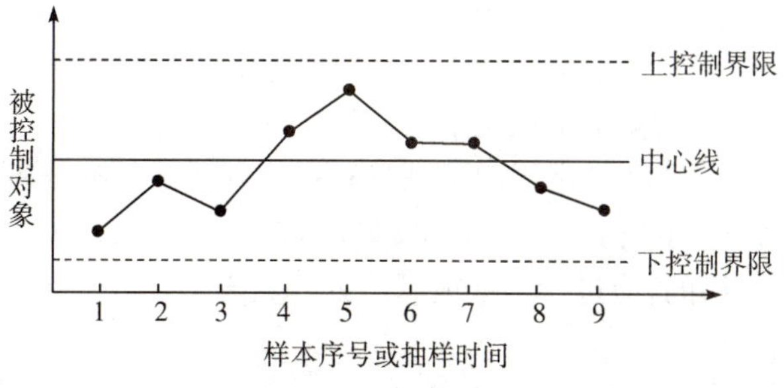

图 3-4-4　控制图的基本形式

二、公路工程质量评定与检验

（一）一般规定

公路工程质量检验评定应按分项工程、分部工程、单位工程逐级进行，并应符合下列规定：

（1）在合同段中，具有独立施工条件和结构功能的工程为单位工程。

（2）在单位工程中，按路段长度、结构部位及施工特点等划分的工程为分部工程。

（3）在分部工程中，根据施工工序、工艺或材料等划分的工程为分项工程。

公路工程质量检验评定应符合下列规定：

(1)分项工程完工后,应根据检验评定标准进行检验,对工程质量进行评定。隐蔽工程在隐蔽前应检查合格。

(2)分部工程、单位工程完工后,应汇总评定所属分项工程、分部工程质量资料,检查外观质量,对工程质量进行评定。

（二）工程质量检验

分项工程应按基本要求、实测项目、外观质量和质量保证资料等检验项目分别检查。

分项工程质量应在所使用的原材料、半成品、成品及施工控制要点等符合基本要求的规定,无外观质量限制缺陷且质量保证资料真实齐全时,方可进行检验评定。

基本要求检查应符合下列规定:

(1)分项工程应对所列基本要求逐项检查,经检查不符合规定时,不得进行工程质量的检验评定。

(2)分项工程所用的各种原材料的品种、规格、质量及混合料配合比和半成品、成品应符合有关技术标准规定并满足设计要求。

检查项目合格判定应符合下列规定:

（1）关键项目（以下带有“Δ”标识）的合格率应不低于95%（机电工程为100%），否则该检查项目为不合格。

（2）一般项目的合格率应不低于80%，否则该检查项目为不合格。

（3）有规定极值的检查项目，任一单个检测值不应突破规定极值，否则该检查项目为不合格。

外观质量应进行全面检查,并满足规定要求,否则该检验项目为不合格。

工程应有真实、准确、齐全、完整的施工原始记录、试验检测数据、质量检验结果等质量保证资料。质量保证资料应包括下列内容:

（1）所用原材料、半成品和成品质量检验结果。

（2）材料配合比、拌合加工控制检验和试验数据。

（3）地基处理、隐蔽工程施工记录和桥梁、隧道施工监控资料。

（4）质量控制指标的试验记录和质量检验汇总图表。

（5）施工过程中遇到的非正常情况记录及其对工程质量影响分析评价资料。

（6）施工过程中如发生质量事故，经处理补救后达到设计要求的认可证明文件等。

检验项目评为不合格的,应进行整修或返工处理直至合格。

（三）工程质量评定

工程质量等级应分为合格与不合格。

分项工程质量评定合格应符合下列规定:检验记录应完整;实测项目应合格;外观质量应满足要求。

分部工程质量评定合格应符合下列规定:评定资料应完整;所含分项工程及实测项目应合格;外观质量应满足要求。

单位工程质量评定合格应符合下列规定:评定资料应完整;所含分部工程应合格;外观质量应满足要求。

评定为不合格的分项工程、分部工程,经返工、加固、补强或调测,满足设计要求后,可重新进行检验评定。

所含单位工程合格,该合同段评定为合格;所含合同段合格,该建设项目评定为合格。

(四)路基土石方工程质量检验

1. 土方路基质量检验

土方路基应符合下列基本要求:

(1)在路基用地和取土坑范围内,应清除地表植被、杂物、积水、淤泥和表土,处理坑塘,并按施工技术规范和设计要求对基底进行压实。表土应充分利用。

(2)填方路基应分层填筑压实,每层表面平整,路拱合适,排水良好,不得有明显碾压轮迹,不得亏坡。

(3)应设置施工临时排水系统,避免冲刷边坡,路床顶面不得积水。

(4)在设定取土区内合理取土,不得滥开滥挖。完工后应按要求对取土坑和弃土场进行修整。

土方路基实测项目:压实度(Δ)、弯沉(Δ)、纵断高程、中线偏位、宽度、平整度、横坡、边坡。

2. 填石路基质量检验

填石路基应符合下列基本要求:

(1)填石路基应分层填筑压实,每层表面平整,路拱合适,排水良好,上路床不得有碾压轮迹,不得亏坡。

(2)修筑填石路基时应进行地表清理,填筑层厚度应符合规范规定并满足设计要求,填石空隙用石渣、石屑嵌压稳定。

(3)填石路基应通过试验路确定沉降差控制标准。

填石路基实测项目:压实(Δ)、弯沉(Δ)、纵断高程、中线偏位、宽度、平整度、横坡、边坡坡度和边坡平顺度。

(五)防护支挡工程质量检验

1. 砌体、片石混凝土挡土墙质量检验

砌体、片石混凝土挡土墙应符合下列基本要求:

(1)勾缝砂浆强度不得小于砌筑砂浆强度。

(2)地基承载力、基础埋置深度应满足设计要求。

(3)砌筑应分层错缝。浆砌时坐浆挤紧,嵌填饱满密实,不得出现空洞;干砌时不得出现松动、叠砌和浮塞。

(4)混凝土应分层浇筑,施工缝及片石埋放应符合施工技术规范的规定。

(5)沉降缝、伸缩缝、泄水孔的位置、尺寸和数量应符合设计要求;沉降缝及伸缩缝应竖直、贯通,采用弹性材料填充密实,填充深度应满足设计要求。

浆砌挡土墙实测项目:砂浆强度(Δ)、平面位置、墙面坡度、断面尺寸(Δ)、顶面高程、表面平整度(块石,片石,混凝土预制块、料石)。

干砌挡土墙实测项目:平面位置、墙面坡度、断面尺寸(Δ)、顶面高程、表面平整度。

片石混凝土挡土墙实测项目:混凝土强度(Δ)、平面位置、墙面坡度、断面尺寸(Δ)、顶面高程、表面平整度。

2. 悬臂式和扶壁式挡土墙质量检验

悬臂式和扶壁式挡土墙应符合下列基本要求:

(1)地基承载力应满足设计要求。

(2)沉降缝、伸缩缝、泄水孔的位置、尺寸和数量应满足设计要求;沉降缝及伸缩缝应竖直、贯通,采用弹性材料填充密实,填充深度满足设计要求。

悬臂式和扶壁式挡土墙实测项目:混凝土强度(Δ)、平面位置、墙面坡度、断面尺寸(Δ)、顶面高程、表面平整度。

(六)路面工程质量检验

1. 水泥混凝土面层质量检验

水泥混凝土面层应符合下列基本要求:

(1)基层质量应符合规范规定并满足设计要求,表面清洁、无浮土。

(2)接缝填缝料应符合规范规定并满足设计要求。

(3)接缝的位置、规格、尺寸及传力杆、拉力杆的设置应符合设计要求。

(4)混凝土路面铺筑后按施工规范要求养护。

(5)应对干缩、温缩产生的裂缝进行处理。

水泥混凝土面层实测项目:弯拉强度(Δ),板厚度(Δ),平整度,抗滑构造深度,横向力系数SFC,相邻板高差,纵、横缝顺直度,中线平面偏位,路面宽度,纵断高程,横坡,断板率。

2. 沥青混凝土面层和沥青碎(砾)石面层质量检验

沥青混凝土面层和沥青碎(砾)石面层应符合下列基本要求:

(1)基层质量应符合规范规定并满足设计要求,表面应干燥、清洁、无浮土。

(2)应严格控制沥青混合料拌合的加热温度。拌合后的沥青混合料应均匀、无花白、无粗细料分离和结团成块现象。

(3)应按规定要求控制碾压工艺,严格控制摊铺和碾压温度。

沥青混凝土面层和沥青碎(砾)石面层实测项目:压实度(Δ)、平整度、弯沉值、渗水系数、摩擦系数、构造深度、厚度(Δ)、中线平面偏位、纵断高程、宽度、横坡、矿料级配(Δ)、沥青含量(Δ)、马歇尔稳定度。

3. 稳定土基层和底基层质量检验

稳定土基层和底基层应符合下列基本要求:

(1)石灰应经充分消解,路拌深度要达到层底。

(2)石灰类材料应处于最佳含水率状态下碾压,水泥类材料碾压终了的时间不应超过水泥的终凝时间。

(3)碾压检查合格后立即覆盖或洒水养护,养护期应符合规范规定。

稳定土基层和底基层实测项目:压实度(Δ)、平整度、纵断高程、宽度、厚度(Δ)、横坡、强度(Δ)。

4.稳定粒料基层和底基层实测项目

稳定粒料基层和底基层应符合下列基本要求:

(1)应选择质坚干净的粒料,石灰应充分消解,矿渣应分解稳定,未分解渣块应予剔除。

(2)路拌深度应达到层底。

(3)石灰类材料应处于最佳含水率状态下碾压,水泥类材料碾压终了的时间不应超过水泥的终凝时间。

(4)碾压检查合格后立即覆盖或洒水养护,养护期应符合规范规定。

稳定粒料基层和底基层实测项目:压实度(Δ)、平整度、纵断高程、宽度、厚度(Δ)、横坡、强度(Δ)。

5.级配碎(砾)石基层和底基层质量检验

级配碎(砾)石基层和底基层应符合下列基本要求:

(1)配料应准确。

(2)塑性指数应满足设计要求。

级配碎(砾)石基层和底基层实测项目:压实度(Δ)、弯沉值、平整度、纵断高程、宽度、厚度(Δ)、横坡。

(七)桥梁工程质量检验

1.桥梁总体质量检验

桥梁总体应符合下列基本要求:

(1)桥梁工程应按设计文件内容全部完成。

(2)桥下净空不得小于设计要求。

(3)特大跨径的桥梁、结构复杂的桥梁和承载能力需要验证的桥梁应进行荷载试验,试验结果应满足设计要求和符合相关技术规范的规定。

桥梁总体实测项目:桥面中线偏位、桥面宽、桥长、桥面高程。

2.钢筋加工及安装质量检验

钢筋加工及安装应符合下列基本要求:

(1)钢筋安装应保证设计要求的钢筋根数。

(2)钢筋的连接方式、同一连接区段内的接头面积应满足设计要求;接头位置应设在受力较小处,任何连接区段内同一根钢筋不得有两个接头。

(3)钢筋的搭接长度、焊接和机械接头质量应满足施工技术规范的规定。

(4)受力钢筋表面不得有裂纹及其他损伤。

(5)钢筋的保护层垫块应分布均匀,数量及材料性能应满足设计要求和有关技术规范的规定。

(6)钢筋应安装牢固,钢筋网应有足够的钢筋支撑,在混凝土浇筑过程中钢筋不应出现移位。

钢筋安装实测项目：受力钢筋间距（Δ），箍筋、构造钢筋、螺旋筋间距，钢筋骨架尺寸，弯起钢筋位置，保护层厚度（Δ）。

钢筋网实测项目：网的长、宽，网眼尺寸，网眼对角线差，网的安装位置。

预制桩钢筋安装实测项目：主筋间距，箍筋、螺旋筋间距，保护层厚度（Δ），桩顶钢筋网片位置，桩尖纵向钢筋位置。

钻（挖）孔灌注桩、地下连续墙钢筋安装实测项目：主筋间距，箍筋或螺旋筋间距，钢筋骨架外径或厚、宽，钢筋骨架长度，钢筋骨架底端高程，保护层厚度。

3. 预应力筋加工和张拉质量检验

预应力筋加工和张拉应符合下列基本要求：

(1)预应力束中的钢丝、钢绞线应顺直，不得有缠绞、扭结现象，表面不得有损伤。

(2)单根钢绞线不得断丝，单根钢筋不得断筋或滑移。

(3)同一截面预应力筋接头面积应不超过预应力筋总面积的25%，接头质量应符合施工技术规范的规定。

(4)预应力筋张拉或放张时混凝土强度和龄期应满足设计要求，应按设计要求的张拉顺序进行操作。

(5)预应力钢丝采用镦头锚时，镦头应圆整，不得有斜歪或破裂现象。

(6)管道应安装牢固，接头密合，弯曲圆顺。锚垫板平面应与孔道轴线垂直。

(7)张拉设备应配套标定和使用，并不得超过标定期限使用。

(8)锚固后预应力筋应采用机械切割，外露长度符合设计要求。

钢丝、钢绞线先张法实测项目：镦头钢丝同束长度相对差、张拉应力值（Δ）、张拉伸长率（Δ）、同一构件内断丝根数不超过钢丝总数的百分数、预应力筋张拉后在横断面上的坐标、无黏结段长度。

后张法实测项目：管道坐标、管道间距、张拉应力值（Δ）、张拉伸长率（Δ）、断丝滑丝数。

4. 混凝土扩大基础质量检验

混凝土扩大基础应符合下列基本要求：

(1)基础处理及地基承载力应满足设计要求 。

(2)地基超挖后严禁回填虚土。

混凝土扩大基础实测项目：混凝土强度（Δ）、平面尺寸、基础底面高程、基础顶面高程、轴线偏位。

5. 钻孔灌注桩质量检验

钻孔灌注桩应符合下列基本要求：

(1)成孔后应清孔，并测量孔径 、孔深、孔位和沉淀厚度，确认满足设计要求并符合施工技术规范规定后，方可灌注水下混凝土。

(2)水下混凝土应连续灌注，灌注时钢筋笼不应上浮。

(3)嵌入承台的锚固钢筋长度不得小于设计要求的锚固长度。

钻孔灌注桩实测项目：混凝土强度（Δ）、桩位、孔深（Δ）、孔径、钻孔倾斜度、沉淀厚度、桩身完整性（Δ）。

6. 地下连续墙质量检验

地下连续墙应符合下列基本要求：

(1)每一槽段成槽后应清底，并测量槽深、槽宽及倾斜度，满足设计要求并符合施工技术规范规定后，方可灌注水下混凝土。

(2)水下混凝土应连续灌注，灌注时钢筋骨架不应上浮。

(3)无损和取芯检测数量及结果应满足设计要求。

(4)槽段接头形式和质量应符合设计要求，墙体接头不应出现夹渣、松散，间隔灌注时接头处不应出现漏水、漏浆。

(5)相邻两槽段墙体中心线在任一深度的偏差值不得超过墙厚的1/10。

地下连续墙实测项目：混凝土强度（Δ）、轴线位置、倾斜度、沉淀厚度、槽深、槽宽。

7. 承台等大体积混凝土结构质量检验

承台等大体积混凝土结构应符合下列基本要求：

(1)水化热引起的混凝土内最高温度及内表温差应控制在允许范围内。

(2)施工缝的设置及处理应满足设计要求并符合施工技术规范的规定。

承台等大体积混凝土实测项目：混凝土强度（Δ）、平面尺寸、结构高度、顶面高程、轴线偏位、平整度。

8. 混凝土墩、台质量检验

混凝土墩、台应符合下列基本要求：

(1)模板及支架的强度、刚度、稳定性应符合施工技术规范的规定。

(2)施工缝设置及处理应符合施工技术规范规定。

现浇墩、台身实测项目：混凝土强度（Δ）、断面尺寸、全高竖直度、顶面高程、轴线偏位（Δ）、节段间错台、平整度、预埋件位置。

现浇墩、台帽或盖梁实测项目：混凝土强度（Δ）、断面尺寸、轴线偏位、顶面高程、支座垫石预留位置、平整度。

预制墩身实测项目：混凝土强度（Δ）、断面尺寸、高度、平整度、支座垫石预留锚孔位置、墩顶预埋件位置。

9. 就地浇筑梁、板质量检验

就地浇筑梁、板应符合下列基本要求：

(1)支架和模板的强度、刚度、稳定性应符合施工技术规范的规定。

(2)预计的支架变形及支承的下沉量应满足施工后梁体设计高程的要求，需要消除支承不均匀沉降、非弹性变形的支架应进行预压。

(3)预埋件的设置和固定应满足设计要求并符合施工技术规范的规定。

就地浇筑梁、板实测项目：混凝土强度（Δ），轴线偏位，梁、板顶面高程、断面尺寸（Δ）、长度、与相邻梁段间错台、横坡、平整度。

10. 预制安装梁、板质量检验

预制安装梁、板应符合下列基本要求：

(1)拼接粗糙面的质量和键槽的数量、质量应满足设计要求。

(2)在吊移出预制底座时,混凝土的强度不得低于设计所要求的吊装强度,预制件不得受到损伤;在安装时,支承结构(墩台、盖梁、垫石)的强度应满足设计要求。

(3)安装前,梁、板应检验合格,墩、台支座垫板应稳固;就位后,梁、板两端支座应对位,梁底与支座以及支座底与垫石顶应密贴,临时支撑应稳固。

(4)梁段之间接缝填充材料的种类、规格和性能应满足设计要求,接缝填充密实。

梁、板或梁段预制实测项目:混凝土强度(Δ)、梁长度、断面尺寸(Δ)、平整度、横系梁及预埋件位置、横坡、斜拉索锚面。

梁、板安装实测项目:支座中心偏位,梁、板顶面高程,相邻梁、板顶面高差。

逐跨拼装梁安装实测项目:轴线偏位、相邻节段间接缝错台、节段拼装立缝宽度、梁长、支承中心偏位。

11. 悬臂施工梁质量检验

悬臂施工梁应符合下列基本要求:

(1)悬拼或悬浇块件前,应对桥墩根部(0 号块件)的高程、桥轴线作详细复核,满足设计要求后方可进行悬拼或悬浇。

(2)悬臂施工应对称进行,并对轴线和高程进行施工监控。

(3)在施工过程中,梁体不应出现宽度超过设计和相关规范规定的受力裂缝。

(4)应按设计要求对悬浇或悬拼的接头交界面进行处理,梁段间胶结材料的种类、规格、质量应满足设计要求,接缝应填充密实。

(5)悬臂合龙时,两侧梁段的高差应在设计允许范围内,合龙和体系转换程序应满足设计要求。

悬臂浇筑梁实测项目:混凝土强度(Δ)、轴线偏位、顶面高程、断面尺寸(Δ)、合龙后同跨对称点高程差、顶面横坡、平整度、相邻梁段间错台。

悬臂拼装梁实测项目:合龙段混凝土强度(Δ)、轴线偏位、顶面高程、合龙后同跨对称点高程差、相邻梁段间错台。

12. 混凝土桥面板桥面防水层质量检验

混凝土桥面板桥面防水层应符合下列基本要求:

(1)防水层材料之间应具有相容性,并应至少有不低于桥面沥青混凝土铺装层使用年限的寿命,具有适应动荷载及混凝土桥面开裂时不损坏的性能。

(2)混凝土与防水层的黏结面应坚实、平整、清洁、干燥,无垃圾、尘土、油污与浮浆,表面处理应满足设计要求。

(3)应按设计要求的工艺施工,施工环境条件应满足防水材料的要求。预计涂料表面在干燥前会下雨,则不应施工。施工过程中,严禁踩踏未干的防水层。防水层养护结束后、桥面铺装完成前,行驶车辆不得在其上急转弯或紧急制动。

(4)防水层与泄水孔、护栏、路缘石等衔接处的防水构造应满足设计要求。

(5)卷材、胎体长度及宽度方向的搭接宽度应满足设计要求,不得出现横向通缝。

混凝土桥面板桥面防水层实测项目:防水涂层(Δ)、防水层黏结强度(Δ)、混凝土黏结面含水率。

13. 混凝土桥面板桥面铺装质量检验

混凝土桥面板桥面铺装应符合下列基本要求：

(1)水泥混凝土桥面、沥青混凝土桥面应符合检验评定标准的规定。

(2)桥面泄水孔进水口附近的铺装应有利于桥面积水和渗入水的排除，泄水孔数量不得少于设计要求。

水泥混凝土桥面铺装实测项目：混凝土强度(Δ)、厚度、平整度、横坡、抗滑构造深度。

沥青混凝土桥面铺装实测项目：压实度(Δ)、厚度、平整度、渗水系数、横坡、抗滑构造深度。

复合桥面水泥混凝土铺装实测项目：混凝土强度(Δ)、厚度、平整度、横坡。

(八)隧道工程质量检验

1. 隧道总体质量检验

隧道总体应符合下列基本要求：

(1)隧道衬砌内轮廓及所有运营设施均不得侵入建筑限界。

(2)洞口设置应满足设计要求。

(3)洞内外的排水系统设置应满足设计要求。

(4)高速公路、一级公路和二级公路隧道拱部、边墙、路面、设备箱洞应不渗水，有冻害地段的隧道衬砌背后不积水、排水沟不冻结，车行横通道、人行横通道等服务通道拱部不滴水，边墙不淌水。

(5)三级、四级公路隧道拱部、边墙应不滴水，设备箱洞不渗水，路面不积水，有冻害地段的隧道衬砌背后不积水、排水沟不冻结。

隧道总体实测项目：行车道宽度、内轮廓宽度、内轮廓高度(Δ)、隧道偏位、边坡或仰坡坡度。

2. 明洞回填质量检验

明洞回填应符合下列基本要求：

(1)人工回填时拱圈混凝土强度应不低于设计强度的75%。机械回填应在拱圈混凝土强度达到设计强度且拱圈外人工夯填厚度不小于1.0 m后进行。

(2)墙背回填应两侧同时进行。

(3)明洞黏土隔水层应与边坡、仰坡搭接良好，封闭紧密。

明洞回填实测项目：回填压实、每层回填层厚、两侧回填高差、坡度、回填厚度。

3. 喷射混凝土质量检验

喷射混凝土应符合下列基本要求：

(1)开挖断面的质量、超欠挖处理、围岩表面渗漏水处理应符合施工技术规范规定，受喷岩面应清洁。

(2)喷射混凝土支护应与围岩紧密黏结，结合牢固，不得有空洞。喷层内不应存在片石和木板等杂物。严禁挂模喷射混凝土。

(3)钢架与围岩之间的间隙应采用喷射混凝土充填密实。

(4)喷射混凝土表面平整度应符合施工技术规范规定。

喷射混凝土实测项目：喷射混凝土强度(Δ)、喷层厚度、喷层与围岩接触状况(Δ)。

（九）交通安全设施质量检验

1. 交通标志质量检验

交通标志应符合下列基本要求：

(1)交通标志的加工、制作应符合现行《道路交通标志和标线》和《道路交通标志板及支撑件》的规定。

(2)交通标志在运输过程中不得损伤标志面及金属构件涂层。

(3)交通标志的设置及安装应满足设计要求并符合施工技术规范的规定。

(4)交通标志及支撑件应安装牢固,基础混凝土强度应满足设计要求。

交通标志实测项目:标志面反光膜逆反射系数(Δ),标志板下缘至路面净空高度,柱式标志板、悬臂式和门架式标志立柱的内边缘距土路肩边缘线距离,立柱垂直度,基础顶面平整度,标志基础尺寸。

2. 交通标线质量检验

交通标线应符合下列基本要求：

(1)交通标线施划前路面应清洁、干燥、无起灰。

(2)交通标线用涂料产品应符合现行《路面标线涂料》及《路面标线用玻璃珠》的规定;防滑涂料产品应符合现行《路面防滑涂料》的规定。

(3)交通标线的颜色、形状和位置应符合现行《道路交通标志和标线》的规定并满足设计要求。

(4)反光标线玻璃珠应撒布均匀,施划后标线无起泡、剥落现象。

交通标线实测项目:标线线段长度、标线宽度、标线厚度(Δ)、标线横向偏位、标线纵向间距、逆反射亮度系数(Δ)、抗滑值。

3. 波形梁钢护栏质量检验

波形梁钢护栏应符合下列基本要求：

(1)波形梁钢护栏产品应符合现行《波形梁钢护栏》的规定。

(2)路肩和中央分隔带的土基压实度应不小于设计值。

(3)石方路段和挡土墙上护栏立柱的埋深及基础处理应满足设计要求。

(4)波形梁钢护栏各构件的安装应满足设计要求并符合施工技术规范的规定。

(5)护栏的端头处理及护栏过渡段的处理应满足设计要求。

波形梁钢护栏实测项目:波形梁板基底金属厚度(Δ)、立柱基底金属壁厚(Δ)、横梁中心高度(Δ)、立柱中距、立柱竖直度、立柱外边缘距土路肩边线距离、立柱埋置深度、螺旋终拧扭矩。

4. 混凝土护栏质量检验

混凝土护栏应符合下列基本要求：

(1)混凝土护栏的地基承载力应满足设计要求。

(2)混凝土护栏块件标准段、混凝土护栏起终点的几何尺寸应满足设计要求。

(3)混凝土护栏预制块件在吊装、运输、安装过程中,不得断裂。

(4)各混凝土护栏块件之间、护栏与基础之间的连接应满足设计要求。

(5)混凝土护栏的埋入深度、配筋方式及数量应满足设计要求。

(6)混凝土护栏的端头处理及护栏过渡段的处理应满足设计要求。

混凝土护栏实测项目:护栏断面尺寸、钢筋骨架尺寸、横向偏位、基础厚度、护栏混凝土强度(Δ)、混凝土护栏块件之间的错位。

5. 缆索护栏质量检验

缆索护栏应符合下列基本要求:

(1)缆索护栏产品应符合现行《缆索护栏》的规定。

(2)端部立柱应安装牢固。基础混凝土强度应满足设计要求。

(3)护栏的端头处理及护栏过渡段的处理应满足设计要求。

缆索护栏实测项目:初张力(Δ)、最下一根缆索的高度、立柱中距、立柱竖直度、立柱埋置深度、混凝土基础尺寸。

6. 轮廓标质量检验

轮廓标应符合下列基本要求:

(1)轮廓标产品应符合现行《轮廓标》的规定。

(2)柱式轮廓标的基础混凝土强度、基础尺寸应满足设计要求。

(3)轮廓标的布设应满足设计要求并符合施工技术规范规定。

(4)轮廓标应安装牢固,色度性能和光度性能应满足设计要求。

轮廓标实测项目:安装角度、反射器中心高度、柱式轮廓标竖直度。

7. 防眩设施质量检验

防眩设施应符合下列基本要求:

(1)防眩板产品应符合现行《防眩板》的规定,其他防眩设施应满足设计要求并符合施工技术规范的规定。

(2)防眩设施的几何尺寸及遮光角应满足设计要求。

(3)防眩设施应安装牢固。

防眩设施实测项目:安装高度(Δ)、防眩板设置间距、竖直度、防眩网网孔尺寸。

8. 隔离栅和防落物网质量检验

隔离栅和防落物网应符合下列基本要求:

(1)隔离栅产品应符合现行《隔离栅》的规定,绿篱隔离栅和防落物网应满足设计要求。

(2)立柱混凝土基础应满足设计要求。

(3)各构件的安装应满足设计要求并符合施工技术规范的规定。

(4)防落物网网孔应均匀,结构牢固,围封严实。

(5)隔离栅起终点端头围封应满足设计要求。

隔离栅和防落物网实测项目:高度、刺钢丝的中心垂度、立柱中距、立柱竖直度、立柱埋置深度。

第五章 施工成本管理

第一节 标后预算

一、公路工程标后预算组成

标后预算总费用相当于概(预)算中的建筑安装工程费,由直接费、设备购置费、措施费、企业管理费、规费、利润、税金、专项费用组成。从标后预算的性质出发,对标后预算总费用组成进行分类归集,可将企业管理费分为总部管理费、现场管理费,可将总部管理费和利润归入上缴企业费用,可将直接费、设备购置费、措施费、现场管理费、专项费用归入项目预算总成本。上缴企业费用根据施工企业的规定计算。规费、税金根据国家相关规定计算。

二、公路工程标后预算编制

标后预算编制应在工程项目中标之后,施工队伍进场之前编制完毕(原则上标后预算编制工作在工程项目中标之后1个月内完成)。以下主要介绍采用实测法编制标后预算时项目预算总成本的计算方法。

(一)直接费的计算

直接费指施工过程中耗费的构成工程实体和有助于工程形成的各项费用,包括人工费、材料费、施工机械使用费。直接费以单项工程为测算对象,根据实施性施工组织设计及单项工程的实际工程量、工程进度要求、现场的施工条件等因素,配备必要的人工、材料和施工机械等资源要素,通过计算各种资源要素的消耗量或摊销量并乘以市场单价得到工、料、机单项费用。

温馨提示

影响标后预算直接费用的因素主要有:工程量;单位实体工、料、机资源的消耗数量;工、料、机等资源单价。

1. 人工费的计算

人工费指直接从事建筑安装工程施工的生产工人开支的各项费用。

如果采取内部班组承包形式或者劳务分包形式的,则可以根据市场行情和合同谈判情况,测算分包单价。

人工费 = 承包(分包)单价 × 承包(分包)工程量

项目经理部自己组织施工的,可按施工组织设计配备的生产工人数量、辅助生产工人数量和计划工期,结合其岗位工资进行测算。

人工费 = 辅助生产工人月岗位工资和生产工人月岗位工资 × 用工数量 × 计划工期

如按工日单价计算,则:

人工工日数量 =(完成单位工程应配备的生产工人用工数量 × 每天工作时间)÷(8 h,7 h,6 h)

人工费 = 工日单价 × 人工工日数量

需要注意,除潜水工工作每工日6 h,隧道工工作每工日7 h外,其余均按每工日8 h计算。

2. 材料费的计算

材料费指施工过程中耗用的构成工程实体的原材料、辅助材料、构配件、零件、半成

品或成品量以及周转材料摊销量，按工程所在地的材料价格计算的费用。材料预算价格由材料原价、运杂费、场外运输损耗、采购及保管费组成。

$$材料费=构成工程实体材料费用+周转材料费用$$

(1)构成工程实体材料费计算。

$$构成工程实体材料费用=\sum(构成工程实体各种材料消耗量\times相应材料单价)$$

$$\begin{matrix}构成工程实体的钢筋、钢绞线、\\型钢、钢管等材料消耗量\end{matrix}=\begin{matrix}设计图纸的\\设计工程量\end{matrix}\times(1+经验损耗率)$$

$$\begin{matrix}构成工程实体的混合料中\\各种原材料的消耗量\end{matrix}=\begin{matrix}设计图纸的\\设计工程量\end{matrix}\times\begin{matrix}工地试验室的生产配合比中\\该材料所占的比率\end{matrix}\times(1+经验损耗率)$$

(2)周转材料费计算。

$$周转材料摊销费=周转材料设计数量\times单价\times摊销率\times计划使用时间$$

周转材料设计数量按照实施性施工组织设计中某单项工程设计用量(如模板设计、平台设计、脚手架设计等)计算。

知识拓展

公路桥梁工程施工中，常用的周转材料有钢护筒、剪刀撑所用钢管、拱盔所用钢板等。

$$周转材料单价=(材料的采购原价+运杂费)\times(1+采购及保管费率)$$

周转材料摊销率按预算定额规定次数进行摊销计算。

如周转材料为租赁的，则周转材料费按租赁合同的租金计算，一般计算式如下：

$$租金=数量\times租赁单价\times租赁时间$$

考题探究

【单选题】根据《公路工程建设项目概算预算编制办法》，属于材料费的是(　　)。

A. 周转材料摊销费　　B. 场内运输及操作损耗费

C. 检验试验费　　D. 燃油费

A。【解析】材料费指施工过程中耗用的构成工程实体的原材料、辅助材料、构配件、零件、半成品或成品量以及周转材料摊销量，按工程所在地的材料价格计算的费用。材料预算价格由材料原价、运杂费、场外运输损耗、采购及保管费组成。

3. 施工机械使用费的计算

施工机械使用费指工程机械和工程仪器仪表台班的费用。根据施工组织设计提供的机械设备配备情况，分租赁和自有两种情况计算机械费用。

(1)自有机械设备使用费计算。

$$自有机械总费用=\sum(每种型号的单机不变费用+可变费用)$$

机械设备种类、数量和计划使用时间按实施性施工组织设计进行计算。

不变费用包括折旧费、检修费、维修费、安拆辅助费。

$$折旧费=设备原值\times年折旧率\times使用时间(年)$$

检修费、维修费、安拆辅助费根据经验数据计算。

可变费用包括机上人员人工费、动力燃料费、车船税。

(2)租赁机械费测算。

租赁机械费根据租赁合同计算。

如果租赁合同约定机驾人员工资、油料、维修等使用费由项目经理部承担，则：

$$机械租赁费=\sum[(机械租赁单价+使用费)\times租赁数量\times租赁时间]$$

如果租赁合同约定机驾人员工资、油料、维修等使用费由出租方承担，则：

$$机械租赁费=\sum(机械租赁单价\times租赁数量\times租赁时间)$$

（二）设备购置费的计算

设备购置费指为满足公路初期运营、管理需要购置的构成固定资产标准的设备和虽低于固定资产标准但属于设计明确列入设备清单的设备的费用，包括渡口设备，隧道照明、消防、通风的动力设备，公路收费、监控、通信、路网运行监测、供配电及照明设备等。

设备购置费包括设备原价、运杂费、运输保险费、采购及保管费。

需要安装的设备，按建筑安装工程费的有关规定计算设备的安装工程费。

（三）措施费的计算

下面以考题探究的形式对措施费的计算进行讲解。

考题探究

【单选题】根据《公路工程建设项目概算预算编制办法》，属于措施费的是（　　）。

A. 文明施工费　　B. 施工场地建设费

C. 施工辅助费　　D. 安全生产费

C。【解析】措施费包括冬季施工增加费、雨季施工增加费、夜间施工增加费、特殊地区施工增加费、行车干扰施工增加费、施工辅助费、工地转移费。其中，特殊地区施工增加费包括高原地区施工增加费、风沙地区施工增加费和沿海地区工程施工增加费三项。

（四）现场管理费的计算

现场管理费包括管理人员工资、工资附加费、通信费、办公费、水电费、指挥车辆使用费、主副食运费、差旅交通费、取暖降温费、保险费、不可预见费、其他费等。

（五）专项费用的计算

下面以考题探究的形式对专项费用的计算进行讲解。

考题探究

【多选题】根据《公路工程建设项目概算预算编制办法》，属于专项费用的有（　　）。

A. 场区平整硬化费用　　B. 红线范围内贯通便道费用

C. 承包人工地试验室区域临时便道费用　　D. 工地试验室属于固定资产的仪器折旧费

E. 工程交工、竣工验收费

ACD。【解析】专项费用包括施工场地建设费和安全生产费。施工场地建设费包括：(1)按照工地建设标准化要求进行承包人驻地、工地试验室建设，钢筋集中加工、混合料集中拌制、构件集中预制等所需的办公、生活居住房屋（包括职工家属房屋及探亲房屋），公用房屋（如广播室、文体活动室、医疗室等）和生产用房屋（如仓库、加工厂、加工棚、发电站、变电站、空压机站、停机棚、值班室等）等费用。(2)包括场区平整（山岭重丘区的土石方工程除外）、场地硬化、排水、绿化、标志、污水处理设施、围墙隔离设施等的费用，不包括钢筋加工的机械设备、混合料拌合设备及安拆、预制构件台座、预应力张拉设备、起重及养护设备，以及临时工程的费用。(3)包括以上范围内的各种临时工作便道(包括汽车、人力车道)、人行便道，工地临时用水、用电的水管支线和电线支线，临时构筑物(如水井、水塔等)、其他小型临时设施等的搭设或租赁、维修、拆除、清理的费用；但不包括红线范围内贯通便道、进出场的临时道路、保通便道。(4)工地试验室所发生的属于固定资产的试验设备和仪器等折旧、维修或租赁费用。(5)施工扬尘污染防治措施费：指裸露的施工场地覆盖防尘网、施工便道和施工场地洒水或喷洒抑尘剂，运输车辆的苫盖和冲洗、环境敏感区设置围挡，防尘标识设置，环境监控与检测等所需要的费用。(6)文明施工、职工健康生活的费用。安全生产费包括完善、改造和维护安全设施设备费用，配备、维护、保养应急救援器材、设备费用，开展重大危险源和事故隐患评估和整改费用，安全生产检查、评价、咨询费用，配备和更新现场作业人员安全防护用品支出，安全生产宣传、教育、培训费用，安全设施及特种设备检测检验费用，施工安全风险评估、应急演练等有关工作及其他与安全生产直接相关的费用。

第二节 施工成本管理内容与方法

一、公路工程施工成本管理内容

施工项目成本管理是指在保证满足工程质量、工程施工工期的前提下，对项目实施过程中所发生的费用，通过计划、组织、控制和协调等活动实现预定的成本目标，并尽可能地降低施工项目成本费用的一种科学管理活动。

施工项目成本管理是施工企业项目管理中的一个子系统，具体包括预测、计划、控制、核算、分析和考核等一系列工作环节。

(1)施工项目成本预测。施工项目成本预测是对施工项目未来水平及其发展趋势所作的描述与判断，是施工项目成本管理的第一个工作环节，是进行成本决策和编制成本计划的基础。

(2)施工项目成本计划。施工项目成本计划是以施工生产计划和有关资料为基础，对计划期施工项目的成本水平所作的筹划，是对施工项目制定的成本管理目标，是项目全面计划管理的核心，是优化和实现项目目标成本的依据。**施工企业编制公路项目施工成本计划的关键是计算计划成本总降低额和降低率，确定责任目标成本。**

知识拓展

工程项目的计划成本偏差是指工程项目施工预算成本与责任目标成本之差。计划成本偏差能够反映工程项目施工成本在计划阶段的预控情况。

(3)施工项目成本控制。施工项目成本控制是在满足工程承包条款要求的前提下，根据施工项目的成本计划，对项目施工过程中所发生的各项费用支出，采取一系列的措施来进行严格的监督和控制，及时纠正偏差，总结经验，保证施工项目成本目标的实现。

(4)施工项目成本核算。施工项目成本核算是利用会计核算体系，对项目施工过程中所发生的各种消耗进行记录、分类，并采用适当的成本计算方法，计算出各个成本核算的总成本和单位成本的过程。施工项目成本核算是施工项目成本管理中最基础的工作，是施工项目制订成本计划和实行成本控制所需数据的重要来源，是施工项目进行成本分析和成本考核的基本依据。

(5)施工项目成本分析。施工项目成本分析是以会计核算提供的成本信息为依据,按照一定程序,运用专门科学的方法,对成本计算(预算)的执行过程、结果和原因进行研究,寻找降低或纠正成本偏差的过程。

(6)施工项目成本考核。施工项目成本考核是施工项目完成后,对施工项目成本形成的各级单位成本的成绩或失误所进行总结和评价,是实现成本目标责任制的保证和实现决策目标的重要手段。

施工项目成本管理的实施是从成本估算开始,经编制成本计划,采取降低成本的措施,进行成本控制,直到成本核算与分析为止的一系列管理工作步骤。

二、公路工程施工成本控制方法

施工成本控制从工程投标报价开始,直至项目竣工结算完成为止,贯穿于项目实施的全过程。施工成本控制就是要在保证工期和质量满足要求的前提下,采取相应管理措施,包括组织措施、经济措施、技术措施、合同措施把成本控制在计划范围内,并进一步寻求最大程度地成本节约。

施工成本控制的方法主要有运用目标管理控制工程成本、以目标成本控制成本支出、以施工方案控制资源消耗、用净值法进行工期成本的同步控制。以下主要介绍运用目标管理控制工程成本和以施工方案控制资源消耗两种方法。

运用目标管理控制工程成本。目标管理的八个步骤分别是:第一步是收集相关的资料,进行调查和预测,并提出工作设想和确定工作目标;第二步是从各种方案中找出一个最理想的方案;第三步是制定相关的对策和编制实施计划;第四步是将制定的计划分解并落实到部门和个人;第五步是检查整个计划的执行情况;第六步是发现问题,并对问题进行分析,找出原因;第七步是总结相关的经验和教训;第八步是把发现的新问题转入下一个循环。

以施工方案控制资源消耗:资源消耗数量的货币表现大部分是成本费用。因此,资源消耗的减少,就等于成本费用的节约;控制了资源消耗,也等于是控制了成本费用。

以施工方案控制资源消耗的实施步骤和方法如下:

(1)在工程项目开工以前,根据施工图样和工程现场的实际情况,制订施工方案,包括人力物资需用量计划,机具配置方案等,以此作为指导和管理施工的依据。在施工过程中,如需改变施工方法,则应及时调整施工方案。

(2)组织实施。施工方案是进行工程施工的指导性文件,但是,针对某一个项目而言,施工方案一经确定,则应是强制性的。有步骤、有条理地按施工方案组织施工,可以避免盲目性,可以合理配置人力和机械,可以有计划地组织物资进场,从而可以做到均衡施工,避免资源闲置或积压造成浪费。

(3)采用价值工程,优化施工方案。对同一工程项目的施工,可以有不同的方案,选择最合理的方案是降低工程成本的有效途径。采用价值工程,可以解决施工方案优化的难题。价值工程,又称价值分析,是一门技术与经济相结合的现代化管理科学,应用价值工程,既要研究技术,又要研究经济,即研究在提高功能的同时不增加成本,或在降低成本的同时不影响功能,把提高功能和降低成本统一在最佳方案中。表现在施工方面,主要是寻找实现设计要求的最佳方案,如分析施工方法、流水作业、机械设备等有无不切实际的过高要求。最优化的方案,也是对资源利用最合理的方案。采用这样的方案,必然会降低损耗,降低成本。

三、公路工程施工成本核算方法

（一）成本核算对象和范围

施工项目经理部应建立和健全以单位工程为对象的成本核算账务体系，严格区分企业经营成本和项目生产成本，在工程项目实施阶段不对企业经营成本进行分摊，以正确反映工程项目可控成本的收、支、结、转的状况和成本管理业绩。

施工成本核算应以项目经理责任成本目标为基本核算范围；以项目经理授权范围相对应的可控责任成本为核算对象，进行全过程分月跟踪核算。

（二）成本核算方法

表格核算法：表格核算法是建立在内部各项成本核算基础上，由各要素部门和核算单位定期采集信息，按有关规定填制一系列的表格，完成数据比较、考核和简单的核算，形成工程项目施工成本核算体系，作为支撑工程项目施工成本核算的平台。

会计核算法：会计核算法是指建立在会计核算基础上，利用会计核算所独有的借贷记账法和收支全面核算的综合特点，按工程项目施工成本内容和收支范围，组织工程项目施工成本的核算。不仅核算工程项目施工的直接成本，而且还要核算工程项目在施工生产过程中出现的债权债务、为施工生产而自购的工具、器具摊销、向建设单位的报量和收款、分包完成和分包付款等。

（三）成本费用归集与分配

进行成本核算时，能够直接计入有关成本核算对象的，直接计入；不能直接计入的，采用一定的分配方法分配计入各成本核算对象成本，然后计算出工程项目的实际成本。

1. 人工费

人工费计入成本的方法，一般应根据企业实行的具体工资制度而定。在实行计件工资制度时，所支付的工资一般能分清受益对象，应根据“工程任务单”和“工资计算汇总表”将归集的工资直接计入成本核算对象的人工费成本项目中。实行计时工资制度时，在只存在一个成本核算对象或者所发生的工资能分清是服务于哪个成本核算对象时，方可将之直接计入，否则，就需将所发生的工资在各个成本核算对象之间进行分配，再分别计入。一般采用实用工时比例或定额工时比例进行分配。

2. 材料费

工程项目耗用的材料，应根据限额领料单、退料单、报损报耗单，大堆材料耗用计算单等计入工程项目成本。凡领料时能点清数量、分清成本核算对象的，应在有关领料凭证（如限额领料单）上注明成本核算对象名称，据以计入成本核算对象。

领料时虽能点清数量，但需集中配料或统一下料的，则由材料管理人员或领用部门，结合材料消耗定额将材料费分配计入各成本核算对象。领料时不能点清数量和分清成本核算对象的，由材料管理人员或施工现场保管员保管，月末实地盘点结存数量，结合月初结存数量和本月购进数量，倒推出本月实际消耗量，再结合材料耗用定额，编制“大堆材料耗用计算表”，据以计入各成本核算对象的成本。

工程竣工后的剩余材料，应填写“退料单”据以办理材料退库手续，同时冲减相关成本核算对象的材料费。施工中的残次材料和包装物，应尽量回收再用，冲减工程成本的材料费。

3. 施工机械使用费

施工机械使用费按自有机械和租赁机械分别加以核算。从外单位或本企业内部独立核算的机械站租入施工机械支付的租赁费，直接计入成本核算对象的机械使用费。如租入的机械是为两个或两个以上的工程服务，应以租入机械所服务的各个工程受益对象提供的作业台班数量为基数进行分配。自有机械费用应按各个成本核算对象实际使用的机械台班数计算所分摊的机械使用费，分别计入不同的成本核算对象成本中。

4. 措施费

凡能分清受益对象的，应直接计入受益成本核算对象中。如与若干个成本核算对象有关的，可先归集到措施费总账中，月末再按适当的方法分配计入有关成本核算对象的措施费中。

5. 间接成本

下面以考题探究的形式对间接成本进行讲解。

考题探究

【多选题】公路项目施工成本核算中，属于间接费的费用有(　　)。

A. 施工辅助费　　B. 现场公共生活服务费

C. 职工取暖补贴　　D. 工人工会经费

E. 财务费用

BD。【解析】间接成本包括生产单位管理人员的工资和福利费、现场公共生活服务费、劳动保护费、工会经费、教育经费等。凡能分清受益对象的间接成本，应直接计入受益成本核算对象中去。否则先在项目“间接成本”总账中进行归集，月末再按一定的分配标准计入受益成本核算对象。

第六章 施工安全管理

第一节 公路工程施工安全管理

一、公路工程施工项目安全管理制度

公路工程施工项目安全管理制度一般包括安全生产责任制度、安全生产条件检查制度、安全教育培训制度、安全风险分级管控制度、安全生产事故隐患排查治理制度、安全生产事故报告和调查处理制度、安全生产费用管理制度、消防安全责任制度、安全考核和奖惩制度、危险品安全管理制度等。

二、公路工程施工项目安全管理措施

公路工程项目施工的安全生产管理是一项综合性管理，是施工管理的主要组成部分。为了加强安全生产监督管理，保障国家和人民生命财产安全，促进经济持续健康发展，维护社会稳定，实现安全生产，安全措施必须进一步规范管理。

（一）施工临时用电安全管理措施

施工现场临时用电应符合现行《施工现场临时用电安全技术规范》的有关规定。

施工用电设备数量在 5 台及以上，或用电设备容量在 50 kW 及以上时，应编制用电组织设计。

施工现场临时用电工程专用的电源中性点直接接地的 220/380 V 三相四线制低压电力系统，必须符合下列规定：

（1）采用三级配电系统。

（2）采用 TN－S 接零保护系统。

（3）采用二级保护系统。

每台用电设备必须独立设置开关箱；开关箱必须装设隔离开关及短路、过载、漏电保护器，严禁设置分路开关；配电箱、开关箱的电源进线端严禁用插头和插座做活动连接。

遇有临时停电、停工、检修或移动电气设备时，应关闭电源。雨天不得进行露天电焊作业。

下面以考题探究的形式对配电箱、开关箱内的电器装置安全技术要求进行讲解。

考题探究

【单选题】关于配电箱、开关箱安全技术要求的说法，错误的是（　　）。

A. 分配电箱不得挂接临时用电设备

B. 一个开关箱最多控制两台用电设备

C. 总配电箱必须安装漏电保护器

D. 开关箱内必须安装漏电保护器

B。【解析】配电箱、开关箱内的电器装置安全技术要求:(1)配电箱、开关箱内的电器装置必须可靠完好,严禁使用破损、不合格电器,各种开关电器的额定值应与其所控制的用电设备的额定值相适应。(2)每台用电设备应有各自专用的开关箱,必须实行"一机一闸一漏一箱"制,严禁用同一个开关电器直接控制两台及两台以上的用电设备(含插座)。(3)总配电箱、分配电箱应装设总隔离开关和分路隔离开关、总熔断器和分路熔断器(或总自动开关和分路自动开关),总开关电器的额定值、动作整定值应与分路开关电器的额定值、动作整定值相适应。(4)总配电箱还必须安装漏电保护器、电压表、总电流表、总电度表和其他仪器。开关箱内的开关电器必须在任何情况下都可以使用电设备实行电源分离。(5)开关箱内也必须安装漏电保护器,使用于潮湿和有腐蚀介质场所的漏电保护器应采用防溅型产品,总配电和开关箱中的漏电保护器应合理选用。

(二)施工机械设备安全管理措施

应制定施工机械设备安全技术操作规程,建立设备安全技术档案。

施工机械设备进场前应查验机械设备证件、性能、状况;进场后,应向操作人员进行安全技术交底。

特种设备现场安装、拆除应按相关规定具有相应作业资质。

龙门吊、架桥机等轨道行走类设备应设置夹轨器和轨道限位器。轨道的基础承载力、宽度、平整度、坡度、轨距、曲线半径等应满足说明书和设计要求。

机械设备集中停放的场所应设置消防通道,并应配备消防器材。

施工现场专用机动车辆驾驶人员应按相关规定经过专门培训,并应取得相应资格证书。

施工现场运输车辆应状态良好,车身应设置反光警示标志。

(三)混凝土工程安全管理措施

混凝土拌合前应确认搅拌、供料、控制等系统运行正常。维修、保养或检查清理搅拌系统、供料系统应封闭下料口、切断电源、锁定安全保护装置、悬挂"严禁合闸"安全警示标志,并派专人看守。

水泥隔离垫板的刚度及稳定性应满足要求。袋装水泥应交错整齐码放,高度不得超过10袋,且不得靠墙。砂石料堆放不得超过规定高度。混凝土浇筑的顺序、速度应符合施工方案的要求,不得随意更改。

吊斗灌注混凝土应设专人指挥起吊、运送、卸料,人员、车辆不得在吊斗下停留或通行,不得攀爬吊斗。凝土浇筑过程中应检查模板、支架、钢筋骨架的稳定、变形情况,发现异常,应立即停止作业,并应整修加固。

混凝土振捣应符合下列规定:检修或作业停止,应切断电源;不得用电缆线、软管拖拉或吊挂振捣器;装置振捣器的构件模板应坚固牢靠。

混凝土养护应符合下列规定:

(1)覆盖养护时,预留孔洞周围应设置安全护栏或盖板,并应设置安全警示标志,不得随意挪动。

(2)洒水养护时,应避开配电箱和周围电气设备。

(3)蒸汽、电热养护时,应设围栏和安全警示标志,并应配置足够、适用的消防器材,非作业人员不得进入养护区域。

（四）起重吊装安全管理措施

起重机械司机、起重信号司索工、起重机械安装拆卸工应按照有关规定经专业机构培训，并应取得相应的从业资格。起重作业人员应穿防滑鞋、戴安全帽，高处作业时应按规定佩挂安全带。

吊装作业应设警戒区，警戒区不得小于起吊物坠落影响范围。作业前应检查起重设备安全装置、钢丝绳、滑轮、吊索、卡环、地锚等。

起重机严禁吊人。严禁采用斜拉、斜吊，严禁超载吊装，严禁吊装起吊重量不明、埋于地下或黏结在地面上的构件。吊起的构件上不得堆放或悬挂零星物件。

作业人员严禁在已吊起的构件下或起重臂下旋转范围内作业或通行。吊装作业临时固定工具应在永久固定的连接稳固后拆除。雨、雪后，吊装前应清理积水、积雪，并应采取防滑和防漏电措施，作业前，应先试吊。

（五）高处作业安全管理措施

高处作业应符合现行《建筑施工高处作业安全技术规范》的有关规定。

高处作业不得同时上下交叉进行。

高处作业下方警戒区设置应符合现行《高处作业分级》的有关规定。

高处作业人员不得沿立杆或栏杆攀登。高处作业人员应定期进行体检。

高处作业场所临边应设置安全防护栏杆，并应符合下列规定：防护栏杆应能承受 1 000 N 的可变荷载；防护栏杆下方有人员及车辆通行或作业的，应挂密目安全网封闭，防护栏杆下部应设置高度不小于 0.18 m 的挡脚板；防护栏杆应由上、下两道横杆组成，上杆离地高度应为 1.2 m，下杆离地高度应为 0.6 m；横杆长度大于 2 m 时，应加设栏杆柱。

高处作业场所的孔、洞应设置防护设施及警示标志。

安全网质量应符合现行《安全网》的规定，安装和使用安全网应符合下列规定：

(1)安全网安装应系挂安全网的受力主绳，不得系挂网格绳。安装完毕应进行检查、验收。

(2)安全网安装或拆除应根据现场条件采取防坠落安全措施。

(3)**作业面与坠落高度基准面高差超过 2 m 且无临边防护装置时，临边应挂设水平安全网。作业面与水平安全网之间的高差不得超过 3.0 m，水平安全网与坠落高度基准面的距离不得小于 0.2 m。**

安全带使用除应符合现行《安全带》的规定外，尚应符合下列规定：

(1)安全带除应定期检验外，使用前尚应进行检查。织带磨损、灼伤、酸碱腐蚀或出现明显变硬、发脆以及金属部件磨损出现明显缺陷或受到冲击后发生明显变形的，应及时报废。

(2)安全带应高挂低用，并应扣牢在牢固的物体上。

(3)安全带的安全绳不得打结使用，安全绳上不得挂钩。

(4)缺少或不易设置安全带吊点的工作场所宜设置安全带母索。

(5)安全带的各部件不得随意更换或拆除。

安全绳有效长度不应大于 2 m，有两根安全绳的安全带，单根绳的有效长度不应大于 1.2 m。

严禁安全绳用作悬吊绳。严禁安全绳与悬吊绳共用连接器。新更换安全绳的规格及力学性能必须符合规定，并加设绳套。

高处作业上下通道应根据现场情况选用钢斜梯、钢直梯、人行塔梯,各类梯子安装应牢固可靠,且各类梯子的安装及使用应符合规范的规定。

吊篮作业应符合现行《高处作业吊篮》的有关规定,且应使用由专业厂家制作的定型产品,不得自行制作吊篮。

高处作业吊篮安装拆卸工应按照有关规定经专业机构培训,并应取得相应的从业资格。

登高梯上端应固定,吊篮和临时工作台应绑扎牢靠。

吊篮和工作台的脚手板必须铺平绑牢,严禁出现探头板。

脚手架的强度、刚度和稳定性应能承受施工期间可能产生的各项荷载。搭设高度24 m及以上的落地式钢管脚手架的钢管、扣件应进行抽样检测,脚手架设计计算应以钢管抽样检测的壁厚及力学性能为依据。

脚手架的脚手板应满铺、固定,离结构物立面的距离不得大于0.15 m。

脚手架拆除必须严格执行专项施工方案,拆除作业必须由上而下逐层进行,严禁上下同时作业。连墙件必须随脚手架逐层拆除,严禁提前拆除。

架子工应按照有关规定经专业机构培训,并应取得相应的从业资格。作业时应戴安全帽、穿防滑鞋、系安全带。

高处作业现场所有可能坠落的物件均应预先撤除或固定。所存物料应堆放平稳,随身作业工具应装入工具袋,不得向下抛掷拆卸的物料。雨雪季节应采取防滑措施。

(六)水上作业安全管理措施

应及时了解当地气象、水文、地质等情况,掌握施工区域附近的桥梁、隧道、大坝、架空高压线、水下管线、取水泵房、危险品库、水产品养殖区以及避风锚地、水上应急救援资源等情况。

开工前,应根据施工需要设置安全作业区,并办理水上水下施工作业许可证,发布航行通告。水上作业人员应正确穿戴救生衣等个人安全防护用品。

工程船舶必须持有效的船检证书,船员必须持有与其岗位相适应的适任证书,船员配置必须满足最低安全配员要求。工程船舶应按规定配备有效的消防、救生、堵漏和油污应急设施,制订安全技术措施和应急预案,并应按规定定期演练。施工船舶应安装船舶定位设备,保证有效的船岸联系。**工程船舶甲板、通道和作业场所应根据需要设有防滑装置。施工船舶楼梯、走廊等应保持通畅,梯口、应急场所应设有醒目的安全警示标志。**工程船舶必须在核定航区和作业水域内作业。工程船舶作业、航行或停泊时,应按规定显示号灯或号型。

水上工况条件超过施工船舶作业性能时,必须停止作业。在狭窄水道和来往船舶频繁的水域施工时,应设专人值守通信频道。遇雨、雾、霾等能见度不良天气时,工程船舶和施工区域应显示规定的信号,必要时应停止航行或作业。遇大风天气,船舶应按规定及时进避风锚地或港池。

靠泊船舶上下人或两船间倒运货物,应搭设跳板、扶手及安全网。交通船舶必须配有救生设备,载人严禁超过乘员定额。定位船及抛锚作业船,其锚链、锚缆滚滑区域不得站人,锚缆伸出的水域应设置警示标志。运输船舶装货时必须均匀加载,严禁超载、超宽、偏载。卸货时必须分层均匀卸载。

起重船作业应符合下列规定:

(1)作业前,人员应熟悉吊装方案,明确联系方式和指挥信号。

(2)根据吊装要求,起重船应指导驳船选择锚位和系缆位置。

(3)吊装前,吊钩升降、吊臂仰俯,制动性能应良好。安全装置应正常有效。

(4)吊装结束后,起重船应退离安装位置,并对起重吊钩进行封钩。

打桩船作业应符合下列规定:

(1)打桩船作业应统一指挥。

(2)打桩架上的活动物件应放稳、系牢,打桩架上的工作平台应设有防护栏杆和防滑装置。

(3)穿越群桩的前缆应选择合适位置,绞缆应缓慢操作,缆绳两侧 10 m 范围内不得有工程船舶或作业人员进入。

(4)桩架底部两侧悬臂跳板的强度和刚度应满足作业要求,跳板的移动和封固装置应灵活、牢固、有效。

打桩船电梯笼必须设防坠落安全装置,笼内必须设置升降控制开关。桩锤检修或加油时,严禁启动吊锤卷扬机。甲板驳需要配备履带吊、打桩架等机械时,必须符合下列规定:船舶的稳性必须核算;机械就位处的船体甲板和船舱骨架必须加固;履带吊等机械底盘与船体必须整体固结。拖轮配合非自航工程船舶作业,应由拖轮船长和工程船船长共同商定顶推、绑拖、吊拖的编队方式,拖轮拖力应满足要求。

水中围堰(套箱)和水中作业平台应设置船舶靠泊系统和人员上下通道,临边应设置高度不低于 1.2 m 的防护栏杆,挂设安全网和救生圈。四周应设置警示标志和夜间航行警示灯光信号,通航密集水域应配备警戒船和应急拖轮。

(七)路基工程安全管理措施

1. 一般规定

路基施工前应掌握影响范围内地下埋设的各种管线情况,制定安全措施。施工中发现危险品及其他可疑物品时,应立即停止施工,按照规定报请有关部门处理。

机械作业范围内不得同时进行人工作业。施工机械设备不宜在坡度大的边坡区域作业,必要时应采取防止设备倾覆的措施。多台机械同时作业时,各机械之间应保持安全距离。路基边坡、边沟、基坑边缘地段上作业的机械应采取防止机械倾覆、基坑坍塌的安全措施。

2. 场地清理

不得焚烧杂草、树木等。清理淤泥或处理空穴前,应查明地质情况,采取保证人员和机械安全的防护措施。

3. 土方工程

取土场(坑)的边坡、深度等应满足设计要求,且不得危及周边建(构)筑物等既有设施的安全。

取土场(坑)底部应平顺并设有排水设施,取土场(坑)边周围应设置警示标志和安全防护设施,宜设置夜间警示和反光标志。

地面横向坡度陡于 1∶10 的区域,取土坑应设在路堤上侧。取土坑与路基间的距离应满足路基边坡稳定的要求,取土坑与路基坡脚间的护坡道应平整密实,表面应设 1% ~ 2% 向外倾斜的横坡。

路堑开挖应采取保证边坡稳定的措施,边坡有防护要求的应开挖一级防护一级,且应自上而下开挖,不得掏底开挖、上下同时开挖、乱挖超挖。开挖应按施工方案执行,并应符合下列规定:

(1)宜按规定监测土体稳定性。

(2)应采取临时排水措施。

(3)应及时排除地表水、清除不稳定孤石。

深挖路堑施工应及时施做临时排水设施。边坡应严格按设计坡度开挖,并应监测边坡的稳定性。

填方作业区边缘应设置明显的警示标志,并应做好临时排水。

高填方路堤施工应符合下列规定:

(1)路堤预留宽度应符合设计要求。

(2)应及时施做边坡临时排水设施。

(3)作业区边缘应设置明显的警示标志。

(4)应进行位移监测。

靠近结构物处挖土应采取安全防护措施。路基范围内暂时不能迁移的结构物应预留土台,并应设警示标志。

4. 石方工程

爆破作业前应设置警戒区。石方开挖严禁采用硐室爆破。近边坡部分宜采用光面爆破或预裂爆破。

深挖路堑施工过程中,应及时施做临时排水设施。边坡应严格按设计坡度开挖,并应监测边坡的稳定性。

5. 软基处理

施工场地及机械行走范围的承载力应满足相应的要求,并应保持平整。振沉砂桩或碎石桩作业灌料斗下方不得站人。

强夯施工应符合下列规定:

(1)强夯作业区应封闭管理并设置安全警示标志,由专人负责统一指挥。

(2)强夯机架刚度、强度、稳定性应满足施工要求,变换夯位后,应检查门架支腿。作业前,应提升夯锤0.1~0.3 m检查整机的稳定性。

(3)吊锤机械驾驶室前应设置防护网,驾驶员应佩戴防护镜。

旋喷桩的高压设备和管路系统的密封圈应完好,各管道和喷嘴内不得有杂物。喷射过程中出现压力突变应停工查明原因。

在淤泥区域进行换填施工作业时,应采取防止人员陷入的措施。

(八)路面工程安全管理措施

1. 一般规定

施工现场出入口、沿线各交叉口等处应设明显警示、警告标志,并应设专人指挥。机械设备停放位置应平整,周围应设置明显的警示标志,夜间应设警示灯。开挖下承层沟槽或施作伸缩缝应设置明显的安全警示标志。

夜间施工,现场作业人员应身穿反光服,路口、危险路段和桥头引道应设置警示灯或反光标志,施工设备均应有照明设备和明显的警示标志,照明应满足夜间施工要求。

2. 基层与底基层

拌合作业开机前应警示,拌合机前不得站人,拌合过程中人员不得跨越皮带或调整皮带运输机。

混合料运输应按指定线路行走,不得超载、超速。卸料升斗时,人员不得在车斗的正下方停留。

整平和摊铺作业应临时封闭交通、设明显警示标志，下承层内的各类检查井口应稳固封盖，辅助作业人员应面向压路机方向作业，设备之间应保持安全距离。

碾压作业应符合下列规定:多台压路机同时作业时,各机械之间应保持安全距离;作业人员应在行驶机械后方清除轮上黏附物;碾压区内人员不得进入,确需人员进入的应安排专人监护。

3. 沥青面层

封层、透层、黏层施工应符合下列规定:

（1）喷洒前应做好检查井、闸井、雨水口的安全防护。

（2）洒布车行驶中不得使用加热系统。洒布地段不得使用明火。

（3）小型机具洒布沥青时，喷头不得朝上，喷头 10 m 范围不得站人，不得逆风作业。

（4）大风天气，不得喷洒沥青。

沥青储存地点应配备灭火器、消防砂等消防设施,并应设置警示标志。

沥青脱桶、导热油加热沥青作业应采取防火、防烫伤措施。

沥青混合料拌合作业除应符合前文基层与底基层拌合作业规定外，尚应符合下列规定:

（1）拌合机点火失效时，应关闭喷燃器油门，并应通风清吹后再行点火。

（2）拌合过程中人员不得在石料溢流管、升起的料斗下方站立或通行。

（3）沥青罐内检查不得使用明火照明。

（4）沥青拌合站应配备灭火器、消防砂等消防设施。

沥青路面摊铺、碾压应与前文基层与底基层施工的有关规定应保持一致。

4. 水泥混凝土面层

摊铺作业布料机与振平机应保持安全距离。切缝、刻槽作业范围应设警戒区。

（九）桥梁工程施工安全管理措施

1. 模板、支架和拱架

支架立柱在排架平面内应设水平横撑。碗扣支架立柱高度在 5 m 以内时，水平撑不得少于两道，立柱高于 5 m 时，水平撑间距不得大于 2 m，并应在两横撑之间加双向剪刀撑。在排架平面外应设斜撑，斜撑与水平交角宜为 45°。支架立柱必须落在有足够承载力的地基上,立柱底端必须放置垫板或混凝土垫块。支架地基严禁被水浸泡,冬期施工必须采取防止冻胀的措施。

模板、支架和拱架拆除应按设计要求的程序和措施进行,遵循“先支后拆、后支先拆”的原则。支架和拱架,应按几个循环卸落,卸落量宜由小渐大。每一循环中,在横向应同时卸落,在纵向应对称均衡卸落。

温馨提示

支架和拱架拆除时不得上下多层交叉作业，应自上而下进行。

预应力混凝土结构的侧模应在预应力张拉前拆除；底模应在结构建立预应力后拆除。

拆除模板、支架和拱架时不得猛烈敲打、强拉和抛扔。模板、支架和拱架拆除后，应维护整理，分类妥善存放。

2. 基坑开挖

基坑开挖应符合下列规定：

(1)基坑宜安排在枯水或少雨季节开挖。

(2)坑壁必须稳定。

(3)基底应避免超挖，严禁受水浸泡和受冻。

(4)当基坑及其周围有地下管线时，必须在开挖前探明现况。对施工损坏的管线，必须及时处理。

(5)**槽边堆土时，堆土坡脚距基坑顶边线的距离不得小于 1 m，堆土高度不得大于 1.5 m。**

(6)基坑挖至标高后应及时进行基础施工，不得长期暴露。

3. 支架上浇筑

在固定支架上浇筑施工应符合下列规定：

(1)支架的地基承载力应符合要求，必要时，应采取加强处理或其他措施。

(2)应有简便可行的落架拆模措施。

(3)各种支架和模板安装后，宜采取预压方法消除拼装间隙和地基沉降等非弹性变形。

(4)安装支架时，应根据梁体和支架的弹性、非弹性变形，设置预拱度。

(5)支架底部应有良好的排水措施，不得被水浸泡。

(6)浇筑混凝土时应采取防止支架不均匀下沉的措施。

在移动模架上浇筑时，模架长度必须满足分段施工要求，分段浇筑的工作缝，应设在零弯矩点或其附近。

4. 悬臂浇筑

挂篮结构主要设计参数应符合下列规定：

(1)挂篮质量与梁段混凝土的质量比值宜控制在 0.3 ~0.5，特殊情况下不得超过 0.7。

(2)允许最大变形（包括吊带变形的总和）为 20 mm。

(3)施工、行走时的抗倾覆安全系数不得小于 2。

(4)自锚固系统的安全系数不得小于 2。

(5)斜拉水平限位系统和上水平限位安全系数不得小于 2。

挂篮组装后，应全面检查安装质量，并应按设计荷载做载重试验，以消除非弹性变形。

顶板底层横向钢筋宜采用通长筋。如挂篮下限位器、下锚带、斜拉杆等部位影响下一步操作需切断钢筋时，应待该工序完工后，将切断的钢筋连好再补孔。

当梁段与桥墩设计为非刚性连接时，浇筑悬臂段混凝土前，应先将墩顶梁段与桥墩临时固结。墩顶梁段和附近梁段可采用托架或膺架为支架就地浇筑混凝土。托架、膺架应经过设计,计算其弹性及非弹性变形。悬臂浇筑混凝土时,宜从悬臂前端开始,最后与前段混凝土连接。

(十)特种设备安全管理措施

1. 特种设备的概念

特种设备是指涉及生命安全、危险性较大的锅炉、压力容器(含气瓶)、压力管道、电梯、起重机械、客运索道、大型游乐设施和场(厂)内专用机动车辆。

2. 特种设备的生产

特种设备生产单位,应当依照法律规定以及国务院特种设备安全监督管理部门制订并公布的安全技术规范(以下简称安全技术规范)的要求,进行生产活动。特种设备生产单位对其生产的特种设备的安全性能和能效指标负责,不得生产不符合安全性能要求和能效指标的特种设备,不得生产国家产业政策明令淘汰的特种设备。

3. 特种设备的使用

特种设备在投入使用前或者投入使用后 30 日内,特种设备使用单位应当向直辖市或者设区的市的特种设备安全监督管理部门登记。登记标志应当置于或者附着于该特种设备的显著位置。

特种设备使用单位应当建立特种设备安全技术档案。安全技术档案应当包括以下内容:

(1)特种设备的设计文件、制造单位、产品质量合格证明、使用维护说明等文件以及安装技术文件和资料。

(2)特种设备的定期检验和定期自行检查的记录。

(3)特种设备的日常使用状况记录。

(4)特种设备及其安全附件、安全保护装置、测量调控装置及有关附属仪器仪表的日常维护保养记录。

(5)特种设备运行故障和事故记录。

(6)高耗能特种设备的能效测试报告、能耗状况记录以及节能改造技术资料。

特种设备使用单位应当按照安全技术规范的定期检验要求,在安全检验合格有效期届满前 1 个月向特种设备检验检测机构提出定期检验要求。检验检测机构接到定期检验要求后,应当按照安全技术规范的要求及时进行安全性能检验和能效测试。未经定期检验或者检验不合格的特种设备,不得继续使用。

4. 特种设备安全教育培训

特种设备使用单位应当对特种设备作业人员进行特种设备安全、节能教育和培训,保证特种设备作业人员具备必要的特种设备安全、节能知识。

特种设备作业人员在作业中应当严格执行特种设备的操作规程和有关的安全规章制度。

5. 特种设备的检验检测

从事法规规定的监督检验、定期检验、型式试验以及专门为特种设备生产、使用、检验检测提供无损检测服务的特种设备检验检测机构,应当经国务院特种设备安全监督管理部门核准。特种设备使用单位设立的特种设备检验检测机构,经国务院特种设备安全监督管理部门核准,负责本单位核准范围内的特种设备定期检验工作。

特种设备检验检测机构,应当具备下列条件:

(1)有与所从事的检验检测工作相适应的检验检测人员。

(2)有与所从事的检验检测工作相适应的检验检测仪器和设备。

(3)有健全的检验检测管理制度、检验检测责任制度。

6. 特种设备的现场安全管理

(1)现场设备与台账相符。现场设备与设备台账,以及设备布置图相一致。

(2)悬挂使用登记证。特种设备使用登记证(可使用复印件),应置于特种设备旁边。

(3)张贴安全标志。如机电合格类标志、警示标志、禁用标志、压力管道标志、重点监控特种设备标志等。

(4)特种设备管理制度、责任制、操作规程的张贴。

(5)设备运行情况及环境情况。

第二节　安全管理双重预防机制

一、公路工程施工项目安全风险分级管理

(一)工作目标

通过全员全过程参与,建立覆盖公路工程项目建设全过程的规范有效、可控制、可考核和可追溯的施工安全风险分级管控和事故隐患排查治理双重预防体系,确保公路工程项目施工安全顺利。

(二)风险分级管控

1. 作业活动风险点确定

作业活动风险点划分应遵循“大小适中、便于分类、功能独立、易于管理、范围清晰、责任明确”的原则。

2. 风险辨识

项目部应组织相关职能部门人员按照风险作业活动,采用相应的辨识方法,对存在的风险进行辨识,充分考虑不同状态和不同环境带来的影响,并判断其在现有安全控制措施条件下可能导致的事故类型及其后果。

3. 风险评价

项目部在对风险点进行风险评价时,应结合自身可接受风险实际,制定事故(事件)发生的可能性、频繁程度、损失后果、风险值的取值标准和评价级别。

风险评价方法包含作业条件危险性分析法(LEC)、风险判定矩阵法、直接判定法等。

根据风险危险程度,按照从高到低的原则,风险划分为重大风险、较大风险、一般风险和低风险四个级别,分别用“红色、橙色、黄色和蓝色”四种颜色表示。

4. 控制措施

风险控制措施主要有工程技术措施、管理措施、培训教育措施、个体防护措施、应急处置措施等。

二、公路工程施工项目事故隐患排查治理

（一）安全生产事故隐患的概念

安全生产事故隐患，是指生产经营单位违反安全生产法律、法规、规章、标准、规程和安全生产管理制度的规定，或者因其他因素在生产经营活动中存在可能导致事故发生的物的危险状态、人的不安全行为和管理上的缺陷。

事故隐患分为一般事故隐患和重大事故隐患。一般事故隐患，是指危害和整改难度较小，发现后能够立即整改排除的隐患。重大事故隐患，是指危害和整改难度较大，应当全部或者局部停产停业，并经过一定时间整改治理方能排除的隐患，或者因外部因素影响致使生产经营单位自身难以排除的隐患。

（二）安全生产事故隐患排查

工程项目安全生产事故隐患排查的目的是消除隐患、防止事故、改善劳动条件及提高员工安全生产意识，是安全控制工作的一项重要内容。通过安全生产事故隐患排查可以发现工程中的危险因素，以便有计划地采取措施，保证安全生产。施工项目的安全生产事故隐患排查应由项目经理组织，定期进行。

出现下列情况之一时，各级单位、各部门应及时组织进行专项事故隐患排查：有关安全生产法律法规、标准规范发布或者变更、修改；有可能影响安全的作业条件、设备设施、工艺技术及工艺参数改变；组织机构发生大的调整；复工复产、发生事故或者险情；夏季汛期、冬季冷冻以及极端或异常天气、重大节假日、大型活动前；其他应当进行专项事故隐患排查的情况。

知识拓展

公路工程施工安全生产事故隐患排查的目标是实现“两项达标”“四项严禁”和“五项制度”。其中，“两项达标”的内容包括：

（1）施工人员管理达标。一线人员用工登记、施工安全培训记录、安全技术交底记录、施工意外伤害责任保险等符合有关规定。

（2）施工现场防护达标。一线人员个人防护措施、施工现场安全防护措施等符合有关规定。

1. 安全生产事故隐患排查的类型

安全生产事故隐患排查可分为日常性安全检查、综合性安全检查、专项安全检查、季节性安全检查等。其中，日常性安全检查即经常的、普遍的检查。企业一般每年进行 1～4 次；工程项目组、车间、科室每月至少进行 1 次；班组每周、每班次都应进行检查。专职安全技术人员的日常检查应该有计划，针对重点部位周期性进行。季节性安全检查是指根据季节特点，为保障安全生产的特殊要求所进行的检查。如春季风大，要着重防火、防爆；夏季高温多雨雷电，要着重防暑、降温、防汛、防雷击、防触电；冬季着重防寒、防冻等。

2. 安全生产事故隐患排查的主要内容

（1）查思想。查思想主要检查企业的领导和职工对安全生产工作的认识。

（2）查管理。查管理主要检查工程的安全生产管理是否有效。主要内容包括：安全生产责任制，安全技术措施计划，安全组织机构，安全保证措施，安全技术交底，安全教育，持

证上岗，安全设施，安全标识，操作规程，违规行为，安全记录等。

(3)查隐患。查隐患主要检查作业现场是否符合安全生产、文明生产的要求。

(4)查整改。查整改主要检查对过去提出问题的整改情况。

(5)查事故处理。对安全事故的处理应达到查明事故原因、明确责任并对责任者做出处理、明确和落实整改措施等要求。同时还应检查对伤亡事故是否及时报告，认真调查、严肃处理。

知识拓展

施工单位应对排查出的事故隐患进行分类登记，对于重大事故隐患应在现场悬挂醒目标志牌向社会公示，并报县级人民政府应急管理部门备案。

3. 安全生产事故重大隐患排查职责

公路水运建设项目重大隐患排查治理实行“业主组织、监理核实、施工治理”的工作机制。参与各方应确保隐患排查登记、公示公告、治理销号等过程闭合，档案完整。

项目施工单位是重大隐患排查治理的责任主体，应建立相应的工作机制，并层层落实责任人。项目施工单位的主要负责人对重大隐患排查治理工作全面负责。 施工企业总部质量安全管理部门应对企业所承揽的全部公路水运建设项目重大隐患排查治理情况，开展经常性的巡视检查。

项目施工单位应定期组织开展安全生产隐患排查。公路水运工程中的深基坑、高支模、长大隧道或地质不良隧道、水(海)上作业、大型起重吊装作业以及爆破作业等技术难度大、风险高、参与人员多的施工环节应实施动态排查。对确认存在重大隐患的，在施工现场应设立风险告知牌，并对一线作业人员进行风险告知。重大隐患经项目监理单位确认后应向项目建设单位备案。项目监理、建设单位应及时主动向具有项目管辖权的交通运输主管部门报告。

施工单位法定代表人、项目经理是安全生产事故隐患排查治理的第一责任人，对管理范围内安全生产事故隐患排查治理工作负全面负责。

(三)安全生产事故隐患治理

生产经营单位应当每季、每年对本单位事故隐患排查治理情况进行统计分析，并分别于下一季度15日前和下一年1月31日前向安全监管监察部门和有关部门报送书面统计分析表。统计分析表应当由生产经营单位主要负责人签字。

对于重大事故隐患，生产经营单位除依照前款规定报送外，应当及时向安全监管监察部门和有关部门报告。重大事故隐患报告内容应当包括：

(1)隐患的现状及其产生原因。

(2)隐患的危害程度和整改难易程度分析。

(3)隐患的治理方案。

对于一般事故隐患，由生产经营单位(车间、分厂、区队等)负责人或者有关人员立即组织整改。

对于重大事故隐患，由生产经营单位主要负责人组织制定并实施事故隐患治理方案。

生产经营单位在事故隐患治理过程中，应当采取相应的安全防范措施，防止事故发生。

事故隐患排除前或者排除过程中无法保证安全的，应当从危险区域内撤出作业人员，并疏散可能危及的其他人员，设置警戒标志，暂时停产停业或者停止使用；对暂时难以停产或者停止使用的相关生产储存装置、设施、设备，应当加强维护和保养，防止事故发生。

考题探究

【单选题】负责组织编制重大事故隐患治理方案的是(　　)。

A. 施工单位负责人　　B. 施工单位技术负责人

C. 项目负责人　　D. 项目技术负责人

C。【解析】对于重大事故隐患，由生产经营单位主要负责人(项目负责人)组织制定并实施事故隐患治理方案。重大事故隐患治理方案应当包括以下内容：(1)治理的目标和任务。(2)采取的方法和措施。(3)经费和物资的落实。(4)负责治理的机构和人员。(5)治理的时限和要求。(6)安全措施和应急预案。

(四)安全生产事故隐患排查评估与验收

地方人民政府或者安全监管监察部门及有关部门挂牌督办并责令全部或者局部停产停业治理的重大事故隐患，治理工作结束后，有条件的生产经营单位应当组织本单位的技术人员和专家对重大事故隐患的治理情况进行评估；其他生产经营单位应当委托具备相应资质的安全评价机构对重大事故隐患的治理情况进行评估。经治理后符合安全生产条件的，生产经营单位应当向安全监管监察部门和有关部门提出恢复生产的书面申请，经安全监管监察部门和有关部门审查同意后，方可恢复生产经营。申请报告应当包括治理方案的内容、项目和安全评价机构出具的评价报告等。

温馨提示

2023年5月31日，交通运输部办公厅发布了《关于印发公路水运工程施工安全治理能力提升行动方案的通知》，通知中列出了公路工程建设项目施工安全重大事故隐患基础清单(试用)，清单中详细说明了各类工程在各施工环节中的隐患内容及易引发的事故类型。如路基工程高边坡施工易引发坍塌，桥梁工程深基坑施工、大型沉井下沉、移动模架施工、架桥机施工、挂篮施工均易引发坍塌。具体内容可参照清单进行学习，重点关注各施工环节易引发的事故类型。

第三节　公路工程施工项目应急管理

一、应急预案管理

应急预案的管理实行属地为主、分级负责、分类指导、综合协调、动态管理的原则。

应急管理部负责全国应急预案的综合协调管理工作。国务院其他负有安全生产监督管理职责的部门在各自职责范围内，负责相关行业、领域应急预案的管理工作。

县级以上地方各级人民政府应急管理部门负责本行政区域内应急预案的综合协调管理工作。县级以上地方各级人民政府其他负有安全生产监督管理职责的部门按照各自的职责负责有关行业、领域应急预案的管理工作。

生产经营单位主要负责人负责组织编制和实施本单位的应急预案，并对应急预案的真实性和实用性负责；各分管负责人应当按照职责分工落实应急预案规定的职责。

二、应急预案编制

生产经营单位应急预案编制程序包括成立应急预案编制工作组、资料收集、风险评估、应急资源调查、应急预案编制、桌面推演、应急预案评审和批准实施八个步骤。

应急预案各编制程序具体内容见表 3-6-1。

表 3-6-1　应急预案各编制程序具体内容

编制程序	具体内容
成立应急预案编制工作组	成立以单位有关负责人为组长，单位相关部门人员（如生产、技术、设备、安全、行政、人事、财务人员）参加的应急预案编制工作组。预案编制工作组中应邀请相关救援队伍以及周边相关企业、单位或社区代表参加
资料收集	应收集企业周边地质、地形、环境情况及气象、水文、交通等相关资料
风险评估	开展生产安全事故风险评估，撰写评估报告，其内容包括但不限于： (1)辨识生产经营单位存在的危险有害因素，确定可能发生的生产安全事故类别。 (2)分析各种事故类别发生的可能性、危害后果和影响范围。 (3)评估确定相应事故类别的风险等级
应急资源调查	全面调查和客观分析本单位以及周边单位和政府部门可请求援助的应急资源状况，撰写应急资源调查报告
应急预案编制	应急预案编制应当遵循以人为本、依法依规、符合实际、注重实效的原则
桌面推演	相关部门及其人员可采取桌面演练的形式，模拟生产安全事故应对过程，逐步分析讨论并形成记录，检验应急预案的可行性，并进一步完善应急预案。桌面演练的相关要求见相关规范
应急预案评审	(1)应急预案编制完成后，生产经营单位应按法律法规有关规定组织评审或论证。 (2)应急预案评审程序为：评审准备→组织评审→修改完善
批准实施	通过评审的应急预案，由生产经营单位主要负责人签发实施

三、应急预案体系

生产经营单位应急预案分为综合应急预案、专项应急预案和现场处置方案。生产经营单位应根据有关法律、法规和相关标准，结合本单位组织管理体系、生产规模和可能发生的事故特点，科学合理确立本单位的应急预案体系，并注意与其他类别应急预案相衔接。

四、应急预案实施

生产经营单位应当组织开展本单位的应急预案、应急知识、自救互救和避险逃生技能的培训活动，使有关人员了解应急预案内容，熟悉应急职责、应急处置程序和措施。应急培训的时间、地点、内容、师资、参加人员和考核结果等情况应当如实记入本单位的安全生产教育和培训档案。

各级人民政府应急管理部门应当至少每2年组织一次应急预案演练，提高本部门、本地区生产安全事故应急处置能力。

生产经营单位应当制定本单位的应急预案演练计划，根据本单位的事故风险特点，每年至少组织一次综合应急预案演练或者专项应急预案演练，每半年至少组织一次现场处置方案演练。易燃易爆物品、危险化学品等危险物品的生产、经营、储存、运输单位，矿山、金属冶炼、城市轨道交通运营、建筑施工单位，以及宾馆、商场、娱乐场所、旅游景区等人员密集场所经营单位，应当至少每半年组织一次生产安全事故应急预案演练，并将演练情况报送所在地县级以上地方人民政府负有安全生产监督管理职责的部门。

应急预案演练结束后，应急预案演练组织单位应当对应急预案演练效果进行评估，撰写应急预案演练评估报告，分析存在的问题，并对应急预案提出修订意见。

应急预案编制单位应当建立应急预案定期评估制度，对预案内容的针对性和实用性进行分析，并对应急预案是否需要修订作出结论。矿山、金属冶炼、建筑施工企业和易燃易爆物品、危险化学品等危险物品的生产、经营、储存、运输企业、使用危险化学品达到国家规定数量的化工企业、烟花爆竹生产、批发经营企业和中型规模以上的其他生产经营单位，应当每3年进行一次应急预案评估。应急预案评估可以邀请相关专业机构或者有关专家、有实际应急救援工作经验的人员参加，必要时可以委托安全生产技术服务机构实施。

有下列情形之一的，应急预案应当及时修订并归档：

(1)依据的法律、法规、规章、标准及上位预案中的有关规定发生重大变化的。

(2)应急指挥机构及其职责发生调整的。

(3)安全生产面临的风险发生重大变化的。

(4)重要应急资源发生重大变化的。

(5)在应急演练和事故应急救援中发现需要修订预案的重大问题的。

(6)编制单位认为应当修订的其他情况。

生产经营单位发生事故时，应当第一时间启动应急响应，组织有关力量进行救援，并按照规定将事故信息及应急响应启动情况报告事故发生地县级以上人民政府应急管理部门和其他负有安全生产监督管理职责的部门。

生产安全事故应急处置和应急救援结束后，事故发生单位应当对应急预案实施情况进行总结评估。

第七章 绿色施工及现场环境管理

第一节 绿色施工

一、公路工程信息化建设技术

公路信息化是指应用信息、通信、控制以及人工智能等技术，通过信息基础设施、数据资源以及应用系统开发、建设，支撑公路建设、管理、养护、运营全过程业务优化和协同高效的过程。

信息化应用是指依托公路信息基础设施提供的共性支撑条件，为满足公路建设、管理、养护、运营等各类业务需要，开发形成的具有一定功能的软硬件集成系统或模块。

公路工程信息模型是指建筑信息模型（BIM）在公路工程全生命期的应用。

知识拓展

BIM 技术在公路工程建设中的应用主要有以下两个方面：

（1）在公路设计方面，BIM 技术可以与 CAD 软件结合使用，快速生成三维模型，提高设计效率。通过 BIM 技术，还可以在设计阶段对公路各种因素进行分析，包括测量、碰撞检测、空间协调等，保证设计质量和可靠性。

（2）在公路施工方面，BIM 技术可以通过模拟施工过程和模型展示布置情况来提高施工的可视化性。例如，BIM 技术可以对道路横断面、纵断面、其他工程建筑物等进行 3D 展示，使施工者能够更好地理解施工图并进行施工操作。此外，在施工过程中，BIM 技术还可以对施工进度进行跟踪和更新，从而提高施工的效率和准确性。

二、公路工程节能减排

（一）总则

为贯彻节约能源相关法律法规和方针政策，统一公路工程节能标准，提高能源利用效率，降低能耗，新建和改扩建公路工程建设与运营的全过程应坚持节能。

专家解读

节约能源是中国的一项基本国策，我国公路工程项目的设计和施工等各个环节，历来十分重视节能工作，特别是在公路选线、桥梁标准化和预制化、隧道通风和照明、路面路基材料、供配电等方面积累了丰富的经验。公路工程要坚持资源开发和节约并重，在满足公路交通运输要求的前提下，尽可能节约能源，在规划、设计、施工、运营、养护等各个环节中以节能、节水、节地、资源综合利用和发展循环经济为重点，以提高资源利用效率为核心，以尽可能少的资源消耗，尽可能小的环境代价，创造尽可能多的经济社会效益，促进公路行业的可持续发展。

公路工程应在可行性研究阶段、设计阶段、施工阶段、运营阶段、养护阶段做好节能减排工作。

（二）可行性研究阶段

可行性研究阶段应统筹考虑公路工程建设项目的全寿命周期技术与经济特性，采用有利于降低建设期及运营期综合能耗的技术标准、建设方案和实施方案。

公路工程建设项目应根据当地资源条件和能源政策，在可行性研究报告中对建设项目可能对当地能源供给的影响进行分析。节能评估应对公路建设项目的节能效益和可行性进行综合评估。

（三）设计阶段

1. 一般规定

公路工程建设项目应加强设计阶段的节能设计，遵循合理用能、优化资源和能源配置原则，从总体方案、材料与工艺、能源类型、用能供能设备、节能控制等方面制定节能措施和技术要求。

设计阶段应优先选用国家、行业相关节能技术目录中的技术或产品，列出公路工程所应使用的节能技术或产品清单。

2. 路线

路线方案的确定应充分考虑能耗因素，结合地形条件、周围环境及车辆行驶要求，按照综合效益高、服务质量好、综合能耗低的原则布设。

路线的平面、纵断面、横断面线形指标应自然顺畅，达到挖填土石方量平衡。平曲线半径及纵坡坡度、坡长不宜使车辆频繁制动。

3. 其他

公路工程路基路面、桥梁、隧道、监控、通信和收费、照明、供配电、房屋建筑、给排水等的设计应综合考虑各项能耗因素，合理设置。

（四）施工阶段

1. 一般规定

施工阶段应落实设计阶段提出的节能设计方案，并根据实际施工情况，对节能方案进行优化和细化，对选用的设备和系统进行容量核算，降低施工能耗。

编制施工组织方案时，应将能耗作为重要指标，通过优化施工场地布设、施工方法、标准化工艺、作业流程、工序等降低施工期能耗。

施工场地布设应充分利用地形条件，注重节约用地，提高人、车、物资转移的效率，应兼顾永久用地、永久用能设施需求，做好施工期临时用地和临时用能的总体规划。

施工阶段应根据设计的节能产品清单及国家对节能产品的相关规定，优先选用国家、行业相关节能技术目录中的技术或产品。

施工阶段应充分利用信息化技术，提高施工效率。

2. 施工组织

施工组织应根据工程特点、设计方案和总进度要求，从施工方案、作业流程、施工工序、工程进度等方面选择经济可行、低能耗的节能措施，利用信息化手段，提高施工效率和管理水平。

施工场地布设应减少施工区域内车流、人员、机械设备的相互干扰，减少物资搬运量，提高运输效率。

施工用电宜以当地电网为主，并与运营期用电相结合，减少现场发电机发电量。

施工阶段应充分利用现有料场。新设料场应综合考虑其位置、开采方式、数量等对坡面植被、河水流向和水土保持等的影响。

3. 施工工艺

施工工艺应技术可行、经济合理，统筹安排材料、机具资源和人力资源，减少重复施工，并将施工能耗作为重要的节能指标。

施工工序应保持施工作业的连续性，提高生产效率和机械设备的使用效率，降低设备的单位耗能。

路基、路面、桥梁施工工艺应符合表 3-7-1 的要求。

表 3-7-1　路基、路面、桥梁施工工艺要求

单位工程	施工工艺要求
路基	(1)兼顾临时排水设施与永久性排水设施，与工程影响范围内的自然排水系统相协调。 (2)施工机械与地质条件和路基材料相匹配，提高作业效率
路面	(1)应合理使用连续式沥青混合料拌合设备。 (2)在保证施工均匀性的基础上，宜选择高效率的施工摊铺宽度。 (3)应选择有利于减少路面压实离析的设备组合和压实遍数，提高压实均匀度和效率。 (4)应控制材料的施工温度，减少施工能耗
桥梁	(1)中、小桥梁宜采用预制吊装施工方案。 (2)大桥、特大桥宜采用挂篮悬浇或预制吊装等无支架方案

隧道施工应加强地质超前预报，采用适应围岩条件的施工方案和支护结构形式。

公路工程施工应采用节水施工方法、提高水资源循环利用率。

4. 机械设备

施工机械设备类型、数量和不同组合应满足工程特点、工程量及施工工期的要求，并与施工工艺相匹配，提高作业效率。

机械设备的选用应将设计能耗作为重要的评估指标，选用技术先进、安全可靠、能耗低和效率高的施工机械产品。

施工阶段应重点对下列机械设备的用能进行计量：挖掘、装载、运输等施工机械；路面混合料拌合设备，摊铺、碾压机械；桥梁桩工机械和构件预制、安装机械；隧道掘进、通风设备。

（五）运营阶段

公路工程运营阶段应执行并优化设计阶段提出的节能措施。运营阶段应从管理能耗和使用者能耗两方面进行节能控制，加强重点能耗环节和设施的能耗监测与统计，根据实际运营情况确定节能控制方案。

（六）养护阶段

公路工程养护阶段应从养护材料、工艺、用能和供能设备状况等方面降低养护作业能耗、提高设备工作能效。应积极推广精细化养护、标准化作业等节能新技术。

第二节　施工现场环境管理

一、项目部驻地建设

（一）一般规定

驻地建设一般包括建设单位驻地、监理单位驻地、施工单位驻地以及工地试验室的建设。驻地建设应体现以人为本的理念，着力改善项目各参建单位的生产、生活环境。驻地建设应因地制宜，尽量减少对环境的影响。

（二）驻地选址

选址位置宜靠近工程项目现场的中间位置，应远离地质自然灾害区域，用地合法，周围无塌方、滑坡、落石、泥石流、洪涝等自然灾害隐患，无高频、高压电源及油、气、化工等其他污染源。满足安全、环保、水保的要求，交通、通信便利，水电设施齐全。

离集中爆破区 500 m 以外，不得占用独立大桥下部空间、河道、互通匝道区及规划的取、弃土场。

为方便其他人员找寻驻地或拌合场等，在各驻地单位、拌合场、预制场附近主干道应设置指路牌；指路牌统一大小、颜色。

（三）场地建设

可自建或租用沿线合适的单位或民用房屋，但应坚固、安全、实用、美观，并满足工作、生活需求，自建房还应安装、拆卸方便且满足环保要求。**自建房屋最低标准为活动板房，建设宜选用阻燃材料，搭建不宜超过两层，每组最多不超过 10 栋，组与组之间的距离不小于 8 m，栋与栋之间的距离不小于 4 m，房间净高不低于 2.6 m。驻地办公区、生活区应采用集中供暖设施，严禁电力取暖。**为节约资源，建设单位宜尽早规划、建设后期营运管理中心，并尽可能利用营运管理中心作为项目建设的驻地。

宜为独立式庭院，四周设有围墙，有固定出入口。有条件的，可在出入口设置保卫人员。

办公、生活用房建筑面积和场地面积应满足办公和生活需要。

办公区、生活区及车辆、机具停放区等布局应科学合理，办公区、生活区等应分区管理，合理规划人车路线，尽可能减少不同区域间的互相干扰。区内场地及主要道路应做硬化处理，排水设施完善，庭院适当绿化，环境优美整洁，生活、生产污水和垃圾应集中收集处理。

（四）硬件设施

各单位驻地办公用房应按照管理需要设置，一般设置如下：

(1)建设单位一般设总经理（项目办主任、指挥长）办公室、副总经理办公室、总工程师办公室、各职能部门办公室、档案室、会议室等。

(2)监理单位一般设总监理工程师（驻地高监）办公室、副总监理工程师办公室、各职能部门办公室、档案室、试验室、会议室等。

(3)施工单位项目部一般设项目经理办公室（书记办公室）、项目总工程师办公室、项目副经理办公室、各职能部门办公室、档案室、试验室、会议室等。

各单位驻地办公用房面积应满足办公需要，一般不低于表 3-7-2 的规定。

表 3-7-2　各单位驻地办公用房面积标准

各室名称	配备标准/m^2			备注
	建设单位	监理单位	施工单位	
办公室	6	6	6	人均面积
会议室	100	60	60	具备多媒体功能
档案资料室	60	40	20	—
试验室	—	175	180	各操作室合计面积

驻地办公用房应实用、美观、隔热、通风、防潮,各室功能应满足要求。

所有班组(含劳务人员)应纳入施工工区集中居住、统一管理,生活用房建设应体现以人为本的理念,应实用、美观、隔热、通风、防潮,施工工区生活用房建设的最低标准见表 3-7-3,建设单位、监理单位、施工单位项目部生活用房建设标准应不低于施工工区生活用房的建设标准。

表 3-7-3　各单位驻地生活用房面积标准

各室名称	配备标准/m^2	备注
宿舍	3.5	人均面积
食堂(含餐厅)	0.8	人均面积
浴室	0.3	人均面积,总面积不小于 20 m^2
厕所	0.2	人均面积,总面积不小于 20 m^2

(五)试验室建设

工地试验室是指公路工程建设从业单位在工程现场为质量控制和检验工作需要而设立的临时试验室。工地试验室应经有权单位组织认定合格,并取得批准后方可正式开展试验检测工作。

试验室面积及检测设备配置应满足要求。

(六)其他要求

驻地内消防设施应满足《建设工程施工现场消防安全技术规范》的有关规定,在适当位置设置临时室外消防水池和消防砂池,配置相应的消防安全标识和消防安全器材,并经常检查、维护、保养。驻地内应设置消防通道,并保证消防车道的畅通,禁止在车道上堆物、堆料或挤占消防通道。驻地内使用的电气设备和临时用电应符合《施工现场临时用电安全技术规范》的规定,并按相关标准设置。

生活污水排放应进行规划设计,设置多级沉淀池,通过沉淀过滤达到排放标准。 厕所污水应通过集中独立管道进入化粪池,封闭处理。

驻地内应设置一个大型垃圾堆积池,容积不小于 3 m×2 m×1.5 m,将各种垃圾集中分类存放,定期按环保要求处置。驻地内应设有必要的防雷设施,为加强驻地安全管理工作,维护企业财产安全和职工生命财产安全,在条件允许情况下驻地应设置报警装置和监控设施。**驻地内标志标牌设置可参考表 3-7-4 规定执行。**

表 3-7-4　项目部驻地标志标牌标准

标识名称	尺寸(长×宽,cm)	颜色、字体要求	标识内容及要求	设置位置
项目名称牌	250×35(竖牌)	金底黑字	项目名称及合同段名称	驻地大门
党工委名称牌	250×35(竖牌)	金底红字	—	驻地大门
办公室门牌	28×10	金底红字	—	各办公室门墙上
宿舍门牌	18×10	金底红字	—	各宿舍门墙上
项目管理制度牌(含职责牌)	80×60	白底黑字	岗位职责、管理制度,要求在牌底部有单位名称	办公室、会议室
廉政监督牌	200×150	白底黑字	廉政制度、领导小组、监督小组及监督电话	会议室或驻地院内
工程简介牌	200×150	蓝底白字	—	会议室或驻地院内
安全保障体系	200×150	蓝底白字	—	会议室
质量保证体系	200×150	蓝底白字	—	会议室
施工组织体系	200×150	蓝底白字	—	会议室
文明施工牌	200×150	蓝底白字	—	会议室或驻地院内
消防保卫牌	200×150	蓝底白字	底部应标有火警电话 119	会议室或驻地院内
施工平面图	400×150	蓝底白字	—	会议室或驻地院内
工程立体效果图	400×150	白底彩图	—	会议室或驻地院内
宣传栏	240×120(单窗)	—	可设置多窗	驻地院内

注:本表中各标志标牌的尺寸、字体、颜色、标志内容以及设置位置仅作参考,各项目可作相应调整。

考题探究

【多选题】关于施工单位项目部驻地建设要求的说法,正确的有(　　)。

A. 自建房最低标准为活动板房,搭建不宜超过三层

B. 项目经理部人均办公面积一般不小于 6 m^2

C. 生活污水排放应进行规划设计,设置一级沉淀池

D. 寒冷地区驻地办公区、生活区应采用集中供暖设计,严禁电力取暖

E. 驻地采用院落封闭管理,距离集中爆破区 300 m 以外

BD。【解析】自建房屋最低标准为活动板房,建设宜选用阻燃材料,搭建不宜超过两层。故选项 A 错误。生活污水排放应进行规划设计,设置多级沉淀池,通过沉淀过滤达到排放标准。故选项 C 错误。驻地选址应离集中爆破区 500 m 以外。故选项 E 错误。

二、拌合站设置

(一)拌合站选址

拌合站选址除应符合场站建设一般规定外,还应根据本合同段的主要构造物分布、运输条件、通电和通水条件等特点综合选址,尽量靠近主体工程施工部位,做到运输便利、经

济合理;**并远离生活区、居民区,尽量设在生活区、居民区的下风向。**

(二)场地建设

拌合站应根据工程实际情况集中布置,宜采用封闭式管理,四周设置围墙,入口设置彩门和值班室。

拌合站建设应综合考虑施工生产情况,合理划分拌合作业区、材料计量区、材料库、运输车辆停放区、试验区、集料堆放区及生活区,内设洗车池(洗车台)、污水沉淀池和排水系统。生活区应与其他区隔离,生活用房按照“驻地建设”相关标准建设。

拌合站场地面积、搅拌机组配置及产能应满足生产、施工需求和工程进度要求,一般不低于表3-7-5规定。

表3-7-5　拌合站建设标准

拌合站类型	场地面积/m^2	每个拌合站搅拌机组最低配置
水泥混凝土拌合站	5 000	2台拌合机(每台至少有3个水泥罐、4个集料仓)
沥青混合料拌合站	35 000	1台拌合机(每台至少3个沥青罐、2个矿粉罐、冷热集料仓各5个)
水稳拌合站	15 000	1台拌合机(每台至少3个水泥罐、4个集料仓)

注:a. 场地面积为拌合站(含备料场)面积;对于崇山峻岭条件困难地区的面积可适当调减。

b. 场地面积、搅拌机组配置可结合施工进度要求、备料场大小等情况优化调整。

场地(含堆料区、加工区)应做硬化处理,主要运输道路应采用不小于20 cm厚的C20混凝土硬化,基础不好的道路应增设碎石掺石屑垫层。场内排水宜按照中间高四周低的原则预设不小于1.5%的排水坡度,四周宜设置砖砌排水沟,并采用M7.5砂浆抹面。

拌合站各罐体宜连接成整体,安装缆风绳和避雷设施,每一个罐体应喷涂成统一颜色,并绘制高速公路项目名称以及施工单位简称,两者竖向平行绘制,颜色(建议采用白底蓝字)、字体醒目。

原材料堆放应符合以下要求:

(1)凡用于工程的砂石料应按级配要求,不同粒径、不同品种分场存放,每区醒目位置设置材料标志牌,并采用不小于30 cm厚的混凝土或厚度不小于60 cm的浆砌片石隔墙等构造物分隔,隔墙高度应确保不串料(一般不小于2.5 m)。碎石储料仓的走向宜与拌合楼冷料仓的排列平行一致,并预留一定的空间,方便装载机上料。

(2)水泥混凝土、路面面层储料场应用混凝土进行硬化处理,路面基层储料场可用水稳材料进行硬化处理。料场底应高于外部地面,修筑成向外顺坡(不小于3%),并在料场口设置排水沟,防止料场积水。

(3)水泥混凝土、路面面层储料场应搭设顶棚,禁止太阳直接照晒或雨淋,顶棚宜采用轻型钢结构,高度应满足机械设备操作空间(一般不宜小于7 m),并满足受力、防风、防雨、防雪等要求。路面基层、底基层储料场地中细集料堆放区宜搭设防雨大棚,防止石料雨淋。

所有拌合机的集料仓应搭设防雨棚,并设置隔板,隔板高度不宜小于100 cm,确保不串料。

拌合设备应符合以下要求:

(1)混凝土拌合应采用强制式拌合机,单机生产能力不宜低于90 t/h。拌合设备应采用质量法自动计量，水、外掺剂计量应采用全自动电子称量法计量，禁止采用流量或人工计量方式，保证工作的连续性、自动性，且具备电脑控制及打印功能。减水剂罐体应加设循环搅拌水泵。

(2)水稳拌合应采用强制式拌合机，设备具备自动计量功能，一般设自动计量补水器加水，生产能力不宜低于 400 t/h。

(3)沥青混合料采用间歇式拌合机，配备计算机及打印设备，生产能力不宜低于 240 t/h。

(4)拌合站计量设备应通过当地有权部门标定后方可投入生产，使用过程中应不定期进行复检，确保计量准确。控制室安装 1 台分体式空调，保证各部电气元件正常工作。

拌合站应根据拌合机的功率配备相应的备用发电机，确保拌合站有可靠的电源使用。

（三）其他要求

作业平台、储料仓、集料仓、水泥罐等涉及人身安全的部位均应设置安全防护装置。传动系统裸露的部位应有防护装置和安全检修保护装置。设专人定期进行拌合站的清理和打扫，保持拌合站内卫生。每次拌合作业完成后，及时清洗机具，清理现场，做到场地整洁。临近居民区施工产生的噪声应符合现行的《建筑施工场界环境噪声排放标准》的规定。

应根据需要设置机动车辆、设备冲洗设施、排水沟及沉淀池，施工污水处理达标后方可排入市政污水管网或河流。砂石料场底部、上料台、上料输送带下部废料应经常性清理并保持清洁，严禁装载机铲料时铲底。地面应定期洒水，对粉尘源进行覆盖遮挡。

水泥、粉煤灰等材料进料时，应保证材料罐顶的密封性能，预留通气孔应设有降尘措施；当粉尘较大时，应暂时停止上料，待处理完毕后方可继续。沥青混合料拌合站推荐设置碎石加工除尘与石灰水循环水洗，确保细集料洁净无杂质。

三、预制场布设

（一）预制梁场

1. 预制梁场场地选址

预制梁场场地选址除应符合场站建设一般规定外，还应满足以下要求：

(1)原则上不宜设在主线征地范围内，若确实存在用地困难等特殊情况需要将预制场设于主线征地范围内时，应报项目建设单位审批。

(2)选址以方便、合理、安全、经济及满足工期为原则，结合施工合同段所属预制梁板的尺寸、数量、架设要求以及运输条件等情况进行综合选址。

根据预制梁场、存梁场面积，梁的运输与安装，地基承载力，施工便道等方面的影响，预制场选择的一般位置可分为以下三种：

(1)引道及其附近。引道及其附近作为预制场的情况较多，一方面可以节约部分用地，另一方面有一定的灵活性，可大可小，并且有利于大梁的运输。详细区分还可分为路基外预制场和路基上预制场。

(2)桥下预制场。在桥头填挖量大或引道坡度较大等情况下，选择桥下预制场比较理想。按场地情况可分为宽阔河滩上预制场和堤内狭窄预制场。

(3)特殊预制场。当现场附近设置预制场的用地较困难时，可采用特殊形式的预制场，如远距离预制场，桥上预制场或河堤上预制场。

知识拓展

场站建设一般规定：

(1)场站建设一般包括拌合站、钢筋加工场、预制场、施工材料存放场等建设。

(2)场站选址应满足用地合法，周围无塌方、滑坡、落石、泥石流、洪涝等地质灾害；无高频、高压电源及其他污染源；离集中爆破区 500 m 以外；不得占用规划的取、弃土场。

(3)施工材料存放应与拌合站、钢筋加工场、预制场等场地配套建设。

(4)场站临时用电应符合《施工现场临时用电安全技术规范》的有关规定，并按“临时用电”相关标准设置。

(5)场站消防设施应满足《建设工程施工现场消防安全技术规范》的有关规定，配置相应的消防安全标志和消防安全器材，并经常检查、维护、保养。

(6)施工机械设备产生的废水、废油及污水应经过处理，不得直接排入河流、湖泊或其他水域中，不得排入饮用水源附近的土地中。

(7)拌合站、钢筋加工场、预制场内标志、标牌设置明确，标记清晰，项目全线宜统一。

2. 预制梁场场地建设

预制梁场地建设前施工单位应将梁场布置方案报监理工程师审批，方案内容应包含各类型梁板的台座数量、模板数量、生产能力、存梁区布置及最大存梁能力等。预制场建设要与桥梁下部结构施工基本同步启动，避免出现“梁等墩”及“墩等梁”。

宜采用封闭式管理，场地内应按办公区、生活区、构件加工区、制梁区和存梁区、废料处理区等科学合理设置，功能明确，标记清晰。

各项目预制场应统筹设置，建设规模和设备配备应与预制梁板的数量和生产工期相适应，一般不低于表 3-7-6 规定。

表 3-7-6　预制场规模和相关设备配备表

内容	要求
钢筋棚	至少 1 座
台座数量	应与预制时间、数量相匹配
吊装设备	满足起吊吨位需要，至少 2 台
模板数量	按照台座数量的 1/(4 ~6)匹配
自动喷淋养生设施	每片梁板设喷管不得少于 3 条(顶部 1 条，侧面各 1 条)； 喷管长为梁体长 +1 m，喷头间距 0.5 m
必备的施工辅助设施	横隔板钢筋定位架、钢筋骨架定位架、横隔板底模支撑架
其他施工设备	满足施工需要

场内路面宜做硬化处理，主要运输道路应采用不小于 20 cm 厚的 C20 混凝土硬化，基础不好的道路应增设碎石掺石屑垫层。场内不允许积水，四周设置砖砌排水沟，并采用 M7.5 砂浆抹面。

预制梁场应尽量按照“工厂化、集约化、专业化”的要求规划、建设，每个预制梁场预制的梁板数量不宜少于 300 片。若个别受地形、运输条件限制的桥梁梁板需单独预制，规模可适当减小，但钢筋骨架定位胎膜、自动喷淋养护等设施仍应满足施工生产要求。预制场钢筋加工、混凝土拌合应尽量使用合同段既有的钢筋加工场、拌合站。预制梁板钢筋骨架应统一采用定位胎膜进行加工，并设置高强度砂浆垫块确保钢筋保护层。

设置自动喷淋养生设备,预制梁板采用土工布包裹喷淋养生(北方地区应根据气候情况采用蒸汽保湿养生),养生水应循环使用。

3. 预制梁板台座布设

下面以考题探究的形式对预制梁板台座布设的相关规定进行讲解。

考题探究

【单选题】关于预制梁板台座施工的说法,错误的是(　　)。

A. 先张法施工的张拉台座应采用钢筋混凝土框架式台座

B. 台座施工时底模可采用混凝土底模

C. 存梁区台座混凝土强度等级不低于C20

D. 台座底模宜采用通长钢板

B。【解析】预制梁板台座施工应符合下列规定:(1)预制梁板的台座强度应满足张拉要求,台座尽量设置于地质较好的地基上,在不良地基路段,应先进行地基处理。为防止发生张拉台座不均匀沉降、开裂事故,影响预制梁板的质量,先张法施工的张拉台座不得采用重力式台座,应采用钢筋混凝土框架式台座。台座端部受力处应设置钢筋网片。(2)底模宜采用通长钢板,钢板厚度应不小于6 mm,不得采用混凝土底模,推荐使用不锈钢底模板,并确保钢板平整、光滑,防止黏结造成底模“蜂窝”“麻面”。底模钢板应采取防止变形措施。(3)存梁区台座混凝土强度等级不低于C20,台座尺寸应满足使用要求。用于存梁的枕梁应设在离梁两端面各50～80 cm处,且不影响梁片吊装,支垫材质应采用承载力足够的非刚性材料,且不污染梁底。(4)在使用过程中,监理和施工单位应定期对台座进行复测检查,非不良地基区域的台座每3个月复测1次,不良地基区域的台座每月应复测1次,并建立观测数据档案,分析台座沉降情况,发现异常应及时处理。(5)梁板预制完成后,移梁前应对梁板喷涂统一标志和编号,标志内容包括预制时间、张拉时间、施工单位、梁体编号、部位名称等。空心板、箱梁最多存放层数应符合设计文件和相关技术规范要求。设计文件无规定时,空心板叠层不得超过3层,小箱梁和T梁堆叠存放不超过2层。预制梁存放时(特别是叠层存放)应采取支撑等措施确保安全稳定。

4. 其他要求

预制场出入口宜设置洗车台(池),防止运送材料车辆、混凝土罐车等将泥土带进场内。场内应设置沉淀池,施工污水应先汇入沉淀池,处理达标后方能排放。

场内应设置张拉防护台座,确保张拉操作时的人员安全。

推广采用智能张拉与压浆技术。

预制场施工用水应满足预制场施工用水的水质和水量要求,预制场的蓄水池应确保施工用水充足。

施工现场安装、拆卸大型吊装设备时,必须由具有相应资质的单位承担,施工单位负责人、安质部长、安全(设备)主管工程师到场把关。

(二)小型构件预制场

1. 小型构件预制场选址

小型构件预制场选址除应符合场站建设一般规定外,还应以方便、合理、安全、经济及满足工期为原则,结合合同段工程量及运输条件综合选址。可结合拌合站或梁片预制场综合设置。

2. 场地建设

下面以考题探究的形式对场地建设的相关规定进行讲解。

考题探究

【单选题】关于小型构件预制场场地建设的说法,错误的是(　　)。

A. 宜采用开放式管理　　B. 场内路面宜做硬化处理

C. 场内不允许积水　　D. 四周宜设置砖砌排水沟

A。【解析】小型构件预制场宜采用封闭式管理,场地内应按构件生产区、存放区、养护区、废料处理区等科学合理设置,功能明确,标记清晰。故选项A错误。场内路面宜做硬化处理,主要运输道路应采用厚度不小于20 cm的C20混凝土硬化,基础不好的道路应增设碎石掺石屑垫层。场内不允许积水,四周宜设置砖砌排水沟,并采用M7.5砂浆抹面。除上述内容外,场地建设的相关规定还包括:(1)预制场的建设规模应结合小型构件预制数量和预制工期等参数来规划,场地面积一般不小于2 000 m^2。(2)生产区根据合同段设计图纸确定的预制构件的种类设置生产线,同时配备小型拌合站1座(尽可能利用既有拌合站)。养护区采用自动喷淋养护系统结合土工布覆盖对构件进行养护,确保构件处于湿润状态。混凝土养生应符合规范要求。成品按不同规格分层堆码,堆码高度应保证安全。预制件养护期不得堆码存放,以防损伤。运输过程中应采取措施,防止缺边掉角。

3. 其他要求

小型构件预制应选用振动台振捣,振动台电机功率应经过现场试验,对振动台的性能进行分析与比选,确定振动台的电动机功率,一般为1.2~1.5 kW,振动台数量根据预制构件生产数量确定。

模板应使用钢模或高强度塑料模具,入模前应进行拼缝检查,对拼缝达不到要求的,辅以双面胶或泡沫剂,应选用优质脱模剂,保证混凝土外观。在周转间隙应有覆盖措施,防止雨淋、生锈、被污染。

四、便道、便桥建设

(一)一般规定

施工便道、便桥的建设应满足施工需要,尽量结合地方道路规划进行专项设计,尽可能提前实施,完工后尽量留地方使用。新建便道、便桥应尽量不占用农田、少开挖山体,节约资源,保护环境。

施工便道、便桥应充分利用既有道路和桥梁。避免与既有铁路线、公路平面交叉,避免对当地居民生活造成困扰。施工便道、便桥应结合施工平面布置,满足工程施工机械、材料进场的要求。施工便道分为主干线和引入线,主干线尽可能靠近合同段各主要工点,引入线以直达施工现场为原则,并考虑与相邻合同段施工便道的衔接。施工便道应畅通,旧、危桥应加固处理。

条件允许的，施工便道应布设在主线外的一侧，并尽可能设置在路基坡脚及小型构造物洞口、桥梁锥坡以外，以利于路基、锥坡的填筑和压实。

（二）建设标准

根据地形条件，确定便道、便桥平纵线形及横断面宽度：

（1）便道路基宽度不小于4.5 m，路面宽度不小于3.0 m；原则上每100 m范围内应设置一个长度不小于20 m、路面宽度不小于5.5 m的错车道。

（2）便道在急弯、陡坡处应视地形情况适当加宽，并进行硬化处理。

（3）便桥结构按照实际情况专门设计，同时应满足排洪要求，人行便桥宽度不小于2.5 m，人车混行便桥宽度不小于4.5 m。若便桥长度超过1 km，宜适当增加宽度。

便道路面最低标准应采用泥结碎石或级配碎石。在条件允许的情况下，便道路面可采用隧道洞渣或矿渣铺筑。特大桥、隧道洞口、拌合站和预制场等大型作业区进出便道200 m范围路面宜采用不小于20 cm厚的C20混凝土硬化。便道两侧设置排水系统，在汇水面积较大的低凹处设置涵洞，以满足排水泄洪要求。便桥高度不低于上年最高洪水位，海上施工的便桥（栈桥）高度应根据10～20年一遇波浪要素值与潮汐特征值确定。桥头设置限高、限重、限速标牌，桥面设立柱间距1.5～2.0 m、高1.2 m的栏杆防护，栏杆颜色标准统一，在适当位置设置醒目的警示反光标志。

知识拓展

临时便桥常见类型可按以下两个方面进行分类：

（1）按组成材料可分为钢桥、混凝土桥、钢－混组合结构桥、竹木桥等。

（2）按结构组成及受力特点的不同可分为以下四大类：装配式公路钢桥（俗称贝雷桥）、墩架桥梁、浮桥、索桥。

临时便桥使用的场合和类型的选择：

（1）永久式正桥施工时，为供应建桥料具和维持两岸交通的临时桥。此类场合，当河窄、水浅时可选用墩架桥梁；当河宽在69 m以内且具备贝雷桁架部件时，可选用贝雷桥；当河宽、水浅，河中漂浮物（木排、流冰）不多且上、下游通航交通量不大时，可选用浮桥；当遇山区深峡谷时，可选用索桥。

（2）正桥被洪水冲毁或地震毁坏，修建维护交通的临时桥。此类场合，可根据河岸地形、河流水文情况，选用前述四种桥型中的一种。

（3）河流宽阔、水深，无修建正式桥梁的规划，渡船不能满足交通量需要而修建的临时桥。此类场合，当河宽小于69 m时，可选用贝雷桥；当河宽大于69 m而小于180 m时，可选用索桥；当河宽大于180 m且河中有漂浮物，上、下游通航交通量不大，可定时撤离部分浮船，开放上、下游通航交通时，可选用浮桥。

（4）战备和战争时的临时桥。此类场合，当河窄、水浅时可选用墩架桥梁；当河宽在69 m以内且具备贝雷桁架部件，任何水深时，可选用贝雷桥；当河宽、水深时可选用浮桥，遇上、下游通航交通量大时，可于夜间将浮船集中架设浮桥，白天将浮桥拆开疏散；当河宽小于180 m，任何水深时，可选用小跨索桥，为使白天从空中不易被侦查，可将主索淹没于水中深20～30 cm，汽车于夜间凭两岸标注过桥。

（三）其他要求

施工期间应指定专人(队)负责施工便道、便桥的日常检查和养护，及时修复路面坑槽、清理排水沟和涵洞的淤泥、杂物，保障便道、便桥畅通。每个合同段至少配备1台洒水车用于晴天洒水，做到晴天少粉尘，雨天不泥泞，日常无投诉。

对施工便道应统一进行数字编号，并标明便道通往的方向和主要工程名称。编号可由高速公路简称首字母、合同段号及便道排序号三项组成。便道路口应设置限速标志，在建筑物、城市道路转角、视线不良地段应设置明示标志，跨越(临近)道路施工应设置警告标志，道路危险段应设置防护及警告标牌。途经小桥，应设置限载、限宽标志；途经通道，应设置限宽、限高警告标志。路线明显变化处、便道平面交叉处，应设置指路和警告标志。便道标志标牌，可参考规定设置。

第八章 施工技术与设备管理

第一节 施工技术管理

一、公路工程施工图纸会审

（一）施工图纸会审的定义及目的

施工图纸会审是指承担施工阶段监理的监理单位组织施工单位以及建设单位，材料、设备供货等相关单位，在收到审查合格的施工图设计文件后，在设计交底前进行的全面熟悉和审查施工图纸的活动。

施工图纸会审一是使施工单位和各参建单位熟悉设计图纸，了解工程特点和设计意图，找出需要解决的技术难题，并制定解决方案；二是为了解决图纸中存在的问题，减少图纸的差错，将图纸中的质量隐患消灭在萌芽之中。

（二）施工图纸会审的内容

施工图纸会审的内容具体如下：

（1）是否无证设计或越级设计；图纸是否经设计单位正式签署。

（2）地质勘探资料是否齐全。

（3）设计图纸与说明是否符合当地要求。

（4）设计地震烈度是否符合当地要求。

（5）几个设计单位共同设计的图纸相互间有无矛盾；专业图纸之间、平立剖面图之间有无矛盾；标注有无遗漏。

（6）总平面与施工图的几何尺寸、平面位置、标高等是否一致。

（7）是否满足防火、消防要求。

（8）施工单位是否具备施工图中所列的各种标准图册。

（9）材料来源有无保证，能否代换；图中所要求的条件能否满足；新材料、新技术的应用是否有问题。

（10）施工安全、环境卫生有无保证。

（三）施工图纸会审的程序

图纸会审应在开工前进行。如施工图纸在开工前未全部到齐，可先进行分部工程图纸会审。

图纸会审的一般程序：业主或监理方主持人发言→设计方图纸交底→施工方、监理方代表提出问题→逐条研究→形成会审记录文件→签字、盖章后生效。

图纸会审前必须组织预审。阅图中发现的问题应归纳汇总，会上派一代表为主发言，其他人可视情况适当解释、补充。

施工方及设计方专人对提出和解答的问题做好记录，以便查核。整理成为图纸会审记录，由各方代表签字盖章认可。

参加图纸会审的单位由监理单位负责组织，施工单位、建设单位、设计单位等参加。

二、公路工程施工方案管理

（一）施工方案概述

施工方案是以分部(分项)工程或专项工程为主要对象编制的施工技术与组织方案，用以具体指导其施工过程。施工方案是针对工程项目，根据施工目的、施工现场调研收集的资料和信息、施工图纸、施工验收规范、质量检查验收标准、安全操作规程等资料，通过对施工实施过程中所耗用的人力、材料、设备等资源在工期的要求下，通过合理组织，进行技术经济分析，从中选择安全可靠、切实可行、经济合理的最优施工工艺和方法。

（二）施工方案编制

1. 编制原则

施工方案应有针对性和可行性，能突出重点和难点，并制定出可行的施工方法和保障措施；方案能满足工程的质量、安全、工期要求，并且施工所需的成本费用低。

施工方案的编制应遵循下列原则：

(1)科学合理、具有可操作性。

(2)满足工期、动态管理控制。

(3)保质量、促安全、符合技术规范，秉承“谁施工、谁编制、谁负责”原则。

(4)降成本、增效益、应用技术创新。

(5)充分考虑业主的要求。

(6)符合设计、规范和验收标准要求。

2. 编制依据

施工方案的编制依据主要有施工组织设计、设计技术文件、供货方技术文件、施工现场条件、国家和行业相关标准规范、同类型工程项目施工经验等。

3. 施工方案的主要内容

施工方案分为一般施工方案和专项施工方案。下面以考题探究的形式对专项施工方案的主要内容进行讲解。

考题探究

【多选题】公路工程专项施工方案编制的内容主要有(　　)。

A. 工程概况　　B. 施工计划

C. 劳动力计划　　D. 资金流转说明书

E. 施工安全保证措施

ABCE。【解析】专项施工方案编制的内容主要有：(1)工程概况。工程基本情况、施工平面布置、施工要求和技术保证条件。(2)编制依据。相关法律、法规、规范性文件、标准、规范及图纸(国标图集)、施工组织设计等。(3)施工计划。包括施工进度计划、材料与设备计划。(4)施工工艺技术。技术参数、工艺流程、施工方法、检查验收等。(5)施工安全保证措施。组织保障、技术措施、应急预案、监测监控等。(6)劳动力计划。专职安全生产管理人员、特种作业人员等。(7)计算书及相关图纸。

（三）施工方案的编审和报批

一般施工方案应由各专业工程师或专业分包单位专业工程师编制，经项目技术部门或专业分包单位技术部门审核，项目总工程师或专业分包单位技术负责人审批后实施。重

大施工方案应先由项目总工程师组织编制，经施工单位技术管理部门组织审核，由施工单位技术负责人或技术负责人授权的技术人员审批后实施。对于超过一定规模的危险性较大的分部分项工程，施工单位应当组织召开专家论证会对专项施工方案进行论证。实行施工总承包的，由施工总承包单位组织召开专家论证会。与会专家应重点对以下内容进行论证：

（1）专项方案内容是否完整、可行。

（2）专项方案计算书和验算依据、施工图是否符合有关标准规范。

（3）专项方案是否满足现场实际情况，是否具有针对性和可操作性，并能够确保施工安全。

（4）应急处置措施是否具有针对性和可操作性。

三、公路工程施工技术交底

（一）技术交底概述

技术交底是指工程（单位或分项工程）施工前，由项目经理主持、项目总工负责向技术人员，或技术人员向班组长按照施工组织设计和施工图纸要求落实的一项工作，是施工技术质量和进度管理的重要步骤。

技术交底的目的，一是使参加施工的领导、工程技术人员、作业班组明确所担负工程任务或作业项目的特点及技术要求、质量标准、安全措施，以便更好地组织施工。二是明确交底人和接受交底人之间的责任。发生工程事故，若属交底人未进行交底或交底不清，交底人应负主要责任；若属接受交底人未按交底要求施工，接受交底人应负主要责任。

技术交底必须按照施工组织设计或专项施工方案规定要求基础上进行。同时，技术交底也必须安排在单位工程或分部、分项工程施工前进行，并应为施工留出适当的准备时间。

技术交底的形式以会议形式，并形成书面记录，交底人和接受人应履行交接签字手续，技术交底资料和交接手续是工程技术档案的重要组成部分，应及时归档妥善保管。

（二）技术交底的内容

技术交底分为单位工程技术交底和分部、分项（工序）工程技术交底两类。单位工程技术交底应与施工组织设计交底一并进行。技术交底按技术责任制的分工、分级进行。

第一级技术交底是由项目总工程师将工程总体情况向各部门负责人、分项工程负责人及全体技术人员进行全面技术交底。

第二级技术交底是由项目技术部门负责人或各分部分项主管工程师向现场技术人员和班组长进行交底。

第三级技术交底是由现场技术人员负责向班组全体作业人员进行技术交底。

温馨提示

以上三级交底中，如涉及到采用新材料、新工艺、新技术的内容，或是易出现质量通病的工程，以及整体项目中的重大工程、重要分项工程，应由项目总工程师亲自交底。

1. 一级交底内容

一级交底必备内容包括工程概况、工期要求；施工现场调查情况；实施性施工组织设计，施工顺序，关键线路、主要节点进度，阶段性控制目标；施工方案及施工方法，技术标准及质量安全要求；重要工程及采用新技术新材料等的分部分项工程；工序交叉配合要求、各部门的配合要求；主要材料、设备、劳动力安排及资金需求；项目质量计划、成本目标；设计变更内容。主要内容为总体施工方案、重大施工方案、超过一定规模的危险性较大的分部分项工程施工方案、技术策划及实施性施工组织设计等。

2. 二级交底内容

二级交底必备内容包括施工详图和构件加工图，材料试验参数及配合比；现场测量控制网、监控量测方法和要求；重大施工方案措施、关键工序、特殊工序施工方案及具体要求；施工进度要求和相关施工工序配合要求；重大危险源应急救援措施；不利季节施工应采取的技术措施；正常情况下的半成品及成品保护措施；本工程所采用的技术标准、规范、规程的名称，施工质量标准和实现创优目标的具体措施，质量检查项目及其要求；主要材料规格性能、试验要求；施工机械设备及劳动力的配备；安全文明施工及环境保护要求。主要内容为分部分项工程施工方案、危险性较大的分部分项工程施工方案等。

3. 三级交底内容

三级交底必备内容包括施工图纸细部讲解，采用的施工工艺、操作方法及注意事项；分项工程质量标准、交接程序及验收方式，成品保护注意事项；易出现质量通病的工序及相应技术措施、预防办法；工期要求及保证措施；设计变更情况；降低成本措施；现场安全文明施工要求；现场应急救援措施、紧急逃生措施等。主要内容为分部分项工程的施工顺序等。

四、公路工程施工技术档案管理

（一）基本规定

工程文件的形成和积累应纳入工程建设管理的各个环节和有关人员的职责范围。工程文件应随工程建设进度同步形成，不得事后补编。勘察、设计、施工、监理等单位应将本单位形成的工程文件立卷后向建设单位移交。

建设工程项目实行总承包管理的，总包单位应负责收集、汇总各分包单位形成的工程档案，并应及时向建设单位移交；各分包单位应将本单位形成的工程文件整理、立卷后及时移交总包单位。建设工程项目由几个单位承包的，各承包单位应负责收集、整理立卷其承包项目的工程文件，并应及时向建设单位移交。

（二）归档文件质量要求

归档的纸质工程文件应为原件。工程文件的内容及其深度应符合国家现行有关工程勘察、设计、施工、监理等标准的规定。工程文件的内容必须真实、准确，应与工程实际相符合。

工程资料组卷应遵循自然形成规律，保持卷内文件、资料内在联系。工程资料可根据数量多少组成一卷或多卷。工程资料移交归档应符合国家现行有关法规和标准的规定；当无规定时，应按合同约定移交归档。

项目部应设专人负责施工资料管理工作。

工程文件应字迹清楚，图样清晰，图表整洁，签字盖章手续应完备。工程文件中文字材料幅面尺寸规格宜为 A4 幅面（297 mm ×210 mm）。图纸宜采用国家标准图幅。工程文件的纸张，其耐久性和耐用性应符合现行国家标准的规定。

五、公路工程施工测量管理

施工测量工作是工程建设的重要环节。在测量布局上，应遵循“由整体到局部”的原则；在测量精度上，应遵循“由高级到低级”的原则；在测量次序上，应遵循“先控制后碎部”的原则；在测量过程中，应遵循“随时检查，杜绝错误”“前一步工作未作复核不进行下一步工作”的原则。

（一）基本规定

在进行施工测量时，应根据公路等级和测量精度要求，选择测量方法。控制性桩点，应进行现场交桩，在复测原控制网的基础上，根据施工需要适当加密、优化，建立施工测量控制网，妥善保护。

施工期间，应保护好所有控制桩点，及时恢复被破坏的桩点，根据情况对控制桩点进行复测。

（二）施工测量阶段

施工测量工作分三个阶段，即开工准备阶段测量、施工阶段测量和竣工阶段测量。开工准备阶段测量包括交接桩、设计控制桩贯通复测、施工控制网建立及地形地貌复核测量。施工阶段测量包括施工放样测量、工序检查测量、施工控制网复测、沉降位移变形观测及安全监控测量。竣工阶段测量包括竣工贯通测量及工点竣工测量。

（三）控制桩的交接及复测

现场交接桩由建设单位组织，设计、施工、监理单位参加，现场交桩完成后，形成交接桩工作纪要。

在进行复测时，应在测量监理工程师旁站下进行，测量结果必须与相邻工程段闭合，平面控制桩应覆盖相邻工程段1～2个，高程与相邻工程段闭合。

复测完毕后应对控制桩进行保护，并设置明显的标志。

对复测闭合的控制桩及加密控制桩，必须请监理工程师复测检查。

复测结果在测量规范允许范围时，由施工单位自行调整；超出允许范围时，应及时向监理单位报告，由监理单位联系设计单位进行复核调整并签认，否则不得作为施工依据。

复测结束后，应编制测量控制桩点成果表，必须由测量监理工程师及总监理工程师复核签认。

（四）导线、水准点测量数据及成果

1. 测量数据整理

每天测量的数据应在当天及时整理完毕，符合平差段落的应尽快进行平差内业计算，及时发现问题及时纠正，切忌整个路段联测完再进行成果整理。将复测成果整理成册，一式三份以承包人报告单的形式报监理组审批。

2. 复测成果批示

复测成果下发，联测成果经监理组验证批复后，测量队队长应根据监理批复文件内容及时整理控制点的使用成果，并在2日内以通知形式印发至质检部和各施工分部。

温馨提示

导线、水准点的复测与加密的相关规定在第一部分第一章“第一节　路基施工准备与施工测量”中有详细讲述，可参照学习。

（五）施工测量复核制度

1. 控制点复核

项目部在接到定测资料后应对资料进行复核、计算，并立即对控制点进行同等精度

复测。复测时应采用两种不同的方法或两人换手测量的方法进行。复测时要特别注意各分段工程相结合部的贯通测量。复测时如果发现不对或精度不够时，应及时请设计单位处理。

控制测量控制点，只复核各备用控制点的相对位置是否正确，松动的控制点不能作为备用控制点。

复测工作完成后，及时固桩和护桩。未经控制点复测的工程不得施工。经过复测，没有发现问题，或发现问题已被妥善处理后，方能同设计单位办理测绘资料交接手续。

2. 测量资料复核

工程施工过程内各级测量机构负责完成的控制测量，其成果在使用前，应进行检查和复核。复核的主要内容有：复核测站平差方法是否合理，成果是否正确，有无笔误；对最终实用平差成果进行换算、验算和反算，确保最终成果准确可靠。控制测量资料复核完成后，应及时形成书面文件。

3. 施工过程测量的检查复核

对建筑物的放样测量，测设前要对所用的控制点进行认真核实，不能用错控制点。放样数据必须由两人用不同的方法求得，结果一致后，还应交换算法进行反算，并进行自查和互查（换手复核），保证放样数据准确无误。放样数据与检算资料一起，根据工程项目分类，按测量资料由专人统一保管。

（六）施工测量交底制度

所有测量完成后，均应及时对相关人员进行书面交底，按施工技术交底制度做好资料管理。所有测量技术交底资料，必须由测量资料填写者之外的技术人员复核无误后才能发放。经理部测量交底必须由工程技术部长复核、总工程师审核后方可发放。

对于一般工程的测量由项目部测量负责人向测量队技术人员进行交底，对于测量控制网的布设、复测以及大型主体结构物精准定位的实测方法由项目总工程师组织，向测量人员及工程技术部人员进行技术交底。

考题探究

【多选题】关于公路工程施工测量管理的说法，正确的有（　　）。

A. 施工测量，应遵循由局部到整体的测量布局原则

B. 由监理单位组织，设计单位对施工单位进行现场交接桩工作

C. 设计提供的控制点过稀而不能满足施工放样时，需要加密布点联测

D. 标段的起点与终点与相邻标段共用同一水准点

E. 施工过程中，应对控制网（点）进行定期复测，复测周期不应超过 6 个月

CDE。【解析】作为工程建设的重要环节，施工测量在布局上应当遵循"由整体到局部"的原则。故选项 A 错误。交接桩工作应由建设单位主持，监理单位参加，在现场由勘测设计单位向施工单位直接进行交接桩工作。故选项 B 错误。

【多选题】关于公路工程施工测量管理的说法，正确的有（　　）。

A. 对设计平面控制桩和高程控制桩等逐一进行确认接收，做好记录，办理交接桩签认手续

B. 完成复测后，编制复测成果报告，经监理、设计单位签字确认后使用

C. 在设计控制网点的基础上进行加密时，相邻加密桩点间保证通视且间距不宜超过 300 m

D. 水准点加密时，沿路线每 300 m 应有一个水准点

E. 导线复测时，同一建设项目相邻施工段的导线应闭合，并满足同等精度要求

ABCE。【解析】沿路线宜每 500 m 布置一个水准点。在高填深挖、工程量集中、地形复杂路段及结构物附近，宜增设水准点。故选项 D 错误。

六、公路工程试验管理

（一）基本要求

工地试验室是工程质量控制和评判工作的重要基础数据来源，是工程建设质量保证体系的重要组成部分。工地试验室必须严格执行国家有关法律、法规、技术标准和交通运输主管部门的有关规范、规程，遵循科学、客观、严谨、公正的原则，独立开展试验检测活动，为工程建设提供真实、准确的试验检测数据和报告。工地试验室应根据工程项目内容和规模进行设置，既要满足工程质量控制需要，又要满足布局合理、安全环保、环境整洁等要求。

（二）机构设置

施工、监理单位和检测机构应根据工程质量安全管理需要或合同约定，在工程现场设立工地试验室；设立工地试验室的母体机构应取得《公路水运工程试验检测机构等级证书》。

工地试验室应按合同段单独设立，工程规模过大时应设立分试验室。同一合同段内施工、监理单位的工地试验室不得由同一家母体检测机构授权设立。

（三）工地试验室建设

1. 驻地建设

工地试验室选址应充分考虑安全、环保、交通便利及工程质量管理要求等因素，其周边场地一般应进行硬化处理。

工地试验室应将工作区和生活区分开设置，工作区总体上可分为功能区、办公室和资料室三部分。工地试验室应有良好的通风采光条件，化学室、沥青及沥青混合料室应设置机械强制通风设施。

2. 人员配备

授权负责人须持有试验检测工程师证书，全面负责工地试验室的管理和试验检测活动。

试验检测人员不得同时受聘于两家或两家以上的工地试验室。

（四）工地试验室管理

1. 人员管理

工地试验室应加强试验检测人员考勤管理，确保日常工作有效开展。

工地试验室应保持试验检测人员相对稳定，因特殊情况确需变动的，应由母体检测机构报经建设单位同意，并向项目质监机构备案。

工地试验室应将试验检测人员的姓名、岗位、照片等信息予以公开。试验检测人员进行作业时应统一着装并挂牌上岗。

工地试验室应重视试验检测人员劳动保护工作。试验检测人员在进行有毒、有腐蚀性、有强噪声等试验操作时，必须按要求佩戴相应的防护用具。

工地试验室应制定全员学习培训计划，定期或不定期地组织学习有关政策、质量体系文件、标准规范规程以及试验检测操作技能、职业素养等知识，不断提高试验检测人员综合能力和水平。

工地试验室应按照规定及时对试验检测人员进行年度信用评价。

2. 设备管理

工地试验室应制定仪器设备管理制度，一般应包括采购、验收、检定/校准、使用维护、故障处理、核实降级与质量处理、仪器设备档案管理等制度。

仪器设备经检定/校准或功能检验合格后方可投入使用。工地试验室应编制仪器设备的检定/校准计划，通过检定/校准和功能检验等方式对仪器设备进行量值溯源管理。

仪器设备在检定/校准周期内如存在修理、搬运、移动等情况，应重新进行检定/校准。对于性能不稳定、使用频率高和进行现场检测的仪器设备，以及在恶劣环境下使用的仪器设备应进行期间核查。

仪器设备应实施标识管理，分为管理状态标识和使用状态标识。下面以考题探究的形式对该部分内容进行讲解。

考题探究

【单选题】工地试验室设备管理中，使用状态标识为“准用”时，用(　　)色标签进行标识。

A. 红　　　　B. 黄

C. 绿　　　　D. 蓝

B。【解析】管理状态标识包括设备名称、编号、生产厂商、型号、操作人员和保管人员等信息；使用状态标识分为“合格”“准用”“停用”三种，分别用“绿”“黄”“红”三色标签进行标识。

在使用仪器设备过程中，相关人员应注意人身和设备安全，使用完毕应切断电源、清扫现场，保持仪器设备的清洁。使用仪器设备时应按要求填写使用记录。

仪器设备应定期进行维护和保养，并按要求填写维护保养记录。

化学试剂(危险品)存放地点应按有关规定设置，并严格管理。

办公设备和交通工具应加强日常管理和维护，确保使用状态良好。

3. 环境管理

工地试验室应保持室内外环境干净、整洁，日常清扫及检查工作应落实到人。

工地试验室产生的废水、废气、废渣应安全排放。试验废水应经沉淀后方能排放，化学废液应进行中和处理后方能排放。试验固体废弃物应集中存放，定期清理到指定位置，不得随意摆放、丢弃。

工地试验室的消防设施应有专人管理，并定期对灭火器材进行检查，始终保持有效。

4. 档案管理

工地试验室应对相关资料分类建档，便于管理和查询。档案资料应及时填写、整理和归档。

人员档案应一人一档，内容包括个人简历、身份证件、毕业证、职称证、资格证、劳动合同、任职文件、培训和考核记录等。

设备档案一般应按一台一档建立,对于同类型的多个小型仪器设备可集中建立一套档案,但每个仪器均应进行唯一性编号。设备档案包括设备履历表、出厂合格证、产品说明书、历次检定/校准证书或记录、维修保养记录、使用记录等内容。

试验检测台账分为管理和技术台账。管理台账一般包括人员、设备、标准规范等台账;技术台账一般包括原材料进场台账、样品台账、试验/检测台账、不合格材料台账、外委试验台账等。台账应格式统一、简洁适用、信息齐全,台账的填写和统计应及时、规范。

试验检测数据报告的格式和要素、记录表和报告的编制应符合《公路水运试验检测数据报告编制导则》要求。试验记录一律用蓝、黑色钢笔或签字笔书写,字迹应清晰、工整,试验报告结论表述应规范、准确。

工地试验室应根据工程内容配齐试验检测工作所需的标准、规范和规程,并进行控制管理;及时进行查新更新,确保在用标准规范有效。

工地试验室应注意收集隐蔽工程、关键部位的工程质量检验图片及影像资料,及时整理归档。

工地试验室应按相关要求做好文件的收发、登记和流转工作。

5. 样品管理

工地试验室应制定样品管理制度,对样品的取样、运输、标识、存储、留样及处置等全过程实施严格的控制和管理。

样品的取样方法、数量应符合规范、规程要求,满足试验过程需要。如有必要,在取样的同时要留存满足复验需要的样品。取样应具有代表性,并有相应记录。

样品应进行唯一性标识,确保在流转过程中不发生混淆且具有可追溯性。样品标识信息应完整、规范。样品在流转过程中应标明流转状态。

试验结束后,如无异议,工地试验室应按有关规定对试验样品进行处置,处置过程应符合安全和环保要求。如需留样,样品的留存方法、数量和期限等应符合有关规定,留存样品应有留样记录。

6. 外委管理

工地试验室应加强外委试验管理,超出母体检测机构授权范围的试验检测项目和参数应进行外委,外委试验应向项目建设单位报备。

接受外委试验的检测机构应取得《公路水运工程试验检测机构等级证书》(含相应参数)、通过计量认证(含相应参数)且上年度信用等级为 B 级及以上。工地试验室应将接受外委试验的检测机构的有关证书复印件存档备查。

外委试验取样、送样过程应进行见证。工地试验室应对外委试验结果进行确认。

工程建设项目的同一合同段中的施工、监理单位和检测机构不得将外委试验委托给同一家检测机构。

第二节　施工机械设备管理

一、公路工程施工常用机械设备

施工机械按作业对象,可分为土石方机械、路面工程机械、桥梁工程机械、隧道工程机械等。

（一）土石方机械

土石方机械种类主要有推土机、铲运机、挖掘机、装载机、平地机、拖拉机、压路机、夯土机、凿岩机、锻钎机等。

1. 推土机

推土机是一种自行铲土运输机械，具有操作灵活、运转方便、所需工作面小等特点。按照行走装置的不同，可分为履带式和轮胎式两大类；按照推土板（或称铲刀）安装方式的不同，可分为固定式和回转式两种；按照推土板操纵方式的不同，可分为机械式操纵和液压式操纵两种；按照发动机额定功率的不同，可分成小型、中型、大型和特大型四种。

公路施工季节性较强，工程量比较集中，施工条件较差，多采用大中型履带式推土机，主要进行50～100 m短距离推运土方、石渣等作业，如开挖填筑路基土石方，基坑开挖集渣，填筑堤坝、围堰，开挖河床、渠道，平整场地，砍伐树木，清除树根，填平壕堑和堆集砂砾石等集料作业。此外还可进行局部碾压，给铲运机助铲和预松土，以及牵引各种拖式土方机械等作业。

推土机的作业方式包括直铲作业、斜铲作业、侧铲作业、松土器的劈松作业。

2. 铲运机

铲运机是一种循环作业式铲土运输的机械。按行走方式的不同，可分为拖式和自行式两种。自行式铲运机按牵引车和动力传递方式的不同，可分为机械式传动、液力机械式传动、电力传动和静液压传动四种；按工作机构操纵方式的不同，可分为液压式铲运机和机械操纵铲运机两种；按卸土方式的不同，可分为强制卸土式、半强制卸土式和自动卸土式三种；按装载方式不同，可分为链板装载式和普通装载式两种；按斗容大小可分为小型（铲斗容量小于5 m^3）、中型（铲斗容量5～15 m^3）、大型（铲斗容量15～30 m^3）和特大型（铲斗容量30 m^3以上）四种。

铲运机主要用于中距离的大规模土方转移工程。它能综合完成铲土、装土、运土和卸土四个工序，并能控制填土铺筑厚度和进行平土作业，对卸下的土壤进行局部碾压。

3. 挖掘机

根据挖斗数量的不同，可分为单斗挖掘机和多斗挖掘机。公路施工中较多采用单斗挖掘机。

单斗挖掘机的特点如下：

（1）正铲挖掘机的挖土。前进向上，强制切土，挖掘力大，生产率高，可开挖停机面以上的Ⅰ～Ⅳ类土。

（2）反铲挖掘机的挖土。后退向下，强制切土。挖掘力比正铲小，可开挖停机面以下Ⅰ～Ⅱ类土，深度在4 m左右的基坑、基槽、管沟，也可用于地下水位较高的土方开挖。

（3）拉铲挖掘机的挖土。后退向下，自重切土。其挖土深度和挖土半径均较大，可开挖停机面以下的Ⅰ～Ⅱ类土，但不如反铲挖掘机动作灵活准确。适用于开挖大型基坑及水下挖土。

（4）抓斗挖掘机的挖土。直上直下，自重切土。挖掘力较小，只能开挖Ⅰ～Ⅱ类土，用于开挖窄而深的独立基坑和基槽、沉井，适用于水下挖土，是地下连续墙施工挖土的专用机械。

单斗挖掘机具有挖掘能力强、通用性好、能适合不同作业要求的特点，在公路工程施工中，单斗挖掘机主要用来挖掘土料、剥除采石的覆盖层及在料场进行装载作业等。单斗挖掘机与运输车辆配合作业可获得最好的经济效果，汽车数量可按运输距离所需的运输循环时间和挖掘机的作业循环时间来确定，数量不宜过多，以保证提高生产率、降低成本为标准。

4. 装载机

装载机是一种广泛用于公路、铁路、建筑、水电、港口、矿山等建设工程的土石方施工机械,它主要用于铲装土壤、砂石、石灰、煤炭等散状物料,也可对矿石、硬土等作轻度铲挖作业。换装不同的辅助工作装置还可进行推土、起重和其他物料如木材的装卸作业。在道路特别是在高等级公路施工中,装载机用于路基工程的填挖、沥青混合料和水泥混凝土料场的集料与装料等作业。此外还可进行推运土壤、刮平地面和牵引其他机械等作业。由于装载机具有作业速度快、效率高、机动性好、操作轻便等优点,因此它成为工程建设中土石方施工的主要机种之一。

常用的单斗装载机,按发动机功率、传动形式、行走结构、装载方式的不同进行分类如下:

(1)发动机功率:功率小于 74 kW 为小型装载机;功率在 74 ~ 147 kW 为中型装载机;功率在 147 ~ 515 kW 为大型装载机;功率大于 515 kW 为特大型装载机。

(2)传动形式:液力 – 机械传动、液力传动、电力传动。

(3)行走结构:轮胎式、履带式。

(4)装载方式:前卸式、回转式、后卸式。

5. 平地机

平地机是一种铲土、运土、卸土同时进行的连续作业机械,是一种高速、高效、高精度和多用途的土方工程机械。

下面以考题探究的形式对平地机的用途和分类进行讲解。

考题探究

【单选题】公路工程中既能平整场地,清除表土,又能修补路基的机械是(　　)。

A. 铲运机　　　　B. 拌合机

C. 平地机　　　　D. 铣刨机

C。【解析】平地机的用途较多,主要用于修筑路基横断面、帮刷边坡、开挖边沟及路槽、平整场地等,还可用来在路基上拌合路面材料、摊铺材料,修整和养护土路,推土、疏松土质,清除杂草、石块和积雪等。按行走方式不同,平地机可分为自行式和拖式两类。按工作装置和行走装置的操纵方式不同,平地机可分为机械操纵和液压操纵两种。平地机的生产能力按刮刀长度和发动机功率确定,分别为:(1)轻型:刮刀长度小于 3 m,发动机功率 44 ~ 66 kW。(2)中型:刮刀长度 3 ~ 3.7 m,发动机功率 66 ~ 110 kW。(3)重型:刮刀长度 3.7 ~ 4.2 m,发动机功率 110 ~ 220 kW。

6. 压路机

(1)压路机的分类。

按照压实力的作用原理,压路机可分为静作用碾压机械、振动碾压机械和夯实机械三类。按照碾压轮的材料和表面形状不同,静作用碾压机械和振动碾压机械都可分为钢制光轮和钢制带羊脚碾轮两种;按照行走方式不同,静作用碾压机械可分为拖式和自行式两种,振动碾压机械可分为手扶式、拖式和自行式三种。

静作用碾压机械,用碾轮沿被压实材料表面往复滚动,靠自重产生的静压力作用,使被压层产生永久变形,达到压实的目的。

振动碾压机械,用碾轮沿被压实材料表面,既作往复滚动,又以一定的频率、振幅振动,使被压层同时受到碾轮的静压力和振动力的综合作用,以提高压实效果。

夯实机械,又可分为夯实和振动夯实两种。夯实机械是利用重物自一定高度落下,冲击被压层进行夯实工作,振动夯实除冲击力之外,还有一个附加的振动力同时作用于被压层。

(2)光轮压路机。

光轮压路机可分为自行式(简称压路机)和拖式(简称平碾)两种。

光轮自行式压路机的质量分类应用范围见表 3-8-1。

表 3-8-1　光轮自行式压路机的质量分类应用范围

按质量分类	加载后质量/t	单位直线压力/MPa	应用范围
特轻型	0.5～2.0	0.8～2	人行道和修补黑色路面
轻型	2～5	2～4	人行道、简易沥青混凝土路面、公园小道、体育场和土路路基
中型	5～10	4～6	路基、砾石、碎石铺砌层、黑色路面、沥青混凝土路面和土路基础
重型	10～15	6～8	砾石、碎石路面或沥青混凝土路面的终压以及路基或路面底层
特重型	15～20	8～12	大块石堆砌基础和碎石路面

光轮拖式压路机的质量分类应用范围见表 3-8-2。

表 3-8-2　光轮拖式压路机的质量分类应用范围

按质量分类	碾的质量/t	砾质砂	砂	砂壤土	壤土	黏土
轻型	<5	○	○	△	×	—
中型	5～10	△	×	△	○	△
重型	≥10	×	×	×	△	○

注:○为适用;△为尚适用;×为不适用。

(3)振动压路机。

振动碾可分为光轮和羊脚轮两类,以适用于不同土质条件。光轮振动碾适宜于压实土石坝的非黏性土(如砂土、砂砾石)、碎石、块石、堆石和沥青混凝土,其效果远非其他碾压机所能相比。但对黏土和黏性较强的土压实效果不好。摆振式振动碾还可用于大体积干硬性混凝土的捣实作业。羊脚振动碾是一种新型的碾压机械,既可以压实非黏性土,又可以压实含水率不大的黏性土和细颗粒砂砾石,以及碎石与土的混合料。

振动碾的应用范围见表 3-8-3。

表 3-8-3　振动碾的应用范围

碾子质量和形式	块石	砂、砾石		粉土、粉质土、冰碛土		黏土	
		优良级配	均匀粒级	粉质砂、粉质砾石、冰碛土	粉土、砂质粉土	低、中强度黏土	高强度黏土
3 t 以下振动平碾	—	△	△	△	△	—	—
3～5 t 振动平碾	—	○	○	△	△	△	—
5～10 t 振动平碾	△	○	○	○	△	△	△
10～15 t 振动平碾	○	○	○	○	△	△	△

（续表）

碾子质量和形式	块石	砂、砾石		粉土、粉质土、冰碛土		黏土	
		优良级配	均匀粒级	粉质砂、粉质砾石、冰碛土	粉土、砂质粉土	低、中强度黏土	高强度黏土
振动凸块碾	—	—	△	△	○	○	○
振动羊足碾	—	—	△	△	△	○	○

注：○为适用；△为尚适用。

考题探究

【单选题】下列压路机中，最适用于碾压块石的是（　　）。

A. 凸块式振动压路机　　B. 羊脚式振动压路机

C. 5～10 t 光轮振动压路机　　D. 10～15 t 光轮振动压路机

D。【解析】振动碾中，适用于碾压块石的是10～15 t光轮振动压路机，尚适用于碾压块石的是5～10 t光轮振动压路机。

7. 凿岩机

凿岩机是按冲击破碎原理进行工作的。工作时活塞做高频往复运动，不断地冲击钎尾。在冲击力的作用下，呈尖楔状的钎头将岩石压碎并凿入一定的深度，形成一道凹痕。活塞退回后，钎子转过一定角度，活塞向前运动，再次冲击钎尾时，又形成一道新的凹痕。两道凹痕之间的扇形岩块被由钎头上产生的水平分力剪碎。活塞不断地冲击钎尾，并从钎子的中心孔连续地输入压缩空气或压力水，将岩渣排出孔外，即形成一定深度的圆形钻孔。

公路工程石方工程施工中，气动凿岩机和空气压缩机是必须配备的关键设备。

（二）路面工程机械

1. 稳定土拌合机及厂拌设备

稳定土拌合设备按生产能力分为小型、中型、大型和特大型四种，小型稳定土拌合设备的生产能力是200 t/h以下，中型稳定土拌合设备的生产能力是200～400 t/h，大型稳定土拌合设备的生产能力是400～600 t/h，特大型稳定土拌合设备的生产能力是600 t/h以上。

考题探究

【单选题】稳定土拌合设备按生产能力分为小型、中型、大型和特大型四种，大型稳定土拌合设备的生产能力是（　　）t/h。

A. 200～300　　B. 200～400

C. 400～500　　D. 400～600

D。【解析】大型稳定土拌合设备的生产能力是400～600 t/h。选项B，200～400 t/h属于中型稳定土拌合设备。选项A，C无对应型号。

2. 液态沥青运输车

液态沥青运输车是运输液态沥青、乳化沥青、煤焦油的专用设备。该车具有保温、加热、机械抽吸、排放、内部循环等功能，由底盘和具有保温性能的罐体及加热装置等组成。液态沥青运输车的结构形式有汽车式、半挂汽车列车式、拖式三种。半挂汽车列车式使用最多，另外两种目前很少使用。

3. 沥青洒布机械

沥青洒布机械是一种以喷洒液态沥青为主，并具有运输液态沥青能力的沥青路面修筑机械。它用于贯入法或表面处治法修筑沥青路面。可在路面基层上喷洒液态沥青结合料的透层油，在沥青混合料路面、水泥混凝土路面上喷洒液态沥青结合料黏层油。

沥青洒布机械按沥青喷洒方式，可分为气压洒布式和泵压洒布式；按行走方式，可分为自行式和拖式两种。

4. 沥青混合料拌合设备

按搅拌方式的不同，沥青混合料拌合设备可分为连续滚筒式和强制间歇式。

强制间歇式拌合设备的生产一般为各组成成分（碎石、砂子、石粉、沥青等）按比例分别进行精确计量且间歇分批投料和强制搅拌，即分批计量—分批投料—分批强制搅拌—分批出料。骨料在烘干之后计算。冷骨料的烘干加热和混合料的搅拌分别在两个不同的总成装置（干燥滚筒和搅拌器）内进行；冷骨料烘干加热方式为火焰逆流式。**强制间歇式拌合设备一般用于高等级公路（一级公路、二级公路和高速公路）的建设。**

连续滚筒式拌合设备的生产一般为各组成成分（碎石、砂子、石粉、沥青等）按比例分别进行连续动态计量且连续投料和滚筒跌落搅拌，即按质量（或容积）连续计量—连续投料—连续滚筒跌落搅拌—连续出料。**连续滚筒式拌合设备一般用于普通公路的建设。**

沥青混合料拌合设备的生产率计算公式如下：

$$Q=\frac{60\cdot G\cdot K_b}{1\ 000\cdot t}$$

式中 Q——生产率（t/h）；

G——搅拌器内的料重（kg）；

K_b——时间利用系数，一般取 0.8 ~ 0.9；

t——拌合时间，即混合料在搅拌容器内的停留时间（min）。

5. 沥青混合料摊铺设备

按摊铺宽度分类，沥青混凝土摊铺机可分为小型、中型、大型、超大型等四类：

（1）小型机的最大摊铺宽度一般小于 3 600 mm，用于路面养护和城市道路的修筑工程。

（2）中型机的摊铺宽度为 4 000 ~ 6 000 mm，用于一般公路路面的修筑和养护工程。

（3）大型机的摊铺宽度为 7 000 ~ 9 000 mm，主要用于高等级公路路面施工。

（4）超大型机的摊铺宽度大于 12 000 mm，主要用于高速公路、机场、码头、广场等大面积沥青混凝土路面施工。

沥青混合料摊铺设备的生产率计算公式如下：

$$Q=h\cdot B\cdot v\cdot \rho\cdot K_b$$

式中 Q——**生产率**（t/h）；

h——**铺层厚度**（m）；

B——**摊铺带宽度**（m）；

v——**摊铺工作速度**（m/h）；

ρ——**沥青混合料密度**（t/m^3）；

K_b——**时间利用系数，一般取** 0.75 ~ 0.95。

考题探究

【多选题】计算沥青混合料摊铺机生产率时，应考虑的参数有（　　）。

A. 铺层厚　　B. 摊铺带宽

C. 材料运输速度　　D. 沥青混合料密度

E. 时间利用系数

ABDE。【解析】计算沥青混合料摊铺机生产率时，应考虑的参数有铺层厚度、摊铺带宽度、摊铺工作速度、沥青混合料密度、时间利用系数。

6. 水泥混凝土拌合设备

水泥混凝土拌合设备是拌制水泥混凝土混合料的整套装置。按拌合方式不同，分为固定式和移动式；按生产工艺方法不同，分为间歇式和连续式；按构造形式不同，分为自落式和强制式。

水泥混凝土拌合设备的生产能力按小时成品量和自动化程度分类如下：小型（30 m^3/h以下），主要适用于零散浇筑混凝土的简易式单机站；中型（60～100 m^3/h），主要在中、小型建筑工程和道路工程现场使用；大型（100～200 m^3/h），主要用于预拌混凝土厂和制品厂。

7. 水泥混凝土摊铺机

水泥混凝土摊铺机是摊铺水泥混凝土混合料的机具。按摊铺方式不同，分为滑模式和轨模式；按行走装置不同，滑模式水泥混凝土摊铺机又分为履带式和轮胎式；按工作装置不同，轨模式水泥混凝土摊铺机又分为斗式和螺旋式。

专家解读

具体来说，水泥混凝土摊铺机是将水泥混凝土均匀地摊铺在路面基层上，然后经过振实、整平等作业程序，完成水泥混凝土路面铺筑的路面机械。

水泥混凝土摊铺机的生产率计算公式如下：

$$Q = 1\,000 \cdot h \cdot B \cdot v \cdot K_b$$

式中　Q——生产率（t/h）；

h——铺层厚度（m）；

B——摊铺带宽度（m）；

v——摊铺工作速度（m/h）；

K_b——时间利用系数。

8. 其他机械

（水泥混凝土）路面锯缝机是切割水泥混凝土路面假缝的机具；还可用以锯开路面埋置管线。按行走方式不同，分为手推式、半自行式和自行式。

（水泥混凝土）路面清缝机是清除水泥混凝土路面缝中石屑、砂、土、旧填缝料等杂物的机具。

（水泥混凝土）路面填缝机是在水泥混凝土路面接缝或裂缝处灌入密封材料的机具。

（三）桥梁工程机械

水泥混凝土（混合料）泵是能连续输送水泥混凝土混合料的机具。按动力形式不同，分为风动和电动。

(预应力)钢筋冷镦机是在常温下镦粗预应力钢筋或钢丝端头的机具。按动力形式不同,分为手动、电动和液压。

(预应力)钢筋拉伸机是张拉带有螺杆锚具或夹具、镦头锚具或夹具的高强度粗钢筋或钢丝束的机具;还可用以对单根式成组的高强度粗钢筋或钢丝进行模外先张或后张自锚。

钻孔机是对地层钻孔的机具。按工作原理不同,分为螺旋式、回转式、冲抓式、全套管式和振动冲击式;按构造形式不同,螺旋式钻孔机又分为螺旋钻孔机、长螺旋钻孔机、短螺旋钻孔机和钻扩机;按泥浆运行方向不同,回转式钻孔机又分为正循环和反循环。

打桩机是将桩打入地层的机具。按锤体动力形式不同,分为人力(或机械)牵引、蒸汽、内燃、振动和液压;按桩架形式不同,分为直式、塔式、多能式、起重机式和简易式;按工作条件不同,分为陆上、水上和潜水;按锤体升降方式不同,蒸汽打桩机又分为单作用式、双作用式和差动式;按构造形式不同,振动打桩机又分为刚式、柔式和冲击式。

张拉预应力钢筋千斤顶是张拉预应力混凝土构件中的钢筋或钢丝的机具。按构造形式不同,分为台座式、拉杆式、锥锚式和三作用式。

缆索吊装设备是起吊、运输和安装构件的整套装置。

架桥机是整孔架设钢梁和分片架设钢筋混凝土或预应力混凝土梁的机具。按构造形式不同,分为板梁式和构架式。

(四)隧道工程机械

盾构(盾构挖掘机)是用盾构法修筑隧道的机具。按构造和开挖方法不同,分为手掘式、挤压式、半机械式和机械式;按进土孔关闭情况不同,挤压式盾构又分为闭胸式和网格式,机械式盾构又分为闭胸式和开胸式。

隧道掘进机是用矿山法在山岭地区掘进钻凿隧道的机具。

二、公路工程施工机械设备管理要求

(一)公路工程施工机械设备的配置与组合

公路工程机械化施工是由多种机械设备协同作业,对这些机械设备进行配置与组合的基本原则如下:

(1)选好既定工程的主导机械,其他机械必须与主导机械进行配套,主导机械在施工工艺中称关键设备(关键设备随着工程的变化而变化)。

(2)尽量减小配套机械设备的数量。

(3)各配套机械设备的工作能力必须相匹配。

(4)采用合理的施工组织方案。

(5)同一作业要尽量使用同一型号的机械,以便管理和维修。

(6)选用最经济的机械优化组合。

机械设备的选择原则见表3-8-4。

表3-8-4 机械设备的选择原则

选择原则	内容
设备先进	新型的机械设备具有效率高、性能稳定、消耗较低等优点。虽然价格相对较贵,但性价比良好。因此需要根据实际情况选择较为先进的设备,提高施工效率

（续表）

选择原则	内　容
与工程情况相适应	施工机械需要与实际施工内容、施工强度、工作量等相适应，避免出现由于机械设备的性能不足耽误工期，或者效率过高而大材小用
安全性良好	充分考虑机械设备使用时的安全性，如行驶平稳、有落体保护设备及基本防护措施等，保障人员的人身安全及施工安全
成本低	为了保障工程项目的积极效益，选择设备时，需要在性能、效率基本一致的情况下，选择消耗较小、养护简单的设备，以减低成本
通用性	一台设备功能齐全，可以在多个环节中使用，减少机械调运的繁琐及场地的限制等，工作效率较高
专用性	如果项目的要求较高或者专业性强，应选择专用机械，达到施工设计的要求

机械设备的选择方法见表3-8-5。

表3-8-5　机械设备的选择方法

选择方法	内　容
工程施工内容	公路工程的建设需要经过一系列的工序，并包括各个环节，如进行路基施工，该项工程的主要工作内容是进行土石方的开挖、运输、回填、修筑、压实、修整等，另外还包括周围环境的清理、树木的砍伐、土层的处理、爆破、杂物清理等。进行合理选择，如岩石开采或者砾石开采等，可以选择推土机、挖掘机、凿岩机等；树木草丛或者废墟清理时，可以选择伐木机、装载机、履带式拖拉机等；运输土石或者机械设备调运时可以选择装载机、轮船、卡车、起重机、铲运机等
工程量及强度	如果工程量较大或者强度较大，且工期较紧时，应选择效率高、耐用性强的机械设备；如果工程量及强度一般，则可以适当选择一般效率的机械设备
运输条件	如果施工项目为沥青道路，则需要考虑材料的性质及运输条件的因素
自然条件	自然条件可分为土质状况和气象条件，具体内容如下： （1）土质状况。施工所在地的地质条件直接决定了机械设备的施工质量、工作效率及施工成本，因此需要对其进行深入的分析。根据土壤构成成分、性质、发育状态等，可以选择的设备包括推土机、平地机、挖掘机、装载机等，进行压实可选择的机械有轮胎压路机、光面压路机、振动压路机等。 （2）气象条件。雨水对于土壤状态的影响是显而易见的，如果施工所在地的土质为黏土时，该变化尤为明显。因此在选择施工机械设备时需要认真分析施工期间的气候情况，如是否处于雨季、具体的降雨量等，避免大量的雨水改变土壤状态，给施工带来困难

关于公路工程主要机械设备的配置与组合，应注意下列内容：

（1）路面基层施工时，采用的机械设备在下列设备中选择：稳定土拌合设备（用于拌合）、拌合料摊铺机（用于摊铺平整）、石屑洒布机（用于摊铺平整）、装载机（用于装载）、运输车辆（用于运输）、清除车（用于清除）、洒水车（用于养护）、平地机（用于摊铺平整）、压路机（用于压实）。

（2）**采用暗挖法进行隧道开挖施工时，采用的机械设备在下列设备中选择：风动凿岩机（用于开挖）、盾构机（用于开挖）、装药台车（用于开挖）、轮胎式装卸机（用于出渣）、混凝土湿喷设备、柴油自卸汽车（用于出渣和运输）、汽油自卸卡车（用于出渣和**

运输）、混凝土搅拌运输车（用于二次衬砌）、混凝土输送泵（用于二次衬砌）、衬砌台车（用于二次衬砌）、空气压缩机等。

考题探究

【多选题】可用于隧道二次衬砌的施工机械设备有（　　）。

A. 锚杆台车　　B. 混凝土喷射机

C. 混凝土搅拌站　　D. 搅拌运输车

E. 混凝土输送泵

CDE。【解析】可用于隧道二次衬砌的施工机械设备有模板衬砌台车（混凝土搅拌站、搅拌运输车、混凝土输送泵）。选项 A，B 可用于隧道初次支护衬砌。

（二）公路工程施工机械的现场管理

公路工程主要机械设备的现场管理包括建立机械设备使用责任制度和操作规程，做好施工准备（包括机械设备的运输、安装、验收等），对机械设备操作人员进行培训并加强管理，严格机械设备的使用管理（包括日常使用和维护保养等），建立机械设备档案等。

下面以考题探究的形式对机械设备档案管理的内容进行讲解。

考题探究

【多选题】施工单位采购的机械设备，机械设备档案应当具有（　　）。

A. 生产许可证　　B. 产品合格证

C. 产品价格证明材料　　D. 各设备操作人员资格证明材料

E. 设备的名称、类别、数量、统一编号

ABDE。【解析】机械设备档案的内容除了选项 A，B，D，E 外，还有设备的购买日期，《大、中型设备安装、拆卸方案》《安装验收报告》及《施工设备验收单》，使用说明书等技术资料。